1 MONTH OF
FREE
READING

at

www.ForgottenBooks.com

By purchasing this book you are eligible for one month membership to ForgottenBooks.com, giving you unlimited access to our entire collection of over 1,000,000 titles via our web site and mobile apps.

To claim your free month visit:
www.forgottenbooks.com/free576178

ISBN 978-0-428-34858-8
PIBN 10576178

HISTOIRE

DU

DROIT FRANÇAIS

V

Paris.—Imprimé par E. Thunot et Cᵉ, 26, rue Racine.

HISTOIRE

DU

DROIT FRANÇAIS

PRÉCÉDÉE

D'UNE INTRODUCTION SUR LE DROIT CIVIL DE ROME

PAR

M. F. LAFERRIÈRE

MEMBRE DE L'INSTITUT

INSPECTEUR GÉNÉRAL DES FACULTÉS DE DROIT

« L'histoire interne du droit contient la substance
» même du droit (Illa ipsam Jurisprudentiæ sub-
» stantiam ingreditur) »

LEIBNITZ (*Nova methodus.*)

« La science explique les lois par l'histoire, et la
» philosophie travaille a les épurer par la morale,
» source première des lois »

PORTALIS. (*De l'usage et de l'abus
de l'esprit philosophique*)

TOME CINQUIÈME

COUTUMES DE FRANCE

DANS

LES DIVERSES PROVINCES

PARIS

COTILLON, ÉDITEUR, LIBRAIRE DU CONSEIL D'ÉTAT

23, au coin de la rue Soufflot. 23

1858

LIVRE SEPTIÈME.

ÉPOQUE FÉODALE ET COUTUMIÈRE

DU XIIIe AU XVIe SIÈCLE.

DU XIIIe AU XVIe SIÈCLE.

COUTUMES DE FRANCE,

CONSIDÉRÉES SUCCESSIVEMENT

DANS LES DIVERSES PROVINCES,

D'APRÈS

LES COUTUMIERS ET LES DOCUMENTS DU MOYEN AGE,

JUSQUES AUX TEMPS MODERNES.

AVANT-PROPOS.

———

Les tomes V et VI de l'Histoire du Droit français suivent la publication du quatrième volume
à la distance de cinq années. Mon excuse est dans
le sujet de ces deux volumes, qui contiennent les
Coutumes de France considérées dans les diverses
provinces, au moyen âge et jusqu'aux temps modernes. Que le lecteur veuille bien jeter les yeux
sur la Table des matières, que j'ai reportée à la
fin du tome VI, pour ne pas scinder l'ensemble
du travail; il pourra d'un regard embrasser le
plan dans toute son étendue, dans toutes ses diversités, et il comprendra quelles difficultés il m'a

fallu vaincre pour ramener à un ordre méthodique et à une exposition raisonnée tant d'objets
et de documents, qui, par leur multiplicité, pouvaient effrayer l'esprit et décourager la patience
des investigateurs. Puissent les résultats historiques et juridiques ne pas paraître trop au-dessous
du labeur!...

DROIT FRANÇAIS.

COUTUMES DE FRANCE,

CONSIDÉRÉES SUCCESSIVEMENT

DANS LES DIVERSES PROVINCES,

D'APRÈS

LES COUTUMIERS ET LES DOCUMENTS DU MOYEN AGE,

JUSQUES AUX TEMPS MODERNES.

OBSERVATIONS PRÉLIMINAIRES

SUR LES DIVERS CARACTÈRES DE LA FÉODALITÉ,

SUR LA FORMATION ET LE PROGRÈS DES COUTUMES.

PLAN DU LIVRE.

Ce Livre sur le Droit féodal et coutumier embrasse tout le mouvement des Coutumes de France, depuis le xiiiᵉ siècle jusqu'à la fin du xvᵉ; je pourrais même dire jusqu'au xviᵉ siècle, par les liens nécessaires qui rattacheront ici la Coutume de 1510 aux anciennes coutumes de Paris. C'est le Droit du moyen âge arrivant à pro-

duire, par un travail d'émancipation graduelle, une
sorte de droit commun ou coutumier qui a pu s'appeler
du beau nom de Droit Français, bien que le nom fût
alors plus grand que la chose.

L'unité n'était pas au point de départ. Les diverses régions de la France avaient dans leurs usages
un caractère propre à l'origine des races, au mélange
des populations, au développement des mœurs, que
nous étudierons dans chaque monument des Coutumes
provinciales. Mais des principes généraux sont sortis du
long enfantement de la civilisation française; et si, dans
l'application, de notables diversités se sont perpétuées
jusqu'aux temps modernes, il existait une communauté d'institutions, un esprit national dans la condition
de la *famille noble* et dans la condition de la *famille roturière*, qui répandait partout des coutumes analogues
sur ces deux bases essentielles de l'ancienne société. —
Quant à l'unité même du Droit civil, à celle qui repose
sur l'unité de la Cité romaine, ou de la Nation française
de notre temps, il ne faut pas la chercher dans l'ancien
Droit français; ce n'est pas *l'unité* qui est le caractère
de ce Droit, mais la *dualité*. Le Noble a sa condition,
sa famille, sa terre (le fief), sa juridiction, sa coutume.
— Le Roturier a sa condition, sa famille, sa terre (la
censive), sa juridiction, sa coutume. Le Bourgeois, dans
les villes de Commune ou de Bourgeoisie, a aussi sa condition, quelquefois sa terre (l'alleu), sa juridiction municipale, ses franchises, ses garanties; mais sa famille,
pour la constitution personnelle et réelle, est de condition roturière; dès lors il ne forme pas dans l'ordre civil
une branche à part, et la dualité reste le vrai caractère

du Droit civil au moyen âge. L'uniformité des coutumes peut s'étendre, sans doute, dans ces deux branches, dans ces deux directions de la société civile ; mais l'unité du droit n'y pénètre point ; elle n'est possible que lorsque la société devient une : ce sera l'œuvre de 89. Jusque-là de grands Jurisconsultes ont pu entrevoir ou espérer ce qu'ils ont appelé l'unité des coutumes ; ils ont pu croire, par exemple, avec Dumoulin, à la possibilité de donner à la France la Coutume de Paris comme coutume unique, entreprise bien difficile ; mais eût-elle réussi, la France n'aurait pas eu l'unité du droit civil : l'obstacle était dans la racine toujours vivante de la société du moyen âge, la féodalité.

Le Droit coutumier, en France, a divers éléments, et le présent Livre exposera cette immense variété ; mais quand on voudra résumer le caractère essentiel et dominant des coutumes du pays, on arrivera toujours à ce résultat qui nous avait frappé dans nos premiers essais d'histoire du Droit, il y a vingt ans : les Coutumes, prises dans le sens le plus général, sont le Droit civil de la Féodalité [1].

Seulement, et avant tout, il faut bien reconnaître la nature même de la Féodalité du moyen-âge, et ne pas confondre sous la même notion des institutions très-différentes, sinon dans leur source, du moins dans leur développement et leurs effets.

La Féodalité a, dans l'histoire du Droit, deux caractères qui la distinguent : d'une part, en féodalité militaire ; — d'autre part, en féodalité politique et civile.

---

1 *Histoire du Droit français*, essai de 1836, t. I, p. 99.

La Féodalité militaire a eu quatre grandes manifestations :

1° La domination successive en Italie des trente ducs lombards et des empereurs d'Allemagne ;

2° La conquête de l'Angleterre par les Normands ;

3° L'occupation successive de la Sicile par les Normands et par Charles d'Anjou ;

4° La conquête de la Palestine par les Croisés, et les établissements passagers des seigneurs français à Constantinople et dans la Morée.

La Féodalité militaire a créé, sur ces différents points, des lois à son image :

Les Lois lombardes et le Livre des fiefs de Milan ;

Les Lois anglo-normandes ;

Les Constitutions de Naples et de Sicile ;

Les Assises de Jérusalem et les Coutumes de l'Empire de Romanie.

Nous avons précédemment déterminé l'esprit de ces lois et coutumes [2] ; et nous sommes arrivé à ce résultat, savoir, que de la féodalité germanique et militaire est né le Droit féodal proprement dit, qui a pour principe, la force ; — pour liens, l'hommage simple des bénéfices révocables, l'hommage-lige des fiefs héréditaires, le serment de fidélité [3] ; — pour institutions et garanties, la cour seigneuriale des pairs de fief, le duel judiciaire, les guerres privées.

---

2 *Voir* t. III, liv. IV, ch. 4, sect. 6, p. 120 et suiv., et t. IV, liv. VI, ch. 2, sect. 1 et 2, p. 473 et suiv.

3 *De forma fidelitatis*, épître de FULBERT, évêque de Chartres (1006 à 1028). — Epistola 101, dans le Recueil de ses œuvres, et MAX. Bibl. patrum, t. XVIII, p. 28. — Sur l'Hommage-lige, *voir* mon t. IV, p. 412 et 508.

La Féodalité politique et civile se rattache à la féodalité militaire et absolue, mais avec des caractères bien différents et une nature vraiment progressive. Elle s'est établie et développée dans l'intérieur de la France, de la fin du xi° à la fin du xiii° siècle, et en s'unissant aux divers principes de la société, aux chartes communales, aux usages locaux, au Droit romain et canonique, elle a produit de nombreux monuments qui ont un caractère territorial et mixte, les coutumes des provinces; elle a produit le droit qu'on peut appeler à juste titre le Droit coutumier du moyen âge.

Cette distinction entre la féodalité militaire et la féodalité civile est fondamentale; elle se retrouve à divers degrés dans tous les monuments juridiques de la période que nous étudions, et elle donne le moyen d'apprécier leur esprit et leur plus ou moins d'influence sur la formation ou le progrès du Droit féodal et coutumier, qui est devenu dans ses dernières élaborations le Droit français du xvi° siècle.

Dans les volumes précédents et le Livre vi sur le droit privé des premiers temps du moyen âge, nous avons vu naître et se coordonner, sous l'action de la féodalité militaire, les institutions et les usages qui ont concouru à former l'ensemble du Droit féodal. Nous les avons étudiés en Orient et dans la Grèce, en Angleterre et dans l'Italie. Nous avons constaté avec soin les différences qui s'établissaient par la force des situations, entre le Droit féodal extérieur et le Droit féodal intérieur : l'un conservant en Italie et dans l'Orient surtout les caractères inhérents à la féodalité militaire et abso-

lue ; l'autre, au contraire, subissant en France, comme
en Angleterre, l'action d'une société civile qui s'attache
au sol par la *censive* et la classe roturière, non moins
que par le *fief* et la classe noble, et qui s'allie au progrès incessant des idées et des faits, dans l'ordre politique et judiciaire.

Nous nous sommes alors occupé seulement des principes, des institutions qui pouvaient former le fond
commun de la Féodalité européenne et française. Quant
aux monuments, nous avons étudié ceux qui, nés hors
de la France, comme les assises de Jérusalem, les lois
de Guillaume le Conquérant, le livre des fiefs lombards, avaient avec elle des relations d'origine ou
d'influence et qui étaient produits surtout par la féodalité militaire. — Nous n'avons pas encore recherché
les monuments du Droit féodal et coutumier nés sur le
sol même du pays et appliqués pendant le moyen âge à
nos différentes provinces. Nous n'avons pas indiqué les
diversités coutumières et fécondes qui recouvraient et
modifiaient la féodalité primitive sans en étouffer le
germe, et qui constituaient le droit réel et caractéristique
des principales régions du territoire français.

C'est un spectacle curieux et instructif que celui
offert par l'ensemble et la variété des monuments du
Droit au moyen âge, qui ont leur type supérieur, au
nord, dans le livre de Beaumanoir et les Établissements
de saint Louis, au sud, dans les coutumes d'Arles, de
Toulouse, du Béarn : mais les coutumiers acquièrent
surtout un grand intérêt quand on les considère suc-

cessivement, selon un certain ordre géographique, dans leur rapport avec les lieux et les temps qui les ont vus naître. Une lumière inattendue sort, pour l'histoire du Droit, de cette géographie morale et politique des Coutumes de France; et l'on suit, avec un intérêt tout national, les efforts qui tendent, au milieu des diversités de provinces et de races, vers l'uniformité des principes et des institutions, sinon dans la France entière, du moins dans plusieurs de ses grandes régions.

Telle est l'étude ici proposée; tel est l'objet du Livre vii, l'un des plus importants et des plus difficiles de toute l'histoire du Droit français.

Je vais donc rechercher dans nos provinces du Nord et du Midi, de l'Est et de l'Ouest, les documents féodaux et les coutumiers du moyen âge produits our eçus par chacune d'elles, et, à leur défaut, les dispositions, de rédaction moins ancienne, qui portent l'empreinte traditionnelle de la même époque. — Je veux étudier et caractériser les diversités du Droit au sein de populations diverses d'origine, de sujétion, de mœurs. Je veux tâcher de présenter, pour la première fois, l'histoire juridique de la France féodale et coutumière dans un certain ordre géographique, en rappelant les provinces, les monuments et les coutumes de la circonférence au centre du royaume.

Je commencerai mon exploration par les provinces de l'Est et du Sud-Est qui ont plus ou moins subi, sous la suzeraineté de l'Empire germanique, l'action du *Livre des Fiefs* et du *Miroir de Souabe*. J'ai déterminé, à

la fin du tome précédent, les ressemblances ou les différences essentielles du Livre des fiefs avec le droit commun de la France féodale. Il faut maintenant distinguer
avec précision la place que le Livre des fiefs occupe
dans les coutumes de la Lorraine, de l'Alsace, de la
Franche-Comté, du Dauphiné, de la Provence qui relevaient, à divers degrés, de l'Empire et qui forment naturellement la première grande ligne de notre Géographie juridique. J'y joindrai le Duché de. Bourgogne
dont la Franche-Comté s'est détachée, sans répudier ses
coutumes, et le pays Lyonnais, issu de la Colonie viennoise et quelque temps entraîné, avec la Bresse et la
Dombes, dans l'orbite impériale.

J'avancerai ensuite vers le Midi, interrogeant les monuments et l'esprit des anciennes coutumes d'Aigues-
Mortes inséparables du souvenir de saint Louis ; d'A-
lais, qui les imite et s'en défend ; de Montpellier, qui
inscrit sur son Thalamus au milieu de ses institutions
municipales l'école romaine de Placentin ; de Toulouse,
où le vieux Droit romain s'est conservé avec l'indépendance de la Cité gallo-romaine ; d'Albi, qui a rejeté les
Lois de Simon de Montfort et abrité ses coutumes indigènes sous la seigneurie temporelle de son évêque.

Dans la région pyrénéenne j'étudierai l'esprit féodal
et libre des *Fors* du Béarn ; je rechercherai les traces
des mœurs ibériennes ou visigothiques, depuis le pays
basque jusqu'au Val de l'Andorre et aux terres du
Roussillon, demandant aux Coutumes de la Biscaye et
aux Usages de Barcelone leurs rapports ou leurs différences avec les Fors de Navarre, le *Forum judicum* et
les coutumes de Perpignan.

Puis, je redescendrai vers le Sud-Ouest avec les coutumes de Moissac, de Condom et d'Agen, de Martell dans le Quercy, de Bergerac, de Limoges, de la Réole où se trouve une empreinte remarquable de la féodalité du xe siècle; — de Bordeaux qui a gardé, pour la Guyenne, dans son recueil des *Las Coustumaz*, le témoignage de la féodalité militaire, reconstituée sous l'action guerroyante des Plantagenêts.

Ne franchissant pas alors les premières limites de l'ancienne Aquitaine et laissant la Saintonge et le Poitou dans le rayon des provinces du centre, je serai appelé, par de grandes affinités d'institutions et de destinées politiques, de la Guyenne vers la Bretagne, l'Anjou, la Normandie. En Bretagne, j'étudierai les Assises de Geffroy qui transforment féodalement le droit et la succession des grands domaines dans la province celtique; en Anjou, les principaux germes des Établissements de saint Louis; en Normandie, le *parage* qui protége l'indépendance de l'homme du Nord jusque dans la discipline des fiefs, le droit d'aînesse et la hiérarchie féodale.

De la Normandie je remonterai au Nord vers la Flandre, le Hainaut, l'Artois, la Picardie où les coutumes germaniques se sont fidèlement transmises, la Champagne qui a mêlé à ses traditions un caractère généreux d'originalité; le Vermandois qui eut pour premier interprète de ses usages Pierre de Fontaines, le père du Droit coutumier.

Et après avoir décrit, dans cette revue de Coutumes, le plus grand cercle géographique des provinces de France, je m'arrêterai au centre du Royaume. Là, au siége de la Royauté française, se trouvent réunis les mo-

numents féodaux et coutumiers où s'est vivement réfléchi ce que la Féodalité politique et civile avait de plus
général, de plus juridique, de plus civilisateur : le Livre
de la Reine Blanche ou le Conseil de P. de Fontaines,
l'ouvrage de Beaumanoir, le Livre de Justice et de Plet,
les Olim ; et ce monument que la critique moderne a
disputé, comme œuvre législative, à la mémoire de
Louis IX, mais qui, recueil privé ou code authentique,
a mérité le nom d'ÉTABLISSEMENTS DE SAINT LOUIS, et qui a
répandu bien au delà du territoire des prévôtés de Paris
et d'Orléans l'influence salutaire de son autorité. Je
constaterai cette influence dans les diverses zones de la
France centrale, et en caractérisant le Droit spécial du
Poitou, de l'Angoumois et de la Saintonge, du Nivernais, du Bourbonnais et de l'Auvergne, en suivant l'action favorable des Coutumes de Lorris dans l'Orléanais
et les contrées voisines, je serai ramené à l'Ile-de-France,
au cœur du Royaume, aux Coutumes de Paris qui se
sont longtemps concentrées dans les *Sentences du parloir
aux Bourgeois*, dans les Coutumes notoires du Châtelet,
dans les enquêtes par Turbes, pour se perfectionner
par l'association d'éléments divers et rayonner enfin, au
XVIᵉ siècle, sur toute la France coutumière.

Ainsi dans son long pèlerinage, de la circonférence
au centre du Royaume, l'histoire du Droit français au
moyen âge aura recueilli tous les principes, comparé
toutes les institutions à de longs intervalles, constaté
les fortes influences, marqué les grandes lignes des
Coutumes, et donné à la philosophie du droit les
moyens d'apprécier l'esprit général de l'ancien Droit
français.

Charles VII, qui avait conquis son royaume et accompli par la main d'une vierge héroïque et sainte la
délivrance du pays et le salut de la couronne de France,
a voulu que la France entière, dans chacune de ses
provinces, vînt attester ses coutumes et les fixer dans
des monuments durables [4]. La pensée de l'Ordonnance
de 1453 était non-seulement de fixer les coutumes pour
l'avenir, mais de les épurer des désordres et de la confusion qu'avait entraînés la guerre de Cent-Ans. Un
siècle de guerres, de troubles, d'anarchie, de trahisons
lamentables, de violences sur les personnes et les
choses, quelle préface à ce Code civil français, dont les
fragments étaient dispersés dans les diverses contrées
du nord, du centre, de l'ouest et du midi! Mais l'appel
du Roi libérateur a été entendu dans ces provinces dé-
chirées et sanglantes, dont le cœur plein de patriotisme tenait également à ses lois municipales, à ses
lois nationales; et lentement, à partir de l'Ordonnance
de 1453, les Trois États convoqués en chaque province
par le roi ou les princes apanagistes, sous les règnes
successifs de Charles VII lui-même, de Louis XI, de
Charles VIII surtout, de Louis XII et de François Ier, ont
déclaré leurs coutumes féodales ou civiles et quelquefois
modifié, sous la présidence des magistrats du Parlement, d'anciennes traditions qui ne pouvaient supporter la lumière. La France entière représentée dans
ses comices provinciaux, en commençant par la Bourgogne et l'Anjou qui ont rédigé leurs coutumes en 1459
et 1461, a donné le spectacle unique au monde d'une

---

[4] Ordonnance, 1453, art 125.

nation qui, sur tous les points de son territoire et dans
soixante cités choisies comme centres partiels de ses
populations, a dicté ses lois à elle-même en déposant
de ses usages territoriaux et séculaires. Il a fallu, dans
les esprits, une grande disposition à l'association des
principes, au rapprochement des institutions, et, dans
les mœurs, un profond respect des faits et des droits
du passé pour que l'œuvre de législation coutumière qui
mettait en présence tant d'intérêts opposés fût possible,
et devînt ensuite un objet d'attachement et de culte
local. L'œuvre multiple des Trois-Ordres, l'Église, la
Noblesse, le Tiers État représentant la propriété générale et les droits territoriaux sous toutes leurs formes,
partout s'est accomplie, de la fin du xve au commencement du xvie siècle : quelques rares protestations, en faveur de droits allégués et non reconnus, ont été consignées à peine et bientôt oubliées dans les procès-verbaux.

A l'ouverture de ce siècle de grande agitation où le
levain des dissentiments fermentait de toutes parts, les
dissentiments ne se sont point produits dans l'ordre des
intérêts civils, comme dans la sphère des questions politiques ou religieuses : l'Assemblée de 1510, par
exemple, pour la première rédaction de la Coutume de
Paris, n'indique aucun symptôme des divisions ardentes,
irréconciliables qui ont éclaté au sein des États-Généraux
de 1576 ou de 1614. C'est que dans l'ordre civil le sentiment du droit est plus profond et en même temps plus
calme que dans un autre ordre d'idées. Il s'agit des plus
graves intérêts de la propriété, de la famille, des successions. Là ce qui est a toujours une grande raison
d'être, et le trouble apporté sur un point peut réagir

sur l'ensemble. En déposant de la coutume de son pays, chacun dépose de son état de famille, de son existence civile, du droit de ses aïeux et de ses enfants, et chacun sent que le droit et le devoir y sont unis par la tradition d'un lien naturel ou sacré. Aussi, Charles VII, on peut le dire, après avoir sauvé sa couronne et affranchi son royaume de la domination étrangère, a sauvé le droit de l'ancienne France. En fixant les coutumes par écrit, il a fermé l'abime de confusion où elles allaient se perdre ; et en même temps, il a redonné l'intérêt et la vie à ces vieux coutumiers du moyen âge qui dormaient dans les ténèbres du greffe des bailliages, et qui devinrent le principe et le fond des coutumes à rédiger, comme la loi des XII Tables était restée le *principium* et *fons* du Droit prétorien et du Droit de l'Empire.

Ce sont ces anciens titres surtout, les Coutumiers du moyen âge, que j'ai voulu faire revivre dans ce Livre qui s'arrête à l'entrée du xvie siècle.

Mais je ne suis pas resté avec eux dans l'immobilité de la lettre du xiiie ou du xive siècle ; et reconnaissant l'esprit progressif de la France qui, dans le cercle des destinées humaines, s'avance même quand l'aiguille paraît immobile, j'ai indiqué la marche du temps et fixé les résultats du progrès dans les institutions coutumières, jusqu'au moment où la Coutume de Paris se recueille dans sa rédaction officielle de 1510, pour se préparer à sa réformation sous l'influence du génie de Dumoulin, et pour partager avec le Droit romain le titre de Droit commun de la France.

Quelquefois, quand le sujet l'exige, je jette un regard

jusqu'au terme où expire la féodalité civile, jusqu'à la
Révolution de 1789 qui s'éclaire vivement, dans l'histoire, au rapprochement des institutions du passé.

En cela je ne manque pas à l'unité de plan, car l'idée
ou l'institution, qui n'a pas changé dans les temps modernes, est toujours l'idée ou l'institution du moyen
âge. Quand je franchis la fin du xve siècle, c'est donc
pour montrer le lien qui existait encore, sur certains
points, entre le moyen âge et les temps modernes ; c'est
pour faire mieux sentir, dans l'histoire de notre Droit,
l'importance d'étudier une époque qui a prolongé sa
durée jusqu'au dernier âge de l'ancienne monarchie ;
c'est pour mettre mieux en relief des institutions ou des
coutumes, dont nous sommes séparés aujourd'hui bien
plus par les idées que par les siècles.

CHAPITRE PREMIER.

COUTUMES DES PROVINCES DE L'EST ET DU SUD-EST DE LA FRANCE, QUI ONT PLUS OU MOINS DÉPENDU OU RELEVÉ DE L'EMPIRE GERMANIQUE.

SOMMAIRE.

Sect. 1re. — LORRAINE.

Anciennes Coutumes de Lorraine, de Bar et du pays Messin. — Accessoirement : Miroirs de Souabe et de Saxe. *— Droit de la province. — Assises de l'ancienne Chevalerie de Lorraine.*

Sect. II. — ALSACE.

Anciennes Coutumes. — Influence directe et continue du Livre des Fiefs *et du* Miroir de Souabe. *—* Droit statutaire.

Sect. III. — LES DEUX BOURGOGNES (DUCHÉ ET FRANCHE-COMTÉ); PAYS LYONNAIS, BUGEY, BRESSE ET DOMBES.

Observations préliminaires sur les relations de ces contrées et d'autres provinces avec le royaume d'Arles. — Charte de Lyon. — Caractère du Droit en Bugey, Bresse et Dombes.

Anciennes Coutumes de Bourgogne. — Rapports et différences entre les Coutumes du Duché et de la Franche-Comté.

Sect. IV. — DAUPHINÉ.

Ancien usage du Livre des Fiefs. *—* Statutum solemne Humberti II Delphini *— Conseil delphinal; Gouverneur; Parlement. —Caractère du Droit.*

Cette vaste lisière du Rhin et des Alpes, que le traité de Verdun entre les fils de Louis le Débonnaire avait détachée du royaume de Charles le Chauve pour la joindre à l'Allemagne et à l'Italie, formait pour l'empire germanique une large et forte ceinture prise sur les frontières naturelles de l'ancienne Gaule ou de la France carlovingienne ; et la suzeraineté impériale étendit, à divers degrés, son pouvoir, ses institutions, son action de féodalité militaire sur la Lorraine, l'Alsace, la Franche-Comté, le Lyonnais, le Dauphiné, la Provence.

L'autorité du *Livre des Fiefs*, qui devenait la règle générale de l'empire en Italie et en Allemagne, se fit sentir ou éprouva des résistances dans ces provinces limitrophes, en ce qui concerne le système fondamental, savoir, la constitution des fiefs, le droit qui en régissait la transmission après le décès du détenteur, la prohibition de les aliéner. Tout le système de la féodalité militaire du Livre des Fiefs de Milan était dans le droit de l'empereur de constituer des fiefs de dignité en divisant de trop vastes possessions, d'en conférer librement l'investiture au seigneur de son choix après le décès du vassal, de ne reconnaître pour les fiefs ordinaires un droit d'hérédité qu'en ligne directe, d'en prohiber ou annuler l'aliénation pendant la vie du titulaire[1]. Tout l'effort de la féodalité politique et civile dut tendre d'abord à substituer le droit du vassal à l'arbitraire du chef-seigneur.

La dépendance du fief ou sa transformation plus ou moins avancée en chose de patrimoine; le droit d'aînesse ou son absence; le droit de masculinité ou le droit plus favorable aux femmes : c'est là ce qui différencie principalement les coutumes dans la région de l'est et du sud-est, ce qui marque leurs divers degrés de soumission à l'action de la suzeraineté de l'empire. La variété des institutions répond, du reste, aux origines et aux mœurs de chaque pays, comme aux fortunes diverses de la propriété foncière et de l'aristocratie féodale.

En suivant l'ordre géographique indiqué dans les observations préliminaires, nous commencerons par la Lorraine la revue comparative des monuments, des usages et des institutions.

---

1 *Voir* mon t. iv, l. 6, ch. 2, p. 553. — *Voir* aussi sur l'étendue des droits de l'empereur et du roi des Romains, c'est-à-dire l'empereur élu, mais non encore couronné, le *Mémoire du Gouvernement de l'empereur*, p. 28 et ch. 40 (1741).

SECTION Ire.

LA LORRAINE.

ANCIENNES COUTUMES DE LORRAINE, DE BAR, DU PAYS MESSIN. —
ACCESSOIREMENT, *MIROIRS DE SOUABE ET DE SAXE*. — DROIT DE
LA PROVINCE.—ASSISES DE L'ANCIENNE CHEVALERIE DE LORRAINE [1].

I. Les anciennes Coutumes de Lorraine tirent leur
origine des Lois germaniques, des mœurs féodales et
des décisions du Droit romain, mêlées aux usages du
pays. Elles n'ont point laissé de monuments particuliers recueillis au moyen âge. Mais le Miroir de Souabe
est un coutumier du xiiie siècle qui réfléchit souvent
des usages communs à la partie méridionale de l'Empire et aux contrées voisines des deux rives du Rhin.
— De plus, les Coutumes générales des trois Baïlliages
de Lorraine (Nancy, Vosges, Allemagne), ont cela de
remarquable que leur rédaction faite en 1594 seulement, sous les auspices de Charles III, duc de Lorraine, est la reproduction des anciens usages recherchés
et attestés par les États généraux de la province [2].
C'est ce que déclarent expressément les lettres patentes

1 *Voir* Hist. de Lorraine, par D. CALMET; Annales de Lorraine,
par RISTON (1782).—MAHUET, Comm. sur les cout. anc. et générales
de Lorraine. — Abr. FABERT, chevalier et maître échevin de Metz,
Remarques sur les Cout. gén. de Lorraine (1657). — Cout. gén. de
la ville de Metz et du pays Messin avec comment. (1730).

2 Charles III était gendre du roi de France Henri II et de Cathe-
rine de Médicis.

du 16 septembre 1594 qui mentionnent « le *Cayer* des *vieilles Coutumes* recueillies en l'assemblée dernière des États généraux ; » et une ordonnance de la même année, sur l'homologation des Coutumes nouvelles, porte « qu'elles seront suivies et observées comme celles qui de *tout temps sont reconnues pour anciennes Coutumes* [3]. » Si donc une date précise ne peut être attachée à l'origine des Coutumes de Lorraine, il y a, du moins, certitude qu'elles ont été recueillies par les États du pays et sanctionnées par le pouvoir « comme les anciennes Coutumes de tout temps reconnues. » C'est dès lors un document très-important par son antiquité, revêtu d'une rédaction en langage du xvie siècle [4].

Il en est de même des Coutumes du Barrois, pays possédé primitivement par le duc de Lorraine [5]. Les anciennes coutumes de Bar furent rédigées par le Greffier, les Jurés et le Notaire du bailliage, d'après l'ordonnance des Trois-États assemblés à ce sujet en octobre 1506. La qualité des rédacteurs indique le caractère traditionnel du Recueil. Ce sont des officiers de justice et des praticiens du tabellionage qui ne font que constater et réunir « les Coustumes du Bailliage de Bar *de tout temps notoires,* notoirement pratiquées et gardées au dit

3 Ordonnance du 17 mars 1594, sur les Coutumes nouvelles en 24 articles, RICHEBOURG, t. II, p. 1124.

4 Texte dans le Cout. général de RICHEBOURG, t. II, p. 1099 et 1119. — Voir l'*Essai* sur les Cout. de la Lorraine et du Barrois, par M. BEAUPRÉ. (Mémoires de l'Acad. de Stanislas, année 1835 et suiv.)

5 *Voir* L'ouvrage de M. le président JEANTIN sur les marches de l'Ardennes et des Woëpres, ou le *Barrois,* le Vallon, étudiés dans les chartes (1854).

Bailliage [6]. » — Il existe aussi d'anciennes Coutumes de Saint-Mihiel dont le bailliage et les fiefs relevaient du comte de Bar : elles portent le même caractère d'ancienneté, dans une rédaction sans date [7].

Plus près de l'Allemagne, à Metz et dans le pays Messin, le Maître-Échevin, le Conseil et les Treize de la justice, après la réunion du pays à la France, publièrent en 1564 des *Ordonnances de la ville et cité de Metz* qui, sous prétexte de remédier à la confusion produite par le siége de 1552, anéantissaient les anciennes Coutumes [8]. Les Trois-Ordres de la province, dès l'année 1569, portèrent leurs plaintes au Roi de France et demandèrent qu'il leur fût permis de faire *rédiger par écrit leurs anciens Us et Coûtumes* [9]. Les Rois donnèrent successivement en 1569, 1578, 1609, 1611, des Lettres patentes pour leur rédaction, qui fut terminée en 1613. Or, dans les procès-verbaux de révision de 1616 et 1617, ce Recueil est appelé du nom de *Coustumier ;* et une demande d'innovation, émanée des nobles,

6 Anc. coutumes de Bar, 41 articles, RICHEB., t II, p. 1015. Une nouvelle rédaction eut lieu en 1579, en 231 articles.

7 Anc. cout. de Saint-Mihiel, RICHEB., t. II, p. 1045.

8 Elles sont insérées dans le t. II de RICHEBOURG.

9 Les termes de la plainte sont abrégés dans RICHEBOURG (t. II, p. 395), et rapportés en entier dans ANCILLON, *Traité de la différence des biens* sous la Coutume de Metz, p. 59 :

Les Trois-ordres de la ville et du pays firent plainte au roi Charles IX de ce que « sous prétexte de débrouiller en quelque » sorte la confusion que le siége de l'an 1552 avait produite en l'ad- » ministration de la justice et règlement de police, certaines ordon- » nances avaient été dressées et publiées sous le nom des Maître- » Échevin, Conseil et Treize, dont l'observation anéantissait les » Coutumes anciennes, desquelles la seule mutation pouvait causer » des désordres irréparables. »

est repoussée par le Maître-Échevin et les députés du grand Conseil « comme contraire à ce que, *de toute ancienneté, leurs majeurs et ancestres ont toujours pratiqué* [10]. » — Nous pouvons donc, en conférant les principales dispositions avec les faits historiques, et en usant d'une saine critique, retrouver dans ces anciennes Coutumes de Lorraine, de Bar et de Metz le droit de la Lorraine au moyen âge.

II. Mais, comme nous l'avons dit en commençant, un monument qui appartient bien certainement au moyen âge, le Miroir de Souabe (*Speculum suevicum*, *Schwabenspiegel*), est d'une grande importance pour le droit des *terres de l'empire* voisines du Rhin; et, comme nous aurons à en faire usage, en nous occupant surtout du droit de la Lorraine et de l'Alsace, nous devons donner ici les détails nécessaires sur ce curieux monument et sur celui qui s'en distingue sous le nom de Miroir de Saxe (*Speculum saxonicum*, *Sachsenspiegel*).

La féodalité politique et civile de l'Empire d'Allemagne était régie par trois recueils de constitutions et d'usages : le Livre des fiefs Lombards, qui constituait le droit commun de l'Empire; le Miroir de Saxe, et le Miroir de Souabe qui en formaient les droits provinciaux. Nous avons apprécié avec soin le Livre des fiefs à la fin du dernier volume; nous n'y reviendrons pas. Incorporé aux collections du droit romain depuis

10 RICHEBOURG, t. II, p. 411 et 412. ...Sur lesquelles choses (l'aînesse, les tutelles, etc.) a été ordonné que lesdits sieurs de la noblesse seront priés de demeurer... ainsi que leurs prédécesseurs *l'ont pratiqué jusqu'à ce jour*, sans leur accorder pour ce sujet autre chose. (Délibération du 21 janvier 1617.)

le xiii⁰ siècle et propagé dans l'Allemagne sous les auspices et l'autorité des empereurs, le Livre des fiefs avait
l'autorité d'une loi générale, mais non absolue.—Quant
aux Miroirs de Saxe et de Souabe, ils ne formaient que
des recueils d'un caractère privé, des Coutumiers.

Le Miroir de Saxe fut rédigé, le premier, par *Epko
Repkovius* qui déclare, dans sa préface, l'avoir rédigé
d'abord en latin et l'avoir traduit, ensuite, avec beaucoup d'efforts, en langue vulgaire ou saxonne. C'est
cette traduction (premier monument juridique en langue
tudesque) qui a rendu l'œuvre populaire dans le nord
de l'Empire [11]. La compilation a été faite entre les
années 1215 et 1235 : le recueil mentionne une décrétale d'Innocent III de 1215, donc il lui est postérieur ;
il ne cite pas dans la nomenclature des duchés celui de
Brunswick institué par Frédéric II en 1235, donc il lui
est antérieur. Le Miroir de Saxe a été condamné par le
pape Grégoire XI, en 1374, comme contenant des dispositions *fausses, téméraires, iniques*, et quelquefois
hérétiques, schismatiques, contraires aux bonnes mœurs [12].

11 Les manuscrits latins sont beaucoup plus rares que les manuscrits en allemand, et il paraît que les manuscrits latins ne sont
eux-mêmes qu'une traduction très-défectueuse de l'allemand faite à
une époque postérieure. (Il y a sur ce point dans les auteurs allemands d'inépuisables controverses.)

12 Bulla, in Goldast., et Heinecc., Hist. jur. germ. (édit. Silberrad, ii), p. 961.

« Ad nostrum perduxit auditum quod in Saxonia ac nonnullis
aliis partibus quædam detestabilia scripta legum, *Speculum saxonicum* vulgariter appellata... et ipsa scripta vel leges tanquam falsa,
temeraria, iniqua, et in quibusdam partibus eorum hærética et
schismatica, et contra bonos mores existentia, periculosaque nimium
animabus... reprobamus, damnanus. etc... Datum Avinionis, anno
quarto pontificatus Nri. »

Mais il n'en a pas moins étendu son autorité, comme coutumier, dans les cours de justice des territoires compris entre la Pologne et la mer d'Allemagne, entre la Baltique et la Thuringe : il a même servi aux tribunaux secrets ou vehmiques pour sanctifier l'exécution de la sentence de mort prononcée par les francs-juges [13].

Le Miroir de Souabe a été fait, sans doute, à l'imitation du premier ; il n'a pas d'auteur connu ; sa rédaction originale est allemande. Il paraît avoir été compilé entre les années 1250 et 1290, c'est-à-dire, entre la mort de l'empereur Frédéric II et la fin du règne de Rodolphe de Habsbourg qui réprima les désordres de l'anarchie et remit en vigueur, dans l'empire, les lois et les tribunaux [14]. Le Livre offre deux divisions principales, le droit provincial (*Landrecht*) et le droit féodal (*Lehnrecht*). L'autorité du Miroir de Souabe, comme Coutumier féodal et provincial, fut reconnue librement et à divers degrés dans la partie méridionale de l'Empire, ou la Souabe proprement dite, l'Autriche, la

13 L'office des francs-juges exécutant la sentence est celui d'un *messager* céleste, d'après le *Sachsenspiegel*. — *Voir* le Mém. de M. GIRAUD sur les *Tribunaux vehmiques*, p. 13 et 15 (1849).

14 Cette opinion est fondée sur le texte allemand du Miroir de Souabe qui attribue aux ducs de Bavière la qualité de *grand échanson* de l'Empire qui fut disputée entre eux et le roi de Bohême depuis l'année 1231 jusqu'à l'année 1290, époque à laquelle elle fut définitivement attribuée par Rodolphe Ier au roi de Bohême, lequel restait, à ce titre, un des sept grands électeurs de l'Empire créés en 1002 par Othon, de l'avis du pape Grégoire V. Le Miroir de Souabe (en français) mentionne le roi de Bohême en cette qualité, p. 23, ch. 128. — *Voir* KOCH, tableau des Révol. de l'Europe, I, p. 179. — Mém. de l'Empire, p. 43, 47, 52, 188. — SILBERRAD sur HEINECCIUS, *Hist. juris. germ.*, II, p. 965.

Bohême, le Tyrol, la Bavière, la Hesse, la Franconie, la Suisse, la Lorraine et l'Alsace. Les manuscrits de ce Coutumier se sont beaucoup multipliés en Allemagne et offrent de nombreuses variantes. En tête de son édition, le baron de Lassberg a donné la liste et la description de 197 manuscrits, dont douze sont en Suisse et cinq ont appartenu ou appartiennent encore à la ville de Strasbourg [15].

Un manuscrit offre pour les provinces de la Lorraine et de l'Alsace un intérêt tout particulier, c'est celui d'une traduction française en langage du moyen âge, trouvé dans la Bibliothèque de Berne et publié en 1843 par M. Mattile, professeur en droit à l'Académie de Neufchâtel [16].

Le manuscrit français est une copie très-nette dont l'écriture indique la fin du xive siècle : le langage employé par le traducteur paraît remonter plus haut et se distingue peu de la langue de nos Coutumiers du xiiie. La traduction ou, du moins, la copie retrouvée et imprimée, a été faite en vue de la Lorraine et, du pays Messin, car le mot de *Lorreine* ou de *Lorranne* est substitué au nom de *Lusace* (margraviat incorporé à la Bohême) qui se trouve dans le texte allemand de

15 M. WACKERNAGEL dans son édition donne de très-nombreuses variantes des manuscrits. — SCHERZ a traduit en latin le droit provincial (t. II de SCHILLER, corpus juris feudali-germanici); SENKENBERT, le droit féodal.

16 Le titre est : Miroir de Souabe, d'après le manuscrit français de la ville de Berne, publié par G.-A. MATTILE, docteur et professeur en droit à Neufchâtel (1843, petit in-folio de 87 f[os] avec une introduction et quelques variantes).

presque tous les manuscrits [17]; le texte français porte :
« *li marche de Lorranne...* » et (dans un autre passage)
il est dit... « à une lieue de la *cité de Mez en Lorreîne* [18]. »

L'existence de ce manuscrit est un précieux témoignage de l'autorité ou de l'influence que le Miroir de
Souabe pouvait exercer dans les parties du territoire
soumis à la suzeraineté de l'Empire où l'on parlait la
langue française. C'est donc un document à l'aide duquel
on peut éclairer et contrôler les coutumes de Lorraine,
dont la rédaction a revêtu une forme plus moderne.

Les monuments reconnus, jetons un coup d'œil sur la
province elle-même.

III. A la faveur des troubles de l'Allemagne, en 911,
le Roi de France, Charles le Simple, s'était emparé du
royaume de Lorraine. Mais l'Empereur Henri Ier, dit
l'Oiseleur, en reprit possession dans les années 923,
925, et étendit les limites de l'Allemagne jusqu'à la
Meuse et à l'Escaut [19]. La Lorraine devint fief de l'Empire sous Othon Ier, qui en investit son frère Brunon, archevêque de Cologne, en qualité d'archiduc. Elle fut divisée, vers l'an 953, en haute et basse Lorraine : la
première, dite la Mosellane, a seule conservé le nom de
duché de Lorraine; la seconde a pris le nom de duché
de Brabant [20]. Le premier duc titulaire de la haute Lor-

17 M. Mattile (introd., page ix) a remarqué dans le manuscrit
de Bâle les mots « diu marke ze Lutringen, » mais c'est le *seul* qu'il
cite comme donnant en allemand le nom de Lorraine.

18 *Voir* Miroir de Souabe, ch. 40, p. 70, au verso ligne 26.

19 Frodoardi Chronicon, et le continuateur de Reginon, années
923 et 925.

20 *Voir* le tableau des Révolutions de l'Europe, par Koch, ouvrage trop peu connu, t. Ier, p. 61, 80. — La Haute-Lorraine

raine fut Frédéric I⁻ᵉʳ, duc amovible [959]. La basse
Lorraine fut concédée par l'Empereur Othon II, en 977,
à Charles de France, oncle du dernier Roi carlovingien, et compétiteur malheureux de Hugues Capet.
Réunies sur la même tête en 1033 et, depuis, définitivement divisées, les deux Lorraines ont été possédées
par des ducs héréditaires qui ont fondé en France la
maison de Lorraine, et la maison de Brabant dans les
Pays-Bas.   .

Le fondateur de la noble maison de Lorraine, Gérard
d'Alsace, avait reçu le duché en 1048 de l'Empereur
Henri III, successeur de Conrad le Salique. En lui commença un nouvel ordre de choses. La Loi de Conrad,
de 1038, établissait la succession en ligne directe, jusqu'au deuxième degré, pour les bénéfices ordinaires
seulement et non pour les fiefs de dignité [21]. Gérard
d'Alsace, nonobstant la loi de Conrad, transmit le duché, fief de dignité, à son fils aîné Thierry [1070].
Thierry transmit le duché en 1115 à son fils aîné,

était bornée au nord par le duché de Luxembourg et l'archevêché de Trèves, au levant par l'Alsace, le duché des Deux-Ponts
et le palatinat du Rhin, au midi par la Franche-Comté, au couchant par le Barrois et la Champagne. La Haute-Lorraine comprenait primitivement les diocèses de Metz, Toul et Verdun qui se
détachèrent depuis en petits États indépendants sous la *suzeraineté de l'Empire.*   .

La Basse-Lorraine comprenait Cologne, le duché de Brabant,
l'évêché de Liége, une partie de la Gueldre.

L'archevêque Brunon qui avait été investi de toute la Lorraine
en qualité d'archiduc, en 945, conserva l'administration de la Basse-
Lorraine.

21 Sur la Constitution de Conrad, au livre des fiefs, *voir* mon
t. IV, p. 541, 544.

Simon Iᵉʳ, qui eut également son fils pour successeur et ainsi de suite : le duché resta dans la maison de Lorraine pendant près de sept siècles [22]. L'hérédité et le droit d'aînesse s'établirent donc en Lorraine pour le fief de dignité malgré les liens qui attachaient le duché à l'Empire, malgré les lois impériales, et conformément au capitulaire de Charles le Chauve. Le droit féodal de la France prévalut à cet égard, de bonne heure, sur le droit féodal de l'Allemagne et de l'Italie. Il ne resta de la prérogative de l'Empereur que la cérémonie de l'investiture par l'étendard ou les cinq étendards. Ainsi Ferry II, qui avait succédé à son père dans la possession du duché, reçut en 1256 d'Alphonse roi de Castille, élu Empereur, l'investiture par cinq étendards, qui représentaient ses fiefs et dignités. Le *Codex diplomaticus* de Leibnitz contient, à ce sujet, une lettre du XIIIᵉ siècle qui donne des détails précieux à recueillir : « Le duc de Lorraine à genoux devant le trône d'Alphonse reçut l'investiture des dignités ou fiefs qu'il possédait par cinq étendards qu'on lui mit successivement entre les mains. Le premier regardait son emploi de grand sénéchal de l'Empereur lorsqu'il tient sa cour aux environs du Rhin. Le second signifiait que le duc devait présider, au nom de l'Empereur, les duels judiciaires des nobles, entre le Rhin et la Meuse. Le troisième lui était donné pour l'investiture de *Remiremont,* ville des Vosges, qui avait des priviléges particuliers à raison surtout de sa célèbre abbaye, dont l'abbesse était Princesse de l'Empire. Le quatrième était donné pour la

22 WASTELAIN, Gaule Belgique, donne toute la généalogie de GÉRARD d'Alsace, jusqu'à 1737.

dignité de Marquis ou de Grand-Voyer de l'Empire dans
toute l'étendue du duché de Lorraine, tant sur terre que
sur eau. Le cinquième enfin était pour l'investiture de la
Régale qui appartenait à l'Empereur dans les abbayes
de Saint-Pierre et de Saint-Martin de Metz [23]. »

La transformation du fief de l'empire en fief héréditaire exerça une influence favorable sur le droit coutumier de la Lorraine.

Les assises des anciens chevaliers de Lorraine, institution politique et judiciaire, dont nous parlerons bientôt, firent passer dans la jurisprudence féodale de la
province le droit qui avait prévalu dans la transmission
du duché lui-même. Ils en développèrent les conséquences dans l'application aux fiefs particuliers par des
jugements dont le plus ancien, qui soit connu, date de
l'an 1094. Le principe que « le fief doit se gouverner
par la coutume en laquelle il est situé, non par la coutume où est assis le fief dominant » fut reconnu. Il li-
mita dans la Lorraine l'autorité des lois impériales. Il se
trouve nettement exprimé, sous forme d'exception à
l'autorité de ces lois, dans les anciennes coutumes de
Bar et de Saint-Mihiel : « coutume est telle que tous les
» fiefs... se gouvernent et règlent selon les lois et cou-
» tumes impériales ès cas où il n'y a coutumes particu-
» lières contraires [24]. » C'était en même temps déclarer
le droit général de l'Empire et établir la limite locale.
La coutume de Lorraine appliqua formellement l'excep-

---

23 Codex diplomaticus, anno 1256.

24 Anc. cout. de Bar et de Saint-Mihiel, art. 1er. RICHEBOURG, t. II,
p. 1016 et 1045.

tion aux enclaves, objet fréquent de conflits de juridiction, en ces termes : « Les fiefs et francs alœuds encla-
vés en Lorraine sont régis et réglés selon les coutumes
générales de Lorraine [25]. » Ces principes si favorables
au droit local et coutumier, qui nous sont transmis par
une rédaction du xvie siècle, étaient bien ceux reconnus
au moyen âge ; ils sont attestés par le Miroir de Souabe
quant à l'autorité du droit provincial et des jugements :
« Là où les biens sont, il convient que hons pragne droit
» selon la coustume du pais ; — là où li aleus et la terre
» git, là an doit lan faire droit et prandre [26]. » Le coutumier maintient la règle sur ce point, même contre l'autorité du pape [27].

Les Coutumes de Lorraine, dès le moyen âge, avaient
donc acquis, en principe et en fait, la préférence sur les
lois ou coutumes générales de l'Empire ; elles avaient pris
le caractère de *Statuts réels* ; elles avaient placé l'hérédité
des fiefs et le droit d'aînesse dans le Droit provincial.

Une autre exception s'établit en opposition avec le
Droit de l'Empire ; les femmes furent reconnues capables
de succéder aux fiefs et de les transmettre : « les fiefs
sont généralement de telle nature et qualité (dit l'ancienne Coutume de Lorraine) que les fils et filles sont
capables d'y succéder comme à biens patrimoniaux [28]. »
Ce droit de succession féminine était commun aux fiefs

---

25 Cout. gén. de Lorraine (anc. Cout.), tit. v, art. 14.

26 Miroir de Souabe, ch. 33, p. 7 ; ch. 89, p. 16. (Édit. française
du professeur MATTILE.)

27 « Ne puet li Pape negons droiz meitre (porter obstacle) as nos
droiz paisens (du pays) ne aus droiz de fiè, qui nos puissent affablir'
nos droiz. » (Miroir de Souabe, ch. 4, p. 3.)

28 Anc. Cout. de Lorraine, tit. v, art. 1.

ordinaires et aux fiefs de dignité; on en trouve l'application dès le xie siècle à ces derniers : en 1048, la fille
de Frédéric, Duc de Lorraine et de Bar, la comtesse
Sophie reçut en apanage le comté de Bar [29]; — en 1076
Godefroy de Bouillon succéda, du chef de sa mère, aux
comtés de Verdun et d'Ardennes [30]. « Au delà du Rhin
(dit Chantereau le Fèvre) les fiefs de haute dignité restaient masculins; en deçà, la succession féminine était
admise [31]. » Et il convient de rappeler, à cet égard, que
l'ancienne Loi des Burgondes, dont l'influence se fit
sentir dans nos provinces de l'Est, était favorable aux
successions des femmes et faisait contraste sur ce point
avec la Loi Salique [32].—Ce droit de transmission par les
femmes donna lieu cependant à de graves difficultés en
Lorraine, au xve siècle, et à une querelle célèbre dans
l'histoire. René d'Anjou, roi de Sicile et duc de Bar,
prit possession du Duché de Lorraine au nom d'Isabelle
son épouse, comme héritière de Lorraine par son père,
le duc Charles II. Des prétentions rivales furent élevées
et soutenues les armes à la main par Antoine, comte de
Vaudemont, neveu du dernier Duc et fort de son alliance
avec le Duc de Bourgogne. Antoine prétendait que la
Lorraine était un fief masculin, *Ducatum Lotharingiæ sa-
licum esse*. René d'Anjou, prisonnier du Duc de Bour-

29 WASTELAIN, Gaule Belgique, p. 295.—M. JEANTIN, Marches de
l'Ardennes... le Barrois, etc., d'après les chartes (1854).

30 CHAUTEREAU LE FEVRE, de l'origine des fiefs, p. 49, et WASTE-
LAIN, p. 252.

31 Id. *loc. cit.* — L'empereur Frédéric Barberousse accorda par
exception en 1156 aux anciens ducs d'Autriche le privilége de transmission aux femmes. (KOCH, tableau des Révolutions, I, p. 85.)

32 Lex Burgund. (Loi Gombette.) Tit. XIII, § 1 et 2.

gogne, soumit sa cause au concile de Bâle et à l'empereur Sigismond, qui prononcèrent en sa faveur [33].

L'influence de la coutume française et celle du livre des fiefs se sont plusieurs fois mêlées et contre-balancées dans les anciennes coutumes de Lorraine, soit à l'égard du droit d'aînesse, qui ne s'est point étendu à la ligne collatérale et aux anoblis dans la ligne directe, soit à l'égard du droit de masculinité qui reprenait son empire entre gentilshommes et qui écartait les filles ou sœurs de la succession tant qu'il y avait un fils, frère ou descendant d'eux, soit à l'égard de la *commise* des fiefs qui dans les coutumes de Bar et de Saint-Mihiel étaient *fiefs de danger*, selon le droit de l'Empire, et qui en Lorraine pouvaient être librement aliénés [34].

IV. Mais ce mélange n'apparaît point à l'extrémité de la Lorraine, dans les coutumes du pays Messin. Là, au contraire, tout est net et bien tranché, soit en faveur du Droit lombard, soit en faveur du Droit romain.

La Coutume de Metz admettait d'une manière absolue l'égalité du partage dans les successions féodales. Cette loi d'égalité avait même une si profonde racine

33 WASTELAIN, Gaule Belgique, p. 297 et 305.—CHIFFLET, *Vindiciæ hispanicæ*, p. 73, etc —ROUCHEL, Bibl. du droit français, t. II, p. 401; v° *Loy salique.* — Le concile de Bâle ouvert en 1431 fut présidé en 1433 et 1434 par l'empereur Sigismond de la 14ᵉ à la 17ᵉ session inclusivement. (Conc. collect. LABBE, t. XII.) C'est en ce concile que l'empereur Sigismond adjugea la préséance aux *docteurs ou chevaliers ès-lois* sur les chevaliers d'armes, parce qu'il pouvait, disait-il, « faire cent chevaliers d'armes en un jour, mais qu'il ne pourrait pas en mille ans faire un bon docteur. » (LAROQUE, Noblesse, p. 143.)

34 Anc. cout. de Lorraine, tit. IX, art. 2; tit. V, art. 1 et 12.—Anc. cout. de Bar et de Saint-Mihiel, art. 1. (RICH., II, p. 1016 et 1045.)

dans les mœurs que lorsqu'en 1617 les gentilshommes
du pays Messin réclamèrent pour l'avenir le droit d'aînesse et le préciput noble (ou le château et ses dépendances) cela leur fut refusé par les États « au nom de
» leurs majeurs et ancêtres, qui ont toujours, sans au-
» cune distinction de sexe, succédé et partagé *également*
» tous et chacun des biens qui leur étaient échus,
» tant en ligne directe que collatérale [35]. » Le Miroir de
Souabe respirait le même esprit d'égalité dans les successions : le seul préciput d'aînesse, disait-il, « c'est
l'épée du mort [36]. »

Et il n'y avait pas seulement, dans ces coutumes de
Metz et de Souabe, égalité pour les biens, il y avait
liberté dans leur condition.

La coutume de Lorraine reconnaissait des alleux ou
francs alœuds à côté des fiefs, sans s'expliquer sur la
présomption de droit, pour ou contre.—La coutume de
Bar était muette sur les alleux. — Mais la coutume de
Metz (conforme au Miroir de Souabe) est aussi explicite
que favorable à l'égard des biens libres; elle porte :
« Terre prétendue féodale doit être reconnue ou prou-
» vée par titre, autrement elle sera tenue *allodiale* [37]. »
C'est la maxime du Midi de la France « nul Seigneur

35 « Et partant qu'on les priait de s'y conformer sans demander
novation. » En conséquence, nul changement ne fut apporté au
tit. XI des successions. L'art. 10 porte : « Enfants d'un même lit,
héritiers d'un défunt, viennent *également* à succession d'icelui sans
considération de droit d'aînesse, sans advantage et sans différence ni
distinction de sexe. »

36 « Si cinsney doit avoir davantage l'*épée dou mort*, lo remanant
partir par égal. » (Miroir de Souabe, ch. 27, p. 6.)

37 Cout. de Metz, tit. III, art. 16. Le Miroir de Souabe contient le
même sens dans le ch. 203, p. 38.

sans titre. » Ce rapport du nord au sud vient du Droit
romain. L'ancienne coutume de Metz avait puisé dans
ce droit la plupart de ses principes. Ainsi, elle n'admettait pas la communauté de biens entre gens mariés,
à moins de stipulation expresse [38]; elle permettait les
avantages entre époux; elle préférait l'héritier testamentaire au parent successible non institué; elle n'admettait pas le retrait lignager, à moins de réserve expresse dans les titres; elle fondait les successions *ab
intestat* en ligne collatérale sur les liens du sang et la
proximité des degrés, non sur l'origine des biens; et elle
consacrait, comme on l'a vu plus haut, l'égalité des partages, en écartant le droit d'aînesse et de masculinité.

Il est un point cependant où la Coutume de Metz se
sépare du Droit romain et prend un caractère original
et singulier; il est relatif aux biens-fonds. Elle reconnaît
le droit d'en disposer par acte entre-vifs, mais elle défend d'en disposer par testament ou donation à cause
de mort; et pour restreindre dans ses conséquences une
prohibition trop absolue en faveur de la famille des
propriétaires, elle admet une nature de biens immeubles
qui, sous le nom d'acquêts de *Gagière* ou *Wagières*, sont
assimilés aux biens meubles pour le droit de disposition, de douaire, de succession. Cette singularité du
bien acquis par *gagière* avait, dans les anciens usages
du pays, des formes compliquées, qui rappellent l'a-
cheteur fiduciaire du vieux droit civil de Rome, et qui
n'ont cessé que par une ordonnance des échevins de

38 En cela elle se séparait du *Miroir de Souabe*, qui disait : « Mari
et fame ne doivent nule chose avoir *parti à lour vie* » (Ch. 35, p. 7.)

Metz de l'an 1564. L'immeuble était acquis fictivement
d'un propriétaire par une personne qui paraissait avoir
emprunté d'un tiers la somme servant à payer le prix
au vendeur. L'acquéreur apparent ou fiduciaire engageait ensuite fictivement l'immeuble au tiers, prêteur
de la somme; et celui-ci gardait l'immeuble qui lui
avait été donné en gage, pour tenir lieu de la somme
prêtée à l'acquéreur fiduciaire : gagiste apparent, il était
acquéreur véritable; mais la chose acquise *par gagière*
était censée représenter la somme originairement et fictivement prêtée, et il pouvait en disposer comme d'un
bien meuble [39]. Le Miroir de Souabe, les anciennes coutumes de Bar et de Saint-Mihiel emploient le mot de
gagières dans le même sens de biens-fonds assimilés à
des biens meubles; mais le Miroir de Souabe le repousse
des fiefs, qui ne pouvaient subir cette assimilation : « Qui
appelle fiez *gagières*, il dit trop maul, *quar Gagière
ne peut être fiez, ne fiez gagière.* » L'institution, dans toute
sa singularité de droit et de forme, n'existait que dans
la Coutume de Metz, comme moyen de contre-balancer
la prohibition d'aliéner les biens-fonds provenant, non-
seulement de patrimoine, mais de première acquisition.

V. Parmi les institutions judiciaires, qui tenaient à la
nature de la féodalité, il en est une très-notable qui
s'est maintenue jusqu'à l'année 1634 : ce sont les Assises de l'ancienne Chevalerie de Lorraine.

---

39 Cout. de Metz, tit. v, art. 1 et 2. — ANCILLON, avocat au parlement de Metz, a fait un Traité de la différence des biens meubles
et immeubles, de *fonds* et de *gagières*. (1698, sans nom d'auteur,
in-12; *voir* p. 30 et *passim.*)

L'ancienne Chevalerie de Lorraine se distinguait du corps de la noblesse.

La Coutume, à cet égard, s'exprime ainsi :

« Des Gentilhommes, les uns sont de *l'ancienne Che-*
» *valerie* du duché de Lorraine, les autres, non. Ceux de
» l'ancienne Chevalerie jugent *souverainement*, sans
» plainte, appel ny révision de procès, avec les fiefvés
» leurs pairs, de *toutes causes* qui s'intentent aux assises
» du bailliage de Nancy, comme aussi des *appellations*
» qui y ressortissent de celles des bailliages de Vosges
» et d'Allemagne. » La juridiction que chaque seigneur
exerçait dans ses terres, à l'égard de ses vassaux, était
une justice particulière, inférieure à celle des Assises de
la Chevalerie, et tout seigneur justicier n'avait pas
séance aux Assises. C'était, par conséquent, le tribunal composé de la plus haute noblesse. Sous les premiers ducs héréditaires, les familles dont les chefs
avaient le droit de siéger aux Assises étaient peu
nombreuses. Plusieurs étant éteintes ou représentées seulement par des femmes, on considéra comme
anciens Chevaliers ceux dont le père était gentilhomme
et qui tenaient par leur mère à l'ancienne Chevalerie[40]. Au XVIIe siècle, la liste des maisons de l'ancienne Chevalerie en comprenait deux cent quatre-
vingt-huit[41].

La compétence des Assises était très-étendue. Le premier jugement connu, que nous avons dit être de l'an
1094, concernait un fief donné à une abbaye par Thierri,

---

40 Cout. de Lorraine, tit. I, art. 5.—Remarques d'Ab. FABERT, p. 5.
41 Cette liste est imprimée à la suite de l'Hist. de Lorraine, 1er vol.
(1785).

seigneur de Chaumonzay, et décidait que le Duc de Lorraine devait maintenir l'abbaye de Chaumonzay dans la
possession du fief[42] ; mais la juridiction n'était pas exclusivement féodale. Ainsi, elle statuait en appel sur les
sentences des Prévôts, qui avaient aussi leur assise pour
les causes des particuliers et des communautés de villes
ou de villages[43]. En critiquant la lenteur de la justice
des anciens Chevaliers, Abraham Fabert, qui écrivait
sur la Coutume au xviie siècle et avant leur suppression,
a donné un témoignage expressif de l'étendue de leur
compétence : « Cette usance commencée, dit-il, *sur la*
» *prud'homie et capacité de la noblesse ancienne*, s'estant
» continuée aux bons et mauvais, aux capables et inca-
» pables, a mis un tel changement en la justice que le
» *bœuf* et la *vache* et le maistre même sont plustôt morts,
» le *meuble* usé et la *maison* périe que le procès jugé[44]. »
Les procès soumis aux Assises, surtout à raison de l'appel, embrassaient par conséquent tous objets meubles
et immeubles.

Les anciens Chevaliers ne constituaient pas seulement
une cour de justice; ils formaient aussi dans les cas
graves le Conseil du duc de Lorraine. On trouve leur institution mentionnée, sous ce dernier rapport, dans une
Charte relative au diocèse de Verdun et confirmée par
le pape Nicolas II, mort en 1061, ce qui place cette

42 Hist. de Lorraine sous les années 1091, 1094, p. 43; l'auteur,
qui est lorrain, cite l'Hist. de la fondation de Chaumonzay, par
l'abbé Sehère, premier abbé de ce monastère. — *Voir* D. Calmet.

43 Cout. de Lorraine, tit. i, art. 5.

44 Remarques sur la Cout. de Lorraine, p. 6.

Charte dans la première moitié du xie siècle. Le Duc de Lorraine y emploie les expressions : « *consilio atque ju-* » *dicio Nobiliorum meorum confirmavi*[45]. »

Dans l'histoire de la province, on voit fréquemment les anciens Chevaliers intervenir pour protéger l'intérêt du pays ; et au xve siècle, lorsqu'un héritier mâle en ligne directe manque au duché, le duc Charles II convoque l'ancienne Chevalerie et fait signer, le 13 décembre 1425, par quatre-vingt-trois chevaliers la déclaration formelle qu'ils reconnaîtront pour Dame et souveraine la princesse Isabelle, sa fille, qui fut depuis mariée à René d'Anjou.

Les assises de l'ancienne Chevalerie de Lorraine, comme cour de justice, avaient un caractère particulier qui les distingue des autres cours féodales du moyen âge.

Ce n'est pas la Cour des barons des Assises de Jérusalem, car cette cour se composait de tous les seigneurs terriens, hommes liges du roi ; et sa juridiction était bornée aux causes des fiefs et de la noblesse.

Ce n'est pas la Cour des covassaux ou des pairs de bénéfices, *pares curiæ*, selon le Livre des fiefs lombards ou le Miroir de Souabe ; encore moins la Cour des pairs, selon l'usage du royaume de France ; car l'une était limitée aux causes des possesseurs de fiefs mouvants d'un même seigneur direct, et l'autre s'appliquait exclusivement aux causes des pairs du royaume.

Ce n'est pas une cour de justice analogue au parlement de Paris du xiiie siècle, qui réunit l'ancienne cour

45 D. Martène, Thes. anecdoct. i, 188. — Brussel, Usage des Fiefs, ii, p. 794.

du roi et la cour des pairs de fief et de France à des
conseillers, clercs et laïques, choisis et nommés par le
Roi.

C'est une institution *sui generis*, composée d'un seul
élément, la plus ancienne noblesse de la province, tantôt cour de premier et dernier ressort, tantôt cour d'appel, indéfinie dans sa compétence, et toujours souveraine dans sa juridiction : tellement souveraine, dit
Abraham Fabert avec une certaine amertume, que « le
» premier jugement est aussi bon que le dernier. Ces
» anciens Chevaliers, ce sont autant de *Minerves* armées
» dès la naissance de science et de valleur ; le droit qui
» sort de leur bouche est porté partout ; il n'est pas
» seulement dispersé par les *veines et artères* ; tous les
» membres en sont remplis, et le chef même, le *Prince*
» *souverain*, en est *souverainement* jugé. »

Les ducs de Lorraine ont quelquefois lutté contre les
priviléges de l'ancienne chevalerie, notamment le duc
Rodolphe au xive siècle [46] ; mais les priviléges ont
subsisté jusqu'au moment où la Lorraine fut conquise
par la France. Alors Richelieu abaissa, en 1634, l'aristocratie provinciale devant l'institution d'un Conseil
souverain [47] ; et lorsque la Lorraine fut rendue à
l'administration de ses ducs et à l'Empire, les an-

---

46 En 1346, après la mort du duc Raoul ou Rodolphe, et sous la
régence de la duchesse Marie, mère de Jean Ier, Marie promit de
rétablir les anciens chevaliers dans les priviléges auxquels Raoul
avait porté atteinte. (Hist. de Lorraine, p. 154.)

47 Dans le livre de la *Recherche des droits du roi et de la couronne de France*, publié par Cassan en 1634, et dédié au cardinal
de Richelieu, Cassan (III, ch. 2, p 65) cherchait à établir les droits
du roi sur le duché de Lorraine et de Bar. Chifflet y avait répondu
en 1645 par l'ouvrage *Vindiciæ hispanicæ*. La Lorraine fut restituée.

ciens Chevaliers revendiquèrent vainement leur prérogative de justice [48].

Télle fut cette institution provinciale, dont l'origine
se perd dans la nuit des temps et que les écrivains du
pays croyaient pouvoir rattacher à ce passage de Jules
César sur les mœurs des Germains, comparées à celles
des Gaulois : « *Principes regionum atque pagorum inter
suos jus dicunt controversiasque minuunt.* » Seulement, où
les coutumes de l'ancienne Germanie admettaient, pour
l'exercice de la justice, l'élection des *Principes*, la féodalité des xe et xie siècles avait mis le privilége et l'hérédité [49].

En résumé, dans les coutumes de la Lorraine, les
deux éléments de l'Allemagne et de la France, du Droit
romain et du Droit féodal, se combinaient à divers degrés ; et ce caractère mixte, où l'influence de l'Empire
se mêle à l'influence naturelle du territoire et de la nationalité française, constitue, dans la haute Lorraine,
l'esprit du droit féodal et coutumier.

48 Le vieux Fabert, qui avait été *Maître échevin* de Metz, n'était
pas favorable à l'institution, et il en avait pressenti l'abolition pro-
chaine : « Si le mauvais ordre y continue, dit-il, je crois qu'il enfan-
tera le bon ordre : *Nam et jura regis imprescriptibilia sunt, et consuetudo non valet per quam nervus publicæ disciplinæ rumpitur.* »
49 J. CÉSAR, Comm., lib. VI, ch. 23. — TACITE, De morib. G.,
c. 12. — Abr. FABERT, Remarques, p. 5. — Hist. de Lorraine (1785),
introd., p. 17. D. CALMET affirme, mais sans rapporter aucun texte
à cet égard, que les assises existaient avant le xe siècle. L'hérédité
des possessions n'a pu être bien établie avant la constitution de Conrad de 1038, et l'institution des anciens chevaliers a dû venir après.
Mais une ancienne tradition de justice avait pu se maintenir dans
les mœurs.

SECTION II.

ALSACE.

ANCIENNES COUTUMES. — INFLUENCE DIRECTE ET CONTINUE
DU *LIVRE DES FIEFS* ET DU *MIROIR DE SOUABE*.
DROIT STATUTAIRE ET DROIT COMMUN. — INSTITUTIONS JUDICIAIRES.

En Alsace, le droit du Livre des fiefs et du Miroir de Souabe a prédominé. L'Alsace avait une jurisprudence féodale fondée principalement sur ces deux monuments du moyen âge. Elle n'avait pas de coutumier à elle propre; le Miroir de Souabe pour le droit provincial, et le Droit romain comme droit commun en tenaient lieu [1]. — On trouve aussi de précieux renseignements dans les antiques formules du ixe siècle, recueillies par Goldast, sous le titre de *Formulæ alsaticæ*, dans les formules éditées par M. de Rozière, d'après deux manuscrits de Strasbourg et de Saint-Gall; dans les chartes locales ou les anciens statuts des villes, et dans le recueil publié par Zeuss, sous le titre de *Traditiones, possessionesque Wizenburgenses*, recueil qui contient le Polyptyque

---

1 *Voir* LAQUILLE, Hist. de la province d'Alsace (1727). — GRANDIDIER, Histoire de l'Église en Alsace. — SCHOEPFLIN, Alsatia illustrata; Alsatia diplomatica. — SCHILTER, Thesaurus antiq. teutonic. (1728). — GOETZMANN, Fiefs d'Alsace. — JACQUEL, Alsace ancienne et moderne (1852). — Cinq manuscrits du Miroir de Souabe sont connus pour avoir appartenu ou pour appartenir à la ville de Strasbourg.

d'Édelin et des actes du xiiiᵉ siècle, relatifs à la basse
Alsace [2].

I. Les limites naturelles de la province, indécises au
nord, sont bien marquées sur trois côtés : au midi, par
le prolongement du Jura ; à l'est, par le Rhin ; à l'ouest,
par les Vosges. Sa situation la destinait, pour ainsi dire,
aux invasions de l'Allemagne, et les mœurs comme le
langage des peuples de l'Alsace ont reproduit les
mœurs et la langue germaniques. Toutefois, le long
séjour des légions romaines, chargées de défendre l'empire romain contre les Barbares, avait laissé des traces
profondes, attestées par les inscriptions recueillies
de nos jours sur les bords du Rhin [3]; et une ville importante, *Argentoratum*, avait joui sous la domination
romaine du régime des Municipes. La ville municipale,
détruite en 407 par les Vandales, avait été remplacée
plus tard par celle de Strasbourg, bâtie sur ses ruines [4];
et pour repeupler la ville renaissante, des franchises de
condition furent offertes aux nouveaux habitants. Si le
municipe romain ne fut pas reconstitué, la tradition des

2 Ancien statutaire d'Alsace, par M. Dazon de Lacontrie (1825).
— Formulæ alsaticæ, Canciani, ii, p. 401. — Formules (ms. de
Strasb., 15; ms. de Saint-Gall, 69) publiées avec éclaircissements
par M. de Rozière, 1851-53. — Sur les *Traditiones* de Zeuss (1842).
Voir mon t. iii, p. 182, 340, 374.

3 In illo tempore omnia in ruinis jacuerunt ab anno 407 quo
Allemanni, sub Honorio imperatore, gallicam Rheni oram tenue-
runt, ad annum 496. Ad Francorum dominationem usque perpetuis
Allemanorum vastationibus limes Rheni nudatus plane fuit et per-
vius. Schœpflin., Als. illust., i, § 45, p. 118.

Établissements des Romains sur le Rhin et le Danube, par M. Max.
de Ring (1852).

4 Strasbourg paraît avoir été bâti au viᵉ siècle non loin des ruines
de l'*oppidum Argentoratum*.

libertés municipales ne fut point cependant effacée; elle
s'y confondit avec l'esprit nouveau des institutions germaniques [5].

Le pays lui-même, dépeuplé par l'effet des invasions et des ravages de la guerre, fut attribué d'abord,
en grande partie, au fisc royal des Mérovingiens et aux
compagnons des rois vainqueurs qui attirèrent des habitants ou des colons de race allémanique et franque par
des concessions de terre et de larges droits d'usages dans
les forêts. Les *villæ* ou villages se répandirent dans les
plaines de l'Alsace et reçurent leurs dénominations du
territoire sur lequel vivaient les habitants; mais leur
association première ne prit le caractère d'institution
libre que dans le xiiie siècle.

Dès le ixe, l'Alsace avait été détachée du royaume
de Lorraine et cédée à Louis le Germanique; au xe, elle
était placée sous le gouvernement des ducs de Souabe:
en 988, Conrad II porta le titre de Duc de Souabe et
d'Alsace. Au xiie siècle, les Empereurs la séparèrent de
la Souabe pour y établir des Langraves ou Comtes provinciaux [1180]. Le premier Comte ou Langrave fut
Albert, dit le Riche.

Le servage et la féodalité s'étaient étendus sur le pays.
Dix villes d'Alsace s'associèrent pour résister à l'oppression féodale. Mais elles reconnaissaient la suzeraineté de l'Empereur [6]; et elles furent admises dans
les Diètes impériales.

5 M. Savigny (Journal d'histoire et de jurisprudence) dit que les
institutions de Strasbourg du xie siècle ont pris un caractère germanique.

6 Ces villes sont: Haguenau, Colmar, Schelestadt, Wissembourg,

L'évêché de Strasbourg et le Comté de Hanaw avaient, par concession et privilége, la *supériorité territoriale*; ils relevaient de l'Empereur sans intermédiaire; ils avaient la qualité d'État de l'empire, et les chefs ecclésiastique ou laïque jouissaient de droits régaliens, comme celui de battre monnaie et de faire des édits pour le régime forestier, appelé *Jus forestale*[7]. La supériorité territoriale dont ils étaient investis ne portait, du reste, aucune atteinte au devoir de rendre foi et hommage à l'Empereur. —Jusqu'en 1648 l'Alsace haute et basse fut donc un fief de l'Empire, avec quelques diversités dans les conditions de la dépendance féodale; et, après la réunion définitive du pays à la France, Louis XIV, en substituant le Conseil souverain d'Alsace aux tribunaux impériaux, ordonna, par son édit du 16 septembre 1657, « de juger les causes des habitants *selon leurs anciens Us et Coutumes.* »

II. Ces faits et ces observations préliminaires font pressentir que les Coutumes de l'Alsace doivent, bien plus que celles de la Lorraine, trancher sur le droit coutumier de la France : elles se sont pénétrées de l'esprit du Livre des fiefs et du Droit de l'empire germanique.

Landau, Obernheim, Munster, Keisersberg, Rosheim, Turcheim.—
La première Diète où les villes de l'Empire comparurent comme troisième Collége fut celle de Spire, de 1309.

7 Essai sur l'ancienne monnaie de Strasbourg et ses rapports avec l'histoire de la ville et de l'évêché, par M. LEVRAULT.

Sur le Jus forestale, *voir* les deux Mémoires 1826-1836 pour le maire de Strasbourg contre les communes de Bar et autres. (Mém. I, p. 49)—Ces Mémoires très-précieux pour l'histoire du pays sont dus à un savant avocat, M. RASPIELER.—L'arrêt très-savamment motivé de la Cour de Colmar qui mit fin au procès est du 17 décembre 1836. (M. Millet de Chevers, premier président.)

Les fiefs en Alsace étaient masculins. Deux exceptions seulement étaient admises ; elles se trouvent dans le Miroir de Souabe : l'une s'appliquait aux *fiefs oblats*, c'est-à-dire à des fiefs offerts à un seigneur puissant, ecclésiastique ou laïque, et tenus de lui comme *fiefs de reprise* ; les filles y succédaient. — L'autre exception concernait les fiefs acquis moyennant finance : ils participaient de la tenure censuelle plus que du caractère de fief ; les filles y succédaient comme aux censives [8].

Une distinction essentielle caractérisait la transmission des fiefs d'Alsace. Le fief ordinaire, qualifié au moyen âge de fief *ex pacto et providentia*, était un objet de substitution plus que d'hérédité. Les fils et leurs descendants mâles succédaient à l'infini, mais ils succédaient à la chose, en vue du service militaire, plutôt qu'à la personne. Ils étaient des possesseurs indéfiniment substitués au fief, au *prædium militare*, non des héritiers proprement dits. Le fief ordinaire *ex pacto* s'appliquait expressément, dans la formule d'investiture, au titulaire, à ses enfants, à ses descendants mâles [9]. — Le fief, vraiment héréditaire et analogue aux fiefs de France, devait être concédé, dans l'investiture, en faveur du vassal et de *ses hoirs*. Alors il était transmissible aux successeurs en ligne directe et en ligne collatérale comme héritiers [10].

---

8 Miroir de Souabe ; fiefs d'Alsace, GOETZMANN, p. 25. — L'état de choses attesté vers la fin du XVIIIe siècle par l'Alsacien Goëtzmann est un précieux renseignement quand il est en rapport avec le Miroir de Souabe ; il prouve la longue tradition des faits et du droit.

9 La qualification de feudum *ex pacto* est attribuée à BULGARE , qui fut le premier Docteur de l'École de Bologne chargé d'expliquer le livre des Fiefs. (*Voir* GOETZMANN, Dissert. II, p. 201.)

10 STRUVIUS, Syntag. J. feud., c. 4, n° 12, p. 125, n° 16, De judicio feudali, p. 604.

Dans le doute, le fief était réputé seulement *ex pacto;* c'était la nature la plus générale des concessions. On trouve le germe de cette distinction, dès le ixe siècle, dans les formules alsaciennes [11].

Héréditaire ou substitué, le fief était transmis aux enfants mâles, *sans droit d'aînesse.*

La coutume de l'Alsace, sous ce rapport, se séparait complétement des coutumes de Lorraine.

Mais en outre elle suivait le Droit romain qui avait régi le municipe *d'Argentoratum* et s'était répandu au moyen âge : elle admettait en ligne directe, pour la succession aux fiefs, la représentation à l'infini. Le Miroir de Souabe était conforme à cette tradition romaine, et contraire tant au Droit germanique qu'au Livre des fiefs [12]. Le principe de représentation s'est étendu en Alsace, dans des temps plus modernes, à la succession des frères et neveux d'après la Novelle 118 [13]. — Là s'arrêtait soit dans le droit du moyen âge, soit dans le droit du xvie siècle, l'influence du Droit romain sur la succession des fiefs. S'il n'y avait de parent mâle qu'un ascendant, il nè succédait pas : le fief alors faisait retour au seigneur suzerain. L'intérêt primitif de la féodalité militaire dominait. L'ascendant, à cause de son âge, était présumé incapable de faire personnellement le service du fief; c'est pourquoi il ne succédait pas. La raison politique, comme l'a dit Montesquieu,

---

11 GOLDAST, Formulæ Alsaticæ, form. x, CANCIANI, t. II, p. 406.— On y trouve une concession *Jure hereditario,* et une autre faite comme à titre héréditaire, *quasi hereditario jure.*

12 Miroir de Souabe, p. 111, ch. 5.

13 Ord. de Charles-Quint de 1529. — STRUVIUS, Syntag., J. Feud, liv. IX, n° 27, p. 138. — GOETZM., I, p. 139.

l'avait emporté sur la raison civile des successions.

Le même intérêt de service féodal et militaire s'opposait à ce que le fief pût être aliéné, engagé ou hypothéqué. La prohibition était absolue; l'aliénation du fief, sans le consentement du seigneur, entraînait la commise féodale, la confiscation [14]. C'est le droit du Livre des fiefs lombards et du Miroir de Souabe.

Et ce droit tenait tellement aux mœurs de l'Alsace qu'après la réunion de la province à la France, il résista aux innovations tentées par Louis XIV. Le Roi permettait, par son édit de février 1697, l'aliénation des fiefs ou leur inféodation à prix d'argent ; et de plus, il se désistait de son droit de réversion à défaut d'héritier mâle. Il voulait ainsi faire rentrer les fiefs d'Alsace dans la classe des biens patrimoniaux. Mais il y eut réclamation des nobles du pays. Ils remontrèrent au Roi que « la noblesse d'Alsace ne se soutient que par ses » fiefs *inaliénables* pour les vassaux et *insaisissables* par » les créanciers. » L'édit de Louis XIV fut, en conséquence, retiré par arrêt du Conseil [15]. Les fils ou descendants des vassaux morts insolvables continuèrent dès lors à se mettre en possession soit directement, s'il y avait substitution, soit en renonçant à la succession de leur auteur si l'investiture avait été faite à titre héréditaire. — Quant aux fiefs qui n'étaient recueillis ni par des descendants mâles ni par des collatéraux du côté paternel, ils étaient toujours réversibles à la cou-

14 Miroir de Souabe, p. 85, ch. 36.—GOETZMANN, I, ch. 9, p. 169.
15 Arrêt du Conseil de juin 1697 révoquant déclaration du 26 février 1697.

ronne pour cause d'extinction de la race masculine; et ils ont formé dans l'Alsace, jusqu'à la révolution de 1789, la partie la plus précieuse des domaines du Roi[16].

Parmi les droits féodaux qui appartenaient anciennement aux seigneurs Alsaciens, il en est un qui mérite une mention spéciale; c'est le droit de *Buteil* ou de mainmorte qui s'exerçait en vertu d'une possession immémoriale, surtout dans la basse Alsace, ainsi que l'atteste le polyptyque de Wissembourg. Lorsqu'un habitant d'une seigneurie mourait, le seigneur partageait par moitié les bestiaux avec la famille, et à défaut de bestiaux, les meubles et les habits du défunt; et, s'il n'y avait rien, l'officier du seigneur emportait un siége *à trois jambes* pour la conservation du droit[17].

Ce siége à trois jambes, symbole du droit seigneurial, a un singulier rapport avec le trépied des Tartares de la Crimée. D'après les usages tatares, pratiqués encore de nos jours, un mari de la classe ouvrière associe sa femme au tiers, à la moitié, à la totalité de son avoir, en lui cédant un, deux ou les trois pieds de l'ustensile sur lequel pose le vase de fer ou de cuivre qui contient le principal aliment de la famille. Le trépied se délivre en grande cérémonie devant témoins et en présence des deux familles[18]. Ainsi, le siége à trois pieds qui, dans l'Alsace du moyen âge, était le signe du droit des sei-

16 S'ils étaient *fiefs nouveaux*, les frères même ne succédaient pas entre eux. Goetzm., I, p. 148, n° 24.

17 Liber Edelini. — Traditiones, possessionesque Wisemburgenses; publiées par Zeuss. — Ducange, v° Budteil; Goetzmann, Notice des dom. d'Alsace, t. II, p. 146, et mon tome III, p. 342.

18 *Voir* la Relation d'un voyageur, M. *Amanton*, publiée par M. Mérimée dans le Moniteur du 11 mars 1854, p. 279.

gneurs à une partie des biens meubles du mainmortable
défunt, se trouve au xıxᵉ siècle encore, sur les côtes de
la Crimée, comme le signe de la propriété mobilière du
mari et le symbole de la communauté de biens : trace
singulière et inattendue de l'origine indo-germanique
des populations occidentales !

Le droit de *Buteil* pratiqué en Alsace indique l'état
de servage qui existait dans les campagnes. Cette condition des paysans était générale; elle ne s'est modifiée
et elle n'a cessé d'exister que dans le courant et à la fin
du xıııᵉ siècle. Les villages furent affranchis sous l'influence de Rodolphe de Habsbourg qui donna libérale-
ment des chartes de manumission et en inspira la
pensée autour de lui, mais il n'y eut point de chartes
qui érigeassent les villages en communes. Le temps
seul amena dans les campagnes une révolution qui
s'accomplit un siècle après l'émancipation des villes :
les villages, habités par des hommes devenus libres ou
formés d'habitants nouveaux, se constituèrent dans
l'Alsace, comme dans presque toute l'Allemagne, en
association communale. Des villages nombreux, sous le
nom de *villæ*, furent unis par des liens de communauté
d'intérêts et par des institutions qui leur étaient propres.
Ils eurent leurs coutumes, leur juridiction, leurs pré-
posés électifs, caractères qui ne se retrouvent pas au
même degré dans les communautés rurales de la
France [19]. Ils restèrent cependant sous la protection ou

---

19 La Coutume du village s'appelait *Dorfrecht*; la Juridiction,
Dorfgericht ; le Représentant du seigneur, *Schultheiss.* — *Voir* le
1ᵉʳMém. de M. RASPIELER, p. 79; le Miroir de Souabe, p. 37, ch. 209.

l'autorité des seigneurs du territoire, lesquels étaient propriétaires des *allmenden* ou terres incultes et forêts sur lesquelles les villageois exerçaient, à titre d'incolat ou d'usage, des droits de pâturage, d'affouage ou autres droits de même nature.

Les *allmenden* se transformèrent avec le temps et prirent, en certains cas, le caractère de biens communaux [20].

Les coutumes des villages formèrent une sorte de droit coutumier qui fut attesté par des actes de notoriété; les usages des villes et de leurs habitants furent réglés ou attestés aussi par des statuts; et c'est l'ensemble des us ou coutumes et des statuts que l'on appelle l'ancien Statutaire d'Alsace ou le Droit statutaire et provincial [21].

Dans la Haute et une partie de la Basse Alsace, deux coutumes importantes ont réglé les rapports des époux, et un préciput en faveur de l'enfant le plus jeune.

1° Tous les biens des époux, meubles et immeubles, existants au moment du mariage ou advenus depuis par succession, forment une masse commune : et à la

20 Sur les *Allmenden*, *voir* le 2ᵉ Mém., RASPIELER, p. 144 et suiv.

21 Ancien statutaire d'Alsace ou Recueil des actes de notoriété fournis en 1738 et 1739 au premier président du Conseil souverain d'Alsace. — Statuts, us et coutumes locales de l'Alsace suivis d'une Notice sur les emphytéoses, les colonges, les locatairies perpétuelles, les rentes et redevances foncières, par M. DAZON DE LACONTRIE, avocat à Colmar (1825). — Parmi les Statuts des villes, on distingue les ordonnances et règlements de Strasbourg (plusieurs volumes in-fol. en allemand). — Les statuts de Landau (Spire, 1660, in-8°). — Les statuts de Colmar en allemand. Les statuts n'ont jamais été traduits que par extrait: aussi le Coutumier général ne les contient pas.

dissolution du mariage, le mari ou ses représentants recueillent les *deux tiers*, la femme ou ses représentants le *tiers* de cette communauté générale. C'est la proportion que les lois germaniques assignaient aux conjoints dans le produit de la collaboration.

2° A la mort du chef de famille, le plus jeune des fils, ou s'il n'y a pas d'enfants mâles, la plus jeune des filles. garde la maison paternelle, mais à la charge d'une estimation : ce n'est pas le droit de *juvenior* ou de *maineté* dans toute son étendue, comme en certaines coutumes de la Bretagne et de quelques autres provinces : mais c'est une faveur accordée à l'enfant le plus faible par l'âge, à celui qui est présumé n'avoir pas pu s'établir au dehors, comme ses frères ou sœurs. C'est un indice aussi de ce besoin d'émigration qui est naturel à la race alsacienne et qui éloigne les aînés du foyer de la famille. Montesquieu a déjà remarqué que le droit du plus jeune se trouve chez les anciens peuples pasteurs et les races voyageuses.

Le sentiment qui unit les père et mère et les enfants est plus fort dans les familles primitives que celui des frères entre eux ; et dans les Coutumes de l'Alsace, cette différence se produit à l'égard des successions : les père et mère survivants succèdent à leurs enfants morts *ab intestat* et sans postérité. C'est un usage contraire au Droit romain, novelle 118, et conforme aux traditions germaniques [22]. Mais il offre une des rares exceptions apportées, dans le droit des villes et des campagnes, à l'application du Droit romain considéré comme droit

---

22 L'usage était contraire dans la ville de Schelestadt ; les frères et sœurs excluaient les père et mère

commun et généralement suivi, de même qu'en Allemagne, lorsqu'il n'était pas contraire aux statuts et aux usages locaux. C'est vers le xiie siècle que le Droit romain prit dans l'Alsace le caractère de droit commun; il y avait deux siècles déjà que la province faisait partie de l'empire, et malgré la maxime que « chaque État de l'empire peut dans ses terres ce que l'Empereur peut dans l'universalité, » la province suivit l'impulsion générale : le Droit romain s'y est répandu et fortifié aux époques successives où l'École de Bologne l'a propagé dans l'Italie et l'Allemagne.

Le résultat de cette application générale du Droit romain est notable sous deux rapports surtout, qui mettent le droit coutumier de l'Alsace en opposition avec le droit coutumier de la France :

1° La distinction des *propres* et des *acquêts*, celle des *biens paternels* et des *biens maternels* n'étaient point admises dans les coutumes alsaciennes; — le retrait lignager n'avait lieu qu'en certaines localités.

2° Les avantages entre époux étaient permis soit avant, soit pendant le mariage; et les coutumes alsaciennes ne connaissaient point les restrictions établies par le droit coutumier dans l'intérêt des familles [23].

Les conjoints, au surplus, avaient la plus grande liberté à l'égard des conventions matrimoniales : ils pouvaient, sans le consentement de leurs parents, les modifier, les changer ou les casser; ils pouvaient en faire pour la première fois après dix et vingt ans de mariage, ou s'en rapporter à la coutume. Ils avaient la faculté d'admettre

23 La peine des secondes noces n'a été introduite en Alsace que par une déclaration des 12 octobre et 16 nov. 1743.

en faveur de leurs enfants ou d'exclure le droit de *dévo-lution*. A défaut de contrat de mariage ou de disposi-tion exclusive, tous les biens immeubles des conjoints, au décès de l'un d'eux, étaient dévolus aux enfants à titre de propriété : le survivant des époux conservait en propriété la totalité des meubles, jouissait en usufruit seulement des immeubles, et encore, à la charge de payer les dettes mobilières, de servir les intérêts des dettes immobilières, d'entretenir les enfants et de les doter au moment du mariage [24].

Le Droit romain, en devenant le droit commun des villes et des campagnes, avait dû favoriser les alleux : ils existaient, dès les premiers temps, en Alsace. On les trouve à l'époque mérovingienne. Ils formaient alors, à côté des domaines du fisc royal, de vastes domaines qui embrassaient des territoires entiers, des *Latifundia*, auxquels était attaché le droit de justice patrimoniale comme aux grandes propriétés de l'époque gallo-ro-maine. Ces alleux ont été par la suite démembrés, di-visés en fiefs, en censives, en emphytéoses, en conces-sions à titre de locatairie perpétuelle, de *Colonges* [25], et en biens allodiaux. Les alleux pouvaient être transformés en fiefs, et les fiefs quelquefois, avec l'intervention de l'Empereur, reprenaient la qualité d'alleux. Les règles

24 Le droit de dévolution, à défaut de conventions matrimo-niales, était suivi dans l'usage des villes de Colmar, de Schelestadt, Turkeim, Wissembourg, Landau, etc.

25 *Colonia, collongia,* Ducange : — Habitaculum rusticum cum sufficienti prædio ad alendum colonum vel familiam rusticam. *Vid.* Trad. fuldenses, lib. II, c. 25. Capit. Caroli Calvi, tit. XXXVI, c. 30, et Mémoires de Raspieler.)

de succession qui s'appliquaient aux alleux étaient celles
du Droit romain.

Le droit de l'Alsace, considéré dans son ensemble,
contenait ainsi trois éléments : le droit féodal proprement dit, le droit statutaire ou provincial des villes et
des campagnes, le droit romain admis dans l'usage
comme droit commun et supplétif.

Quant aux institutions judiciaires, elles participaient
en même temps du droit féodal, du droit germanique et
des institutions impériales.

III. Pour l'organisation de la Justice seigneuriale, la
province d'Alsace comme province d'Allemagne a été
de toute ancienneté divisée en Cours féodales, appelées
Curtes vel Curiæ dominicales, en allemand *Gericht* et
Dinck-Hoff[26]. Tous les fiefs mouvants d'un même seigneur ressortissaient à la cour, où siégeaient les seigneurs
de fiefs comme pairs de cour, *pares Curiæ*. La cour féodale se composait de douze pairs; sept au moins devaient prendre part au jugement[27].

Les pairs de la cour étaient juges soit entre le seigneur et le vassal, soit entre les vassaux; ils étaient
juges, lors même que le litige intervenait sur le fief
entre l'empereur et un vassal de l'empire[28].

---

26 SCHILTER, *De curiis dominicalibus*, p. 354, n° 15.—WACHTER,
Glossarium germanicum. — *V°* GERICHT, *Consilium judicantium.*

27 Vetus codex juris feud., c. 88. SCHILTER, ad cap. 88, p. 267.
— STRUVIUS, Syntagma J. F., cap. 16, n° 4.—EICHHORN, *Staatz und
Rechts Geschichte*, § 258. — MITTERMAIER, Histoire du droit privé
allemand, § 21.

28 STRUVIUS, Syntag., De judicio feudali. — Etiamsi controversia
inter imperatorem et vassalum imperii de feudo intercedat (cap. 16,
n° 6, p. 595).

Les Cours existaient pour les emphytéotes ou tenanciers comme pour les vassaux possesseurs de fiefs ; et
dans les communes rurales, qui ont pris naissance à
partir du xiiie siècle[29] et se sont développées sous les princes de la maison de Habsbourg, il y avait des *Gerichten*,
des Conseils de jugement composés d'hommes libres ou
bourgeois ; mais présidés par le représentant du seigneur,
ces conseils devenaient une juridiction seigneuriale[30].

Rien dans l'Alsace du moyen âge ne représentait les
assises de l'ancienne chevalerie de Lorraine. C'était,
dans les institutions judiciaires le caractère opposé : la
tradition démocratique de l'association germaine, le
droit propre de l'homme libre et son devoir de *chercher le droit* et de former la cour. Dans un manuscrit allemand de l'an 1422, appartenant à la ville de Colmar,
le principe est encore établi, que tout homme libre peut
être contraint à chercher le droit (*das Recht rugen*) et
à former le *Gericht* : le nombre des juges y est toujours fixé à douze[31].

Pour l'exercice de la juridiction supérieure, on distinguait entre la Haute et la Basse-Alsace.

---

29 Schœpfl. diplom., n° 437. Il y a des diplômes donnés à Worms,
en 1224, en 1231.

30 Ce point a été très-bien éclairci dans le célèbre procès de la
ville de Strasbourg contre les communes de Barr et autres, pour lequel les avocats de la ville avaient réuni des documents historiques,
— *Voir* les Mémoires et le Recueil des arrêts de la cour de Colmar,
année 1836. — Le représentant du seigneur était appelé *Schultheiss*
ou *Vogt*.

31 Ce ms. a été invoqué dans le procès déjà cité comme un document précieux pour l'histoire du droit de la province ; il est intitulé :
*Thie vahet an des Kaysers Recht und des Lands Recht nach gœtt-
licher Gerechtigkeit.* (Compte rendu, p 10.) — Eichhorn, § 346.

La noblesse de la Haute-Alsace reconnaissait la supériorité de la maison d'Autriche. Dès l'année 1166, les
ducs d'Autriche avaient reçu de l'empereur Frédéric Ier le privilége de tenir, dans les terres relevant de
leur duché, des cours de justice supérieure appelées
Régences, qui avaient le droit de concurrence avec la
justice impériale[32] : ce privilége devint plus fort avec
la maison de Habsbourg qui posséda la haute Alsace à
titre de landgraviat. A partir de la fin du XIIIe siècle,
les archiducs d'Autriche présidaient dans la haute Alsace
une Cour de justice à laquelle ressortissaient tous les
fiefs de leur mouvance. Les vassaux, dans toute la contrée, malgré la diversité de leurs titres, se trouvaient en
conséquence, les uns à l'égard des autres, pairs de la
Cour archiducale. Le droit de la cour supérieure ou
Régence fut complétement assimilé (à partir de 1500) au
droit de la Chambre impériale récemment instituée[33].

Dans la Basse-Alsace les nobles, seigneurs de territoire, relevaient immédiatement de l'Empire et ne
reconnaissaient d'autre supérieur que l'Empereur
comme chef du Corps germanique. L'Empereur anciennement convoquait ses grands vassaux au camp de
de Roncales (dont parle le Livre des fiefs) et y tenait
une Cour de justice pour le jugement de l'appel inter-
jeté dans les causes féodales. Le Conseil de la cour ou
le *Conseil aulique*, qui remplaça cette ancienne insti-

32 *Voir*, dans les Formules de M. DE ROZIÈRE, la formule XIV sur
les *Missi dominici* (ms. de Strasb.).

33 STRUVIUS, De judicio feudali, n° 4, p. 593. — GOETHSMANN,
Notices des domaines de l'Alsace, t. II, p. 166, 185, 201.

tution pour les *causes féodales*, était présidé par l'Empereur lui-même. L'institution n'était pas permanente; le Conseil aulique cessait par la mort du souverain s'il n'était continué par ordre des Vicaires de l'empire. Il se composait de nobles, désignés par l'empereur, et de jurisconsultes, qui formaient deux bancs distincts dans le Conseil.

La Chambre impériale, créée par la diète de Worms en 1495 comme permanente, et déclarée sédentaire en 1547, fut instituée pour juger en dernier ressort toutes les *causes civiles* de l'Empire.

Les chefs-seigneurs de la Basse-Alsace, relevant directement de l'empire, avaient des droits régaliens, ou le droit de supériorité territoriale, comme on l'a dit plus haut de l'évêché de Strasbourg. Ils exerçaient, en conséquence, par eux-mêmes ou par leurs officiers, la justice criminelle en dernier ressort. Mais ils n'exerçaient la justice féodale et civile qu'à la charge de l'appel aux tribunaux généraux de l'Empire, c'est-à-dire le Conseil aulique pour les questions féodales, et la Chambre impériale pour les causes civiles.

Ces distinctions entre les droits de la haute et basse Alsace disparurent lors de la réunion de la province à la France : le Conseil souverain d'Alsace, établi par Louis XIV, remplaça les Régences, le Conseil aulique et la Chambre impériale.

Mais la ville de Strasbourg, en vertu des capitulations de 1681, conserva les droits régaliens dont elle était en possession avant la conquête, la jouissance de toutes les villes, de tous les bourgs et villages qui lui appartenaient, et « *sa Juridiction civile et criminelle*, sous la seule restriction de l'appel au Conseil souverain pour les causes qui excéderaient 1000 livres tournois en capital [34]. » Elle conserva aussi tous ses droits de propriété forestière [35].

Entre le Conseil et la Ville s'éleva, dès l'origine de la réunion, une lutte de prérogatives ; le conseil défendait, avec un zèle quelquefois excessif, les droits de la royauté ; la ville voulait maintenir tous les effets de la capitulation et toutes les conséquences de son ancienne supériorité territoriale [36]. Les droits et priviléges de la Cité furent, en définitive, respectés ; et la jurisprudence de nos jours consacre encore l'exercice de droits fondés sur l'antiquité des titres et des traditions [37].

Passons des usages de l'Alsace aux coutumes de la Bourgogne et à celles du pays Lyonnais, dont les liens avec l'Empire furent moins étroits ou peu durables.

34 Capitulations de Strasbourg, art. 4 et 7. (Ord. d'Alsace, t. XII).

35 L'arrêt du Conseil de 1755 reconnut ces droits, en assignant à la commune de Barr un cantonnement de la moitié, pour tenir lieu des droits d'usage dans la forêt, dont la ville de Strasbourg était restée propriétaire.

36 *Voir* LAGUILLE, Histoire d'Alsace, t. II, p. 260, et le t. Ier des Ordonnances d'Alsace, à partir des arrêts de réunion des 22 mars et 9 août 1680.

37 Arrêt du 17 décembre 1836 sur la jouissance des forêts appartenant à la ville de Strasbourg.

SECTION III.

LES DEUX BOURGOGNES (DUCHÉ ET FRANCHE-COMTÉ).

PAYS LYONNAIS ; BUGEY, BRESSE ET DOMBES.

ANCIENNES COUTUMES DE BOUGOGNE.

§ 1. — RELATIONS DE CES CONTRÉES ET D'AUTRES PROVINCES
AVEC LE ROYAUME D'ARLES ET L'EMPIRE.

La conquête des Burgondes s'était progressivement
étendue, au vᵉ siècle, dans la partie orientale de la Gaule
romaine, depuis le Jura jusqu'aux rives de la Saône et
du Rhône. Elle avait laissé après elle le nom général de
Burgundia à l'ancien territoire des Séquaniens et des
Éduens, en effaçant complétement la dénomination
gallique. Au moyen âge les duché et comté de Bourgogne, le Lyonnais et le Forez, le Bugey, les pays de
Bresse et de Dombes avaient établi leurs diverses dénominations et développé leurs coutumes dans les limites
de cette vaste contrée, qui elle-même avait été comprise,
en grande partie, dans une division politique plus
étendue, les royaumes de Bourgogne transjurane et
cisjurane, ou, en dernier lieu, le ROYAUME D'ARLES [1].

Quelques indications sont nécessaires à cet égard pour

1 *Voir* mon t. II, p. 354, t. III, p. 101. — DUNOD, Hist. du comté
de Bourgogne. — GOLLUT, Mém. sur la Franche-Comté. — Histoire
de Lyon par le P. MENESTRIER. — Lugdunensis historiæ Monumenta,
publiés par M. MONTFALCON, t. Iᵉʳ, 1855 ; Bibliotheca Dumbensis,
par M. VALENTIN-SMITH (1856).

expliquer les liens de l'Empire avec certaines provinces du territoire français, autres que la Lorraine et l'Alsace.

Charles le Chauve avait formé en 877 le comté de Provence en faveur de Boson, comte de Vienne, dont il avait épousé la sœur [2]. Boson, après la mort de l'Empereur, se fit élire roi de Bourgogne par les évêques de son gouvernement, au concile de Mantaille, en 879; il fut sacré par l'archevêque de Lyon. Le diplôme de cette élection, signé des évêques, fait connaître l'étendue du nouveau royaume qui embrassait, à partir du Jura et sur les rives de la Saône et du Rhône, la partie orientale seulement de la Bourgogne, Châlons, Mâcon, Lyon, Vienne; une partie du Dauphiné, de la Savoie, et une partie de la Provence y compris la ville d'Arles [3]. C'était le royaume de la Bourgogne cisjurane.

Le succès du comte Boson excita l'ambition d'un autre gouverneur, le comte Rodolphe, chargé de régir le pays situé de l'autre côté du Jura jusqu'aux Alpes Pennines. Ce pays avait été primitivement occupé aussi par des rois Burgondes (les rois de Genève), et le comte Rodolphe, suivant l'exemple de Boson, se fit couronner en 888 roi de la Bourgogne transjurane.

Mais les deux royaumes ne tardèrent pas à se réunir dans les mêmes mains. Au xe siècle, vers 930, Hugues, roi d'Italie, tuteur ou bail du petit-fils de Boson, céda par transaction et pour prévenir l'invasion de ses

2 Boson était fils d'un comte d'Autun, et déjà Charles le Chauve l'avait, mais inutilement, créé duc de Milan. *Voir* les *Bosonides*, par M. GINGINS LA SARRA, ouvrage publié récemment en Suisse.

3 Le diplôme de l'élection et du royaume est rapporté par DuCHESNE, Script. rer. franc., t. II, p. 480, année 879.

possessions italiques, la Provence et la Bourgogne
cisjurane à Rodolphe II, roi de la Bourgogne transjurane. Dès lors les deux royaumes de Bourgogne,
avec les possessions dépendantes de la Provence,
furent réunis sous le nom de royaume de Bourgogne et
d'Arles.

Ce royaume fut légué par Rodolphe III à son neveu,
Henry, qui était fils de l'Empereur Conrad le Salique.
L'évêque Othon de Frésinge dit expressément qu'il lui
donna, par testament, le royaume de Bourgogne ou de
la *Gaule lyonnaise* avec le diadème et les autres insignes [4].
Henry mourut avant son père ; et à sa mort, en 1032,
Conrad le Salique prit possession du royaume : c'est
ainsi que le royaume de Bourgogne ou d'Arles devint
un membre de l'Empire. Les Empereurs Conrad II (le
Salique) et Henri III, son fils, furent successivement
couronnés en 1033 et 1038 rois de Bourgogne et
d'Arles [5]. Au xiiᵉ siècle, l'Empereur Lothaire II, qui
s'empara de la Lombardie, conféra le vicariat du
royaume d'Arles à Conrad, duc de Zaringue, en Suisse,
sous la suzeraineté de l'Empire. L'archevêque de Vienne,
archichancelier de Bourgogne, l'archevêque et primat
de Lyon, les évêques de Valence et d'Avignon se rendirent à la cour de Frédéric Iᵉʳ, en 1157, et l'évêque
d'Arles, ainsi que beaucoup d'autres prélats ou nobles,

---

4 Ea tempestate, Rudolphus Burgundiæ seu *Galliæ Lugdunensis*
rex moriens Henrico, filio regis (Conradi) nepoti suo, regnum cum
diademate aliisque insignibus sub testamento reliquit. (OTHO FRISIN-
GENSIS de Gestis Frider. I, lib. VI, c. 30. —*Voir* aussi DUNOD, Traité
des prescriptions, partie III, c. 5, p. 276.)

5 VIPPO, Vita Chunradi Salici, p. 438.—SALVAING, De l'usage des fiefs
en Dauphiné, p. 11 et 13. — CHIFFLET, *Vindiciæ hispanicæ*, p. 191.

y envoyèrent des représentants, pour offrir la foi et l'hommage de leurs fiefs et possessions [6]. En 1162, Frédéric, par une charte datée de Turin, donna le comté de Provence et la ville d'Arles à titre de fief à Raimond, son neveu, en stipulant les droits de l'Empire [7] ; et en 1178 l'empereur fut couronné roi de Bourgogne au sein même de la ville d'Arles [8].

Toutefois, l'autorité de l'Empire sur le royaume de

6 RADEVICUS FRISING., lib. I, c. II, anno 1157. (*Vind. Hisp.*, p. 192.) Fridericus imperator ad ordinanda imperii negotia in regno Burgundiæ animum intendit. Cumque Burgundia aliquando per se fortes reges habuisset et per eos suis gentibus præcepta dare solita fuisset, *ex appetitu libertatis* quæ, ut dicitur, res inæstimabilis est, jamdudum insolentiam et desuetudinem induerat obsequendi. Ea itaque terra quæ nonnisi multo labore et bellico sudore subigenda putabatur, ita, Deo ordinante, paruit quod (nisi alia in regno disponenda imperatorem retraxissent) familiariter et cum paucis usque *Arelatum*, *sedem regni Burgundiæ* properare potuisset. Denique (quod modo viventium excedit memoriam hominum aliquando contigisse) STEPHANUS Viennensis archiepiscopus et archicancellarius de Burgundia, et ERACLIUS archiepiscopus et Primas Lugdunensis, et ODO Valentinus episcopus et GAUFREDUS Avinionensis et SILVIO magnus princeps et præpotens de *Claria*, tunc ad curiam venientes, Friderico *fidelitatem* fecerunt atque *hominium* et *beneficia sua de manu illius susceperunt reverenter*. Arelatis autem episcopus et alii omnes archiepiscopi, episcopi, primates et nobiles venissent, idemque fecissent, nisi mora principem adeundi compendio suæ brevitatis præstitisset impedimentum : missis tamen per honestos valde et industrios nuntios litteris, *omnimodam subjectionem et debitam fidelitatem Imperio romano* compromiserunt. (*Radevicus* est le continuateur d'*Othon de Frésinge*.)

7 Le texte de la Charte de 1162 est rapporté textuellement dans l'*Amplissima collectio* du P. MARTÈNE, I, p. 860 ; dans BRUSSEL, Usage des fiefs, I, p. 79. — Voir *infrà*, sect. v. n° 1.

8 DUNOD, Prescript., partie III, ch. 5, p. 277. — KOCH, Tableau des révolutions de l'empire, I, p. 89. — Un acte de donation, tiré des Archives de Gap, est daté du 15 août 1178 et fait à Vienne par l'empereur Frédéric Ier. (Bibl., École des chartes, T. de 1855, p. 440.)

Bourgogne et d'Arles fut plus honorifique que directe et réelle. C'était une suzeraineté qui devenait efficace entre les mains des empereurs puissants, pour intervenir dans l'est et le midi de la France, mais qui s'éclipsait facilement, avec les princes faibles, des parties les plus éloignées de la frontière impériale : le royaume d'Arles lui-même s'éteignit, du XIIIe au XIVe siècle, dans une ombre que l'histoire n'a jamais bien éclaircie, et que l'on peut cependant, avec des actes et des documents authentiques, éclairer de quelque lumière [9].

L'Empereur Frédéric II, en 1247, dans l'année même où pour se faire absoudre des censures du pape il offrait de se démettre de l'Empire, fit donation du royaume d'Arles à Guillaume des Baux, prince d'Orange ; et Raymond, fils du donataire, dont les titres avaient un caractère peu précis, abandonna ses droits ou prétentions à Charles d'Anjou, comte de Provence, et depuis Roi de Sicile [10]. La donation et la cession n'étaient pas acceptées par les autres princes comme des titres réguliers ; et en 1294 Adolphe, roi des Romains, réclama de Philippe le Bel le royaume d'Arles et *quelques autres*

9 P. DE MARCA, Histoire du Béarn (l. III, p. 204), cite un livre du XIIIe siècle de Gervais (vers 1210), *De otiis imperialibus*, dans lequel l'auteur, d'après un *registre de l'Église romaine*, distribue la Gaule en trois régions : « France, Bourgogne et Gascogne. — La France comprend six métroples : Lyon, Reims, Sens, Tours, Rouen, Bourges, Bourdeaux. — La Bourgogne six autres métropoles : Besançon, Vienne, Tarantaise, Embrun, Aix et Arles qui *était le chef du royaume d'Arles*. — La Gascogne avait deux métropoles : Auch et Narbonne. »

10 CASSAN, Recherches des droits du roi et de la couronne, l. II, c. 2, p. 38 (la date de 1257 qu'il donne est erronée ; Frédéric II n'existait plus alors). — J. BOUIS, la Couronne des rois d'Arles, p. 350. — Voir *infrà*, sect. 5, sur la Provence.

terres qu'il disait être de l'Empire [11], preuve qu'il n'avait plus l'exercice réel de ces anciens droits de suzeraineté, mais qu'il y croyait encore. C'est pour exclure à jamais toute prétention de suzeraineté impériale que Philippe de Valois, en 1330, consentit à donner une somme de trois cent mille marcs d'argent à titre d'acquisition ou de transaction. La cession fut ratifiée par les Électeurs et les Princes de l'Empire. Les contrats et les quittances furent déposés au Trésor de France [12]. Là se trouvent le dernier signe et l'acte mortuaire du royaume d'Arles ; et cependant une tentative paraît encore avoir été faite, en 1362, par l'Empereur Charles IV, qui se fit couronner à l'église de Saint-Trophime par l'archevêque d'Arles en présence de plusieurs évêques, mais qui bientôt reconnut entre les mains de Charles V, à Paris même, que c'était un vain et dernier cérémonial, et se désista de toutes ses prétentions, pour lui et ses successeurs [13].

L'exposition des faits relatifs à ce royaume et à la suzeraineté impériale était un préalable nécessaire à l'in-

11 CHIFFLET, *Vindiciæ Hispanicæ*, d'après le chroniqueur *Eberhardus Ratisponensis archidiaconus, ad annum* 1294, dit, p. 195 : « Adolphus, Romanorum rex, repetivit a rege Franciæ (Ph. Pulcbro) Regnum Arelatense et quasdam alias terras, quas dicebat esse Imperii.

12 L'existence des contrats et quittances déposés au Trésor sont attestés par Cassan, qui a dédié son livre à Richelieu : « Les États et princes de l'empire confirmèrent l'achat *comme on peut le voir* par les quittances, contrats, ratifications et autres actes qui sont au trésor de France. » (Recherches, p. 41.)

13 La Couronne royale des rois d'Arles, dédiée aux consuls et gouverneurs de la ville et cité d'Arles, par J. BOUIS, prêtre (Avignon, 1641, in-4°).

telligence du droit féodal non-seulement de la Bour-
gogue et du pays Lyonnais, mais aussi du Dauphiné et
de la Provence, que nous étudierons dans les sections
subséquentes.

Occupons-nous maintenant de la Bourgogne et du
pays Lyonnais.

§ 2. — DUCHÉ ET COMTÉ DE BOURGOGNE. — CONSTITUTION ORIGINAIRE EN FIEFS DE DIGNITÉ. — RÉUNION ET SÉPARATION SUCCESSIVES. — INVESTITURE IMPÉRIALE DE LA FRANCHE-COMTÉ.

Le duché de Bourgogne avait été créé en 893 par
Charles le Simple en faveur du comte d'Autun, Richard
le Justicier. A son origine, il contenait la Bourgogne
entière, et comme duché il releva toujours de la couronne de France.

Le duc Gisalbert, en 937, détacha la partie orientale
de ses possessions pour en faire la dot de sa fille, mariée
à Léotad, fils du comte de Mâcon. Cette origine du
comté de Bourgogne lui imprima le caractère de *fief
féminin* qui se perpétua dans la suite, et exerça une
grande influence sur ses destinées politiques. La partie
distraite du duché correspondait à l'ancien pays des Séquaniens qui avait Besançon (l'antique *Vesontio*) pour
capitale. Elle touchait par l'extrémité nord à la Lorraine et à l'Alsace, par l'extrémité sud à la Bresse et au
Dauphiné ; elle s'étendait à l'ouest le long de la Saône et
du duché de Bourgogne, et à l'est le long de la chaîne
du Jura et d'une partie de l'Helvétie. Elle reçut le nom
de Franche-Comté, vers 1131, par suite d'un refus
d'hommage au vicaire de l'Empire, étranger au sang

des rois d'Arles : cette indépendance temporaire cessa
bientôt sous le règne de l'empereur Frédéric Ier[1].

Le duché de Bourgogne fut réuni à la couronne sous
le règne de Robert le Pieux, fils de Hugues Capet, qui
le revendiqua par droit de succession. Mais le comté
ne fut pas compris dans la réunion ; un fils adoptif
du dernier duc le posséda en son nom[2].—Le duché fut
détaché du domaine de la couronne, en 1027, pour
constituer un apanage en faveur d'un fils puîné du roi.
De ce prince, nommé aussi Robert, sortit la première
branche des princes apanagistes de Bourgogne. Cet apanage n'était pas d'abord très-important. Des comtes
particuliers d'Auxerre, de Tonnerre, de Mâcon ne relevaient pas alors du duché de Bourgogne. Le comté de
Châlons-sur-Saône n'en dépendait pas encore avant
l'année 1237. La puissance des ducs apanagistes se développa successivement par l'accession des comtés particuliers qui n'en dépendaient pas dans les xie, xiie,
xiiie siècles. La première branche issue de la maison
royale se prolongea pendant trois siècles, de l'an 1027
à l'an 1361, époque de son extinction dans la personne

1 Mémoires sur la Franche-Comté, par Gollut, p. 70. C'est le
comte Raynal ou Renaud qui refusa le serment, en se fondant sur
ce que le vicaire de l'Empire n'était pas du sang des rois d'Arles.—
Dunod, Prescriptions, partie iii, ch. 5, p. 277, va plus loin. Il soutient qu'en 1181 Frédéric Ier lui-même, par le partage de ses États
entre ses quatre enfants, assigna le comté de Bourgogne à Othon
son quatrième fils, sans l'assujettir à des devoirs de fief : cette opinion, quoique dépourvue de titres sérieux, était reçue avec faveur
par les écrivains francs-comtois.

2 En 1002, le duc Eudes Henri mourut après avoir adopté Otte
Guillaume, contre lequel le duché fut revendiqué, mais qui conserva
le comté.

de Philippe Ier, qui avait joint la Franche-Comté à ses diverses possessions [3].

La deuxième branche des ducs de Bourgogne est sortie d'une nouvelle concession d'apanage : en 1363, Philippe le Hardi, quatrième fils du roi Jean, reçut à ce titre le duché; en même temps, il fut créé premier pair de France.

Dans la concession d'apanage il était fait mention du comté de Bourgogne, mais d'une manière accessoire et dans des termes peu précis. L'hommage de l'apanagiste n'était stipulé qu'à titre de duc et de pair de France, *tanquam Dux et primus Par Franciæ* [4]; il n'était pas fait mention de l'hommage du comté. Aussi Philippe s'empressa de solliciter l'investiture de l'empereur, à titre de comte, comme s'il eût craint un compétiteur. L'empereur Charles IV lui donna l'investiture du comté de Bourgogne comme d'un *fief vacant de l'Empire*, supposant par là que la cession de 1330, qui marqua la fin du royaume d'Arles, n'avait pas dû porter atteinte à la suzeraineté impériale sur le comté de Bourgogne. Plus tard, en 1382, Philippe le Hardi consolida son titre à la possession de la Franche-Comté par son mariage avec l'héritière des anciens comtes de Bourgogne. Mais de-

---

3 Le dernier duc, Philippe Ier, dit Philippe de Rouvre, avait fait, selon Brussel, une donation du *Comté* au roi. — *Voir* BRUSSEL, Usage des fiefs, I, p. 134.

4 Prædictum ducatum Burgundiæ in pariatu et quidquid juris possessionis et proprietatis habemus et habere possumus et debemus in eodem, necnon et *in Comitatu Burgundiæ* et in quacumque parte ipsius ex successione prædicta (celle de Philippe de Rouvre, dernier duc de Bourgogne) concessimus..... Quorum dictum filium nostrum Ducem primumque Parem Franciæ facimus et creamus.. .. Pro quibus donatis prædictis dictus filius noster nobis *hommagium fecit, tanquam Dux et primus Par Franciæ.* (Mémorial de la Chambre des comptes, dans Brussel, I, p. 134.)

venu par mariage seigneur légitime de la Franche-Comté, il ne pouvait plus effacer l'investiture qu'il avait reçue de l'Empire [5].

Ainsi, la suzeraineté impériale sur la Franche-Comté, née dans le xie siècle avec le royaume d'Arles, survécut à ce royaume éphémère, par l'ambition surtout d'un duc de Bourgogne qui, vassal du roi de France pour le duché, s'était empressé, en 1363, de devenir en même temps le vassal de l'Empire, afin de se donner

---

5 Le comté s'était trouvé en 1315 entre les mains du roi Philippe le Long, qui avait épousé Jeanne de Bourgogne, fille et héritière d'Othon IV, dernier des anciens comtes de Bourgogne. Mais, en 1330, leur fille aînée se maria avec Eudes III, duc de Bourgogne, et dès lors le duché et le comté étaient sous le gouvernement d'un seul chef. — BRUSSEL, Usage des fiefs, I, p. 13, cite une pièce de la Chambre des comptes qui constatait, selon lui, les droits du roi au comté, mais l'*investiture impériale* avait empêché l'effet des actes. (*Voir* aussi DUNOD, Prescriptions, p. 282, et Histoire de la Franche-Comté, t. II, p. 594.)

DUNOD, dans son Traité des prescriptions (partie III, ch. 15), prétend que le comté de Bourgogne n'a *jamais relevé de l'empire d'Allemagne.* — Mais il faut se défier de ce patriotisme franc-comtois qui est à peu près aussi exagéré que le patriotisme breton, qui soutient aussi n'avoir pas relevé du royaume de France avant Louis XII et François Ier. — Ce sont de ces exagérations que l'histoire impartiale ne peut admettre. Du reste, Dunod lui-même est obligé de convenir que le comté de Bourgogne a bien *pu être tenu en fief* des anciens rois de Bourgogne et des princes des maisons de *Franconie et de Souabe* (*Prescriptions*, p. 275) qui ont succédé à ces rois. — Cet aveu laisse dès lors subsister tout ce qu'il y a d'important sur les relations du comté de Bourgogne 1° avec le royaume d'Arles, 2° avec les empereurs, à raison du royaume d'Arles et de l'Empire. — Maintenant qu'en fait, et à partir de Renaud jusqu'à l'investiture sollicitée par Philippe le Hardi, il y ait eu *possession paisible et publique,* comme dit Dunod, de l'indépendance du comté, et que certains comtes même se soient qualifiés *Comtes* par la grâce de Dieu, cela ne change pas le caractère primitif, et laisse subsister toutes les conséquences que nous devons en tirer pour l'histoire du droit féodal de la province.

un titre apparent à la possession de la Franche-Comté.

Les princes de la maison de Bourgogne réunirent, pendant la plus grande partie du xvᵉ siècle, sous les titres distincts de duc et de comte, le gouvernement des deux provinces, relevant de couronnes différentes. Philippe le Bon, dans les actes authentiques, prenait même la qualité de *Marquis du saint Empire*[6].

Les possessions furent divisées après la mort de Charles le Téméraire. Le duché fut incorporé au domaine de la couronne en 1477, par extinction d'apanage à défaut d'héritier mâle ; mais le comté, comme fief féminin, resta par droit de succession entre les mains de Marie, fille de Charles le Téméraire ; et il fut plus directement rattaché à l'Empire par l'union de l'héritière avec Maximilien, duc d'Autriche et fils de l'empereur Frédéric III.

Il ne fallut rien moins, dans les temps modernes, que les victoires de Louis XIV pour effacer les traces de l'investiture sollicitée de l'Empereur au xivᵉ siècle, et pour réunir enfin, par la paix de Nimègue, la Franche-Comté au royaume de France (1674-1678).

§ 3. — PAYS LYONNAIS, CHARTE DE LYON ; BUGEY, BRESSE ET DOMBES.

Le pays lyonnais (y compris le Forez[1]) et les contrées voisines, le Bugey, la Bresse, la Dombes, le Beaujolais, firent partie des *Terres de l'Empire*. Mais le terri-

---

6 Lettres patentes données à Bruges pour la rédaction des Coutumes, du 11 mars 1457. — RICHEBOURG, Cout. gén., t. II, p. 1193.

1 On désignait sous la dénomination de *Forez* le territoire à l'ouest du Lyonnais, comprenant Montbrison, Saint-Étienne, Roanne, etc.

toire Lyonnais, proprement dit, fut bien plus tôt rattaché
à la couronne de France que ces contrées diverses dont
les unes touchaient aux Alpes et les autres s'étendaient
sur la rive droite et la rive gauche de la Saône.

Incorporée dans le royaume des Burgondes, comprise plus tard dans le royaume de Bourgogne et d'Arles, la cité de Lyon fut réputée Ville impériale; les
comtes de Lyonnais et Forez furent même qualifiés
de Lieutenants de l'Empereur; ils se rendirent héréditaires et exercèrent des droits régaliens. L'archevêque
de Lyon, primat des Gaules, devint ensuite, du xie au
xiie siècle, comte presque souverain, et le chapitre de
la cathédrale fut associé à sa domination territoriale et
à ses droits de juridiction temporelle. Mais en 1272, le
fils de saint Louis, Philippe le Hardi, exigea, pour la
première fois, que l'archevêque de Lyon prêtât serment de fidélité au roi de France; et dans les premières
années du xive siècle Lyon fut réuni au Royaume, en
restant ville libre sous la protection des rois [2].

On remarque, en 1307, dans l'organisation municipale, le Prévôt des Marchands et les Échevins, que nous
trouverons avant cette époque dans la cité parisienne [3].

2 Histoire consulaire de Lyon, par le P. MENESTRIER. — Preuves
justificatives, p. 41, Serment. — Le comte Artaud III [1030-1078]
avait cédé par échange presque tous ses droits sur Lyon à l'archevêque. La cession fut confirmée par Guignes II, comte de Lyonnais
et Forez en 1173, et s'étendit au comté de Lyon.

3 Il est fait mention de ces magistrats, en 1307 et 1408, dans des
actes qui ont pour objet de faire rentrer dans les Archives des
pièces détournées. Ils existaient évidemment avant l'année 1307,
mais ils sont mentionnés alors pour la première fois, d'après les
recherches de M. *Montfalcon,* Biblioth. de la ville de Lyon, auteur
du Recueil des titres de cette ville, *Lugd. hist. Monumenta.*

En 1320, l'archevêque Pierre de Savoie, en sa qualité de *Seigneur de Lyon*, déclare solennellement les Coutumes, franchises et priviléges de la ville, « consi- » dérant que les Lyonnais sont dits être *du Droit ita- » lique*, et désirant de tout notre cœur conserver amia- » blement la communauté de cette ville et ses citoyens » dans leurs Libertés, Franchises, Usages et Cous- » tumes [4]. »

Plus tard, ce sont les Consuls qui gouvernent la ville avec autorité. Ils existaient dans les précédentes orga- nisations; mais ils ne possèdent ouvertement le gouver- nement de la cité qu'à partir du xv° siècle. Le plus an- cien registre des délibérations et des actes consulaires commence en l'année 1416 et se continue par une série de 328 volumes qui forment une partie considérable des archives de l'Hôtel de Ville, comme à Bordeaux les re- gistres de la Jurade, comme à Toulouse les registres des Capitouls.

Dès son origine, la ville de Lyon avait reçu un carac- tère de liberté municipale qu'elle n'a jamais perdu dans ses diverses transformations de régime. Créée par un décret du Sénat romain pour recevoir les habitants de la colonie viennoise chassés de leurs foyers par les Al- lobroges, elle avait fait partie intégrante de la Gaule romaine, et elle avait reçu les priviléges du *Jus italicum* [5]. Le droit primitif est expressément rappelé dans la charte épiscopale de 1320; et toutes les conditions de

---

4 MENESTRIER, Pièces justificatives, p. 467.

5 Sénèque disait qu'elle était *urbs inserta* et *excerpta* pour indi- quer ce double caractère de ville gauloise et de colonie romaine.

constitution libre et de liberté civile pour les habitants
sont rappelées et confirmées par cette charte du xive siècle : assemblée générale des citoyens, élection des consuls et échevins, droit de s'imposer pour les nécessités
de la ville, mais exemption d'impôts et de tailles, en
vertu de l'antique *Jus italicum*; droit de garde, de milice et de prise d'armes pour l'utilité publique; droit
de juridiction dans l'intérieur de la ville et liberté pro-
visoire pour les citoyens accusés, sauf le cas d'homicide et de trahison; successions des père et mère et des
frères et sœurs affranchies de tout droit seigneurial;
absence de *commise* féodale ou confiscation; liberté du
commerce : telles sont les bases de cette charte qui a
consacré les franchises du passé en les consolidant et
les élargissant pour l'avenir. La seule exception à la
constitution toute municipale de la ville de Munatius
Plancus, c'est que l'archevêque et le chapitre de Lyon
exerçaient une juridiction temporelle, née de la justice
ecclésiastique et féodale du moyen âge.

La faveur du Droit romain, qui avait protégé le berceau de la colonie parmi les Ségusiens, s'était répandue
et s'est maintenue dans le territoire de la Bresse, du
Bugey, de Gex, du pays de Dombes, du Beaujolais. Et
il est si vrai que dès les premiers temps le Droit romain,
celui antérieur à Justinien, s'est propagé dans ces contrées, que dans les chartes de la Dombes, qui sont l'objet d'un Recueil fait de nos jours avec autant de soin
que d'intelligence historique, on en trouve encore les
traces; on trouve notamment que la dot y est régie,
non par le droit de Justinien, mais par la loi *Julia, De*

fundo dotati[6]. Le Droit romain, propagé par l'école des Glossateurs, y fut, au surplus, considéré au moyen âge et dans les temps modernes comme le Droit commun. Le savant Antoine Fabre, qui était originaire de la Bresse, lui reconnaît ce caractère dans ses Traités et dans son Code, où la jurisprudence du Bugey et de la Bresse est souvent comparée et assimilée à celle du Piémont et de la Savoie[7].

Du reste, toutes ces contrées particulières étaient formellement dénommées *Terres de l'Empire*, au moyen âge ; et leur qualification, à cet égard, s'est prolongée beaucoup au delà de l'époque où le Lyonnais proprement dit a été réuni au royaume de France. Ainsi, en 1303, le Bugey est inféodé à titre d'apanage à Louis de Savoie, *vicaire de l'Empire*, qui continue en cette qualité le vicariat donné au xiie siècle par l'empereur Lothaire à Conrad, duc de Zaringue[8]. Ainsi, en 1325, vingt-deux seigneurs de la Dombes (qui plus tard forma un petit État indépendant) se réunissent spontanément pour

6 *Bibliotheca Dumbensis.* Recueil de chartes, par M. VALENTIN SMITH, conseiller à la cour impériale de Lyon. — Considérations sur la Dombes, par le même (1856). — Cette dissertation éclaire très-bien le droit de la Bresse au moyen âge et celui de la Dombes en particulier.

7 Antonius FABER, appelé le président FABRE, était né au xvie siècle à Bourg, en Bresse, et était juge-mage à Bourg. Après le traité du duc de Savoie et de Henry IV, sur l'échange de la Bresse et de Saluces, il fut retenu par le duc de Savoie, qui le nomma président du parlement de Chambéry. Son *Codex Fabrianus* est un recueil de jurisprudence où il mentionne bien souvent le droit de la Bresse en disant *apud Secusianos meos.*

8 Histoire de Bresse et de Bugey, par GUICHENON, avocat au présidial de Bourg et historiographe du roi (2 v. in-f° 1656), I, p. 18 et suiv. — La maison des ducs de *Zaringue* s'est éteinte en 1218, après avoir fondé la ville de Fribourg. (KOCH, II, 45.)

constater les coutumes du pays; et dans le préambule des Coutumes, ils mentionnent la supériorité de l'Empire. De plus, en 1398, dans une déclaration collective, tous les seigneurs de la Dombes reconnaissent expressément la suzeraineté d'Amé VIII, comte de Savoie, marquis d'Italie et vicaire *d'Empereur général*[9]. Les possessions des sires de Beaujeu dans ces contrées étaient dénommées terres de l'Empire; le Beaujolais était dit *part de l'Empereur* pour les possessions situées sur la rive gauche de la Saône; en 1424, l'empereur Sigismond *donnait souffrance*, en attendant la foi et hommage, de la terre de Villars, qui resta qualifiée de baronnie et d'ancien fief de l'Empire, jusqu'au xvɪᵉ siècle, époque à laquelle la Dombes fut érigée en principauté par François Iᵉʳ[10]. Enfin, en 1430, Amé de Savoie, en qualité de vicaire de l'Empire, édicta les statuts de Bresse; et la Bresse demeura sous la dépendance de la Savoie jusqu'au Traité de 1601, qui contenait l'échange des provinces de Bresse, Bugey et Gex avec le marquisat de Saluces, et qui, grâce à l'habile politique d'Henri IV, restituait au royaume de France sa frontière naturelle jusqu'aux Alpes[11].

9 Bibliotheca Dumbensis, n° 6, p. 322.

10 Considérations sur la Dombes, p. 18 et *passim.* — C'est seulement en 1523, après la confiscation contre le connétable de Bourbon, que la Dombes devint un petit État enclavé dans la France. Le chef de cette principauté indépendante, sous la suzeraineté du roi, avait son parlement à Trévoux, et le roi l'autorisa à faire résider à Lyon le *Parlement de Dombes.*

11 Traité du 27 janvier 1601 entre Philippe II, roi d'Espagne, Henri IV et Charles Emmanuel Iᵉʳ. — *Voir* l'histoire de la réunion de la Bresse, etc., par M. Jules Baux, archiviste du département de l'Ain, 1852.

Il ne faut pas s'étonner dès lors si dans ces pays on trouve un droit analogue à celui de l'Empire et de la Savoie, le droit romain comme droit commun, la tradition romaine diversement modifiée par les usages locaux [12], le franc-alleu comme coutume territoriale, le fief d'honneur, le privilége de noblesse personnelle agissant sur les terres roturières comme sur les terres nobles pour les affranchir de l'impôt, mais surtout et comme concession la plus générale, le fief-lige, tradition de la féodalité militaire [13].

Dans ces diverses contrées, plus ou moins dépendantes de l'Empire, il n'y avait pas de Coutumes générales, à cause de l'autorité bien reconnue du Droit romain comme le droit commun du pays. Il y avait pour le régime des fiefs ou de quelques terres seigneuriales des chartes particulières comme celles de la Dombes, ou des statuts locaux comme ceux recueillis pour la Bresse par l'ordre du duc de Savoie [14].

Il en était autrement à l'égard des deux Bourgognes, où le Droit romain n'avait pas, dans le même sens, et malgré son influence réelle, le caractère dominant de *Droit*

---

12 Par exemple, en matière d'*augment de dot* : en Bugey, l'augment est une espèce de douaire; en Bresse, on ne le connaît pas, mais on pratique un gain de survie stipulé par les époux. — *Voir* CODEX FABRIANUS, *De donat. ante nuptias, definit.*, 5 et *passim*. — HENRYS, t. IV, p. 298. — BRETONNIER, Questions de droit, v[is] *Augment de dot et Bresse*, p. 37.

13 *Voir* Guichenon. Histoire de Bresse, qui reconnaît quatre espèces de fiefs, et notamment le *fief d'honneur* et le *fief-lige*, t. I, p. 18, et Pièces justificatives, t. II.

14 Statuts de Bresse (recueillis en 1430) et coutumes de Bugey, Valromey et Gex, avec notes de RÈVEL, 1665. — De COLLET, 1698. — De PERRET, 1771.

commun et où l'on a fait plus tard des efforts inutiles
pour que la province fut réputée *pays de droit écrit*. Des
Coutumes générales furent rédigées et promulguées sous
le gouvernement de Philippe le Bon, qui réunissait dans
ses mains le duché de Bourgogne et la Franche-Comté.
— Avant cette promulgation officielle du xv⁰ siècle, il
existait d'anciens coutumiers, autorisés par la longue
pratique du pays : ces coutumiers devront spécialement
fixer notre attention.

Dans cette région de la France, où nous étudions
surtout le droit des provinces qui ont eu des relations féodales avec l'Empire, nous devrions, à ce qu'il
semble, nous occuper principalement du Droit de la
Franche-Comté; mais les rapports entre les deux Bourgognes et entre les deux Coutumes sont tellement étroits
qu'il n'est pas possible de les séparer. Seulement, dans
l'exposé du droit bourguignon, nous aurons à signaler
les différences d'usages que la Franche-Comté tenait
de sa situation et de ses liens politiques.

§ 4. — ANCIENNES COUTUMES DE BOURGOGNE ET DE FRANCHE-COMTÉ.

Les Éduens, qui habitaient le territoire devenu la
Bourgogne et qui avaient un rang élevé entre les nations gauloises [1], étaient compris parmi les peuples alliés, jouissant de leurs droits et usages, sous la domination romaine. Ils se disaient les frères des Romains par

---

1 En 1698, on trouva près de Dijon le tombeau d'un grand-prêtre
des Druides (*Chindovax*), fait reconnu par l'érudition locale, qui est
très-grande dans cette patrie du président BOUHIER.

le sang ; Cicéron les appelle *fratres consanguineique nostri.*
Jules César, entrant dans la Gaule, avait reçu du sénat
romain la mission spéciale de les protéger, et ils eurent
de bonne heure un penchant naturel vers les mœurs
et les lois romaines. Mais leur fierté nationale voulait
suivre librement cette impulsion, et ils conservèrent leur
qualité d'alliés au lieu de subir celle de sujets et de tributaires, comme l'atteste Pline l'ancien [2]. La civilisation fit
parmi eux de rapides progrès. C'est à la célèbre école
d'Autun que s'instruisait la noblesse gallo-romaine [3].

Au ve siècle, les Burgondes faisant partie de la grande
invasion des Germains dans la Gaule, s'établirent successivement sur les rives du Doubs, de la Saône et du Rhône,
dans la province séquanaise et la lyonnaise première.
Ils partagèrent les terres, s'attribuant les deux tiers du
sol cultivable et la moitié des forêts [4]. Les conquérants et
les naturels du pays vécurent sans trouble les uns à côté
des autres. Par l'effet du partage ils eurent des rapports
obligés, des intérêts communs ; et cette situation de co-
propriété amena les nouveaux possesseurs à pratiquer
souvent des usages suivis par les indigènes ou les
Gallo-Romains.

Chaque race de propriétaires, cependant, eut sa loi
rédigée par écrit, et ses comtes d'origine germanique
ou gallo-romaine. Mais la loi germanique des Bur-

2 Hedui fœderati, PLINIUS, Hist. nat., lib. IV, c. 18.—Mon tome II,
p. 210.

3 Augustodunum, qui avait pris son nom d'Auguste, organisateur
des Gaules, était l'ancienne *Bibracte,* dont J. César parle si souvent
dans ses *Commentaires.*

4 *Voir* mon tome III, p. 354. Le partage chez les Séquaniens se fit
en 439 ; chez les Éduens, en 456.

gondes, la loi Gombette, fut impartiale, comme nous l'avons démontré en son lieu [5], entre les possesseurs germains et les possesseurs indigènes ; elle ne porta pas l'empreinte de l'esprit de conquête et de supériorité de race qui distingua plus tard les lois des Francs Saliens et des Ripuaires. Elle maintint l'égalité entre les Germains et les Gallo-Romains. — Ce principe d'égalité et d'impartialité produisit un immense résultat après quelques siècles : c'est le mélange ou la fusion des races et des coutumes. On ne distingua plus · entre les Burgondes et les indigènes. La loi romaine, qui régissait les personnes et les terres des naturels du pays et les terres du clergé, ne cessa jamais d'être la loi des Gallo-romains et des clercs ; mais, de plus, elle étendit son influence sur les Germains par les rapports nécessaires qui existaient entre les possesseurs d'origine différente. Elle resta donc loi territoriale, sans être exclusive de la loi personnelle des Germains ou de la loi Gombette. Au ixe siècle cette loi, selon le témoignage d'Agobard, n'était suivie que d'un très-petit nombre de personnes, *Cujus leges perpauci*, disait l'archevêque de Lyon. Elle n'apparaît que deux fois dans les manuscrits du *Liber legum* du xe siècle ; elle n'est plus dans ceux du xie [6]. Cependant quelques-unes de ses dispositions étaient entrées dans les mœurs du pays, et s'y étaient même fortement établies par leur analogie avec les principes

5 Tome II, p. 401, et tome III, p. 101, sur les lois romaine et germaine des Burgondes. — *Voir* une dissertation approfondie sur le Papien (*lex Romana*) publiée par M. GINOUILHAC, professeur d'histoire du droit à la Faculté de Toulouse. (Revue historique, 1856, p. 529.)

6 *Voir* mon tome III, p. 62 et 104.

de la féodalité; notamment la disposition relative à l'hérédité des bénéfices avec obligation de services et de foi, et celle relative au duel judiciaire [7]. — Les Coutumes de Bourgogne, qui remplacèrent la *Lex romana* et la *Lex Burgundionum* du ve siècle, réunirent l'élément romain et l'élément féodal : la combinaison de ces deux principes, d'origine si différente, est le trait caractéristique du droit de la Bourgogne au moyen âge.

Ce fut pour les coutumes de ce pays une circonstance heureuse que le duché, créé en 893 par Charles le Simple pour contre-balancer le pouvoir de Robert duc de France, se trouvât placé sous l'autorité de Richard, comte d'Autun, qui par son application à rendre la justice à ses peuples, mérita le titre de *Richard le Justicier.* Le principe de justice qui avait pris place dans la loi germanique des Burgondes, dès le temps de l'invasion, eut ainsi un continuateur et un garant dans le chef féodal de la province, au moment où la féodalité prenait possession de la société divisée. — Et ce principe de justice fut protégé en Bourgogne, au plus fort de l'anarchie féodale des xe et xie siècles, par la dignité royale elle-même qui se confondit deux fois avec la qualité de duc de Bourgogne : d'abord dans Raoul, fils de Robert le Justicier, élu roi de France, par ses pairs [923-936]; et puis dans Robert le Pieux, fils de Hugues-Capet.

Du reste, c'est un des princes apanagistes, dont les vertus ont honoré la seconde maison de Bourgogne, Philippe le Bon, qui, à l'exemple de Charles VII, et peu

---

7 Lex Burgund., tit. I, art. 3 et 4, et tit. xxxv : Ut posteritas cum devotione et fide desserviat.

de temps après l'ordonnance royale de 1453 sur la rédaction des coutumes de France, voulut que les coutumes des deux Bourgognes fussent rédigées officiellement par les Trois-États. Il les promulgua séparément en prenant la qualité de duc et de comte, savoir, les Coutumes générales du duché, le 26 août 1459; les Coutumes générales du comté, le 28 décembre de la même année. — Elles furent les premières rédigées en France et publiées après l'ordonnance de Charles VII [8]. Les vieux Coutumiers du pays et les Coutumes déclarées notoires par le parlement de Franche - Comté avaient préparé ou facilité la rédaction officielle : c'est la source ancienne où nous allons principalement puiser.

Le comté de Bourgogne et le duché, qui eurent souvent des rapports de destinées et d'intérêts politiques, eurent aussi dans leurs coutumes des rapports fondés sur la communauté d'origine de leurs populations. « Nous avons, disait le franc-comtois Dunod, la
» même origine que les peuples du duché qui sont nos
» plus proches voisins, et nous avons été longtemps

8 Si les coutumes de Bourgogne furent les premières rédigées officiellement, elles furent aussi l'objet de l'un des premiers commentaires de coutumes. — Chasseneuz (*Chassenæus*), né en 1480, dans le pays d'Autun, qui fut à 21 ans assesseur du capitaine de justice de Milan, sous le règne de Louis XII, et revint avocat à Autun, publia le 1re édition de son Commentaire latin en 1517 : il ne connaissait pas les trois premiers Commentaires qui avaient paru récemment de Bohier, sur la coutume de Bourges; de Pyrrhus, sur celle d'Orléans ; de Samson, sur celle de Tours. Il fit, en 1519, des additions en citant ces auteurs contemporains : *Quos usque ad annum* 1518 *non viderem*, dit-il. Ses Consultations furent publiées en 1531. C'est un jurisconsulte très-versé dans le Droit romain, et qui l'applique au Droit coutumier. En 1533, il fut nommé premier président au parlement de Provence.

» sous la même domination. Où pourrait-on trouver
» une plus grande conformité de mœurs et un secours
» plus puissant pour expliquer la Coutume du comté
» de Bourgogne que dans celle du duché [9] ? »

Cela est vrai généralement, mais plus encore pour le
droit coutumier du xviᵉ siècle, que pour celui du
moyen âge [10].

Des différences caractéristiques ont, en effet, existé
au moyen âge entre les Coutumes des deux provinces,
et elles venaient surtout de ce que le droit du *Livre des
fiefs* s'était fait sentir dans le comté, fief de l'Empire,
plus que dans le duché, fief de la France.

Le duché possédait, du xiiiᵉ au xivᵉ siècle, plusieurs
Coutumiers qui ont été publiés en 1742 par le président Boubier avec un arrangement méthodique de leurs
dispositions, sous le titre d'anciennes Coutumes [11]. Bien
que l'ordre adopté rende les choses plus intelligibles,
on regrette cependant que la publication du savant
magistrat ne représente pas le texte des Manuscrits, tel
qu'il les possédait lui-même. —De nos jours, M. Ch.
Giraud a édité un manuscrit de la Bibliothèque publique

9 Commentaires sur le titre des successions de la coutume du
comté de Bourgogne (1725), in-12.—L'ouvrage a été publié sans nom
d'auteur, mais il est de Dunod, comme l'a indiqué le présid. Bouhier dans ses Conférences sur les successions, t. I, p. 276.—Dunod
est le plus savant jurisconsulte franc-comtois de l'ancienne monarchie. Du reste, la Franche-Comté est encore un pays privilégié par
les jurisconsultes qu'il a produits, notamment MM. PROUDHON,
ancien doyen de la Faculté de Dijon, et VALETTE, prof. à la Faculté
de droit de Paris.

10 Les Cout. réformées sont de 1569, 1570, 1572.

11 OEuvres du président Bouhier, t. I, p. 133 et suiv. — Le président indique trois mss. du xiiiᵉ siècle et plusieurs du xivᵉ.

de Dijon intitulé *Coustumes et Stilles gardés au duchée de Bourgogne* [12]. C'est une compilation faite en 310 articles par un praticien inconnu, qui disserte quelquefois et commente, au lieu d'attester les usages avec précision [13]. Cet important document, imprimé avec tout respect pour l'ordre ou le désordre primitif de ses dispositions, ne diffère pas ou diffère peu au fond des usages contenus dans la publication du président Boubier. Mais il complète celle-ci et l'éclaire par ses développements. Il me paraît, du reste, certain que le recueil publié de nos jours a été connu du président Bouhier, et qu'il a fait partie des éléments de sa compilation des anciennes coutumes. J'en ai pour garant la parfaite conformité de rédaction entre plusieurs articles. Je citerai comme exemple très-frappant à cet égard l'article 41, sur la mainmorte, du manuscrit édité par M. Ch. Giraud, qui est transcrit dans l'article 130 de l'édition du président Bouhier, sans qu'il y ait une syllabe de changée, si ce n'est le nom de *seigneur* pour celui de *sire*; je citerai également les articles 42 et 45 qui se retrouvent textuellement dans les articles 146 et 147, et l'article 46 sur le désaveu dont la rédaction est identique avec l'article 153 : une identité aussi parfaite ne peut être l'effet du hasard; et bien certainement, le président Bouhier a connu et employé le manuscrit de la bibliothèque de Dijon ou un manuscrit tout à fait analogue. Ceci ne diminue en rien la valeur de la publication contenue dans le recueil si précieux de

---

12 Recueil de M. Ch. Giraud à la suite de son Essai sur l'Histoire du droit français au moyen âge, t. II, p. 268-328.

13 *Voir* spécialement les art. 177 et suiv. sur les Fiefs.

M. Ch. Giraud : la comparaison, au contraire, est très-
utile, et l'inconvénient d'un ordre arbitraire dans les
dispositions, justement reproché à la compilation du
xviii$_e$ siècle, est réparé par la publication du manuscrit
jusqu'alors inédit.

La Franche-Comté, avant la rédaction de sa coutume
en 1459, n'a pas de Coutumier qui lui soit propre.
Seulement les États de la province, quelques années
avant l'ordonnance de Charles VII sur la rédaction
des coutumes, avaient sollicité de leur prince de Bourgogne l'importante mesure de faire reconnaître et fixer
par écrit les coutumes du Comté. Le prince avait
nommé des commissaires qui ne produisirent aucun
travail à cet égard ; et le parlement, à leur défaut, dressa
d'office, en 1451, seize articles de coutumes notoires :
c'est là le premier document spécial à la Franche-
Comté [14]. Mais en interrogeant les anciens coutumiers
de Bourgogne et en les comparant soit aux chartes du
comté, soit aux coutumes notoires de 1451, soit à la
coutume de 1459, on peut retrouver l'ancien droit de
la Franche-Comté aussi sûrement que celui du Duché.

Notre attention, pour déterminer le caractère des
coutumes dans les deux Bourgognes, et faire ressortir
les différences qui peuvent exister entre elles, se portera
principalement sur les deux extrêmes, la condition des
fiefs, l'état des mainmortables. — Nous indiquerons

14 La rédaction de 1459, sollicitée de nouveau par les États, avait
été ordonnée dès le mois de mars 1457. — *Voir* DUNOD, Traité des
prescript., part. 1, ch. 13, p. 104.—Sur la Cout. de 1459, Comment.
de Boguet, Boyvin, Jobelot, de DUNOD sous le titre d'*Observations*,
et les fragments de Talbert rapportés par TAISAND, Coutumes générales de Bourgogne, p. 543 et suiv.

ensuite comment l'influence du droit romain s'est unie au droit coutumier proprement dit, à celui que le Miroir de Souabe qualifie de droit provincial.

I. « En Bourgogne, disent les anciennes coutumes, nul ne peut tenir de fief s'il n'est noble [15]. C'est le droit applicable aux deux provinces et qui prend son origine dans la loi Burgonde, laquelle mettait une assez grande distance entre le noble, déjà qualifié de baron, et l'ingénu de condition médiocre [16]. C'est le droit aussi de l'Empire où la noblesse des armes et le fief militaire prédominent.

Dans le duché, le privilége de masculinité, d'origine germanique, s'est uni au droit d'apanage, et a subsisté pour la transmission du duché lui-même comme fief de dignité. Mais quant aux fiefs ordinaires, le droit de masculinité n'existait plus dès le xiie siècle, dans la ligne directe, comme l'atteste l'évêque Othon de Frésinge [17]; il s'est au contraire maintenu dans les successions collatérales [18].

En Franche-Comté, comme on l'a vu, le fief de dignité était féminin dès l'origine de sa constitution; il a conservé ce caractère jusqu'à la fin, et les fiefs ordinaires ont revêtu généralement la même nature de fiefs féminins ou transmissibles aux femmes, sans distinction d'époques ou de successions. La coutume du xve siècle

15 Anc. cout. (texte BOUHIER), 1, p. 144.

16 Lex Gundibaldi, tit. XXVI. — Nous avons vu qu'en Bresse et dans le Buges le privilége de noblesse personnelle est très-fort et agit même pour assimiler les biens roturiers aux biens nobles, quant à l'exemption des tailles.

17 Otho Fresing, De gestis Frid., II, 29. Voir mon tome IV, p. 450 et suiv.

18 Anc. cout. (texte GIRAUD), art. 18.

a consacré la tradition en disant : « *Femmes nobles* peuvent acquérir et succéder en choses féodales aussi bien que les *hommes nobles*[19]. » — C'est, pour le droit féodal, entre les deux Bourgognes, une distinction fondamentale.

L'égalité des partages de fief etait la règle suivie dans les deux provinces. Elle attestait l'influence persévérante de l'ancienne loi romaine des Burgondes : *Patri matrive intestatis filii filiæque æquo jure succedant*[20].

Le droit d'aînesse n'avait pu prévaloir sur cette tradition.

La condition de l'aîné cependant fut différente de celle de ses frères à l'occasion du droit de *parage* ou de *frérage;* et si les deux provinces eurent, sous ce rapport, un droit semblable jusqu'à la fin du xiiᵉ siècle, elles se séparèrent dans leurs usages à partir du xiiiᵉ. — Primitivement, dans les deux Bourgognes, lorsque le fief se partageait entre l'aîné et les puînés de l'un ou de l'autre sexe, les puînés pour leur portion relevaient du frère aîné, leur seigneur direct, non du chef-seigneur[21] : l'aîné seul faisait hommage à celui-ci. L'ordonnance de Philippe-Auguste, du 1ᵉʳ mai 1209, eut pour objet d'obliger en France les frères puînés à rendre directement hommage de leur part de fief au chef-seigneur; et cette

---

19 Cout. du comté de Bourg de 1459, art. 17.

20 Lex Romana Burgund., tit. X. — Anc. Cout. (texte BOUHIER), 75. — Anc. cout. (texte GIRAUD), 39. — Cout. du comté, ch. 3. — Cout. du duché, ch. 7, art. 6.

21 Othon de Frésinge atteste le droit du xiiᵉ siècle : « Mos in illa (Burgundia) remansit... Quod semper *seniori fratri* ejusque liberis, seu maribus seu feminis, paternæ hereditatis auctoritas cedat, cæterisque ad *illum* tanquam *ad dominum* respicientibus. (De gestis Friderici, I, lib. ii, c. 29. — *Voir* mon tome iv, p. 450-54).

ordonnance, faite de l'avis des grands seigneurs terriens et du duc de Bourgogne lui-même, pour remédier aux inconvénients des démembrements de fief, fut observée dans le duché et passa dans ses vieux coutumiers et la coutume de 1459 [22]. — Mais elle ne fut pas suivie dans le comté de Bourgogne : sa coutume du xve siècle re-produisit encore l'ancien droit attesté par Othon de Fré-singe au xiie : « Si le vassal ordonne de son vivant » qu'après son décès les *maisnés* (puînés) de ses dits » enfants reprendront et tiendront *en fief leur partage de* » *l'aîné*, ou si après le trépas dudit vassal les dits en-» fants en faisant leur partage *accordent d'ainsi le faire...* » les dits maisnés au dit cas *doivent faire le dit hommage* » *à leur aîné* [23]. » On voit que toute liberté est laissée au vassal, à ses enfants, et que le droit du chef-seigneur n'est nullement réservé selon l'ordonnance de Philippe-Auguste. — Cette différence dans les usages des deux contrées, en ce qui concerne le droit de parage, prove-nait de la différence des suzerainetés par elles reconnues. Le duché suivait le droit établi par son suzerain, le roi de France ; le comté continuait à suivre, dans sa propre coutume, le droit du Livre des fiefs ou du Miroir de Souabe ; et l'aîné seul, non les puînés, faisait ordinai-rement hommage au chef-seigneur [24].

22 Anc. cout. (texte Bouhier), 77.—Le texte, édité par M. Giraud, disserte et distingue à ce sujet au lieu de disposer (art. 177-178, 181, 184).— Cout. de 1459, art. 7 : «Partage ou division de choses féodales ne préjudicie point au seigneur de fief : *demourra chacun homme féodal et vassal au dit seigneur pour sa part et portion...* »
23 Cout. du comté, art. 17.
24 Feud., lib. ii, tit. xi. *De successione fratrum.* — Miroir de Souabe, Droit féodal, ch. 52 ; de *requérir son fief :* « Totevoie doit venir li ainzneiz des fils et doit requir son fief didinz l'ant et li sire

Les anciennes coutumes générales de la Bourgógne portaient que le fief ne pouvait être vendu sans le con-sentement du seignenr : c'était une disposition conforme à la loi de l'empereur Conrad, dans le Livre des fiefs[25]. Si la vente avait eu lieu, la chose était *acquise* et *commise au seigneur du fié*[26]. — L'influence du droit français pour assimiler les fiefs aux biens patrimoniaux ne fut pas assez forte, même dans le duché, pour amener la sup-pression de la commise. Seulement dans le droit des deux Bourgognes au xve siècle, ce n'était plus le contrat de vente, mais la tradition qui entraînait la commise, progrès dû sans doute à l'influence de la jurisprudence romaine qui ne regardait la vente comme parfaite que par la tradition de la chose. Mais si après la vente, posses-sion réelle était prise sans le consentement du seigneur, la commise était encourue, et par conséquent il y avait confiscation du fief au profit du seigneur dóminant[27].

Les vieilles coutumés, dans les deux Bourgognes, ré-fléchissaient la suprématie du droit seigneurial sur le droit de la famille : le retrait féodal pour le cas de vente légitime l'emportait sur le retrait lignager; et le sei-gneur, libre dans le choix de ses vassaux, pouvait, dans l'année de l'aliénation du fief, écarter à la fois et le parent le plus proche de le famille du vendeur et la per-sonne de l'acquéreur étranger[28]. — Au xve siècle, dans

---

ll droit baillyer par droit. » (Miroir de Souabe, manuscrit de Berne, p. 72 , verso, ligne 38).

25 Feud., lib. ii, tit. xxxiv, De lege Corradi. — *Voir* Lathaumas-sière, Cout. de Lorris, sur l'art. 1er, p. 478.

26 Anc. cout. de Bourg. (texte Bouhier), 81; (texte Giraud), 33, 34.

27 Cout. du comté, art. 16. — Cout. du duché, ch. 3, art. 8.

28 Anc. cout. (texte Bouhier), art. 85.

le duché, la coutume abandonna le privilége du seigneur contre la famille et donna la préférence au retrait
lignager sur le retrait féodal [29]. — Au contraire, la coutume de la Franche-Comté a toujours conservé la prédominance du retrait féodal [30]. La coutume de 1459
déclarait même la préférence, établie dans l'usage, en
faveur du simple *seigneur censier* sur le plus proche
parent du vendeur [31].

Ainsi, dans le comté de Bourgogne relevant de l'empire, la féodalité civile se maintint plus rigoureuse que
dans le duché naturellement soumis à l'influence des
coutumes françaises : en d'autres termes, le droit féodal
de la Franche-Comté, malgré son principe d'égalité envers les femmes, resta plus fidèle à l'esprit du livre des
fiefs et au caractère primitif de la féodalité militaire qui
demandait que le seigneur choisît lui-même ses vassaux.

Au surplus, le Livre des fiefs lombards était si bien
entré comme droit commun dans les usages de la Franche-
Comté, que même dans la rédaction de 1459, quand il
s'agit de félonie et des personnes envers lesquelles elle
est commise, la coutume se réfère à ce monument de
droit féodal, en lui appliquant la seule dénomination de
DROIT, donnée vulgairement au droit romain que le
livre des fiefs accompagnait dans les collections juri-

29 Cout. du duché, de 1459, ch. 10, art. 10.
30 Cout. du comté, art. 22 : « Le droit de retenue *appartenant au
seigneur féodal* appartiendra à l'aîné (en cas de parage) *comme seigneur immédiat du fief.....* »
31 Cout. du comté, art. 71. — En retraite d'héritages chargés de
cense, portant lods et retenue, le prochain parent ne sera point
préféré au *seigneur censier* qui voudra user du droit de retenue. »

diques du moyen âge. Dumoulin a qualifié cette confusion *errorem insulsum* [32] ; mais ce qui était une *erreur
insensée* pour le jurisconsulte du xvı^e siècle, était dans
le moyen âge une opinion commune qui avait sur l'esprit
public et les mœurs la force de la vérité. Dans la Somme
rurale de Bouteillier, au xıv^e siècle, le Livre des fiefs est
appelé *loi écrite ;* la coutume du duché de Bourgogne
y renvoie en l'indiquant sous le nom de *droit écrit ;* la
coutume de Nivernais, rédigée cependant au xvı^e siècle,
le nomme simplement *droit* comme la coutume du comté
de Bourgogne [33]. Et enfin au xvııı^e siècle, le président
Boubier soutient encore que la compilation du livre des
fiefs est reçue pour loi dans la Bourgogne [34]. Si c'était
une question à l'égard du duché, cela n'en était pas
une à l'égard du comté qui relevait de l'empire. Le
Livre des fiefs, annexé aux collections justiniennes, s'est
répandu avec elles, et son influence a grandi en Allemagne et dans les terres dites de l'empire à l'aide même
de l'autorité de lois romaines.

II. Mais une coutume qui ne vient pas du livre des
fiefs et qui appartient aux usages antérieurs de la Bourgogne et de plusieurs autres provinces de France, c'est
la mainmorte qui a existé dans le duché, et s'est main-

32 Cout. du comté, art. 20 et 21. « Personnes conjointes, exprimées par *droit.* » Sur quoi DUMOULIN fait la remarque suivante :
« Scilicet, in *usibus feudorum* seu *consuetudinum Insubriæ*, quas
isti putant esse *de Corpore juris* .. quem INSULSUM ERROREM correxi
in consuetudine Parisiensi. » — *Voir* RICHEBOURG, t. II, p. 1195.

33 Somme rurale de BOUTEILLIER, liv. I, t. I, p. 3. — Coutume du
duché de Bourg., art. 16. — Cout. de Nivernais, ch. 4, art. 10. —
BOUHIER. Observ., ch. 1, t. I, p. 358.

34 Œuvres du président BOUHIER, tome II, ch. 37, p. 4 et suiv.

tenue surtout, jusque dans les temps modernes, au sein
de la Franche-Comté. Dans ce territoire étroit, âpre,
montagneux, où vivait une population mêlée des anciens
conquérants et des indigènes, la féodalité politique eut
une certaine indépendance qu'exprime la dénomination
de la contrée; mais la féodalité civile s'appesantissait sur
la classe inférieure plus rudement que dans les autres
provinces; et c'est là que la condition serve, sous le nom
de mainmorte, fut en certaines parties du territoire la
plus dure et la plus persistante. En 1733, Dunod disait
encore : « La plupart des personnes et des biens de la
» campagne, en Franche-Comté, sont de condition main-
» mortable. Les sujets des terres de l'Église y sont encore
» presque tous mainmortables parce que les prélats et les
» bénéficiers n'ont pas eu la liberté de les affranchir. » Il
ajoutait qu'il s'était attaché à la coutume du comté de
Bourgogne pour traiter de la mainmorte, parce qu'elle
s'était le moins écartée de *l'origine de ce droit*[35]. — Nous
devons saisir la même occasion pour déterminer avec
précision dans les deux Bourgognes l'origine et les caractères de cette condition civile et coutumière qui fut
presque générale dans les provinces de France[36] jusqu'à
l'ordonnance de 1302 pour le Midi, de 1315 pour le Nord,
et qui s'est perpétuée dans plusieurs jusqu'en 1789 [37].

35 DUNOD, de la Mainmorte, avertiss., édit. 1733, et texte, p. 4.
— Le même, Traité des prescriptions, p. 387.

36 *Voir* infrà une exception relative à la Provence, et mon t. IV,
p. 536, 539, 545, 551.

37 Les coutumes les plus persistantes à cet égard, indépendamment de celles de Bourgogne, sont celles de Nivernais, Chaumont en
Bassigny, Troyes, Meaux, la Marche. — *Voir* au surplus la dissertation de LOGER en tête de la Bibliothèque des coutumes, qui attribue même trop de généralité et d'effets à la mainmorte. Sur l'ord.

Dunod, professeur en droit à l'université de Besançon, dont les vues sont très-suivies et souvent très-judicieuses en histoire du droit, rapporte l'état de mainmorte à l'état des colons romains ou gallo-romains, attachés à la glebe (*glebæ adscripti*). Perréciot, autre Franc-Comtois, qui remue beaucoup de textes mais qui a moins de sûreté de coup d'œil, flotte, pour la question d'origine, entre les colons et les Lètes [38]. — Le colonat était certainement une des origines de la mainmorte au moyen âge. Mais une autre influence s'est unie à l'origine romaine, et l'association de principes différents nous paraît clairement indiquée par deux dispositions des anciennes coutumes de Bourgogne qui se retrouvent dans les coutumes de 1459.

Première disposition : la coutume de Franche-Comté, au titre de la mainmorte, déclare (art. 83) « que l'homme de mainmorte ne peut prescrire ni acquérir franchise ou liberté contre son seigneur; et laps de temps ne peut lui profiter quelque part qu'il *voise* (*vadat*, qu'il aille) demeurer [39]. » — C'était le droit de suite et de poursuite qui se trouvait dans les capitulaires de Charlemagne pour l'Italie : « Que l'homme du roi, de l'Église ou de tout autre seigneur qui sera trouvé en

---

de 1302, voir *infrà* chap. III, sect. 1, § 3, et pour l'ord. de 1315, le Recueil des ord., I, p. 583.

38 DUNOD, *Prescriptions*, p. 387, et *Traité de la mainmorte*. — PERRÉCIOT, *De l'état civil des personnes*, a développé très-longuement son opinion, liv. I, ch. 6, t. I, p. 129, et tout le liv. V, p. 349 et suiv. (édit. 1845). Perreciot était né en Franche-Comté, à Roulans, en 1728. Il est mort en 1798. Un ouvrage qui lui a été attribué comme posthume, publié en 1779, n'est pas de lui, mais du comte de Bruat, auteur des Origines.

39 Cout. du Comté, tit. XIV, art. 1.

quelques terres de l'Italie, soit revendiqué par son maître sans aucune prescription de temps, *sine ulla annorum præscriptione vindicetur* [40]. » C'était le lien visible entre la condition des mainmortables du moyen âge et la condition des *adscriptitii* du Code de Théodose ou d'Alaric [41], et la condition des *Coloni vel servi* de la loi romaine des Burgondes [42]. Sous ce rapport, l'opinion de Dunod, conforme du reste à celle de Chasseneuz et de Dumoulin, est conforme à là vérité [43].

Mais ce n'est pas toute la vérité : nous trouvons dans les anciennes coutumes de Bourgogne une seconde disposition qui concerne le désaveu fait par le mainmortable et qui est ainsi conçue : « Li homme serf mainmortable se puet, par la coutume du pais, *désavouer de son seigneur*, à la personne de son seigneur, quelque part qu'il le tienne, soit en sa terre ou dehors... Et aussi puet désadvouer au domicile du dit seigneur..... et se l'on lui refuse l'entrée de l'ostel, en la présence de bonnes gens ad ce appelés, et le sergent du souverain aiant sur ce mandement [44]. » Cette disposition est reproduite à peu près dans les mêmes termes par la coutume du duché de Bourgogne, et implicitement par celle du

---

40 Capit., anno 801. — BALIN, t. I. — PERRÉCIOT, De l'état civil des personnes, t. I, p. 375.

41 *Voir* les fragments du Code hermogénien joints au Code d'Alaric, avec l'interprétation du ve siècle.—Le Code Théod., lib. v, tit. IX ; lib. X, tit. II, et mon tome II, p. 441.

42 Lex romana burgund., tit. XLVI, *De Corporatis* (éd. BARCHOW, p. 131).

43 CHASSENOEUS, Burg. cons., Rub. IX, p. 1179.—DUNOD, Prescriptions, p. 343. — DUMOULIN, Cout. de Paris, I, glose III, n°s 3, 4, 5.

44 Coustumes et styles gaudis (texte GIRAUD), art. 46.—Anciennes Cout. (texte BOUHIER), art. 153.

comté, qui dit (art. 86) : « L'homme de mainmorte pour
lui et sa postérité à naistre et pour ses enfants nais, étant
en communion avec lui tant seulement, peut délaisser
et abandonner son seigneur, en renonçant au dit seigneur et délaissant ses *meix* et *héritages mainmortables*,
et la tierce partie de ses meubles tant seulement [45].

Voilà deux dispositions qui appartiennent évidemment
à des usages, à des principes différents : la première,
sur l'imprescriptibilité de la servitude qui attache définitivement l'homme à la glèbe servile, vient du colonat
romain, et sous ce rapport Chasseneuz et Dunod étaient
dans le vrai [46]. La seconde, qui reconnaît le droit de
l'homme à la liberté par le désaveu du seigneur, vient
d'une autre source ; et les auteurs des Conférences sur
la réforme des coutumes de Bourgogne, avaient raison
aussi, sous un autre rapport, en disant des mainmortables : « Ils ne sont ni les *censiti*, ni les *glebæ adscripti*
des lois romaines, car ceux-ci étaient esclaves, et nos
mainmortables constituent une condition, une classe
propre à cette province. » La vérité historique, pour la
Bourgogne et pour les provinces en général, est dans la
combinaison du colonat romain ou gallo-romain avec
l'esprit nouveau de la féodalité. Le moyen âge est surtout la loi de subordination de l'homme à la terre ; le
lien est établi entre le possesseur et la chose possédée,
mais il peut se rompre. Dans les hautes régions de la
société féodale, l'homme de fief conserve vis-à-vis de
son seigneur la liberté de cesser d'être son vassal en dé-

45 Cout. du duché, ch. 9, art. 9. — Cout. du comté, art. 86.
46 DUNOD, Mainmorte, p. 9.

laissant la terre ; sa condition est surtout *réelle ;* et du
moment où il veut se séparer de la terre qui l'oblige, il
reprend son droit personnel, il retrouve toute sa liberté.
De même, dans la région inférieure des tenanciers, le
droit de l'homme s'est fait sentir sous les liens du mainmortable. Le serf de mainmorte tenait de son seigneur
un *Meix* (*Mansus*) [47], ou bien un homme libre était devenu
mainmortable par prise de meix en lieu de mainmorte :
tant qu'il le détenait, il était de condition mainmortable,
tailliable de haut et bas, mais il n'était de mainmorte
qu'à cause de l'héritage servile ; et s'il renonçait à ses
meix et héritages mainmortables, il acquérait franchise
et liberté pour lui et sa postérité [48] : c'est là que se
trouve l'élément germanique, l'indépendance individuelle qui a brisé la chaîne continue du colonat romain.
— Toutefois le droit féodal, qui est très-âpre en fait de
redevances et de fiscalité, assure au seigneur un profit
au moment où il perd un mainmortable par désaveu.
Non seulement l'ancien maître reprend le *meix* vacant,
ce qui est tout naturel, mais il retient une part du mobilier qui appartenait au mainmortable : les deux tiers,
si le mainmortable n'avait pas à se plaindre de son maître ou, comme dit la coutume, *si le tort n'était pas au
seigneur ;* le tiers, si le tort venait de celui-ci [49]. — Il ne

47 *Meix* ou manse signifie l'habitation d'un homme jointe à autant de terre qu'il en faut pour occuper et nourrir un sujet avec
son ménage. Les anciens titres qualifient de *Meigniers* d'un seigneur
ceux qui tiennent de lui une habitation et des terres. (Dunod, Mainmorte, p. 37.)

48 Cout. du comté, art. 86 et art. 101. — Dunod, Mainmorte,
ch. 6. p. 204, et ch. 2, p. 14.

49 Cout. du Comté, art. 4. — Dunod, sur les deux tiers, Mainmorte, p. 166. — Perréciot dit la *totalité même ;* c'est par erreur.

restait donc à l'affranchi volontaire qu'une faible part de
son pécule ou de ses meubles, pour lui, sa femme, ses enfants; mais il lui restait la liberté, le travail, et la certitude
que ce qu'il pouvait acquérir dans l'avenir était à lui.

Tel est le caractère de la mainmorte dans le droit général des deux Bourgognes. Les anciennes coutumes
l'exprimaient par cette formule : « Nul n'est serf en Bourgogne que quand il lui plait[50]. » La coutume du xvᵉ siècle,
pour éviter toute équivoque et garantir le progrès obtenu par les mœurs, en faveur de la mainmorte purement réelle, disait : « Au duché de Bourgogne, n'a nuls
hommes *serfs de corps*[51]. » — Mais dans la Franche-
Comté, la mainmorte réelle n'avait pas pris le caractère
exclusif; la coutume de 1459 est muette sur la servitude personnelle ; et dans une partie de la province, notamment le territoire de Saint-Claude, la servitude
conserva jusqu'en 1789 le caractère primitif et les effets
les plus rigoureux du servage de corps. Les droits de
suite, de *poursuite*, de *formariage*, donnaient au seigneur
la faculté de suivre partout la personne du serf, de saisir partout les biens qui lui étaient advenus ou qu'il
avait pu acquérir par son travail, sans que jamais la
liberté de la personne ou la propriété de la chose pût
être prescrite contre le seigneur et maître! — C'était la
condition permanente du colonat gallo-romain que n'a-
vait affaiblie ni l'influence du droit germanique ni l'esprit du christianisme, et dont le Code de Justinien,
propagé au moyen âge, avait consacré la rigueur par

<hr />

50 Anc. cout., texte BOUHIER, art. 120.
51 Cout. du duché de 1459, ch. 9, art. 1.

cet axiome absolu sur l'imprescriptibilité des droits du maître : « *Maneat itaque domino jus inconcussum* [52].

A côté de cette fâcheuse exception contre la règle de *mainmorte réelle*, que présentait le diocèse de Saint-Claude, même dans les terres de l'Église, il faut placer une exception bien plus favorable, une exception d'affranchissement complet que présentait le domaine particulier du comte de Bourgogne. Dès la première moitié du xiie siècle, le comte Renaud II affranchit les mainmortables de ses possessions ; et les terres du domaine furent dès lors réputées les plus libres de la Franche-Comté [53]. Mais Dunod s'empresse de dissiper les illusions trop flatteuses que pourrait faire naître le contraste de la liberté avec la mainmorte : « L'expérience nous apprend, dit-il, que dans le comté de Bourgogne les paysans des lieux mainmortables ont un *bien-être* que n'ont pas ceux qui habitent la *franchise* : plus leurs familles sont nombreuses, plus elles s'enrichissent... [54]. » Ce qui prouve que dans l'effet des institutions il ne faut pas s'attacher seulement au côté utile, au résultat pratique, car en suivant le résultat de l'expérience attestée par Dunod, il aurait fallu conclure que mieux valait

52 Code Just., lib. xi, tit. xlvii, lég. 22 et 23. — Lex rom. burg., tit. xlvi. (*Voir* mon t. ii, p. 436.)

53 Gollut, Mém. de la Franche-Comté. — Dunod, Prescript, part. iii, p. 387. — (Le comte Renaud mourut en 1144.)

54 Dunod, Prescript., p. 387, et Mainmorte, p. 4 et 11. — Il ajoute avec Dumoulin que l'*humanité* et l'*hospitalité* ont fait des mainmortables en bien des lieux, particulièrement dans le comté de Bourgogne. — Dumoulin rapporte, tome i, p. 127, que sous Henri II, en 1556, des paysans chassés par des exactions de la Picardie et de la Normandie se réfugièrent dans les bois et les déserts de la Franche-Comté, *non sine magno dedecore Galliæ*.

l'état de mainmorte que l'état de liberté : ce n'est pas
ainsi que le sentait l'Assemblée constituante lorsque,
après la nuit du 4 août, recevant de l'évêque de Saint-
Claude lui-même la déclaration qu'il abolissait la
mainmorte chez les serfs du Jura, elle éclata en applau-
dissements unanimes [55]. La liberté (comme le disaient les
jurisconsultes romains entourés de l'esclavage sous
toutes les formes), est d'un prix inestimable ; et c'est en
elle-même et pour elle-même qu'il faut l'apprécier et
l'aimer dans les institutions civiles.

L'état de mainmorte en Bourgogne et surtout en
Franche-Comté, suppose ordinairement l'état de communauté. Les droits de famille, dans leur ensemble, ne
sont accordés qu'aux mainmortables communiers. Les
serfs vivant isolés, sur les manses à eux concédés par
les seigneurs, avaient les droits personnels de famille :
ils pouvaient se marier ; le mariage produisait les effets
civils ; la puissance maritale et paternelle était exercée
par eux ; les enfants suivaient la condition du père,
non de la mère, caractère de la filiation légitime. La
femme franche qui suivait son mari sur le meix mainmortable devenait mainmortable pendant la vie de son
époux. Si après la mort de celui-ci elle se retirait en
lieu franc, elle redevenait franche ; si, veuve, elle restait
pendant l'an et *jour* sur le lieu de la mainmorte, elle
suivait définitivement la condition du meix mainmortable ; et de plus, la sœur qui l'avait accompagnée
subissait la même loi [56].

Vivant hors de l'état de communauté, les serfs n'a-

<hr>

55 Séances des 21 et 22 août 1789.
56 Cout. du comté, art. 91, et DUNOD, Mainmorte, p. 78.

vaient aucun droit de disposition ou de transmission
héréditaire : c'est encore la condition des paysans serfs
de la Russie [57]. Les droits *réels* de la famille, ou les droits
sur les choses et les successions, étaient attribués seulement aux mainmortables vivant en état de communauté.

La communion en mainmorte reposait sur trois bases
essentielles :

1° La parenté des mainmortables, condition à laquelle le seigneur lui-même ne pouvait déroger, et
tellement rigoureuse en Franche-Comté, que les affilia-
tions des brus ou belles-filles, autorisées dans le duché,
n'étaient pas admises dans le comté de Bourgogne [58] ;

2° L'habitation commune ;

3° La vie au même feu, au même pain, à la même bourse.

La communauté fonde le droit de succession et de
donation entre mainmortables, sans qu'il puisse s'exercer au dehors ou à l'égard d'autres personnes : « Gens
de mainmorte (dit la Coutume de Franche-Comté) ne
peuvent succéder les uns aux autres, sinon tandis qu'ils
sont demourant en commun [59]. » Ils ne peuvent disposer même de leurs meubles et de leurs biens francs
qu'au profit des parents qui sont en communion avec
eux au jour de leur décès : s'ils n'ont pas de communiers, quoiqu'ils aient des parents, ceux-ci ne
succèdent pas ; le seigneur recueille tous les biens par
droit d'*échute mainmortable* : « Le seigneur, dit la Coutume, *demeure saisi* des biens de son homme mainmor-

---

57 Cout. du comté, art. 199. — *Voir* l'ouvrage de M. LE PLAY, sur
les *Ouvriers européens*, et un examen approfondi de cet ouvrage,
par M. MICHEL CHEVALIER (1856), et par M. L. DE LAVERGNE (1857)
58 DUNOD, Mainmorte, p. 81.
59 Cout. du comté, art. 98.

table quand le cas de la mainmorte advient. » Il prend
même la succession des prêtres et clercs, ses hommes
de condition mainmortable, s'ils n'ont pas de parents
demeurant et vivant en commun avec eux : l'Église ne
les a pas affranchis. Et ce qui n'est pas moins caractéristique de ce droit du seigneur, c'est qu'il prend les
héritages sans payer les dettes du trépassé [60].

« Le *feu* et le *pain partent* l'homme de mortemain : »
c'est-à-dire que l'état de communauté cesse lorsque
ceux qui étaient communiers vivent séparément, bien
qu'ils habitent encore la même maison. Quand la séparation s'est opérée, le droit du seigneur est acquis ; et
les gens de mainmorte ne peuvent plus être réputés
communs en biens, après la séparation, sans le consentement du seigneur.

Les communiers, réunis sur des meix du seigneur et
des héritages mainmortables, vivent et travaillent ensemble en vue d'un profit commun. Ils ne confondent
pas dans la communauté la propriété des biens qu'ils
possédaient en particulier avant la communion ou qui
leur sont, par la suite, advenus à titre lucratif. Ils ne
confèrent dans la société que leurs revenus, leur travail
et industrie ; mais ils les confèrent entièrement. Ils sont
obligés d'habiter ensemble pour que le travail ne puisse
avoir d'application étrangère et que l'association sub-
siste. Leur qualité passe de plein droit aux enfants et
autres parents communiers. La fille du mainmortable
qui se marie au dehors conserve son droit dans le meix,
pourvu qu'elle y retourne *gésir* (ou coucher) la première

---

60 Cout. du comté, art. 88, 89, 96 et 100. — DUNOD, Mainmorte,
p. 76.

nuit de ses noces [61].—La parenté du communier, à quelque degré qu'elle soit, suffit pour exclure le seigneur de son droit d'échute mainmortable.

La communauté en mainmorte, malgré son caractère de servitude, s'est maintenue en Bourgogne, et surtout dans la Franche-Comté, jusqu'au xviiie siècle. Les hommes qui voyaient de près cet état des populations rurales, et qui cependant ne le blâmaient pas sous le rapport économique et constataient même plus de bien-être matériel dans l'état de mainmorte que dans la condition franche, jugeaient la communauté en elle-même comme une dure servitude en fait, indépendamment de la servitude de droit; et il n'est pas sans intérêt, à une époque où le Communisme moderne a voulu réveiller dans les montagnes du Jura le souvenir de la vie commune et faire du phalanstère une doctrine sociale, de rappeler le jugement que portait Dunod de l'institution si répandue dans son pays : « C'est, disait-il, une grande contrainte de vivre dans une même maison avec des personnes de tout âge, de tout sexe et d'humeurs différentes, dont les unes sont faibles et valétudinaires, les autres saines et robustes; les unes laborieuses et industrieuses, les autres fainéantes et sans industrie. Ceux qui ont le plus de biens, d'esprit, de force, de santé trouvent qu'ils perdent beaucoup, en n'acquérant que par portions égales avec les autres. Les gendres et les brus qui entrent dans ces communions

61 Les Coutumes déclarées notoires en 1451 par le parlement de Besançon disaient le *premier jour;* la Coutume veut bien que ce soit la *première nuit,* afin que l'état nouveau de la fille du communier prenne naissance dans le meix mainmortable.

n'y trouvent aucun attrait, et souvent on les y regarde
de mauvais œil. » L'état de contrainte morale qui est
le fond de cette vie commune lui semblait, en un mot,
une servitude pire que la servitude de mainmorte [62].

Ce qui rendait cette situation de la mainmorte soit
individuelle, soit communiste, plus supportable en Bourgogne et ce qui explique sa longue durée, c'est la liberté
que chacun avait de la faire cesser; c'est la pratique
des affranchissements par désaveu. Les seigneurs particuliers ouvraient une porte à la liberté des mainmortables, en établissant des bourgs-francs dans leur territoire.
Ils empêchaient ainsi que les affranchis n'allassent fé-
conder de leurs sueurs les domaines propres et libres
du comte de Bourgogne. « J'ai vu (disait encore Dunod)
» des affranchissements par désaveu faits dans les jus-
» tices des seigneurs de cette province qui ont des bourgs
» francs dans leurs terres, et les mainmortables (au lieu
» d'être déclarés francs bourgeois du comte ou du roi)
» y sont déclarés francs bourgeois de leurs seigneurs.»

Ainsi la faculté d'être libre (ici ce n'est pas un para-
doxe) explique la servitude. On ne quitte pas le meix
mainmortable, parce que l'on sait qu'on a le droit de
le quitter; et la servitude est bien adoucie et devient
plus durable par le sentiment même du droit, et la
possibilité d'être libre au premier acte de volonté.

C'est là un des caractères les plus originaux et les
plus frappants du droit de la Bourgogne au moyen âge
et dans les temps modernes.

III. Nous avons dit qu'un autre caractère d'originalité

---

[62] DUNOD, Mainmorte, ch. 3, sect. 6, p. 124. — Prescript., p. 284.

dans les coutumes des deux Bourgognes, c'était l'alliance du droit romain et du droit féodal.

Le franc-alleu était le droit du pays; toute terre était libre à moins de titre contraire, et les habitants de la Bourgogne s'appliquaient la loi du Digeste *De censibus : Lugdunenses Galli Juris italici sunt.* Le savant Godefroi, dans ses notes, indique même, d'après la Vulgate, le mot de *Burgundiones*[63]. Besançon, ville impériale, et tout son territoire étaient réputés de franc-alleu, et la vérité est que dans le duché ou le comté de Bourgogne, comme dans le pays Lyonnais, la Bresse et le Bugey, la propriété romaine, avec son caractère libre, était restée le droit commun de la propriété foncière [64].

De nombreux actes passés entre le duc de Bourgogne et des habitants de la province, de l'an 1022 jusqu'au xv⁵ siècle, attestent, au rapport de Taisan, que les ducs achetèrent à prix d'argent le vasselage sur des biens nobles et la mouvance sur des fonds roturiers : ils attestent, par conséquent, que les fonds roturiers comme les biens nobles étaient de franc-alleu avant ces acquisitions, et que les autres biens ont conservé leur franchise naturelle[65].

Antérieurement à la rédaction des coutumes de 1459, les papiers terriers du domaine soit des ducs, soit du roi, ne contiennent que des *Directes particulières.* Tous les documents excluent la *Directe universelle*[66]. Le même droit est exprimé dans les coutumes officielles qui dé-

---

63 Dig., 50, 15, 8, au lieu de *Barcenonienses.*
64 TAISAN, Cout. de Bourgogne, tit. III. — GOLLET, Statuts de Bresse, liv. 3. — DUNOD, Prescriptions, part. III, ch. 10, p. 346, 349.
65 TAISAN, Franc-alleu de Bourgogne, p. 141 et 153.
66 Chasseneuz, Conseil, 56, n° 3 ; CASENEUVE, Franc-alleu, p. 234.

clarent l'usage existant : « Cens portant lods, retenues
et amendes, ne sont pas de coutume générale. » Le cens
n'était dû qu'en vertu d'un titre particulier et non par
la force de la coutume [67]. Louis XI en prenant possession du duché, maintint et confirma les libertés et les
coutumes de Bourgogne. — Le Droit romain continua
ainsi à régir le pays pour toutes les propriétés qui n'é-
taient pas féodales.

Mais de plus il s'était appliqué aux biens féodaux
eux-mêmes, qui étaient devenus promptement patrimoniaux et héréditaires. Il avait exercé une influence
souveraine sur la succession des fiefs, en les soumettant
à l'égalité des partages, soit en ligne directe, soit en
ligne collatérale. L'exception même qui existait en faveur des mâles en ligne collatérale, dans les usages du
duché, pouvait avoir son principe dans l'ancien droit
romain, qui en admettant les sœurs à partager avec
leurs frères par droit d'agnation, n'admettait pas les
femmes à succéder en ligne transversale [68].

Le Droit romain était suivi pour les testaments, les
institutions d'héritier, les contrats. La dot était unie à la
communauté coutumière, non au régime dotal du droit
romain ; mais le mari était *dominus dotis* dans le sens de
l'ancien droit civil : ainsi, au moyen âge, le *remploi* des
propres de la femme n'avait pas lieu sans stipulation ;
de là le proverbe que « le mari devait se relever trois fois

---

67 Vi tituli particularis et non vi consuetudinis, dit DUMOULIN
sur l'art. 2, ch. XI de la Cout. du Duché. — Ducatu et Comitatu Burgundiæ domini censuales non sunt fundati de consuetudine in per-
ceptione laudimiorum sed solum in jure privato et titulo particulari.
(DUMOULIN, tit. du Cens, Cout. de Paris, tit. II, § 53 et § 76 ; Glose n° 8.)

68 GAIUS, III, § 3, 14, 18, 23. — *Voir* mon tome I, p. 84.

la nuit pour vendre le bien de sa femme [69]. » — La règle
de jurisprudence était, d'après le témoignage du prési-
sident Bouhier, que le droit romain s'observait même
pour les fiefs à défaut du droit féodal, *deficiente jure
feudali* [70]; et les lettres patentes qui ont autorisé la rédaction des coutumes de 1459 renvoient formellement
au *Droit écrit* pour la résolution dès questions non déci-
dées par la coutume.

Le Droit romain a donc en Bourgogne le caractère
formel de Droit supplétif pour les nobles comme pour
les roturiers, pour les censives et les fiefs comme pour
les biens allodiaux, pour le droit féodal proprement dit
comme pour le droit coutumier. Cette alliance du droit
féodal et du droit romain, caractéristique dans les coutumes de Bourgogne, nous l'avons saisie, pour ainsi
dire, à sa naissance, dans l'un des monuments primitifs
du pays, la loi de Gondebald.

Nous ne parlerons pas des institutions judiciaires :
elles n'ont rien qui les distingue des institutions communes de la féodalité. Les ducs et comtes avaient leurs
Grands Jours ou *Jours généraux*, appelés aussi Parlements, assises ambulatoires pour la juridiction supérieure. Le parlement de Dijon ne fut créé qu'en 1476
par Louis XI, lors de la réunion du duché à la couronne; et celui de Dole, créé d'abord en 1422 par Philippe le Bon pour la Franche-Comté, ne fut vraiment
institué qu'en 1531 par l'empereur Charles-Quint.

Passons de la Bourgogne dans le Dauphiné.

69 Guillaume sur l'art. 36, dans Bouhier, t. I, p. 361.
70 Martin, Proleg., Cans Bouhier, Conférences, p. 224. — Dunod,
Prescrip., p. 281.

SECTION IV.

DAUPHINÉ.

ANCIEN USAGE DU LIVRE DES FIEFS.
STATUTUM SOLEMNE HUMBERTI DELPHINI [1349]
CONSEIL DELPHINAL; GOUVERNEUR; PARLEMENT.

Le Dauphiné, comme faisant partie du royaume de
Bourgogne et d'Arles, avait anciennement reconnu la
souveraineté de l'empereur[1]. — Des lettres patentes de
Frédéric II, relatives aux comtés de Gap et d'Embrun,
de Vienne, d'Albon et de Grenoble, stipulaient encore,
en 1247, la reconnaissance des droits et la mouvance de
l'Empire[2].

Cependant les excommunications, dont furent successivement frappés les empereurs Frédéric I et II, donné-
rent aux seigneurs d'au delà les Alpes le moyen de se
soustraire facilement à l'autorité impériale; et l'extinction du royaume d'Arles, de la fin du XIIIᵉ au XIVᵉ siècle,
consommée en 1330 par la transaction de Philippe de
Valois, enleva à l'Empire toute apparence de suzeraineté.

Lorsqu'en 1349 le Dauphiné fut transporté à la mai-

---

1 COCCINIUS, *De translatione imperii.* — SALVAING, *Usage des
fiefs*, p. 11 et 13. — DUNOD, Prescriptions, p. 284.

2 Ut dictos comitatus et allodia supra dicta a nobis et imperio
teneat et etiam recognoscat, et proinde servire nobis et imperio
teneatur (Lettres patentes de 1247 conservées en la chambre des
comptes du Dauphiné, et citées par SALVAING, premier président de
cette chambre.) — *Usage des fiefs*, part. II, p. 6 et 7.

son de France par le traité du dauphin Humbert II avec
Philippe de Valois, il fut donné « du consentement des
prélats, barons, nobles et autres prudents sujets du
Dauphiné avec tout droit de possession, de propriété,
d'hérédité, sous la réserve seulement de ses coutumes,
franchises et libertés anciennes [3] ». L'acte solennel, contenant donation entre-vifs au profit de Charles, qui fut
depuis le roi Charles V, avec substitution implicite du
Delphinat en faveur du fils aîné de chaque roi de France,
ne fait aucune mention de l'Empire, aucune réserve de
ses anciens droits [4]. — Il est visible, par cet acte de
translation, que tout souvenir du royaume d'Arles est
éteint, que toute ombre de dépendance envers l'Empire
est évanouie. Et même, dans la Charte préliminaire à
ce traité, dans le statut de 1349, par lequel le dauphin
Humbert II a rappelé les anciens droits ou établi des
droits nouveaux et confirmé d'une manière générale
les usages et bonnes coutumes du pays avant de le
donner à la France, il n'est fait aucune mention du
Livre des fiefs [5]. Si donc il reste alors en Dauphiné des

3 Le traité était fait aussi en présence de Jean duc de Normandie
et d'Aquitaine, héritier présomptif de la couronne, et il contenait
donation entre-vifs en faveur de Charles, fils aîné du duc Jean (depuis Charles V). Texte dans SALVAING, I, p. 31 et suiv.

4 Jure hereditario, in possessione et proprietate... cum omni
dominio utili et directo (*loc. cit.*, p. 32). Servabit (Carolus) et servare
promittit ipsis prælatis et patriæ nobilibus et aliis subditis ejusdem
inviolabiliter bonos usus, consuetudines, libertates suas et privilegia
eisdem a dicto Delphino vel suis prædecessoribus, tam *ab antiquo*
quam de *novo concessa*, secundum continentiam eorumdem, ipsa-
que per suas litteras solemniter confirmabit. (*loc. cit.*, p. 43);
et *Actum solemne*, p. 29.

5 Le Statutum Humberti delphini, qui est resté la base du droit
delphinal, se trouve textuellement dans SALVAING, de l'Usage des
fiefs, p. 15 et suiv.

traces du droit féodal de l'Italie et de l'Allemagne, il
faut en chercher l'origine dans les xi° et xii° siècles, et
l'application continue dans les monuments de la jurisprudence provinciale.

La province n'a pas laissé de coutumier du moyen
age qui offre la preuve, par un corps de textes, de l'application des constitutions féodales de l'Empire ; mais
il est bien certain, cependant, que le pays avait reçu et
pratiqué le droit du livre des fiefs lombards. Le plus
ancien interprète du droit delphinal, Guypape, qui vivait au xv° siècle, sous Charles VII et Louis XI, a donné,
à cet égard, un témoignage irrécusable : « Les Consti-
» tutions féodales, renfermées dans les *Livres des fiefs*,
» font (dit-il) le droit commun pour tous ; et même
» dans notre pays de Dauphiné, ce droit est observé
» comme droit écrit (*sicut jus scriptum servatur*), excepté
» en quelques points sur lesquels notre usage est con-
» traire. » — C'est aussi là doctrine de Salvaing, premier président de la Chambre des comptes du Dauphiné, qui écrivait au xvii° siècle son savant livre sur
l'usage des fiefs [6].

Nul doute n'est donc possible sur le caractère général
du droit féodal et coutumier dans la province du Dauphiné : le Livre des fiefs formait le droit commun sauf
quelques dérogations apportées par la jurisprudence
locale ; et cette autorité générale du livre des fiefs ex-

---

6 Guidopapa, Quest., 297, p. 191. — Constitutiones feodales
clausæ in Libris feudorum faciunt jus commune apud omnes ; *et ita
etiam in hac patria Delphinatus sicut jus scriptum servatur,*
exceptis aliquibus in quibus consuetudo contraria reperitur.

Salvaing (né à Vienne en 1600, mort en 1683), Usage des fiefs,
ch. 2 et passim.

plique même l'absence de tout coutumier dans le Dau-

Ce Statut fit un grande innovation qui se réfléchit dans toute la région inférieure du système féodal : il prononça formellement l'abolition de la mainmorte. Le Dauphin, en donnant à la France des sujets nouveaux, ne voulut lui donner que des sujets libres [7].

Le point principal sur lequel la pratique, en Dauphiné, s'éloignait du Livre des fiefs, c'était le droit de succession. Les femmes avaient (comme en Franche-Comté) le droit de succéder aux fiefs [8]. Les fiefs, quant au mode de succession, étaient réputés patrimoniaux.

Mais là s'arrêtait d'abord leur caractère patrimonial ; et la prohibition d'aliéner les fiefs subsistait dans l'ancien usage delphinal, comme dans le droit lombard. « Les fiefs (disait Guypape) étaient réputés patrimoniaux quant au droit d'hérédité, mais non quant au droit d'aliénation : *feuda erant patrimonalia quod ad modum succedendi et non quod ad modum alienandi.* » — « Les fiefs (disait Salvaing deux siècles après lui) n'ont été faits patrimoniaux par contrat que fort tard en Dauphiné [9]. » C'est donc seulement depuis que la province avait été unie à la France que le droit du Dauphiné avait changé sous ce dernier rapport. Ce changement se fit dans la jurisprudence locale vers la fin du xv⁰ siècle. En 1475 la donation entre-vifs du fief avait encore été jugée cas de *commise.*

7 Statutum solemne delphini, art. 50.

8 Differentia... videlicet in eo quod mulieres in feudo succedunt. (SALVAING, de l'Usage des fiefs, ch. 2, p. 55 et suiv.)

9 GUIDOPAPA, Consult., 214, n° 7; 215, n°ˢ 2 et 3. — Decis. quæst., 59, 162, 164, 166. — SALVAING, *Traité du plait seigneurial,* p. 3, il dit : depuis cent ou six vingts ans seulement.

C'est le dernier témoignage de l'ancien droit. L'auteur
contemporain Guÿpape en rend compte et dit : « Aujour-
» d'hui les fiefs sont ramenés à l'état des choses de pa-
» trimoine, car d'après l'usage actuel de notre pays, ils
» peuvent être légués, donnés en dot et aliénés sans le
» consentement du seigneur. » La maxime importante
de la féodalité civile sur la patrimonialité des fiefs devint
ainsi, à l'ouverture du xvie siècle, généralement applicable en Dauphiné : c'était le droit commun de la France
qui prévalait à cet égard, dans la province, sur le principe féodal et militaire des coutumes de Milan [10].

Un point est même, à cet égard, très-remarquable,
c'est que pour l'assimilation des fiefs aux biens patrimoniaux le droit du Dauphiné dépassa le droit commun
de la France ; il le dépassa en ce sens que le retrait
féodal ne fut pas admis comme règle générale et coutumière. Le retrait féodal, qui en France tenait de plein
droit au domaine direct, devait être en Dauphiné stipulé formellement par le seigneur et réservé par l'investiture : il n'existait pas *de jure*. La jurisprudence delphinale faisait aux fiefs l'application du droit romain sur
la liberté des conventions et des ventes, application que
nous retrouverons dans les coutumes de la ville et viguerie de Toulouse [11]. — Il en fut de même pour le droit

10 GUIDOPAPA, Quest., 59 et 297, p. 151. Hodie de consuetudine
hujus patriæ ad instar patrimoniorum redacta... quia feuda de consuetudine præsenti patriæ possunt sine *consensu domini* legari, in
dotem dari et alienari. — Sur la *donation entre-vifs* du fief jugée
cas de *commise* en 1475, *voir* son Consil., 215, n°s 2 et 3 ; et SAL-
VAING, Plait seigneurial, p. 3.

11 *Voir* EXPILLY (magistrat et jurisconsulte delphinois), plaidoyer
27, p. 181, n° 16. — DUNOD, Traité des retraits, ch. 10. — BRETON-
NIER, Questions, v° retrait.

de lods, de relief ou rachat appelé en Dauphiné Plait seigneurial, et qui représentait le droit perçu par le seigneur pour approuver la mutation par vente ou succession [12]. Il n'était point dû sans stipulation expresse dans l'acte d'investiture, usage favorable qui se retrouve en Bourgogne et en Auvergne [13]. C'est donc avec raison que Claude Expilly, devenu président du parlement de Grenoble, disait dans ses plaidoyers et arrêts, publiés pour la première fois en 1608 : « En ce pays du Dauphiné, les fiefs ont passé bien avant, car ils ne sont pas seulement héréditaires, mais comme *le resté du patrimoïne* [14]. » — Et les trois jurisconsultes du Dauphiné, Guypape, Expilly, Salvaing, qui représentaient la jurisprudence des xv⁰, xvi⁰ et xvii⁰ siècles, en tirent cette grave conséquence, reçue dans l'usage de ce pays, mais controversée ou rejetée dans les autres parties de la France, même le midi, que le vassal peut prescrire contre le seigneur, par la prescription centenaire, le domaine direct, la foi, la liberté du fief, qui reprend alors le caractère d'alleu et revient à sa nature primitive de propriété libre ou romaine [15].

12 *Placitum, approbatio.* — SALVAING a fait un traité particulier sur le *Plait seigneurial,* à la suite de son traité sur l'*Usage des fiefs.*
13 SALVAING, Plait seigneur., p. 6. — DUMOULIN, Tit. des fiefs, § 31, n⁰ 33.
14 Plaidoyers, arrêts et règlements notables par Cl. EXPILLY, chevalier, conseiller du roy en son conseil d'État, et premier président au parlement de Grenoble. 1ʳᵉ édit., 1608; 6ᵉ édit., 1657, p. 181, n° 16.
15 GUIDOPAPA, Quest., 313 — Consilium 213, n° 5. — EXPILLY, Plaid. 27, n°ˢ 10 et 21. — SALVAING, I, ch. 13, p. 110, 112 et 120. — JEAN FABER au xiv⁰ siècle constate l'imprescriptibilité (Instit. *De interdictis,* § *retinendæ* et Cod. præscript. ad legem *cum novissimi,* VII, 39, 7. — DUAREN au xvi⁰ siècle dit aussi à l'égard de la France

Le droit du Dauphiné, au surplus, avait porté de
bonne heure sur l'objet qui intéresse le plus directement
la propriété, sur les successions, une empreinte profonde
de droit romain qui le distingua également du droit
féodal de l'Empire et du droit féodal de la France coutumière. L'acte de réunion, le statut de Humbert II de
1349, qui réservait à perpétuité toutes les libertés et
franchises, tous les priviléges, bons us et bonnes coutumes du pays, rappelait expressément et confirmait
cette règle fondamentale, savoir, « que les prochains du
» lignage mâle ou femelle, en montant ou descendant,
» et le collatéral aussi, nobles et non nobles, succè-
» dent sans testament ou par testament, eux ou autres,
» selon les dispositions du testateur, tant en fiefs et
» arrière-fiefs, nobles ou autres, comme entre autres
» choses [16]. » Ainsi la règle de succession était la même
quelles que fussent la *nature* des biens et la *qualité*
des personnes! Par ce principe, tout romain, la constitution réelle de la famille, selon le droit féodal et
coutumier, disparaissait. Il n'y avait ni droit d'aînesse
(sauf la prérogative pour l'aîné de porter les armes
pleines que les puînés *brisaient* par une ligne), ni droit
de masculinité, ni exclusion des ascendants du droit
de succéder aux fiefs de leurs descendants, ni distinction aucune dans la qualité noble ou non noble des

en général : Moribus nostris pro vassalo vel domino nulla præscriptio
locum habet. Sed hoc *Jure longobardico* non videtur mihi definitum.
(Comm. in consuet. feud., c. 16, n° 5.) — Les Coutumes de Troyes,
23, du Berri, tit. xii, art. 7, de Paris, 12, d'Orléans, 86, et d'autres,
sont pour l'imprescriptibilité.

16 Statutum solemne delphini Humberti II, et l'acte en français
dans SALVAING, p. 10.

biens ou de leur possesseurs, pour l'exercice du droit
de succession. L'aristocratie territoriale n'avait point
de base dès lors dans les institutions civiles de la province ; et la féodalité ne pouvait vivre et se transmettre
que par les dispositions particulières que l'esprit du
moyen âge pouvait inspirer à la liberté testamentaire
du père de famille.

C'est là le point de vue dominant qui, avec l'abolition
de la mainmorte prononcée par le statut d'Humbert et
la prescription possible de la liberté du vassal, donne au
Droit delphinal, parmi les coutumes du moyen âge, la
nature d'un droit provincial *sui generis*.

C'est ce principe énergique d'égalité romaine et de
liberté civile qui a grandement contribué à former dans
les mœurs du pays cet esprit d'indépendance personnelle et de liberté politique qui distingue son histoire.

La glose sur l'acte de donation faite à la France, dit
que « le Dauphiné n'était pas du *royaume*, quoiqu'il fût
inséparable du royaume[17] ». Les glossateurs indiquaient,
par cette distinction subtile et scolastique, que le Dauphin
devait librement administrer selon les coutumes du pays,
et que l'administration du roi ne devait pas s'y exercer.
On sait que le Dauphin, qui depuis fut le roi Louis XI,
poussa la maxime jusqu'à l'indépendance absolue pendant ses onze années de gouvernement. La maxime et
son application, cependant, n'ont pas toujours empêché
les rois d'administrer directement le Dauphiné : l'histoire
locale le prouve[18] ; et surtout l'histoire de l'université

17 DUMOULIN, Fiefs, I, n° 113.
18 SALVAING, I, p. 9. — Sur l'administration de Louis XI, dauphin, lettre des magistrats du Conseil à Charles VIII, p. 251.

de Grenoble qui fut transportée à Valence par un acte
du pouvoir royal, par édit de Charles IX d'avril 1565[19].
Mais la province habituellement, avant le xvie siècle, a
exercé son privilége d'administration séparée. De là vint
qu'après la réunion de 1349, le Dauphiné n'abandonna
pas complétement les traditions du livre des fiefs lombards, et que les seigneurs travaillèrent à conserver
celles qui leur étaient favorables. C'est ainsi que, jusque
dans les temps modernes, ils ont maintenu l'obligation
pour les habitants de chaque terre de rendre hommage
et de prêter serment de fidélité non-seulement au seigneur de fief, mais encore au seigneur justicier, lorsqu'il
y avait séparation du fief et de la justice. —Cette double
obligation était repoussée par les coutumes et l'administration françaises, en cela moins exigeantes que le droit
lombard suivi en Dauphiné[20]. Elle faisait contraste
avec le droit général du pays, si favorable au vassal.

La Justice féodale, dans le Dauphiné, n'avait rien
d'abord qui pût la distinguer historiquement des usages
ordinaires de la féodalité : le Statut d'Humbert y ap-
porta de notables modifications.

Jusqu'au milieu du xive siècle, la justice est exercée
par les pairs de chaque fief dominant, c'est-à-dire par
la Cour seigneuriale formée selon les coutumes lombardes. Tous les anciens hommages, d'après le témoignage
de Salvaing, obligeaient le vassal à suivre et aider le
seigneur dans son plaid : c'était la clause *sequi et juvare*

---

19 BERRIAT SAINT-PRIX, Hist. de l'Université de Grenoble, p. 41.
(Revue du Dauphiné, année 1839.)

20 GUIDOPAPA, Quest., 307. — Lib. feud., II, tit. IV, § 16. — DU-
MOULIN, I, Fiefs, § 3. GLOSE, 3, n° 6.

dominum de Placito qu'on retrouve encore dans une transaction de l'an 1339 entre le dauphin Humbert et un seigneur de Sassenaye [21].

Mais bientôt, et d'après le statut solennel d'Humbert II, le seigneur ou son délégué se trouve substitué aux pairs de la cour pour la justice civile et criminelle. L'art. 29 porte en substance : « Que tous et *chacun* des barons, des bannerets et autres sujets du Dauphiné ou des autres terres du Dauphin ayant château, territoire, bourgs et juridictions, avec autorité pleine ou mixte, aient par eux-mêmes et par droit connaissance (ou jugement) et punition de toutes offenses, de tous crimes futurs, en quelque temps et lieu et par quelque personne qu'ils soient commis [22]. » Ce changement qui donne à *chaque* seigneur le droit qui n'appartenait autrefois qu'à la cour des pairs, paroît se rapporter à l'époque même de la cession du Dauphiné à la maison de France [23].

La Cour supérieure, investie du droit de statuer sur les appellations des autres justices, pour toute cause grave, était la Cour du dauphin. Elle n'était pas sédentaire avant

---

21 Salvaing, de l'Usage des fiefs, ch. 12, p. 115.

22 Texte dans Salvaing, Statutum solemne delphini, 1349, art. 29, p. 22. — « Item quod omnes et *singuli* barones, bannereti, et alii subditi Dalphinatus et aliarum terrarum suarum habentes castra, loca, villas, et juridictiones limitatas in Dalphinatu prædicto aut aliqua ejus parte vel in aliis terris suis, cum mero et mixto imperio, habeant et habere debeant *cognitionem* et punitionem quarumcumque offensarum vel criminum committendarum seu committendorum quandocumque, ubicumque et per quamcumque personam...

23 Salvaing, qui écrit vers 1660, fait remonter le remplacement des pairs de cour par le seigneur à 300 ans à peu près, ce qui coïncide avec la cession du Dauphiné de 1349. Mais d'ailleurs, l'art. 29 du statut est rédigé de manière à exprimer l'innovation : *Habeant et habere debeant cognitionem.*

le statut de 1349; mais d'après le statut d'Humbert, qui l'appelle *Curia delphinalis* ou *Sedes judicaturæ majorum appellationum* ou simplement *Judex appellationum*, elle devait siéger toujours dans la ville de Grenoble, où jusqu'alors, en fait, elle avait le plus souvent siégé [24].

C'est de la cour delphinale que relevait en appel l'ancienne cour de Viennois et Valentinois qui siégeait près de Vienne, à Saint-Marcellin, cour célèbre par son style exceptionnel : en matière d'obligation, par exemple, elle n'admettait comme obstacle à l'exécution des contrats que le payement, la novation ou le crime de faux [25]; ce qui paraît une tradition de l'ancien droit civil de Rome dans la plus ancienne colonie romaine, la colonie viennoise.

La cour delphinale, déclarée sédentaire, fut réorganisée par le dauphin Humbert : il la transforma en Conseil tant pour l'exercice de la justice souveraine, que pour le gouvernement et la police du pays. Le Conseil fut composé de sept notables docteurs *institués à vie* par le dauphin ou ses successeurs. Il reçut, dans la suite, le nom de Souverain Consistoire du dauphin ou Conseil delphinal : « et n'a parlement au royaume de France (di- » saient les magistrats de Grenoble au roi) ayant telles ni si » belles et amples facultés ni prééminences qu'à ce Conseil » ou souverain consistoire du Dauphin [26].» —Louis XI,

24 Statutum Humberti, art. 37. Ibique sedes appellationum esse consuevit pro majore parte temporis.

25 Statutum Humberti, art. 41, 42. — Vid. Stilus curiæ majoris Viennesii et Valentenisii Ballivatusque sive Præfecturæ Sammarcellinensis, cum notis, Cl LAGRANGE, 1581. — GUYPAPE, Decis., 15, 18, 428. — EXPILLY, Arrêts, ch. 53, p. 360.

26 Lettre sous forme d'avertissement envoyée au roi Charles VIII par la Cour du parlement du Dauphiné, extraite par Salvaing des registres de la chambre des comptes. (SALVAING, Usages des fiefs, p. 250, 255.)

étant encore dauphin, ordonna en 1453 à Vienne, que ce conseil s'appellerait, *dès lors en avant et à toujours*, le PARLEMENT DU DAUPHINÉ. » — Et c'est ce même prince qui, devenu roi et se souvenant sans doute de l'inamovibilité des magistrats du Conseil delphinal, établit l'inamovibilité de la magistrature dans le Parlement de Paris.

A ce conseil delphinal, avant et après qu'il fut qualifié de parlement, avait été adjoint en 1350, depuis la réunion à la France, un haut fonctionnaire qui représenta longtemps le pouvoir souverain du dauphin ou du roi : c'est le Gouverneur du Dauphiné.

D'après les lettres de son office, la puissance et la prééminence du Gouverneur existaient pour la justice du pays comme pour l'administration. Toutes les lettres, provisions et autres actes de justice, faits en conseil ou parlement, étaient intitulés et signés au nom du gouverneur sous la formule suivante : *Per dominum Gubernatorem ad relationem Curiæ qua erant tales et tales domini curiæ.* Le gouverneur avait droit de siéger, d'opiner et de présider au conseil ou parlement, mais sans voix prépondérante[27].

Si donc en Dauphiné la justice féodale au moyen âge se trouvait conforme au droit commun, il n'en fut pas ainsi de la justice delphinale ou parlementaire organisée au moment et depuis la réunion de la province à la France. Le pouvoir du gouverneur, créé en 1350, réunissait plusieurs des attributs de la souveraineté : il convoquait librement les États de la province, il avait

27 Lettre des magistrats à Charles VIII, SALVAING, p. 252, 255. — Des gouverneurs avaient prétendu à la voix prépondérante, « mais la commune observance a été qu'il n'a qu'une opinion. »

droit de guerre, de justice et de grâce (sauf le crime de
lèse-majesté); et ce fut seulement en 1641, à la fin de
l'administration de Richelieu, que les pouvoirs extraordinaires du gouverneur, qui avaient pour seul contre-
poids l'inamovibilité des magistrats, furent révoqués et
réglés à l'instar des gouverneurs ou lieutenants généraux
des autres provinces du royaume : Richelieu, qui avait
abattu les chefs de la féodalité, supprimé la cour de
l'ancienne Chevalerie de Lorraine, ne voulut pas laisser
en mourant une puissance administrative qui pût contre-balancer en Dauphiné le pouvoir du roi ou de son
premier ministre.

Remarquons, en finissant, que Charles VIII avait demandé par *lettre close* l'avis du parlement du Dauphiné
sur les pouvoirs extraordinaires du gouverneur : le parlement délibéra en *secret,* et après avoir énuméré toutes
les attributions de ce haut fonctionnaire, il déclara « que
» tant qu'il plaira au roi permettre et souffrir que le
» gouverneur jouisse des choses contenues dans lesdits
» articles, *il n'y aura que bien.* » La seule restriction de-
mandée par les magistrats, était relative au droit de
grâce. Charles VIII ne fut pas plus sévère que le parlement dans l'appréciation des pouvoirs du gouverneur;
mais les lettres patentes données par Louis XIII à Amiens,
au mois d'août 1641, furent décisives pour l'abolition;
et les trois cours souveraines du Dauphiné, le parlement,
la cour des aides, la chambre des comptes, s'empres-
sèrent d'enregistrer, en septembre, le dernier acte administratif de Richelieu, qui mourut en 1642 [28].

Entrons maintenant dans la Provence.

28 Lettres patentes de 1641 dans SALVAING. *Voir* p. 249, 256.

SECTION V.

PROVENCE.

—

ANCIENNES COUTUMES,
CONSTITUANT LE DROIT PROVENÇAL AU MOYEN AGE
ET JUSQUE DANS LES TEMPS MODERNES.

La Provence qui semblait vouée, par la priorité de la conquête romaine et l'ancienneté des colonies latines, à l'unité du droit romain, contient au plus haut degré, dans le moyen âge, le caractère d'un DROIT MIXTE; et dans la variété de ses monuments juridiques se mêlent et se combinent les influences diverses du Nord, de l'Ouest, du Midi.

Nous devons chercher et reconnaître dans cette Section les éléments principaux qui constituent ce qu'on peut appeler LE DROIT PROVENÇAL.

La première partie comprendra les monuments du droit; la seconde, l'appréciation de l'état juridique, administratif et judiciaire de la Provence jusqu'à la fin du xvᵉ siècle, état qui s'est réfléchi dans les temps modernes.

PREMIÈRE PARTIE.

MONUMENTS DU DROIT PROVENÇAL.

Dans la Provence, réputée pays de droit écrit, on suivait, au moyen âge, les lois romaines et le droit du

livre des fiefs, comme *Droit commun;* mais il était dé-
rogé au droit commun par les usages locaux, les
chartes des villes, les statuts et ordonnances des comtes
de Provence et de Forcalquier.   .

Le savant doyen des avocats au parlement de Pro-
vence, Scipion Dupérier [1], qui vivait au xviie siècle,
tout en soutenant « que le livre des fiefs n'avait pas
force de loi en cette province » reconnaissait que « le
vulgaire avais pris pour une partie du *Droit commun* les
usages et coutumes de Lombardie qui se trouvaient
ajoutés au corps du droit civil » [2] : et comme c'est du
vulgaire ou du plus grand nombre que viennent les
usages, cela suffit pour expliquer l'influence que le
livre des fiefs a dû longtemps exercer sur la jurisprudence féodale de la Provence. Un autre écrivain publi-
ciste de la même époque, Peysonnel, a soutenu, il est
vrai, que le livre des fiefs n'avait en Provence aucune
autorité; mais syndic des États de Provence, il se plaçait sous la protection du droit moderne, pour résister
aux prétentions surannées des traitants, qui ne crai-
gnaient pas, même en 1687, de révoquer en doute
l'hérédité des fiefs! — Son opinion produite dans une
controverse, qui touchait à de si graves intérêts de propriété, ne peut avoir l'autorité d'un jugement historique
et impartial sur le droit du moyen âge. Le vrai jurisconsulte de l'ancienne Provence, Dupérier, fournit de
l'usage prolongé du livre des fiefs un exemple notable

---

1 Il était fils de François du Périer, gentilhomme de la chambre
du roi, auquel Malherbe adressa l'ode célèbre : *Consolation sur la
mort de sa fille* (1599).

2 DUPÉRIER, *Questions notables*, t. I, p. 325, n° 12.

dans l'obligation imposée aux habitants d'une terre,
de rendre hommage et de prêter serment de fidélité au
seigneur justicier comme au seigneur des fiefs [3] ; et les
Statuts de Provence, de l'an 1366, appliquaient le livre
des fiefs sous le nom de *jus commune*, en disposant que
« nul ne peut être juge en sa propre cause, si ce n'est
le pape, l'empereur, le roi ou le prince ayant juridiction suprême; » — la requête des États disait : «Selong
la disposition del *Dreçh commun* et lou contengut des
Statuts provençals [4]. »

C'est donc là un fait bien avéré que le Livre des fiefs,
sans avoir eu force de loi dans la Provence, avait été
suivi cependant au moyen âge comme faisant partie du
droit commun : il constituait un élément de droit public
et privé, ajouté, par la force des choses et par suite
des rapports de la Provence avec l'Italie, au corps et à
l'autorité du droit romain. Mais les monuments particuliers de certaines régions et des principales villes de
la Provence avaient pris dans les mœurs une grande
importance; et ce n'est qu'en déterminant l'esprit général de leurs dispositions que l'on peut caractériser le
Droit provençal, qui résulte de l'association du droit
commun avec les monuments particuliers du pays.

Ces monuments sont nombeux et variés, du xiie à la
fin du xive siècle; plusieurs ont été publiés, pour la

---

3 DUPÉRIER, *Questions notables*, t. I, p. 325, n° 12. — Cet usage
se trouve aussi dans le Dauphiné, *suprà*, p. 112.

4 Statuta Provinciæ et Forcalquerii, anno 1366; et quia de *jure
communi* cavetur expresse... (Coutumier de RICHEBOURG, t. II,
p, 1205. — Requesta, *id.*, p. 1266. Conférer *Lib. feudorum*, lib. I,
tit. x et xvii, *de contentione inter dominum et fidelem;* et lib. II,
tit. xvi, *de controversia feudi.*

première fois, par un savant confrère, M. Ch. Giraud, dans le recueil de textes qui accompagne son *Essai sur l'Histoire du droit français au moyen âge*. Nous signalerons ici ceux qui nous paraissent avoir le plus d'intérêt pour l'histoire du droit, en faisant porter également nos recherches sur des documents analogues, publiés à d'autres époques.

Nous commencerons par les lois de la cité d'Arles qui avait donné son nom à un royaume éphémère et conservé avec l'Empire des relations féodales attestées par des titres authentiques : ces lois, du reste, peuvent être présentées comme le type des institutions municipales concernant les villes de la Provence.

§ 1. — CHARTE DU CONSULAT D'ARLES [1142] ;
CHARTE DE CONCESSION FÉODALE FAITE PAR L'EMPEREUR [1162] ;
STATUTA SIVE LEGES MUNICIPALES ARELATIS [1162-1202].

L'établissement des consuls dans la cité d'Arles remonte à l'année 1131, sous le comte de Provence Raymond Bérenger, qui est considéré et indiqué dans les anciennes lois municipales comme le fondateur des franchises de la cité [1]. Mais la charte du consulat, qui constitue l'organisation municipale dans son ensemble, est seulement de l'an 1142 : elle fut donnée, dit le préambule, « par l'archevêque Raymond, du conseil de » quelques chevaliers et hommes probes dont il avait » cru devoir s'entourer, et avec la volonté et l'assenti » ment de tous autres, en l'honneur de Dieu, de la

---

1 Leges municipales Arelatis ; art. 150, de Franquessia quam dedit Comes Provinciæ. (Recueil de M. GIRAUD, II, p. 235.)

» glorieuse Vierge Marie sa Mère, de saint Trophyme
» et de son Eglise, pour la bonne organisation de la
» cité, et pour que justice fût faite à chacun par les
» consuls, avec observation des statuts et des bonnes
» coutumes. »

Les consuls sont au nombre de douze, dont quatre
chevaliers ; ils sont élus par la cité ; l'élection est à deux
degrés. Ceux qui doivent concourir à la nomination
des consuls sont élus d'abord par tous les citoyens
d'Arles. Les électeurs jurent que, sans crainte et sans
affection, ils choisiront pour consuls les personnes
qu'ils connaîtront, selon leur jugement et d'après le
conseil de l'archevêque, les plus dignes de gouverner
la cité. Dans son serment, chaque consul jure également qu'en cas de dissentiment avec des collègues, il
le terminera par le *conseil de l'archevêque* et sous la
médiation du consulat lui-même [2]. L'autorité de l'archevêque n'apparaît ainsi dans l'élection et l'administration civile que par voie de conseil et d'autorité morale. Ce n'est pas l'action directe et le pouvoir temporel
de l'épiscopat que nous reconnaîtrons dans les coutumes d'Albi ou de Reims [3]. Les consuls sont investis du
gouvernement de la cité ; ils ont le pouvoir de juger en
matière civile et criminelle et de faire exécuter leurs
jugements. Du reste, la charte prend ses précautions
aussi contre les magistrats et les chefs militaires. La
force armée est exclue de la ville d'Arles, comme de
l'enceinte de Rome aux beaux jours de la république :

2 Carta consulatus Arelatensis, alinéas 16 et 17. (Recueil de
M. GIRAUD, t. II, p. 190.)

3 *Infrà*, chap. 2, sect. 5, et tome VI, chap. 5, sect. 4.

« Si la discorde civile venait, de quelque manière, à
» surgir (dit la charte du consulat), qu'aucun arba-
» lestrier, qu'aucun archer n'ose entrer armé dans la
» cité ou le bourg environnant, et combattre les ci-
» toyens [4]. »

La charte de 1142 ne fait aucune mention de l'empire
et des droits de l'empereur, à moins qu'on ne veuille
les reconnaître dans une clause générale de réserve en
faveur des seigneurs, grands et petits, *salvo dominio et
jure dominorum majorum et minorum*, réserve qui nous
paraît applicable seulement aux seigneurs ordinaires [5].
Mais de ce silence ou de cette clause équivoque, il ne
faudrait pas induire que les droits de l'empire fussent
alors abandonnés ou méconnus. En effet, deux années
seulement après la charte du consulat, l'empereur
Conrad III chargeait l'archevêque lui-même d'exercer,
comme son lieutenant dans la ville d'Arles, les droits
régaliens [6]; et en 1162, l'empereur publia une charte
de concession toute féodale, en vertu de sa suzeraineté.
Cette concession, datée de Turin, fut faite par l'empereur Frédéric Ier en faveur de son neveu Raymond.
La charte de 1162 portait donation, à titre de fief, au
nom de l'empereur et pour ses héritiers, du comté de
Provence, *de la cité d'Arles*, et du comté de Forcalquier:
Brussel l'a rapportée dans son précieux recueil sur

4 Carta consulatus, alinéa pénultième. Des dispositions analogues
se trouvent dans les statuts municipaux de la même ville, de 1162
à 1202, art. 14 et 70 *de armis non portandis per Arelatem* (même
Recueil, p. 190 et 212).

5 Carta consulatus, in principio.

6 Diplôme dans GUESNAY, Provinc. Massil., p. 306, et dans RAY-
NOUARD, *Droit municipal*, t. II, p. 197.

l'usage des fiefs, en constatant son importance.[7]. La clause de concession relative à la cité d'Arles est ainsi conçue : « Nous lui concédons de plus, *en fief,* la cité » d'Arles, de manière à ce que tous les citoyens, tant » chevaliers qu'hommes du peuple, soient tenus de » fidélité envers lui, de services envers nous, et que » tous les droits régaliens lui appartiennent en ce qui » concerne les monnaies, les ports, les rivages, prés et » pâturages, les salines, les eaux et les cours d'eau : » nous voulons que toutes ces choses soient soumises à » son autorité, à l'exception de celles que *l'archevêque* » de l'église d'Arles possède et a possédées dans la cité » depuis cent ans [8]. »

En concédant les droits régaliens au comte, l'empereur stipule, tant pour lui que pour ses successeurs, le droit annuel de six marcs d'or, et l'obligation pour le comte de conduire en toute sécurité et de servir honorablement, par toute sa terre, l'envoyé ou les envoyés de l'empereur. La charte ajoute : « S'il plaisait à nous » ou à nos successeurs d'entrer, en quelque temps que » ce soit, dans la Provence ou *dans la cité d'Arles,* alors » le comte, le comté, la cité et son territoire seront te- » nus des devoirs de foi, de services et d'obéissance en- » vers nous ou nos successeurs [9]. » Voilà donc au XIIe siècle, vingt ans après la charte du consulat, la déclaration du droit de l'empire formellement renouvelée par la concession en fief de la cité d'Arles, comme des au-

---

7 Carta Friderici I, ann. 1162, dans BRUSSEL, *Usage des fiefs, dans les* XIe, XIIe *et* XIIIe *siècles,* t. I, p. 79.

8 Carta Friderici, alinéa 4.

9 Carta Frid., alinéas 7 et 8. — BRUSSEL, t. I, p. 80.

tres contrées de la Provence. Raymond, comte de Barcelone, avait tenu jusqu'à son décès la Provence en fief
de l'empire ; et mort sans descendants, il avait pour successeur du côté paternel son neveu Raymond, auquel
l'empereur, par la charte de 1162, donnait l'investiture
féodale[10] : mais il est évident que la suzeraineté impériale n'avait qu'une action lointaine et bien affaiblie.

Revenons à la charte du consulat, qui attestait la vie
intérieure et libre de la cité, sous le patronage de l'archevêque.

Le droit civil, dans la charte consulaire de 1142, se
présente avec un caractère mixte et déjà bien marqué.
L'objet principal des dispositions est de donner des garanties à la propriété ou à la longue possession, et d'assurer la stabilité des partages dans les familles. L'un
des premiers articles confirme l'usage relatif à la prescription de trente et de quarante ans, selon la distinction
établie par les lois romaines entre la possession des
biens laïques et celle des biens ecclésiastiques ; la restitution des biens indûment détenus est ordonnée. Mais
pour maintenir la paix dans les familles, la charte, par
une disposition d'une tout autre origine, consacre un
usage qu'elle dit ancien dans la cité, *secundum antiquum
morem Arelatis* : elle défend aux consuls de recevoir la
plainte des *filles dotées* par leur père ou mère, ou des

---

10 Brussel, t. I, p. 78 ; et t. II, p. 1206. — L'empereur ne fit don
du comté de Forcalquier à Raymond que pour susciter à un autre
comte, Guillaume, détenteur du comté, un voisin capable de forcer
celui-ci à rendre l'hommage qu'il avait refusé à l'empereur. L'hommage eut lieu en 1178. — V. Carta Frider., alinéa 5, et la charte
de 1178, datée de Vienne, citée plus haut p. 61, note 8.

sœurs dotées, de leur consentement, par leurs frères : elle ne veut pas qu'elles soient admises à l'hérédité paternelle ou maternelle. Et nous trouvons ainsi dans les coutumes municipales de la ville d'Arles, en opposition avec le droit romain, l'exclusion de succession des filles dotées, qu'on retrouve dans le plus ancien droit coutumier de la Normandie, sous le nom de *mariage avenant*[11]. Le principe de masculinité, favorable aux mœurs féodales, avait répandu son influence au nord et au midi; et l'exclusion des filles dotées a prédominé dans la plupart des coutumes méridionales [12].

La charte du consulat avait posé les bases de la constitution arlésienne sous le double rapport du droit public et du droit privé. Un second monument, sous le titre STATUTA, SIVE LEGES MUNICIPALES ARELATIS, développa les droits et les institutions : c'est le code de la cité d'Arles en 193 articles, réunis, rédigés ou corrigés, de l'ordre des consuls, vers la fin du XIIe siècle (1162-1202).

Un légiste de l'école de Bologne, Jean Alvernatius, est indiqué dans ce document comme le compilateur ou le correcteur des Statuts municipaux. Il avait été chargé

---

11 Carta consulatus Arelatensis, alinéa 5. (Recueil de M. GIRAUD, p. 2.) — La charte de Solon, ville voisine, contient la même disposition (*id.*, p. 248, 2e alinéa). Même disposition dans les anciennes coutumes de Montpellier, de Toulouse, etc. — Quant à la Normandie, l'ancien coutumier latin dit, chapitre 26 : Sorores in hereditate patris nullam portionem debent clamare versus fratres vel eorum heredes, sed *maritagium* possunt requirere. — Plus tard le *mariage avenant* a changé de caractère (voir *Droit des filles en Normandie*, par HOUARD, ch. I, p. 3. — 1779).

12 Voir *infrà*, ch. 2, sect. 4, sur les *Coutumes de Toulouse*.

même de surveiller leur transcription dans le cartulaire de la ville [13].

Ce n'est plus ici l'archevêque qui apparaît : de lui est émanée la constitution municipale ; mais après avoir fait acte de pouvoir constituant, il se retire ; et les consuls eux-mêmes interviennent directement pour les Statuts qui cependant vont ajouter aux institutions publiques.

Les consuls annoncent dans le préambule que leur but est « d'assurer le bon gouvernement de la cité sous l'in-
» vocation de la glorieuse Mère de Dieu, du grand mar-
» tyr Étienne, du glorieux patron saint Trophyme, et
» pour l'honneur du seigneur pape, du seigneur notre
» roi, du seigneur archevêque d'Arles et de sa métro-
» pole [14]. » Il est du reste formellement prescrit à ceux qui entreront dans l'exercice de la charge de consuls, « de demander au comte de Provence de garder et pro-
» téger *la franchise* que le comte Raymond Bérenger
» avait donnée à la commune et aux citoyens d'Arles,
» sauf le droit de l'archevêque [15]. »

Le recueil, composé sans aucun ordre, présente des dispositions surtout de droit municipal et civil ; le droit féodal y occupe très-peu de place.

Comme loi municipale, il ajoute à l'élection annuelle des douze consuls la nomination de cent vingt conseil-

13 Statuta sive Leges municipales Arelatis. (Recueil de M. GIRAUD, p. 244.)

14 Proœmium..... *et Domini nostri regis.....* L'empereur était alors pour les Arlésiens le roi d'Arles. Le comte et l'archevêque en étaient les Lieutenants. Frédéric Ier se fit encore couronner roi de Bourgogne à Arles, en 1178 (Otto FRISING., *de rebus gestis*, l. 2, c. 29 ; KOCH, *Tableau des Révol. de l'empire*, t. I, p. 89, *suprà*, p. 61.

15 Statuta, art. 150, p. 235.

lers qui devaient être élus par moitié entre les chevaliers
et les prud'hommes, conciliation des deux ordres de la
noblesse et des bourgeois qui a fait la grandeur et la
force des villes municipales du Midi. Il statue ensuite
sur l'organisation des jugements de la Curie, du témoignage en justice, du notariat; sur l'établissement du
registre de la commune pour la transcription, par la
main et sous la signature des notaires, de tous les actes
qui intéressent la cité[16]; il règle le droit de bourgeoisie
acquis à ceux qui ont prêté serment entre les mains des
consuls[17]; il règle ce qui concerne les anciens droits de
péage et autres droits usuels[18]; les poids et mesures
pour la commune et les particuliers, le signe de leur vérification périodique : l'unité de poids est la livre, les poids
doivent être en cuivre et la vérification en est faite quatre
fois l'année par le *clavaire,* officier du fisc municipal[19].

Le recueil des statuts municipaux contient de plus
trois dispositions remarquables par leur prudence administrative :

L'une, qui reconnaît aux consuls d'Arles ou à la cour
le droit de réclamer des citoyens, pour un délit ou fait
dommageable, des gages ou des fidéjusseurs jusqu'à
concurrence d'une valeur déterminée : c'est un cautionnement de bonne conduite et une garantie de comparution en justice[20];

16 Statuta, art. 62, 63, 75, *de judicibus,* — 31, *de testibus,* —
30, 64, 65, 66, 67, *de notariis,* — 95, *de registro communis.*

17 Art. 89, *de sacramento citadanagii. —* Art. 190... *et eos cives
intelligimus qui juraverunt aut jurabunt consulibus.*

18 Statuta, art. 122, *usatica et pedagia antiqua.*

19 *Id.,* art. 74.

20 *Id.,* art. 115, *de pignoribus Curiæ reddendis.*

L'autre, qui protége les biens de la commune, en statuant « que ni les consuls d'Arles, ni les juges, ni les
trésoriers, sous-trésoriers et curiales, ne peuvent reconnaître une dette ou délivrer un mandat sur les biens ou
le trésor de la commune, que de la volonté de tout le
conseil ou de la majorité du conseil rassemblé au son
de la cloche, selon le mode accoutumé [21] ; »

La troisième, qui sauvegarde les consciences pour les
restitutions à faire au trésor public, en statuant « que si
quelqu'un a retiré de la commune un profit injuste, soit
usure, soit tout autre chose qu'il ne pourrait retenir sans
péril pour son âme, il peut, s'il le veut, le restituer au
pont du Rhône de la ville d'Arles, et il sera quitte et *absous* de ce qu'il aura restitué au pont, comme s'il l'avait
restitué à la commune elle-même [22]. » C'est aussi à l'en-
tretien du pont d'Arles ou des ponts du Rhône, que
sont affectés les biens provenant des successions vacantes [23].

Dans l'ordre du droit civil, le recueil des Statuts renferme un certain nombre de dispositions qui offrent un
singulier mélange d'emprunts et de dérogations aux lois
romaines.

Voici les dispositions principales :

Les tuteurs et curateurs doivent nécessairement mettre aux enchères la ferme des revenus ou du produit des
biens de mineurs, à moins qu'ils n'en soient dispensés

21 *Statuta*, art. 139, *De bonis communis.*
22 *Id.*, art. 114, *Quod usura a communi tradita sit ponti
Rodani.*
23 *Id.*, art. 83, *De bonis decedentium sine herede.*

par le testateur qui a conféré la tutelle ou curatelle[24].
— Le juge peut, pour l'acquittement des obligations
pécuniaires, accorder le délai d'un mois si la dette est
avouée en justice ; il ne peut accorder aucun délai si le
débiteur a nié son engagement[25]. — Les emphytéotes
et les fermiers sont tenus de payer aux maîtres et loca-
teurs les cens et loyers des maisons et des autres biens
aux termes convenus, et s'il y a retard dans le payement,
le maître ou locateur peut, de son autorité, *clouer les
portes*, retenir les choses de l'emphytéote et du fermier,
ou en interdire l'usage jusqu'à ce qu'il ait été satisfait
aux redevances[26]. — Les étrangers, obligés par contrat ou par leur fait personnel (*ex contractu vel quasi facto*),
pourront être cités trois fois par la cour d'Arles et devant elle, au domicile de leur seigneur ou de sa juridiction ; et, faute de comparution, les consuls de ladite
cour, après avoir pleinement reconnu l'obligation ou le
fait préjudiciable, autoriseront le citoyen à prendre gage
sur la personne de l'étranger et sur ses biens, ou même
(ce qui est moins conforme aux idées juridiques) *sur les
biens situés dans le lieu dont l'étranger est citoyen ou habitant*[27]. — Les copies notariées des testaments et des
autres actes sont considérées comme valables et équi-
valentes aux instruments originaux[28]. — Les actes de

24 *Statuta*, art. 116, 117, 118, quod redditus tutelarum et curarum
incantentur.

25 *Id.*, art. 2 et 4, *De dilationibus dandis; De judicatura.* —
Les *judices* à Arles étaient très-anciens; ils sont mentionnés en 962
dans une charte citée par Raynouard, *Droit municipal*, t. II, p 195.

26 *Id.*, art. 88.

27 *Id.*, art. 18.

28 *Id.*, art. 97.

prêt d'argent ou de toute autre dette pour laquelle le
créancier ne détient pas de gage, ne font plus foi, *après
trois années* à compter de l'échéance, à moins de reconnaissance nouvelle par écrit ou devant témoins, de citation en justice, ou d'absence du débiteur pendant les
trois ans continus[29]. — Les cessions de biens des débiteurs au profit de leurs créanciers sont autorisées ; mais
elles sont suivies de l'expulsion du débiteur insolvable,
par ban de la ville, à moins que les créanciers ne fassent
remise du bannissement[30]. L'emprunt aux lois romaines,
dans ce cas, c'est la *cession de biens*; l'expulsion ou la
remise du ban est l'usage local. — Lorsque des condamnations sont prononcées en faveur de la Ville contre
un débiteur, la compensation est admise avec la dette
contractée par la commune, non-seulement envers le
condamné, mais envers l'un des amis du condamné,
disposition également favorable à la libération des débiteurs et aux bons offices entre citoyens[31].

D'après les statuts, nul n'est tenu de donner acte par
écrit de toute dette ou de toute chose ayant une valeur
moindre de *cent sols*[32]. — On sait que dans les temps
modernes, l'ordonnance de Moulins a voulu qu'il fût
passé acte de toute chose excédant la somme ou valeur
de cent livres; l'art. 1341 de notre code, de *toutes
choses* excédant la valeur de 150 francs. Les statuts
d'Arles avaient, au xiie siècle, posé la même règle ;
seulement au lieu de cent livres, c'était cent sols ; mais

---

29 *Statuta*, art. 39, De instrumentis et libellis mutui vel debiti.
30 *Id.*, art. 148, De his qui cesserint bonis.
31 *Id.*, art. 156, *De condemnatis...* ipsi condemnato vel alicui
amico ipsius condemnati.
32 *Id.*, art. 117.

la valeur intrinsèque des cent sols, au XII⁰ et au XIII⁰ siècle, équivalait à peu près aux cent livres du XVI⁰ siècle;
ils seraient égaux aujourd'hui, en poids d'argent, à
94 francs environ, d'après les travaux de M. Leber pour
l'appréciation des valeurs au moyen âge[33]; et comme
le pouvoir de l'argent, au XIII⁰ siècle, est six fois plus
fort que son pouvoir actuel, selon de savantes recherches,
il en résulte que les cent sols du moyen âge représente-
raient aujourd'hui une somme de plus de 500 francs[34].

Dans les statuts d'Arles se trouve le principe d'indemnité par suite d'expropriation pour cause d'utilité publique : tout propriétaire, dont le terrain était pris pour
les levées ou digues, avait droit à une indemnité, selon
l'estimation faite par des arbitres ou prud'hommes établis par la cour ; ces arbitres ou *probi homines* formaient
déjà une sorte de jury d'expropriation[35].

Si le pont du Rhône profitait des restitutions de conscience, l'autel de saint Trophyme profitait, d'après la
loi municipale, d'un droit prélevé à l'occasion des contrats, sous le nom de *denier à Dieu;* les statuts portaient
l'obligation de le consacrer à l'honneur de Dieu et de
saint Trophyme[36].

Les statuts municipaux, promulgués dans une ville
archiépiscopale, avaient cependant, sur les acquisitions

---

33 LEBER, *Appréciation des valeurs au moyen âge*, 2⁰ édition,
p. 212.

34 Le nom de la cité d'Arles était inscrit sur la monnaie de la 1ʳᵉ
et de la 2⁰ dynastie (RAYNOUARD, *Droit municipal*, t. I, p. 5; t. II,
p. 153 et 195).

35 Statuta, art. 187. L'indemnité devait être prise d'abord sur les
biens des entrepreneurs ou *levadiers*, de bonis levatariorum. (*Voir*
DU CANGE, v° Levata, Levatarius.)

36 *Id.*, art 191, *De denario Dei.*

par les maisons religieuses, un article exclusif, et empreint d'une sévérité qui dépasse le droit commun du
moyen âge :

« Nous statuons qu'aucune maison religieuse ne
» pourra, dans tout le tènement d'Arles, acquérir une
» terre par achat, donation, legs ou de quelque autre
» manière ; et si quelques possessions lui étaient données
» ou laissées, qu'elle soit tenue de les vendre *dans les
deux mois* [37]. Avec une telle disposition les propriétés de
mainmorte ne pouvaient pas s'établir dans la cité.

Toute la défiance de l'esprit du moyen âge et toute la
rigueur des formules avaient passé surtout dans la formule qui termine le recueil, sur le serment des juifs en
cause avec un chrétien. La formule procède par inter-
pellations au juif et par imprécations : l'interpellation
est sous la forme *juras tu?* sept fois reproduite ; les imprécations, si le juif manque à la vérité, sont au nombre
de neuf, auxquelles le juif répond : *Amen, fiat, fiat* [38].

Les Statuts arlésiens, où se trouve un grand nombre
de dispositions d'ordre municipal et civil, n'en renferment que deux qui puissent s'appliquer au Droit féodal,
et encore la tenure y est qualifiée non de *fief* ou de *censive*, mais *d'honneur* et *d'emphytéose* [39]. — Dans l'une, il
est dit que si le seigneur n'a pas d'acte ou d'instrument

37 Statuta, art. 168, *De possessionibus non acquirendis per
domus religiosas.*

38 *Id.*, art. 193, *De sacramento judæorum.* C'est le serment qui
est réputé ancien dans les coutumes d'Alais, de 1216 et 1222,
art 29 (OLIM, t. III, App., p 1499).

39 *Id.*, art. 177. On trouve l'expression de *feaudo communali*
dans une donation de l'an 1055, citée par ANIBERT, *Mem. sur la
Rép. d'Arles*, et RAYNOUARD, *Droit municipal*, t. II, p. 196.

de la chose possédée par le vassal, reconnaissance doit
lui en être donnée directement ou par énonciation; et
réciproquement, le seigneur doit donner reconnaissance
expresse de la tenure émanée de lui ou de ses ancêtres.
— Dans l'autre, il est déclaré que si le cens n'est pas
payé, le seigneur doit s'en plaindre à la cour qui con-
damnera le tenancier *au double* envers le seigneur, et à
l'amende de cinq sous au profit de la commune. Mais si
les seigneurs ne se plaignent pas à la cour ils ne peuvent
rien exiger, et les terres inféodées (*Honores*), pour lesquelles le cens est dû, ne peuvent tomber *en commise*. La
peine de confiscation ou de révocation est écartée : tout
se réduit à la peine du double cens. Que si le vassal ou
le tenancier affirme avoir payé, le seigneur a le choix
ou de jurer qu'il n'a pas été payé, ou de déférer le serment au possesseur qui allègue le payement[40].

Du reste, la Charte même du consulat de 1142 avait
établi la supériorité de la cour des consuls sur la justice
foncière des seigneurs : après avoir reconnu formellement ce droit de justice patrimoniale, elle portait que
si les seigneurs grevaient les tenanciers ou leurs justiciables, *ceux-ci pouvaient recourir aux Consuls*[41].

Et la ville d'Arles avait tellement la crainte que le caractère de son droit municipal et civil ne pût être altéré
par l'influence des droits seigneuriaux et de la féodalité,
qu'elle avait inséré dans ses statuts la sanction la plus

40 Statuta, art. 135.
41 Carta consulatus, alinéa 5. Recueil I, p. 2. Verumtamen si domini, ultra id quod debent, illos adgravaverint, *ad Consules recur-
rere possint.*

menaçante contre toute tentative de transformer l'état
de *Cité* en état de *Seigneurie* :

« Nous statuons qu'aucun n'ose proposer en public
» ou en particulier que la cité d'Arles soit placée sous
» la puissance d'un maître ou sous une seigneurie à titre
» perpétuel ou temporaire : si quelqu'un l'osait, que
» tous ses biens soient détruits ; et s'il peut être pris,
» qu'il ait la tête tranchée. — S'il ne peut être arrêté,
» qu'il soit inscrit au ban de la Ville comme exclu à
» perpétuité, et qu'il ne puisse jamais être relevé du ban-
» nissément ni par les consuls, ni par le conseil, ni même
» par tout le *parlement* d'Arles (ou l'assemblée générale
» des citoyens) [42]. »

La Seigneurie féodale était pour la Cité un objet d'ef-
froi, de précautions pénales, de menaces législatives et
terribles, comme la tyrannie pour les anciennes répu-
bliques de la Grèce ; et la ville ou république d'Arles,
d'origine grecque et romaine, cette colonie si chère à
Constantin qui lui donnait son nom, est restée fidèle à
cet esprit de répulsion contre le pouvoir dominant du
moyen âge.

En 1251, elle s'est soumise, comme nous le verrons
bientôt, au comte de Provence de la maison d'Anjou et
à ses successeurs, mais en conservant la dignité extérieure d'un assentiment libre, en s'unissant au nouveau
pouvoir à titre de *donation gratuite*, et en gardant plusieurs de ses franchises.

42 Statuta, art. 178... per consules, vel per consilium Arelatis,
vel etiam per totum *parlamentum* Arelatis. — La même expression
parlamentum se trouve dans un acte de la cité de Marseille de l'an
1230.

Mieux que les autres villes de la Provence, telles que
Nice, Avignon, Marseille qui, dès le xie siècle, avait sa
ville inférieure assujettie à des vicomtes [43], elle sut se
préserver et des influences féodales du Midi et de la
féodalité du Nord apportée par les comtes d'Anjou. Au
milieu des luttes du xiiie siècle, qui furent fatales au
droit ancien de la Provence, elle conserva en grande
partie sa constitution municipale, sauf l'organisation de
la justice ; et, dans l'ensemble des coutumes proven-
çales, son droit et ses institutions se présentaient toujours à l'imitation et à l'émulation des autres cités avec
le triple caractère d'union dans les classes, d'harmonie
dans les pouvoirs, de condition libre dans les personnes et les propriétés.

C'est par ce motif qu'entre toutes les villes de la Provence nous avons choisi celle d'Arles pour en exposer
le droit. Les autres villes, comme Marseille, Avignon,
Nîmes, ont eu leur constitution municipale ; mais elles
n'ont pas exercé d'influence saisissable sur le droit général de la Provence ; et ici nous faisons, non l'histoire
du droit municipal (qui est déjà faite)[44], mais l'histoire du
droit dans les provinces ; le droit municipal ne peut être
pour nous qu'un élément du droit provincial.

Nous passons donc de suite aux monuments d'ordre
vraiment provincial.

43 Titre de 1095, contenant vente de plusieurs domaines faite
par les fils de Geoffroy, vicomte de Marseille. (GUESNAY, Prov.,
Massil., p. 310.) — La ville inférieure s'appelait *vicomtale*. En 1230,
une cession en fut faite à Raymond, comte de Toulouse et marquis
de Provence.—(*Histoire du Languedoc*, t. III, p. 352, et RAYNOUARD,
Droit municipal, t. II, p. 194.)

44 Histoire du Droit municipal par RAYNOUARD ; LEBER ; le baron
C.-F.-E. DUPIN ; et le grand Recueil du Tiers-État, par AUG. THIERRY.

§ 2. — STATUTS DE RAYMOND BÉRENGER [1235]; — *CONSTITUTIONES
CURIÆ AQUENSIS* [1243]; — ORDONNANCES DE CHARLES I⁰ʳ D'ANJOU,
DE OFFICIALIBUS; DE CHARLES II; DE PIERRE DE FERRIÈRE,
ARCHEVÊQUE D'ARLES; — STATUTS DU COMTE ROBERT [1309];
STATUTS DE PROVENCE ET DE FORCALQUIER DE 1366 A 1481.

Les Statuts qui n'ont pas le caractère municipal concernent les comtés de Provence, de Forcalquier et les
Terres adjacentes qui comprenaient Nice et Marseille [1].
Ils appartiennent aux princes des maisons de Barcelone
et d'Anjou, qui se sont succédé dans la possession des
comtés, à ces derniers surtout : ils se distinguent par
l'esprit de leurs dispositions.

Les statuts de Raymond Bérenger, de la maison de
Barcelone, attestent encore la suzeraineté impériale et
les relations obligées du comte et des seigneurs avec
l'empereur d'Allemague. Ils ont été rédigés en 1235
par des arbitres, choisis pour terminer les différends
élevés entre Raymond Bérenger et les seigneurs des territoires de Draguignan et de Fréjus, sur les droits et
juridictions des seigneurs, de l'évêque de Fréjus et du

---

1 Une ordonnance de 1289, du comte Charles II, comprend Nice
dans les siéges des quatre assises annuelles. — Un édit de la reine
et comtesse Jeanne, de 1366, concernait les appels des juges de
Nice; et une transaction, du 15 octobre 1419, portait que le comté
de Nice était, *ab antiquo*, notoirement compris dans le comté de
Provence, malgré la donation que le Comté de Nice fit de lui-même
au duc de Savoie en 1328. La transaction passée entre la comtesse
de Provence, mère tutrice de Louis III, et Amé, duc de Savoie
en 1419, porte : « Comitatus Nicensis *ab antiquo*, ut notorium est,
de Comitatu Provinciæ *extitit et existit.* (MOURGUES, *Statuts de
Provence*, p. 5 et 6.)

comte. Ils reconnaissent formellement au comte de Provence le droit de lever des tributs pour le voyage à faire une fois *sans armes*, afin de recevoir l'empereur, et pour les voyages à faire *avec armes* toutes les fois qu'il en serait requis par le seigneur empereur, *a domino imperatore, cum armis* [2]. Le prince de la maison de Barcelone et les seigneurs du pays mentionnent donc de nouveau, dans leur transaction, sous le rapport des droits honorifiques et réels, la suzeraineté du Saint-empire sur la Provence. Mais cette mention de l'an 1235 est la dernière; elle est antérieure d'un siècle à la transaction de Philippe de Valois qui a consommé l'extinction du royaume d'Arles.

Dans les statuts de 1225 on affranchit les habitants du pays de quelques droits seigneuriaux exorbitants, comme le droit de *gabelle* sur les blés, et le droit de *pulvérage* à raison de la poussière soulevée par les troupeaux allant au pâturage [3]. Mais les seigneurs prennent leurs précautions contre les libertés locales; et une disposition spéciale

---

[2] Statuta Raymundi Berengarii, *de quistis et talhiis*. (Recueil de M. GIRAUD, II, p. 11.)

[3] *De gabellis*, droit de quatre deniers sur certaines mesures de blé, *de singulis sestariis bladi*. (Recueil de M. GIRAUD, II, p. 11 et 12.)

On voit par là que le droit de *gabelle* était connu longtemps avant d'être appliqué au droit sur les sels (*De gabellis*, id., p 12).

Sur le droit de *pulvérage :* Ut nullus accipiat ratione *pulidagii* vel *pedagii* aliquid de ovibus in eundo vel redeundo (*De pascuis ovium*, Recueil de M. GIRAUD, p. 12).

Le droit d'alberge ou de gîte pour le comte ou son bailli est réduit à un droit annuel qui, une fois payé, affranchit de l'obligation de recevoir les officiers dans les châteaux ou bourgs (Recueil de M. GIRAUD, II, p. 11).

de Consulatibus prohibe les consulats : « Nous statuons
» que ni le seigneur comte, ni les barons, ni les cheva-
» liers n'accorderont le consulat, ou quelque chose
» pouvant tenir lieu du consulat, aux villageois ni à
» aucune communauté, *aliquibus rusticis, vel alicui uni-*
» *versitati* [4]. » Le comte et les seigneurs se donnaient
ainsi une sorte d'assurance mutuelle contre les communes rurales et contre les franchises municipales ou
judiciaires, qui auraient pu s'étendre dans les pays de
Draguignan et de Fréjus.

La liberté communale, dans les campagnes, aurait
amené, par la force des choses, leur affranchissement
des droits seigneuriaux et des justices terriennes ; elle
était plus redoutée par les seigneurs du moyen âge que
la liberté des villes. Les droits seigneuriaux, en effet,
pesaient beaucoup moins sur les villes, sur les grands
centres de population que sur les champs et sur les populations disséminées, ou groupées en bourgs et villages ; et, bien que la révolution des communes n'eût
pas la sympathie des seigneurs laïques ou ecclésiastiques, ils pouvaient cependant trouver leur avantage à
ne pas trop résister aux vœux des citoyens réunis dans
les villes : mais ils devaient s'attacher à renfermer la
révolution dans les cités, et à l'empêcher de se répandre
au sein des campagnes, où elle aurait détruit nécessairement la condition féodale des terres, des personnes et des
justices. Aussi, dans l'ancienne monarchie, il a existé
des *communautés de campagne, des paroisses;* mais il n'a pas
existé de *communes rurales* proprement dites. Les villageois, à partir de la fin du XIVe siècle, comme le prou-

4 Capitulum de Consulatibus (Recueil de M. GIRAUD, II, p. 11).

vént les lettres patentes de Charles VI, adressées en 1380 au lieutenant général du Languedoc [5], ont fini par obtenir dans le Midi quelques concessions de franchises, d'état de communauté. Mais ces franchises se bornaient au droit de former des *assemblées*, à l'issue de la messe paroissiale, pour s'entendre sur la jouissance des *communaux* ou sur quelques intérêts du même genre. Les communautés n'avaient pas de conseil, de juridiction propre, d'administration; tout au plus des *syndics* les représentaient pour des intérêts tels que l'établissement des foires, des marchés, la jouissance des pâturages communs; et encore, ces syndics étaient le plus souvent nommés par les seigneurs eux-mêmes, d'après les chartes de concession. Les communautés rustiques, nées tardivement en France, n'ont jamais eu, sauf en Alsace, ce qui pouvait constituer la vie libre de la commune. Cette vie libre eût été incompatible avec la féodalité civile; et elle n'est venue aux campagnes qu'avec l'émancipation même de la classe des *paysans*, avec l'abolition des droits féodaux, avec la révolution de 1789. A cette époque seulement naissent, dans notre histoire, les Communes rurales, auxquelles l'Assemblée constituante n'a pas cru pouvoir accorder une constitution municipale, autre que celle des villes : les communes rurales s'établirent et ne pouvaient apparaître que sur les ruines de la féodalité. Le comte et les seigneurs de la Provence, au XIIIe siècle, avaient certainement bien compris les conséquences de

5 19 novembre 1380, Ordonnances du Louvre, t. vi, p. 529. Lettres adressées au duc de Berri, frère du roi. *Voir* le savant travail sur les Municipalités rurales, publié par M. le comte Beugnot, *Revue française*, 1838.

la révolution des communes dans les campagnes, et ils avaient fait acte de prévoyance politique ou d'instinct conservateur, en associant leurs efforts et leurs stipulations contre les Consulats rustiques.

Après l'acte important de 1235, l'exercice de la justice et le grand intérêt de l'administration et de la paix publique, sont l'objet qui attire l'attention du comte de Provence, dont la résidence éloignée avait rendu l'autorité peu efficace : de là les Statuts de la cour d'Aix, *Constitutiones Curiæ aquensis*[6]. Le comte détermine d'abord par une formule très-complète les devoirs du juge qui « doit être juste, fort et patient, qui doit conserver » sa conscience pure et faire également justice à tous, » en agissant selon les lois, le droit et les statuts. » Il établit la gratuité de la justice exercée en son nom : le juge ne peut recevoir que ce qui lui est accordé par le comte à titre de *salaire*[7]. Les constitutions de la cour d'Aix fixent ensuite les règles de la compétence ; elles les étendent aux Marseillais, qui sont trouvés dans le territoire de la Baillie d'Aix, pour les obligations par eux contractées même hors de ce territoire : cette disposition présume toujours le caractère commercial dans les conventions du débiteur marseillais, afin d'abaisser la barrière féodale ou communale des juridictions ; et elle reconnaît, six cents ans d'avance, le principe con-

6 Ad observationem juris et justitiæ has Constitutiones D. Raymundus Berengarii fecit... in Curia aquensi (Recueil de M. Giraud, II, p. 16 et suiv.)

7 Excepto duntaxat quod mihi concessum est vel erit pro salario a D. Comite, *id.*, *ibid.*

sacré par l'article 14 du code Napoléon sur les obligations des étrangers[8].

Celui qui est appelé devant la cour doit y comparaître; la non-comparution du noble est punie d'une amende plus forte que celle du simple citoyen. Ceux qui habitent dans les châteaux et qui refusent de se rendre devant la cour, doivent être cités par double ban, jusqu'à trois fois; et le juge est investi d'un pouvoir discrétionnaire pour punir leur désobéissance : *Judex puniat arbitrio suo*[9].

L'obstacle à la justice était partout; et les mesures pour y remédier étaient graves.

Le Statut le plus remarquable à cet égard, et qui se retrouve dans le droit moderne, est celui qui établit la responsabilité collective pour les dommages causés, par des crimes publics ou secrets, aux propriétés mobilières et immobilières.

« Sil arrive dans quelque partie du territoire de la
» Baillie d'Aix (disent les constitutions), qu'un dommage
» soit causé à quelqu'un par incendie, dévastation d'ar-
» bres et de vignes, destruction publique ou cachée
» d'animaux et de bestiaux; que tout lieu, village et
» communauté où le dommage est commis, soit tenu
» d'en répondre et de restituer, à proportion de ses fa-
» cultés et *sans aucune distinction de personnes*, à celui
» qui a souffert le dommage, la valeur de toute la perte

---

8 « L'étranger, même non résidant en France, pourra être cité devant les tribunaux français, pour l'exécution des obligations par lui contractées en France avec un Français; il pourra être traduit devant les tribunaux de France, pour les obligations par lui contractées en pays étranger envers des Français. » (C. Nap., art. 14.)

9 Recueil plus haut cité, p. 17.

» éprouvée, d'après la juste estimation faite par des ex-
» perts. La cour du lieu ou du territoire, dans lequel le
» dommage a été porté, pourra d'office en rechercher
» les auteurs à fin de poursuite en justice[10]. »

Cet acte statutaire de 1243 a organisé, au milieu des
désordres du moyen âge, une responsabilité collective,
que la loi du 10 vendémiaire an IV a décrétée, sous le
nom de responsabilité des communes, au milieu des,
troubles de la Révolution française. L'ordonnance de
Blois de 1579 et l'ordonnance criminelle de 1670 eurent aussi des dispositions sur la responsabilité locale;
mais elles étaient partielles, incomplètes et beaucoup
moins analogues à la loi de l'an IV que le statut de la
cour d'Aix[11].

Ce statut est le dernier acte de la dynastie de Barcelone.

En 1245, la Provence passait, par le mariage de Béa-
trix, fille et héritière de Raymond Bérenger, sous le pouvoir de Charles d'Anjou, frère de Louis IX; et, à la
même époque, le mariage d'un autre frère du roi, Alphonse de Poitiers, avec la fille et l'héritière du comte
de Toulouse, effaçant pour l'avenir les anciennes riva-
lités des chefs du Languedoc et de Provence, enlevait à
l'empereur tout point d'appui dans la France du midi[12].
Ainsi la dernière lueur de suzeraineté impériale dispa-

10 Même recueil, p. 24. *De emendandis damnis.*

11 *Voir* l'ordonnance de 1579, art. 196; l'ordonnance de 1670,
tit. xxi, et mon Cours de droit public et administratif, t. ii, p. 677
(4ᵉ édit., 1854).

12 Le mariage est de l'an 1245; la mort du comte de Toulouse et
la prise de possession par le comte de Poitiers sont de 1249.

raissait de l'ancien royaume d'Arles. Mais la Féodalité française, principe bien plus énergique de domination terrienne, était transplantée par le comte d'Anjou sur le sol de la Provence, et une révolution s'opéra graduellement dans le droit du pays. Le Droit romain, qui avait vécu sous la protection des institutions municipales, malgré certaines modifications, et qui réciproquement avait protégé la liberté civile dans les grandes cités et leurs territoires, subit sous l'action de la féodalité du Nord une profonde altération.

Le premier comte de la maison d'Anjou, élevé un peu plus tard au trône orageux de la Sicile, fut distrait des soins de la législation par les nécessités de la guerre et des croisades ; mais il fonda sur une ordonnance générale de *Officialibus* les droits de seigneur direct ou suzerain, et fit prédominer les prérogatives féodales du comte de Provence, de Forcalquier et des terres adjacentes, en y ajoutant le titre de Roi, emprunté d'abord à la vaine royauté d'Arles et attaché ensuite à la possession de la Sicile, déférée par le Pape.

En 1251, le nouveau comte de Provence admit à une capitulation honorable, déguisée (comme on l'a dit plus haut) sous le titre de donation, la cité d'Arles, jalouse de ses libertés, et à une capitulation moins favorable la ville d'Avignon, qui cessa d'être placée sous le gouvernement de son évêque. En 1253, il reçut la soumission de la ville inférieure ou vicomtale de Marseille, et en 1257 seulement, celle de la commune ou ville supérieure, qui reconnut la seigneurie du comte au lieu de la suprématie temporelle de l'évêque : celui-ci céda ses droits au comte sur la ville supérieure pour *quatorze châteaux*. Charles d'Anjou exigea dans tout le comté l'hommage des nobles *possédant fiefs*, et il le reçut soit par lui-même, soit par ses délégués : c'est ainsi qu'un notaire de la ville d'Arles, Guillaume Prémérian, dont la corporation des notaires du Châtelet de Paris a long-temps honoré le souvenir, fut chargé de recevoir, au nom du comte, l'hommage des nobles du pays arlésien[13].

Les praticiens et les légistes de France ou d'Anjou avaient accompagné le comte dans la prise de possession de la Provence; et ils s'attachèrent, sous l'inspiration de ses idées de suprématie seigneuriale, à priver les grandes villes et les barons de leur justice souveraine. Charles d'Anjou sentait très-bien que le pouvoir réel était dans la justice territoriale, et il voulait asseoir sur les droits d'une justice supérieure l'unité de sa puissance et de son gouvernement. Les mêmes vues de réforme dirigeaient ainsi Louis IX dans ses établissements, et ses deux frères, soit dans les comtés de Poitiers et de Toulouse, soit dans le comté de Provence. Seulement en Provence, la réforme parut prendre le caractère de conquête. Même dans la capitulation d'Arles du 29 avril 1251, les consuls et la juridiction consulaire furent remplacés par un viguier et par deux juges, que le comte devait nommer annuellement. Ils étaient assistés d'un conseil, dont ils choisissaient les membres, moitié parmi les nobles, moitié parmi les bourgeois. Tous prêtaient encore le serment de fidélité entre les mains de l'archevêque. En

---

13 *Voir* le Recueil des chartes du Châtelet, par LÉVÊQUE (éd. in-4°, 1663). — Les notaires du Châtelet citaient son nom et son exemple avec un certain orgueil de corporation (page 2).

compensation de ce changement d'organisation municipale et judiciaire, les citoyens étaient déclarés francs d'impôts, sauf le droit annuel de *chevauchée* dans un rayon de vingt lieues[14]. Plus tard, en 1277, le comte de Provence enleva à l'archevêque d'Arles le serment de fidélité du viguier et des autres officiers de justice, dernier témoignage d'une sorte de seigneurie indivise que sa politique avait d'abord respectée dans la qualité d'archevêque. A Marseille, le gouvernement et la justice furent aussi confiés, en 1257, à un viguier du comte et à un conseil choisi par le viguier; mais le peuple de la cité conserva le droit traditionnel de s'assembler, d'élire certains officiers et de n'être taxé que de son consentement[15].

L'ordonnance générale *de Officialibus*, qui est le seul monument législatif du premier comte de la maison d'Anjou, eut pour principal objet d'accomplir la révolution dans l'ordre judiciaire, et de l'étendre des villes municipales aux barons de la Provence[16]. Elle réunit dans les mains du sénéchal, premier magistrat, et dans celles des fonctionnaires placés aux degrés inférieurs de la hiérarchie l'administration et la justice; elle enleva en principe à la justice des barons le dernier ressort qui s'y était, avec le temps, incorporé. Les seigneurs, dans

---

14 Capitulatio et Statuta Arelatis, 29 avril 1251. — H. Bouche, *Histoire de Provence.* — Anibert, *Mémoire sur la république d'Arles* (2ᵉ partie).

15 Guesnay, Prov., Mass. — Ruffi, *Histoire de Marseille* (2ᵉ édition). — *Statuts municipaux de Marseille*, par F. d'Aix.

16 Ordinationes et Statuta facta per *Dominum Carolum primum, tunc Comitem provinciæ* super Officialibus (sans date; — Recueil de M. Giraud. t. II, p. 25).

l'organisation nouvelle, conservèrent leur cour de justice féodale; mais les assises ou le parlement du sénéchal
exerçaient la juridiction souveraine du comte-roi. Cette
qualification de roi, *Dominus rex*, qui se trouve dans le
texte même de l'ordonnance, suppose une date postérieure à l'an 1257, époque à laquelle le titre de *roi
d'Arles*, si vain dans la maison des princes d'Orange,
fut abandonné au comte de Provence, et n'en devint pas
plus une réalité [17]. La qualité réelle et très-pesante de
roi de Sicile, ne fut conférée au comte de Provence qu'en
1263; et dans les actes des comtes de Provence postérieurs à cette date, le titre de roi de Sicile, ou depuis
Charles II, le titre de roi de Jérusalem et de Sicile est
toujours inscrit en tête de la formule de promulgation [18].
L'ordonnance *de Officialibus* ne porte dans les énonciations de son titre que la qualité de comte de Provence,
per Dominum Carolum primum tunc comitem Provinciæ :
elle nous paraît donc devoir être placée entre 1257 et
1263.

Charles Ier mourut en 1284, laissant ses États dans un
grand trouble et son fils à Palerme, prisonnier du roi
d'Aragon, le provocateur des Vêpres siciliennes. — Ce
fils, Charles II, ne prit possession réelle de son comté
de Provence que vers la fin de 1289 [19], et il publia
bientôt des statuts qui répriment et attestent en même

---

17 Il fut cédé par un Prince de la maison *des Baux, suprà*, p. 62.
18 Carolus secundus, Dei gratia, rex Jherusalem et Siciliæ,
ducatus Apuliæ et principatus Capuæ, Provinciæ et Forcalquerii
Comes (Recueil de M. GIRAUD, t. II, p. 33).
19 Dans une déclaration datée de l'an 1297, le roi dit : de *notre*
règne le *treizième;* il datait par conséquent de la mort de son père
(*Declaratio sancta*, même Recueil, p. 35).

temps de grands désordres dans les faits sociaux et dans les mœurs. — Il voulut mettre un terme aux violences exercées contre la possession et la propriété, en statuant que nul ne serait dessaisi qu'en connaissance de cause et par l'autorité du juge. — Il voulut porter remède à la corruption des mœurs, en défendant aux hommes mariés, sous peine d'arrestation publique et d'emprisonnement, d'avoir des concubines dans la maison ou hors de la maison conjugale. — Il voulut réfréner les exactions des juifs, et en prohibant avec sévérité les demandes frauduleuses qui tendaient au double payement de la même dette, et en prononçant l'exclusion des juifs de tout office public dans une cour quelconque. — Il tâcha de mettre obstacle aux habitudes irréligieuses, en prononçant une amende de treize deniers contre ceux qui violeraient par le travail le respect dû au dimanche, aux jours de fête, et en prononçant la même amende contre le chef de famille qui n'irait pas à l'office divin ou qui n'y enverrait pas, au moins, une personne de sa maison. — Mais là ne s'arrêtait pas la sanction pénale des devoirs envers l'Église. Le comte, dans les mêmes statuts, fit ce que saint Louis avait solennellement refusé de faire en France : il ordonna, sans distinction, à la cour séculière de saisir tous les biens de la personne excommuniée, qui ne se serait pas fait absoudre dans l'année, et de les retenir jusqu'à son absolution [20].

L'ordonnance qui contient ces diverses dispositions n'est pas datée ; mais nous n'hésitons pas à la reporter

---

20. Statuta Caroli secundi (même Recueil, p. 31). — Bona omnia ipsius capiantur per Curiam secularem cui fuerit ille subjectus; tenenda per ipsam donec fuerit absolutus.

aux premiers temps du comte-roi Charles II; car dans
une lettre adressée par lui en 1298 au sénéchal, aux
viguiers, baillis, juges et tous autres officiers établis
dans les comtés de Provence et de Forcalquier, le comte
de Provence, roi de Jérusalem et de Sicile, rappelle les
prescriptions précédentes, en disant : « Autrefois nous
avons statué, *olim statuisse meminimus;* et il veut que
les amendes, établies par son ordonnance, soient attri-
buées à son aumônier pour être converties en bonnes
œuvres [21].

Beaucoup de statuts particuliers sont émanés de
Charles II, que l'on peut regarder comme le législateur
et l'administrateur de la Provence [22]. C'est lui qui a institué, à l'exemple de saint Louis, la Chambre des
comptes et son autorité sur les comptables des diverses
parties du territoire provençal, en ordonnant que chaque
viguier ou bailli serait tenu de se présenter à Aix, avec
son receveur (*clavarius*), pour soumettre sa situation fi-
nancière aux auditeurs des comptes [23].

Mais le document législatif le plus important, sous ce
prince, consiste dans les Statuts de Pierre de Ferrière,
archevêque d'Arles et chancelier du royaume de Sicile,
sur la réformation et le bon état de la Provence, de
l'année 1304. Le comte-roi a donné mission expresse à
son chancelier de faire les réformes nécessaires dans ses
comtés de Provence et de Forcalquier; et le chancelier,
de l'avis des évêques et des grands du pays, avec le

21 Littera Illust. D. Caroli II, Dei gratia, regis Jherusalem et
Siciliæ (même Recueil, p. 33).

22 *Voir* différentes lettres et des statuts divers, p. 96 et suiv.

23 Coram auditoribus rationum (ann. 1288-1292, p. 39).

concours de Jean Cabassole, juge-mage et professeur de
droit civil, promulgue des Statuts de réforme en vingt-
cinq paragraphes, qui ont pour principal objet encore
l'administration et la justice. La première disposition
constitue la responsabilité administrative. Il fallait que
le mal fût bien grand dans le xiii᷎ et au commencement
du xiv᷎ siècle, car la responsabilité, soit générale, soit
spéciale, est l'un des objets qui préoccupent le plus les
comtes des maisons de Barcelone et d'Anjou. Ici les
Statuts obligent les viguiers, baillis, juges et autres officiers qui sortent de charge, à rester, pour répondre de
leur administration, dans les lieux administrés, — pendant dix jours, si l'office a duré un an ; — vingt jours,
s'il a duré deux ans ; — trente jours, si la fonction s'est
prolongée davantage. — Où le roi n'a pas de domaine,
le statut porte qu'il n'y aura point de bailli ; mais la cour
du comte-roi jugera par dévolution, en premier et dernier ressort, toutes les causes qui ressortiraient à la justice des prélats, des seigneurs ou de tous autres justiciers, et que leurs tribunaux auraient négligé de juger
en temps utile. — La justice est considérée comme un
droit et une obligation de l'autorité seigneuriale à ses
divers degrés, mais aussi comme l'attribut du pouvoir
suprême qui régit la société. C'est un des grands principes de civilisation que porte dans son sein la féodalité
politique et civile. La société se développe et l'humanité
marche quand la justice règne. La féodalité militaire
avait eu pour symbole de justice le combat judiciaire,
et avait amené à sa suite le fléau des guerres privées,
qui auraient anéanti la société du moyen âge sous l'empire de la force, si les trèves de Dieu et du roi ne les

avaient suspendues et si les croisades dans l'Orient n'en
avaient détourné le cours désastreux. La féodalité politique et civile, par les cours des bourgeois et les cours
ecclésiastiques, placées à côté des cours de barons, par
les établissements de saint Louis et les ordonnances des
princes de sa famille, telles que l'Alphonsine du comte
de Poitiers qui abolit le duel même en matière criminelle[24], et les Statuts des comtes de Provence qui établissent le droit général de ressort et de dévolution en
faveur de la cour du sénéchal, la féodalité politique et
civile a organisé la justice selon *droit* et *loi* : le premier
livre de droit français, le Conseil de Pierre de Fontaines,
était surtout un livre de procédure; et la justice, entourée de formes qui admettaient les preuves par témoins ou par titres et qui garantissaient le droit de libre
défense, a fondé la grandeur de la monarchie de saint
Louis et la force des États d'apanagistes qui gravitaient
autour d'elle.

Les Statuts de Pierre de Ferrière, après avoir promulgué des règles générales de justice et de responsabilité administrative, embrassaient plusieurs objets particuliers de police et d'intérêt public, qu'il serait superflu
de rappeler. Une seule disposition touche en même temps
au droit privé. Nous la mentionnons ici parce qu'elle
indique un usage propre à la Provence. Elle est relative
aux débiteurs en retard. D'après la coutume provençale,
le débiteur qui n'avait pas payé à l'échéance devait non-
seulement au créancier l'intérêt du retard dans l'acquit-

---

24 Voir l'*Alphonsine* de Riom, art. 5 (dans LATHAUMASSIÈRE, à la
suite des *Assises de Jérusalem*, p. 458).

tement de son obligation, mais une amende au fisc, à titre de peine appelée *lata* ou latte. — *Lata, mulcta debitori*, dit du Cange [25], qui cite des chartes du monastère de Saint-Victor de Marseille, dont le précieux cartulaire va être prochainement publié [26]. La diversité des coutumes locales était grande à cet égard, et le statut porte que les lattes ne pourront être réclamées après le laps de dix ans [27]. Les *latæ* formaient un revenu assez important pour être comprises dans la ferme des impôts. En 1532, elles cessèrent d'être exigibles après cinq années [28].

Les Statuts de l'archevêque d'Arles devinrent, dans les diverses parties de la Provence, la base de l'administration et la garantie de l'ordre social.

En 1306, Robert, fils aîné de Charles II et son vicaire général dans les comtés de Provence et de Forcalquier, en publia la confirmation expresse ; il ordonna que les officiers des comtés en jureraient l'observation entre les mains du sénéchal ; il voulut que ceux qui les auraient enfreints fussent destitués et privés, comme parjures, de tout honneur public [29]. Le même Robert, dans les statuts qu'il promulgua plus tard comme comte et roi,

---

25 Glossarium medii ævi, v° *Lata*.

26 Dans le *Recueil des documents inédits*, publication confiée à M. Léopold DELISLE, savant auteur des *Études sur la condition de la classe agricole et l'état de l'agriculture en Normandie au moyen âge* (1851).

27 De latis seu sportulis (Statuts de P. de FERRIÈRE, p. 57).

28 Statuts de Provence, Recueil de MOURGUES, *in fine* : DÉCISIONS DE NOS SEIGNEURS LES MAISTRES DES COMPTES SUR LES LATTES.

29 Declaratio Statutorum regiorum. — Littera D. Cabassoli, ann. 1306. — Statuta edita per D. Robertum de confirmatione et observatione Statutorum D. Petri de Ferrariis, et de pœna non servantium ea (Recueil de M. GIRAUD, II, p. 61-69).

après 1309, établit que le sénéchal, ou à son défaut, le
juge-mage, son lieutenant, visiterait chaque année toute
la Provence, et il leur accorda plein pouvoir d'informer,
même de sévir contre les officiers coupables d'infraction
aux statuts [30].

Les efforts des comtes de Provence, au xiiie et au
xive siècle, pour créer l'uniformité du gouvernement
féodal et assurer dans les comtés des règles d'administration et de justice, se sont donc manifestés par des
statuts nombreux et d'une haute portée : nous avons
signalé ici les plus dignes de l'attention de l'histoire;
mais pour le fond du droit, qui touche aux intérêts de
famille et de propriété, la réserve des statuts fut très-
grande. La révolution féodale, dans l'ordre privé, s'ac-
complissait d'une manière latente, par la force des
choses, comme conséquence de la révolution féodale
dans l'ordre politique; et ce n'est que vers la fin du
xive siècle et dans le cours du xve, que des statuts, souvent provoqués par le vœu des trois ordres ou des
États de Provence, furent spécialement consacrés au
droit civil proprement dit, aux coutumes féodales de
droit privé : ils ont été réunis dans un recueil connu
sous le nom de *Statuts de Provence et de Forcalquier*,
recueil général des édits de la reine et comtesse Jeanne,
du roi René et de Charles III, depuis l'an 1366 jusqu'à
l'an 1481, époque de la réunion du pays à la couronne. — Autour de cette collection d'usages, qui figure

---

30 Statuta Roberti regis, p. 76. — Les statuts sont sans date;
Charles II était mort en 1309, et Robert, dans les statuts, mentionne
son père *claræ memoriæ*; les statuts sont donc postérieurs à 1309.
Robert est mort en 1343.

dans le coutumier général de Richebourg, se sont
groupés jusque dans les temps modernes les décisions
des cours et du parlement de Provence, les commentaires de Bomy, de Mourgues, de Julien, et les édits postérieurs des rois de France.

« Les Statuts de Provence (dit Julien, leur dernier
» commentateur) sont des lois que nos comtes de Pro-
» vence ont faites, ou de leur propre mouvement, ou
» sur la réquisition des Trois-États. » — Et quand les
comtés de Provence et de Forcalquier, avec les Terres
adjacentes, furent unis à la couronne, ils furent maintenus, d'après les lettres patentes d'octobre 1486,
« dans leurs priviléges, libertés, franchises, conven-
» tions, lois, coutumes, droits, statuts, avec promesse
» et serment de les garder, observer et perpétuellement
» entretenir [31]. » Le roi de France, qui faisait ce serment, ajoutait à son titre royal le titre de Comte de
Provence et de Forcalquier.

Avec le droit romain et le livre des fiefs comme droit
commun ; — avec les monuments municipaux des grandes
cités ; — avec les statuts de Provence et la jurisprudence
féodale qui apportaient des dérogations au droit commun ou constataient des usages reçus dans le pays, quel
est, au moyen âge, jusqu'à la fin du xvᵉ siècle et même
dans des temps plus modernes, le caractère du droit
provençal et des institutions judiciaires ?

C'est ce que nous allons examiner dans la seconde
partie.

31 JULIEN, *Statuts*, préface, p. XI, XV, XVII ; et t. II, p. 35 et 92.
— Avant la réunion à la France, les ordonnances des rois étaient
dites *étrangères*.

SECONDE PARTIE.

CARACTÈRES DU DROIT PROVENÇAL ET DES INSTITUTIONS JUDICIAIRES.

La Provence était réputée pays de droit écrit, et l'on est généralement disposé à croire que le Droit romain y régnait en maître : rien n'est plus contraire au véritable état de choses.

Le Droit provençal offre un caractère complexe; il embrasse un ensemble d'usages où les influences diverses se mêlent, se croisent, se combattent; et, de toutes les contrées du Midi, la province qui la première fut romaine, est celle certainement où les principes du droit romain ont souffert le plus d'atteinte, sous l'influence de la suzeraineté impériale et l'action de la féodalité française.

§ 1. — DROIT PROVENÇAL.

Le principe de la féodalité française, *nulle terre sans seigneur,* ou *nul ne peut tenir aleu* [1], n'a pas dominé, sans doute, d'une manière absolue, dans la Provence; le domaine libre ou le franc-alleu y était reconnu, mais la jurisprudence féodale avait admis, en faveur des seigneurs de fiefs une sorte de *Directe universelle* (comme

---

1 Établissements de saint Louis, I, art. 99. BEAUMANOIR, Cout. de Beauvoisis, ch. 24, n° 5.

on l'appelait) qui produisait, en fait, des résultats à
peu près semblables à ceux de la maxime du Nord et
de l'Ouest, de Beaumanoir et des Établissements de
Saint-Louis. Il était de jurisprudence que lorsque dans
un territoire limité, les baux à fief ou les reconnais-
sances des vassaux embrassaient la plus grande partie
du territoire où le seigneur avait la haute justice, la
Directe universelle était présumée, et le seigneur avait le
droit d'exiger services, titre ou dénombrement de toutes
les terres de sa juridiction [2]. Cette jurisprudence du
moyen âge, attestée par les Statuts de Provence, fut
sanctionnée au xvii siècle par des arrêts du parlement
des 10 et 20 décembre 1613 [3]. La présomption de seigneurie directe et universelle était établie en faveur du
seigneur haut-justicier; celui-ci était déchargé de l'obligation de prouver la *mouvance*; la présomption contraire
de franc-alleu ne pouvait lui être opposée [4].

Le droit féodal avait donc, sous un rapport essentiel,
vaincu en Provence le principe libre de la propriété romaine et renfermé le franc-alleu dans d'étroites limites.

Par suite de cette suprématie féodale, les terres vagues et incultes, avec leurs bois ou pâturages [5], étaient
censées appartenir au seigneur justicier, qui avait la directe universelle dans un territoire circonscrit; et réciproquement, si le seigneur se trouvait fondé par titre
dans l'universalité des terres *gastes* ou incultes, c'était

---

2 Statuts de Provence. Comment. de Mourgues, p. 144.
3 Collect. féodale, par DE LA TOULOUBRE, t. II, p. 55.
4 Même collection, t. II, p. 12.
5 On les appelait terres *gastes*, et les petits bois qui s'y trouvaient s'appelaient bois *radiqués* (bois de racine).

la preuve de sa directe universelle[6]. En Provence, du reste, comme en Bourgogne, comme en Bretagne, les seigneurs, pour ces terres vaines et vagues, avaient, quant au droit de propriété, l'avantage sur les communautés de campagne. Il fallait à celles-ci un titre ou monument par écrit pour qu'elles fussent reconnues propriétaires. L'usage, même immémorial, ne pouvait suppléer au titre de propriété[7]. Ainsi, voilà qu'en pays de droit romain, la féodalité avait autant gagné sur les *agri compascui*, sur les anciens communaux et pâturages, qu'en la terre celtique de la Bretagne ou de l'Anjou!

Quant au Comte de Provence lui-même, avait-il le droit de *directe universelle?*

En principe, les comtes de Provence avaient sur tout le territoire la juridiction, et sur tous les fiefs la suzeraineté qui donnait droit à foi et hommage ; mais ils n'avaient pas la seigneurie directe ou la directe universelle. Dans le droit public de la Provence, au moyen âge, *Juridiction* et *Directe* sont choses différentes.

La juridiction souveraine est inhérente au pouvoir du comte-roi ; c'est l'attribut légitime de la couronne ; — la directe fait partie du domaine, c'est l'attribut de la propriété féodale. Les comtes n'étaient donc pas fondés, en droit, d'après les maximes du pays, à ré-

6 Satuts, MOURGUES, p. 145, 293, 295; — et Collect. féodale, t. 2, p. 361. — Dumoulin attribuait en France les mêmes droits, non au seigneur justicier, mais au seigneur foncier. (Cout. de Paris, Fiefs, § 68, n° 6. — *Voir* aussi Traité des *communes*, par FREMINVILLE, p. 85.)

7 Statuts de Provence, JULIEN, t. I, p. 575.

clamer ou à céder la directe universelle des territoires de chaque ville, bourg et lieu de la Provence[8]. Mais, en fait, le *majus dominium*, et par conséquent la directe leur appartenait dans une grande partie de la Provence. Il y avait exception reconnue en faveur du territoire d'Arles, de l'île de la Camargue entre les deux rives du Rhône, de la ville et du territoire de Marseille, qui formaient corps à part, avec leurs charges et priviléges[9].

Les statuts municipaux de certaines villes établissaient aussi des cas d'exception reconnus et respectés. Ainsi les chartes et coutumes de la ville d'Apt, de l'an 1252, avaient stipulé des seigneurs de Simiane qu'ils ne pourraient exiger ni recevoir les *lods* ou le *trézain* d'un citoyen d'Apt, à raison de ses possessions libres, soit dans la ville, soit dans le territoire[10]. Ainsi, au xiiie siècle, la franchise des propriétés était complétement reconnue en faveur de la ville d'Aix ; mais elle ne l'était pas au dehors, dans l'étendue de la viguerie, ou le territoire de la juridiction du viguier[11].

8 Coll. féod. de la Provence, I, p. 1 et 2. — MOURGUES, *Statuts*, p. 143.— PEYSSONNEL, de l'*Hérédité des fiefs*.— La maxime a changé au xviie siècle. La directe universelle a été déclarée appartenir au roi de France, comte de Provence et de Forcalquier, sauf de rares priviléges. *Voir* note suivante. (Collect. féod., II, p. 37.)

9 L'exception fut reconnue à leur égard sous la domination de Louis XIV (Déclaration des procureurs du pays de Provence, constatée en l'arrêt du Conseil du 19 juin 1691). (Coll. féod., II, p. 39.)

10 Statuts et Chartes d'Apt, 1252, et *Sententia* (à la suite), art. 33. (Recueil de M. GIRAUD, t. II, p. 142.)

11 Déclaration faite au registre *Viridès* du 22 mars 1242, anciennes archives d'Aix, MOURGUES, p. 147. — Les propriétés, même réputées franches dans la Viguerie, n'étaient pas exemptes des droits de lods.

Du reste, les anciens comtes de Provence avaient
une pratique excellente et vraiment populaire pour faire
dresser l'état de leurs droits de seigneurie directe ou de
suzeraineté. Ils envoyaient dans tous les lieux du comté
des maîtres *rationaux* (maîtres des comptes) qui faisaient enquête auprès des habitants ou de leurs syndics sur tous les droits et revenus appartenant à la
cour; et le procès-verbal d'enquête, déposé aux archives comme pièce authentique, faisait foi de ses
énonciations, mais seulement jusqu'à preuve contraire [12].

Les droits seigneuriaux proprement dits, sauf la
mainmorte, étaient en pleine vigueur : la taille seigneuriale aux quatre cas était connue anciennement sous le
nom de *cas impériaux;* elle était imposée comme *réelle*
en faveur du seigneur féodal; comme *personnelle* en
faveur du seigneur justicier, quand le fief et la justice
étaient séparés.

Aux cas impériaux se joignaient, dans quelques
terres, des droits accessoires, et les vassaux étaient dits
taillables aux cinq cas et même aux *huit cas* pour des
subsides de différente nature [13].

Les corvées, la banalité seigneuriale des fours et
moulins, les droits de champart ou d'agrier, sous le
nom de *Tascia* ou de *Tasque,* les dîmes ecclésiastiques

12 Registre de 1378. — Coll. féod., II, p. 224.

13 Cas impériaux : réception du seigneur comme chevalier,
voyage d'outre-mer, rançon du seigneur, dot de ses filles. — Cas accessoires : subsides pour acquisition de terres, mariage du seigneur,
couches de sa femme, mandement du suzerain d'armer pour la
guerre. (PASTOUR, De feud.. lib. III, tit. XIV, n° 1.)

et les dîmes inféodées, enfin les *affouagements généraux* en faveur du comte, taille réelle qui portait exclusivement jusqu'en 1471 sur les terres roturières exactement cadastrées selon la tradition romaine [14], et qui, depuis, s'étendit aux terres acquises par les gens d'église et par les nobles, mais non aux terres d'ancien patrimoine : tel était l'ensemble des charges foncières en argent, en nature ou en services personnels qui pesaient habituellement sur la propriété provençale.

Le principe général sur l'établissement des charges foncières offrait, à la vérité, une sorte de garantie en faveur de la classe agricole. Ni la taille seigneuriale aux quatre cas, ni les droits seigneuriaux particuliers, excepté la banalité des fours et moulins, ni les corvées ne pouvaient être exigés sans titre [15]. La seule possession, fût-elle immémoriale, était impuissante pour fonder le droit au profit du seigneur. Là s'était fait sentir l'influence de la loi romaine qui, dans le doute, prononçait en faveur de la liberté de l'homme et de l'héritage. Mais la féodalité reprenait, même sur ce point, sa revanche et son empire. Les droits seigneuriaux, une fois

14 Le cadastre se faisait par communautés. On cite les affouagements de 1390, 1400, 1418, 1442. En 1471, en vertu d'une ordonnance des Commissaires délégués pour procéder à l'affouagement général, les gens d'église et les nobles possédant fiefs durent contribuer pour une partie de leurs biens au payement des tailles. (Coll. féod., t. II, p. 174; arrêt du Conseil du 15 déc. 1556; *ibid.*, t. I, p. 194.)

15 PASTOUR, De feudis, lib. III, tit. XIV, n° 1. — GUYPAPE, Décisions, Quæst. 29. — MOURGUES, Statuts, p. 369. — La banalité, par exception, pouvait s'acquérir ou se perdre par la prescription de 30 ans.

établis par écrit, étaient impérissables ; la prescription
de trente ans n'y pouvait rien. La possession immémoriale de la liberté n'était d'aucun secours pour produire
l'affranchissement des droits primitifs. La coutume féodale avait retourné contre la liberté le principe admis
en sa faveur ; et la condition de la *preuve par écrit* se
trouvait ainsi la même pour la servitude réelle, de droit
positif et arbitraire ; pour la liberté, de droit naturel :
ce qui constituait une grande inégalité au fond d'une
égalité apparente, et une atteinte profonde à l'esprit des
lois romaines toujours plus favorables à la liberté qu'à
la servitude [16].

Aussi, qu'est-il arrivé en Provence ? C'est que le lien
du vasselage, le *nexus clientelæ*, selon l'expression
reçue [17], était réputé perpétuel : condition dure et contraire à l'usage libéral du Dauphiné, province voisine,
et au droit des autres provinces de franc-alleu où la
constitution théodosienne de *Liberali causa* avait conservé son autorité salutaire, et maintenu, en passant par
la Loi romaine du midi, la présomption générale de
liberté [18].

Jusqu'à présent, nous n'avons rencontré sur l'ancienne terre romaine de la Provence, au moyen âge,
que le Droit féodal. Y trouverons-nous, du moins, le

16 Digest., lib. 44, tit. III, l. 3 ; C. théod., lib. IV, tit. VIII, leg. 3
et 5.

17 Nexus *clienteralis* dans le latin du moyen âge. (Coll. féod., I,
p. 7.)

18 Lex romana Visigothorum, Hoenel, IV-8, leg. 3 et 4, p. 114
et 116, *De liberali causa*. — Établiss. de saint Louis, liv. II, ch. 31.
— Spicilegium, tome III, p. 612. — M. Beugnot, *Institut. de saint
Louis.* p. 330

grand principe conforme au droit de propriété, au droit
héréditaire de la famille, qui s'attacha de bonne heure
à la féodalité française : je veux dire la *patrimonialité
des fiefs*, ou l'assimilation des fiefs aux biens de patrimoine?—Non. Sur ce point essentiel, l'influence du *Livre
des fiefs* de Milan, conforme à l'esprit de la féodalité
militaire, s'est fait longtemps sentir; et le principe du
Droit français n'a prévalu que tardivement en Provence.

La patrimonialité des fiefs, qui les transformait en
biens de famille, héréditaires et aliénables, y éprouva
des obstacles soit comme droit de transmettre les fiefs
par succession, soit comme droit de les aliéner librement. Les concessions de bénéfices ou de fiefs, non
transmissibles par hérédité légitime ou testamentaire,
étaient encore en usage au milieu du xive siècle, comme
Julien en fait foi dans ses Éléments de jurisprudence,
dans son Commentaire des statuts [19]; et ce souvenir du
moyen âge était encore invoqué au xviie siècle, par les
représentants du domaine, contre l'hérédité des fiefs en
Provence, question d'hérédité qui a donné lieu en 1687
au livre de Peysonnel sur les fiefs. De même, quant au
droit de vente, le comte Charles II prohiba de nouveau,
en 1294, les aliénations de fiefs et les baux emphytéo-
tiques sans le consentement du seigneur direct, sous
peine de perdre la chose de plein droit [20], et les statuts

19 JULIEN, Éléments de jurispr., p. 326, Commentaire sur les Statuts, t. II, p. 62.
20 Texte du Statut de Charles II, Coll. féod., t. II, p. 102. « Et
attendentes quod tales contractus naturam venditionis sapiunt......
prohibemus hoc edicto in perpetuum valituro contractus in Comita-
tibus fieri *sine consensu* illorum quorum in venditione fuerat re-

municipaux de la ville de Salon, renouvelés en 1365, défendaient encore expressément à l'emphytéote de vendre sans le consentement du seigneur [21].

Ce n'est qu'après cette époque et dans le xve siècle, que les fiefs devinrent généralement patrimoniaux, que le droit de les transmettre par succession ou par vente fut reconnu dans les usages de la Provence, contre l'autorité du livre des fiefs, et que la *Commise* ou confiscation, restreinte dès lors au seul cas de félonie, cessa d'être applicable aux tenures féodales et censuelles aliénées sans autorisation. C'était un grand progrès; et, cependant, même à partir du xve siècle, le propriétaire n'avait pas encore toute sa liberté : le droit d'aliéner les fiefs était limité dans ses effets.

Le retrait féodal, au profit du seigneur, fut admis dans la pratique, comme le corollaire et le correctif de la liberté de vendre, accordée au vassal. Le seigneur eut le droit de retenir le fief vendu en remboursant le prix stipulé, ou de choisir, dans l'an et jour, un vassal, un acquéreur autre que l'acquéreur figurant d'abord dans la vente du fief ou de la censive. — Et même ce droit de retrait féodal ou de *prélation* ne fut pas exclusivement attaché à la personne du seigneur : un statut de 1456 déclara que le seigneur aurait la faculté d'en céder l'exercice [22].

---

quirendus consensus. — Une déclaration de 1559, du 9 décembre, disait encore, quand il s'agissait des choses relevant du comte et roi, *sous peine de perdre les choses transportées :* c'était la continuation de l'ancienne prohibition. (Coll. féod., II, p. 103.)

21 Statuts municipaux (1293, 1365) de la ville de Salon, à quelques lieues d'Aix (Recueil de M. GIRAUD, II, 256.)

22 Statuts de Provence et de Forcalquier : Declaramus et Statuimus dictum jus prælationis et retentionis ac laudimiorum per-

Le retrait féodal, au surplus, avait lieu de droit en Provence; la réserve en était toujours sous-entendue dans les inféodations; elle n'avait pas besoin d'être exprimée, comme l'exigeait l'usage du Dauphiné plus favorable au plein exercice du droit de propriété.

Tous les fiefs du pays se trouvèrent soumis à l'exercice du retrait et au payement des droits seigneuriaux : *lods* ou *trézain* pour les ventes, droit de *relief* ou de mutation pour les successions. Il n'y eut d'exception, quant au droit de mutation par décès, qu'en faveur d'un comté particulier que madame de Sévigné a rendu célèbre, le comté de Grignan, fief d'honneur dont les nouveaux possesseurs ne devaient que la bouche et les mains [23].

Le retrait féodal, ne venant qu'à la suite du droit de vendre les fiefs, n'avait pu faire en Provence qu'une apparition tardive. — Le retrait lignager ou le retrait de parenté, qui tient à un autre principe, l'intérêt de famille, y apparut plus tardivement encore.

La Provence, dans l'histoire du droit, se distingue des autres pays de droit écrit en ce qui concerne la nouveauté du retrait lignager.

Institution très-ancienne, très-répandue, bien antérieure au Droit féodal, le retrait lignager, que Montes-

ceptionis cedi et in alium alienari posse. (RICHEBOURG, Cout. gén., II, p. 1213.) — Le retrait féodal et le droit de *prélation* (relatif d'abord à l'emphytéose) différaient dans leur origine, mais ils se confondirent dans l'usage des provinces du Midi, au moyen âge, et l'une ou l'autre dénomination fut indifféremment en usage. (*Voir* Statuts de Provence, Cout. de Toulouse, Cout. de Bordeaux, et *infrà*, ch. 2, sect. 4.)

23 Collect. féod., t. II, p. 8 et 184.

quieu appelait un mystère de notre ancienne jurisprudence [24], se trouve dans les lois mosaïques [25], dans une
partie de l'Orient, dans la Gaule cisalpine, dans les
lois galloises de Howeldda, dans les plus anciennes coutumes des pays basques et du Béarn, de la Bretagne
armoricaine, de l'Anjou et de l'Auvergne, dans les diverses régions de la France du nord, du centre, de
l'ouest, et dans tout le Midi, *moins la Provence* [26].

Une constitution de Valentinien, Théodose et Arca-
dius de l'an 391, sur laquelle nous avons appelé l'attention dans notre second volume, constatait commè
usage antique (*Lex antiqua*) le retrait de parenté, le
droit exercé par les plus proches parents d'écarter les
étrangers des acquisitions de terres : elle l'abrogeait
pour l'avenir et déclarait que chacun pourrait chercher
ou choisir librement un acquéreur [27]. Cette loi du Code
théodosien fut insérée dans le Code d'Alaric ou la *Lex
Romana* destinée à la Gaule méridionale [28]. Mais les
mœurs du pays furent généralement plus fortes que la
Loi romaine, et le retrait de parenté continua de subsister
pour la région du Midi comme pour les autres régions
de l'ancienne Gaule. En Provence seulement, la Constitution de Valentinien produisit tout son effet. Les colonies latines avaient été nombreuses dans la contrée;

24 Esprit des lois, liv. XXXI, ch. 2.
25 Lévitique, c. 25; Ruth, c. 4; Jérémie, c. 32.
26 Pour les indications précises et relatives aux plus anciennes
sources du Retrait lignager, *voir* mon tome II, p. 100 et suiv.
27 Cod. Théod., III, 1-6. Comment. de Godefroy, édition Ritter,
t. I, p. 285 : De jure *protimeseos* proximis et consortibus adempto.
28 *Lex Romana Visigothorum*, HAENEL, l. I, p. 285.

les traditions des familles indigènes y étaient moins vivaces qu'ailleurs, et le droit romain y prévalut contre l'ancien droit de la parenté. Le retrait lignager n'est apparu dans le droit provençal qu'après la perpétuité des fiefs et à la suite du retrait féodal. Il ne pouvait avoir lieu évidemment, à l'égard des fiefs, que lorsqu'ils devinrent *perpétuels*. Un siècle même s'est écoulé entre l'établissement du retrait féodal dans les usages de la Provence et l'introduction du retrait lignager.

C'est un statut de l'an 1472 qui en importa la loi contre le principe de liberté romaine en matière de vente, afin de favoriser le grand intérêt de la conservation des biens dans les familles, motif exprimé par le Statut.

En introduisant le droit nouveau de *retrait lignager*, le Statut de 1472 accorde la priorité, en cas de concours de prétentions, au retrait féodal. Le seigneur qui veut exercer le retrait féodal, en Provence, est donc préféré au parent lignager[29].

Arrêtons-nous ici quelques instants afin de généraraliser le point de vue et de mieux éclairer la question.

Dans l'esprit du retrait féodal, le seigneur exerce son droit pour ressaisir et posséder par lui-même l'objet qui avait été détaché de son domaine, ou pour le transporter à un autre acquéreur qu'il aime mieux avoir dans sa mouvance. Le droit de choisir son nouveau vassal

---

29 Le Statut de 1472 dit : « Sans préjudice des droits du seigneur direct. » (MOURGUES, Statuts, p. 11). — Coll. féod., II, p. 188. — Le privilége du Retrait en cas de concours est *tout personnel* au seigneur.

le met au-dessus du contrat de vente fait par l'ancien ; c'est la volonté individuelle du seigneur qui brise une convention et s'exerce avec autorité : c'est le principe féodal dans toute son énergie. Le retrait lignager, au contraire, est fondé sur le seul intérêt des parents, sur le droit ancien de la parenté, sur la constitution primitive de la famille ; il s'exerce pour conserver les biens dans la famille même du vendeur, et les feudistes l'appellent avec raison *jus conservatorium in familia.*

Entre les provinces de droit écrit et les pays de droit coutumier, une notable différence existait à l'égard des retraits : dans les pays de droit écrit, le retrait féodal, en cas de concours, était (comme je viens de le dire pour la Provence) préféré au retrait lignager ; dans les pays coutumiers, c'était tout l'opposé : le retrait lignager était préféré au retrait féodal.

A quoi tient cette différence? Nous croyons en trouver la raison dans la nature et le développement de l'aristocratie féodale en France. L'aristocratie commence par les individus, par la grandeur des chefs de famille et la vaste étendue des concessions territoriales qui leur sont faites ; mais en s'éloignant de son point de départ, l'aristocratie est plus dans les familles que dans les individus. En pays coutumier, où la féodalité s'est établie de bonne heure, où la patrimonialité des fiefs a été bientôt de droit commun, la famille aristocratique a puisé dans la constitution *réelle* et ancienne de la famille indigène, une force collective supérieure au droit personnel du seigneur ; et le retrait lignager, en cas de concours, l'a emporté naturellement sur le retrait féodal, c'est-à-dire que le droit de parenté, le droit collectif de la famille l'a emporté sur le droit individuel, sur le droit de seigneurie[30].—Dans les pays de droit écrit, au contraire, où la féodalité s'est plus tardivement établie, où les fiefs moins nombreux ont plus lentement acquis le caractère de biens patrimoniaux, où l'aristocratie territoriale et l'aristocratie de famille se sont moins confondues à cause de l'influence des lois romaines et du droit de tester, l'homme a mieux conservé son droit individuel, le pouvoir seigneurial sa prédominance; et de là vient que le retrait féodal, en cas de concours, a toujours été préféré au retrait lignager.

Cette différence essentielle dans l'exercice des retraits trouve donc son explication dans l'histoire même de la féodalité, à laquelle le Droit provençal apporte un dernier document, dans les pays de droit écrit, par la préférence qu'il accorde au retrait féodal sur le retrait lignager qui, d'ailleurs, n'avait pas eu le temps de prendre racine dans les familles.

Je reviens au droit particulier de la Provence.

Le droit féodal, dans l'ordre *réel* de la famille ou les successions, se manifeste par deux institutions : le droit d'aînesse, et le droit de masculinité.

Le droit provençal a conservé un trait marquant d'origine romaine par l'exclusion du privilége de l'aînesse. La féodalité de l'Anjou en s'implantant sur le sol de la Provence n'avait pu y naturaliser cette institution du droit d'aînesse, devenue générale dans la France coutumière. Le principe romain de l'égalité des partages dans les successions *ab intestat* y resta le plus fort. Mais

30 Établiss. de saint Louis, l. i, ch. 157, et notes de De Laurière.

les pères de famille cependant, les nobles *possédant fiefs*,
qui voulaient *faire des aînés* de successions, usaient
contre le principe naturel d'égalité de la faculté de tester
qu'ils tenaient largement du droit romain ; et la famille
féodale trouva le moyen de placer ainsi ses priviléges
aristocratiques et le préciput d'aînesse sous la protection
même de la liberté romaine.

Le droit de masculinité, qui n'était pas incompatible
avec les traditions de l'ancien droit romain favorable
aux agnats, n'éprouva aucun obstacle dans la Provence
du moyen âge. Il s'appuyait sur l'intérêt même des familles, sans distinction entre les familles nobles ou
bourgeoises ; et nous avons vu précédemment que dans
le xiiᵉ siècle, la charte du consulat d'Arles avait statué
que les filles dotées par leurs père et mère étaient exclues de leurs successions par les autres frères ou sœurs,
et que, selon l'antique usage de la cité, leur demande
de venir à l'hérédité paternelle ou maternelle ne devait
pas être reçue par les consuls [31]. La même disposition
se trouve dans les statuts de la ville de Salon (non loin
d'Aix), pour exclure les filles dotées ou leurs héritiers
qui voudraient exiger la part de frère, *si velint exigere*
FRAYRESIAM, selon le latin barbare, mais expressif, de la
charte [32].

C'est la généralisation de ce droit d'exclusion des
filles dotées qui fut réclamée, pour l'avenir, par les
États de Provence en 1472. La requête, comprise

---

31 Secundum antiquum morem civitatis. (Carta consulatus, 1142.)
32 Statuts municipaux de Salon de 1293 renouvelés en 1365. (Recueil de M. GIRAUD, II, p. 248) — Les Établissements de saint Louis
disent souvent *frérage* et *frcragier* pour partage égal (I, ch. 140).

dans les Statuts, porte que « dorénavant pour la con-
» servation des maisons nobles et autres (*tant noblas*
» *quant autras*) les filles qui se trouveront avoir été do-
» tées par leur père et mère... devront se contenter de
» leur dot seulement. » La requête ajoutait que « si les
» filles ne se trouvaient pas avoir eu de dot, elles se-
» raient dotées, de l'avis et selon l'estimation des plus
» proches parents et amis, nonobstant la loi *pactum* au
» Code *De collationibus* ou tout autre droit contraire [33]. »
Le comte répondit aux États « qu'il obtempérait à la
» demande pour les successions *ab intestat* quand il y
» avait des héritiers mâles en ligne descendante, mais en
» réservant aux filles la *légitime* ou le *supplément de lé-*
» *gitime* [34]. »

Ainsi les filles dotées furent exclues généralement de
l'héritage des père, mère et aïeux, afin de conserver les
biens immeubles dans les familles nobles ou roturières ;
ainsi le statut de 1472 généralisa dans la Provence le
principe d'inégalité entre les fils et les filles reconnu
antérieurement par des lois municipales ; ainsi, la patrimonialité des fiefs qui, unie à l'égalité des partages dans
les successions *ab intestat*, pouvait quelquefois entraîner

33 Statuts de Provence et de Forcalquier. (RICHEB., t. II, p. 1214
et 1215. Droit confirmé par déclaration du 16 avril 1509. (Coll.
féod., t. II, p. 124.) — La loi *Pactum* (Code de Justinien, liv. VI,
tit. XX, l. 3) était en complète opposition avec la requête des États :
« Pactum dotali instrumento comprehensum ut (filia) contenta dote
quæ in matrimonio collocabatur nullum ad bona paterna regressum
haberet, juris auctoritate improbatur, nec intestato patri succedere
filia ea ratione prohibetur. » La loi est de l'empereur Alexandre
(an 231), ce qui prouve qu'avant le IIIe siècle l'exclusion des filles dotées était pratiquée dans les pactes dotaux.

34 Statuts de Provence, RICHEBOURG, Cout. génér., t. II, p. 1215.

leur division au profit des filles, fut limitée dans ses conséquences territoriales par le principe général de masculinité. Mais, du moins, le jugement du père de famille, qui résultait de la fixation de la dot, ne fut plus
absolu dans ses effets ; et le droit provençal du xvᵉ siècle,
fidèle encore à l'équité naturelle lorsqu'il s'éloignait du
Code de Justinien, sauvegarda la légitime [35]. La charte
du consulat d'Arles de 1142 avait exclu purement et
simplement la fille dotée ; le statut de 1472 adopte l'exclusion proposée par les États, mais il ajoute pour condition la *légitime* ou le *supplément de légitime* : le progrès
du droit est donc évident sur ce point. C'est l'esprit du
droit romain et de l'équité chrétienne qui s'allie, en le
modifiant, au principe de masculinité, au principe
territorial et coutumier de la conservation des biens
dans les familles.

§ 2. — INSTITUTIONS JUDICIAIRES.

Il nous reste à considérer le Droit provençal dans ses
rapports avec l'administration de la justice.

La justice du comte avait ses règles de haute administration ; mais nulle part la justice féodale des seigneurs n'a été aussi abusive par le caractère de dernier
ressort, par la division indéfinie des justices patrimoniales, par les prérogatives de haut justicier.

L'ordonnance *de Officialibus* du premier comte de la
maison d'Anjou que nous avons indiquée dans l'exposé

---

35 « Sauvada tout-jour (dit le Statut) la legitima et supplement de
aquella. » *Ibid.*, Resposta, p. 1215

des monuments [1], avait pour principal objet d'enlever aux
barons leur justice souveraine, comme les Capitulations
l'avaient enlevée aux grandes villes du pays. Elle crée
un Sénéchal, juge supérieur, qui doit être secondé par
d'autres officiers de justice et d'administration, choisis
parmi les hommes de bonne renommée. Elle veut que le
Sénéchal tienne, trois fois l'année, un parlement pour
le comté de Provence, dans les villes de Dignes, de Draguignan et d'Aix, et pour le comté de Forcalquier un
parlement annuel au siége même de la ville de ce nom.
Du reste, l'ordonnance statue que des conseillers,
nommés par le comte-roi, donneront au sénéchal avis
et aide pour la repression des délits ou des excès de
pouvoir des justiciers inférieurs. Les plaintes devaient
être jugées à la fin de chaque parlement, mais de manière
à laisser à ceux qui auraient porté plainte tout le temps
nécessaire pour comparaître [2].

Au-dessous du sénéchal et des conseillers, l'ordonnance reconnaît, pour les degrés inférieurs de juridiction, des juges, viguiers, baillis et sous-baillis, des officiers du fisc ou receveurs (*clavarii*); et, près de chaque
cour, un ou plusieurs notaires sont chargés de tenir registre des causes, des parties instanciées, des jugements.

Le juge est tenu de siéger sur son tribunal et de
donner audience publique deux fois par jour, usage qui
s'est perpétué dans nos anciens parlements. Il est statué
par l'ordonnance que nul ne sera bailli ni juge au lieu
de sa naissance sans une autorisation spéciale, et à cette

---

1 Voir *suprà*, p. 146, Histoire externe.
2 Ordinationes et Statuta facta per Carolum primum tunc comitem Provinciæ super Officialibus. (Recueil de M. GIRAUD, II, p. 25.)

garantie le comte Charles II ajouta (comme on l'a vu
précédemment) la nécessité d'une résidence temporaire
au lieu de l'exercice des fonctions après l'expiration de
la charge, afin d'assurer la responsabilité administrative et judiciaire.

Les assises ou le PARLEMENT (car déjà ce nom était
donné à la réunion des juges supérieurs) exerçaient la
juridiction souveraine du comte et roi, sous la présidence
du sénéchal ; mais les Statuts de Pierre de Ferrière, de
l'an 1304, confirmés par le comte, déclaraient que si
des privilèges de JURIDICTION d'APPEL étaient réclamés, le
sénéchal de Provence prononcerait sur la réclamation,
de plano, sans débat ni forme de jugement [3]. — En fait,
et c'est là une des graves anomalies de la justice provençale, ce privilège fut reconnu en faveur d'un certain
nombre de seigneurs ou barons, qui conservèrent jusque dans les temps modernes des juges d'appel.

Mais les seigneurs, dans leurs prétentions, allaient
bien au delà des exceptions formellement reconnues au
commencement du xive siècle ; et plusieurs prélats, barons ou gentilshommes des comtés de Provence et de
Forcalquier soutenaient que, par convention expresse
faite avec les comtes, ils devaient connaître des appellations formées par leurs sujets ou vassaux ; et sous ce
prétexte, comme le dit le préambule d'un Statut de 1366,
ils *travaillaient*, *molestaient* et *opprimaient* leurs sujets
pour les empêcher d'appeler à la cour souveraine du
comte ou du sénéchal. C'est contre ces prétentions abu-

---

3 Statuta PETRI FERRARIIS de appellationibus quæ pertinent ad
barones : ... Sine strepitu et figura judicii. (Recueil de M. GIRAUD,
II, p. 54.)

sives que s'éleva l'édit de la reine et comtesse Jeanne
de l'an 1366, qui ouvre le vaste recueil des statuts de
Provence et de Forcalquier[4]. La reine défend de porter
les appels devant les prélats, barons ou gentilshommes
ses vassaux et de les relever ailleurs que devant sa
cour, à laquelle ils appartiennent *pour raison* (dit-elle)
de notre souveraineté. Elle confirme expressément la suprématie de la cour établie par Charles Ier d'Anjou ; et
dès lors les exceptions ne purent se produire que sous
la forme de priviléges reconnus et authentiques. Mais
ces priviléges étaient nombreux encore à la fin du
xviiie siècle, selon le témoignage des arrêtistes. Un
recueil estimable, publié en 1783 par un avocat au parlement de Provence, porte : « Il y a en Provence plu-
» sieurs seigneurs qui ont des *juges d'appeaux*, dont la
» juridiction de ressort a été démembrée de celle des
» sénechaussées [5]. » — Ainsi, et en dernière analyse, la
Provence n'avait pas suivi la règle générale introduite
par les légistes dans le droit coutumier, et formulée par
Dumoulin en ces termes : « La juridiction, bien que concédée de *toute manière*, est censée concédée en première
instance, mais non *en cause d'appel* [6]. »

II. La justice seigneuriale était inhérente au fief et à

---

4 Statuts et coutumes du pays de Provence. — L'édit retire le
privilége accordé aux habitants DE NICE d'interjeter appel du Juge
de la ville au Viguier, par un singulier motif : « Attendu qu'il est
messéant que les appellations des jugements donnés par des *personnes doctes* se relèvent par-devant des personnes *ignorantes et
illétrées.* » (Statuts, MOURGUES, p. 2.)

5 Collection de jurisprudence sur les matières féodales et les
droits seigneuriaux. Nouv. édit., 1783, t. I, p. 18.

6 DUMOULIN, Cout. de Paris, t. I, Glose., n° 50.

la noblesse de la terre; et, ce qu'il y a de remarquable
à cet égard dans le droit de la Provence, c'est que le
fonds *noble* devenait *roturier*, s'il était aliéné sans attribut
de justice [7]. — Or, pour éviter cette déchéance du fonds
vendu on cédait avec le fief une portion de la justice,
et la plus petite part suffisait pour conserver la nobilité
du fonds : de là naissaient des *coseigneurs* de justice et
d'étranges conséquences.

L'exercice de la justice était divisé entre les coseigneurs par année, par mois et même en certains fiefs
par *jours* et *heures* (comme une prise d'eau dans les
campagnes). Chaque coseigneur avait ses justiciables
affectés à sa justice, selon l'habitation ; il les suivait,
malgré le changement de résidence, tant qu'ils demeu-
raient dans l'étendue du fief. Quelquefois il y avait
justice divisée en plusieurs portions de fiefs, qui elles-
mêmes pouvaient être subdivisées par vente ou partage ; de plus, une juridiction restait commune aux
divers coseigneurs. Par exemple, dans le territoire de
Thoard, dépendant de la viguerie de Dignes, la justice
était divisée en quatre portions de fief, susceptibles de
sous-divisions ; et les coseigneurs exerçaient une juridiction en commun sur ceux qui venaient habiter dans
le village même de Thoard. C'était une sorte d'assurance mutuelle que se donnaient les coseigneurs contre
ceux de leurs justiciables qui auraient voulu déserter
leur fief particulier pour habiter le principal lieu du
territoire [8].

Une idée de justice survivait encore, cependant, à

7 Coll. féod., I, p. 176.
8 Coll. féod., De l'admin. de la justice, n° 12, p. 35 et suiv.

cètte subdivision de la justice seigneuriale entre les diverses portions d'un même fief; c'est que les divers officiers des coseigneurs étaient censés ne former qu'un seul et même tribunal dans le fief [9]. C'était une garantie pour les justiciables contre les juges eux-mêmes, car ceux-ci, étant réputés membres d'un même tribunal, ne pouvaient connaître des causes qui les concernaient respectivement : leurs causes personnelles étaient déférées au juge supérieur, et la cour du comte jugeait pár dévolution, en premier et dernier ressort, les procès que les juridictions des seigneurs n'auraient pu ou voulu décider en temps utile [10].

III. La justice seigneuriale, en Provence comme ailleurs, avait revêtu les trois caractères de justice haute, moyenne et basse.

Les trois espèces de justice pour le même territoire étaient tantôt réunies, tantôt séparées entre les mains d'un ou de plusieurs seigneurs. La haute justice avait des droits et des attributions très-étendus; il y avait donc un grand intérêt à savoir si la concession féodale avait compris la haute justice.

Les concessions faites par les anciens comtes de Provence entraînaient, d'après le droit du pays, celle de haute justice, à moins de *réserve expresse*. Or la clause, communément employée dans les inféodations, était générale et sans réserve sur la juridiction [11].

9 Arrêts de Provence, Boniface, t. I, liv. I, tit. IV, n° 9.

10 Statuta edicta per Petrum de Ferrariis, De jurisdictione. (Recueil de M. Giraud, p. 56 et 57.)

11 Elle portait concession *de castro*, ejus territorio, jurisdictione, districtu, dominiis, possessionibus, etc. (Coll. féod., I, p. 16.)

Lorsqu'il y avait des réserves, elles étaient exprimées soit pour la haute justice elle-même, soit pour quelques-unes de ses attributions. Ainsi le comte de Provence Raymond Bérenger, par un acte de l'an 1234, concéda la terre de Cabanes sous la réserve générale du *merum imperium*, c'est-à-dire de la haute justice[12]. Ainsi le comte Aldephonse, par un acte de l'an 1208, en faisant donation de la terre de Montfort, avait établi une réserve seulement partielle de la haute justice, pour les crimes de meurtre et de trahison[13]. Quelquefois la réserve exprimait et spécifiait tous les cas; dans un échange fait par le comte Raymond Bérenger en 1237 avec le prévôt d'un Chapitre collégial, il est dit : « Sous la réserve de toutes peines et *justices* corpo-» relles avec effusion de sang, et de tous les délits » commis sur les voies publiques ou dans les lieux » saints, et des offenses faites par des clercs et des re-» ligieux[14]. »

Quand nulle réserve n'avait eu lieu, la haute justice embrassait les droits les plus étendus; et rien ne peut mieux donner l'idée du pouvoir de justice criminelle et des prérogatives de justice civile attachés au titre des seigneurs hauts justiciers de la Provence qu'un arrêt du parlement d'Aix, du 16 mai 1611, qui maintint la duchesse de Mercœur en la possession et jouissance de la haute justice de Jonquières. C'est le droit du moyen

---

12 Coll. féod., 1, p. 16. Excepto et retento nobis mero imperio.

13 Exceptis homicidiis et proditionibus, carta 1208, *ibid.*

14 Carta 1237. Salvis et retentis nobis omnibus pœnis et justitiis corporalibus cum sanguinis effusione et mero imperio, et delictis commissis in itineribus publicis et sacris locis et offensis factis a clericis et personis religiosis. (Coll. féod , 1, 16.)

âge attesté, mais aussi continué par la jurisprudence du xvııᵉ siècle :

La Cour, en permettant à la duchesse de dresser de nouveau des fourches patibulaires, a déclaré « adjuger » à la haute justice et au *mère impère* (singulière traduc- » tion du *merum imperium*) de la Dame du lieu la con- » naissance des meurtres, assassinats, agressions, vole- » ries, blessures avec effusion de sang, adultères, » ravissements, incestes, faussetés, violences publiques » et privées, assemblées faites avec port d'armes, sé- » ditions, monopoles, sacriléges, péculats, vénéfice, » sorcellerie, magie, larcin domestique et nocturne » ou fait avec fraction et autres ˏqualifiés, et *tous* » *crimes publics et autres*, pour la coercition desquels, » par disposition de droit, ordonnance ou coutume, » il y a peine de mort, naturelle ou civile, mutila- » tion, abcission de membres, amende honorable avec » la hart au col, ou flambeau, fouet, galère, bannis- » sement de cinq ans et autres de plus long temps ; et » toute autre peine corporelle avec manifeste et appa- » rente infamie. »

On voit qu'il ne manque rien à l'énumération des délits et des peines, constituant ce qu'on appelait le *grand criminel.*

L'arrêt déclare aussi que « les *confiscations*, deshé- » rences, biens vacants, épaves, trésors cachés, que les » droits de bâtardise, et que les causes d'ingénuité, » de liberté, de l'*état des personnes*, appartiennent à la » haute justice du lieu, ainsi que le soin et ordre pour » *prévenir* et *empêcher* les délits et maléfices et con-

» server les droits reconnus [15] : » (ce qui comprend à la
fois la police et la justice, dont la séparation n'a été
faite en France que sous le règne de Louis XIV.)

« La teneur entière de cet arrêt, dit l'auteur provençal qui l'a publié, nous apprend les cas dont con-
naissent, en ce pays, les officiers des hauts, moyens et bas
justiciers, et les prérogatives du seigneur haut justicier
sur ceux qui ont seulement moyenne et basse justice. »

Nous ajoutons que cette justice seigneuriale du
moyen âge, réfléchie au xviie siècle par un arrêt du parlement de Provence, s'est maintenue jusqu'à la révolution de 1789. Seulement, depuis la réunion du pays
à la couronne, il ne suffisait plus d'une concession générale de juridiction faite par le roi pour entraîner la
haute justice en faveur du seigneur, il fallait que la
concession royale portât expressément la clause de
haute justice, conformément à l'ancienne jurisprudence
du parlement de Paris [16].

15 Coutumes et mélanges par JEAN DE ROMY, avocat, p. 61 (Aix,
1665).—Quant à la moyenne et basse justice, au *mixtum imperium*,
l'arrêt de 1611 l'attribue à l'abbé du monastère de Montmajour-
les-Arles, et déclare qu'elle comprend « tous les autres délits et
» ceux qui ne se vengent par les peines ci-dessus énoncées, mais
» par léger châtiment et *correction corporelle*, ainsi que la con-
» naissance et le jugement de toutes les autres matières et actions
» civiles, réelles, personnelles ou mixtes.» — Il ordonne au surplus que « les procédures, exploits et expéditions qui concerneront
» le *merum imperium* et haute justice, que les criées et proclama-
» tions seront faites et scellées au nom et des armoiries de la du-
» chesse de Mercœur; quant à celles qui seront du *mixtum impe-
» rium*, moyenne et basse juridictions, elles seront faites et scellées
» au nom et des armoiries de l'abbé et du monastère. »
16 In generali concessione quacumque non intelligimus nec in-
telligi volumus altam justitiam... In dono a rege facto cujuscumque
jurisdictionis altam justitiam non comprehendi. (Arrêts cités par

IV. La cour du comte, appelée aussi cour du sénéchal dans l'édit de juin 1366, était, comme on l'a vu, supérieure en principe à toutes les juridictions seigneuriales, sauf les priviléges reconnus de second degré ou de dernier ressort.

Elle fut érigée en 1415 par le comte Louis II en CONSEIL SOUVERAIN, appelé aussi GRAND OU ÉMINENT CONSEIL [17]. D'après des lettres patentes du 24 novembre 1425, ce conseil devint sédentaire. Il devait siéger en la ville d'Aix; il y eut même déclaration que toutes procédures faites ailleurs, sauf en temps de peste, seraient nulles [18]. Le privilége de la ville d'Aix fut confirmé lors de la réunion à la France en 1481 : les articles présentés par les États de Provence au roi et par lui acceptés portaient expressément « que la séance de la justice serait dans la ville d'Aix et non ailleurs [19] ». Enfin l'ancienne cour du comte de Provence fut remplacée sous le roi Louis XII, en 1501, par le Parlement d'Aix, l'un des derniers institué dans le Midi.

La mission du parlement de Provence fut de ramener, par l'esprit de ses arrêts, aux principes du droit romain le pays de colonisation romaine que la suzeraineté de

LOISEAU, ch. 10, n° 13, des *Seigneuries*, et CHOPIN, cout. de Paris, 1-2, n° 46.) — Ces deux anciens arrêts du parlement de Paris (de l'an 1272) avaient été donnés pour règle et étaient conservés, à cet effet, dans les Archives de la chambre des comptes à Aix. (Col. féod., I, p. 15.)

17 BRETONNIER, Questions de droit, p. 63.

18 Lettre du comte et roi Louis III, au Livre rouge d'Aix, année 1425. (BOMY, p. 59.)

19 Livre manuscrit de la maison de ville, intitulé Recueil des priviléges, fol. 58. — Les priviléges d'Aix ont été imprimés en 1620 à la diligence des consuls,

l'empire et la féodalité de l'Anjou avaient anciennement détaché plus qu'un autre de l'unité du droit et de la justice sociale.

Les magistrats et les jurisconsultes donnèrent aux principes et à la doctrine une imposante autorité, mais sans pouvoir changer l'état de choses né surtout de la féodalité du xiiie siècle. Le progrès s'est accompli dans les théories du droit et les matières générales de la jurisprudence; mais les faits résistaient dans l'ordre de la société féodale qui embrassait tant d'intérêts civils, administratifs ou judiciaires; et c'est contre les seigneurs de Provence *possédant-fiefs* qu'éclatèrent pour la première fois, à la veille de la Révolution, la colère éloquente et la puissance tribunitienne de Mirabeau.

De la contradiction entre l'état social et les idées, de la lutte intérieure de la raison contre les faits d'un autre âge, naquirent en Provence, à partir du xvie siècle, une grande excitation dans les esprits, un foyer de passions généreuses dans les députés des communes aux États provinciaux, un grand développement d'intelligence au sein de la magistrature, de l'École de droit et du barreau. Des magistrats, tels que les présidents Duchesne, Coriolis, Henri Forbin, ou les conseillers de Peyresc et Thomassin de Mazaugues, honorèrent le parlement par la gravité de leurs mœurs, l'autorité de leur science, la libéralité de leur caractère [20]. — Le professeur Fabrot,

20 Tout le monde connaît l'importance des manuscrits possédés et communiqués par le conseiller de PERESC. C'est M. THOMASSIN DE MAZAUGUES qui a fortement aidé le P. Antoine Pagi, † 1712, pour ses travaux de haute critique et d'érudition, qui se sont appliqués notamment aux Annales de Baronnius. — Le conseiller Tho-

si digne admirateur de Cujas, a suffi pour soutenir à lui seul dans le midi toute la gloire de l'école des romanistes [21] ; les doyens du barreau, Decormis et Scipion Dupérier, illustraient l'Ordre des avocats par l'union du savoir et de l'éloquence ; le procureur général de Montclar donnait le signal d'une haute indépendance d'esprit et de caractère par ses éloquents réquisitoires de 1762, et l'avocat général le Blanc de Castillon, en présence des entraves dont le droit positif et l'héritage du passé chargeaient la société civile et ecclésiastique, élevait la voix énergiquement, à la rentrée du parlement de 1766, en faveur du *droit naturel,* qu'il appelait l'*âme universelle des lois.* Ce discours eut un long retentissement ; il fut défiguré par les passions, attaqué par les partis ; et le parlement, justifiant l'organe du ministère public, reproduisit en entier son discours dans un arrêt solennel du 11 janvier 1766, qui reçut une grande publicité : voilà donc la doctrine du droit naturel, présentée avec force, mais avec sagesse, comme la *vraie source des lois positives,* qui se trouve proclamée et pour ainsi dire attestée par le Parlement lui-même, *toutes les Chambres assemblées !*

C'était après trois siècles, depuis la réunion du pays à la France, le résultat moral d'un état de choses où les faits étaient trop souvent en opposition avec les

massin de Mazaugues était riche ; il avait livré sa vaste et belle bibliothèque au P. Pagi, et pour aider ses travaux, il acheta, en outre, pour douze mille francs de livres. (Mémoire pour servir à l'histoire de plusieurs hommes illustres de Provence, par le P. Bougerel de l'Oratoire, p. 282.)

21 *Voir* la belle Notice sur la vie de A. Fabrot, par M. Ch. Giraud (1833).

idées. Les esprits s'élevaient par la science et la médi-
tation au-dessus des réalités extérieures, et en s'élevant
ils répandaient la lumière qui entoure et pénètre les
faits sociaux, et qui finit par les transformer. Mais dans
la méthode philosophique les magistrats et les écrivains
de la Provence ne se laissaient pas égarer aux lueurs de
la philosophie trop hardie du xviiie siècle ; ils étaient en
pays de tradition romaine ; et, comme les jurisconsultes
romains, à l'exemple du sage et profond d'Aguesseau,
ils alliaient la philosophie au droit positif, et préparaient
les réformes par l'application et la puissance des grands
principes. — « Si les *maximes primitives* ne sont pas toujours exprimées dans les lois romaines, disait l'avocat
général de Castillon dans sa mercuriale sur le droit
naturel, *leur esprit* se retrouve dans la plupart des décisions [22]. »

Aussi à la fin du xviiie siècle et à l'entrée du xixe,
c'est de la Provence qu'est sortie la véritable École de
philosophie du Droit, école éprouvée de théorie ration-
nelle et d'application, de science romaine et de sage
éclectisme qui a fondé le Droit français moderne.

Arrivé par la Provence au point extrême des contrées
de l'Est et du Sud-Est, nous avons donné à son droit
une longue attention, justifiée par l'importance du
pays, par la variété de ses monuments juridiques, par le
mélange de ses éléments de civilisation, par le caractère
d'une féodalité conquérante qui s'impose au milieu du
xiiie siècle aux traditions romaines, et qui les couvre

---

22 Discours de rentrée fait à la grande chambre du Parlement
séant à Aix le 23 déc. 1765, p. 18.

d'une couche étrangère et profonde d'institutions du moyen âge, jusqu'au moment où ces traditions de Droit romain, traversant l'obstacle par une forte réaction de la liberté humaine, en sortiront plus puissantes et plus pures sous le nom de Droit naturel.

Nous allons entrer dans une autre région, le Languedoc, où n'apparaîtra point l'ombre agitée du royaume d'Arles, la suzeraineté inquiète ou assoupie de l'Empire, et où nous trouverons d'autres influences, d'autres nationalités, d'autres institutions avec une tradition plus constante du Droit romain, qni en assure l'autorité régulière sur les esprits et prévient, dans les faits et l'ordre scientifique, la vive réaction des idées.

En y entrant nous serons encore dans l'ancienne Provence, sans doute, mais la Provence réunie à la couronne de France. Nous commencerons, en effet, notre exploration par Aigues-Mortes, où saint Louis voulut s'embarquer pour la croisade et aborder au retour, afin de se trouver dans un port du royaume de France, et afin, comme dit Joinville, *de descendre en sa terre* [23].

---

[23] JOINVILLE, Histoire de saint Louis, p. 116.

CHAPITRE DEUXIÈME.

COUTUMES DU MIDI, SELON LES PRINCIPAUX MONUMENTS
DU LANGUEDOC ET DE L'ALBIGEOIS.

SOMMAIRE.

OBSERVATIONS PRÉLIMINAIRES

SUR LES MONUMENTS DU DROIT MÉRIDIONAL.

La lutte qui s'est établie, dans le midi de la France, entre l'esprit féodal et la tradition romaine victorieuse, entre l'esprit libre des institutions municipales et la seigneurie laïque ou ecclésiastique, apparaît dans les monuments du Droit méridional, en constitue le principal intérêt et se personnifie, pour ainsi dire, avec ses diversités, dans trois villes : Montpellier, Toulouse, Albi. Dans cette région si riche en cités célèbres, nous n'avons pas à signaler chaque ville, chaque contrée, digne sous d'autres rapports de fixer l'attention de l'histoire. Nous passons à regret, par exemple, à côté de l'antique cité de Nîmes où tant de souvenirs d'une colonie et d'une ville romaine sont présents et vivants, mais où l'histoire du droit ne trouve pas à recueillir assez de traits originaux ; et nous recherchons les coutumes les plus caractéristiques de ces contrées du midi, qui jusqu'à la fin du xiiie siècle étaient comprises encore, à l'exception de l'Albigeois, sous la dénomination de Provence appliquée à tout le territoire de l'ancienne province romaine [1], mais qui depuis ont été distinguées sous le nom d'Occitanie et surtout de Languedoc.—Nous réservons pour un autre chapitre tout ce qui concerne la région spéciale des Pyrénées.

Nous commençons cette exploration juridique, ainsi qu'il a été dit, par la ville d'Aigues-Mortes, située sur la limite entre les deux provinces.

[1] Pour les preuves, *voir* mon tome iv, p. 386, et les autorités citées en note.

SECTION Ire.

Si la date de 1079 ou 1069, qui est donnée à la charte d'Aigues-Mortes par le recueil des Ordonnances du Louvre, était à l'abri de toute critique, cette charte serait un monument des plus remarquables, par l'impulsion première qu'elle aurait communiquée autour d'elle. Mais des doutes sérieux s'élèvent contre l'exactitude de cette date et de l'énoncé qui attribue la charte à Philippe Ier : la question est de savoir si l'on doit accorder la préférence à la date de 1246 qui reporte la charte à saint Louis, et qui est jointe au texte publié par Galland dans son livre contre le franc-alleu.

Il faut, avant tout, s'assurer de la vérité ou de la plus grande probabilité sur ce point de chronologie et d'histoire.

La publication des coutumes d'Aigues-Mortes, sous la date de 1246, avait été faite par Galland dans la deuxième édition de son livre, en 1637. Secousse, le successeur du célèbre de Laurière, dans la préparation du recueil des ordonnances, ne suivit point ce texte et cette date, et il tira du registre 80, pièce 465, au Trésor des chartes, un texte daté de 1079 qui est compris expressément avec son intitulé, la date et la relation dès signatures, dans le renouvellement de la charte accordé en 1350 par le roi Jean à la ville d'Aigues-Mortes. Le texte de 1079, renfermé dans la confirmation de

1350, est une copie authentique et porte à la fin que la collation a été faite avec l'original par l'officier dénommé [1]. Le nom du roi Philippe est dans l'intitulé des lettres royales, et au bas de l'acte se trouve la date latine du mois d'août de l'an 1079, au lieu de 1069 par une erreur évidente et matérielle du copiste; car il est dit de notre règne le *neuvième*, ce qui correspond à 1069; et parmi les signatures figure celle de Robert, duc de Bourgogne, *Camerarius*, qui vivait en 1069, mais était mort en 1079 [2].

Il résulte donc de la contexture et des circonstances particulières de la charte que le texte original serait de 1069, et aurait été confirmé par le roi Jean en 1350. Il n'est pas fait mention de la confirmation faite en 1246 par une charte de Louis IX, que Galland a trouvée dans les archives du midi. Le texte de 1246 diffère sur quelques points de celui de 1069; mais les ressemblances sont si grandes qu'il est impossible que le rédacteur, en 1246, n'ait pas eu sous les yeux le texte de 1069, si celui-ci existait réellement.

D'où pourrait naître le doute sur l'authenticité de la charte de Phillppe Ier? De ce que l'on ignore comment une possession, dans cette contrée du midi, aurait pu, à cette époque reculée, avant la conquête de l'Albigeois et l'union du comté de Toulouse à la couronne, appartenir au roi de France, et de ce que l'opinion commune at-

---

1 Ordonn. du Louvre, t. III, p. 44, 53. — Facta est collatio cum originali per me MELLON.

2 La signature de Robert, mort en 1075, rapprochée de la mention « Regni nostri anno *nono* » prouve bien qu'au lieu de « anno millesimo et *septuagesimo nono* » il faut lire et *sexagesimo* : Philippe Ier a commencé à régner en 1060; et l'an 1069 était bien le *neuvième* de son règne.

tribue à Louis IX la fondation de la ville d'Aigues-Mortes.

Que saint Louis ait donné beaucoup d'importance au lieu d'Aigues-Mortes, qu'il en ait fait un port capable de réunir la flotte des croisés pour l'embarquement de ses troupes ; que pour l'exécution de ses projets il ait acquis personnellement par échange une certaine étendue de terrain, et qu'il ait paru mériter le titre de fondateur de la ville d'Aigues-Mortes, à cause de ses agrandissements de territoire et de ses travaux, ce ne peut être l'objet d'une controverse historique : mais cela ne détruit pas le fait d'une charte primitivement donnée au même lieu par Philippe Ier. Pour infirmer le témoignage du registre déposé au Trésor des chartes, il faudrait supposer non-seulement une erreur matérielle sur un nom ou une date, ce qui serait possible, mais la fabrication volontaire et complète d'une charte fausse, mise sous le nom de Philippe Ier avec mention de fausses signatures. Or quel intérêt le roi Jean, ou ses conseillers de la chambre des comptes en 1350, ou les syndics des habitants d'Aigues-Mortes pouvaient-ils avoir à fabriquer une charte au nom de Philippe, sous la date de 1069 pour la substituer à celle de Louis IX et à la date de 1246 ? Il est impossible de trouver un intérêt quelconque à cette fausseté de la part du roi Jean ou de ses conseillers ; et la ville d'Aigues-Mortes, quant à l'illustration de son origine, devait tenir plutôt à procéder de saint Louis que de Philippe Ier. La supposition d'un faux doit donc être écartée.

Reste à rechercher comment et en quelle qualité le roi Philippe Ier aura pu donner la charte de 1069 sur les libertés et coutumes d'Aigues-Mortes.

Comment le roi Philippe pouvait-il posséder cette

partie du rivage de la Méditerranée? — Il aurait pu la
posséder (s'il n'avait pas eu de titre antérieur) en l'ache-
tant ou la recevant des seigneurs du pays. Ce n'eût pas
été le seul acte de ce genre qu'il aurait accompli, puisqu'il acquit du vicomte Harpin la ville de Bourges, bien
qu'il ne fût pas seigneur du Berri, mais pour avoir un
point important au centre de la France. Il aurait pu
acquérir le pays d'Aigues-Mortes parce qu'il aurait eu
intérêt à posséder un port, même médiocre, sur la Méditerranée. Une partie du territoire appartenait anciennement à l'abbaye de Psalmodi, située à quelque distance
du rivage, et cette abbaye devait éprouver le besoin d'être
protégée par le nom et le pouvoir du roi de France contre
les pirates du dehors ou les entreprises ambitieuses des
seigneurs de villes environnantes. Il n'y aurait rien d'in-
vraisemblable à supposer que l'abbaye, dans son propre
intérêt et pour sa sureté, aurait concédé au roi, désireux
de prendre pied sur le rivage de la Méditerranée, la
possession du bourg ou village qui touchait à la mer et
qui pouvait devenir une ville et un port. Les prévisions
de Philippe Ier, dans cette hypothèse, se seraient réalisées
sous ses successeurs, car Aigues-Mortes était encore,
au xiiie siècle, le seul port appartenant au roi de France
dans la Méditerranée.

Mais ce que nous donnons ici comme une simple vraisemblance, à l'époque de la charte de 1069, trouve une
force toute probative dans l'historique même de l'abbaye
de Psalmodi. Et bien plus, dans les titres relatifs à l'abbaye, au xe siècle, nous remarquons même l'indication
d'une *propriété royale*, indépendante de toute concession
de l'abbaye.

Au commencement du viiie siècle, des terrains près d'Aigues-Mortes appartenaient à l'abbaye de Psalmodi [3]. Le monastère était placé sur une hauteur qui dominait des plaines marécageuses. Psalmodi était un lieu de culte et, au besoin, un refuge pour les habitants des contrées voisines. Ses richesses devinrent très-grandes. Elles tentèrent la cupidité des Sarrasins, qui détruisirent l'abbaye vers l'an 725. Elle fut rebâtie en 788 par les soins de Charlemagne ; et, non loin des eaux mortes ou sans mouvement, qui donnèrent leur nom à la bourgade, s'élevait une tour destinée à la protection du pays, et appelée dans les anciens documents la tour de *Matafère*. Louis le Débonnaire, dès son avénement à l'empire et sur la demande de l'abbé, accorda au monastère l'immunité de justice et le prit sous sa protection et sauvegarde. Une charte de l'an 815, tirée des archives de l'abbaye, porte : « Abbas deprecatus est » ut prædictum monasterium cum omnibus rebus inibi » aspicientibus,... sub *nostra* susciperemus *defensione* et » sub *plenissima immunitatis tuitione* constitueremus. » Cujus petitioni assensum libenter præbuimus, et hoc » nostræ auctoritatis præceptum erga ipsum monaste- » rium, immunitatis et tuitionis gratia, pro divini cultus » amore et animæ nostræ remedio fieri decrevimus [4]. »

---

3 *Voir* un mémoire de M. DU MÉGE, couronné en 1834, sur le rapport de M. Dureau de la Malle, par l'Académie des inscriptions, dans le concours des ouvrages concernant les antiquités nationales. —L'auteur avait visité les archives d'Aigues-Mortes avec feu M. Belhomme, archiviste très-éclairé de la ville de Toulouse. — Il avait fait des remarques sur l'état des lieux et avait reconnu de grands travaux de canaux faits par saint Louis pour le besoin de ses flottes. (Mémoires de la Société archéologique de Toulouse, 1834, p. 25.)

4 Gallia christ. Instrumenta ecclesiæ Nemaus., ann. 815, t. vi, p. 167.

Dans la clause d'immunité, il est défendu à *tout juge public* de s'interposer dans la justice du monastère : il y avait donc à cette époque dans le pays un juge public, administrant au nom du roi [5].

Les auteurs du *Gallia christiana* reconnaissent qu'il y avait entre Maguelonne et Nîmes une ville ayant un port sur la Méditerranée et dans laquelle un synode fut tenu en 887. La ville existait, mais n'avait pas encore peut-être son nom d'Aigues-Mortes [6].

Vers l'an 908, les Sarrasins descendent de nouveau sur la côte d'Aigues-Mortes et renversent une seconde fois l'abbaye. Refugiés à une assez grande distance, les religieux y furent poursuivis par les ennemis du nom chrétien, et leur église nouvelle fut détruite. Mais en 909 les religieux revinrent aux ruines de leur premier établissement pour les relever et reconstruire leur monastère qui enfin resta debout ; et le roi Charles le Simple, en 909, confirma les priviléges et donations de ses prédécesseurs, rois et empereurs, en faveur de l'abbaye de Psalmodi. Or la charte constate (ce qui est très-important pour notre question de 1069) que là encore il y avait un fisc royal, *Regius Fiscus*, duquel on avait détaché des terres, une forêt et une partie du rivage données à l'ab-

---

5 Preuves de l'Histoire de Languedoc, édition Du Mége, t. II, p. 609, n° 27 : « Jubemus ut nullus *judex publicus* vel quislibet et ex judiciaria potestate in ecclesias, aut loca vel agros, seu reliquas possessiones, quæ ad idem monasterium pertinere videntur, ad causas audiendas, vel freda exigenda, aut mansiones vel paratas faciendas, aut fidejussores tollendos, aut homines ipsius monasterii distringendos... nostris et futuris temporibus ingredi audeat. »

6 Préliminaire de la charte de 909, citée ci-dessous : Urbs erat Magalonam inter et Nemausem in qua duæ ecclesiæ parochiæ : portus erat maris mediterranei. Gallia christ., t. VI, p. 472.

baye; et chose remarquable, c'est à la prière du comte
Raymond de Toulouse que la charte d'immunités est accordée : le comte de Toulouse reconnaissait donc alors
les droits du roi de France sur ces contrées. La même
défense, faite au juge public d'intervenir dans l'immunité concédée en 815, est reproduite en 909 [7].

Ainsi, aux ixe et xe siècles, l'autorité du roi était représentée par un *judex publicus;* au xe siècle, le roi de France
avait dans le pays d'Aigues-Mortes un *fisc royal,* qui
remontait certainement à des temps antérieurs et qui
s'est continué dans des temps postérieurs, comme il résulte d'un échange fait par Philippe le Bel en 1290 [8];
de plus, le roi était le gardien, le protecteur de l'abbaye de Psalmodi, et à ce titre il avait le droit d'accorder des priviléges et des franchises au pays : il avait
donc bien certainement, au xie siècle, droit et qualité,
comme détenteur d'un domaine de la Couronne et protecteur attitré du monastère, d'accorder au lieu d'Aigues-Mortes, qu'il appelle *Villa nostra Aquarum Mortuarum,* la charte de libertés et coutumes qui est au nom
du roi Philippe et datée de l'an 1069. — Les comtes de

---

7 Charte de 909, Gallia christiana; *loc. cit.*, ann. 909. Cum omni
sylva quæ vocatur *Pineta,* sicuti *Regius Fiscus* sive in terra, sive in
aqua ibique fuit... Cum omnibus redditibus quos *ipse fiscus* (infra
ambitum dict. conterminationum) jam monasterio concessos in præsenti habet..... Rursum omnia *superius scripta* prædictam scilicet
sylvam cum ipsa plaga maris et cum prædicta ecclesia sicut *Regius
Fiscus* fuere et superius terminatum est... Nullusque *publicus judex*
ingredi audeat, etc...

8 CHOPIN, dans son livre Du domaine, liv. III, t. XVI, n° 2, constate,
sous la date du 23 janvier 1290, un échange de Philippe le Bel avec
la ville d'Usez; et pour le territoire où se faisait le sel, il donna
la *Selve* et la *Tigne,* situées près les *Aigues-Mortes,* et, par conséquent, détachées du domaine ou de l'ancien *Fisc royal.*

Toulouse, dans les troubles de la guerre des Albigeois,
ont pu vouloir usurper les droits qu'ils avaient reconnus au xᵉ siècle ; mais l'ordre étant rétabli, les droits anciens ont reparu.

Saint Louis a remplacé la vieille tour de défense du
temps de Charlemagne par une tour nouvelle qui est
dite *opus sumptuosum* dans les documents ; il a agrandi et
fortifié le port et la ville ; il a augmenté les possessions
de l'ancien fisc royal par un échange [9]. Il a renouvelé,
par lettres de mai 1246, les libertés et coutumes ou
donné de nouveaux priviléges qui devaient favoriser
l'extension et la prospérité de la ville et de son territoire ; mais tout cela est bien loin d'exclure le fisc royal
de 909 et la charte de 1069 : au contraire, ce sont des
faits et des actes qui se rapportent aux premiers et qui
se soutiennent mutuellement. Le domaine de 1246 et
la charte de cette époque ont leur principe et leur type
original dans l'ancien domaine et les anciennes chartes
des xᵉ et xiᵉ siècles.

Du reste, le domaine et en même temps la suprématie
de la couronne de France sur ces bords de la Méditerranée étaient reconnus au loin par un ancien usage et
un droit qui rendaient les cités maritimes et les naviga-
teurs, étrangers ou régnicoles, tributaires de la grande
tour de Charlemagne, reconstruite par saint Louis.
D'aussi loin que les navires apercevaient le phare de la
tour, ils étaient tenus de se diriger vers le port et de
payer à la cour du roi (*curiæ regiæ*) un denier par livre

---

9 Mémoire de M. DU MÈGE sur Aiguës-Mortes, couronné par l'Institut, p. 31.

La tour de Saint-Louis a pris le nom de tour de CONSTANCE. (CAT-
TEL, Mém. de Languedoc, p. 339.)

de la valeur de toutes les marchandises. Ce droit, créé ou rétabli seulement sous saint Louis, fut consacré par une lettre du pape Clément IV, de l'an 1266, qui intervint sur la demande du roi lui-même, à cause des pèlerins de la terre sainte[10]. Il est rappelé et sanctionné avec des détails précis par une ordonnance de Charles V de l'an 1364, comme existant de *temps immémorial*[11].

10 Lettre de Clément IV.—Cum in portu qui Aquarum-Mortuarum vulgariter appellatur, in Nemausensi diœcesi *turrim dudum construxeris* opere sumptuoso ut tam peregrini quam etíam mercatores in Terram sanctam exinde profecturi cum rebus suis salvi consistere valeant... Sane quamvis aliquibus videatur quod tu, tanquam Rex, in *regno proprio* hæc possis statuere, cum evidenti venientium et *transientium* utilitate vel potius necessitate pensata, ut tamen eo procedas tutius quo consultius, nostrum super hoc requisisti consilium et consensum. Nos qui loci situm et statum oculata fide cognovimus et ab olim optavimus ibi fieri villam bonam pro *commoditate multorum*, præsertim cum in mari Mediterraneo nullum alium portum habeas regni tui peregrinis accomodum... tuæ Celsitudini tenore præsentium indulgemus, ut Prælatis Narbonensis provinciæ, et vicinis loci Baronibus, Montispessulani Consulibus et locorum communitatibus, ad tuam vel illius quem ad hoc illuc mittendum duxeris evocatis præsentiam, de consilio illorum possis statuere quod tum pro negotio videbitur opportunum, provisurus attentius ut et moderatum vectigal imponatur ibidem et *futuris temporibus* nequeat augmentari. — Datum Viterbiæ, xii kalen. octobris anno secundo (1266) —CATTEL, Mém. de l'Histoire du Languedoc, II p. 339.

11 Ordonnance de Charles V du 2 novembre 1364. Recueil des Ordonnances, t. IV, p. 502.

Carolus. . Vicario nostro Aquarum-Mortuarum. Ex gravi querimonia procuratoris nostri senescalliæ Bellicadri (Beaucaire) percepimus, quod licet et per certam ordinationem et statutum *ab antiquo*, de voluntate, consilio et assensu tam regnicolarum quam *civitatum maritimarum infra* et *extra* regnum existentium factam, caveatur quod omnes et singuli mercatores, quascumque mercaturas ducentes et per mare navigantes, ex ipso quod videre possunt *lanternam in magna turri Aquarum Mortuarum* positam, cum mercibus et quibuscumque navigiis, appliquari (secus *applicare*) debent et tenentur ad portum dicti loci Aquarum Mortuarum et ibidem *curiæ regiæ* solvere et præstare, de *prætio* rerum quæ

Les libertés et coutumes que Philippe Ier a consignées dans la charte de 1069, mais qui n'ont produit tout leur effet que deux siècles après, par le renouvellement de saint Louis, étaient un encouragement à la population future de la ville d'Aigues-Mortes, une garantie pour les anciens habitants du pays. Et maintenant que la date de cette charte est justifiée (ce que Secousse avait omis de faire dans le *Recueil des ordonnances*), nous pouvons interroger ses dispositions avec confiance et en mesurer toute la portée.

I. Le droit féodal occupe peu de place dans la charte : il n'y apparaît que pour témoigner de la libéralité du roi qui renonce à la plupart de ses droits en respectant les droits des autres seigneurs, respect qui, à la fin du x1^e siècle, était de sa part une nécessité.

Le roi donc qui, dans les coutumes féodales, n'intervient que comme seigneur de son domaine et pour son propre compte, renonce en faveur de ses vassaux au retrait féodal. Il statue que si des possessions tenues de lui, dans le territoire d'Aigues-Mortes[12], sont vendues

portabuntur, *denarium unum pro libra;* nec possunt alibi, præterquam ad dictum portum applicare; et de hoc sit et fuerit in *possessione* et *saisina pacifica* levandi et exigendi dictum denarium pro libra, a quibuscumque per mare navigantibus; sive sint de regno, sive *de extra regnum, a tanto tempore quod de contrario hominum memoria non existit.* — Et si aliqui reperientur contra facientes et non solventes, sed fraudulenter jus nostrum recelantes, *consueverunt corrigi* et puniri, et *navigia* tanquam *comissa capi,* cum omnibus mercibus et juribus Fisci applicari; prout hæc omnia per certum arrestum super hoc per nostram *parlamenti Curiam* latum, possunt clarius apparere.....

12 Il y avait donc d'*anciennes possessions* qui avaient appartenu au roi.

ou échangées, le viguier ou bailli du lieu sera obligé de recevoir les lods et ventes de l'acheteur, et que ni le bailli, ni la cour ne pourra retenir l'objet ou préférer un autre acquéreur[13]. Le roi, comme seigneur, donne par là au droit de propriété, à l'effet du contrat de vente un caractère supérieur à sa prérogative seigneuriale, le caractère même de la propriété romaine.

Le droit de lods et ventes, *laudimium*, appelé aussi *muta*, mot qui exprime si bien notre idée de mutation, ne pourra, d'après la charte, excéder le vingtième du prix[14] ; il sera dû, non par l'acquéreur et le vendeur, mais par l'acquéreur seul ; et avec une libéralité vraiment royale, la charte exclut le laudimium en matière de donation, de gage hypothécaire, de partage des choses communes, de dot non estimée, de legs et autres titres gratuits ; elle va même jusqu'à exclure le droit en matière de succession, *vel etiam de successione hereditaria*, sans distinguer entre la ligne directe et la ligne collatérale[15]. Enfin, la charte ne veut pas qu'à défaut de payement du cens il y ait commise ; il y aura seulement payement du double, si le service est resté interrompu pendant trois années[16].

13 Lib. et Consuet., art. 3 : Vicarius, vel Bajalus loci, vel curia nostra dicti loci non possit sibi retinere vel alium præferre. (Ord., IV, p. 45.)

14 L'art. 3 ajoute : Scilicet de viginti solidis duodecim denarios. — C'était le sou pour livre ou *douze deniers* pour vingt sous ; ce qui suppose que douze deniers équivalent à un sol, et se rapporte à la livre de compte de Charlemagne, valant vingt sols de douze deniers. (Traité des monn., par Abot de Bazinghen, I, p 640.)

15 Lib. et consuet , p. 46 ; Ord., art. 3.

16 Dans les Statuts d'Arles de 1162-1201, le droit de l'emphytéote n'est pas ainsi consolidé ; faute de payement du cens, le seigneur peut reprendre la chose (art 88).

Et ainsi, par la renonciation au retrait féodal, au droit de lods et ventes en matière de donation et de succession, au droit de commise ou de confiscation, le roi consolide et garantit pleinement pour les possessions qui relèvent de lui la propriété territoriale et héréditaire, tant à l'égard des fiefs qu'à l'égard des censives.

Mais, comme on l'a dit, les droits des autres seigneurs, ecclésiastiques, barons, chevaliers et fidèles, ne reçoivent aucune atteinte. Une réserve très-expresse en leur faveur termine la charte; et dans cette clause est la part implicite et obligée faite au Droit féodal par le roi, stipulant comme seigneur suzerain[17].

II. A côté de ces dispositions de droit féodal, restreintes dans leur application, mais si généreuses, il y avait dans la charte de 1069 une législation organique et générale que le roi, protecteur et gardien du pays, donnait à tous les habitants, nobles ou autres, de la ville et du territoire d'Aigues-Mortes.

Les habitants peuvent élire tous les ans des Consuls au nombre de quatre, et ceux-ci choisissent un Conseil de jurats (*Consilium juratum*). Les consuls ne peuvent être réélus deux ans de suite dans les dix années qui suivent leur première élection. Ils prêtent serment de fidélité au roi et jurent aussi de maintenir les libertés et bonnes coutumes du lieu[18]. Ils peuvent, de l'avis de leur conseil, lever des impositions sur les habitants et sur ceux qui possèdent des biens dans la cité, à proportion des facultés de chacun. Ils fixent, en premier et dernier

---

17 Ecclesiasticorum, baronum, militum, et aliorum fidelium nostrorum, et salvo jure quolibet. (Lib. et Cons., in *fine.*)

18 Lib. et Consuet., art. 5.

ressort, l'estimation des biens pour y proportionner les
impôts, ce qui est évidemment une tradition des curies
gallo-romaines. Contre ceux qui n'obéissent pas, soit
aux taxes, soit à l'obligation du guet à l'intérieur ou
de la garde à l'extérieur, ils peuvent, de leur autorité,
saisir des gages, les faire vendre et contraindre au
payement du droit[19].

Les consuls n'ont point d'autre juridiction que celle
relative aux impôts; mais ils peuvent être choisis pour
arbitres dans les causes civiles : disposition qui annonce
que le roi ne voulait pas placer, au début de son organisation, la justice municipale à côté de la justice de ses
officiers : *Consules aliam sibi jurisdictionem non adurpent*[20].

La cour de justice appelée la cour du roi (*Nostra
curia*) se compose du bailli ou viguier, d'un juge, d'officiers et d'un notaire. Ceux qui ont à se plaindre d'un
grief peuvent appeler à *notre sénéchal*, dit le roi, et ensuite à nous-même[21]. Le bailli et le juge sont nommés
par le roi pour un an et choisis hors de la contrée; le
roi peut les continuer dans leur charge.

Les habitants, en général, sont de libre condition. Ils
sont exempts de toutes quêtes, tailles, maltote, emprunt
forcé, contrainte de fournitures; ils sont affranchis à
perpétuité de tous péages sur terre et sur mer, de tous
droits sur les grains. Ils ne sont tenus envers le roi que

19 Lib. et Consuet., art 5 et 7.

20 Art. 7. Inter volentes autem possint cognoscere ex compro-
misso....., in causis civilibus tantum.

21 Art. 11. ...Quantum judex dictæ nostræ curiæ decreverit
exigendum pro quantitate excessus et gravato *ad senescallum nostrum* et ad nos postea liceat appellare. — L'expression *senescallum
nostrum* s'applique au sénéchal de France qui existait du temps de
Philippe Ier, mais n'existait plus du temps de saint Louis.

d'un denier pour livre à raison des marchandises ame-
nées au port [22]. Ils sont exempts de toute chevauchée
au delà des diocèses de Maguelonne, d'Usez et de
Nîmes. Les chevauchées obligatoires ne peuvent dépasser quarante jours et nul ne doit être contraint à les
racheter en argent. Il suffit qu'une seule personne de
chaque maison y figure. Les pauvres, c'est-à-dire ceux
qui ne possèdent pas une valeur de plus de vingt-cinq
livres tournois, sont dispensés d'y aller ou d'y envoyer.
Même exception en faveur des veuves, des pupilles, des
notaires en exercice, des avocats, des médecins [23]. Le
roi prévoit le cas où il aurait besoin sur mer d'hommes
armés, et il se réserve généralement le droit d'exiger ce
service en y attachant une solde convenable [24].

Le principe de la défense judiciaire est formellement
établi. Un accusé ne doit pas être condamné à la question sur la déposition d'un seul témoin, si celui-ci n'est

22 Art. 11, 1, 4.— Excepto denario uno pro libra, ratione portus,
quem nobis solvere teneantur. — C'est ce droit d'un denier pour
livre qui fut depuis adopté, généralisé par saint Louis et exigé de
tous ceux qui naviguaient en vue d'Aigues-Mortes.

23 Art. 2, *Juris peritis et physicis.* — Cet article, par l'énumération des professions, annonce qu'à l'époque de la charte, la ville
avait déjà une certaine importance.—Nous reconnaissons sans peine
que ce pourrait être un argument contre la date de 1069, si l'on ne
savait avec quelle rapidité les villes du midi au moyen âge, avant
la guerre des Albigeois, croissaient quelquefois en population et
en prospérité.

Libras Turonenses. L'argent de Tours serait-il aussi un argument?
La monnaie de Tours existait sous les Mérovingiens. Le privilége de
battre monnaie avait été confirmé en faveur de saint Martin de
Tours par Hugues Capet. (Brussel, I, p. 193.)

24 Cette disposition n'est pas dans le texte de 1246 donné par
GALLAND. Elle indiquait un besoin de surveillance et de défense qui
n'existait plus du temps de saint Louis.

pas d'une probité notoire; et au moment où le juge va prononcer la sentence, il est permis à l'accusé d'avoir auprès de lui un conseil pour le défendre, *consilium validum*. Le droit général de la défense, au surplus, est reconnu dans la disposition suivante : « Que notre cour, dans les informations et dans les autres causes, tant civiles que criminelles, soit tenue de donner un avocat à celui qui n'en a pas, et à ses dépens s'il succombe[25]. »

La charte ne veut pas qu'on informe pour le fait d'adultère; elle ne punit qu'en cas de flagrant délit; elle admet alors les coupables à composer avec la cour. A défaut de composition pécuniaire, elle les condamne *à courir nus publiquement*, en épargnant toutefois à la femme la honte d'une entière nudité[26]. Il est remarquable, à cette occasion, que la disposition favorable à la pudeur de la femme, *copertis pudibundis mulierum*, insérée dans la charte de 1069, ait disparu de la charte confirmée par saint Louis en 1246 : c'est qu'en effet les mœurs n'avaient pas fait de progrès au milieu des croisades; et l'on peut voir dans Joinville et les assises de Jérusalem, cour des Bourgeois, que le châtiment des faits d'impudicité avait pris au xiiiᵉ siècle tout le caractère impudique des délits.

Une grande sagesse a inspiré les dispositions des coutumes d'Aigues-Mortes sur les dénonciations, sur le délai

---

25 Lib. et Consuet., art. 2 et 18, Advocatum. — Ord., p. 50.

26 Leg. et Cons , art 12 : De adulteriis nulla fiat inquisitio, sed qui in ipsa turpitudine fuerunt deprehensi, vel concordent cum curia nostra vel sine fustigatione *publice currant nudi, copertis pudibundis mulierum.* — *Voir* le texte différent donné par GALLAND (*francaleu*) et reproduit Ord., iv, p. 49. — JOINVILLE, Vie de saint Louis, p. 95. — *Assises de Jérusalem,* Cour des Bourgeois, ch. 131.

dans lequel les poursuites doivent être terminées, sur la mise en liberté sous caution, sur les prisons et leur régime, sur la prescription des délits.

« Toutes les fois qu'une information est faite sur une dénonciation, la justice seule intervient; le dénonciateur qui poursuivrait en vue d'une peine quelconque ne serait pas écouté.

» L'information doit s'achever dans le délai d'une année à moins qu'il n'y ait appel ; mais cet appel ne proroge que de six mois le terme des poursuites. Après un an, s'il n'y a pas d'appel, l'information est éteinte et ne peut être recommencée : » disposition bien favorable à la sécurité individuelle [27].

« La personne de l'accusé qui fournit caution est confiée à un fidéjusseur et mise en liberté à moins de preuves manifestes ou de présomptions violentes de culpabilité, à moins aussi de crime emportant peine de mort ou perte d'un membre [28].

» Que la prison (dit la charte) soit non pour la perte mais pour la garde de la personne (*non sit ad exterminium persone sed ad custodiam*); que la nourriture du prisonnier soit assurée ; que les femmes soient séparées des hommes, et que notre cour soit tenue de veiller à ce que la pudicité ne reçoive aucune atteinte, en plaçant les femmes détenues sous la surveillance de femmes honnêtes [29] : » disposition qui contraste par son humanité avec les lugubres traditions des prisons féodales.

---

27 Lib. et Consuet., art 20 et 21.

28 *Id.*, art. 11.

29 *Id.*, art. 11. — Et teneatur curia nostra dicti loci providere ne pudicitia atemptetur, tradendo ipsas (mulieres) honestis mulieribus custodiendas.

Le crime public ou privé est prescrit par le laps de dix années, si l'auteur présumé du crime était présent sur les lieux pendant les dix années ou la plus grande partie de ce temps ; la prescription d'un an est admise pour le délit d'injure ; celle d'un mois pour rupture de ban [30].

III. La date de 1069 donne à la charte de Philippe Ier une valeur historique, trop peu appréciée jusqu'ici dans la recherche des origines, bien que le savant éditeur l'ait présentée dans le recueil des Ordonnances comme très-importante, très-curieuse en elle-même, et « recevant encore un nouveau prix de son ancienneté [31]. »

Ses dispositions furent préparées évidemment sous l'influence des religieux *de Psalmodi* qui depuis 1053 dépendaient de la savante abbaye de saint Victor de Marseille [32].

Nous y trouvons la justice payée, et une distinction de la justice *payée* et de la justice *gratuite* qui nous indique le caractère primitif et vrai de ce qui fut, dans la suite, appelé juridiction *gracieuse* [33].

La justice du roi, dans la ville d'Aigues-Mortes, exigeait et percevait à son profit des frais judiciaires. Les

---

30 Lib. et Cons., art. 19 : La prescription d'un mois n'avait pas lieu s'il y avait eu dénonciation de la part de celui qui avait souffert le dommage.

31 Secousse (en 1734), dans le 4e volume des Ordonnances, p. 14, note *a*.

32 Mém de la Société archéologique de Toulouse, 1834 , M. Du Mège.

33 Loyseau. Offices, liv. I, ch. 8, n°s 32 et 33, s'est bien trompé lorsqu'il dit que *du commencement* les juges ne prenaient aucun salaire des parties, au moins par forme de taxe et contre leur volonté.

frais étaient fixés à deux sols pour livre de la valeur des choses mobilières en litige, et au vingtième de l'estimation en matière d'immeubles. La cour pour sûreté des dépens pouvait, dans toute cause, réclamer des gages ; mais elle ne pouvait les réclamer avant la fin du procès. Quand le jugement était fini, les litigants vaincus devaient donner des gages à la cour et les gages étaient *restitués* après payement [34]. — Voilà pour la *justice payée.*

Mais en ce qui concernait les tutelles et curatelles à constituer, les émancipations, les adoptions, les actes de dernière volonté à recevoir, les décrets à interposer en divers cas d'urgence, la cour ne devait rien percevoir ; elle devait intervenir *gratis* et sans difficulté : *sed gratis et sine difficultate hoc faciat* [35]. Or, cette partie gratuite des fonctions de la cour est celle qui correspond aux attributions qui ont pris, dans la procé-

---

34 Lib. et Consuet., art. 21 : In causis autem *communibus* (texte de 1246, *omnibus*) dicimus quod curia nostra a partibus non requirat pignora vel expensas ante finem causæ. Causa vero finita victor in eo quod vicit nichil solvat. Victus autem in eo quod victus fuerit, solvat duos solidos pro libra... Hoc tamen addito in predictis quod judicio litis a litigantibus reddantur pignora curie, et secundum formam statuti regii *retardentur.* — Secousse dit sur ce paragraphe (Ord., p 50, note *oo*) que le passage lui paraît inintelligible. Mais il nous paraît très-intelligible par l'effet d'une simple correction qui se présente, pour ainsi dire, d'elle-même : au lieu de *retardentur*, qui n'a aucun sens et qui est un mot évidemment corrompu par le copiste, il faut lire *retradantur* (*qu'ils soient restitués*). — *Voir* Ducange, v" *retradere* sive *restituere*. — Le mot *retradatur* dans le sens de *restituatur* est usité dans la langue du droit : *Si per vim res tradita est*, *retradatur*, disait Ulpien, l. 9, § 7, Dig., *quod metus causa* (lib. IV, tit. 2).

35 Pro tutelis autem, vel curiis dandis, emancipationibus, vel adoptiónibus faciendis, quibuslibet ultimis voluntatibus, vel decretis interponendis, Curia nostra predicta nihil accipiat sed *gratis* et sine difficultate hoc faciat (art. 21).

dure des temps postérieurs, le nom de juridiction gracieuse : d'où il suit que la justice *gracieuse* tire sa première origine et sa dénomination de la justice *gratuite*.

Les formes de procédure consacrées par la charte
de 1069 sont de tradition romaine. Elles commencent
par l'obligation respective du demandeur et du défendeur, en cause civile et criminelle, de donner sur leurs
biens des sûretés pour le payement des sommes auxquelles ils pourront être condamnés. A défaut de gage
réel, ils doivent fournir une caution qui prêtera serment
et obligera tous ses biens. C'est en matière civile la
caution *judicatum solvi*, analogue à celle mentionnée
dans les Institutes de Gaius et de Justinien au titre
De satisdationibus [36].

La charte d'Aigues-Mortes n'admet pas la peine civile
connue en Provence sous le nom de *lattes* pour le retard
dans l'acquittement des obligations : « Si un débiteur
confesse devoir, il payera sa dette sans avoir à subir la
peine du tiers ou toute autre, et s'il ne paye pas au jour
fixé par la cour, il y sera contraint par saisie et vente
de gages ou par constitution d'*ôtage* ou de garant [37]. —

36 Libert. et Consuet., art. 11 : In causis criminalibus et civilibus, actor sive accusator et reus satisdent : et si in civili causa
satisdare non poterunt, teneantur præstare juratam cautionem sub
obligatione bonorum suorum. — GAIUS, Instit., lib IV, De satisdat.,
§ 88 : « Quibus ex causis is cum quo agitur, vel hic qui agit cogatur
satisdare. » — § 91 : « Illa stipulatio locum habet quæ appellatur
judicatum solvi » — Instit. Just., liv IV, tit. II, *in principio :* — Quæ
satisdatio appellatur *judicatum solvi.* — §§ 4 et 5 : « Ut satisdatio-
nem *judicatum solvi* pro litis æstimatione præstet. »

37 Lib. et Cons., art. 21 : Precipiatur solvere sine pæna *tertii* vel
alia... sed captis pignoribus et distractis, vel per *ostagia* solvere
compelletur. — Sur les ôtages, *voir* mon t. II, p. 14 et *infrà* sect. 4.

Aucun habitant de la ville ou du territoire d'Aigues-Mortes ne peut être contraint, du reste, pour les choses qu'il y possède, les obligations qu'il y a contractées, les délits qu'il y a commis, à plaider en autre lieu; mais il peut produire des témoins venus du dehors [38].

IV. La charte offre, dans plusieurs de ses dispositions, une libéralité qui annonce l'intention du roi d'attirer les étrangers dans la contrée et d'y fixer de nouveaux habitants. Les étrangers qui s'y rendent ont toute sécurité pour leur personne et pour leurs biens; ils ne peuvent être retenus ou subir de préjudice pour guerre survenante, pour *contre-gage* ou représailles de seigneur à seigneur ou pour cause semblable, à moins de délit qui leur soit personnel. Ils peuvent retirer du pays tout leur avoir, sous le sauf-conduit de la cour [39]. Après un an de résidence, l'étranger peut acquérir la qualité d'habitant [40].

Si un pèlerin, un marchand ou tout autre étranger décède à Aigues-Mortes après avoir testé, la cour fera exécuter son testament; s'il décède *ab intestat*, la cour, en présence des consuls, fera déposer les biens du défunt en lieu sûr. Ces biens seront remis à l'héritier ou successeur légitime qui se présentera dans les deux ans

38 Lib. et Consuet., art. 22.

39 Art. 24 : Extranei... salvi ibidem cum suis rebus consistant, nec possint occasione guerre supravenientis vel *contraguagii*, vel aliqua causa simili, detineri vel impediri, nisi propter delictum proprie persone; et possint res suas inde extrahere sanas seu salvas *in ducatu* nostre curie antedicte. — Sur le *Contragagium*, *voir* Du-CANGE à ce mot. — Le seigneur, lésé dans ses droits ou ceux de ses sujets, exerçait représailles ou garantie sur les choses ou les personnes des sujets du seigneur qui avait causé le préjudice.

40 Art. 23.

et un jour; et à défaut d'héritier, ils seront distribués
en œuvres pies par les soins du bailli et des consuls[41].
Ainsi, le droit d'*aubaine* est noblement répudié par un
roi de France à la fin du XIe siècle, et il n'a pas fallu
moins de sept siècles pour que ce droit, successivement
seigneurial et régalien, disparût entièrement des mœurs
et des lois nationales.

La liberté du commerce est placée à côté des garanties du droit de propriété et de transmission. Tout habitant est libre de transporter, en tout temps, par terre
et par mer, le blé qu'il recueillera de ses terres et mé-
tairies (*de suis terris et facheriis*); la cour ne peut lui
interdire l'exercice de ce droit : il en est de même de son
vin et des autres produits acquis par son propre travail[42].

Ni la cour, ni personne au nom du roi ne peut pu-
blier arrêt ou ban quelconque pour empêcher les habitants de posséder librement ou de vendre avec un droit
absolu les choses qui leur appartiennent ; et la charte
ajoute, par une expression remarquable dans un document aussi ancien, que les *gabelles* du sel ou d'autres
marchandises ne peuvent être établies contre les hommes
de la ville : ce qui prouve, avec les anciennes coutumes
de Provence, qu'originairement la *gabelle*, en France,
n'était pas une taxe spéciale à l'impôt du sel, mais la
dénomination générale des taxes appliquées aux produits et marchandises : le mot est d'origine saxonne[43].

41 Lib. et Consuet., art. 32.

42 Art. 25.

43 Art 30 : Gabelle salis seu alterius mercimonii, DUCANGE. —
V° *Gablum* vel census, tributum ; du saxon *gab, gabel.* — WALCTER,
Glossarium germanicum, v^is *gab, gabel.* — *Voir* suprà, Provence,
p. 137.

Enfin, pour couronner cet ensemble de dispositions libérales et civilisatrices, la charte de 1069 déclare que si, par événement, la Cité (*universitas*), volontairement ou par force, avait fait ou promis de faire quelque chose contre les libertés et immunités à elle accordées, cela ne saurait lui porter préjudice, et que ses libertés et coutumes resteraient intactes pour l'avenir[44].

Tel est ce monument que sa profonde sagesse peut faire attribuer à saint Louis, mais qui, selon les titres et l'ensemble des documents, avait précédé son règne de deux siècles à peu près dans la voie des réformes : le roi législateur a rendu à cette charte du xie siècle un hommage digne de la charte et de lui, en la renouvelant et lui imprimant le sceau d'une autorité perpétuelle, *ut perpetuæ stabilitatis robur obtineat*. Le roi Jean voulut aussi lui donner une autorité nouvelle, en 1350; mais, en remontant à la source, il l'a rendue, d'après le Trésor des chartes, à son véritable auteur le roi Philippe Ier.

44 Art. 33 : Quandocumque vel quocienscumque contingerit quod Universitas, gratis vel forte compulsa, aliquid contra libertates vel immunitates sibi concessas vel concedendas fecerint vel fieri promiserint, non possit eis in aliquo prejudicium generari, et nichilominus eis salve remaneant Libertates et Consuetudines dicti loci.

SECTION II.

ANCIENNES COUTUMES D'ALAIS.

La charte d'Aigues-Mortes a exercé de l'influence au delà de son territoire : ses principes de liberté se sont répandus des rivages de la mer jusqu'au pied des Cévennes. Les seigneurs de la ville et du territoire d'Alais se sont conformés au vœu des habitants du pays, en leur accordant une charte ou des coutumes qui leur appliquaient les garanties émanées d'une charte royale. Les coutumes d'Alais, de 1216, servent ainsi à confirmer l'authenticité de la charte d'Aigues-Mortes de 1069[1].

Le territoire d'Alais au moyen âge était compris, ainsi que la ville d'Aigues-Mortes, dans le diocèse de Nîmes[2]. La cité de Nîmes n'avait pas de coutume rédigée : ancienne colonie latine, elle vivait de la tradition romaine, mêlée aux faits communs de la féodalité et aux chartes spéciales par lesquelles ses seigneurs ou vicomtes renonçaient, en 1124, à toutes *questes* et *tolles*, et reconnaissaient, en 1144, l'existence de ses consuls[3].

1 Le texte des anciennes coutumes d'Alais (ou d'*Alest*) se trouve dans le Recueil des OLIM, t. III, Append , p. 1459, 1483, 1500. — M. BEUGNOT, qui a publié ce texte en langue romane ou languedocienne avec une traduction et des notes , leur a consacré anssi une dissertation spéciale dans la bibliothèque de l'École des Chartes, 3ᵉ série, t. II, p. 98 (année 1846).

2 Le territoire d'Alais (l'ancien *Alba?*) a été détaché, depuis, du diocèse de Nîmes et a formé un évêché.

3 L'*Histoire de Nîmes*, par MESNARD, est accompagnée de *pièces justificatives* recueillies et éditées avec un grand soin. On peut avec

La ville d'Alais, au contraire, possédait des coutumes écrites vers l'an 1216 et vers l'an 1222; elles ont été publiées de nos jours à la suite des Olim [4].

Ces coutumes méritent une attention particulière par deux caractères tout à fait distincts : l'esprit généreux de liberté publique et privée qui a inspiré la charte de 1216, accordée par les coseigneurs d'Alais, des maisons d'Anduze et de Pellet ; — l'esprit féodal, dur, rétrograde, excessif qui s'est retranché dans la charte de 1222, œuvre particulière de Bernard d'Anduze, se disant principal seigneur.

La charte de 1216 est une imitation visible de la charte royale d'Aigues-Mortes de 1069 [5]; mais le seigneur du pays en réclame l'honneur pour lui seul et il veut défendre son ouvrage contre les coutumes étrangères : « qu'il soit manifeste à tous (dit l'art. 49) que » beaucoup de choses sont ici écrites contre la *droiture* » (le droit romain) et établies par la volonté du sei- » gneur [6].... Nous établissons fermement qu'en nos » cours aucune coutume ne soit alléguée ni reçue sinon » celles qui seront ici trouvées; que toutes les autres

ces pièces se faire une idée exacte de l'Histoire de Nîmes pendant le moyen âge. — Le vicomte qui renonça aux *questes* et *toltes* est Bernard Atton IV.

4 La date donnée en tête est celle de 1250, mais c'est la date de la transcription des Chartes. Quant à celle des documents, nous adoptons la chronologie proposée dans la dissertation ci-dessus indiquée.

5 M. BEUGNOT, dans sa savante dissertation, a considéré les chartes en elles-mêmes et non dans leur rapport avec celle d'Aigues-Mortes.

6 Sia manifest a totz homes que motas causas sont aissi escrichas contra *Drechura*, et per voluntat dels seinhors son aissi establidas... (Anc. cout. d'Alais. art. 49, OLIM, III, p. 1476.

» soient défendues et n'aient aucune autorité ; qü'elles
» ne soient appelées *coutume* ni *droiture* et qu'elles man-
» quent ici de force comme elles manquent de nom[7] : »
— prétention orgueilleuse qui n'est dans le rédacteur,
au moment où il se fait fort de son originalité, que la
copie ou une réminiscence des déclarations analogues
insérées dans le code d'Alaric; les lois Wisigothiques et
les libertés ou coutumes d'Aigues-Mortes.

La charte d'Aigues-Mortes de 1069 fournit presque
toutes les dispositions de la première charte d'Alais.

Ainsi, chaque année deux ou quatre consuls sont élus
par le peuple[8] ; ainsi la justice *est payée;* la septième
partie de la valeur du litige doit revenir à la cour, mais
rien ne peut être demandé que le plaid ne soit fini[9] ;
les gages et garants sont exigés des plaidants pour leur
intérêt réciproque[10] ; le droit d'être jugé par arbitre
est reconnu[11] ; point de lods pour échange ou donations[12] ; point de taille ni de quête[13] ; point de péages;
pleine franchise des choses et des personnes[14] ; garanties pour les nouveaux habitants; liberté pour eux de
posséder en sûreté, sans crainte des représailles de sei-

---

7 Establem fermamens que e nostras cortz nulla costume non sia
razonada ni receupuda, en alcuns cas, sinon aquellas que aissi seran
trobadas ; totas las autras sian aisi desfachas, e fallon que ja non
aion forsan, e neus non sian apelladas costumas ni drechuras, e caion
de tota forsa, e, con faillon aisi de nom, fallon de forsa (*id.*, art, 48).

8 Charte d'Alais de 1216, art. 6. — Conférer, Charte d'Aigues-
Mortes, art. 5.

9 Alais, art. 11 ; Aigues-Mortes, art. 21.

10 Alais, art. 13; Aigues-Mortes, art. 11.

11 Alais, art. 19 ; Aigues-Mortes, art. 7.

12 Alais, art. 54 ; Aigues-Mortes, art. 3.

13 Alais, art. 45; Aigues-Mortes, art. 1.

14 Alais, art. 23; Aigues-Mortes, art. 4, 25, 30.

gneur[15]; liberté individuelle, respect du domicile, défense d'y porter atteinte[16]; liberté des mariages [17] : — Quoi de plus évident que l'emprunt de toutes ces dispositions fait par la charte seigneuriale d'Alais à la charte royale d'Aigues-Mortes! C'est la gloire de la royauté française d'avoir ainsi concédé la première, et de son propre mouvement, ces libertés et franchises, qui sont devenues le fond commun des coutumes municipales.

Lorsque la féodalité est livrée à elle-même et s'inspire de son propre esprit, quel contraste! Nous en trouvons un exemple frappant dans les secondes coutumes d'Alais, accordées vers 1222 par le seigneur Bernard d'Anduze et Pierre Brémond, son neveu, encore mineur[18] :

« Que les adultères courent nus par la ville, la femme la première, et qu'*ils soient bien battus* [19].

» Aucun homme auquel la cour d'Alais aura ôté un membre, ou qu'*elle aura aveuglé*, ne peut rester, même *pour manger*, dans la ville d'Alais[20].

15 Alais, art. 14 et 16; Aigues-Mortes, art. 24 et 32.

16 Alais, art, 15 et 20; Aigues-Mortes, art. 2 et 22.

17 Alais, art. 42; Aigues-Mortes, art. 1 et 3.

18 Totas aquestas costumas, novas o viellas, doneron, lauzeron et autreieron En Bernart d'Anduza, lo dons, En Peire Bremons, sos neps, e'N Bernart, fils del don, a tot le pobol d'Alest..... En Peire Bremons refudet, a menor etatz e a tota autra razon e promes, en so sagramen, que, per aqui mezeiz, las lauzara et las cofermara, por sera devengut major d'ans. Amen. (2ᵉ Coutume, art. 22, OLIM, III, p. 1500.)

19 2ᵉ Cout. d'Alais, art. 4, p. 1484 : « Que amdui coron ins per la villa et siau ben batutz; e'l femna an primieiran. »

20 Alcuns *hom*, al qual la cort d'Alest aia tolt membre o *issorbat*, d'aisi enans non estia, ni per manjar, en la villa d'Alest (art. 18, p. 1498). — On voit que la peine de l'*aveuglement*, qu'un auteur de nos jours a préconisée dans un ouvrage trop fameux, n'était pas inconnue des cours du moyen âge.

» Si aucun homme indigène ou étranger, détenteur
de cheptel ou débiteur, fuit de la ville d'Alais, que le
créancier ou autre en son nom le puisse prendre, retenir, garder et *mettre aux fers* jusqu'à ce qu'il ait payé
ce qu'il doit[21].

» Les débiteurs qui ne peuvent payer *doivent être
livrés* aux créanciers chrétiens, de telle sorte qu'ils ne
soient emmenés hors de la ville[22].

» Si un homme de la juridiction d'Alais donne aux
seigneurs un conseil trompeur, et si par ce conseil ou
à son occasion il arrive dommage ou honte, que ce
mauvais conseiller soit tenu de réparer le dommage et
l'injure envers celui qui en aura souffert, et que, de
plus, il soit à la merci du seigneur[23].

» Si un homme a confessé ou a été reconnu en justice
être père d'un bâtard, il est tenu de la moitié des frais
de nourriture pendant trois ans; par la suite, il ne peut
être obligé outre sa volonté[24]. »

L'ordalie de l'eau bouillante et du fer chaud est associée, en matière criminelle, au duel judiciaire et à la
preuve par témoins; et, par conséquent, tous les modes
de preuve de l'époque barbare et féodale sont réunis
dans la charte d'Alais[25].

Quand il s'agit de la constitution *réelle* de la famille
et du pouvoir de disposer des biens, le seigneur d'An-

21 2ᵉ Cout. d'Alais, art. 6, p. 1486 : Gardar et *metre en ferres*.
22 2ᵉ Cout. d'Alais, art. 7 : Devon esser lieuratz.
23 2ᵉ Cout. d'Alais, art. 10 : Aisso caia e mersen del signor.
24 2ᵉ Cout., art. 20 : Non sia tengutz outra sa voluntat.
25 Charte de 1216, art. 17.

duze donne aux père et mère le droit le plus absolu,
sans aucune limite d'inofficiosité :

« Père et mère peuvent laisser à leurs enfants ce qu'ils
veulent; et, quel que soit le peu qu'ils leur laissent, les
enfants ne doivent pas s'en plaindre; que ceux-ci se
tiennent toujours pour satisfaits et ne puissent demander la falcidie [26]. »

C'est bien là écrire contre la *droiture* et statuer par
sa seule volonté, comme dit la charte. Chose étrange,
dans ces bizarreries seigneuriales du xiiie siècle on ren-
contre un souvenir du droit romain. Mais duquel? De
celui des XII Tables, relatif au pouvoir des créanciers
sur la personne des débiteurs, et au pouvoir absolu
d'exhéréder les fils : tant il est vrai que dans l'enfance des peuples on retrouve la même disposition à
l'esprit de dureté d'homme à homme, et à l'esprit de
despotisme dans la famille. Seulement le droit absolu de
tester et d'exhéréder les enfants, que la loi des XII Tables attribuait au père, au citoyen, la charte d'Alais
l'accorde également au père et à la mère. Ce qui était
un acte de droit politique dans le citoyen romain, devient un acte de volonté privée et domestique dans les
mœurs du moyen âge.

Il faut toutefois rendre cette justice à la charte de
1222, que si elle a puisé dans les traditions du droit
des XII tables, qu'on enseignait à Narbonne encore au
vie siècle, des dispositions d'une extrême rigueur, elle

---

26 Art. 11 : Paire e maire que que s vueilla pot laissar a son efan ;
e, jaciaisson que pauc lur laissen, non s'en devon complainer;
e totas horas s'en tengon per pagat de lur laissa, ni puescon de-
mandar *fausidia*. — A plus forte raison, la *fille dotée* ne peut-elle
attaquer le testament de son père. (2e Cout. d'Alais, art. 17.)

n'a pas, du moins, imité le vieux droit romain sur le taux de l'intérêt : la charte porte que « lorsque l'intérêt aura *égalé le capital* il ne s'accroîtra plus, malgré le retard du payement et tout serment ou foi jurée [27]. » L'esprit du christianisme avait là, du moins, protégé le débiteur contre le publicain ou l'usurier. Mais, d'un autre côté, le seigneur d'Alais, dans ce coin de terre industrielle et commerçante, n'avait pas regardé l'intérêt comme prohibé par la loi chrétienne ; et la charte de 1222 avait mieux compris, sous ce rapport, la nature du prêt et l'intérêt du commerce que le droit canonique et l'usage général du moyen âge.

Les chartes d'Alais sont donc notables par la variété des éléments qu'elles renferment ; ils lui viennent de toutes parts, même de la tradition celtique, car on y trouve l'*achat par la paumée*, c'est-à-dire l'achat accompli par la jonction des mains, que nous avons signalé dans les lois galloises [28]. Si le mélange de tant d'éléments divers fait un tout bizarre, il y a cependant des principes de civilisation et de liberté qui viennent surtout de la charte d'Aigues-Mortes, et qui finiront par prévaloir contre les efforts singuliers du seigneur d'Anduze pour maintenir toute l'âpreté des coutumes féodales.

La maison seigneuriale d'Anduze partagea sa sei-

27 Art. 24 : Por uzura sera egalezada al captal, d'aqui en la, cant que s'i trigue non crezam, o can tot sera promessa, per sagramen o per fen plevida. — Non jutge hom plus a crestian ni a juzieu (qu'on n'adjuge pas plus à chrétien, ni à juif).

28 Charte de 1216, art. 41. — Lois galloises, *voir* mon tome II, p. 148.

gneurie, au XIIIe siècle, avec celle de Raymon de Pellet, qui formait une branche des anciens vicomtes de Narbonne.

En 1226, Raymon de Pellet chargea son fils aîné de porter au roi Louis IX l'hommage de ses fiefs d'Alais, qui comprenaient la tour et la moitié de la ville. — Quant à la moitié qui appartenait encore au seigneur d'Anduze, elle fut réunie au domaine avec d'autres terres de ce seigneur récalcitrant, qui avait embrassé la cause des comtes de Toulouse; et par acte du 28 juillet 1243 l'ancien coseigneur d'Alais s'interdit la faculté de rentrer dans le territoire.

Ainsi le pouvoir de saint Louis unit le pays d'Alais à celui d'Aigues-Mortes; et les deux contrées, qui avaient déjà tant de rapports pour la partie des bonnes coutumes, relevèrent de la couronne à titre de seigneurie ou de domaine.

Passons aux coutumes de Montpellier, dont l'action s'est exercée sur une bien plus vaste étendue de pays.

SECTION III.

COUTUMES DE MONTPELLIER, DE CARCASSONNE ET DE NARBONNE.

I. Les archives municipales de Montpellier possèdent l'exemplaire original et authentique de la charte latine des coutumes qui furent reconnues et sanctionnées, le 15 août 1204, par Pierre II, roi d'Aragon, uni le 15 juin précédent à la princesse Marie, héritière du comté de Montpellier [1]. Le registre municipal connu sous le nom de petit *Thalamus* renferme une traduction de la charte en langue romane. L'édition du Thalamus, qui a été publiée pour la première fois en 1840, a réuni les deux textes [2].

1 Elle était fille de Guillem VIII et d'Eudoxie *Commène* (dite l'*impératrice*, parce qu'elle était fille de l'empereur d'Orient Commène).

2 Le Petit Thalamus (*Consuetudines* et *Libertates Ville Montispessulani*) a été publié en 1840 par la Société archéologique de Montpellier avec de savantes introductions, dont une de M. DE SAINT-PAUL, magistrat. Il contient les détails journaliers de l'administration municipale, les formules des serments, et tout ce qui concernait les coutumes.

Les archives renferment trois autres registres importants : 1° le *Grand Thalamus* qui contient les priviléges municipaux, les concessions apostoliques et royales, les règlements de haute administration ; — 2° le *Livre noir* (bel in-fol. du xii° siècle), qui contient les *franchises des bourgeois* ; — 3° le *Mémorial des nobles*. — *Voir* l'Histoire de la commune de Montpellier, par M. GERMAIN (3 vol. in-8°, t. I, p. 17).—La Bibliothèque impériale contient, sous le titre de Cartulaire 22, un des anciens registres ou *thalami* de Montpellier, pour les corporations industrielles; M. Raynouard s'en est servi pour son Lexique de la langue romane.

Les coutumes de Montpellier ont été publiées en 1737 par d'AIGREFEUILLE, sur manuscrit incomplet, dans son Histoire de Montpellier.

— Indépendamment de la publication du petit *Thalamus*, le texte a

Les coutumes de Montpellier ont régi une assez vaste étendue de territoire; elles étaient devenues communes, sous beaucoup de rapports, au pays de Carcassonne; et elles servaient de droit supplétif aux contrées voisines, dont les usages étaient obscurs ou incertains.

La liberté de la personne et le libre exercice du droit de propriété y sont fortement établis : « Les hommes » de Montpellier (disent les coutumes) peuvent vendre » tous leurs biens s'ils le veulent, en emporter le prix, » et s'en aller où bon leur semble sans aucun empêche- » ment. — Le seigneur doit accorder protection par » toute sa terre et par tout son pouvoir aux hommes » de Montpellier, à leurs biens, à leurs familles. Le sei- » gneur ou son bailli doit, sans opposition, approuver » l'aliénation de tous les biens qu'il leur plaira de ven- » dre, *sauf son droit de lods et ventes.* »

Cette dernière disposition a un rapport évident avec la charte royale d'Aigues-Mortes[3]. Elle était l'abrogation des chartes anciennes, et spécialement d'une charte de l'an 1113 par laquelle le seigneur de Montpellier renouvelait la défense aux bourgeois de donner, de vendre ou d'hypothéquer leurs fiefs (*honorem suum*) à aucun chevalier, monastère ou ecclésiastique[4].

été imprimé par M. Ch. Giraud, Recueil, t. I, p. 47.—M. Germain en a donné la traduction, et l'on regrette qu'il n'ait pas produit le texte en regard, d'après les leçons diverses qu'il a consultées.

3 Consuetud. Montep, art. 12... Et omnia que vendere illi voluerint in quibus dominus habebit *laudimium,* debet ipse *dominus* vel ejus *bajulus* sine contrarietate *laudare...* (Thalam,, p. 8.)

Cout. d'Aigues-Mortes, art. 3 : Si quis emerit vel permutaverit domum vel possessiones, *vicarius* vel *bajulus* loci teneantur *laudare...*

4 Notum sit omnibus hominibus, quod avus meus et pater meus et

La liberté stipulée dans la charte d'Aigues-Mortes
l'emporta. Mais la différence est grande dans la quotité
du droit de lods et ventes. Le roi d'Aragon, seigneur
de Montpellier, veut que l'acheteur donne la cinquième
partie du prix : si donc le vendeur (dit la charte) a
reçu un prix de *cent* sols, l'acheteur doit payer au seigneur un droit de *vingt* sols. Le roi de France, seigneur
d'Aigues-Mortes, défend, au contraire, de recevoir
pour lods plus de la vingtième partie du prix, savoir
douze deniers pour vingt sols. — Ainsi, à Montpellier,
le droit de lods était de vingt pour cent; il n'était que
de cinq pour cent à Aigues-Mortes [5]. La coutume de
Montpellier ajoutait : « *Sed maxima inde fit remissio*,
mais qu'il soit fait une grande remise sur cet impôt. »
C'était une sorte de garantie que les habitants voulaient, par cette clause, stipuler à côté de l'énormité
du droit, et pour le seigneur ce pouvait être un moyen
de pallier l'usage constaté par écrit. La remise ne devait pas avoir lieu en temps ordinaire, et la promesse
de remettre partie d'un droit perçu, en vertu de la loi
du pays, n'était pas une garantie sérieuse; mais, en
temps de troubles, la clause pouvait devenir un moyen

ego Guillelmus Montispessulani, talem consuetudinem habuimus...,
quod alicui Burgensi non liceat honorem suum aliqua occasione
dare, nec vendere, nec impignorare militi, vel sancto, vel clerico,
nec filiam suam liceat in uxorem dare militi cum honore Montispessulani, nec totius parochiæ sancti Firmini. (Hist. du Languedoc,
an 1113. t. iv. Preuves, p. 359 (édit. du Mège).

5 Consuet. Montp., art. 15 : Quicumque comparat domum vel
solum forte inedificatum in Montepessulano, dat inde pro *consilio*
(dans la coutume de Carcassonne, au lieu de pro *consilio* (art. 11),
il est dit pro *laudamento*, ce qui fixe le sens de *consilio*) quintam
domino, hoc est : si venditor habuerit de petio C solidos, dat emptor
domino XX solidos, *sed maxima inde fit remissio.*

pour les habitants de Montpellier de se faire décharger de l'impôt. Or, les troubles et séditions n'étaient pas rares dans cette ville, qui, en 1141, avait rejeté hors de ses murs son seigneur, Guillem VI, et l'avait, pendant deux années, repoussé par la force[6]. — On voit combien la stipulation de la charte d'Aigues-Mortes était sage : à côté d'un droit équitable et modéré on n'avait pas besoin d'inscrire une promesse de remise, illusoire ou dangereuse[7].

Du reste, à Montpellier comme à Aigues-Mortes, la confiscation ordinaire sous le nom de *commise* est abolie : l'interruption de payement du cens pour les possessions terriennes ou les maisons ne fait point encourir la peine de commise, mais seulement entraîne l'obligation pour le possesseur de payer au seigneur le cens arriéré : ici l'avantage est pour la coutume de Montpellier qui se contente des arrérages, tandis que la charte d'Aigues-Mortes condamne au double du cens après trois ans d'interruption[8].

Le seigneur de Montpellier ni son bailli ne peut donner ou céder le droit d'approbation ou de *lods et ventes* tant que la chose n'a pas été vendue[9]. Dans les coutumes

---

6 *Petit Thalamus*, p. 329. «En lan de M e C e XLI, giteron los ho-
» mes de Montpellier en Guillem de Montpellier de la vila, *et anet*
» *sen a Latas* (il se retira au château des Lattes) *et duret la batalla*
» II ans. » (*Voir* aussi l'Histoire de la Commune de Montpellier,
par M. A. GERMAIN, lauréat de l'Institut, p. 11 et 12.)

7 «Nec recipiat pro laudimio ultra vicesimam partem precii; scilicet, de vigenti solidis, duodecim denarios : et semper emptor laudimia
solvere teneatur. (Charte d'Aigues-Mortes, art. 3.—Ord.,t. IV, p. 45.)

8 Consuet. Montep., art. 48; Cout. d'Aigues-Mortes, art. 3.
Census duplicetur.

9 En Provence, au XVe siècle, le droit d'aliéner s'étendit, en faveur du seigneur, au droit de céder le droit de *retrait* et de lods et

de Montpellier comme dans celles d'Aigues-Mortes, ce droit de lods et ventes ne peut être imposé ou exigé en matière de donation, de legs, de dot, de donation pour mariage ou de gage pour dot, et d'échange, lorsqu'il s'agit de choses relevant du seigneur de Montpellier ou de ses feudataires [10]. — Quant aux droits de succession, ils n'étaient dus au seigneur ni en succession directe, ni en succession transversale de frères et de neveux ; et, par application d'un principe tout romain, ils n'étaient pas dus même de la part d'un étranger, s'il y avait eu institution d'héritier [11].

Enfin par une grande et belle exception au droit judiciaire de la féodalité, le jugement par le duel, l'épreuve du feu et de l'eau ne pouvaient être imposés comme obligatoires ; il fallait le consentement des deux parties [12] ; et le seigneur de Montpellier jurait de faire justice en sa cour, au pauvre comme au riche, selon les coutumes établies, ou, à leur défaut, selon les règles du droit, *secundum juris disciplinam* [13]. Le bailli, le sous-bailli, le juge, le vicaire, le notaire et tous les curiales, tous les

ventes qui faisaient partie du domaine direct. (Statuta, RICHEB., t. II, p. 1213 : Jus retinendi jure prælationis, et laudandi cedi potest.

10 Consuet. Mont., art. 66.

11 Consuet. Mont , art. 66.

12 *Idem*, art. 62.

13 *Idem*, art. 123. — Insuper dominus Montispessulani cum jurejurando promittere debet quod justitiam et rationem tenebit et faciet tenere omnibus et singulis qui litigabunt vel litigare debebunt in curia sua, tam pauperi quam diviti, secundum mores et consuetudines hic insertos ; vel, eis deficientibus, secundum juris. disciplinam. — Et *bajulus*, et *subbajulus* et *judex*, et *vicarius* et *notarius*. et *omnes curiales* presentes et futuri, per omnia idem jurare debent, et plus sicut in supradicto sacramentali continetur..... Et omnes *consiliarii* quos sibi curia voluerit assumere, exceptis qui jam juraverunt, debent jurare idem quod dictus judex et bajulus, etc.

conseillers que la cour voulait s'adjoindre, devaient prêter le même serment.

Le Droit romain avait été enseigné avec éclat à Montpellier à la fin du xiie et au commencement du xiiie siècle par Placentin et par Azon, comme on l'a vu dans notre tome précédent [14]; il était en rapport avec plusieurs traditions du pays; il a donc dû exercer de l'influence sur la rédaction même de la charte de 1204. On en reconnaît la trace en ce qui concerne le droit de testament et de substitution; mais, chose remarquable, cette influence disparaît quand il s'agit de l'hérédité légitime. La loi romaine et les coutumes indigènes ou locales se sont contrebalancées dans l'ordre de la transmission des biens, et la coutume l'a même complétement emporté à l'égard des successions collatérales.

L'analyse suivante va justifier cet aperçu et déterminera le vrai caractère du Droit de Montpellier.

Le père de famille, d'après les coutumes de 1204, peut disposer de tous ses biens, tradition romaine; mais son testament est valable sans institution d'héritier, ce qui est contraire à la règle fondamentale du testament d'après le droit civil de Rome. Le testament fait en présence de trois témoins à Montpellier, et ailleurs, de cinq ou sept témoins, se trouve assimilé par l'absence d'institution d'héritier au testament militaire [15].

---

14 *Voir* mon tome iv, p. 343 et 347. Placentin commença son enseignement à Montpellier en 1160; il mourut en 1192: son épitaphe est rapportée dans les mémoires de CATEL. p. 293.

15 Consuetud. Montep., art. 56: Omne testamentum valet sine heredis institutione. — Art. 53 et 58: Coram tribus testibus. — Si alibi, per septem, vel per quinque testes, non requisitis signaculis vel suprascriptionibus.

Le père peut laisser à ses enfants ce qu'il veut; et si le legs est modique, les enfants ne peuvent s'en plaindre; ils ne peuvent réclamer de *subside* qui leur soit dû sur les biens (c'est-à-dire de légitime ou de réserve) ni de supplément de légitime. Les enfants doivent, en tout et pour tout, obéir à la volonté de leurs parents et se contenter de leur legs [16]. — C'est là l'exercice du pouvoir absolu anciennement consacré par la loi des XII Tables et que nous avons déjà rencontré dans la coutume d'Alais, contemporaine à peu près de celle de Montpellier. Seulement la coutume d'Alais, plus féodale dans son origine, donne le même droit au père et à la mère; là coutume de Montpellier plus fidèle au vieil esprit du droit romain réserve le droit absolu au père ou à l'aïeul (*parens*) [17].

Le testament ou tout autre acte de dernière volonté soit entre enfants et parents, soit entre personnes étrangères peut être fait par écrit ou sans écrit [18]. Voilà donc le testament *nuncupatif* ou verbal des anciens romains admis par la coutume de Montpellier [19]. Mais le nombre des témoins (cinq ou sept) exigé par les institutions romaines ne l'est pas à Montpellier et « si

16 Art. 56 : .....Et parens potest quidquid voluerit linquere liberis; et si modicum sit relictum, non possunt liberi conqueri; sed *in omnibus et per omnia*, sine questione debiti bonorum *subsidii* vel ejus supplementi, liberi debent parere voluntati parentum et suis legatis esse contenti. (Thal., p. 30.)

17 Elle s'en éloigne, lorsqu'il s'agit de l'autorisation de tester qui peut être donnée à la fille par sa mère. — *Voir* infrà, p. 224.

18 Consuet. Montep., art. 53 : Omne testamentum... in scripturis vel sine scripturis coram tribus testibus ydoneis fiat.

19 *Voir* mon t. I, p. 73, et t. II, p. 510 et 511, sur la forme testamentaire.

l'un des témoins appelés ou non appelés est mort ou absent au moment de la publication de la dernière volonté, le témoignage des deux autres, affirmant qu'ils ont été présents, suffit[20]. »

Si le père meurt *ab intestat* ses biens sont partagés également entre les fils et les filles, tradition toute romaine[21]. Mais si le père, en mariant sa fille, lui avait fait une part dans ses biens ou un don quelconque de fief, la fille dotée ne pouvait rien réclamer de plus dans la succession paternelle, à moins de volonté expresse[22] : disposition dérivée des traditions germaniques sur le droit de masculinité, disposition mentionnée déjà dans la charte du consulat d'Arles et devenue de droit commun dans la Provence. Quand la fille dotée prédécède, sans enfants ni testament, ses biens retournent au père, et, lui mort, à tous les frères survivants. — La fille mariée est comme séparée de la famille ; ses frères ou ses sœurs non mariées ont la préférence sur elle, et ce n'est qu'à leur défaut qu'elle est appelée à la succession des frères ou sœurs morts *ab intestat*. Ainsi elle ne se trouve pas seulement exclue de la succession de son père ; elle est encore exclue du droit de concurrence dans l'hérédité légitime de ses frères et sœurs ; et ces règles rigoureuses la frappent également, lorsqu'il s'agit des biens de sa mère[23].

20 Cons. Mont., art. 5 : *in finé.*
21 Cons. Mont., art. 68 : Conf. — Art. 12.
22 Cons. Mont., art. 13 : La coutume emploie souvent le mot *gadium*, dans cet article, pour *testamentum*. Le Glossaire de Ducange sur le mot *Gadium* aurait pu confirmer son interprétation un peu douteuse par ce texte très-précis des Coutumes de Montpellier.
23 Art. 13 : Et eodem modo dicimus de bonis maternis.

Le fille mariée ne peut tester ou disposer par donation
à cause de mort sans le conseil de son père ou de sa
mère survivante et, à leur défaut, de ses proches parents, usage conforme aux traditions du vieux droit
romain ou du *mundium* germanique [24]. Mais devenue
mère, elle peut tester à son gré : belle application du
jus liberorum, et coutume inspirée par cette présomption
naturelle et élevée qu'une mère, au lit de mort, n'est
pas capable de dépouiller ses enfants [25]. — Du reste,
que la femme soit mère ou qu'elle ne le soit pas, elle est
toujours libre de donner à son époux une preuve de
son affection ; elle peut disposer en faveur de son mari
du *quart* de ses biens sans le consentement de personne ;
et, avec l'assentiment des parents ou des proches,
présents ou absents, elle peut tout léguer à son mari [26].
— Le mari veuf jouit, pendant toute sa vie, des immeubles dotaux, d'après la coutume de Montpellier. Du
reste, le fonds dotal a pu être aliéné pendant la vie de
la femme, avec son consentement et celui de ses parents,
conformément à la loi Julia *De fundo dotali* mêlée d'idées
galliques ou germaniques sur le concours des proches
à l'aliénation des biens [27].

En succession collatérale *ab intestat* les biens paternels
doivent retourner aux parents du côté paternel, les biens
maternels aux parents du côté maternel : la règle *pa-*

24 GAIUS, inst., II, §§ 112, 113. — *Voir* mon t. I, p. 90, 91, et
mon t. III, p. 153, sur le *Mundium.*

25 Sur l'effet du *jus liberorum*, voir CODE THÉODOSIEN, VIII, 17,
2 et 3, et mon t. II. p. 492.

26 Cons. Mont., art. 55. (Thal., p. 30.)

27 Les traditions galloises, bretonnes et germaniques sont identiques sur le concours des proches, *voir* mon t. II, p. 98 et t. III, p. 193.

terna paternis, materna maternis, rejeton vivace et multiple des coutumes galliques, se trouve ainsi constatée dans les coutumes de Montpellier qui déclarent qu'en cela les lois romaines ne doivent être nullement observées : *Legibus in hac parte nullatenus observandis* [28].

La coutume est très-favorable aux substitutions. La volonté du défunt doit être suivie dans les substitutions en tout temps et en tout lieu, sans distinction entre les appelés impubères ou majeurs, et sans application de la loi Falcidie, c'est-à-dire, sans la réserve du *quart* admise par le droit romain en faveur des parents [29].

Dans cette terre qui faisait partie de la plus ancienne province romaine, voilà bien des dérogations, de diverse nature, aux traditions du droit romain.

En voici une autre non moins importante et peut-être plus caractéristique, car elle montre la famille établie sur une base bien différente de la famille romaine, nous voulons parler de l'émancipation par le mariage : « le fils marié (dit l'article 53 de la coutume de Montpellier) et la fille mariée sont censés émancipés par la volonté du père [30]. » : C'est le contraire du droit romain sur la constitution de la famille. Dans la législation romaine la puissance paternelle ne cesse point par le mariage de la fille ; mais à l'égard de celle-ci elle se transmet quelquefois tout entière au mari, à son père ou à son aïeul [31]. Nous

---

28 Art. 58 : Sed *bona paterna* debent esse proximorum *generis paterni ;* similiter *materna* proximorum *generis materni.* Legibus in hac parte nullatenus observandis.

29 Art. 56 : Omni loco et tempore... sine beneficio legis Falcidiæ (en droit romain c'est la quarte dite *trébellianique*).

30 Cons. Montep., art. 53.

31 Dans le mariage libre, le père retient la puissance sur sa fille ;

avons prouvé, au livre du Droit gallique, que la différence
entre la puissance paternelle chez les Gaulois et la puissance paternelle chez les Romains consistait, non dans
son caractère qui était également absolu chez les deux
peuples, mais dans la transmission de son exercice et
sa durée. Chez les Gaulois, elle s'arrêtait à la personne
du père et le mariage des fils la faisait cesser; chez
les Romains, elle était plus encore dans les mains de
l'aïeul que dans celles du père, et le mariage des enfants
n'en détruisait point l'exercice par l'émancipation de
plein droit. La charte de Montpellier, dans l'usage qu'elle
a consacré, a suivi une tradition gallique et l'a fait
prévaloir contre l'autorité des lois romaines, qui l'em-
portèrent dans d'autres cités du Languedoc.

Ainsi, le caractère des coutumes de Montpellier est
très-significatif en ces deux points : l'émancipation de
plein droit, résultant du mariage des fils et des filles;
— la succession collatérale fondée sur la règle *paterna
paternis, materna maternis.* La coutume locale atteste et
continue, au milieu d'imitations assez incohérentes du
droit romain, la tradition des mœurs celtiques sur la
constitution personnelle et réelle de la famille gauloise.

Mais comment se fait-il que des traditions galliques
aient pu se maintenir ainsi dans la ville et le territoire de
Montpellier ? — Cela s'explique par l'origine de cette cité.

Montpellier n'est pas une ville d'origine romaine
comme Nîmes, Aix, Narbonne; ce n'est pas une ancienne ville gauloise devenue, comme Toulouse, colonie

---

dans le mariage solennel, la femme tombe *in manu mariti*, et si le
mari n'est pas *sui juris* elle passe sous la puissance du père ou de
l'aïeul de son mari, soumis à la même puissance.

ou cité latine [32]. C'est une ville du moyen-âge, fondée
seulement vers le xie siècle, et qui a pris la place des
deux bourgs de Montpellier et de Montpellieret donnés
en alleu à l'église de Maguelone vers 990 par la famille
des comtes de Substantion. Le bourg de Montpellier fut,
bientôt après la donation, inféodé par l'évêque de Maguelone à un simple gentilhomme du nom de Guillaume,
vassal du comte de Melgueil, dont les descendants devenus
célèbres dans le midi sous le nom des GUILLEMS, portèrent,
à partir de l'an 1090, le titre de seigneurs de Montpellier [33].

Les bourgs distincts de Montpellier et de Montpellieret
ont vu croître leur population par le développement

32 *Voir* la belle dissertation de M. BENECH sur *Toulouse, Cité
latine*. (Recueil de mélanges publiés en 1857 sous les auspices de
l'Académie de législation.)

33 *Voir* les Mémoires de l'histoire du Languedoc, par CATEL,
ch. 6, p. 292, et l'*Histoire de la commune de Montpellier*, par
M. A. GERMAIN, t. I, Introd., p. VII, XI et XIV. — Les souverains du
pays portèrent toujours le seul titre de *seigneurs de Montpellier*
(*idem*, t. I, p. 33).

Leur premier acte connu est leur assistance, avec le comte de
Melgueil et l'évêque de Maguelone, à la fondation d'une abbaye de
Saint-Geniès.

Quant à l'origine de la concession faite par l'évêque de Maguelone, elle est clairement attestée par le testament de Guillem V de
l'an 1114 : In nomine Domini, ego Guillelmus Montispessulani per-
gens contra paganos ad expugnandam Majoricam insulam, anno
Domini MCXIIII, tale facio testamentum in præsentia Galterii Magalonensis episcopi...

Si forte contigerit me mori in hoc itinere... et si omnes infantes
mei moriantur sine herede de uxore aut de marito legali, antequam
habuerent XIII ætatis sue annos completos, DONO et REDDO Deo, et
SS. apostolis Petro et Paulo ecclesie Magalonensis et Galtero ejusdem Sedis episcopo et successoribus suis, totam villam Montispessulani que est *antiquitus alodium* S. Petri Magalonensis ecclesiæ,
quam villam habeo *ad feudum* per manum ejusdem Sedis episcopi.
(Hist. du Languedoc, t. II, Preuves, p. 390 (édit. anc.), et Histoire
de la commune de Montpellier, Introd., p. XX.

naturel des familles indigènes et l'agrégation des fugitifs de Maguelone qui, chassés de l'île par les Sarrazins,
trouvaient là un asile ouvert. Ils ont formé par leur
réunion une ville importante, partagée entre la seigneurie
laïque des Guillems pour les deux tiers et la seigneurie
ecclésiastique de l'évêque de Maguelone pour l'autre
tiers, représenté par l'ancien bourg de Montpellieret[34].

En 1162, le pape Alexandre III, après avoir fait la
dédicace du maître-autel de l'égise de Maguelone (qui
resta le siége de l'évêché jusqu'en 1536), se rendit
avec son nombreux cortége en la ville de Montpellier,
que les anciens Actes de la vie du pontife, recueillis
par Baronius, qualifient alors de ville populeuse, *ad
populosam Montispessulani villam ascendere dignum duxit*[35].

Cette population qui s'était accrue par des causes
diverses, mais dont l'élément principal était indigène,
imposa, en 1204, à ses nouveaux seigneurs, Marie, fille
de Guillem VI, et son époux royal Pierre d'Aragon, une
charte d'anciennes coutumes et de franchises que les
nouveaux seigneurs ne pouvaient qu'accepter et sanc-

---

34 Le comte Pierre de Melgueil, seigneur de Montpellieret, avait
transporté au pape Grégoire VII la seigneurie de tous ses biens pour
les tenir en fief de l'Église romaine; la donation est de l'an 1085
(GALLIA CHRISTIANA, t VI, *Instr.*, p. 349, et *Histoire générale du Languedoc*, II, Preuves, p. 321). Or, l'évêque de Maguelone était vicaire
du saint-siége dans les possessions pontificales résultant de la donation de 1085; c'est à ce titre qu'il avait la seigneurie du quartier de
Montpellieret compris dans l'enceinte de la ville : la division de
seigneurie et de juridiction a duré jusqu'au milieu du XIVe siècle
(M. GERMAIN, Int., XIII).

35 Acta vitæ Alexandri papæ III, ex Vatic. biblioth. Annales eccl.
Baronnii, anno 1162 t XIX, p. 185, n° 3, et CATEL, *Mémoires*, p 292.
— C'est le pape Paul III qui transféra le siége de l'évêché à Mont-
pellier en 1536.

tionner, pour s'assurer la paisible possession du pays.
Telle est la raison naturelle et historique qui se présente
pour rendre compte de la trace des mœurs galliques,
apparente dans les coutumes de Montpellier.

Cette ville, établie lentement dans des bourgs et des
fiefs composés surtout de ces hommes rustiques qui conservent les mœurs des anciens, les usages du pays, a
vécu d'une partie des vieilles traditions locales, en y
ajoutant, sous la protection de ses seigneurs renommés
par leur justice, des habitudes nouvelles enfantées par
les besoins progressifs de la société[36]. L'influence du
droit romain est venue s'y joindre, sans doute, mais
c'était plus une influence d'école que de mœurs traditionnelles ; aussi le mélange des idées et des formes romaines avec les coutumes du pays offre quelque chose
d'indigeste, et la nouveauté même de l'emprunt se trahit
par cette confusion[37].

---

36 Le grand *Thalamus* (encore manuscrit) et le *Mémorial* des
nobles conservent les témoignages de cette réputation de justice :
Montempessulanum..., quum justiciam amaverint et misericordiam
(domini Montispessulani), crevit Deus et multiplicavit (GERMAIN, app ,
I, p. 271). — Dans le serment du bailli il est dit : Rationem et *justiciam* servabo, secundum consuetudinem et mores curie, secundum
juris ordinem (anno 1190). — Hist. de la Comm., app., I, p. 272. —
La Coutume de 1204 porte, art. 5 : Bajulus et Curiales tale faciunt
sacramentum : Ego homo Juro quod... rationem et justitiam tenebo,
et servabo omnibus et singulis personis, secundum consuetudines et
mores Curie... et ubi mores et consuetudines curie defficient, secundum Juris ordinem.

37 L'école de Placentin a commencé vers 1160. La charte de
1204 indique, art. 122, une distinction entre les coutumes antiques
et les choses nouvelles : Hec autem consuetudines in futuris duntaxat negotiis locum obtineant; in preteritis autem nullam vim
habeant, nisi ille tantummodo que sunt *antique*, que in præteritis
suam obtineant firmitatem. (Thalamus, p. 52.)

Les coutumes de Montpellier ne sont point l'œuvre de Pierre d'Aragon ; elles sont le recueil des *bonnes coutumes* que dès le jour de son mariage (15 juin 1204) il avait promis d'approuver et qu'il a sanctionnées le 15 août, même année. Les nouveaux seigneurs, Marie et Pierre d'Aragon, tout en paraissant octroyer quelque chose, subirent en réalité les exigences populaires[38]. L'initiative avait appartenu aux bourgeois ; la charte fut préparée par sept personnes élues deux mois d'avance ; elle fut publiée et jurée solennellement par le seigneur et roi en présence du peuple de Montpellier, convoqué en assemblée générale (*ad commune Colloquium*) [39].

II. Les coutumes de Montpellier furent adoptées, quelque temps après, par la ville de Carcassonne, sous le titre de *Libertates* et *Consuetudines Carcassonæ*, sans date précise. Mais leur adoption ne fut pas cependant aveugle et privée d'utiles modifications. Les coutumes de Car-

38 Charte du 15 juin 1204 en faveur des consuls et des bourgeois de Montpellier. (Grand Thalamus, f 2 et 64. Hist. de la Comm. de Montpellier, par M. GERMAIN, I, 317, et l'Introd., p. x.)

Et omnes bonas consuetudines et bonos mores vobis probis hominibus Montispessulani et toti universitati laudamus et confirmamus et nos observaturos promittimus, et quidquid in consuetudinibus et moribus Montispessulani septem probi homines ad hoc electi, infra annum, addendum vel detrahendum vel corrigendum vel de novo statuendum ad utilitatem villæ existimaverint, illud totum *laudamus præsentialiter*. .

Les sept personnes élues pour préparer la charte qui a été approuvée le 15 août sont désignées dans celle du 15 juin.

39 Charte du 15 août 1204 : Acta sunt hæc omnia et laudata in ecclesia B. Marie de *Tabulis* (Notre-Dame des Tables) ubi hac specialiter de causa fere totus Populus Montispessulani ad commune Colloquium convenerat... (Petit Thalamus, p. 56).

cassonne ont 149 articles au lieu des 122 que renferment celles de Montpellier ; et certaines différences ou additions ont une grande importance sous le rapport juridique et religieux.

Ainsi, l'art. 5 contient le droit de récusation *motivée* contre les assesseurs du bailli et des curiales ; l'art. 35 admet le débiteur à jurer son insolvabilité et à faire alors cession de biens, tradition romaine ; l'art. 48 n'admet pas la suppression du droit de commise ; l'art. 54 fait disparaître le consentement de la mère pour autoriser là fille à tester, et cette autorisation ne peut émaner que du père ou des proches, ce qui est beaucoup plus conforme aux idées romaines ; il permet de donner le quart et non la totalité des biens de la femme au mari ; le testament est rescindé s'il y a excès de disposition ; —et l'art. 130, qui reconnaît généralement aux habitants de Carcassonne le droit de tester et de disposer de tous leurs biens, limite cette faculté par le droit des enfants légitimes, *ni infantem legitimum habuerit* [40].

La supériorité du père sur la mère, quand il s'agit de puissance et d'autorisation, ainsi que le respect du droit des enfants à l'égard de la légitime, attestent dans les coutumes de Carcassonne, ville gallo-romaine, une tradition plus forte et plus vraie du droit romain de l'empire, que la tradition confuse de Montpellier, ville née au sein du moyen âge.

Dans l'ordre religieux, les coutumes de Carcassonne contiennent des garanties et des peines contre les héré-

40 Il y aurait d'autres différences moins importantes que l'on pourrait citer. — (*Voir* les Cout. de Carcassonne, avec notes de conférence, dans lc Recueil de M. Ch. GIRAUD, I, p. 47 et suiv.

tiques, des réserves en faveur de l'autorité apostolique, des sûretés pour le droit d'asile dans les églises ; et l'on reconnaît à ces dispositions que la rédaction des coutumes est postérieure à la guerre des Albigeois.—Quant à ce grave événement, qui a exercé tant d'influence sur les destinées du midi, nous ne dirons rien en ce moment, réservant ce sujet pour les coutumes d'Albi.

III. Les coutumes de Montpellier et de Carcassonne étaient surtout le droit des villes, le droit des bourgeois. C'est à Narbonne que furent rédigées les coutumes des Nobles. Narbonne, antique capitale de la province romaine, qui avait passé sous la domination successive des Visigoths et des Sarrasins, avait forcément associé dans ses plaids les divers éléments de sa population tourmentée par les invasions ; et chacun venait, dans le x⁰ siècle encore, se faire juger d'après sa loi personnelle et par des juges mi-partis de races diverses. Sa position extrême à la frontière et sa destinée militante y avaient naturalisé le système des fiefs ; les seigneuries s'y étaient multipliées, et en 1232 les nobles du pays s'assemblèrent pour se reconnaître dans la confusion de leurs droits et juridictions. Nous possédons les coutumes qui furent rédigées en latin dans cette assemblée seigneuriale [41]. Elles sont loin de former un monument qui puisse rappeler les Assises des barons de la haute cour de Jérusalem, ou même les Assises des nobles, que nous étudierons plus tard en Bretagne. Les seigneurs s'occupent de régler d'abord leurs cours féodales, et de se créer des garanties pour que

[41] Hist. du Languedoc, t. III, Pr., p. 362, n° 208 (édit. anc.).

la compétence respective de leurs justices soit maintenue. Si un homme a donné caution de se présenter et qu'il soit fugitif, son propre seigneur doit abandonner à la justice de l'autre seigneur local tous les meubles du contumace, mais non son fief et ses biens immobiliers. — Une disposition est relative aux filles dotées par leur père, mère ou frère; elles ne peuvent revenir à la succession des biens paternels, maternels ou fraternels : c'est un article des coutumes d'Arles, fait pour les bourgeois de la cité, qui se trouve adopté par les nobles et appliqué à leurs familles. — De même, le fils qui a reçu de son père, par testament, une part légère pour entrer dans le clergé ou dans un monastère, doit respecter la volonté paternelle. L'intérêt du fief que le père veut conserver à l'aîné se place sous l'antique règle du droit des XII Tables : *Dicat testator et erit lex.*

Cependant, et c'est là peut-être l'unique disposition qui ait de l'originalité, le *parage* existe dans les coutumes des nobles de Narbonne; et si un chevalier ou un fils de chevalier tient, à ce titre, un fief de chevalerie, nul ne peut le lui enlever : que si l'on porte atteinte à son droit, il y aura punition pécuniaire au jugement de la cour.—Les nobles de Narbonne ne veulent pas en 1232 adopter l'ordonnance de Philippe-Auguste, de 1209, qui a limité les effets du parage.

A cela se réduisent les coutumes des nobles rédigées par les seigneurs. Elles sont bien loin de pouvoir être comparées aux monuments obtenus ou rédigés dans l'intérêt de la classe bourgeoise.

Et toutefois, les coutumes de Montpellier, qui leur

étaient bien supérieures et qui avaient acquis une
grande importance, puisqu'elles étaient adoptées dans
d'autres villes, ne répondaient pas à la célébrité de la
ville comme centre d'Université, comme première école .
de Droit romain. Ce qui leur manque surtout, c'est
l'unité d'esprit ou l'effort intelligent pour associer des
éléments divers. Les anciennes coutumes de Bourgogne
et d'Arles, sous ce rapport, sont autrement remarquables.

Les coutumes de Toulouse et d'Albi, que nous
allons étudier successivement, nous présenteront aussi,
avec avantage, sur les coutumes de Montpellier, deux
types tout différents, dans une même région.

SECTION IV.

ANCIENNES COUTUMES DE TOULOUSE.

SOMMAIRE.

§ 1. *Observations préliminaires sur l'esprit des coutumes de Tou-louse.*

§ 2. *Analyse et esprit des dispositions et des traditions d'origine romaine.* — *Caractère de ces traditions.*

§ 3. *Coutumes locales contraires aux règles du droit romain.*

§ 4. *Esprit du droit féodal à Toulouse.*

§ 5. *Caractère municipal, féodal et civil des dispositions non ap-prouvées par le roi en 1285.* ·

§ 1. — OBSERVATIONS PRÉLIMINAIRES SUR L'ESPRIT DES COUTUMES DE TOULOUSE [1].

Les anciennes coutumes de Toulouse ont été présen-tées, en 1283, au roi de France, Philippe le Hardi, qui ordonna une enquête pour en reconnaître l'antiquité et l'observation continue. Cette enquête s'est accomplie sous Philippe le Bel, son successeur, en 1285, à l'aide des témoignages les plus imposants et avec beaucoup de solennité [2]. Le manuscrit, communiqué au roi, ou

---

1 J'ai profité de la mission qui m'a retenu deux ans dans la ville de Toulouse (1854-1856) pour faire des recherches plus exactes sur les coutumes du pays, et en soumettre le résultat à l'Académie de législation, qui a bien voulu y donner son approbation.

2 *Voir* D. VAISSETTE, Histoire du Languedoc, liv. XXVII, ch. 75, t. VI, p. 214 (édit. Du Mège), additions et notes, p. 49-61, t. I, p. 242.

D. Vaissette dit, t. VI, p. 214, qu'il a eu sous les yeux un ancien manuscrit des Coutumes, qui a appartenu à l'abbaye de Moissac; qu'à la marge de ce manuscrit on voit un *commentaire sur les mêmes coutumes*, composé par un jurisconsulte anonyme, et *fini* en

copié par ses ordres et formant un *rouleau*, fut colla-
tionné, mot par mot, avec le texte contenu en un *vieux
registre;* et la haute antiquité des coutumes alors en
vigueur est expressément constatée par les procès-
verbaux qui, sous la date des années 1283 et 1285,
précèdent le texte des coutumes de Toulouse. Vingt
articles furent *réservés* par le roi Philippe le Bel, sous
la formule *non placet, vel deliberabimus.* Il se trouvent
consignés dans un registre déposé aux archives du
Capitole, et transcrits d'un livre plus ancien, connu
dans l'histoire des antiquités toulousaines sous le nom

l'an 1297. « Cet auteur, ajoute-t-il, rapporte tous les textes du Droit
civil qui lui viennent dans l'esprit pour les conférer avec les Coutumes
de Toulouse et en faire ressortir la conformité. » D. Vaissette cite
quelques exemples qui indiquent chez l'auteur une érudition très-
incomplète. Ce même manuscrit fait aujourd'hui partie des mss. de
la Bibliothèque impériale, n° 656 B (gr. in-folio avec fig. coloriées).
Les coutumes se terminent à la p. 55, et des pièces relatives à Toulouse s'y joignent en assez grand nombre.— Un autre manuscrit
(cart. 7), écriture du xive siècle, in-folio moins grand, contient
aussi des pièces et chartes relatives à la même ville. Dans les deux
mss. ce sont les coutumes approuvées en 1285.

Aux Archives municipales de Toulouse se trouvent : 1° L'*Ilde-
fonsus*, petit registre in-4, en parchemin, contenant la copie des
anciennes Chartes, recueillies par D. Vaissette, Catel, Lafaille (Annales), et par MM. Du Mège, Inst. Toulousaines; d'ALDEGUIER, Histoire de Toulouse : c'est la Cartulaire de la ville —2° Le Livre Blanc,
Liber Albus; c'est une *copie;* l'original devait exister aux archives
du temps de Casaveteri ; dans l'édition de ses *coutumes,* 1544, et à
la fin d'un *Arrestum* célèbre, l'*Arrestum Sane,* il transcrit la mention suivante : « Regestratum est in Libro Albo statutorum Curiæ
» præsidialis domini Senescali Tolosæ post consuetudines Tolosanas
» confirmatas per christianissimum bonæ memoriæ dominum Phi-
» lippum, regem Francorum, anno D. millesimo ducentesimo octo-
» gesimo quinto : *et incipit in XIII linea decimi sexti folii dicti*
» *Libri Albi.* »

C'est précisément au folio 17 que commence l'*Arrestum Sane* dans
le 2e registre ms. de la Bibl imp.. qui pourrait bien être l'original.

d'*Album* ou de *Livre blanc*. Ils ont été, du reste, imprimés par Casaveteri dans l'édition des anciennes coutumes qu'il a publiées pour la première fois, en 1544, avec un commentaire.—Ces vingt articles non approuvés ne sont pas les moins curieux pour déterminer l'esprit des coutumes de Toulouse au moyen âge. Ils n'ont pas attiré jusqu'à présent, comme ils le méritaient, l'attention des interprètes ou des historiens[3]. Nous tâcherons, dans le cours de ce travail, de réparer cette omission.

Les anciennes coutumes avaient été déjà présentées au comte de Poitiers et de Toulouse, en 1251, et par lui confirmées[4]; mais la confirmation spéciale et authentique, qui a donné aux coutumes écrites leur autorité définitive, est celle de Philippe le Bel adressée, en 1285, à son amé et féal l'abbé de Moissac, au sénéchal de Toulouse, à Étienne Motel, juge-mage, et au sénéchal de Carcassonne, à l'effet (dit la traduction du préambule), « de confirmer les coutumes dont ils ont fait usage par le passé, afin qu'ils puissent s'en servir dans leurs jugements, et que *foi pleine et entière y soit ajoutée sans recourir à autre preuve.* » — «Voulons et ordonnons » (portent les lettres patentes) que lesdites coutumes

---

3 L'auteur des Annales de Toulouse, LAFAILLE, avoue même qu'il ne les a pas connus et qu'il les a vainement cherchés ; M. MOLINIER, professeur à la Faculté de droit de Toulouse, dans un rapport fait en 1853, s'étonne de cette ignorance avouée par l'auteur des Annales : il n'avait qu'à compulser le *Livre Blanc*, qui existait de son temps au Capitole (1689), et dont la copie existe encore. (*Mémoires de l'Acad. des sciences, inscript. et belles-lettres de Toulouse*, 1853.)

4 Dans le ms. de Moissac, Bibliothèque impériale, se trouve la lettre de la reine Blanche, de 1249, pour la prise de possession du comté de Toulouse au nom d'Alphonse et l'approbation générale des coutumes par Alphonse, en 1251.

» soient gardées et observées, et, à cet effet, enregis-
» trées... telles qu'elles sont renfermées dans le *rouleau*
» que nous vous envoyons : nous les confirmons, à
» l'exception de *vingt coutumes* contenues au même
» *rouleau*, sur lesquelles nous nous réservons de déli-
» bérer en temps et lieu [5]. »

Les faits caractéristiques qui concernent Toulouse,
aux diverses époques de son histoire, expliquent très-
bien et éclaireront d'avance les résultats que l'on trouve
dans les coutumes constatées au xiiie siècle.

La ville des Tectosages (on doit remonter jusque-là)
avait commencé ses relations avec les Romains par un
traité d'alliance, mentionné dans l'histoire de Diodore
de Sicile [6]; et l'on sait que les alliés des Romains
(*fœderati*) conservaient leurs institutions municipales.
Plus tard, les Toulousains furent investis du droit de
latinité, car Pline l'Ancien, en dénombrant les *oppida
latina*, mentionne *Tolosani Tectosagum;* mais ce droit
de latinité, qui était relatif surtout au droit de propriété
romaine, ne portait aucune atteinte (comme l'a parfai-
tement établi M. Benech dans un de ses mémoires) au
droit d'indépendance municipale ou d'autonomie, qui
appartenait aux villes alliées [7]. Ainsi, la constitution
politique de la ville de Toulouse, qui, selon les mœurs
et les institutions gauloises, était représentée par un

5 *Consuetudines Tolosæ* (la traduction est celle de Soulatges,
1770). *Voir* les procès-verbaux de la Coutume, dans le Recueil de
Richebourg, t. iv, *in fine.*

6 Fragment rapporté dans Adrien de Valois, *Notitia Gall.*, p. 653
(*fœdus*).

7 M. Benech, dans son savant Mémoire sur Toulouse, Cité latine. *Voir* le Recueil de ses *Mélanges de droit et d'histoire* (1857).

sénat aristocratique et des magistrats choisis dans le sénat ou hors du sénat, avait dû subsister, ou conserver son principe originaire. — Quelques indices, et notamment une médaille frappée en l'honneur de Galba, portant d'un côté la tête de cet empereur (qui avait d'abord gouverné l'Aquitaine) et de l'autre, *Tolosa Colonia,* doivent faire présumer que Toulouse avait reçu une colonie romaine [8]; mais l'importance de cette colonie est une question indécise.

Ce qui est certain du moins, c'est que Toulouse, à l'époque gallo-romaine, avait son Capitole et ses Consuls. La preuve en est dans Sidoine-Apollinaire, qui rapporte que saint Saturnin, évêque des premiers siècles, l'apôtre du christianisme dans cette partie de la Gaule méridionale, fut précipité du haut du Capitole, *de gradu summo Capitoliorum* [9]. — Quant aux Consuls, leur dénomination se trouve dans les documents les plus anciens sur Toulouse, et elle ne fut remplacée qu'au xiiiᵉ siècle par celle de Capitouls, dont le nom ne vient pas de Capitole, mais de Chapitre ou Conseil (*Capitularii vel de Capitulo Tolosano* [10]).

---

8 PTOLÉMÉE, dans la Géographie de la Gaule narbonnaise, donne à Toulouse le nom de *Colonie*. — Goltsius paraît être le premier qui ait mentionné et reproduit la médaille (LAFAILLE, Annales, I, p. 17).

9 SID. APOLL , epist., lib. IX, ep. 16. — FORTUNAT., 2, carmen 8 et 9. — GREG. TUR., De glor. mart., I, c. 48. — D. VAISSETTE, I, c. 48.

10 *Voir*, à la fin des Cout , la sentence de 1226. — La liste authentique des Capitouls, au nombre de douze (6 de la cité, 6 des faubourgs et de la banlieue, *suburbii*) ne commence qu'en 1295, sur l'ancien registre appelé Annales de l'hôtel de ville (LAFAILLE, I, p. 20). — Sur l'origine des Capitouls, D. VAISSETTE, liv. XXVII, c. 75, t. VI, p. 215. — M. DU MÈGE a fait sur cette dénomination des Capitouls une dissertation qui complète l'opinion de D. Vaissette. (Mém. de l'Acad. des sc. et inscript. et belles lettres de Toulouse. 1855.)

L'opinion de plusieurs savants, que Toulouse fut réduite par les Romains, dans les premiers temps de la
· conquête, à l'état de *province*, au régime absolu des
provinces romaines, me paraît difficilement admissible.
Cette opinion s'appuie principalement sur les mots « *quæ
civitas est in provincia*» appliqués à Toulouse dans les
Commentaires de César (I, 10) ; mais je crois avoir démontré (dans le tome 1ᵉʳ de cet ouvrage) que la *Province
romaine* comportait des situations diverses, des droits
différents pour les villes qui s'y trouvaient comprises,
et qu'une cité libre ou alliée pouvait exister dans le territoire d'une province : *Civitas in provincia*, loin de
marquer l'assujettissement de Toulouse à l'état de province romaine, marquerait donc bien plutôt son existence de Cité libre ou alliée, · au sein de la province
Narbonnaise[11].

En dernière analyse, soit comme ville municipale,
d'origine gauloise, ayant conservé sa constitution séna-
toriale et aristocratique, en la modifiant par l'imitation
des institutions de Rome et l'adoption du titre de ses
magistrats, soit comme cité investie du droit de latinité, ou du droit de colonie romaine, Toulouse avait
le double caractère d'une ville qui tenait : 1° de son
origine gallo-romaine, un esprit politique de municipa-
lité indépendante, gouvernée par des magistrats revêtus
d'un nom romain ; 2° du droit de latinité communiqué
à son territoire, dès les premiers temps de l'empire,

---

11 Cette opinion de Catel, suivie par M. Benech, s'appuie sur
quelques considérations générales, mais n'invoque pas d'autre
texte. *Voir* le Mémoire sur Toulouse, considéré comme *Cité latine,*
Mélanges de droit et d'histoire, p. 545 (1857).

un droit civil conforme, sous plusieurs rapports, à l'ancien droit civil de Rome, mais empreint aussi d'esprit local et mélangé de coutumes indigènes.

Les Visigoths, en établissant le siége de leur empire à Toulouse, y respectèrent les traditions romaines unies aux traditions locales : ce résultat est attesté par le Code d'Alaric extrait du Code Théodosien ; — par le *Commonitorium*, ou préambule authentique, qui explique l'intention et le but du code nouveau ; — par l'interprétation législative qui l'accompagne, et qui, émanée (comme le prouve le *Commonitorium*) de l'assemblée des évêques et des provinciaux, modifie assez souvent les lois romaines, selon l'état des mœurs et des coutumes de la province. Le droit romain, d'après le Code d'Alaric, le Commonitorium et l'Interprétation, est la *loi territoriale*. Le caractère de réalité qui déjà, depuis quatre siècles, avait été imprimé dans le pays au droit civil de Rome par la concession territoriale du droit de latinité, se trouvait ainsi maintenu par un roi d'origine germanique et par le code de l'an 506. — Ce code, promulgué au nom d'Alaric II, roi des Visigoths, reçut son exécution après la conquête de ses États par Clovis, qui sépara Toulouse de la Septimanie, pour rattacher cette grande cité à l'Aquitaine ; et Charlemagne, dans la vingtième année de son règne, fit une seconde publication ou édition solennelle du Code d'Alaric, pour en confirmer l'autorité.

Le droit romain eut une destinée et une autorité différentes dans le pays de Toulouse et dans la région de la Septimanie, abandonnée aux Visigoths. Là, dans cette contrée appelée de leur nom, Gothie, la Loi visi-

gothique, recueil mélangé de droit germanique, romain,
ecclésiastique, fut d'abord prédominante[12]; le Code
d'Alaric n'y reçut point d'application comme loi territoriale; il n'y fut que la *Lex Romana* considérée comme
loi personnelle, de la même manière que la loi des
Francs. La constitution du pape Jean VIII, de l'an 878,
prouve formellement que l'évêque de Narbonne pré-
senta le livre de la loi gothique au pape, comme la loi
principale de cette partie de la province[13]; et les plaids
célèbres, tenus à Narbonne en 782, 862 et 933, étaient
mi-partis de Romains, de Goths et de Francs[14].

Cette différence d'application ou de destinée du droit
romain, dans les deux parties du Languedoc, est essentielle : — à Toulouse, le Code d'Alaric régna sans
partage; dans la Gothie, le *Codex legis Visigothorum* fut
substitué de force à la *Lex Romana Visigothorum;* —
dans le pays de Toulouse, le droit romain resta loi
réelle et territoriale; dans le territoire de Narbonne ou
de la Gothie (Bas-Languedoc), la loi romaine fut seulement à l'état de loi personnelle; — à Toulouse enfin,
le Code de la loi visigothique ne reçut aucune exécution;
et l'on verra, dans le cours de nos recherches, que les
anciennes coutumes de Toulouse ne portent, en effet,
aucune trace de la loi germanique des Visigoths.

12 *Voir* mon tome II, p. 404, et *infrà*, chap. III, sect. VI. Le Code
visigothique a été publié sous le titre de *Lex Visigothorum* par
Canciani, t. IV, et par l'Acad. de Madrid sous le titre de *Forum
Judicum* et de *Fuero Juzgo* (1815).

13 *Voir* mon t. IV, p. 288, 300.

14 Plaids tenus à Narbonne, en 782, 862, 933.—Celui de 933 avait
11 Romains, 4 Goths, 3 Francs, et annonçait déjà la suprématie
qu'avaient regagnée les Romains. (Texte des Plaids, dans D. Vaissette, t. II, p. 134, 281, et t. III, aux Preuves, p. 410, édit. Du Mège.)

Du ix⁰ au x⁰ siècle, la féodalité s'étendit sur la France et se fit sentir dans le Midi. Au comte Bernard, qui le premier vers l'an 871 s'intitula *Comte par la grâce de Dieu*, se rattache l'hérédité des comtes de Toulouse [15]. Mais la forte constitution de la Cité empêcha la féodalité de prévaloir contre le pouvoir municipal. Les comtes de Toulouse, devenus héréditaires, maintinrent les coutumes, augmentèrent les priviléges de la cité. — Plus houreuse que les villes de l'Italie et de la Provence, qui furent livrées souvent au pouvoir passager, à la tyrannie éphémère, mais sans cesse renaissante, des *Podestats*, la ville capitale de la Langue d'Oc put se développer au moyen âge, sous la protection d'un pouvoir héréditaire qui avait intérêt à ménager l'avenir, à captiver l'affection des peuples, à seconder la prospérité du pays.

Sous le gouvernement héréditaire des comtes de Toulouse, la ville, avec ses faubourgs et dépendances, fut toujours administrée par des consuls et un conseil commun. Les magistrats consulaires et le conseil avaient la juridiction civile et criminelle; mais, pour rendre la justice civile, ils s'adjoignaient quelquefois, comme assesseurs, des membres de l'Église cathédrale; et le Viguier, ou vicaire du Comte, devait être présent au jugement des affaires criminelles. De plus, lorsqu'il s'agissait de l'intérêt des femmes mariées, de l'assignation de leur dot, de la condition des débiteurs [16], du

15 *Voir* la généalogie des Comtes, dans Lafaille. (Annal., i, p. 65.)
16 Année 1197. Établissement relatif aux débiteurs et aux mesures : « Carta publicæ constitutionis quam fecerunt Consules Tolo-
» sanæ civitatis et suburbii cum *Communi consilio* urbis et suburbii,
» cum consilio et *voluntate* Petri Nogerii, *Vicarii*, qui totum illud

droit des créanciers qui réclamaient privilége (*podera-gium*) sur chose allodiale[17], et de quelques autres matières où se faisait plus particulièrement sentir un besoin de protection, le viguier intervenait et exerçait une certaine part de juridiction civile. — Les Consuls avaient donc pouvoir de juridiction dans l'ordre civil et criminel, *imperium mixtum et merum*; mais le Comte, représenté par le viguier, conservait une haute surveillance sur l'exercice de la juridiction criminelle, et une participation à l'exercice de la juridiction civile dans l'intérêt surtout des faibles et des incapables. Le viguier du comte exerçait ainsi, déjà, une sorte de MINISTÈRE PUBLIC, analogue à celui que les GENS DU ROI exercèrent plus tard près des parlements[18].

Hors de Toulouse, la féodalité s'établit plus librement, et la justice seigneuriale avait ses droits reconnus sur le territoire circonvoisin. Mais la juridiction des consuls planait encore sur le sol toulousain, comme juridiction suprême. Ainsi, les causes mixtes leur appartenaient, et, s'il y avait difficulté pour le jugement des causes de ce genre renvoyées aux juges seigneuriaux, les consuls eux-mêmes ressaisissaient la connaissance du

» laudavit et concessit pro D. Raymundo Tolose comite, in loco ejus-
» dem, ipse pro ipso. » (Archives municipales, petit registre in-4°,
connu sous le nom d'*Ildefonse*, fol. 20.)

17 Sur le *Poderagium*, *voir* Casaveteri, De debitis (fol. 28, au verso n° V.), et *infrà*, § 5.

18 Dans son important mémoire sur les coutumes de Toulouse, couronné par l'Académie des sciences, inscriptions et belles-lettres, M. Astre ne me paraît pas avoir assez tenu compte de la situation du viguier. (Mém. de l'Acad. des sciences, inscriptions et belles-lettres de Toulouse, année 1854, p. 141.) — Le viguier fut maintenu jusqu'en 1553. (LAFAILLE, Annales, t. II, p. 152.)

litige et statuaient en dernier ressort. Les consuls avaient, en outre, avant 1285, le droit reconnu d'interpréter, de déclarer la coutume; et leur pouvoir de juridiction s'élevait alors jusqu'à une sorte de pouvoir prétorien. — Quant au pouvoir direct d'établissement législatif, *stabilimentum*, il ne s'exerçait qu'en présence ou du consentement, soit du comte, soit de son viguier [19].

Dans une telle organisation de la justice et de la cité, l'Église, représentée en certains cas seulement par des assesseurs, n'aura qu'une faible part dans le jugement des causes civiles; et, le droit canonique ne pourra exercer que très-peu d'influence sur les coutumes du pays.

En résumé, d'après les faits qui caractérisent l'histoire et les institutions de Toulouse depuis les temps anciens jusques et y compris le xiiie siècle, le droit romain, d'une part, modifié par l'interprétation provinciale du ve siècle, et, d'autre part, les coutumes indigènes, le droit municipal, devront avoir le caractère prédominant : le droit germanique, le droit canonique seront à peu près absents. Quant au droit féodal, il apparaîtra, mais il ne formera qu'un élément secon-

---

19 Registre in-4°, dit l'Ildefonse, année 1147 : Ego lldefonsus..... confirmo bonos mores et franquintos quos habebant et quos ego eis dedi et feci.

1152. Hæc est Carta de *stabilimento* quod fecit Commune Consilium Tolosæ et suburbii cum consilio Raymundi comitis Tolosani.

1220-1221. Chartes relatives à l'élection des Consuls : Consules cum Communi Consilio civitatis et cum *consilio* et *voluntate* domini Raymundi.

1199. Règlement contre les gens de mauvaise vie et les débiteurs: Iloc est commune stabilimentum quod consules urbi et suburbii, cum consilio communis Consilii... in *præsentia D Raymundi*, etc. (*Voir* le Mémoire de M. Astre sur les anc. coutumes, p. 20.)

daire dans les usages de la cité, soumise surtout à l'influence permanente de la juridiction consulaire.

Et tel est, en réalité, l'esprit des coutumes de Toulouse : l'analyse raisonnée que nous allons présenter en
fournira la preuve complète, et fera clairement ressortir
le rapport qui a existé entre les faits et les institutions.

§ 2. — ANALYSE ET ESPRIT DES DISPOSITIONS ET DES TRADITIONS
D'ORIGINE ROMAINE. — CARACTÈRES DE CES TRADITIONS.

Les coutumes toulousaines du xiiie siècle se composent de quatre parties :

La première est relative aux formes de procéder et
aux jugements (26 titres);

La deuxième, aux obligations, contrats et acquisitions (9 titres);

La troisième, aux dots, testaments et successions
(7 titres);

La quatrième, aux fiefs et immunités de la ville de
Toulouse (6 titres).

On trouve en appendice deux titres sur les limites du
Gardiage et de la *Viguerie* de Toulouse, c'est-à-dire sur
les limites du territoire placé sous la *garde* des Consuls
ou Capitouls, et du territoire plus étendu soumis à l'autorité du *Viguier*. Les habitants qui se trouvaient dans
le *Dex* ou la limite du gardiage jouissaient seuls de
toutes les franchises possédées par la ville de Toulouse. En 1226, les limites du gardiage et de la viguerie furent agrandies par sentence des capitouls,
d'accord avec le comte de Toulouse. La sentence est
mise à la fin des coutumes, et il en résulte que le

gardiage embrassa l'étendue d'une lieue autour de la ville et des faubourgs, et la viguerie celle d'environ deux lieues [1].

L'ensemble des titres de la coutume, sans cet appendice, est de 48 titres et 155 articles. Mais il faut y ajouter, comme document important pour l'histoire du droit, les vingt dispositions ou coutumes qui n'avaient pas reçu l'approbation royale en 1285.

Dans les quatre parties de la coutume approuvée sont répandus 27 articles qui reproduisent des dispositions ou des traditions de droit romain.

Vingt de ces articles se rapportent à l'ancien droit civil de la république ou de l'empire, et se retrouvent dans le Code théodosien ou dans le Code d'Alaric (*Lex romana Visigothorum*) et ses accessoires, tels que l'interprétation, les codes Grégorien et Hermogénien, les sentences de Paul, l'épitome de Gaius, reproduits dans l'édition de Sichard, en 1528, et, de nos jours, dans la riche édition donnée par Haënel d'après soixante-seize manuscrits [2].

Sept articles seulement paraissent empruntés au droit de Justinien : Digeste, Code et Novelles.

Je vais en faire successivement deux classes, en indiquant les sources et les rapprochant de la coutume.

---

1 *Voir* Soulatges, Commentaires, 4ᵉ partie, p. 159 et 160. — Gardiage, de *Gardia* pour *custodia*.

2 M. Benech a présenté à l'Académie de Législation un rapport approfondi sur cette édition de la *Lex Romana*. Nous croyons toutefois qu'il n'a pas assigné dans ce travail à l'*Interprétation*, œuvre des évêques et des provinciaux, toute l'importance qui lui appartient. (*Voir* le compte rendu de l'Académie de Législation, t. III.)

Je classe premièrement les dispositions qui réfléchissent le droit civil de Rome, *antérieur à Justinien*, dans l'ordre suivant :

1° La prohibition, en matière criminelle, d'accuser ou d'intervenir par procureur : prohibition, dans les coutumes de Toulouse, conforme au Code d'Alaric et aux Sentences de Paul [3] ;

2° La règle des aveux ou confessions en justice civile qui doivent être faits, pour être valables, en présence des parties, et qui ne *nuisent* pas en matière criminelle : disposition des coutumes qui se retrouve dans l'ancienne procédure civile et criminelle des Romains (Code grégorien, Sentences de Paul et Digeste) [4] ;

3° La preuve des obligations par *exhibition de titre*, sans que cependant la possession de l'acte par le créancier soit toujours probative du non-payement (Code grégorien) [5] ; et la défense de la *preuve par témoins* du fait allégué, savoir, que le débiteur, depuis la confection du titre non représenté, a reconnu devoir : disposition de la coutume, contraire au Code de Justinien *De fide instrumentorum* [6] ;

4° Les effets des sociétés entre commerçants qui as-

---

3 Coutumes de Toulouse, liv. I, tit. II, art. 2. — *Lex Romana Visig.* (Haenel), lib. IX, tit. I, l. 9, et *Interpret* : per mandatum nullus accuset. — *Lex Romana*, XI, 14, 4. (Haënel, p. 232.) — *Pauli Sent.*, V, 18, 11. (Haenel, p. 432.) — *Id.*, V, 4, 12. (Haënel), p. 418.)

4 Cout., I, 16, art. 4 et 5. — Cod. Greg., X, 2. — Paul. Sent., V, 5, 2 ; Haënel, p. 418, et *id.*, p. 454. — Dig., l. 36, *De re judicat.* — L. 6, § 3, *De confessis.* — L. 2, § 1, 17, et ult., *De quæst.*

5 Cout., liv. II, 1, 4. — Cod. Greg., IV, 11, 2. (Haënel, p. 450.)

6 Cod. Just., IV, 21, 15, *De fide instrumentorum :* In exercendis litibus eamdem vim obtinent tam fides instrumentorum, quam depositiones testium. (*Voir* les Observations de Soulatges, 2, p. 151.)

suraient les *dépenses de nourriture* à celui qui faisait les transports lointains; règle de la coutume énoncée dans les Sentences de Paul [7];

5° La préférence, en cas de ventes ou de donations successives, de la *seconde* sur la *première*, si la *seconde* avait été suivie de la possession réelle (Code grégorien et Sentences de Paul) [8];

6° Les effets de la possession de *mauvaise foi* pour la restitution des fruits perçus avant le litige, de la possession de *bonne foi* pour l'acquisition des fruits consommés ou existants : coutume conforme aux règles des Codes grégorien et théodosien [9];

7° Les effets irrévocables de la puissance maritale, admis par la coutume conformément à l'ancienne *Manus* des Romains sur les choses *données* en vue du mariage par le père ou les parents de la femme; le mari en était propriétaire à titre définitif, ainsi que des autres présents faits la veille ou le lendemain des noces : ces règles se retrouvent dans Gaïus, le Code grégorien et les Sentences de Paul; et la coutume de Toulouse dit, à cet égard, *usus et consuetudo est in Tolosa et fuit a tempore quo non extat memoria continuo observata* [10];

8° Les effets de la même puissance sur les biens que la femme recevait et possédait pendant le mariage : le

---

7 Cout., liv. II, tit. II. — Paul. Sent., II, 16.

8 Cout. II, 7, 1. — Cod. Greg., III, 6, 4. Haënel, p. 446. — Paul. Sent., V, 12, 4, p. 426.

9 Cout. II, tit. II. — Cod. Greg., I, 1, Haënel, p. 416. — Cod. Th., IV, 16.

10 Cout., II, 5, 1, 2. — Sur la *Manus*, Gaïus, Com., II, 86, 90. — Cicero, topic., IV. — God. Greg., I, 2, 1. Haënel, p. 444. — Paul. Sent., V, 12, 1. Haënel, p. 426. — Antiquités romaines d'Heineccius avec les annotations de Chr. Gottl. Haubold et les additions de Fr. Müllenbruch, lib. I, tit. 10, § 6, p. 127 et suiv. (édii. 1841).

mari en était réputé propriétaire ; *in bonis mariti sunt*, disait le Code grégorien ; *intelliguntur esse mariti*, disait la coutume de Toulouse [11] ;

9° Le droit du mari de vendre le *fonds dotal*, avec le *consentement* de sa femme, ancien droit de l'empire, consigné dans les Sentences de Paul et formellement abrogé par Justinien [12] ;

10° Le droit de la femme d'exiger caution pour la *conservation* et la *répétition* de sa dot en argent : coutume conforme à l'ancienne tradition romaine sur la *cautio rei uxoriæ*, mais abrogée par le Code de Justinien [13] ;

11° Le droit de la veuve de répéter sa dot, et, de plus, l'augmentation stipulée ou présumée, venant de la donation faite par le mari *propter nuptias*, d'où est sorti depuis l'*augment coutumier* : disposition de la coutume, conforme au Code d'Alaric et aux Sentences de Paul, *de Dotibus* [14] ;

12° Le droit du mari de porter plainte, en *son nom*,

---

11 Cout., liv. II, tit. VI, art. 1.—Cod. Greg., III, 6, 5. Haënel, p. 446.

12 Cout , II, 7, 11. — Paul. Sent. (*Lex Julia* de adulteriis), II, 22, 2. Haënel, p. 368. (*Voir* mon t. II, p. 564.)

13 Cout., liv. III, 1, 4. — AULUGELL., IV, 3 : S. Sulpicius tum primum *cautiones rei uxoriæ* necessarias esse visas scripsit. — *Lex Romana Visigoth.*, lib. III, tit. XIII, L. 2. — L'*Interprétation* cite les *Responsa Pauli* sub titulo de re uxoria. (Haënel, p. 92) — (*Voir* mon tome I, p. 219.) — Cod. Just., V, 20 , 1, 2 , *De fidejuss.* Sive ex jure, sive ex *consuetudine* lex proficiscitur, ut vir uxori fidejussorem servandæ dotis exhibeat, *tamen eam jubemus aboleri.*

14 Cout., liv. III,—1—1. Lucrantur et debent recuperare de bonis ipsorum maritorum dotes et *donationes propter nuptias*, seu *agentiamentum* ubi constat de *agentiamento* et de donatione propter nuptias. — *Lex Romana Visig.*, III.—13.—2,3,5.—De dotibus, et *interpret.*, Haenel, p. 90.

de l'injure faite à sa femme, mais avec reconnaissance
du droit de la femme, au défaut de l'action maritale,
de se plaindre en justice contre celui qui l'avait inju-
riée : coutume-conforme au Code d'Alaric et aux Sentences de Paul [15];

13° Les effets de l'indivision entre enfants jusqu'au
partage de la succession du père, indivision qui met
en commun les créances et les dettes, les pertes et les
acquisitions faites par un seul, sauf la preuve que l'acquisition d'immeubles provenait de ressources particulières et étrangères aux biens paternels : disposition de
la coutume conforme aux règles des Sentences de Paul
et de l'Interprétation [16];

14° Le droit d'hérédité des parents paternels de celui
qui est mort *ab intestat*, sans laisser d'enfants, ni son
père survivant : droit de succession conforme à l'ancien droit civil de Rome, consigné dans les Sentences
de Paul et l'Epitome de Gaïus [17];

15° Enfin la faveur des testaments et du droit de
tester, suivant l'esprit ancien et les formes libres du
testament militaire, qui, toutefois, cédèrent souvent
dans la pratique à la forme du testament fait devant le
curé, conformément aux conciles de Narbonne et de
Toulouse du XIIIᵉ siècle [18].

---

15 Cout., liv. I, tit. XXIII, art. 2 et 3. — Cod. Th., IX, 1, — Paul.
Sent., v, 4, 3. Haénel, p. 416.

16 Cout., lib. II, tit. v, art. 4 et 5. — Paul. Sent., v, 11, 4, *Interpret.*, Haénel, 426. — Paul. Sent., IV, tit. VI, VII et VIII, *familiæ her-
ciscundæ.* — Appendix, Haénel, p. 454 et 455. — Dig., x, 2, 3. —
XVII, 2, 52, § 17.

17 Cout., liv. III, tit. v. — Paul. Sent., IV, 1. Haénel, p. 404. —
Gaii Epitome, XVI, 1. — Dans Haénel, tit. VIII, 64, p. 332.

18 Cout., lib. III, tit. v. — Gaii Epit., II, Haénel, De testamentis,

La seconde classe comprend les dispositions des anciennes coutumes de Toulouse, qui réfléchissent le *droit de Justinien*.

Elles sont relatives :

1° A l'assimilation du partage, avec soulte, aux effets de la vente (droit du Code) [19] ;

2° A la tacite reconduction appliquée (selon le droit du Digeste) aux baux des maisons et des terres [20] ;

3° A la libération du débiteur (selon le droit du Digeste) par le payement fait à l'un des créanciers solidaires, bien que l'autre fût absent [21] ;

4° A l'obligation du créancier de remettre le titre au fidéjusseur, à la caution et au tuteur qui payent la dette, et de *leur céder*, par acte public, ses droits et actions contre le débiteur (droit du Code et des Novelles) [22] ;

5° Au droit du *créancier* de fixer le prix du gage (droit qui, d'après les Novelles, appartient au *juge*) et de s'en faire adjuger la propriété par la Cour, s'il n'y avait pas eu surenchère *après trois publications* (droit des Novelles) [23] ;

6° Et enfin à la nécessité (selon le droit du Code)

---

p. 324 ; nulle forme n'est mentionnée. Mais, d'après les Conciles de Narbonne de l'an 1227, de Toulouse de 1229, d'Arles de 1234, de Narbonne encore de 1235, et conformément au droit canonique, les testaments devaient être faits devant le curé.

19 Cout., liv. III, tit. VII. — Cod. Just., VIII, 38, 1.

20 Cout., liv. II, tit. VIII, art. 1 et 2. — Dig., XXIV, 2, 13, § 11.

21 Cout., liv. II, tit. IV, art. 2. — Dig., XLV, 2, 2, et 3. — XLVI, 3, 12.

22 Cout., liv. II, 4, art. 4 et 5. — Cod. Just., VIII, 43, 17. — Nov., I, 4, — n°ˢ 4 et 6.

23 Cout, liv. II, 4, 1. — Nov. I, tit. IV. Nov., IV, c. 3.

d'*une citation en justice* pour interrompre la prescription [24].

Voilà, dans les coutumes de Toulouse, le partage un
peu aride, mais précis, entre le droit antérieur et le droit
postérieur à Justinien. Les traditions de l'ancien droit
sont, comme on le voit, bien plus nombreuses, bien
plus caractéristiques que celles du droit de Justinien,
lesquelles ne concernent que certains effets de contrats ou
de quasi-contrats : et cet inventaire des articles d'origine
romaine atteste que l'influence du droit de Justinien et
de l'école des Glossateurs avait peu pénétré encore dans
la jurisprudence des Consuls, qui devaient s'attacher
de préférence aux traditions anciennes, aux usages
reçus de temps immémorial.

La preuve que c'était le droit antérieur à Justinien
qui prédominait dans les mœurs nous est donnée surtout d'une manière très-remarquable, dans la classification précédente, par deux dispositions qui touchent
aux plus graves intérêts de la propriété et de la famille :
je veux dire celle sur le *fonds dotal* et celle sur le *droit
d'hérédité* en ligne transversale. Si les consuls de Toulouse avaient voulu observer le Droit romain de la renaissance enseigné à Montpellier au xiie, à Toulouse au
xiiie siècle, ils se seraient attachés nécessairement à ces
dispositions fondamentales dans la législation de Justinien qui constituaient, à l'égard du mari, le fonds
dotal absolument inaliénable, et qui réglaient le droit
de succession collatérale par la Novelle 118, sans préférence entre les branches paternelle et maternelle. Mais,

---

24 Cout., liv, iv, tit. ii. — Cod. Just., vii, 39, 8, 7, § 5.

au contraire, c'est le droit formellement aboli par Justinien qui est maintenu dans les coutumes de Toulouse :
—d'une part, l'aliénation du fonds dotal y reste permise
au mari, avec le consentement de la femme, d'après
l'ancienne loi Julia *De fundo dotali;* — d'autre part, les
coutumes portent, contrairement au droit de Justinien et
même au droit prétorien, que si un homme ou une
femme décède, *ab intestat*, sans descendants et sans
laisser son père survivant, tous ses biens, meubles et
immeubles, sont dévolus et appartiennent au plus proche
parent du côté paternel, *in gradu parentelæ ex parte patris*[25]. — Ce droit de succession, uniquement favorable
à la ligne du père, a tourmenté les commentateurs Casavateri et Soulatges, sans parler des modernes, qui ne
pouvaient le concilier avec la Novelle 118 sur les successions[26] : ces anciens commentateurs n'ont pas su reconnaître, dans cette disposition, la trace très-signifi-
cative et très-précieuse du plus ancien droit civil de
Rome, de la loi même des Douze Tables, sur l'hérédité
des agnats : droit formellement reproduit dans l'*Epitome* des Institutes de Gaïus, compris dans le recueil
d'Alaric comme monument légal et obligatoire[27]. — Et
ce mode de succession était si bien établi dans les
mœurs toulousaines, avant la confirmation authen-

---

25 Cout., liv. III, art. 11 (f° 50) : Et devolvuntur propinquiori seu
propinquioribus illius personæ defunctæ, in gradu parentelæ ex
parte patris.

26 Casavateri ; Soulatges ; M. Astre, Mémoire. — François-François, *Observations des coustumes de Toloze* (1615), p. 811, 812,
816, a mieux vu à cet égard, lui qui voit ordinairement avec tant
de confusion ; il a même pensé à la loi des Douze Tables.

27 *Gaii Epitome*, tit XVI, *De intestatorum hereditatibus*, édit. de
Lyon, 1593, p. 27. — Édit. de Haenel, tit. VIII, § 3, p. 332.

tique des coutumes de 1285, que nous possédons une
sentence des consuls de Toulouse, de l'an 1226, qui
constate formellement la pratique de ce droit, par suite
de l'enquête faite des anciennes coutumes de la cité[28].
La sentence porte : « Et etiam per inquisitionem factam
a consulibus, invenitur consuetudinem esse in Tolosa
quod ad *propinquiores ex parte lineæ paternæ hereditatis,*
bona defunctorum ab intestato *jure successionis* pertinent
et debent remanere. » — L'epitome de Gaïus disait :
« Non tamen omnibus simul *agnatis* lex hereditatum, sed
his qui defuncto, mortis suæ tempore, *proximiores in-*
veniuntur. » — La corrélation du droit et des textes sur
la succession des parents, du côté paternel, est donc
évidente entre l'epitome de Gaïus, la sentence de 1226
et les coutumes de 1285.

Mais on doit se demander maintenant si les trente
dispositions de droit romain, soit antérieur, soit postérieur à Justinien, qui se trouvent transportées dans la
rédaction des coutumes de Toulouse, constituaient pour
le pays, à cette époque, toute la législation, toute la
tradition romaine : nous ne pouvons le penser. La jurisprudence romaine, constatée par les coutumes écrites,
était bien sans doute la plus usuelle; elle représentait la
jurisprudence consulaire qui s'était formée sur des questions, sur des difficultés nées de la différence entre le
droit ancien ou théodosien et les dispositions du droit
de Justinien nouvellement mis en lumière. Mais cette
application spéciale supposait une application, une tra-

28 Sentence du 12 novembre 1226. — Appendice au tome I, de
l'*Essai du Droit français au moyen âge,* de M. Giraud, p. 113 et
116.

dition plus générale du Droit romain, sans laquelle le
recueil des coutumes eût été trop incomplet pour répondre, avec ses cent cinquante-cinq articles, aux besoins si variés, aux rapports si multiples de la vie civile.
À notre avis, il avait été indispensable ou, du moins,
très-utile de fixer par la jurisprudence consulaire le droit
propre de la cité, sanctionné par une longue pratique
et remis en question par des intérêts particuliers; il
avait dû paraître utile aussi d'admettre dans l'usage
certaines dispositions appropriées aux besoins de chaque
jour, la *tacite reconduction*, par exemple, que l'on pouvait emprunter au droit de Justinien encore nouveau
pour Toulouse : mais l'application particulière de ces
dispositions romaines, diverses d'origine, n'enlevait
pas dans le pays au Droit romain en général son caractère ancien de droit réel ou territorial, caractère qui
est si formellement reconnu dans les lettres patentes de
saint Louis, du 3 avril 1250, relatives aux sénéchaussées de Toulouse, de Cahors et de Rouergue, en ces
termes : « *Terra illa* regi consuevit, ut dicitur, et adhuc
regitur *jure scripto* [29].

Sans doute, à partir de la seconde moitié du xiiie siècle, le Droit romain territorial, qui prend alors le nom
de *Droit écrit*, ne sera plus seulement l'ancien droit civil
de Rome et de Théodose, réfléchi par le Code d'Alaric
et les documents accessoires; il sera aussi le Droit ro-

---

29 Recueil des ordonnances, I, p. 62.—*Voir* mon tome IV, p. 358.
Le premier des articles présentés par la ville de Toulouse en 1432,
le 1er mars, au roi Charles VIII, pour être confirmés, porte : « Que
ledit pays seroit régy par forme de droit escrit, comme il estoit
d'ancienneté. » (*Voir* ces articles dans l'Appendice du praticien de
CAIRON, p. 485.)

main de la renaissance propagé par l'enseignement des écoles de Bologne, de Montpellier, de Toulouse. — Mais, en 1285, au moment où les coutumes de Toulouse sont confirmées expressément par les rois de France, l'usage de l'ancien droit romain n'a pas encore fléchi sur les points.les plus importants, notamment en matière de dot et de successibilité agnatique : les mœurs l'ont maintenu contre la propagande des glossateurs ; et ce ne sera qu'à partir du xIVe siècle, que l'enseignement des écoles fera pénétrer plus avant ses résultats dans les mœurs du pays, et que le droit de Justinien sera substitué progressivement aux anciennes traditions du Code d'Alaric par la jurisprudence du parlement de Toulouse, substituée elle-même graduellement à la jurisprudence des consuls.

Ce sont là des distinctions qu'il ne faut pas méconnaître, si l'on veut se rendre exactement compte des anciennes coutumes de Toulouse, et de l'influence réelle du Droit romain dans cette région du Midi.

L'étude que nous venons de faire sur l'élément romain contenu dans ces anciennes coutumes confirme, au surplus, par ses résultats particuliers, les vues générales que nous avons exposées dans notre quatrième volume sur les vrais caractères de la persistance du Droit romain dans la France du moyen âge, et sur l'influence, tardive dans notre pays, des collections justiniennes [30].

30 *Voir* mon t. IV, liv. V, ch. V, sect. 1, p. 277, 301.

§ 3. — COUTUMES LOCALES CONTRAIRES AU DROIT ROMAIN.

Les coutumes de Toulouse ont amplement conservé
des traces visibles de droit romain, et surtout de l'ancien droit civil, comme nous l'avons précédemment
établi. Mais la soumission aux idées, aux institutions
romaines n'existait pas toujours dans les *matières mêmes
régies par le Droit romain*, antérieur ou postérieur à Justinien ; et plusieurs fois les mœurs locales, plus fortes
que ces institutions, ont maintenu dans la pratique et
introduit dans les coutumes écrites des dispositions contraires aux règles essentielles du droit civil de Rome.

Nous allons en recueillir ici les exemples les plus
saillants :

Premièrement. Dans les coutumes de Toulouse, la
puissance paternelle était reconnue, et l'on sait (Gaïus
en avait fait anciennement la remarque) que cette puissance avait, dans les coutumes galliques comme dans
le Droit romain, le caractère absolu. Mais les conséquences n'étaient pas les mêmes dans l'application, au
delà et en deçà des Alpes. La puissance paternelle,
chez les Romains, résidait surtout dans les mains de
l'aïeul ; et le mariage des fils, majeurs de vingt-cinq
ans, n'empêchait pas que la puissance paternelle ne
s'étendît sur la personne des fils, de la femme et des
petits-fils. Au contraire, dans les mœurs gauloises, la
puissance paternelle cessait par le mariage ; la femme
était soumise à la puissance maritale et non à la puissance paternelle ; les petits-enfants ne tombaient pas

sous la puissance de leur aïeul, mais restaient sous la puissance immédiate du père : il y avait donc *émancipation par mariage*. — Eh bien! dans les anciennes coutumes de Toulouse, l'émancipation tacite par le mariage du fils et de la fille était admise dans les cas les plus ordinaires : lorsque le père avait fait une donation à son fils, en vue du mariage, ou constitué une dot à sa fille, *Filii quibus patres eorum fecerunt donationem ratione matrimonii,...., habentur pro emancipatis*. — *Filia dotata a patre habetur prò emancipata*[1]. — Cette disposition, moins tranchée que celle des coutumes de Montpellier, était cependant contraire au principe romain, qui perpétuait la puissance paternelle sur le fils marié, quel que fût son âge, sauf le cas d'*émancipation solennelle*, droit exprimé encore au ve siècle dans l'Epitome de Gaïus[2]. — Elle était conforme à l'esprit des traditions celtiques, fortifiées par les idées chrétiennes d'après lesquelles la *puissance paternelle*, dans le sens juridique du mot, cessait par le mariage, sans que le respect et l'amour pussent avoir d'autre terme que la vie. — Ce n'est pas le premier exemple des rapports que présentent les traditions celtiques et les idées du christianisme. Plus on creuse dans l'histoire et plus on se rapproche de l'unité de mœurs, de l'unité de langues, de l'unité de peuples, et enfin de l'unité de l'homme sorti de la main de Dieu.

Secondement. Les coutumes de Toulouse n'admet-

---

1 Cout. de Toul., liv. III, tit. IV, art. 1 et 2. — Soulatges, p. 364.

2 Gaïus, *Epitome*, III, 6, édition de 1593, p. 19 et 20; édition d'Haenel, p. 320 : In avi remanet potestate.—Filius masculus *tribus emancipationibus* de potestate patris exit et sui juris efficitur.

taient pas le *sénatus-consulte Velléien*, protecteur à Rome des intérêts de la fille *sui juris*, et de la femme mariée. La fille toulousaine pouvait, à douze ans, emprunter, s'obliger, cautionner. La femme mariée pouvait s'obliger avec son époux ou pour lui; si elle l'avait cautionné, elle ne pouvait, plus tard, repousser le créancier par une exception tirée de sa qualité ou de son incapacité [3]. L'usage local avait ainsi préféré la sûreté des obligations ou transactions civiles et commerciales à l'intérêt des femmes et des mères de famille, que le sénatus-consulte Velléien défendait, à Rome, contre leur faiblesse, leur inexpérience, ou contre l'ascendant des maris [4]. A Toulouse, les femmes avaient une condition très-libre, nous en rencontrerons plusieurs fois la preuve; mais si elles avaient les avantages de la liberté, elles en subissaient les charges et les inconvénients, jusqu'à la possibilité de se ruiner.

Troisièmement. Les filles *dotées*, quelle que fut l'exiguïté de la dot, n'avaient aucun droit, aucun supplément de part ou de *légitime* à prétendre dans l'hérédité paternelle [5]; et cette disposition, contraire au Droit romain qui admettait la fille à l'égalité du partage avec ses frères dans la succession du père décédé *ab intestat,* contraire au *Code Grégorien* et à l'*Interprétation provinciale* qui permettaient la plainte d'inofficiosité à la fille dotée qui n'avait pas reçu le quart des biens [6], cette

---

3 Cout., liv. IV, tit. IV.

4 *Voir* mon t. II, p. 495, sur le sénatus-consulte Velléien dans les Gaules.

5 Cout., III, 1, 5.

6 Cod. Greg., II, 9, De test. inoff., Haënel, p. 446. — Dans le *quart* des biens on ne tenait pas compte de la *dot* acquise au mari.

disposition était usuelle dans le midi de la France au moyen âge. Nous l'avons trouvée dans les anciennes Coutumes d'Arles, de Salon, d'Alais, de Montpellier [7]. D'où venait-elle? — Pour les fiefs, elle tenait au principe féodal, attesté par les Coutumes de Milan qui n'admettaient pas les filles au partage de fief [8]. Pour les biens roturiers, elle tenait au principe gallique et coutumier de la conservation des biens dans les familles, et au respect de la puissance du père qui, dans une sorte de partage anticipé, avait, en constituant la dot, assigné la part de sa fille : le principe du respect de la volonté paternelle est formellement exprimé dans les Coutumes d'Alais et de Montpellier, et celui de la conservation des biens dans les familles nobles et autres est rappelé en 1472 par la requête des États de Provence, qui en demandaient l'application générale : « Que d'aissi » en avant per *conservation* las maisons *tant noblas quant* » *autras,* las filhas que si trobaran esser *dotadas* per lur » payre et mayre... *sian contentas soulament de lur* » *dota* [9]. »

.*Quatrièmement.* D'après les coutumes de Toulouse, la femme est incapable de porter témoignage en justice civile : disposition contraire au Droit romain qui l'ad-

---

7 Statuta Arelatis ; recueil de M. Giraud, t. II, p. 2. — Statuts de Salon, *idem*, p. 248. — Cout. d'Alais, art. 12 ; *Olim,* t. III, p. 1459. — Cout. de Montpellier, art. 13 ; Thalamus parvus (édit. 1841, p. 8).

8 Lib. Feud., I. — Fr. 8. — 11. — Fr. 26, § 5.

Il en était autrement dans les Constitutions de Sicile, recueillies et promulguées par Frédéric II. — *Voir* la nouvelle édition, dans l'*Historia diplomatica Friderici II*, t. IV, du précieux Recueil publié sous les auspices de M. le duc DE LUYNES (1854).

9 Statuts de Provence et de Forcalquier, RICHEBOURG, Coutumier général, t. II, p. 1214. *Suprà,* p. 168.

mettait, sauf en matière de testament [10]; contraire aux
lois visigothiques qui l'admettaient dans les cas ordinaires; mais conforme à certaines énonciations du
droit canonique. Toutefois, je ne pourrais pas l'attribuer au *Droit canonique* lui-même, avec un savant
professeur à la faculté de droit de Toulouse [11].

En effet, le témoignage des femmes, *non admissible*
d'après un texte du décret de Gratien, et peu sûr
d'après un texte des décrétales de Grégoire IX [12], *est*

10 Cout., liv. I, tit. XVII, art. 3 et 11.—Dig., XXVIII, I, 20, § 6, qui
test. facere possunt. Il n'y avait pas dérogation à la règle pour les
codicilles. — Cod. Just., VI, 36, 8, § 3.— Les lois visigothiques l'admettaient ordinairement, et, par conséquent, on ne peut pas assigner à la prohibition une origine germanique. (*Forum judicum*,
lib. II, tit. IV, L. 1 et 12, p. 23.)

11 M. MOLINIER, Rapport à l'Académie des sciences, inscriptions
et belles-lettres de Toulouse sur le concours relatif aux origines
de la coutume, et sur le mémoire de M. ASTRE, lauréat du concours, 1853.

12 Décret de Gratien, pars 11, causa 33, quæst. V, cap. 17 (édit.,
1618, p. 391) : Texte tiré, par Gratien, d'un livre de saint Augustin,
Lib. quæstionum *veteris testamenti*, quæst. 45; d'Ives de Chartres,
DECRET., pars 8, c. 85. PANORM., I, 7, c. 49; texte conforme aux coutumes judaiques. (*Voir* JOSEPH, Antiq. judaïc., lib. IV, c. 8, n° 15.)
GRATIEN dit : « Mulierem constat subjectam dominio viri esse, et
nullam auctoritatem habere, nec docere enim potest, *nec testis* esse,
neque fidem dare, nec judicare ; quanto magis non potest imperare.»
Dans un *autre texte*, emprunté à saint Ambroise, sur la première
épître aux Corinthiens, où il ne s'agit plus des mœurs de l'Ancien
Testament, comme dans les textes empruntés à saint Augustin, on
ne parle pas de l'*incapacité* de la femme, mais de son humilité,
ibidem, c. 19 : «Mulier debet velare caput quia non est imago Dei.
» Sed ut ostendatur subjecta, et, quia prevaricatio per illam inchoata
» est, hoc signo debet habere, ut in ecclesia propter reverentiam
» episcopalem non teneat caput liberum, sed velamine tectum,
» nec habeat potestatem loquendi, quia episcopus tenet personam
» Christi. Quasi ergo ante judicem sic ante episcopum quia vicarius
» Domini est, propter peccatum originale subjecta debet videri. »
Le texte que l'on peut citer d'après les *Décrétales* de Grégoire IX,

admis cependant par une décrétale de l'an 1203, insérée dans la nouvelle édition du *Corpus juris canonici*, que Richter a publiée sur un manuscrit de Rome, communiqué par l'infatigable Haënel [13]. — Le témoignage des femmes devant les cours de justice paraît avoir été défendu depuis, il est vrai, par une constitution de Boniface VIII, proclamé Pape en 1294; mais cette con-

lib. v, tit. xl, cap. 18, p. 523, n'est point relatif à l'*incapacité* de la femme d'être témoin ; il prescrit seulement d'examiner la *qualité* des témoins pour apprécier la valeur du témoignage, ce qui est bien différent :

« Testes autem considerantur conditione, natura et vita. — Conditione, si liber, non servus, nam sæpe servorum metus dominantis testimonium supprimit veritatem. — Natura, *si vir*, non *fœmina :* nam varium ac mutabile *testimonium semper fœmina producit.* »

13 Corpus juris canonici, ad Exemplar romanum, edidit L. Richter (Lipsiæ, 2 v. in-4°, 1839).

« Tam litteris vestris quam depositionibus testium diligenter auditis, intelleximus evidenter nihil esse contra dilectum filium Lucanum electum sufficienter ostensum, nisi de auditu tantum et fama, quum super aliis, si qua videantur esse probata, testes sint vel soli *vel tales* qui non potuerunt illa *legitime* comprobare. Quia vero super *matrimonio* quod idem electus dicitur contraxisse cum vidua testes non fuere recepti propter appellationis obstaculum, ne videlicet *laici*, vel *fœmine* in tali reciperentur articulo contra ipsum, sicut vestris nobis litteris intimastis, licet nuncii ejusdem electi, coram nobis probare aliud niterentur, nos, ut tantæ irregularitatis objectio non remaneat indiscussa, discretioni vestræ per apostolica scripta mandamus atque præcipimus, quatenus testes sive *laicos*, sive *fœminas*, duntaxat idoneos, qui ad hoc fuerint probandum infrà mensem inducti, *recipiatis legaliter* et examinetis prudenter, excommunicantes soleniter, si quis eos impedire præsumpserit quominus *testimonium* perhibeant veritati..... Datum *Fesculini*, 11, id. maï (1203).» — Decret. Grég. IX, lib. ii, tit. *De test. et att.*, ch. 33, t. ii, p. 315. — Le texte rapporté dans l'édition des Pithou (même ch. 33) diffère sur plusieurs points, mais reconnaît aussi l'idonéité des femmes comme témoins. ii, p. 98. C. J. C. — Le témoignage des femmes est donc admis ici en matière de *mariage*, et il s'agissait du mariage d'un prêtre élu évêque !

stitution, postérieure à 1294, n'aurait pu exercer d'influence sur des coutumes approuvées en 1285. D'ailleurs, la constitution, en statuant pour l'avenir, suppose qu'*auparavant* les femmes portaient témoignage en justice ; et elle n'a pas pour but de déclarer leur incapacité à cet égard, mais seulement de changer le *mode* du témoignage. Elle défend de contraindre les femmes à se rendre devant les tribunaux pour y témoigner, et cela par un motif de décence publique ; mais si leur témoignage est nécessaire, elle veut que le juge commette un tabellion pour le recevoir à domicile : « Mulieres, quas » vagari non convenit nec virorum cœtibus immisceri... » ad judicium personaliter evocari vel *trahi invitas causa* » *ferendi testimonium*... prohibemus ; sed cum necessa- » rium fuerit testimonium earumdem, judex (in expensis » partis producentis easdem) tabellionem aut aliam per- » sonam idoneam ad eas transmittat [14]. » Ainsi, le témoignage des femmes était pratiqué avant la constitution de Boniface VIII, et il n'était pas interdit par cette constitution. Au surplus, sur la question du témoignage des femmes, en droit canonique, nous possédons aujourd'hui un document très-précieux, c'est la *Somme judiciaire* d'Andréa, sur le second livre des Décrétales, publiée en 1840 d'après un manuscrit de Bâle du XIVe siècle. sous le titre suivant : JOANNIS ANDREÆ SUMMULA DE PROCESSU JUDICII. Au § 12, il est dit que la femme ne peut pas être témoin en *matière criminelle*, c'est-à-dire lorsqu'il s'agit de vol ou d'homicide : « Mulier non potest esse testis *in causa criminali*, id est, ubi agitur de furto, vel de homicidio. » — Donc, dans la

14 Corpus juris Can SEXTE, lib. II, tit. I, cap. 2.

pratique qui avait suivi les Décrétales, le témoignage des femmes, en matière civile, n'était pas prohibé[15]. Donc ce n'est point du droit canonique que devait venir la disposition de la coutume de Toulouse. — J'aime bien mieux dès lors me rallier à une autre opinion du même professeur, qui pense que l'on peut faire remonter cette interdiction du témoignage des femmes en matière civile, jusqu'à la procédure du combat judiciaire : cette procédure excluait le témoignage des femmes par la force des choses, puisque les témoins devaient être des champions prêts à soutenir leur témoignage en champ clos.

Cinquièmement. Les tuteurs et curateurs, dans les coutumes de Toulouse qui contiennent sur ce sujet de nombreuses dispositions, n'étaient point tenus de faire inventaire ni de donner caution de leur administration future, comme en droit romain ; ils pouvaient librement vendre les biens immeubles de leurs pupilles après trois proclamations, sans aucune garantie pour l'emploi des deniers et pour la reddition des comptes [16].

Ces dispositions, également contraires au Droit romain, à l'équité, à la probité publique et privée, entraînaient et consacraient la spoliation des mineurs; et l'ancien usage avait produit tant de ruines scandaleuses, qu'en 1285, dans l'année même où les coutumes de Toulouse venaient d'être reconnues et approu-

---

15 JOANNIS ANDREÆ SUMMULA DE PROCESSU JUDICII, C 5, 19. — EX codice Basileensi, in integrum restituit AGATHON WUNDERLICH, in universitate Basileensi professor publicus ordinarius. — Bâle, 1840 (in-8° de 59 pages).

16 Cout , liv. I, tit. III ; tit. XIX, art. 4 ; liv. II, tit. VII, art. 5 et 8.

vées par le roi, deux commissaires royaux, Rodolphe,
évêque de Laon, et Jean, comte de Forez, chargés
par Philippe le Bel d'une mission dans les provinces de
la langue Occitanique *pro reformatione patriæ et correc-
tione* CURIALIUM (expressions remarquables) rendirent
un arrêté, célèbre sous le nom d'ARRESTUM SANE, afin
d'enchaîner le désordre des tutelles et curatelles, et de
donner aux incapables des garanties contre les spolia-
tions dont ils étaient victimes.

Cet *arrestum Sane* (ainsi appelé du premier mot de
l'un de ses principaux paragraphes) est un document
curieux sur les mœurs du moyen âge. Il prouve combien les admirateurs exclusifs de cette époque doivent
se défier quelquefois de leur système historique. L'histoire du Droit ne peut marcher qu'à la lumière des
textes et des coutumes constatées ; elle est à l'abri,
sous cette nécessité, du double péril de calomnier le
passé ou de se faire illusion sur ses véritables caractères. Je vais traduire ce document, oublié dans son
latin un peu barbare. — Nous sommes à la fin du
XIIIᵉ siècle, après le beau règne de saint Louis ; et voici
la traduction fidèle de l'Arrêté rendu par l'évêque et le
comte chargés de la réformation [17] :

« Nous Rodolphe, par la permission divine, évêque

---

17 L'Arrestum *Sane* est dans le deuxième Ms. (cart. 7) de la Bibl.
impériale à la suite de la coutume de 1285, dans l'édition de Casaveteri (fᵒ 70) et dans Richebourg, Cout. génér., II, p. 1066. — Il ne
se trouve ni dans l'indigeste compilation de FRANÇOIS-FRANÇOIS
(1615), ni dans le Recueil de SOULATGES, trop souvent incomplet
dans sa traduction (1770), ni dans le Praticien de GABRIEL CAIRON,
qui a un appendice sur les anciennes Coutumes (1604, in-4°). Je
n'ai pu consulter le *Practicus sive Stilus D. Fenelli Tholosæ*, imprimé à Hagueneau en 1505 et cité par Brillon, vᵒ *Coutumes*.

de Laon, et Jean, comte de Forez, envoyés dans les contrées de la langue occitanique pour *la réforme du pays et la correction des Curiales*, au nom de notre sire le roi de France et de Navarre : — Faisons savoir à tous que nous avons reçu les supplications *des vénérables Consuls de la ville et des faubourgs de Toulouse*, et de plusieurs nobles et non nobles, venus à nous pour causes ci-dessous indiquées ; lesquels nous ont affirmé qu'à raison de la· mauvaise et inhabile gestion des tuteurs, les biens meubles et immeubles des pupilles et des adultes, remis aux tuteurs et curateurs sans confection d'inventaire, sont dévastés ou dilapidés, à tel point que les pupilles et les mineurs se trouvent réduits en suite à la pauvreté et à l'indigence. — C'est pourquoi, désirant pourvoir à l'état des pupilles et adultes, à la conservation de leurs biens, à la gestion des tutelles et curatelles, nous faisons, de l'autorité du roi, les ordonnances suivantes :

« Comme il est constant que, dans l'âge de la minorité, le jugement est fragile et infirme, soumis à beaucoup de surprises, exposé aux piéges de plusieurs, les lois civiles, d'accord avec l'équité naturelle, sont venues au secours des mineurs contre les captations et les embûches. Or il convient que les secours et remèdes soient apportés surtout contre la *malice* des tuteurs et curateurs eux-mêmes, et les précautions doivent être d'autant mieux établies de ce côté, que la familiarité de leur administration est plus dangereuse pour les pupilles.

» Nous avons appris, en effet, par les assertions de plusieurs personnages dignes de foi, que certains tuteurs et curateurs, aveuglés par leur propre intérêt, et dési-

reux de soustraire *frauduleusement* les choses et les biens
des mineurs, ne font pas d'inventaire, ou le font tardivement, et en dehors de la *prévision des lois*, et qu'au mé-
pris des serments auxquels ils sont spécialement astreints, ils s'emparent de l'administration, occupent
les biens, *cachent* les choses pour les *appliquer ensuite*
à leur propre usage et dilapident, dévastent, disper-
sent misérablement le patrimoine des pupilles. Aussi il
arrive souvent que lorsque les parents des mineurs
ont laissé en mourant des richesses mobilières et immobilières, des maisons opulentes, bien construites, bien
pourvues et garnies de tout, on ne trouve plus, au
terme de la gestion des tuteurs, que des maisons dé-
gradées ou en ruine, dépouillées de leurs meubles et de
leurs autres richesses. Par leurs fraudes et négligences,
ils réduisent comme à rien le patrimoine pupillaire; ce
qui reste peut à peine suffire aux premières nécessités;
et des pupilles ou adultes qui devraient, tant par l'héritage de leurs pères que par les fruits et revenus en provenant, florir et abonder en richesses, si leurs biens
avaient été soigneusement administrés et fidèlement
conservés, tombent souvent dans la dernière pauvreté.

» C'est pourquoi, Nous, compatissant pieusement aux-
dits mineurs et désirant obvier aux malices et fraudes
de ce genre, nous avons statué sur ce que doivent faire
les tuteurs et curateurs avant de s'immiscer dans la
gestion, et de toucher aux biens meubles et immeubles
des mineurs;

» En conséquence, nous Voulons :

» Que les tuteurs et curateurs, aussitôt qu'ils auront
appris qu'une tutelle ou curatelle leur est déférée, et au

plus tard dans le délai de huit jours, se présentent devant le juge ordinaire du lieu, qu'ils donnent *caution
valable et prêtent serment.* Et alors, de l'autorité du
juge, en présence d'un notaire public et de quelques
hommes probes, choisis dans la famille des pupilles et
des adultes, ou, à défaut de parents, parmi les amis et
les plus proches voisins connaissant les ressources et
facultés desdits mineurs, il *sera fait inventaire*, par écrit,
des biens meubles et immeubles, en quelque lieu qu'ils
existent; et, si l'opération ne peut être faite en un seul
contexte, ou terminée en un seul jour, à cause de l'é-
tendue et de la diffusion du patrimoine, ou pour toute
autre cause légitime, elle sera continuée les jours suivants et *achevée sans désemparer.* S'il en est autrement,
nous ordonnons que lesdits tuteurs et curateurs soient
censés, comme l'ont sanctionné les lois, avoir fait ou
commis un dol [18], et qu'ils soient écartés comme *suspects*
de toute tutelle et curatelle, à moins toutefois que, tuteurs donnés et constitués par testament, ils n'aient été
dispensés expressément de l'inventaire, à raison des
liens de parenté ou d'amitié faisant présumer la bonne
foi.

» Il est *certain* aussi que trop souvent (SANE et *ple-
rumque*) [19] des tuteurs et curateurs induisent et conduisent, par fraude et séduction, les mineurs qu'ils ont
reçus en leur foi et sauvegarde à leur donner, pendant
et après leur administration, des quittances et dé-

---

18 Cod. Just., v, 43, 9 : Susceptos tutores ex dolo. — Casaveteri,
fol. 71.

19 C'est du premier mot de ce paragraphe que l'arrêté a été qualifié : *Arrestum* SANE *vulgariter nuncupatum*, dit Casaveteri.

charges de gestion; qu'ils se font faire des cessions et
des donations immodérées des biens de leurs pupilles;
et que même, de ces quittances ou donations suggérées
et dolosives ils exigent des actes publics, couverts par
le serment et accompagnés d'autres précautions de
droit.

» C'est pourquoi, voulant obvier aux fraudes de ce
genre et pourvoir à la défense des mineurs, nous pro-
hibons à l'avenir ces donations, cessions et autres
choses semblables pendant l'administration des tuteurs
et curateurs, ou, depuis, pendant tout le temps accordé aux mineurs pour la restitution *in integrum;* —
à moins toutefois qu'elles n'aient été consenties sans
fraude, sous l'autorité ou l'approbation légitime du
juge compétent, et en présence de quelques hommes
probes, pris dans la famille ou parmi les amis, et dû-
ment appelés; — nous déclarons nulles et de nul effet
toutes cessions ou libéralités autrement consenties.

» Nous voulons, au surplus, que les tuteurs ou curateurs qui auront essayé d'en profiter, soient plus étroitement contraints à rendre compte, et qu'ils fassent
restitution entière des reliquats, nonobstant toutes donations, quittances, cessions, garanties et obligations
quelconques;

» Et qu'en outre, la peine du *double* soit exigée
d'eux et appliquée aux droits du fisc.

» Faisons inhibition et défense à tous notaires ou ta-
bellions de recevoir et autoriser par leur assistance
(*sub virtute eorum*) le serment de telles donations, quittances, cessions et autres assurances ou cautèles, qu'ils
verraient ou sauraient se machiner au préjudice desdits

mineurs, et d'en passer actes publics, sinon en présence
du juge et des autres prud'hommes dénommés ci-
dessus. — Que s'ils contrevenaient à la défense, nous
Ordonnons qu'ils soient à jamais privés de leur office
de tabellionat ou de notariat public, sans aucun espoir
de restitution; et le tabellion qui aurait reçu les instruments des contrats prohibés sera, en outre, puni de
la peine d'exil perpétuel.

» Au reste, si les tuteurs et curateurs, après l'expiration de leur administration, se montrent difficiles ou
rebelles pour la reddition de leurs comptes et la pres-
tation du reliquat, nous Voulons, non qu'il soit procédé
par assignation et avec des formes toujours onéreuses
aux mineurs, mais que les tuteurs et curateurs présentent leur compte et reliquat devant le juge ordinaire du
lieu, sommairement, *de plano,* sans action et éclat judiciaire, ou devant une autre personne commise par le
juge pour recevoir ledit compte;

» Que, s'ils se montrent rebelles, frauduleux ou négligents quant à l'observation de la présente règle,
nous Voulons qu'ils soient aussitôt *contraints* (de leur
personne) à la restitution de tous les biens, tant meubles qu'immeubles, ainsi que des fruits et revenus, tant
perçus que pouvant ou devant l'être, avec tous dépens
et dommages-intérêts [20];

» Et, s'il y a nécessité, à raison de leur malice et
improbité, nous Voulons qu'ils subissent, en outre, la
peine de la *confiscation des biens,* laquelle sera pro-

---

20. *Compellantur.* Casaveteri ajoute en note : De Jure, possunt
compelli arrestatione personæ. C'est la *contrainte par corps* exercée
en matière de reddition de compte.

noncée par le juge, *sans autre forme* de procès ou de jugement;

» Et, enfin, si les mineurs ne peuvent point poursuivre personnellement la reddition de compte ou négligent de le faire par simplicité, les juges sont tenus de poursuivre d'office ; — et si *les juges* eux-mêmes n'observent pas les statuts et ordonnances à ce sujet, ils seront punis par leurs supérieurs des *mêmes peines* et d'autres châtiments, s'il y a lieu.

» Mandons et ordonnons, de la même autorité royale, à tous et à chacun des sénéchaux, juges, viguiers et autres officiers royaux, exerçant juridiction dans *tout le pays de la Langue occitanique*, d'exécuter, en vertu de leur serment, et de faire tenir et observer inviolablement les présentes [21]. »

Ainsi, les anciennes coutumes de Toulouse, bien que fortement imprégnées de traditions romaines, n'étaient pas toujours conformes au droit romain, dans les matières les plus importantes réglées par ce droit, telles que l'état des personnes, la capacité des femmes, les droits de succession des filles dotées, la gestion des tuteurs et curateurs, la garantie des pupilles. Les mœurs locales, venant des origines les plus anciennes de la famille, ou nées d'intérêts et d'influences qui se sont développés au moyen âge, ont plusieurs fois produit dans les coutumes de la cité de notables et même de funestes exceptions aux règles du droit civil de Rome. Mais à mesure que la civilisation grandira sous la double puissance du droit romain et du christia-

21 *Voir* le texte de l'*Arrestum Sane* dans Casaveteri , fol. 70, 74.

nisme, ces exceptions s'évanouiront, comme on vient de le voir dans l'ordonnance, un peu prolixe, mais caractéristique, sur l'exercice des tutelles et curatelles.— Et, à cet égard, s'est produit ce fait singulier, que dans l'année où le texte des anciennes coutumes de Toulouse venait d'être solennellement confirmé, il n'était déjà plus, sur la demande même des consuls, qu'une *lettre morte*, remplacée dans plusieurs titres en faveur des mineurs par une ordonnance, empruntée surtout à la sagesse des lois romaines : tant l'empire du *vrai droit*, si bien défini dans la langue philosophique de Cicéron, est soudain quelquefois et irrésistible[22] ; —tant la vérité est puissante pour traverser d'un de ses rayons les coutumes positives les plus anciennes, qui avaient pour elles l'habitude des siècles, mais auxquelles manquait le principe de ce droit supérieur, que saint Thomas d'Aquin appelait, dans le beau langage de la philosophie chrétienne, le *droit naturel* et *divin*[23].

Dans les premières études sur les coutumes de Toulouse, nous avons cherché à nous faire des idées exactes, à recueillir des résultats précis sur les traditions romaines, en considérant successivement ces traditions dans leurs origines diverses et dans les limites établies par les usages locaux et indigènes.

Portons maintenant nos regards sur l'ordre féodal.

22 V. CICER., *De legibus :* Assentior ut quod rectum, verum quoque sit... Expression très-heureusement rappelée par M. le conseiller CAZE, président de l'Académie de législation (Séance du 20 déc. 1854, t. IV, p. 41)

23 SUMMA THOMÆ, cap. De legibus. (*Voir* l'Analyse de M. le professeur BRESSOLES, dans le Compte rendu de l'Académie de législation.)

§ 4. — ESPRIT DU DROIT FÉODAL A TOULOUSE.

Les anciennes coutumes de Toulouse contiennent peu de dispositions relatives au droit purement féodal. — Nous en avons donné, dans les préliminaires, la raison générale, tirée de la persistance et de la prédomination de l'élément municipal, du pouvoir de la cité. Mais on en trouve aussi une raison particulière et importante dans le texte lui-même des Coutumes (l'article Ier de la 4e partie) sur la compétence des juges : c'est la distinction établie entre la juridiction des consuls de Toulouse et la juridiction des seigneurs féodaux. Toutes les fois qu'il s'agit de propriété féodale et que l'exception de féodalité est présentée, les consuls sont obligés (art. Ier) de renvoyer les parties devant le seigneur du fief. Ils ne peuvent retenir la cause, en première instance, que lorsque des questions de succession ou de convention s'y trouvent mêlées et en font une *cause mixte*[1]. — Ils n'avaient pas, dès lors, à s'occuper habituellement de jurisprudence féodale proprement dite ; et comme c'est surtout par l'exercice de la juridiction que les anciennes coutumes se sont formées, maintenues ou modifiées, il n'est pas étonnant que sur le nombre total de 48 titres et 155 articles, un seul titre et 18 articles seulement s'occupent des fiefs ou des droits féodaux[2].

---

1 Cout., liv. IV, tit. I, 1.

2 Tit. Ier du liv. IV. Je ne compte pas dans cette classe le titre IV, malgré son titre *De homagiis*, parce qu'il ne s'applique qu'à la servitude de *corps*, et que les serfs appartenaient aux bourgeois et roturiers aussi bien qu'aux nobles. — La preuve, au surplus, de la

Pour se rendre un compte fidèle de l'esprit du droit féodal dans le pays, il convient donc d'interroger aussi quelques documents en dehors du recueil de 1285.

Les relations féodales, dans les usages toulousains, reposaient sur la réciprocité des obligations entre les seigneurs et les vassaux. Les anciens registres de la Chambre des comptes, à Paris, avaient conservé des titres particuliers contenant la formule de contrat observée par les comtes de Toulouse à l'égard des vassaux qui leur prêtaient serment de fidélité :

« Nous, comte de Toulouse, recevant de vous N.,.., » aveu, reconnaissance de fidélité et hommage pour les » susdits fiefs, dans la forme prescrite, nous vous pro· » mettons de défendre de bonne foi, tant votre per- » sonne que lesdits fiefs, et tous les droits qui y tiennent, » contre tout agresseur qui voudrait y porter injuste- » ment atteinte [3], »

C'est l'esprit de la seigneurie féodale exprimée dans le nord, en ces termes, par Beaumanoir : « Li sires doit autant foi et loiauté à son home que li home fet à son seigneur [4]. » — Les fiefs et les hommages avaient, par

grande part que l'on doit donner à la juridiction des Consuls sur la formation des Coutumes de Toulouse est dans le premier livre, entièrement consacré aux formes de procédure et aux jugements.

3 Nos dictus Comes recipientes dictam confessionem et recognitionem fidelitatis et homagium a vobis dicto N..... pro prædictis feudis in forma præscripta, promittimus vobis quod tam personam vestram quam dicta feuda et omnia jura quæ in eis habetis contra quoslibet molestatores qui super hoc eis injuriari voluerint, bona fide defendemus. (Texte dans Ducange, Dissertat., xive sur l'Histoire de saint Louis, p. 224.)

4 Cout. de Beauvoisis, par Beaumanoir, ch. 58.

leur nature, des caractères communs, qui devaient se
retrouver au nord et au midi de la France ; et d'ailleurs
les comtes de Toulouse, au milieu du xie siècle, étaient
investis d'une dignité qui devait favoriser les rapports
de jurisprudence féodale : ils étaient COMTES PALATINS.
Ducange cite deux chartes de 1056 et de 1063, tirées du
cartulaire de Moissac, où cette qualité de *Comes palatinus* était donnée au comte de Toulouse : « Dei gratia,
Poncius *Comes palatinus* (1056) ; — Mei seniores ac *pala-
tini Comites* Poncius et ejus filius Wilielmus (1063). »
Une médaille de Raymond, citée aussi par Ducange et
Catel, porte : Dux, Marchio, COMES PALATII [5]. A ce titre,
les comtes de Toulouse avaient, dans le palais du roi de
France, le droit de juger les causes importantes qui
étaient déférées au roi ; et *ils exerçaient dans leur comté*,
dit Ducange, *toute la justice qui était attribuée à leur
titre* [6]. Ils pouvaient donc reporter dans leurs domaines,
dans leurs chartes, dans leurs décisions, quelques-unes
des règles empruntées à la jurisprudence féodale de la
Cour du roi. Là aussi pourrait se trouver une des racines
les plus profondes de cette antique cour du parlement
de Toulouse, qui paraît contemporaine du parlement
de Paris. Le comte de Toulouse étant comte du palais,
la justice a dû être organisée à Toulouse comme à Paris,
quand le roi lui-même est devenu comte de Toulouse.
Le rapport existait d'avance, et le parlement de Toulouse ne fut longtemps considéré que comme une cham-

---

5 DUCANGE, Dissertat. XIVe sur l'Hist. de saint Louis, p. 232. —
CATEL, *Histoire des comtes de Toulouse*, liv. I, ch. 3.

6 DUCANGE, *id., id.,* p. 233. — *Voir* aussi GROSLEY, *Vie de Pithou*,
I, p. 132.

bre du parlement de Paris : il y avait réciprocité de
droits et de prérogatives entre les présidents et les conseillers des deux parlements [7]. — Quoi qu'il en soit de
l'origine du parlement, qui pourra être en son lieu
l'objet d'une discussion spéciale, il est certain que
l'exercice des fonctions de comte du palais a dû produire des rapports de jurisprudence féodale entre Paris
et Toulouse : aussi le jurisconsulte-coutumier BRODEAU,
si favorable à l'universalité de la coutume de Paris, n'a
pas manqué de dire, dans son commentaire, que « les an-
» ciennes coutumes de Toulouse étaient conformes à l'an-
» cienne coutume de Paris, *pour ce qui est des fiefs*[8]. »—
Mais, dans cette assertion trop générale, il oubliait que,
si le comte de Toulouse était Comte du palais à Paris et
chef de la cour féodale dans son comté, à Toulouse même
la cour féodale était composée des consuls présidés par
le comte ou son viguier, *coram Consulibus et Vicario*,
comme le disent les anciennes coutumes au sujet de la
cour du comte [9] : la cour féodale, à Toulouse, était encore, par conséquent, une sorte de cour des bourgeois;
et lorsqu'elle statuait en appel ou par voie de recours
sur les causes féodales, nées dans le ressort de la viguerie de Toulouse, elle devait conserver son caractère
propre, elle devait porter au sein de la cour du comte
les traditions romaines et l'esprit judiciaire des consuls
ou des bourgeois. — Il ne faut donc pas trop s'attacher, avec le savant émule de Dumoulin, à la présomp-

---

7 Stilus antiquus supremæ curiæ. Part. VI, *Arresta Parlamenti
Tholosani*, n° 63, p. 389, édit. DUMOULIN, 1558, in-4°.

8 BRODEAU, *Cout. de Paris*, comment., t. I, p. 26.

9 *Cout. Toul.*, liv. IV, tit. Ier, art. 1. La *Cour féodale* est appelée
aussi *Cour du comte :* ce sont deux expressions synonymes.

tion de similitude entre le droit féodal de Paris et celui
de Toulouse.

Nous avons à signaler, en effet, de graves différences.

La patrimonialité des fiefs, qui est un grand principe
reconnu, du xii⁰ au xiii⁰ siècle, dans la France du nord
et du centre, n'est pas encore pleinement appliquée dans
les coutumes de Toulouse approuvées en 1285 : le principe de l'*emphytéose romaine*, qui laissait subsister le droit
de propriété sur la tête du concédant, avait passé dans
deux dispositions de ces coutumes : 1° le seigneur n'é-
tait pas tenu de recevoir pour son feudataire le détenteur du fief qui n'avait point payé le *pax*, c'est-à-dire
les lods et ventes ; 2° lorsque le fief avait été l'objet de
deux ventes successives, la première sans le consentement du seigneur, mais avec mise en possession réelle
de l'acquéreur, — la seconde, avec le consentement du
seigneur sans prise de possession, c'est la seconde vente
qui prévalait dans la jurisprudence féodale de Toulouse,
nonobstant la possession, et malgré la règle contraire
admise dans la coutume pour les ventes successives
des autres biens[10]. C'était le droit de l'emphytéose romaine qui avait prévalu, sous ce rapport, dans la jurisprudence féodale des consuls.

Mais là s'arrêtait l'influence traditionnelle de l'emphytéose ; et, dans la coutume toulousaine, le droit de
propriété, du reste, était sanctionné de la manière la
plus absolue en faveur des acquéreurs de fiefs et de
censives.

Ainsi, le défaut de service des *oblies* ou redevances

---

10 *Cout.*. liv. iv, 1. 3.

n'entraînait point la *commise* ou confiscation du fief; il y avait seulement obligation de payer les redevances arriérées[11].

Ainsi, la coutume n'admettait point, en faveur du seigneur direct, le droit de *prélation*, en d'autres termes, le retrait féodal et censier, qui formait l'usage général de la France[12]. Elle avait, à cet égard, un caractère original, bien plus favorable à l'esprit de liberté civile et de propriété parfaite que le droit commun du moyen âge. Cette exclusion du retrait féodal et censuel, pratiquée non-seulement dans le gardiage, ressort de la cour des consuls, mais dans toute la viguerie de Toulouse, ressort de la cour du viguier, fut suivie dans l'usage des villes de Cahors et de Limoges[13] : ce sont les seules coutumes du Midi, chose remarquable, qui maintinrent dans toute son énergie le droit d'aliéner les fiefs et les censives comme les autres biens, sans que le seigneur eût la faculté de briser le contrat de vente pour ressaisir la terre et la réunir à son domaine au prix du contrat, ou pour se choisir, au même prix,

---

11 *Cout.*, liv. iv, tit. x. Il y avait obligation de payer les redevances sans prescription de trois ou même de trente ans en faveur du débiteur.

12 *Cout.*, liv. iv, 1, 9.

13 Pons Ier, ou *Raymond Pons* posséda, avec le comté de Toulouse et la suzeraineté sur le comté de Carcassonne, les comtés de *Cahors* et d'Albi. Son testament, de 940, est rapporté par Mabillon *De re diplomatica*. Cahors pouvait donc adopter l'usage de Toulouse, puisqu'il y avait même pouvoir.

Les anciens *Fors de Béarn* (art. 178) ont une disposition analogue en apparence, mais très-différente en réalité. — Les anciens usages de Limoges, au contraire, se rapprochent de ceux de Toulouse, mais pour les habitants de la châtellenie seulement. (Cout. de Limoges, art. 41. — RICHEBOURG, Cout. général, iv, p. 1153.

un autre tenancier. Les consuls de Toulouse, jugeant
comme cour féodale, avaient par là rejeté les conséquences exagérées que les chartes et coutumes, dans
d'autres parties de la France méridionale, avaient dé-
duites de la loi de Justinien sur le droit de préférence
ou de *prélation* accordé au propriétaire direct, lorsque
l'emphytéote voulait vendre les améliorations du fonds
emphytéotique [14].

Cette plénitude du droit de vente, qui assimilait l'a-
liénation d'un fief à celle de tout autre bien, devait
conduire au droit de *franc-fief*, c'est-à-dire au droit du

---

14 *Cod. Just.*, lib. IV, tit. 66, 3. — Le retrait féodal et le droit de
prélation que nous avons mentionnés ici, dans le même sens, différaient par leur origine, mais se confondaient, au moyen âge, dans
leur objet et leurs résultats. Le droit de préférence, créé par la
loi 3 au Code de Justinien *De jure emphyteutico* et indiqué dans
l'usage et la langue des Glossateurs sous le nom de *Jus prælationis*,
était un simple droit de priorité ou de *préemption* accordé au propriétaire direct, pour qu'il pût prendre, de préférence, l'immeuble
dont la vente, projetée par l'emphytéote, lui était offerte à l'avance
pendant un délai de deux mois. — Le retrait féodal fut introduit
dans la pratique par imitation de la loi romaine, quand les fiefs
devinrent patrimoniaux et aliénables ; il ne s'exerçait pas comme la
prélation *avant* la vente, mais *après*. Le Statut de Provence les
confond dans la même dénomination : Jus prælationis et retentionis. (Cout. gén., RICHEB., II, p. 1213).

En droit romain, *prælatus dies* veut dire anticipation de date.
Digeste, lib. XLVIII, tit. 10, l. 28 : Si a debitore, *prælato die*, pignoris
obligatio mentiatur, falsi crimine locus est. C'est de là que les Glossateurs, en parlant du droit que le propriétaire de la chose donnée
à emphytéose aurait de passer *avant* l'acquéreur indiqué, ont tiré
l'expression de *jus prælationis* qui a passé dans le droit féodal du
Midi.

Sur l'emphytéose : De originibus et natura juris emphyteutici romanorum, Commentatio ab ALP. VUY, p. 176. (Heidelberg. 1838)—
Dissert. de M. PEPIN LE HALLEUR, sur l'Emphytéose, 2ᵉ part., § 29,
p. 126. —Mon 2ᵉ volume, p. 546 et suiv., et *suprà*, p. 162, note 22.

bourgeois ou roturier d'acquérir et de posséder librement un fief, sans avoir à se faire relever par le roi, en
lui payant une somme comme suzerain, de l'incapacité
personnelle de posséder des biens nobles : aussi le droit
de franc-fief fut-il reconnu de bonne heure à l'égard
des citoyens de Toulouse. Lorsqu'il apparaît dans les·
annales du xɪvᵉ siècle, il est déjà réputé ancien : en
1353, par exemple, défense est faite par le comte d'Armagnac, gouverneur du Languedoc, au receveur des
deniers du roi, de contraindre les habitants de Toulouse, acquéreurs de fiefs nobles, à payer aucune
finance, et cette défense est faite *suivant les immunités
de la ville* [15] ; — de même, les lettres patentes de Charles VII, de 1419, ne font que confirmer expressément
l'ancien privilége de franc-fief [16].

L'esprit de liberté civile qui affranchissait les fiefs
et les censives de la loi commune du retrait féodal et
censier, et les possesseurs non nobles de l'obligation de
payer le droit de *franc-fief*, devait, à plus forte raison,
se retrouver en plein exercice lorsqu'il s'agissait de la
liberté générale des héritages ou du *franc-alleu.*

Le principe romain de la libre propriété du sol formait le droit de toutes les contrées de la Gaule narbonnaise : « *Nostri juris sunt, quæ in proprietate nostra esse
noscuntur;* » — c'était la règle de droit naturel consacrée
par l'*Epitome* de Gaius dans le recueil d'Alaric et contenue implicitement dans les Codes de Théodose et de
Justinien [17]. Ce grand principe avait résisté à la féodalité

15 *Annales de Toulouse*, LAFAILLE, 1383, t. ɪ, p. 94.
16 *Annales*, LAFAILLE, 1419, t. ɪ, p. 173.
17 *Lex romana Visig.* — *Epitome Gaii*, tit. ɪx, p. 21, édit.

dans les provinces méridionales et engendré la maxime
nul seigneur sans titre[18]. C'est celui qui séparait le plus
profondément, dans le droit féodal, les provinces méridionales des autres contrées de la France, où régnait la
maxime opposée *nulle terre sans seigneur.*—Il ne faudrait
pas croire toutefois qu'il y eût, à cet égard, une distinction correspondante à celle qui sépara la France en deux
zones : pays de droit écrit, pays de droit coutumier. Le
franc-alleu se retrouvait dans plusieurs provinces des
pays de coutumes ; et il peut être utile d'embrasser ici,
d'un coup d'œil général, les diverses origines, les diverses applications du franc-alleu, afin de bien saisir
toute l'importance de cette haute protestation de la liberté civile contre l'esprit envahisseur de la féodalité.

Les pays de franc-alleu, dans l'ancienne jurisprudence française, me paraissent devoir se distribuer en
quatre divisions :

1° Les pays de *droit écrit*, comme le Dauphiné, certaines parties de la Bourgogne, la Provence, le Languedoc, le Rouergue, la Guienne, qui avaient conservé,
avec certaines différences, la tradition du droit romain ;

2° Les pays de *coutumes mixtes*, savoir : la Saintonge, le Poitou, l'Orléanais, au sein desquels l'influence des lois romaines s'était mêlée aux usages locaux par des causes particulières, — de situation pour

de 1593.—II, 1, Ed. HAENEL, p. 323.—Cod. theod., VIII, 18, 1. Solidum, perfectumque dominium. — Cod. Just., *De servit.*, III, 34, 8.
Vide Gothof., *ad legem*; Res præsumitur ab origine sua esse libera.
— Les légistes du Midi en avaient tiré la règle : *Omnia prædia censentur libera, nisi probetur servitus.* (SOULATGES, IV, p. 6.)

18 *Voir* mon tome IV, liv. VI, p 417.

la Saintonge et le Poitou compris dans l'Aquitaine, — d'enseignement juridique au moyen âge, pour l'Orléanàis, où fleurit de bonne heure l'enseignement du Droit civil romain, enlevé à l'Université de Paris par la décrétale *super specula*[19];

3° Les pays de *droit coutumier*, habités primitivement par des peuples gaulois qni, lors de la conquête romaine, avaient obtenu le titre de peuples libres ou alliés, et qui furent autorisés en conséquence à jouir de leurs usages nationaux. Pline l'Ancien nous indique les principaux sous les noms de *Nervii*, *Remi*, *Meldi*, *Lingones*, *Hedui*, *Bituriges*, *Arverni*[20]; et c'est précisément dans les contrées qui répondent au territoire de ces anciens peuples que se sont maintenues, en pays coutumier, les coutumes allodiales. L'alleu se trouve, en effet, dans les coutumes du Hainaut (*Nervii*), dans les coutumes de Champagne; Troyes, Châlons, Chaumont; Vitry, Reims (*Remi*); dans les coutumes de Meaux (*Meldi*), de Langres (*Lingones*), de Bourbonnais et d'Auxerre (*Hedui*), du Berri et du Nivernais (*Bituriges*); de l'Auvergne (*Arverni*);

4° Enfin, les provinces de *droit coutumier* habitées par des peuples gaulois, éloignés du centre de la conquête germanique, comme le Maine et l'Anjou, mais en exceptant la Bretagne (nous dirons tout à l'heure pourquoi)

---

19 Décrétale d'Honorius III, an. 1220 (*Voir* mon t. IV, p. 330-339).
20 PLINIUS, *Hist. nat.*, IV, 17, 18, 19.— Pline ajoute les *Santones*, que nous ne nommons pas ici, parce que la Saintonge est classée par nous dans les pays de *Coutumes mixtes;* et les *Carnúti*, dont le pays a subi l'action du voisinage de Paris, ou se confond quelquefois avec les usages de l'Orléanais. — Les Coutumes de Chartres et de Paris admettent, du reste, l'alleu fondé en titre.

et en reconnaissant bien affaiblis les alleux de l'Anjou[21].

C'est donc, d'après cet aperçu, la tradition romaine qui aura fondé le franc-alleu dans les pays de droit écrit et de droit ou de coutumes mixtes, — et la tradition gallique qui aura fondé, dans certains pays de droit coutumier, les coutumes réputées allodiales.

A l'égard des pays de droit écrit et de coutumes mixtes, cela ne peut être douteux, puisque le droit libre de propriété, le *dominium*, la *plena potestas in re*, est un principe fondamental dans les lois romaines des différentes époques.

Quant à certaines provinces de droit coutumier, l'usage celtique de l'alleu, attesté par les lois galloises de Hyveldda (Hoël le Bon) et par les traditions les plus anciennes du pays de Galles[22], a dû naturellement se continuer chez les peuples de la Gaule autorisés à conserver leurs usages territoriaux. Cette concordance des peuples libres et alliés admis à jouir de leurs usages, pendant l'époque gallo-romaine, avec les peuples et les pays coutumiers qui ont conservé au moyen âge la pratique du franc-alleu malgré l'action si puissante de la féodalité, ne peut être un effet du hasard ; elle constate la filiation et la perpétuité des anciens usages de la Gaule sur une classe de libres propriétés.

A la vérité, et nous nous empressons de le reconnaître, l'alleu existait également dans les lois et les mœurs germaniques ; c'est un point indubitable, et l'on

---

21 Cout. d'Anjou, art. 140. — POCQUET DE LIVONNIÈRE, II, p. 89.

22 WOTTON, *Leges Wallicæ*, p. 140, et GLOSSAR., v° *Aelwyd*. — *Voir* mon tome II, p. 111. — Il ne faut pas oublier qu'au moyen âge, l'alleu était en même temps bien *libre* et bien *noble*, et qu'en cela il se distinguait de la propriété libre, du droit romain.

trouve ainsi plusieurs usages originairement communs aux Germains et aux Celtes, qui formaient deux branches de la famille indo-européenne [23]. Mais dans les provinces du nord de la France, occupées plus spécialement par les Germains, l'alleu, d'origine germanique, a disparu sous la domination progressive de la féodalité, qui naissait et des mœurs germaniques elles-mêmes et de l'état de conquête : là, le fief dominant a fini par attirer ou engloutir l'alleu. — Au contraire, dans les provinces, qui, par privilége national ou à cause de leur situation, avaient conservé l'alleu d'origine gallique et qui furent moins soumises aux effets de la conquête des hommes du Nord, l'alleu gallique ou gallo-romain s'est conservé. Il a pu, par loi d'analogie, se fortifier des usages de même nature que pratiquaient les Germains établis sur le sol gallo-romain ; et par cette double action, l'alleu celtique, qui avait toute la persistance d'un ancien usage de peuple et de territoire, et que rien n'avait contrarié pendant l'époque gallo-romaine, a traversé l'époque franque et l'époque féodale. Il y eut donc, en définitive, dans les coutumes du moyen âge, entre l'alleu d'origine germanique et l'alleu d'origine gallique ou gallo-romaine, cette différence de destinée que dans les provinces où les Germains prédominaient, non-seulement par la conquête, mais par le nombre des habitants, la féodalité prit le caractère ab-

---

23 Un savant philologue de l'Allemagne a publié récemment un livre sur les *Germains* et les *Celtes*, pour établir qu'ils ne formaient qu'une seule et même race ; il met de côté très-hardiment l'autorité de Jules César et de Tacite, qui ont marqué, le premier surtout (Comm., lib. VI), des différences de mœurs qui en supposent de grandes, sinon dans l'origine, du moins dans l'état social.

solu et absorba les alleux dans les fiefs et les censives ;
mais que, dans d'autres provinces, où les Germains
s'établirent en moins grand nombre et laissèrent aux
usages locaux plus de force et de libre exercice, les
alleux persistèrent, et les coutumes, au lieu d'être purement féodales, retinrent en même temps, mais à des
degrés divers, le caractère d'allodialité.

Dans l'ensemble de ces résultats, en ce qui concerne
la permanence de la tradition celtique, une seule, mais
une grande exception, est à remarquer, c'est celle de la
Bretagne, la province la plus éloignée du centre de la
conquête et de la domination germanique. Les traditions celtiques y conservèrent une vitalité puissante, et
les alleux cependant n'y furent point protégés par ces
traditions. Deux causes historiques expliquent cette disparition des alleux du sol breton : 1° l'usage des domaines congéables qui s'établit dans la basse Bretagne,
aux v⁰ et vi⁰ siècles, lors de l'émigration des fugitifs du
pays de Galles, reçus en qualité de *colons* sur une grande
étendue de terres à défricher, lesquelles devinrent des
domaines congéables ou de véritables *censives ;* —
2° l'extension que la féodalité prit en Bretagne avec les
assises du comte Geffroy, à la fin du xii⁰ siècle (1185).
Les vestiges des anciens alleux s'effacèrent sous l'empire
de ces causes permanentes ; il n'en resta que le nom
dans certaines parties du territoire; et le pays, où la
maxime *nulle terre sans seigneur* eut l'effet le plus absolu, fut certainement la province de Bretagne[24].

24 *Voir* mon tome II, p. 147, sur les domaines congéables; et
dans le Dictionnaire breton d'Ogée les noms de quelques paroisses
ou prieurés qui s'appellent *Allaire* par tradition (I, p. 37).

Le Languedoc et la Bretagne forment, sous ce rapport, les deux pôles opposés dans l'histoire du Droit français.

Les anciennes coutumes de Toulouse (auxquelles je suis ainsi ramené) maintinrent pour tous les héritages le principe de la propriété allodiale ou libre, s'il n'y avait pas de *titre contraire*. Ce principe toutefois n'y était pas formellement exprimé : les anciennes coutumes le supposaient comme un principe général de droit public et privé. Mais en l'admettant tacitement, elles venaient équitablement au secours des seigneurs qui avaient pu perdre leurs titres : elles obligeaient chaque feudataire, sur la réquisition du seigneur, *de qui le fief était tenu*, d'exhiber ses titres et de donner des extraits ou copies de tous les actes qu'il pouvait avoir touchant les fiefs possédés [25]. Cette disposition spéciale consacrait bien la règle qu'il n'y avait pas de seigneur sans titre, et que le prétendu seigneur ne pouvait, pour ses droits féodaux, suppléer au titre par la simple possession ou par une règle coutumière ; mais, en même temps, elle était utile aux seigneurs qui, dans le désordre des guerres du moyen âge, avaient perdu leurs archives. — Le domaniste Galland, le grand adversaire des alleux du Midi au xviie siècle, avait étrangement abusé de cette disposition dans son mémoire. Il avait voulu en induire que toute terre était un fief si le possesseur ne *justifiait pas du contraire par un titre*, et que les anciennes coutumes de Toulouse excluaient le franc-alleu ! C'était, par une induction forcée et fausse, déna-

---

25 *Cout. de Toulouse*, liv. IV. tit. Ier, art 2, p. 5.

turer le sens d'un texte qui s'appliquait expressément
au feudataire dans ses rapports avec le seigneur duquel
il tenait le fief, chose qui devait être établie, soit *par un
titre*, soit *par l'aveu* du feudataire, selon les termes formels que je trouve dans le 16ᵉ des articles réservés[26];
c'était méconnaître hardiment une règle d'équité attestée, dans l'application, par les traditions séculaires du
pays, et bien propre, au surplus, à concilier dans une
juste mesure les droits respectifs des seigneurs et des
vassaux[27].

Un obstacle, à la vérité très-sérieux, s'était élevé au
moyen âge, dans une partie du Languedoc, contre le
principe de l'allodialité : c'était l'établissement des lois
de Simon de Montfort, après la conquête de l'Albigeois.
J'aurai à déterminer bientôt les véritables effets de ces
lois sur le droit méridional; cela me conduirait ici à
une trop longue digression. En ce qui concerne les anciennes coutumes de Toulouse, il suffit de constater que

26 Casaveteri, fᵒ 66, au verso *in fine* :
« Si aliquis feudatarius vel tenens feudum *confiteatur* se debere
servire *oblias* nummorum domino dicti feudi pro dicto feudo, et non
inveniantur *aliqua instrumenta* vel *translata* in quibus donationes
dicti feudi expressentur, dictus feudatarius vel tenens feudum debet
dare et servire dicto domino feudi, quando evenerit retroaccapita
in duplo dictarum obliarum et alias directas dominationes, uti eve-
nerint prout superius expressantur. »
C'est à la peine du *double* que s'applique la *réserve* royale, ainsi
qu'il résulte des articles précédents, et non au mode de preuve,
c'est-à-dire l'instrument par écrit ou l'aveu (*si confiteatur*).
27 Sur les faits traditionnels depuis les temps anciens jusqu'aux
temps modernes, *voir :* Dominicy, *De prerogativa allodiorum*. —
Catelan, *Arrêts*, liv. III, c. 2. — Cambolas, *Arrêts*, liv. IV, c. 45. —
Caseneuve, *Franc-alleu*, réponse à Galland, 1ᵉʳ mémoire anonyme
(*Instructions*), in-4, 1640; 2ᵉ édit., in-fᵒ, 1645. — Furgole, *Traité
du franc-alleu.*

les lois de Montfort ne furent point imposées à la cité, et que dans le serment prêté par Simon de Montfort et son fils aîné à Toulouse même, en présence des Consuls, de l'évêque et du conseil commun, le 8 mars 1215 (serment nié par Catel et retrouvé par Lafaille aux archives), Montfort se disant, « par la grâce de Dieu, duc » de Narbonne, comte de Toulouse, vicomte de Béziers » et de Carcassonne, jura de garder en sa foi et de dé- » fendre par toutes voies de justice l'Église toulousaine » et tous les citoyens de Toulouse en *leurs personnes et* » *leurs propriétés, in personis et rebus* [28]· » Et, par conséquent, les lois spoliatrices qui pesèrent sur l'Albigeois et le pays de Carcassonne n'eurent pas d'empire, même un seul jour, à Toulouse [29].

Si les coutumes approuvées en 1285 étaient aussi favorables que possible à la liberté du sol et des héritages, il n'en était pas ainsi à l'égard de la liberté des personnes.

Le servage de *corps* est maintenu par les coutumes approuvées, sous le titre *de homagiis* [30].

28 Le texte du serment est dans LAFAILLE, *Preuves*, t. I, p. 124. Les magistrats de la ville de Toulouse prêtèrent d'abord serment de fidélité sur les saints Évangiles à Montfort et à son fils aîné Amaury.

29 C'est quatre ans après le serment prêté que le vainqueur tomba sous les murs de Toulouse :

> A ce moment prédit où le Ciel désarmé
> Condamna l'oppresseur, releva l'opprimé,
> Bénit des Toulousains la longue résistance,
> Et rétablit leur comte enfin dans sa puissance.

Voir l'ÉPOPÉE TOULOUSAINE, par M. Florentin DUCOS, poëme en vingt-quatre chants, avec des notes historiques, 2 vol. (1850). C'est un monument de poésie et d'histoire qui honore le pays où la poésie trouve encore un culte fidèle.

30 *Cout.*, liv. IV, tit. IV.

Le citoyen de Toulouse, chevalier ou bourgeois, peut avoir des hommes de corps : *Si aliquis, miles seu burgensis, civis Tolosæ... hominem suum proprium de corpore* [31]... Celui qui avait un homme de corps en possédait au même titre les enfants, bien qu'ils fussent nés d'une mère libre : les enfants (fils ou filles) suivaient la pire condition [32]. L'homme de corps transmettait sa condition servile à ses enfants et descendants [33]. Le maître avait le droit d'imprimer aux serfs le stigmate de l'esclavage romain, le plus ignominieux, puisqu'il avait le droit de marquer par le fer son homme de corps fugitif : « Si illum hominem ceperit aut *marcabit,* » dit la coutume ; et le vieux commentateur Casaveteri met en note *cum ferro* vel *alio instrumento,* sicut *de animalibus* [34].

Le roi Philippe le Bel approuva ces dispositions rigoureuses des anciennes coutumes sur la servitude personnelle ; mais, du moins, il plaça parmi les articles réservés ou non approuvés l'ancien usage gallo-romain, attesté par Salvien au ve siècle, de se vouer, avec ses biens et avec toute sa famille présente et future, à l'état de servitude [35]. La disposition qui constate la coutume pra-

---

31 *Cout.*, IV, 4, 5.

32 *Cout.*, id., id., art. 3.

33 *Cout.*, art. 1 et 2. Si homo de corpore... filiis suis vel nepotibus qui sibi in eadem succedunt conditione.

34 *Cout.*, liv. IV, tit. 5, et Casaveteri, *ad notam de immunitatibus civium Tolosæ.*

35 SALVIANUS, *De gubernatione Dei*, lib. v, c. 8, n° 9 :

Cum domicilia atque agellos suos, fugati ab exactoribus, deserunt, fundos majorum expetunt et *coloni* divitum fiunt. (*Voir* mon t. II, p. 441 ; mon t. III, p. 410.) — CASAVETERI, *De homagiis,* f° 67.

tiquée à Toulouse *jusqu'en* 1285, est ainsi conçue : « Tel •
» est l'usage à Toulouse et dans le gardiage (*dex*); si
» quelqu'un a confessé, reconnu ou concédé qu'il est
» l'homme de corps et de glèbe (*de corpore* et *casalegio*)
» d'un citoyen ou son homme, soit de corps, soit de
» glèbe seulement; — ou bien, s'il s'est donné pour
» l'homme d'un citoyen de Toulouse et de sa famille,
» lui et toute sa progéniture, et s'il a donné sa chose,
» ses biens, ses droits, pour en faire selon sa volonté,
» et qu'il ait fait aussi aveu et reconnaissance pour lui
» et sa famille à naître, dans la paroisse ou hors de la
» paroisse et en tous autres lieux, il devient par charte
» publique, avec toute sa progéniture, homme-lige et
» propre de ce citoyen de Toulouse; et ledit citoyen
» pourra sur lui, sur ses enfants, sur leur progéniture
» et descendance, exercer droit de taille ou de quête
» (*quæstare*) et de servitude (*de eis servire*) comme sur ses
» hommes propres et liges. C'est la coutume et nous en
» affirmons l'existence, *et eam esse dicimus :* les libertés
» et immunités, les usances et coutumes de la ville de
» Toulouse, de ses faubourgs et banlieue et de tous ses
» citoyens, devant, au surplus, rester sauves et perpé-
» tuelles. »

Et ainsi, c'était dans le même texte de coutume, où
le droit de renoncer à la liberté pour soi et toute sa
race se trouvait formellement reconnu, que les Consuls
réservaient *les libertés et immunités* de tous les citoyens
de Toulouse; immunités et libertés qui ne les empêchaient pas d'avoir des serfs, des hommes de corps
voués à une servitude perpétuelle et ignominieuse. Ce
n'est pas le beau côté des coutumes toulousaines. —

La servitude, au surplus, ne cessa dans le pays que
par suite des lettres patentes données par Charles VI,
en avril 1390, lesquelles déclaraient libres et affranchis
de toute servitude tous les *manants* et *habitants* de la
sénéchaussée de Toulouse et d'Albi, tant pour leurs personnes qu'à l'égard de leurs héritages et possessions, en
payant *un sou tournois* pour chaque arpent de terre [36].

Les anciennes coutumes, dures envers les serfs appartenant aux citoyens, étaient généreuses, du moins, à
l'égard des étrangers et en faveur de leurs serfs. Elles
ouvraient la cité à toute personne qui, demeurant dans
un bourg, un village et autres lieux, avait déclaré son
intention de l'habiter en disant : « Je veux entrer à
» Toulouse et me faire citoyen de Toulouse, *ego volo*
» *intrare in Tolosam et facere me civem in Tolosa*. Si
» cette personne, faisant route pour la ville, était arrê-
» tée ou détenue par quelqu'un, les Consuls et la com-
» munauté de Toulouse devaient la réclamer, la prendre
» sous leur protection, et si elle était captive, la recou-
» vrer avec tous ses biens, comme s'il s'agissait d'un
» citoyen [37]. »

La disposition qui se trouve dans les coutumes *approuvées*, mettait à ce droit d'acquérir la bourgeoisie
une seule restriction, contre le serf que son maître,
citoyen de Toulouse, aurait arrêté ou *marqué* en route [38];
celui-là ne pouvait pas jouir du privilége de citoyen.
Mais les coutumes *réservées* reconnaissaient le droit

36 Lettres patentes, Archives (liasse 5, indiquée par LAFAILLE,
I, p. 144).

37 *Cout.*, liv. IV, tit. V.

38 *Cout.*, id. ibid.

d'asile et de cité, sans aucune restriction, à l'égard des serfs étrangers qui étaient parvenus jusqu'à Toulouse :

» C'est l'usage et coutume, dit un des articles non ap-
» prouvés en 1285, que les hommes venant à Toulouse
» pour y habiter et y habitant, de quelque contrée
» qu'ils viennent, bien qu'ils aient des maîtres, peuvent
» et doivent rester ici libres de leurs maîtres (*liberi a*
» *dominis suis*), et faire leurs affaires sans réclamation,
» empêchement ni contradiction ; et lesdits maîtres ne
» peuvent ni ne doivent contraindre (*fortiare*) les
» hommes habitant ainsi dans Toulouse ou dans la
» banlieue (*in barriis*), à raison ou à l'occasion de leur
» puissance et propriété [39]. »

Le roi de France appliqua la formule *non placet vel deliberabimus* à ce droit d'asile général, en faveur des esclaves et des serfs fugitifs ; mais la coutume existait, et la réserve royale ne put l'effacer de l'opinion des peuples et des usages de la cité. Toulouse protégea toujours avec énergie les esclaves fugitifs, et défendit, avec leur liberté, son ancienne prérogative. Les annales de la Cité en ont conservé le témoignage authentique, qu'il n'est pas inutile de rapprocher des anciennes coutumes. En 1402, quatre esclaves s'étaient réfugiés de Perpignan à Toulouse ; leurs maîtres les suivirent et les réclamèrent devant les capitouls ; le syndic de la ville intervint dans l'instance, et soutint que, par un privilége de cette ville, toute sorte d'esclaves étaient libres, dès qu'ils avaient mis le pied dans la banlieue ou le gardiage ; les capitouls jugèrent conformément à l'usage [40].

---

39 Consuetudines non approbatæ. CASAVETERI, f° 67, art. 18.
40 *Annales* de LAFAILLE, I, p. 156.

— En 1406, une fille esclave, âgée de vingt ans, d'une beauté extraordinaire (disent les Annales), se réfugia aussi de Perpignan à Toulouse, et se plaça sous la sauvegarde des capitouls. Sa maîtresse la réclama; le gouverneur du Roussillon, pour le roi d'Aragon, écrivit aux capitouls une lettre qui mêlait la menace aux prières. Les capitouls opposèrent leur antique privilége, et les Catalans offrirent vainement à la cité 50,000 florins d'or pour en racheter l'application [41]. — En 1443, les Catalans, s'appuyant sur quelque clause équivoque d'un traité passé, en 1417, entre le roi de France et celui d'Aragon, au sujet des *représailles*, firent assigner les capitouls de Toulouse, pour se voir faire défense de se servir du privilége d'affranchissement; mais le parlement de Paris, devant lequel la cause fut portée par les capitouls contre le *procureur du principat de Catalogne*, maintint la ville en jouissance de son privilége [42]. Le parlement de Toulouse promis en 1250 à la cité par saint Louis, en souvenir peut-être et en échange de la dignité de comte du palais qui avait appartenu aux anciens comtes, — établi en 1302, par Philippe le Bel, au moment où le parlement de Paris était déclaré sédentaire, — confirmé en 1419 par des lettres patentes [43], reçut, après quelques intermittences, sa dernière institution royale en 1444, époque à laquelle commence la collection, actuellement existante, de ses registres; et c'est dans l'année suivante, en 1445, que LA COUR, vé-

---

41 *Annales* de LAFAILLE, I, p. 183.

42 *Annales*, I, p. 203-204.

43 CATEL, *Mém. du Languedoc*, p. 247, a donné au long ces lettres patentes, qui étendaient le ressort du parlement au duché de Guienne.

rifiant et enregistrant le *traité des représailles*, consigna sur son premier registre les *réserves les plus expresses* pour maintenir le privilége relatif aux esclaves : «A » l'égard de l'usage et privilége de la ville de Toulouse, » y est-il dit, concernant les esclaves et captifs réfugiés » dans cette ville, la Cour ayant vu et examiné les arrêts » rendus sur ce sujet et qui lui ont été exhibés, tant par » le Procureur général que par le Syndic de cette ville, » a déclaré et déclare *qu'elle n'a point obtempéré, ni n'ob-* » *tempérera* pour ce regard ; ordonne, au contraire, que » lesdits arrêts demeureront en leur force et seront exé- » cutés, selon leur forme et teneur. Fait à Toulouse, le » septième juillet 1445 [44]. » Ainsi les capitouls, le parlement de Paris et le parlement de Toulouse, aux XIVᵉ et XVᵉ siècles, ont maintenu et appliqué l'usage attesté par la disposition des plus anciennes coutumes, que le roi avait cependant réservée sous la formule *non placet vel deliberabimus.*

Une confirmation expresse fut donnée aussi, dans le XVᵉ siècle, aux dispositions des anciennes coutumes qui admettraient les étrangers au rang et à tous les droits de citoyen. Le droit d'aubaine, qui occupe tant de place dans le droit féodal, était repoussé par l'esprit des coutumes de Toulouse; et lorsque, dans la plupart des autres contrées de la France, il avait le double caractère de droit seigneurial et royal, il fut définitivement exclu de ce pays par les lettres patentes de Louis XI, du 20 août 1472. Ces lettres patentes, déclarant l'exemption

---

44 Extrait et traduit du premier Registre du parlement de Toulouse (LAFAILLE, I, p. 204).

du droit d'aubaine en faveur des étrangers qui habitaient ou viendraient habiter Toulouse, furent accordées sur la supplication des capitouls pour rassurer les étrangers, qui « différaient (dit le roi dans les lettres patentes) de s'établir en ville, *doubtans* que quand ils y » feroient leur demeure et acquerroient aucuns biens et » héritages, ils n'en pussent disposer ni tester, et que, » après leur décès, leurs héritiers ou autres en fussent » privés ou déboutés, et qu'on voulust dire leurs biens » à Nous compéter et appartenir comme *aubaines* : c'est » pourquoi, Nous, ces choses considérées, désirant le » bien et entreténement de notre ville de Toulouse, » mêmement que de notre temps elle soit repeuplée, » restaurée et remise au meilleur et plus convenable » état et prospérité que faire se pourra, à tous les dits » étrangers natifs hors de notre royaume, qui sont de- » meurans et qui dorénavant viendront demeurer en » notre dite ville de Toulouse, et à chacun d'eux, avons » *octroyé* et *octroyons* par ces présentes qu'ils puissent » et leur soit loisible tester et disposer de leurs dits biens, » tant meubles qu'héritages, et que leurs dits hoirs, » successeurs et autres, auxquels leurs susdites succes- » sions devront appartenir, par testament ou autrement, » puissent appréhender icelles successions, tout ainsi » qu'ils fairoient ou faire pourroient *si iceux étrangers* » *étoient natifs de notre dit royaume* [45]. »

C'était de la part de Louis XI une disposition bien libérale, mais qui s'inspirait surtout des anciennes coutumes de Toulouse pour en perpétuer l'esprit.

---

[45] *Annales* de LAFAILLE, t. I, *Preuves*, p. 109, et CASENEUVE, *Franc-alleu.*

En dernière analyse, tous ces arrêts et documents, soit sur les serfs fugitifs, soit sur les étrangers et le droit d'aubaine, prouvent la vitalité des anciennes coutumes : ils prouvent même que certaines disposiiions, non formellement approuvées par le roi en 1285, étaient restées dans les mœurs, et que la force des usages avait été supérieure à une réserve officielle qui n'était point une abrogation formelle, une condamnation définitive.

Ceci nous avertit en même temps de l'importance que l'historien doit attacher aux *vingt articles réservés*, quand il s'agit du droit toulousain au moyen âge.

Nous allons essayer, dans cette dernière partie, d'en déterminer les caractères, soit en eux-mêmes, soit dans leur rapport avec les vues politiques de la royauté française.

§ 5. — COUTUMES RÉSERVÉES OU NON APPROUVÉES EN 1285, CONSIDÉRÉES D'APRÈS LEUR CARACTÈRE MUNICIPAL, FÉODAL ET CIVIL.

Les coutumes, non approuvées en 1285, offrent à nos recherches et à notre curiosité la matière d'un examen qui a l'attrait de la nouveauté, car les anciens commentateurs des coutumes de Toulouse, ou se sont bornés à présenter leur texte seulement, comme Casaveteri, ou les ont complétement omises, comme Cairon, François et Soulatges. De nos jours, l'auteur d'un mémoire couronné les a mentionnées et en a étudié quel-

ques dispositions; mais il n'entrait pas dans son plan
de les examiner dans leur ensemble[1].

Les articles réservés appartiennent à l'ordre municipal, à l'ordre féodal, à l'ordre civil; et c'est en les
classant de cette manière que nous allons en rendre
compte.

I. Dans l'ordre municipal, les dispositions concernent
le droit des consuls, la compétence, la juridiction, et
certaines immunités des citoyens de Toulouse (art. 1,
2, 3, 4, 5, 19 et 20).

Le droit des consuls est placé sous la rubrique remarquable *de origine consuetudinum;* et c'est en effet le
droit, que j'ai indiqué dans les préliminaires, de déclarer la coutume elle-même : « L'usage approuvé et
» observé *depuis les temps les plus anciens* (dit l'art. 1er)
» est que, s'il y a doute sur une coutume dans quelque
» cour de Toulouse (*in aliqua curia Tolosæ*), on doit
» recourir aux consuls, et l'on doit avoir et tenir pour
» coutume certaine ce que les consuls, après délibéra-
» tion, affirment être la coutume de Toulouse, sans
» qu'il soit nécessaire d'autre preuve[2]. » Rien ne peut
mieux caractériser la suprématie des consuls de Toulouse. Ils sont dépositaires des usages de la Cité, comme
pouvaient l'être, dans les premiers siècles de Rome, le
collége des pontifes, les patriciens, les prudents, et ils
ont le pouvoir de déclarer le droit. L'enquête par
turbe, usitée dans les provinces de France, ce moyen

---

1 Mémoire de M. Astre, avocat à Toulouse, 1853, et depuis membre de l'Académie de législation.

2 Casaveteri, f° 63, *Consuetudines non approbatæ*, art. 1.

de recherche et d'interprétation des coutumes si incertain et si confus, était remplacé à Toulouse par cette haute juridiction qui faisait du magistrat consulaire la loi parlante et vivante, comme Cicéron le disait du préteur romain ; mais en 1285, lorsque la coutume, recueillie dans un texte approuvé par le roi, prenait le caractère d'une loi fixe, ce pouvoir déclaratif et presque législatif devait paraître exorbitant et cesser son exercice [3].

L'article réservé sur la compétence, de *foro compe-tenti*, est aussi un reflet du vieux droit romain : il prouve que Toulouse, capitale des domaines du comte, avait la même prérogative que Rome, capitale du peuple-roi, d'attirer juridiction. La coutume porte (art. 3) : « Lorsqu'un contrat public d'obligation ou » même de vente d'*immeubles* était reçu par un notaire » de Toulouse et concernait un citoyen de la ville, » l'obligé ou le contractant pouvait être cité à Toulouse » même, au tribunal des Consuls, et il devait répondre » devant eux, quel que fût son domicile personnel dans » le diocèse, sur les domaines du comte ou sur la terre » d'un autre seigneur relevant du comte [4]. » La juridiction des consuls, à l'occasion du contrat et pour l'exécution de la vente d'immeubles situés loin de Toulouse, s'étendait donc sur tout le comté : le tribunal du Capitole devenait pour tous le For compétent. — C'était une application remarquable de l'ancienne règle de droit romain qui attribuait compétence au magistrat de Rome pour toutes les obligations et ventes contractées à Rome, patrie commune, domicile de droit (depuis

3 Ejus est interpretari cujus est condere legem.
4 CASAVETERI, f° 63, *De foro competenti*, art. 3.

l'édit de l'an 212) de tous les citoyens de l'empire [5]. La
compétence réelle, établie en 331 par l'empereur Constantin, qui donna le droit de connaître des questions
de propriété, le *forum rei sitœ* au juge du territoire et
qui consomma ainsi la révolution de Dioclétien dans
l'ordre judiciaire, n'avait pas prévalu dans les anciennes coutumes de Toulouse [6]. — Philippe le Bel
voulut faire cesser le privilége absolu de compétence
personnelle, et il refusa son approbation à l'ancien
usage, afin de renfermer la juridiction des consuls dans
le territoire de Toulouse, dans les limites naturelles du
gardiage, et de donner aux juges du lieu la compétence réelle en matière de propriété, aux juges du domicile du défendeur la compétence personnelle en matière d'obligation.

Voici encore, dans les articles réservés (art. 5, *De
sententiis diffinitivis*), une trace visible des mœurs romaines : à Toulouse, « lorsqu'une publication était faite
» par le crieur de la ville, d'après l'ordre des Consuls,
» et qu'un contradicteur se présentait devant eux, les
» consuls, sans citation ni pétition, entendaient la cause
» sommairement et d'office (*per officium suum summarie*);
» et de telles sentences, sur des choses de cette na-
» ture, obtenaient toute leur force et valeur [7]. » N'est-ce
pas une image du droit qu'avait le préteur de juger *de
plano* les causes sommaires portées devant lui, lorsqu'il

---

5 Romœ *conveniri potest*, Dig., v, 1, 19. — Sidoine Apollinaire
dit : In qua unica totius mundi Civitate soli *Barbari* et *Servi* pere-
grinantur (Epist. I, 6, p. 30, édit. Colombèt). *Voir* mon t. II, p. 605.

6 Constit. de l'an 331, Cod. Just., III, 19. *Voir* mon t. II, p. 606.

7 Casaveteri, f° 64, art. 5, *De sententiis diffinitivis.*

se rendait au Forum? — Le roi n'approuva pas cette justice trop expéditive.

La police municipale, d'après les anciennes coutumes, n'était pas très-rigoureuse ; elle rendait la fraude facile dans la vente des objets de consommation ; elle tolérait la licence des mœurs et le recel des bannis et des coupables. — Ainsi, toute personne, autre qu'un revendeur de profession, pouvait vendre son blé avec des mesures non marquées et plus petites, sans encourir aucune peine; et les revendeurs eux-mêmes pouvaient vendre leur vin à telle mesure et à tel prix qu'ils le jugeaient convenable [8]. Le roi n'approuva pas cet arbitraire, et l'on sait que les rois de France furent préoccupés de bonne heure de l'idée d'établir l'uniformité des poids et des mesures. — Le viguier ni aucun officier ne devait arrêter aucun homme domicilié, marié ou non, pour cause d'adultère ou de fornication avec une femme, mariée ou non, trouvée dans une maison suspecte. Cette disposition, non approuvée en 1285, était contraire au code d'Alaric, mais considérée comme une des immunités du citoyen de Toulouse par l'ancienne coutume, plus favorable à la liberté individuelle que sévère pour les mœurs des gens mariés [9]. — Enfin, il était d'usage que, si un citoyen de Toulouse recélait sciemment un banni ou un homicide, il n'était point

8 Casaveteri, fº 64, art. 6, *De emptione et venditione.*
9 *Lex. Rom. Visig.*, liv. IV, tit. XIX, 1. — Haënel, p. 204. — Casaveteri, fº 67, art. 19, *De immunitate civium.*
Une charte des consuls et de Raymond, de 1199, sévissait contre les gens de *mauvaise vie,* mais n'était pas applicable aux faits particuliers mentionnés dans l'article réservé.

tenu, pour ce fait, de la justice du roi [10] : coutume
encore contraire au code d'Alaric, et que Philippe le
Bel ne pouvait pas évidemment sanctionner [11].

Si, pour beaucoup de choses, la police municipale
à Toulouse était tolérante, elle voulait cependant être
informée, et elle ouvrait une large porte aux dénonciations. La justice et la police étaient confondues au
moyen âge; elles le furent en France jusqu'au XVIIᵉ siècle; et à Toulouse, les dénonciations que provo-
quait la police avaient libre carrière devant la justice.
Il y a, dans les coutumes approuvées, un titre *De
denunciationibus* [12] ; il déclare, contrairement au droit
romain [13], que le dénonciateur n'est point tenu, a
raison de sa dénonciation, d'amende envers la justice,
de restitution ou d'amende envers la personne dénoncée : celle-ci ne peut avoir l'action d'injure contre
le dénonciateur que s'il s'est obligé spécialement à
prouver les faits dénoncés. Mais, dans l'usage, il y
avait de plus une récompense pour le dénonciateur, et
cela dans le cas où la personne dénoncée avait été condamnée à la *confiscation des biens* envers le comte de
Toulouse. C'est cette prime d'encouragement aux dénonciations les plus graves qui n'a pas été approuvée
par la royauté en 1285. Le roi, qui devait plus tard
opérer l'immense confiscation des biens des Templiers,

10 Casaveteri, fol. 67, art. 20.
11 *Lex Rom. Visig.*, IX, 22. — Haënel, p. 194, *De his qui reos
recelarent.*
12 Casaveteri, fol. 22, au verso, art. 2.
13 Dig., XLVII, 10, 5, *De Injur.* : *Si quis librum,* et L. 13, *Inju-
riar.*, § 2, *Si quis per injuriam.*

comprenait, au début de son règne, avec un sens moral non encore obscurci par les passions politiques, qu'il ne fallait pas donner à l'esprit de cupidité cette tentation dangereuse d'avoir beaucoup à profiter de la gravité même des accusations.

Je passe maintenant aux coutumes réservées qui appartenaient à l'ORDRE FÉODAL.

II. Je trouve d'abord, dans cet ordre de choses, une notable exception à la coutume générale de Toulouse, en matière de fief.

Nous avons reconnu, dans l'examen des coutumes approuvées, que le feudataire était libre de vendre le fief, qu'il n'avait pas besoin du consentement du seigneur, et que celui-ci ne pouvait exercer le retrait féodal et censier; — que, seulement, il recevait la foi et hommage et le *pax* ou les lods et ventes.

Le 15e article *réservé* se rapporte aux divers droits féodaux qui peuvent accompagner, soit la vente, soit la transmission du fief à titre de succession; et il y est dit que, si des *oblies* (ou redevances) en argent ont été stipulées, et si la quotité des droits à payer, en cas de vente du fief ou de la justice et en cas de succession, n'a pas été convenue, le droit est fixé pour la foi ou la justice à quatre deniers toulousains, et au double des oblies pour le droit d'*acapite* ou de succession [14]. Ici, la coutume ne faisait que régler la quotité du droit dans le silence des parties; mais, et là se trouve l'intérêt historique de l'article réservé, une distinction est faite

---

14 L'*acapite*, dans le droit féodal du Midi, est le *relief* dans le droit du Nord.

entre les fiefs de *chevaliers* et les fiefs *ordinaires* : le droit
pour la justice des fiefs de chevalerie est plus fort, il est
de cinq deniers toulousains ; et, en outre, la disposition
porte que si le fief de chevalier est vendu ou engagé, il
ne peut l'être que de l'assentiment du seigneur, *debet
fieri de consilio domini*. — C'est un système tout différent
de celui qui concernait les fiefs ordinaires dans les coutumes approuvées : c'est le système du livre des fiefs de
Milan, des constitutions du royaume de Sicile, des assises de Jérusalem, qui ne permettaient pas l'aliénation
des fiefs sans le consentement formel du seigneur ; en
d'autres termes, c'est le système général de la féodalité
militaire qui se laisse apercevoir dans les anciennes coutumes de Toulouse, à côté de la féodalité civile qui permettait la libre aliénation des fiefs.

Cette disposition, relative seulement aux fiefs de
chevaliers, c'est-à-dire aux fiefs vraiment militaires,
se retrouve, du reste, dans le droit féodal de plusieurs
provinces de France, en Guienne, en Bretagne, en Normandie, où l'esprit guerrier du moyen âge s'est le plus
longtemps maintenu. En Bretagne, comme on le verra, les
fiefs de chevaliers sont, avec les fiefs de baronnie, le
principal objet des assises du comte Geffroy, qui en ré-
gissaient l'aliénation et la transmission par des règles
spéciales. Il n'est pas étonnant qu'à Toulouse, d'où était
parti l'un des héros les plus célèbres de la première croisade, Raymond de Saint-Gilles, avec de nobles compagnons d'armes, il y ait eu des *fiefs de chevaliers ;* et
l'ancienne différence entre les fiefs de chevaliers et les
fiefs ordinaires était très-nettement marquée dans le
15ᵉ article des coutumes réservées en 1285 : « *Tamen si*

» *dictum Feudum ab initio* PER MILITEM *vel filium militis*
» datum fuerit, justitia dicti feudi debet esse de quinque
» solidis tholosanis, et si *dictus honor venditur aut im-*
»·*pignoratur,* dicta venditio seu impignoratio *debet fieri*
» *de consilio domini*[15]. »

Cette ancienne exception à l'égard des fiefs de chevaliers n'a pas reçu la sanction de Philippe le Bel. A la
fin du XIIIe siècle, les intérêts de la constitution militaire
des fiefs avaient beaucoup faibli dans les provinces de
France. On entrait dans une voie nouvelle : à la monarchie féodale fondée sur la suzeraineté allait succéder la
monarchie fondée sur la souveraineté du roi et des états
généraux ; aux principes vieillis de la féodalité militaire avait déjà succédé, dans la plupart des provinces
du royaume, le principe de la féodalité civile : celle-ci
était devenue la base générale des coutumes de France.
Il n'y avait plus alors aucun motif suffisant pour distinguer, sous le rapport de l'aliénation et de la propriété,
les fiefs de chevaliers des autres fiefs : *cessante causa
cessat et effectus.* Cet axiome de droit et de raison est
aussi une loi historique, et le roi l'avait appliquée en laissant les *fiefs de chevaliers* dans le droit commun des fiefs.

Je me suis un peu étendu sur cette disposition, mais
elle m'a paru se rapporter à un des points les plus curieux du droit féodal ; car plus on étudie la féodalité
en France et en Europe, plus on s'aperçoit que la clef
des problèmes historiques et des grandes difficultés est
dans la distinction entre la féodalité militaire et la féodalité politique ou civile. Pour moi, c'est le rayon qui

---

15 Casaveteri, f° 66, au verso.

m'a permis de pénétrer et de me retrouver dans la nuit du droit du moyen âge.

Le rejet des autres dispositions qui concernaient, dans les coutumes réservées, les seigneurs ou les droits féodaux, s'explique par l'intention de la royauté d'affaiblir, de plus en plus, le principe féodal et de tendre vers l'unité du droit.

« Si un citoyen de Toulouse, avec sa femme ou sépa-
» rément (disait le 13ᵉ article), de même, si une femme
» sans son mari a reçu gratuitement une *terre féodale*, et
» que l'un d'eux meure sans testament et sans enfants ou
» parents successibles, et qu'il n'ait pas fait de donation
» ou de pacte relatif à sa propriété, la part du défunt
» dans *le fief* doit retourner, *dettes payées*, et être dévolue
» au seigneur local ; et si la terre est *libre* (ou alleu), elle
» est dévolue de la même manière au roi [16]. » C'était le droit de retonr ou de déshérence partagé entre le seigneur féodal et le roi, seigneur suzerain : ce partage ne devait pas plaire au roi ; il était d'ailleurs contraire au droit commun de la France, d'après lequel le droit de *déshérence* des fiefs était un attribut de la haute justice ; or la haute justice du comte de Toulouse, dont les anciennes coutumes avaient méconnu les droits, était réunie à la Couronne, et la Couronne devait en ressaisir les prérogatives.

La seigneurie locale était habile quelquefois à faire ainsi prévaloir ses priviléges sur les droits du seigneur suzerain ; et spécialement les droits du comte de Toulouse ou de son viguier n'avaient pas toujours été pro-

16 Casaveteri, f° 65, au verso, *De feudis*, § 2.

tégés efficacement par la coutume ; en voici la preuve
encore dans la disposition réservée, qui concernait
l'exécution des jugements. Je traduis : « Si quelque
» citoyen de Toulouse a été condamné par les consuls,
» par *le viguier* ou par un autre juge, à payer quelque
» somme d'argent à un autre citoyen de Toulouse, et
» que celui, au profit duquel existe la condamnation,
» *ait été mis en possession* par lesdits consuls, par le vi-
» guier ou autre juge d'une terre tenue par le débiteur
» à titre de fief, et cela *sans le consentement* du seigneur
» direct ; mais que *postérieurement* le débiteur condamné
» ait vendu la terre *avec le consentement du seigneur et*
» *ait mis l'acquéreur en possession,* cet acquéreur est pré-
» féré dans sa *possession et propriété dudit fief,* et une
» telle possession de l'acquéreur prévaut sur les droits
» de celui qui a été *envoyé en possession* par les consuls,
» par le viguier ou autre juge [17]. » Et ainsi, il y a deux
possessions : l'une, par justice comtale ou consulaire
en exécution d'une sentence ; l'autre, par vente de
mauvaise foi, mais avec la garantie du consentement
seigneurial ; et c'est la seconde qui prévaut ! C'est donc
la seigneurie locale qui l'emporte sur la justice de la
cour du comte et de la cité, dans une coutume, cependant, qui admet le principe que l'aliénation du fief ordinaire n'a pas besoin de l'assentiment du seigneur. — Ou
c'était un usage en contradiction avec la coutume générale de Toulouse ; ou la disposition se rapportait primitivement aux fiefs de chevaliers, comme le fait présumer l'expression d'*honor* qui pouvait, dans un sens
restreint, s'appliquer au fief d'honneur, au fief de che-

17 Casaveteri, f° 65, au verso, *De feudis,* § 1.

valerie : dans tous les cas, le roi devait refuser son approbation à une coutume qui faisait prévaloir la volonté du seigneur local sur l'exécution des jugements, car c'était par le respect de la justice surtout que la royauté développait son action civilisatrice et s'assurait l'affection des peuples.

On sait que les seigneurs et les clercs n'ont pas toujours vécu en parfaite harmonie, et que quelquefois les seigneurs, ligués pour défendre leurs intérêts matériels contre l'influence de l'Église ou des ordres religieux, laissaient tomber d'assez dures paroles sur ces fils de serfs et de vilains (*filii servorum*) qui devenaient si puissants dans leurs justices, comme le dit le manifeste des barons en 1247 [18]. Eh bien! je trouve dans les coutumes réservées un exemple très-frappant de cette lutte d'intérêts et de classes, au sujet des donations ou acquisitions de fiefs : les droits absolus des seigneurs y sont mis en opposition, d'une manière saillante, avec l'incapacité des maisons religieuses d'acquérir à titre gratuit ou onéreux, et de posséder définitivement, à titre de propriétaire, des terres féodales.

Voici l'ancienne coutume :

« Si une donation, un legs, une aliénation est faite
» par testament, par donation à cause de mort ou
» par un autre acte, de quelque fief ou terre tenue
» féodalement, en faveur d'une maison ou d'une per-
» sonne d'ordre religieux, hospitalier, monastique ou
» d'un autre établissement qui en dépende, le donataire,
» légataire ou acquéreur est tenu, d'après la coutume

---

18 Déclaration de l'an 1247. Mathieu Paris, Hist. Angl. major, t. II, p. 720, édition de Louvain ; — et Hevin sur Frain, p. 74.

» de Toulouse, de vendre, à la réquisition du seigneur
» direct, ledit fief à une personne ou à des personnes
» laïques, *après l'an et jour*, à compter du moment où
» il a commencé de le posséder, et le seigneur doit per-
» cevoir, à raison de cette vente même, ses droits de
» lods et ventes (*suos pax*). Si cependant l'établisse-
» ment religieux, auquel la terre a été donnée, léguée
» ou aliénée, veut la retenir par devers lui, alors il doit
» donner et payer au seigneur de la terre ou du fief des
» droits proportionnels à la valeur dudit fief; de plus, il
» doit constituer et assigner au seigneur de ce même fief,
» par acte public, une *personne laïque* pour feudataire,
» laquelle soldera et sera tenue et obligée de solder pen-
» dant toute sa vie les *oblies* et les autres droits seigneu-
» riaux; et comme, après sa mort, le fief faisant réversion
» au seigneur et étant de suite vendu à une autre per-
» sonne laïque produirait encore au seigneur des droits
» de lods et ventes, si l'établissement religieux aime
» mieux retenir à lui le fief ou la terre féodale, alors il
» donnera et paiera les droits audit seigneur, propor-
» tionnellement à la valeur du fonds, et de nouveau il
» assignera, par acte public, une personne laïque pour
» feudataire, et cette personne s'obligera de payer les
» *oblies*, les droits de relief ou de succession (*retroacca-
» pita*) et les autres droits seigneuriaux (*alias dominatio-
» nes*) pendant toute la durée de sa vie; et après sa
» mort, même droit de réversion au seigneur du fief,
» et mêmes procédés et formes seront suivis et observés
» perpétuellement (*in perpetuum*), jusqu'à ce que ledit
» fief ou fonds soit aliéné définitivement par ceux aux-
» quels il a été donné, légué, vendu, ou par leurs suc-

» cesseurs, et la vente approuvée par le seigneur [19]. »

Je n'ai trouvé dans aucun monument du moyen âge la situation aussi bien caractérisée, la suprématie du droit seigneurial aussi opiniâtrément soutenue contre l'incapacité radicale des établissements de mainmorte de recevoir ou d'acquérir des fiefs. Rien ne peut mieux que ce circuit perpétuel de ventes, de reventes, de successions fictives, de droits payés et sans cesse renaissants, faire comprendre avec quelle reconnaissance les monastères et les églises ont dû accueillir le *droit d'amortissement*, dont l'institution est attribuée à saint Louis, et qui constituait, près de l'établissement religieux, une seule personne dite *vivante et mourante*, au décès de laquelle le droit d'amortissement étant payé, tant au seigneur direct qu'au roi seigneur suzerain, la propriété se trouvait définitivement acquise à l'établissement donataire et devenait propriété de mainmorte. L'institution de saint Louis était autrement généreuse que celle des constitutions impériales de Frédéric II, en Sicile, de l'an 1231, qui ordonnaient la vente définitive dans l'an et jour, et, à défaut de vente, confisquaient le fief au profit de l'empereur [20]; elle était autrement favorable à l'Église aussi que l'ancienne coutume de Toulouse, qui frappait les personnes religieuses d'une incapacité absolue, ou qui

---

19 Casaveteri, *De feudis*, fol 66, 1.

20 *Historia diplomatica Friderici secundi*, recueil publié sous les auspices de M. le duc DE LUYNES (1854), t. IV. — *Voir*, à la suite de l'ancien recueil: *Novæ Constitutiones regni Siciliæ*, lib. III, tit. XXIX, *De rebus stabilibus non alienandis ecclesiis*, p. 227 :

« Teneatur *infra annum* alicui de proximis defuncti vel de bur-
» gensibus nostris relicta stabilia vendere ; at si *ultra annum* facere
» prædicta distulerjt. possessiones ipsas, *post anni lapsum, Fisci*
» *nostri juribus Volumus applicari.* »

leur imposait la représentation perpétuelle et onéreuse de personnes laïques, devant se succéder indéfiniment. — Le petit-fils de saint Louis, en refusant d'approuver cette nécessité de représentation fiscale et perpétuelle et cette incapacité radicale d'acquérir des fiefs, continuait la protection de son aïeul en faveur de l'Église et de son domaine territorial.

J'arrive, en dernier lieu, à l'ORDRE CIVIL.

III. Dans les coutumes non approuvées se trouvent, comme nous l'avons dit précédemment : 1° l'ancien usage gallo-romain de se vouer avec sa famille, pour le présent et l'avenir, à une servitude personnelle et réelle; 2° le droit absolu d'asile et d'affranchissement en faveur des serfs étrangers qui se réfugiaient à Toulouse. La première disposition, que Philippe le Bel laissait à l'écart, devait être à peu près effacée des mœurs à cette époque du moyen âge; elle formait un droit suranné qui ne pouvait revivre, et que Salvien, dès le ve siècle, avait dénoncé comme un résultat du malheur des temps, contraire aux principes du christianisme. La seconde, qui était conforme à l'inspiration chrétienne et favorable à l'affranchissement des personnes, persista dans les mœurs et fût toujours, ainsi que nous l'avons démontré, revendiquée et énergiquement soutenue comme un privilége de la cité. C'est tout ce que contiennent, dans l'ordre purement civil, les coutumes réservées sur l'état des personnes : les autres dispositions sont relatives aux obligations et aux successions; mais, au sujet des successions et testaments, nous trouverons des indications précieuses sur l'état ou la liberté de la femme toulousaine.

Voyons d'abord ce qui concerne les obligations.

Il existait, dans les anciennes coutumes de Toulouse, un droit appelé *Poderagium* : c'était un privilége réel accordé sur les biens féodaux ou allodiaux à celui des créanciers qui s'était pourvu en temps utile par *bannie* ou *saisine publique*, devant le seigneur s'il s'agissait de fief ou de censive ; — devant le viguier s'il s'agissait d'alleu.

Les coutumes approuvées ont un titre *De poderagiis et bannis*, que Soulatges, par une singulière inexactitude, a complétement omis, mais que rapporte Casaveteri [21]. Le *poderagium* donnait préférence sur les créanciers antérieurs, dont les titres étaient cependant reconnus ; il dérogeait formellement à la règle du Droit romain, *prior tempore potior jure* : le *poderagium*, par bannie du seigneur ou du viguier, attribuait donc à des créanciers privilégiés priorité ou *prépondérance*, selon le sens étymologique, *poderagium a pondere*, donné par les docteurs du moyen âge [22].

Le *poderagium* doit être considéré par rapport à la femme mariée, et par rapport aux créanciers demeurant dans le pays ou étrangers.

---

21 Sur le *Poderagium*, voir Casaveteri, fol. 28, au verso B, *De debitis*, n° 5 ; fol. 41, au verso , *De poderagiis et bannis ;* — fol. 64, addit., art. 6 et 7.

La très-ancienne coutume de Bretagne a un titre des *Bannies* et *appropriances*, qui a quelques rapports avec le titre *De bannis* des coutumes de Toulouse.

On peut aussi voir François-François, *Coutumes de Toulouse*, VI, p. 519.

22 FRANÇOIS , p. 553 , semble vouloir traduire *poderagium* par *potiorité :* le français n'est pas moins étrange que le latin. — *Poderagium a pondere*, dit Casaveteri, fol. 28, d'après Bartole.

1º Il résulte des articles réservés que, dans l'intérêt de la femme et pour la conservation de sa dot, le viguier de Toulouse (défenseur des faibles) pouvait accorder le *poderagium* sur les biens du tenancier d'un seigneur ; mais ce droit ne produisait ses effets qu'après le privilége que le seigneur avait concédé à des créanciers sur un fief relevant de lui, ou que lui-même avait réservé à son profit sur le bien du feudataire, devenu son débiteur[23]. Le *poderagium* émané du viguier, en faveur de la femme, ne pouvait jamais l'emporter sur celui émané du seigneur. C'est ce privilége seigneurial, excessif et contraire aux intérêts de la femme mariée, qui ne reçut point la sanction royale. La femme obtint donc une garantie plus réelle ; le *poderagium*, délivré par le viguier, conserva les droits de la femme à raison de sa dot, et il eut un effet rétroactif au jour du mariage : vue d'équitable protection qui a prévalu dans notre droit moderne.

2º Le texte des anciennes coutumes établit que le *poderagium*, de même que l'hypothèque romaine, pacte prétorien, pouvait porter sur les meubles comme sur les immeubles ; et il avait cette autre analogie avec le pacte prétorien d'hypothèque, qu'il créait comme lui un droit réel sans tradition, sans dessaisissement du meuble ou de l'immeuble. Peut-être le pouvoir de créer un droit réel sans tradition (idée contraire, d'ailleurs, aux principes généraux de la jurisprudence romaine) a-t-il été attribué au viguier et au seigneur, qui avaient pouvoir public, par une dérivation du pacte prétorien qui conférait un droit réel parce qu'il émanait du pouvoir ou

23 Casaveteri, fol. 64, *De poderag. et bannis*, art. 6.

de la juridiction du préteur : ce qui est certain, c'est
que le *poderagium* sur les meubles et les immeubles,
malgré des différences notables dans son mode d'établissement et ses effets, avait beaucoup plus de rapport
avec l'hypothèque prétorienne qu'avec le *pignus* ou
contrat civil de gage, puisque le gage proprement dit
était un contrat réel, parfait seulement par la tradition
de la chose, et que la tradition n'était exigée ni dans la
formule hypothécaire du droit prétorien, ni dans le *poderagium* de Toulouse. Or, avant 1285 (ainsi que l'attestent les articles réservés), il était d'usage général à
Toulouse que le *poderagium* donné par le seigneur local,
soit sur les immeubles, soit même sur les meubles, devait toujours prévaloir sur celui donné auparavant par
le viguier [24] : on comprend que le roi ne pouvait pas
approuver cette infériorité de la bannie du viguier de
Toulouse, devenu le sien ; et la règle romaine et ration-
nelle, *qui prior est tempore potior est jure*, a passé à
cet égard dans la jurisprudence du pays.

3° Enfin, le roi n'approuve pas l'usage d'après lequel le
poderagium donné par le viguier, sur les biens meubles
ou immeubles, à un étranger et à un citoyen successivement, ne pouvait être suivi de payement ou de vente
en faveur de l'étranger, que si le viguier avait d'abord
exigé des fidéjusseurs pour répondre de la créance du
citoyen [25]. Ce privilége personnel du citoyen de Toulouse, ajouté au privilége réel naissant du *poderagium*,
était contraire à la sûreté des obligations contractées
envers les personnes étrangères, et avec l'esprit général

24 Casaveteri, *De poderag. et bannis*, tit VI, art. 1, fol. 64 (recto).
25 *Id.* fol. 64, au verso, art. 3.

de la coutume de Toulouse, favorable aux rapports avec les étrangers : la non-approbation du roi était donc également conforme à l'esprit de la coutume et a l'équité.

Les coutumes de 1285 ont écarté, par abrogation tacite, deux constitutions particulières que les consuls de Toulouse avaient arrêtées, en novembre 1197 et mars 1198, de concert avec le conseil commun de la ville et le comte Raymond :

L'une, sur le droit du créancier de se saisir de la personne de son débiteur, de le détenir en sa maison, de le mettre *aux fers* sans lui faire aucun autre mal (*teneat eum in ferris absque alio malo*), et de le nourrir seulement au pain et à l'eau, jusqu'au payement du capital ou jusqu'à ce que les deux tiers au moins des Consuls eussent ordonné la mise en liberté;

L'autre, sur le droit du créancier relatif à la personne qui se donnait en otage (*se dabat obsidem*) pour garantir une obligation, sorte de cautionnement *corporel*, qui s'exécutait par la mise de la personne même de la caution au pouvoir du créancier [26].

Ces constitutions, qui livraient la personne du débiteur ou de la caution à la puissance abusive du créancier et qui rappelaient l'ancien droit civil de Rome sur la servitude des débiteurs, devaient être rejetées de l'usage public par le refus d'autorisation royale, comme la

---

26 Cartulaire de Toulouse; charte de 1197 imprimée par M. Beugnot (Ass. de Jérusalem, t. I, p. 199, note B), et par M. Molinier, dans une dissertation très-intéressante sur cette charte, et sur celle jusqu'alors inédite de 1198, publiées par lui dans le Recueil de l'Académie de législation, vol. de 1857, p. 156 et 180.

servitude volontaire que nous avons plus haut mentionnée.

Le viguier, comme nous l'avons dit, était le défen-
seur-né des intérêts de la femme; c'était une de ses prérogatives. Les anciennes coutumes, dans le cas où le
mari avait encouru par jugement la confiscation de
biens, donnaient au viguier la belle attribution de protéger la dot, les biens de la femme, et de lui assurer
des moyens d'existence. Après la condamnation, le viguier recueillait l'universalité des biens du mari condamné et de son épouse. Pendant la vie du mari, il assi-
gnait à la femme, sur l'ensemble des biens, les revenus
convenables à ses besoins, d'après l'avis et la déclaration des consuls (*secundum cognitionem consulum*) : à la
mort du mari, il restituait à la femme la dot et ses autres
biens; mais s'il y avait insuffisance pour ses besoins, il
n'ajoutait rien pour subvenir aux nécessités de la veuve.
Telle était l'ancienne coutume de Toulouse, qui plaçait
à côté de la protection une limite rigoureuse. Elle fut
désapprouvée par le roi, non sans doute à cause de son
esprit de protection et de défense, mais soit à raison de
l'intervention des consuls dans la détermination des
besoins de la femme, soit à cause de la rigueur même
de la décision contre la veuve, dans le cas où ses biens
personnels étaient insuffisants pour elle et ses enfants [27].
L'humanité du roi de France a voulu se réserver la faculté de concilier les rigueurs de la confiscation des
biens avec la situation de la veuve et de sa famille :

---

27 Casaveteri, fol. 64, au verso, tit. VIII, *De necessariis uxorum
et viduarum.*

c'était une branche du droit de grâce qui a toujours été considérée par nos rois comme un des plus beaux attributs de la Couronne. .

Il me reste à parler du droit de la femme, relativement à la disposition de ses biens, et de l'effet général des testaments ou de l'institution d'héritier (art. 9, 10, 11).

Les coutumes non approuvées contiennent sur les testaments un droit extraordinaire, et dont il est difficile de se rendre compte à l'égard de la femme.

« L'usage et la coutume de Toulouse sont, dit l'ar-
» ticle 9 *De testamentis*, que la femme n'est pas tenue,
» dans son testament ou son acte de dernière volonté,
» d'*instituer héritiers* ses fils ou filles, ou quelques-uns
» d'eux; elle peut même, si elle le veut, *ne rien léguer*
» *à aucun de ses enfants.* »

D'où peut venir cette disposition si étrange et si contraire, en apparence, au sentiment naturel de la mère?

Dans les anciennes coutumes de Toulouse, la femme a une grande liberté. Fille mariée et dotée par son père, elle est émancipée de la puissance paternelle; veuve, elle peut faire de sa dot ce qu'il lui plaît, et la donner à un second mari; elle peut librement tester du vivant de son père : c'est le droit reconnu par les coutumes approuvées. Mais jusqu'à l'année 1285, cette liberté paraissait, en outre, s'étendre jusqu'au droit de manquer à ses devoirs de mère de famille, de donner par testament ou sans testament tous ses biens à des étrangers, de déshériter ainsi ses enfants, sans cause et tacitement, droit aussi absolu que celui du citoyen romain dans les premiers temps de la loi des Douze Tables. En cher-

chant l'interprétation la plus favorable, je dirai que,
sans doute, la très-ancienne coutume de Toulouse ne
reconnaissait à la femme ce droit illimité que parce
qu'elle présumait que la mère de famille ne saurait en
abuser. La piété maternelle lui paraissait un obstacle
suffisant contre les dangers de la liberté illimitée 'de
donner ou de tester ; et cette confiance que la loi des
Douze Tables accordait au citoyen qui testait dans les
comices, la coutume de Toulouse l'accordait à la mère
de famille placée au foyer domestique auprès de son
père ou de son époux. La coutume supposait généreu-
sement que, livrée à l'inspiration de son cœur ou à l'influence des conseils de son époux ou de ses parents,
elle ne ferait qu'un partage équitable ou une sage disposition de ses biens. — Mais ce sont là des coutumes
primitives qui ne font pas suffisamment la part des passions humaines : aussi le droit civil de Rome avait dû,
même sous la république, opposer une barrière à la
volonté absolue du père de famille, en exigeant d'abord
l'exhérédation expresse, en infirmant ensuite l'exhérédation expresse par la plainte d'inofficiosité[28]. Au moyen
âge, à la fin du xiiie siècle, il devait paraître prudent de
ne pas laisser à la mère de famille une liberté absolue;
et la non approbation de la coutume par le roi de France,
en 1285, était une barrière posée par la raison et le
droit, barrière tardive sans doute, mais qui indiquait
un devoir pour l'avenir.

Le père de famille, dans les anciennes coutumes de

28 Cic., *De orat.*, 1, 38. — Cic., *In Verrem*, 1, 42.— Mon tome i,
p. 245 et suiv.

Toulouse, n'avait pas la même liberté que la mère. Voici ce que portent à cet égard les coutumes réservées :
« Tout homme doit *instituer héritiers* son fils ou sa fille
» dans son testament, ou il doit leur donner quelque
» chose par ledit testament, savoir, *cinq sous* toulou-
» sains ou plus; autrement son testament n'est pas va-
» lable contre son fils ou sa fille, à moins que le fils n'ait
» été émancipé par donation pour cause de mariage,
» ou la fille mariée et dotée par son père.[29].

·» Mais si le père a laissé à son fils ou à sa fille non
» mariée *cinq sous* toulousains ou leur valeur, ou cent
» sous ou mille sous, et qu'il plaise au testateur, par
» droit d'institution ou d'apportionnement (*jure institu-*
» *tionis vel apparciamenti*), d'instituer une personne
» étrangère ou non étrangère dans ses autres biens, la
» fille ou le fils ne peut venir contre le testament du
» père, à *raison de sa légitime portion*, et ne peut con-
» tester en rien, ni avoir recours sur les biens paternels,
» à moins que le père n'eût ailleurs d'autres biens et
» qu'il n'eût précédemment laissé ces autres biens à ses
» enfants [30]. »

On voit dans ces dispositions trois choses importantes :

1° Que le père de famille, à Toulouse, ne pouvait
point passer ses enfants sous silence, comme c'était
permis au citoyen romain dans les premiers temps de la
loi des Douze Tables, et à la femme toulousaine dans les
anciennes coutumes;

2° Qu'il devait les instituer héritiers, ou leur faire le

---

29 Casaveteri, fol. 65, au verso, *De heredibus instituendis*, art. 11.
30 *Id.*, fol. 65, au recto, *De testamentis*, art. 10.

legs de cinq sous pour attester du moins, selon le principe de l'exhérédation expresse de la seconde époque
romaine, qu'il avait *pensé à ses enfants*, mais que sa
volonté dernière était de les priver réellement de sa succession, le legs de cinq sous étant la forme de l'exhérédation expresse, employée dans l'ancien usage de Toulouse;

3° Que la coutume, dans ses analogies avec la jurisprudence romaine, s'arrêtait à ce point où la puissance
paternelle se manifestait par l'exhérédation expresse, et
qu'elle n'admettait ni la plainte d'inofficiosité, par suite
de laquelle le tribunal des centumvirs à Rome brisait
le testament injuste qui avait, contre le devoir de la
piété paternelle, déshérité un fils qui ne l'avait pas mérité [31]; ni l'action en supplément de légitime, admise
par le droit prétorien et le droit de Justinien, et qui a
pris, depuis l'école des glossateurs, une si grande place
dans la jurisprudence des pays de droit écrit.

C'est donc le vieux droit civil de Rome, et le plus rigoureux, le plus conforme à l'absolu de la puissance
paternelle, qui figurait ou qui avait des dispositions
analogues dans les anciennes coutumes de Toulouse,
sur le droit d'exhérédation des enfants.—Mais au milieu
de ces analogies se produisait cette différence essentielle : c'est que la mère de famille, dans l'exercice de
ce pouvoir, avait plus de liberté, plus de pouvoir encore que le père; c'est que la mère de famille *alieni juris*,

---

31 La formule était : *Parum sanæ mentis fuisse testatorem, cum
testamentum ordinaret, quod immerentem, contra officium pietatis,
exheredasset.* — Brisson, *De formulis*, lib. v, form. 37; mon tome I,
p. 248.

privée du droit de tester, incapable, et mise au rang de ses enfants dans les mœurs de l'ancienne Rome, était dans les mœurs toulousaines, *sui juris*, capable de tester et investie du droit d'exhérédation, même tacite! Là, certainement ne se trouve pas une tradition, une origine romaine. C'est, au contraire, le trait caractéristique d'une autre origine, d'une autre nationalité. Je ne voudrais point exagérer et affaiblir en l'exagérant ce qu'il y a de vrai dans les *origines celtiques* : mais je ne puis cependant oublier, à ce propos, que les anciens Gaulois qui, après tout, forment une couche étendue et profonde dans notre géologie morale et coutumière, avaient dans leurs femmes une confiance extrême. On sait, Plutarque nous l'apprend, que lorsqu'un grand capitaine traversa le midi des Gaules pour ce premier et prodigieux passage des Alpes, il fut convenu, dans le traité fait avec les naturels du pays, que si les Carthaginois avaient à se plaindre des habitants, les sujets de plainte *seraient jugés par les femmes gauloises;* on sait aussi qu'à l'époque moins reculée où les Gallo-Romains aspiraient à ressaisir leur indépendance nationale, la cause de l'indépendance gallique était représentée par une femme inspirée. Le droit de la femme, dans cette partie de la Gaule, pouvait tenir à une suprématie reconnue par ses premiers habitants[32]. La puissance du père de famille était un trait commun chez les Romains et les Gaulois; la liberté de la femme, la puissance de la mère était un trait de mœurs étranger à la femme romaine des anciens temps, mais propre

32 *Voir* deux Dissertations sur les *Peuples primitifs* par le savant professeur BERGMANN, de Strasbourg (p. 21 et 45), et mon t. II, p. 75.

à la femme de certaines tribus galliques. Les coutumes de Toulouse peuvent donc avoir conservé au moyen âge et transmis, avec la liberté illimitée de la mère de famille, une tradition antique du sol natal.

Ce caractère de coutume primitive et d'indépendance, je ne le trouve pas, au surplus, dans le droit de la femme seulement, mais aussi dans le droit des fils à l'égard de leurs père et mère : « Quiconque n'a pas d'*enfants* (dit » l'article 10 des coutumes réservées) peut, par testa- » ment, léguer tous ses biens libres (*bona sua non condi-* » *tionata*) à qui il lui plaît, sans institution d'héritier, et » un tel testament obtient toute sa force et sa valeur [33]. »

Et ainsi cette grande loi romaine, conforme au respect envers les parents et si profondément sociale, qui ne permet pas que le fils oublie son père dans son testament, et qui donnait au père le droit de revenir, par plainte d'inofficiosité contre le testament opposé à la piété filiale, même contre le testament militaire *jure peculii*, n'avait laissé aucune empreinte dans les anciennes coutumes de Toulouse. De même, la plainte d'inofficiosité, que le droit prétorien et les constitutions impériales avaient transportée de Rome dans les provinces, en faveur des frères dépouillés par des personnes de vile condition, était restée étrangère aux coutumes toulousaines. Cet oubli du père et des frères, ou cet abandon de la loi du sang qui était sacrifiée à la libre volonté des fils, à l'injustice, à l'emportement des passions du frère, ne semble-t-il pas révéler l'indépendance native des *Tectosages*, la plus indépendante, peut-être, et la plus fougueuse des tribus gauloises? —

33 Casaveteri, fol. 65, au recto, *De testamentis*, § 2, art. 10.

Quoi qu'il en soit, le pouvoir royal, favorable en France à la constitution forte de la famille, à la conservation des patrimoines et à leur transmission héréditaire, ne pouvait pas approuver, à la fin du xiiie siècle, cet arbitraire de la volonté humaine qui se mettait au-dessus des devoirs de la famille.

Telles sont dans leur ensemble les coutumes non approuvées par le roi. On voit combien elles sont précieuses pour faire connaître tous les caractères du droit toulousain au moyen âge, et pour indiquer en même temps dans quel esprit les rois de France abordaient la réforme des coutumes locales.

Philippe-Auguste et saint Louis avaient commencé un grand travail de réforme et de civilisation par l'enseignement du Droit romain dans les écoles, la propagation des textes de Bologne, la traduction en langue vulgaire du Code, des Instflutes de Justinien, et par l'introduction progressive de leurs principes dans les usages du pays. Philippe le Bel qui, plus tard, apportera un concours si énergique aux vues de ses ancêtres, en déclarant sédentaires les parlements de Paris et de Toulouse, a marqué, dès la première année de son règne, le but de ses réformes, en faisant un choix, un triage habile dans les anciennes coutumes de la plus importante cité du Midi. — Le choix des dispositions confirmées laissait intactes dans le respect des peuples la plupart des coutumes du pays : les conseillers du roi avaient montré même trop de condescendance pour des pratiques abusives, et l'*arrestum* sane fut un prompt remède à l'approbation inconsidérée des dispositions sur les tutelles et curatelles. — Le rejet de certaines dispositions, non approuvées sous la formule *non placet, deliberabimus*, laissait à l'écart d'anciens usages qui avaient eu leur raison d'être, leur principe de vie ; mais qui se trouvaient opposés aux vrais intérêts de la cité, de la propriété, de la famille, dans leur rapport avec le progrès de l'État et de la société civile. L'improbation du roi avait frappé juste, car les dispositions non approuvées disparurent de la jurisprudence municipale, féodale et civile de Toulouse : une seule survécut dans les mœurs, celle sur l'affranchissement absolu des serfs étrangers, dont le pied avait touché le sol toulousain ; et celle-là mit en relief la noble constance des Consuls et du Parlement à défendre les priviléges du pays.

Ces articles réservés (dont nous avons exactement rendu compte) forment l'appendice nécessaire et instructif des coutumes approuvées ; ils caractérisent fortement, jusqu'en 1285, les anciennes coutumes de Toulouse, qui recèlent, dans leur ensemble, tant d'éléments mixtes et traditionnels de vieux droit romain et de mœurs galliques, de franchises municipales et de condition servile, de justice consulaire et de droit féodal, de liberté abusive et de vraie liberté.

Après l'exposition des coutumes approuvées et vivaces, les articles réservés et vieillis m'ont paru dignes d'une étude spéciale ; ils présentent un des côtés les plus curieux du droit au moyen âge, et marquent fortement le caractère de cette intervention royale qui a commencé, avec le XIIIᵉ siècle, à porter la réforme dans les Coutumes de France.

Les anciennes coutumes de Toulouse sont restées au nombre des monuments du droit pratique dans les temps modernes; c'est aux xviiᵉ et xviiiᵉ siècles qu'elles ont été traduites et amplement commentées; elles étaient appliquées par le parlement de Toulouse dans toute l'étendue de la viguerie royale pour les dispositions favorables, telle que la forme des testaments [34]; et leur influence s'est fait sentir à divers degrés dans l'étendue du ressort : mais la jurisprudence parlementaire, inspirée par le Droit romain de l'école du xviᵉ siècle et appropriée aux modifications que les mœurs de chaque pays faisaient subir au droit écrit, a pris un caractère de généralité qui a prédominé, par la force des choses, hors de Toulouse et de son territoire, sur la coutume de la Cité.

Je passe à un autre aspect du Droit méridional, celui que présenteront les coutumes de l'Albigeois.

En exposant les anciennes coutumes de Toulouse, j'ai tâché de mettre en relief le caractère des institutions municipales, civiles et judiciaires de cette grande cité du midi :—mes remarques sur les lois et coutumes de l'Albigeois offriront plus d'un contraste avec les résultats de l'étude sur le Droit toulousain.

34 DOLIVE, Questions notables, liv. v, ch. 32, p. 780.

SECTION V.

LOIS DE SIMON DE MONTFORT ET COUTUMES D'ALBI
DES XIIIe, XIVe ET XVe SIÈCLES.

SOMMAIRE.

§ **1.** *Institutions antérieures à la Croisade contre les Albigeois.*

§ **2.** *Lois de Simon de Montfort; distinction essentielle entre les Actes de l'an 1212, compris sous cette dénomination.*

§ **3.** *Effets et durée de ces Lois ou Actes. — Coutumes d'Albi de l'an 1220.*

§ **4.** *Usages et chartes de l'Albigeois depuis sa réunion à la Couronne au XIIIe siècle. — Pouvoirs mixtes de l'évêque, du roi, des consuls. — Institution du jury en matière criminelle. — Juridiction royale. — Confrérie de saint Louis; son rôle jusqu'à la fin du XVe siècle. — Archevêché au XVIIe siècle. — Situation administrative jusqu'en 1789.*

Les Albigeois ont souvent attiré l'attention des chroniqueurs et des historiens; mais les coutumes de leur pays n'ont pas été l'objet d'un travail spécial qui puisse en représenter le véritable esprit. Cependant les archives d'Albi sont riches en documents; un recueil de chartes et de pièces importantes a même été publié dans cette ville, depuis quelques années, sous l'inspiration du patriotisme local [1]; et aujourd'hui que l'histoire du droit

---

1 Études historiques et documents inédits sur l'Albigeois, le Castrais et l'ancien diocèse de Lavaur, par M. CL. COMPAYRÉ, correspondant du comité des travaux historiques (Albi, 1841, 1 vol. in-4°, 570 pages.)

n'est plus regardée comme inutile, soit à l'histoire générale, soit à l'histoire de France en particulier [2], il ne
sera peut-être pas sans intérêt de déterminer les effets
et la durée des lois imposées par Simon de Montfort
aux peuples vaincus, et d'observer l'ensemble des coutumes civiles et administratives de l'Albigeois, du XIIe à
la fin du XVe siècle. Celles-ci nous fourniront un exemple
de suprématie épiscopale dans l'ordre temporel, que
l'on chercherait en vain, au même degré, dans les
autres cités du Midi, et une alliance d'institutions diverses qui donne à l'organisation du pays une remarquable originalité.

§ 1. — INSTITUTIONS ANTÉRIEURES A LA CROISADE
CONTRE LES ALBIGEOIS.

L'Albigeois n'est pas indiqué par Jules César dans ses
descriptions et ses nomenclatures des territoires et des
peuples de la Gaule. Il faisait partie de la Celtique et
non de la Gaule Narbonnaise. Il fut compris par Auguste dans l'Aquitaine. La *Civitas Albiensium* figure dans

Documents inédits concernant les hérétiques *bonshommes* de la
secte des Albigeois, par M. B. ., archiviste et correspondant du
comité. (Toulouse, 1850, in-4°, 46 pages.)

M. GIRAUD, de l'Institut, a aussi publié, en 1846, les coutumes
d'Albi de 1220 en langue romane. (*Essai sur l'hist. du droit au
moyen âge.* App., 1re partie, p. 84.) — Ces coutumes de 1220 se
trouvent en texte latin et en texte roman, avec quelques variantes,
dans le recueil de 1841, par M. COMPAYRÉ.

2 Je dois à M. HENRI MARTIN des remercîments publics pour
l'attention toute spéciale et la place qu'il a bien voulu donner à
mes travaux, dans les trois premiers volumes du beau monument
qu'il élève à l'HISTOIRE DE FRANCE (4e édit.).

les Notices de l'empire romain du ve siècle [1]. Des médailles, des armes, d'anciens monuments et des traces
de voies antiques sont les indices d'une colonie romaine établie sur le territoire ou dans le voisinage de
la cité [2].

Des traditions, trop incertaines pour prendre place
dans l'histoire, font remonter jusqu'au iiie siècle la fondation de l'évêché d'Albi. Elles l'attribuent à saint Clair,
l'apôtre et le martyr du christianisme dans ces contrées.
Mais la certitude historique, sur les évêques d'Albi, ne
commence qu'avec l'évêque Diogénien, qui vivait au
ve siècle et dont Grégoire de Tours parle avec éloge [3].
Le diocèse s'identifiait avec la cité ou le territoire d'Albi.
L'évêque relevait de la métropole de Bourges, qui était
celle de l'Aquitaine première.

Au viie siècle, la cité d'Albi avait, comme la plupart
des cités épiscopales, un comte spécialement préposé
au gouvernement civil (615); le bénéfice révocable prit,
sous Charlemagne, la consistance d'un comté hérédi-

---

1 Aquitania prima. D. VAISSETTE, *Histoire du Languedoc*, t. i,
p. 73, n° 9, et p. 490, n° 9 (édit. Du Mège).

2 D. VAISSETTE (qui était de Gaillac, à quelques lieues d'Albi) reconnaît qu'il est question pour la première fois de la *civitas Albiensium* dans les notices de l'empire sur les cités de la Gaule, mais
il ajoute qu'à *Montaus* (*Mons antiquus*), près de Gaillac, on a trouvé
des médailles, des urnes et d'anciens monuments qui indiquent un
établissement romain (t. i, c. 26, p. 85).

M. Du Mège ajoute sur les voies romaines des détails qui confirment la conjecture de D. Vaissette, et il a suivi les traces de ces
routes comme aboutissant à la ville d'Albi (*id.*, p. 149).

Voir ce que nous dirons *infrà* sur les impôts et leur origine romaine.

3 Greg. Turon., lib. ii, c. 13, p. 174. Diœgenianus Albigæ, dignus
domino, sacerdos.

taire. Le dernier comte particulier d'Albi fut Ermengaud qui mourut en 864. Eudes, duc ou comte de Toulouse, réunit à ses domaines l'Albigeois, qui avait été ravagé par les incursions des Normands. En l'année 878, on voit Raymond, comte de Toulouse, tenir dans la ville d'Albi un plaid pour juger les différends élevés entre une abbesse du monastère de Saint-Sernin et plusieurs seigneurs du pays qui revendiquaient l'usufruit de ce monastère[4] : il ne peut donc y avoir de doute sur l'incorporation du pays au comté de Toulouse vers la fin du IXe siècle. Quelque temps après cette réunion, Albi fut soumis à l'administration d'un vicomte, qui tenait la place du comte de Toulouse et relevait directement de lui.

Le premier vicomte d'Albi fut Bernard en 918. Le titre de vicomte appartint, en 1060, à Bernard surnommé *Trencavel;* et cette haute antiquité de la famille et du titre des Trencavel expliquera pourquoi dans le XIIIe siècle Simon de Montfort, tout vainqueur qu'il était en Albigeois, avait tâché d'obtenir d'un Trencavel la cession de ses droits sur le pays.

L'épiscopat et la seigneurie féodale furent souvent, à partir du Xe siècle, en lutte de pouvoirs : les comtes et vicomtes intervenaient dans l'élection de l'évêque et voulaient même disposer de l'évêché comme d'un office, d'un fief ou d'une chose aliénable.

Ainsi, en 1038, le vicomte Bernard promit de vendre, après la mort de l'évêque Amelius, au prix de 5,000 sous d'or, l'évêché d'Albi à Guillaume d'Aimar, pour le pos-

[4] D. VAISSETTE, t. II, p. 607, n° 109.

séder pendant toute sa vie, soit qu'il se fît sacrer, soit même qu'il fît sacrer un autre à sa place [5].

Ainsi, en 1132, Alphonse, comte de Toulouse, donna au vicomte Roger l'évêché d'Albi *à titre de fief* [6].

Mais si les seigneurs féodaux s'arrogeaient ce droit de *collation* épiscopale, le peuple, au moment de la vacance de l'évêché, exerçait aussi son droit à sa manière : c'était le *droit* de piller les biens de l'évêque à son décès. Cette coutume, digne des temps les plus barbares, exista jusqu'au milieu du XIIᵉ siècle, et ne cessa qu'en 1144 par suite des prohibitions et abolitions expresses du vicomte Roger et de Pierre, archevêque de Bourges. L'abolition prononcée en 1144 par le métropolitain, mentionne celle du vicomte [7] : il y eut donc, pour atteindre ce but, accord entre les deux pouvoirs ecclésiastique et civil.

De même, l'autorité du saint-siége et l'autorité du roi de France comme suzerain réunirent leurs efforts, dans le XIIᵉ siècle aussi, pour détruire l'abus qui avait fait de l'évêché d'Albi un fief. Le pape Innocent II commença par fulminer, en 1130, une bulle prohibitive qui resta d'abord sans force ; car, deux ans après, le comte de Toulouse (comme nous l'avons dit) disposait de l'évêché à titre féodal. Mais Philippe-Auguste, par son ordonnance générale de 1190, rendit exécutoire la prohibition du

---

5 D. VAISSETTE, *Histoire du Languedoc*, t. III, p. 504. Preuves, 138 : Ut si intus se fecerit, aut alium episcopum fecerit.

6 D. VAISSETTE, *Histoire du Languedoc*, t. IV, p. 412. Preuves, 86 : Ad commodum tuum in feudo

7 Documents inédits, publiés par M. Compayré, p. 143, n° 3.

pape, et, sous son règne, l'indépendance du siége épiscopal fut pleinement reconnue [8].

La bulle de 1130 reçut même son exécution sur deux points très-importants de droit public ecclésiastique : l'église cathédrale de Sainte-Cécile, qui était appelée *Église mère*, fut mise sous la protection directe du pape ; et les chanoines du Chapitre, autorisés à vivre en communauté, furent investis du *droit d'élire l'évêque*, sans la participation des personnes séculières ou autres [9]. C'était une grave dérogation à l'ancienne discipline sur l'élection des évêques par le peuple de la cité.

Une réaction, toute favorable au pouvoir *temporel* de l'évêque, suivit son indépendance dans l'ordre *spirituel*. La seigneurie d'Albi fut partagée entre l'évêque et le vicomte : la haute justice ou justice criminelle appartint même exclusivement au prélat.

Deux documents des XIIe et XIIIe siècles, qui se rapportent l'un et l'autre à l'état de choses antérieur à la Croisade contre les Albigeois, attestent de la manière la plus précise ce partage de pouvoir et cette haute juridiction.

Le premier est un accord passé, en 1193, entre le vicomte et l'évêque d'Albi, d'après lequel le *tiers* de certaines redevances de seigneurie, perçues dans la ville, est attribué au vicomte, et les *deux tiers* sont déclarés appartenir à l'évêque [10].

Le second est une enquête, de 1229, qui s'applique

8 Ordonnance de 1190 (dite Testament du roi), art. 9 et 10.—(*Recueil des ordonn du Louvre*, t. I, p. 18).

9 Documents inédits, p. 278, et n° 80.

10 Documents inédits, p. 142, n° 2. — Le vicomte avait toute la seigneurie et les droits du Castelvieil (ou château d'Albi) ; mais les droits dans la ville même étaient partagés : « *Al Bisbe* (à l'évêque) *las doas partz, al Vescom* (au vicomte) *la tersa*. »

aux usages de juridiction suivis précédemment; elle
constate : 1° qu'en matière civile le vicomte, seigneur de
Castelvieil, ne connaissait à Albi des causes relatives aux
terres, aux dettes et aux gages d'obligations, que si
l'affaire lui était d'abord déférée et ne concernait pas les
hommes de l'évêque; 2° qu'en matière criminelle, le vicomte ne connaissait que des simples injures sans effusion de sang, ni imputation de vol ou d'adultère [11].

Quant au droit général qui régissait, avant la conquête
de Simon de Montfort, le territoire de l'Albigeois, il avait
les caractères principaux du droit toulousain. La liberté
des héritages existait d'après les maximes romaines, et
la seigneurie féodale devait être prouvée par titre ou par
aveu du détenteur, conformément à la règle du franc-
alleu [12].

[11] La seigneurie du Castelvieil avait été cédée anciennement,
comme fief *rendable* à première réquisition, à la famille des *Frotiers*, et les *Froterii* sont désignés dans les chartes pour les seigneurs du Castelvieil (1177). Cette explication est nécessaire à l'intelligence du texte sur le partage de juridiction : « Dixit etiam
Guillelmus quondam Albiensis episcopus quod *Froterii* habebant
clamores in Albia de pignoribus, de debitis, de injuriis, de terris,
si primo veniret clamor ad *Froterios, exceptis hominibus episcopi*, et exceptis criminibus et sanguinis effusione et furtis et adulteriis. (Année 1229. — *Histoire du Landegoc*, D. Vaissette, t. v ;
Preuves, n° 157, p. 662, édit. Du Mège.)
    La charte de 1177 sur les Frotiers porte : « Ego Guilhelmus Fro-
terii et ego Paganus filius Berengeriæ, juramus tibi Domino Rogerio
vicecomiti. ... Castrum vetus Albie et forcia....., turres scilicet.....
quoties quod castrum vetus et alia forcia, nocte vel die, recipere
volueris, statim sine omni mora in tua potestate mittemus. » (Documents inédits, n° i, p. 140.)
    [12] Charte de 1220, disposition qui se rapporte aux temps anté-
rieurs : « Item dixerunt quod nec episcopus, nec alius dominus habuisset *quistam, toutam, albergam* seu seguijum, temporibus re-
troactis. (Documents inédits, p. 144, 148, n° 4.)

La liberté des personnes était déclarée et protégée, au nom de la cité d'Albi, en faveur de ceux qui abandonnaient leur seigneur et sa terre, et venaient s'établir dans les limites ou la *Dex* d'Albi, expression qui se retrouve dans les anciennes coutumes de Toulouse et les *fors* du Béarn [13].

En traitant des coutumes de Toulouse dans la section précédente, nous avons dit qu'au moyen âge un obstacle s'éleva, dans une partie du Languedoc [14], contre le principe de l'allodialité, si cher au pays. Cet obstacle fut l'établissement des lois de Simon de Montfort.

Le moment est venu de mettre ces lois en évidence et de les apprécier dans leurs effets juridiques sur les coutumes du pays.

§ 2. — LOIS DE SIMON DE MONTFORT.

La Croisade contre les Albigeois fut la lutte terrible et victorieuse du catholicisme et de la féodalité du Nord

13 Si quis habens dominum et terram suam domino a quo extra tenebat derelinquens, apud Albiam se transferret, quod Communitas ville predicte eum possit deffendere de dominio, infra limites Albie cum omnibus rebus suis. (Charta 1220. — Documents inédits, *ibid.*, p. 143.)

Le texte roman dit : Deins los *Dex* d'Albi;

La coutume de Toulouse (rédaction de 1285) : de terminis seu *Dex* Tolosæ (f° 68, Casaveteri, 1544);

Les fors de Béarn. Rub., De test., art. 1, p. 81, édit. 1602 (rédaction 1551), disent : *Decxs de Juradie*, pour district ou limites de jurade ou juridiction.

14 Je me sers de cette dénomination pour éviter les équivoques, bien que l'expression, la langue d'Oc, n'ait été appliquée au pays que vers le XIVe siècle, ainsi que le reconnaît D. Vaissette, et que j'en ai fait la remarque dans le tome IV, liv. V, p. 386.

contre l'hérésie et les provinces du Midi. L'intérêt de la religion avait conduit saint Bernard, dès l'année 1147, dans le comte de Toulouse, pour y combattre par ses prédications l'hérésie du moine Henri, disciple et successeur de Pierre de Bruys, qui s'élevait contre le baptême et les sacrements, qui voulait transformer l'église en synagogue, selon l'expression de saint Bernard lui-même, et faire *des Chrétiens sans Christ*[1]. Le concile de Lombers, ville à quatre lieues d'Albi, condamna en 1165 l'hérésie locale qui, depuis cette époque, a reçu la dénomination d'*hérésie des Albigeois*. Une Sentence, rendue en 1204 par les légats convoqués à Carcassonne, attesta que les accusés d'hérésie avaient nié la divinité de Jésus-Christ, en disant « qu'il avait un homme pour père comme une femme pour mère. » Le texte de la Sentence porte expressément : « *Confessi sunt Jesum Christum ita hominem patrem habere, sicuti et feminam matrem*[2]. »

Le pape Innocent III, en ordonnant la croisade de 1208, soixante ans après les prédications de saint Bernard, défendait donc, avec un glaive autre que celui de la parole, le même intéret que l'apôtre du XIIᵉ siècle. Il avait pour but de protéger la foi contre le manichéisme

---

1 S. Bernardi epistola 241, de Henrico, Petri Brusii hæretici successore; et Epist. 243 *ad Tolosanos* post reditum :

« ..... . Quæ mala fecit quotidie Henricus hæreticus?

» Ecclesiæ, Synagogæ reputantur; Sanctuarium Dei sanctum esse negatur; Baptismi negatur gratia; Sacramenta sacra non censentur; ..... sacerdotes sine debita reverentia sunt, et *sine Christo denique Christiani.* »

(S. Bernardi opera omnia, Ed. Mabill., 1690, I, 237. — De BRUSIO, *Baronnius*, Annal., ad ann. 1120.)

2 Documents inédits, Sentence, p. 227. — *Voir* aussi deux textes de 1250 et 1254 édités par M. Belhomme, archiviste, dans son *Mémoir. sur les hérétiques dits Bonshommes (Confessio Guilhelmi conversi.*

et contre une hérésie radicale, menaçante, opiniâtre, qui ne trouvait dans les comtes de Toulouse qu'une opposition molle et indécise [3].

Mais l'ambition des seigneurs du Nord, qui s'attachèrent à la fortune de Simon de Montfort, se couvrit de l'intérêt religieux; et le désir de conquérir des fiefs se mit à découvert, quand vint le moment de partager les fruits de la victoire : quatre cent trente-quatre fiefs furent distribués par Simon de Montfort, maître du pays, aux barons de France et aux chevaliers qui l'avaient accompagné.

Tel était cependant l'empire du principe d'hérédité en matière féodale, que, bien que Montfort eût été déclaré par le légat du pape, de l'avis des prélats et barons, seigneur de la terre conquise [4], et qu'il eût pris en conséquence le titre de *Vicomte de Béziers et de Carcassonne, Seigneur du pays d'Albi et de Rodez*, il sentit le besoin de joindre une autre qualité à celle qu'il tenait de la conquête; et il se fit conférer, au mois de juin 1211, sous un simulacre de donation entre-vifs, par Raymond de Trencavel, de l'ancienne famille des vicomtes d'Albi et de Béziers [5], les droits qui lui appar-

---

3 Dès le commencement du xie siècle, le Midi avait été infecté de l'hérésie dite des *nouveaux Manichéens ;* le concile d'Orléans de 1017 en condamna treize au feu. De même à Toulouse, en 1022, il y eut condamnation et exécution, suivant la chronique d'Adhémar et Glaber, liv. III, fragment d'histoire d'Aquitaine. (*Voir* Pierre de Marca, *Hist. du Béarn*, p. 238, n° 4, et Preuves de l'*Hist. des Albigeois*, par R.-P. Benoist, *Interrog. de l'Inquisition*, I, p. 271.

4 Fuit inter prælatos et barones tractatus habitus per Legatum qui Terram acquisitam mereretur et insisteret acquirendæ. (Guill. de Puylaurens, chapelain du dernier comte de Toulouse, *Historia*, c 4. Script. Fr., t. xix.)

5 Roger de Trencavel, l'un des membres de cette famille, avait

tenaient ou devaient lui appartenir, par succession paternelle et maternelle, dans les vicomtés de Béziers et de Carcassonne, en Albigeois et dans les pays de Rodez et d'Agde [6]. Et puis Montfort se qualifia, dans l'année 1212, vicomte et seigneur par la providence de Dieu, *et Dei providentia* [7].

C'est aussi en 1212 qu'il donna au pays conquis les lois connues sous le nom de Lois de Simon de Montfort. Ces lois furent trouvées dans les archives de Carcassonne par Galland, alors officier du domaine : il les tira d'un registre intitulé *Arca Franciæ*, et les publia en 1629 dans la première édition de son livre *contre le Franc-alleu sans titre, prétendu par quelques provinces au préjudice du Roy.*

Comme maître de l'Albigeois et des autres contrées où il avait porté la guerre, sauf Toulouse et son territoire dont il ne fut déclaré comte qu'en 1214 [8], Simon de

été héritier testamentaire, en 1150, de Roger son frère, vicomte de Béziers, pour toutes ses possessions : *totum honorem* (Thes. aned., P. Martene, I, p. 418, et Brussel, *Usages des fiefs*, II, p. 852.)

6 Le titre de la donation est rapporté par Galland dans son livre contre le *franc-alleu du Midi* (1629-1637). Plus tard, saint Louis reçut la cession des droits de Trencavel, vicomte de Béziers, moyennant 500 livres de rente annuelle. (M. MIGNET, *Formation territoriale*, Notices 2, p. 168.)

Beaudoin fit hommage à Montfort des terres qu'il possédait dans le Quercy et qu'il tenait du comte de Toulouse son *frère.* (Lafaille, Annales, 1re partie, I, p. 114.)

7 Cette expression se trouve dans la donation de domaines au profit de l'évêque. (Voir *infra*, § 4.)

8 Il fut déclaré Comte par le concile de Montpellier et confirmé par le concile de Latran : *Innocente Papa procurante et Philippo concedente.* (Lafaille, Annales, p. 119, et Franc-alleu, p. 107-212, 1re édition.) — Quant à son serment, *voir* la Section précédente *sur les anciennes coutumes de Toulouse*, p. 289, et dans Lafaille, *pièces justificatives*, p. 124.

Montfort, pour régir ses possessions, fit deux actes, qui
sont compris sous le titre de Lois et datés du 1er décembre 1212. L'un est un acte de *législation générale*,
pour l'utilité de tous ses sujets ; l'autre est un acte de
convention féodale avec les barons de France qui l'avaient
suivi. La distinction entre ces deux documents est essentielle pour en déterminer le caractère et les effets.

Par le premier, Montfort imposa au pays vaincu les
usages de France, selon la coutume de Paris, et spécialement en matière de succession, tant pour les barons
et chevaliers que pour les bourgeois et les rustiques :
Ad consuetudinem vel secundum morem et usum Franciæ
circa Parisium, tam inter barones et milites quam inter
burgenses et rurales [9]. La législation nouvelle fut, comme
on le voit, applicable à toutes les classes de personnes ;
et la loi de succession, sur laquelle repose la constitution
réelle de la famille, était empruntée à l'usage de France.
Le vainqueur établit formellement que « chacun ne pour-
» rait plus léguer que la *cinquième partie* de ses propres,
» et qu'en toute hérédité les héritiers seraient tenus
» d'observer la coutume de Paris. »

Par le second acte, il régla les rapports du nouveau
comte avec les barons de France et les autres seigneurs
auxquels il avait distribué des terres.

Dans cette convention, la clause d'hérédité, selon l'u-
sage de France, fut reproduite. — Mais on stipula ensuite expressément et en dehors de la coutume de Paris,
que « nul baron, chevalier ou autre seigneur de cette
terre ne recevrait *le duel en sa cour pour cause aucune*,
si ce n'est pour cas de trahison, vol, rapine ou meurtre : »

[9] GALLAND, contre le Franc-alleu, p. 216-227, édit. 1629 (*princeps*).

disposition remarquable sur l'abolition du duel judiciaire, *en matière civile*, qui précéda de soixante ans
environ les Établissements de saint Louis.

Les circonstances belliqueuses, dans lesquelles furent
portées les lois de Simon de Montfort, devaient se faire
sentir dans l'organisation féodale et lui imprimer un
caractère de féodalité militaire. Aussi les fiefs, possédés
soit par les seigneurs indigènes, soit par les chevaliers
français, furent soumis, dans l'acte de législation générale, à une discipline militaire et rigoureuse. Les in-
fractions aux devoirs féodaux étaient punies par la
saisie d'une partie des revenus ou celle des biens mobiliers, et même par *la révocation du fief* [10].

La nature distincte et l'esprit des deux actes qui constituent les lois de Simon de Montfort étant reconnus,
nous allons rechercher quelle fut l'influence réelle et
quel fut le sort des lois importées par le vainqueur en
Albigeois.

§ 3. — EFFETS ET DURÉE DES LOIS DE SIMON DE MONTFORT. COUTUMES D'ALBI DE L'AN 1220.

Simon de Montfort qui avait reçu de la conquête et
de la donation de 1211 le titre de vicomte de Béziers
et de Carcassonne, des conciles de Montpellier et de
Latran, ainsi que du pape Innocent III et de Philippe-
Auguste, en 1214, le titre de comte de Toulouse, mourut en 1218 sous les murs de cette ville, fidèle à ses

10 « Poterit terram eorum Comes recipere in manu sua et inde
facere libere voluntatem suam. » (Galland, **p. 218.**)

princes. Son fils aîné, Amaury de Montfort, ne put soutenir la lutte contre les forces du comte Raymond ; et, vers l'an 1222, il déclara remettre entre les mains du roi de France toutes les terres confisquées sur les Albigeois et leurs adhérents, heureux de recevoir en échange la charge de connétable. La cession de 1222, faite en faveur du fils de Philippe-Auguste, fut confirmée en 1229 au profit du roi Louis IX, et de là date la réunion de l'Albigeois à la couronne. Amaury avait un frère plus jeune, Philippe de Montfort, qui obtint du roi, à titre de don et de fief, certains domaines qui avaient fait partie de la conquête de son père et qui étaient situés entre Albi et Carcassonne. L'hommage qu'il en fit au roi donateur, en l'année 1229, contient comme *devoir de fief* le service seulement de dix chevaliers [1]. L'héritier de Montfort, le fils aîné, ne conserva donc point sa conquête ; et son fils puîné ne fut, en définitive, qu'un baron de France, à raison de la concession faite par le roi d'un fief situé dans le diocèse d'Albi.

Ici se vérifie l'importance de la distinction que nous avons indiquée plus haut entre les deux actes de 1212.

Le roi, au pouvoir duquel Amaury avait remis le territoire conquis par son père, représentait Simon de Montfort comme ayant figuré dans la convention féodale avec les barons et chevaliers français ; et la soumission conventionnelle aux usages de France fut maintenue comme obligatoire contre les seigneurs ou leurs descendants par le parlement de Paris : un arrêt de

---

1 L'acte d'hommage rappelle que le don de la terre située dans le diocèse d'Albi a été fait avec tous les droits royaux et tous autres droits que le roi et les seigneurs y doivent avoir. (Galland, p. 112.)

1301, consigné dans les *Olim* et d'autres arrêts semblables du xiv° siècle, firent l'application constante de ce point de jurisprudence féodale [2].

Mais il n'en fut pas ainsi des lois générales imposées par le conquérant. Ces lois établies par la force n'avaient aucun caractère de contrat; elles étaient odieuses aux indigènes, nobles, bourgeois ou roturiers; elles n'avaient pas eu le temps d'entrer dans les mœurs du pays, et les anciennes coutumes devaient promptement reprendre leur empire : c'est ce qui arriva.

On en trouve la preuve irrécusable dans l'accord passé, en 1220, entre l'évêque, les consuls et la communauté d'Albi, huit ans après les lois de l'an 1212, deux ans seulement après la mort de Montfort.

Deux années à peine, en effet, s'étaient écoulées depuis la chute du conquérant, et l'évêque d'Albi, les consuls, les prud'hommes de la cité, enquête faite des anciennes libertés et coutumes, reconnaissaient, *au nom du Peuple*, et consignaient par écrit, en langue latine et en dialecte méridional, les franchises et les coutumes de leurs ancêtres : admirable mouvement d'un peuple qui revient à lui-même et à ses usages, dès que le joug

---

2 *Olim*, t. II. *Voir* l'arrêt de 1301, in parlam omnium sanctorum, n° 7, p. 454. — « Dicens quod bona dicte successionis erant de conquestis factis per quondam comitem Symonem de Monte-forti, et quod hujusmodi bona censeri et deduci debebant in particionibus et successionibus, *non secundum jus scriptum, sed ad usus et consuetudines Francie, juxta Parisius.* (Arrêt conforme.) — Des lettres-patentes de Philippe le Bel, relatives à Éléonore de Montfort, du pays des Albigeois, adressées au maréchal de Carcassonne, constatent la même règle (sous la date de 1300, d'après Galland, p. 121). *Voir* aussi des arrêts de 1317, 1327, 1349, 1371, rapportés par Galland, et une indication de l'an 1277, donnée par D. Vaissette, t. 6, p. 193, n° 44, d'après les mss. de Baluze.

de l'étranger a cessé de peser sur sa tête! La charte originale, en rouleau de parchemin, est déposée encore
aux archives de la mairie d'Albi [3]; elle est restée inconnue au domaniste Galland [4]. Et cependant ces Coutumes authentiques, implicitement approuvées et reconnues au moyen âge par les rois de France, renversaient
tout son système sur la prétendue permanence des lois
de Montfort. Le premier article a précisément pour
objet de rétablir le droit absolu de disposer par testament, qui avait été aboli ou du moins réduit à la cinquième partie des propres par les lois générales de l'an
1212, conformément à la coutume de Paris : « Tout
» homme et toute femme de la cité d'Albi, naturel du
» pays ou non (disent les Coutumes de 1220), dans la
» ville ou hors la ville, peut de quelque manière qu'il
» le veuille, faire son testament ou ordonnance de der-
» nière volonté; et s'il meurt sans testament ou dispo-
» sition dernière de ses biens, que son *hérédité* appar-
» tienne au plus proche dans sa parenté, auquel elle est

---

3 C'est sur la charte originale que le texte roman et le texte latin
ont été copiés par M. COMPAYRÉ — Documents inédits, p. 144,
n" 4. (*Voir* aussi le recueil de M. GIRAUD, p. 84) :

« Aisso es la compositio que fo facha ab Mosseinher Guilhem Peire,
avesque d'Albie, et ab los Cossols et ab la Universitat defs prohomes
d'Albi. »

Même charte en latin dans le recueil de M. Compayré, p. 147 :

« Et demum inquisito per predictos ab hominibus antiquis civitatis Albie qualiter libertates, et consuetudines steterant antiquitus
et cum eorum *antecessoribus*, omnes concorditer dixerunt..... »

4 AUGUSTE GALLAND, conseiller d'État, était commissaire du roi
en 1627 dans le Languedoc et procureur général du domaine de Navarre. Il soutint l'entreprise des *Traitants* en 1629 et 1637 par son
livre contre le franc-alleu, auquel répondit Caseneuve avec succès
(1640, 1645). *Voir* l'*Histoire du Languedoc*, t. V, p. 534, édit. 1745.

» dévolue par droit ou par coutume [5]. » C'est l'abolition complète du système de succession imposé par la
loi du vaiqueur. D'autres coutumes et franchises furent
rétablies par ce retour spontané aux mœurs du pays,
notamment la condition libre des personnes et des propriétés ; et une clause générale, à la fin de la charte,
faisait revivre le passé tout entier, car il est dit « que
» les autres bonnes coutumes de la ville d'Albi, non
» écrites, auront leur force et devront être observées
» comme par le passé : — *Quod alie bone consuetudines*
» *Ville Albie, non scripte, haberent vim et sicut in antea*
» *observarentur* [6]. »

Ainsi les lois de Simon de Montfort, imposées au
temps de la conquête, ne pouvaient être invoquées
comme une loi vivante et absolue dans la grave controverse que le domaniste Galland soutenait, du reste,
avec beaucoup de talent, contre le franc-alleu du Midi [7].
Les maximes de liberté qui avaient régi le midi de la

5 « Quod omnis homo et mulier de civitate Albie oriundus, vel
naturalis sive non naturalis, faciens testamentum seu ordinamen-
tum rerum suarum, quod liberaliter tenementum habeat et etiam
firmitatem sine scambiamento quod dominus facere non possit ; fecerit, inquam, testamentum hujusmodi *infra* villam Albie sive *extra*, cujuscumque officii sive modi existat dividens de hujusmodi
rebus suis. Si vero intestatus decederet, sive sine ordinatione, quod
res et hereditas ejusdem decedentis essent proximioris ipsius decedentis in parentela, cui jure seu consuetudine debebant pervenire. »
(Documents inédits, p. 147-148.)

6 La date de la charte est ainsi établie : « Anno Incarnationis
Christi MCCXX, regnante Philippo rege Francorum scilicet XVII° id.
maii. »

7 On doit reprocher à Galland de n'avoir pas étudié les textes qui
étaient contre sa thèse. Catel, dans son histoire des comtes de Toulouse, avait donné un *texe français* qui différait beaucoup du texte
original et qui était sans autorité historique.

France et spécialement la province d'Occitanie, avant
et après la guerre des Albigeois, ne pouvaient pas être
anéanties, dans les temps modernes, par la production
de deux titres bien différents par leur nature, et arbi-
trairement confondus en un seul. Comme législation
générale du pays, les lois de Simon de Montfort, exhu-
mées des archives de Carcassonne, étaient une lettre
morte qui avait été condamnée à l'oubli dès les premiers temps du xiii⁰ siècle par les autorités légitimes
du pays et par la conscience publique. Vouloir, au
xviiᵉ siècle, leur donner une vie nouvelle et rétroactive
qui aurait effacé la pratique des quatre siècles précédents, c'était singulièrement abuser de la faculté
qu'exerçaient les officiers du domaine de rechercher
et revendiquer les biens, droits et titres de la Couronne.

Toutefois, la découverte des lois de Simon de Montfort, indépendamment de son intérêt historique, n'était
pas sans valeur pratique pour éclairer sous un certain
rapport, même dans les temps modernes, la jurisprudence féodale.

Avec le titre conventionnel passé entre Simon de Monfort et les barons ou chevaliers français, en 1212, l'a-
vocat du domaine expliquait dans le passé, justifiait
aussi dans le présent l'ancienne jurisprudence du parlement de Paris : il démontrait avec certitude que, de
l'origine et par l'effet d'une convention formelle, les
règles de la coutume de Paris sur les fiefs avaient été
attachées aux concessions féodales faites par Simon de
Montfort en faveur des seigneurs français ; et que le roi,
comme représentant légal du concédant originaire, pouvait exiger, à juste titre et d'après la coutume de Paris,

les droits féodaux et casuels sur les fiefs concédés en Albigeois.

Mais là s'arrêtait la conséquence logique et légitime du contrat féodal de l'an 1212.

Quant à la loi générale, promulguée par le vainqueur pour le pays conquis, elle avait cessé d'être avec le fait de la conquête; et les anciennes coutumes du pays, quelques années suspendues ou comprimées, avaient repris leur force et leur application. L'erreur du domaniste, qui n'a pas été relevée, était donc de vouloir faire revivre pour le tout les actes du 1ᵉʳ décembre 1212, confondus à tort sous la dénomination de *Lois de Simon de Montfort.* Galland avait démontré sa thèse en ce qui concernait les fiefs concédés et transmis aux barons de France; ils étaient et devaient être soumis aux règles féodales de la coutume de Paris qui formait la loi du contrat. Mais il ne pouvait établir solidement et justifier sa thèse générale que les pays d'Albi, de Rodez, de Béziers et de Carcassonne eussent suivi, depuis la conquête de Montfort, la coutume de Paris *comme droit commun* : les anciennes coutumes, renouvelées par celle de 1220 et rappelées par les titres postérieurs, protestaient contre sa prétention d'assujettir tout le pays à la maxime absolue, *Nulle terre sans seigneur.* La maxime du franc-alleu, *Nul seigneur sans titre,* avait repris son empire dans les coutumes d'Albi, dès que l'épée de Montfort avait cessé d'être levée sur l'Albigeois; et le franc-alleu, comme *droit commun,* ne pouvait pas être disputé à ces contrées avec plus de justice qu'aux autres régions du Languedoc, où s'était perpétué l'esprit du Droit romain.

Nous avons déterminé l'effet réel et juridique des lois de Simon de Montfort et marqué la distinction nécessaire entre les actes qui les composent. Nous devons étudier maintenant les coutumes albigeoises, depuis la fin des guerres religieuses et la réunion du pays à la couronne [8].

§ 4. — CHARTES ET USAGES DE L'ALBIGEOIS DEPUIS SA RÉUNION A LA COURONNE DE FRANCE [1229].

La guerre des Albigeois, loin d'affaiblir le pouvoir de l'évêque, l'avait fortifié comme puissance territoriale, et l'avait étendu, sinon fortifié, comme pouvoir de juridiction :

Comme puissance territoriale, par des concessions de châteaux et de domaines, émanées de Monfort et confirmées ensuite par les rois [1] ;

8 Amauri de Montfort avait voulu, dès l'année 1218, immédiatement après la mort de son père, céder au roi le territoire de l'Albigeois et des pays voisins; et le légat du pape, ainsi que les évêques de Lodève, de Maguelonne, de Béziers et d'Agde, se joignirent à lui pour que le roi voulût bien *terram recipere* et *heredibus suis in perpetuum, quam tenuit vel tenere debuit ipse vel pater suus in partibus albiensibus et sibi vicinis.* (Epist. Déc. 1219). — L'offre ne fut pas alors acceptée. La première cession faite par Amaury, en 1222 (datée de février 1223). eut lieu en faveur de Louis, fils de Philippe-Auguste, et depuis Louis VIII. Ce roi l'accepta en 1226; mais elle fut solennellement confirmée en avril 1229, dans les premières années du roi Louis IX et sous la régence de Blanche de Castille. C'est l'époque légale de la réunion.

Voir *Histoire des Albigeois*, par R. P. BENOIST, publiée en 1661. Preuves, t. II, p. 316).

1 Documents inédits, p. 228, n° 40, ann. 1212. — Donation par Montfort des châteaux et terres de Marsac et de Rouffiac ; confirma-

Comme puissance de juridiction spirituelle et temporelle, par l'établissement de l'inquisition. Celle-ci fut organisée, en 1229, par le concile de Toulouse, et confiée
par le pape Grégoire IX (1233) aux frères prêcheurs ou
Dominicains. Les *Inquisitores hereticæ pravitatis* avaient
leur principal siège à Toulouse pour les villes et terres
du comté, et ils y étaient institués par l'autorité apostolique [2]. Mais deux inquisiteurs avaient leur résidence
à Albi et recevaient des commissions de l'évêque [3]. La
confusion des pouvoirs spirituel et temporel reçut de
cette institution un caractère tellement dangereux, que
plusieurs fois des révoltes éclatèrent à Albi, notamment
en 1302, en 1308; que le pape Clément V chargea des

---

tion par Philippe III en 1277. C'est dans cet acte que Montfort
prend le titre de comte et seigneur *Dei providentia :*
    « Simon, comes Lectricensis, dominus Montisfortis, *Dei provi-
dentia* Bitterensis et Carcassonensis vice-comes, presentes litteras
inspecturis salutem in Domino : universitati vestre notum facimus
quod nos venerabili et dilecto patri nostro Guillelmo episcopo Albiensi et omnibus episcopis Albiensibus successoribus suis damus et
concedimus castella de Roffiaco et de Marsaco *cum pertinentiis* eorumdem, salvis regalibus nostris in perpetuum a nobis et heredibus
nostris tenendis, ita quod quando episcopus decesserit, nos predicta
castra cum pertinentiis in manu nostra teneamus quoadusque alius
episcopus substituatur et tunc eidem predicta castra cum pertinentiis reddemus; idem vero episcopus et sui successores nobis et heredibus nostris tenentur esse fideles. Quod ut ratum sit presens
scriptum sigilli nostri munimine confirmamus. Datum Albie anno
Domini MCCXII, tertio nonas aprilis. »
    2 Docum. inéd , p. 234. — In civitatibus et terris nobilis viri Co-
mitis Tholosani, auctoritate apostolica deputati.
    3 *Voir* dans les Documents inédits, n° 59, p. 234, une commission
donnée par l'évêque Bernard en 1255 : Bernardus, permissione di-
vina episcopus Albiensis : Discretioni vestræ plenam in Domino
fiduciam habentes *vobis duximus concedendum ut in diocesi Albiensi possitis, indulgentias dare*, etc... Datum Galliaci anno 1255. »

cardinaux de faire enquête des faits graves, des rigueurs excessives imputées aux frères inquisiteurs [4], et que les citoyens en grand nombre cherchèrent leur refuge dans la juridiction royale en s'organisant, avec l'appui des consuls et l'assentiment du roi, en *confrérie* de *Saint-Louis*.

Ici, nous recherchèrons seulement l'état régulier et les relations ordinaires des différents pouvoirs dans l'intérieur de la cité, après la réunion de l'Albigeois à la couronne; nous dirons aussi quelque chose de cette confrérie de Saint-Louis qui se rattachait à l'institution municipale, et se mit en opposition avec le pouvoir temporel de l'évêque.

Dans l'état habituel, l'évêque est le véritable seigneur de la cité. Une charte de décembre 1264, consentie à Paris sous forme de transaction, détermine la véritable situation des choses entre l'évêque d'Albi et le roi de France considéré comme successeur du vicomte. Nous avons les deux textes en latin et en langue romane, promulgués au nom du roi saint Louis; je les traduis ici à cause de l'importance du titre [5] : « Louis, par la » grâce de Dieu, roi des Français, faisons savoir à tous, » tant présents qu'à venir, que comme une question » s'était élevée entre nous et notre amé, Bernard, évêque » d'Albi, sur le droit et la juridiction concernant la cité... » Nous sommes venus à composition amiable sur ladite » question, ainsi qu'il est contenu aux présentes : C'est

---

4 Documents inédits, enquête de 1306, p. 240, n°. 65.
5 Documents inédits, p. 150, n° 6. Dans le texte roman, il y a *Rei de Fransa ;* dans le texte latin, *Francorum Rex.*

» à savoir que pour Nous et nos successeurs les rois de
» France, nous accordons et consentons que l'évêque
» d'Albi, ou ses successeurs, exerce et possède en paix
» et sans trouble, comme sienne, la haute justice de la
» cité d'Albi [6], en matière de crimes, d'effusion de sang,
» de vol, d'adultère ; et, de même, en ce qui concerne
» la fidélité des hommes de la cité, la garde des clefs de
» la ville et les jugements des hérétiques ou apostats [7].
» A Nous et à l'évêque d'Albi reste *en commun* dans la-
» dite cité la justice des causes moyennes [8], qui fut au-
» trefois commune entre l'évêque et le seigneur du Cas-
» telvieil [9]. La juridiction qui sera saisie la première par
» les plaignants ou litigants connaîtra desdites causes
» moyennes. Si donc ils vont d'abord à l'évêque ou à
» son bailli, l'évêque seul ou son bailli pourra en con-
» naître ; et *vice versa*, si l'on vient d'abord à Nous, ou
» à notre bailli, Nous seul ou notre bailli connaîtrons du
» litige ; et si les parties vont en même temps à l'évêque
» ou à son bailli, à Nous ou à notre bailli, *nous en con-*
» *naîtrons ensemble.* De cette justice des causes moyennes,
» Nous, ou les rois de France nos successeurs, ne serons
» pas tenus de faire *aveu* et *reconnaissance* à l'évêque
» d'Albi ou à ses successeurs, et nous la tiendrons
» comme de nôtre main et puissance. Mais s'il arrivait
» que Nous, ou nos successeurs les rois de France,
» mettrions hors de notre main les droits susdits qui
» furent ceux des seigneurs du Castelvieil dans la cité

6 Majorem justitiam civitatis Albiæ.
7 Incurrimenta hœresum et *faidimentorum.*
8 Minorum clamorum.
9 Le texte dit les *Froterii*, c'est-à-dire les seigneurs du Castelvieil qui venaient de la famille des *Frotiers.*

» d'Albi, celui ou ceux qui posséderaient lesdits droits
» les tiendraient de l'évêque d'Albi et de ses succes-
» seurs, et seraient tenus de lui faire hommage à cet
» égard.

» En outre, le bailli royal (ou viguier) qui sera com-
» mis par Nous ou nos successeurs dans la cité d'Albi
» devra, lors de son entrée dans la ville, jurer, en pré-
» sence de l'évêque ou de son représentant, qu'il n'u-
» surpera point les droits de l'évêque et de l'Église, qu'il
» ne diminuera point sa justice et ne permettra pas
» qu'elle souffre atteinte de lui ou de ceux de sa fa-
» mille. »

Ainsi la charte de 1264 reconnaît, entre le roi successeur des vicomtes et l'évêque d'Albi, le droit *d'égale
juridiction* en matière civile, et le droit réciproque de
prévention en faveur du premier saisi, qui devient le
juge légitime; de plus, elle reconnaît le droit de haute
justice ou de justice criminelle en faveur de l'évêque
seul.

Mais l'exercice de cette dernière prérogative fut tem-
péré, dans les coutumes albigeoises, par une institution qu'on ne peut s'empêcher d'admirer, et dans laquelle on reconnaît un jury d'accusation et un jury de
jugement.

La cour temporelle de l'évêque, appelée la *Cort seglar*
(séculière), se composait d'un régent ou bailli, premier
officier du prélat, d'un juge, d'un procureur, d'un lieutenant. Mais lorsque le crime pouvait entraîner *peine de
sang*, la justice était rendue par *vingt jurés*, dans les
formes établies par un accord passé en 1269, sur com-

promis entre l'évêque et son église, d'une part; les consuls et la communauté d'Albi, d'autre part[10].

Voici les deux dispositions qui concernent l'accusation et le jugement :

1re *disposition.* « Sur crime qui emporte *peine de*
» *sang* une enquête devra être faite par le bailli de l'é-
» vêque. Toutefois, le bailli sera tenu d'appeler *deux*,
» *trois* prud'hommes, *ou plus*, de la ville d'Albi, en pré-
» sence desquels l'information aura lieu. Ils *jureront* que
» jusqu'au jour du jugement ils ne révéleront aucune
» chose entendue dans l'enquête. » (On sait qu'en Angleterre le grand jury ou le jury d'accusation fait serment aussi de garder le secret de l'enquête[11]).

C'est d'après les résultats de cette information que le
prévenu était accusé.

2e *disposition.* « Pour juger l'accusé, qui est présumé
» avoir commis le crime, le bailli sera tenu d'appeler
» des prud'hommes de la cité au *nombre de vingt*, ou
» plus, lesquels *seront choisis* parmi ceux qui ne seront
» amis ni ennemis du malfaiteur à juger. L'enquête
» étant lue devant eux et la déclaration de l'accusé en-
» tendue (avec celle de ses témoins, sans doute), le
» bailli demandera à chacun des prud'hommes si le mal-
» faiteur présumé doit être absous ou puni; en cas de
» condamnation, *quelle peine* devrait lui être infligée.
» Alors, le conseil de l'accusé devra être entendu. Le
» bailli sera tenu de juger conformément à l'avis de la
» majorité.

10 Documents inédits, charte de 1269, p. 158, n° 7.
11 Philipps, Des pouvoirs et obligations des jurys, ch. III,
p. 355.

» Si tous ou quelques-uns des appelés ne veulent
» venir ou répondre pour le jugement, le bailli convo-
» quera d'autres citoyens non suspects, comme il est
» dit ci-dessus, jusqu'à ce que le nombre de vingt soit
» complété.

» Que si ceux appelés de la ville ne veulent assister au
» jugement, ou, présents, ne veulent répondre, le bailli
» pourra convoquer les personnes du dehors qu'il croira
» non suspectes, et il sera tenu de juger et prononcer,
» de l'avis de la majorité.

» Puis il *mandera* ou fera mander à fin d'exécution
» de la sentence, comme il est accoutumé de le
» faire. »

La déclaration de chaque juré devait être faite *publiquement :* mais un siècle après la charte de 1269, une
modification grave fut apportée au vote des jurés. Une
transaction de 1374 entre l'évêque et les consuls statua
qu'à l'avenir le *vote serait secret* [12]. Et ainsi, du xiiie au
xive siècle, s'était déjà accompli dans la cité d'Albi ce
changement, que nous avons vu se produire dans le

---

12 Documents inédits, n° 24, p. 194. — Il y a une sentence très-
étendue rapportée dans le même recueil, p. 177, n° 15 *bis ;* c'est
une sentence d'absolution dont la formule est remarquable, année
1411 :

« Signantes nos signo S. Crucis in nomine patris, etc.....

« Habitoque super premissis consilio proborum virorum juxta te-
norem et mentionem consuetudinis civitatis, consiliumque dicto-
rum procerum *in hac parte sequentes*, et habito etiam super his
cum peritis consilio et tractatu, te dictum perventum (*prévenu*) a
tibi per Curiam præsentem impositis, modo quo imposita sunt et
fuerunt, sententialiter et definitive absolvimus ac te et cautiones
tuas relaxamus, nostram presentem sententiam deffinitivam et ab-
solutoriam in his scriptis proferentes, *more majorum nostrorum* et
in hoc solio pro tribunali sedentes, Judex. »

jury français du XIXe siècle, qui a passé, en 1835, du vote public au vote secret : tant le mouvement des idées, des besoins, des institutions se ressemble quelquefois dans la vie des petites cités et des grandes sociétés! Ce qui ne pouvait pas se produire au XIIIe siècle, c'était la séparation du fait et du droit pour l'application de la peine. La loi pénale était trop imparfaite au moyen âge pour qu'il y eût une peine stipulée d'avance pour chaque nature de délit. Le code pénal était dans la conscience du jury; la justice, selon la conscience individuelle, suppléait à l'absence de la justice légale; elle est quelquefois plus conforme à l'idée vraie de la justice [13] ; et, de nos jours, malgré les efforts de la loi, la prudence des magistrats et la place laissée aux appréciations intimes par les faits d'excuses et les circonstances atténuantes, la conscience du jury tente encore de ressaisir, en plusieurs cas, son ancienne et complète souveraineté.

Certaines peines cependant étaient reconnues et prescrites par les anciennes coutumes d'Albi.

En cas d'adultère, par exemple, les deux complices devaient être promenés tout nus et fustigés par les rues (d'après la charte de 1220), s'ils n'aimaient mieux composer avec le seigneur évêque (*se accordar no's volio ab lo seinhor Bisbe*), ce que sans doute ils ne manquaient pas de faire [14].

En cas d'homicide, la confiscation de corps et de biens

---

13 M. Cʜ. ᴅᴇ Rᴇ́ᴍᴜsᴀᴛ, de l'Institut, en a fait l'observation dans son livre sur la *Procédure par jurés*, publié en 1819 et très-remarqué alors des publicistes et des criminalistes.

14 Documents inédits, p. 146-149, n° 4.

était prononcée en faveur du seigneur évêque, d'après la même charte [15].

En cas d'hérésie, la condamnation emportait confiscation de biens contre les hérétiques et les foi-mentis, *faidimentores;* mais les confiscations devaient être partagées par moitié entre l'évêque d'Albi et le roi ; et l'on comprenait sous le nom de *faidimentores* tous ceux de la cité qui s'étaient opposés ou s'opposeraient par la guerre à l'Église universelle et au roi de France [16].

Les confiscations sur les hérétiques donnèrent lieu, du reste, dans la charte de 1264, à des dispositions extraordinaires et qui méritent d'être mentionnées.

Une enquête dressée par le sénéchal de Carcassonne, en 1252, constatait que les hérétiques alors condamnés dans la ville d'Albi s'élevaient à plus de soixante, et que leurs biens étaient estimés à dix mille livres tournois [17]. Les condamnations se multiplièrent depuis cette époque, et les évictions de biens non-seulement atteignirent les hérétiques, mais encore ceux de leurs parents qui, dans le passé, avaient reçu des concessions de l'évêque : ces concessions de biens étaient révoquées.

Le roi, d'après le titre de 1264, avait droit au par-

---

15 Documents inédits, p. 149. Charte de 1220, texte latin : « Quod omnis omicida et corpore et rebus suis Domini Episcopi sit causimento. »

16 Et intelligitur de faidimentis illorum faidimentorum qui fuerunt et erunt faiditi a civitate Albiensi et se opposuerunt vel opponerent faciendo guerram universali ecclesiæ, vel Nobis, vel successoribus nostris regibus Franciæ. — Carta 1264, Documents inédits, n° 6, p. 156.

17 Documents inédits, p. 37, et pièces justificatives, n°ˢ 56, 57, 58, 59, p. 229 et suiv.

tage des confiscations et révocations de tout genre [18] ;
mais il modifia son droit par une disposition très-favorable à l'évêque.

Il s'obligeait pour lui et ses successeurs à vendre et à
aliéner dans l'année les biens immeubles, provenant des
hérétiques et *foi-mentis,* à telles personnes qui seraient en
l'obéissance de l'évêque et de l'église d'Albi : « Or, disait
» la charte, si Nous ou nos successeurs n'avons pu vendre
» ou aliéner les immeubles *dans l'année,* l'évêque d'Albi,
» dans la seconde et la troisième année, prendra ces
» immeubles de sa *propre autorité,* les possédera, en
» fera les fruits siens ; et si Nous ou nos successeurs ne
» les avons pas vendus ou aliénés dans les trois ans,
» — que l'évêque d'Albi ou ses successeurs en retienne
» sous son autorité, et de droit, la possession et *la pleine*
» *propriété* [19]. »

C'est Louis IX qui créa le *droit d'amortissement,* d'après
lequel l'Église et les monastères étaient relevés de leur
incapacité d'acquérir définitivement des fiefs, à titre gratuit ou onéreux ; le fief devait sortir des mains de l'Église
ou de l'abbaye *dans l'an et jour,* à moins qu'il ne fût
amorti par le payement de droits assez considérables : alors
il devenait propriété de *main morte.* Ici le roi crée, au
contraire, pour lui-même et ses successeurs, l'incapacité
de posséder définitivement les biens confisqués sur les
hérétiques ; et s'il ne les a vendus en une, deux ou trois

18 Il renonçait cependant à toute prétention sur les confiscations
(*incurrimenta*) dont l'évêque, le chapitre ou l'église d'Albi avaient
depuis longtemps joui paisiblement et de bonne foi.

19 Doc. inéd., p. 156. Carta 1264 : « ..... Episcopus Albiensis habeat et retineat auctoritate propria possessionem et *proprietatem*
omnium prædictorum, *pleno jure.* »

années à des personnes d'un certain ordre, il reconnaît
et sanctionne le droit absolu de l'évêque ou de l'Église
sur ces mêmes biens. Il considérait, sans doute, les terres
confisquées sur les hérétiques comme *l'épave* légitime de
l'évêque, ou le droit de confiscation ecclésiastique, dans
ce cas spécial, comme un droit éminent. Toujours est-il
que le saint roi n'assimilait pas, en faveur du fisc royal,
le crime d'hérésie aux autres crimes suivis de confiscation, et qu'il avait hâte de purger ses mains des propriétés enlevées aux familles, à la suite des jugements de
l'inquisition. C'est une réserve qui honore sa mémoire,
si vénérée de l'Église : elle ne fut pas imitée par les rois
de France, dans les dispositions pénales dirigées contre
les hérétiques des temps modernes.

Nous avons vu le prince, comme successeur des vicomtes, se renfermer dans les limites étroites de la juridiction des seigneurs du Castelvieil et respecter la suprématie de l'évêque[20]. Mais Louis IX, après avoir traité
comme simple successeur des vicomtes d'Albi, avait paru
comme roi, et fait reconnaître sa juridiction d'appel, en
toutes causes tant *civiles* que *criminelles.* Le bailli, juge
de premier ressort, officier du roi seulement en sa qualité seigneuriale, n'était que l'égal ou même, dans l'ordre
de la justice criminelle, l'inférieur du bailli de l'évêque;
mais le viguier, juge royal, exerçait la juridiction au
second degré, prenait le titre de Viguier *d'Albi et de
l'Albigeois*, et représentait le roi comme souverain. Le

---

20 Le serment du bailli «Servare jura omnia, universa et singula,
episcopi et ecclesiæ Albie, suo durante officio » est rappelé dans une
formule de l'an 1279. — Doc inéd., p. 200, nᵒ 27.

viguier royal a existé, dès l'annéé même de la réunion
à la Couronne, en 1229 [21].

L'autorité épiscopale avait semblé quelquefois entraver
cette juridiction de second ressort. Mais une transaction
de l'an 1374 entre l'évêque et les consuls eut pour objet
de déclarer que « l'intention de l'évêque n'était point de
» s'opposer *aux appellations* qu'on avait coutume de for-
» mer de *sa cour temporelle* au viguier ou juge royal, ni
» de faire obstacle aux citoyens d'Albi lorsqu'ils vou-
» draient poursuivre leur appel dans les causes tant
» *civiles* que *criminelles*, et même pour les jugements des
» causes *moyennes* [22]. »

La politique de la royauté, au moyen âge, se trouve
ici bien caractérisée.

Le roi de France, en sa qualité de possesseur à titre
féodal, respectait les situations antérieures auxquelles
il succédait, sauf le devoir d'hommage que les rois,
depuis Philippe-Auguste, ne rendaient plus aux seigneurs
qui pouvaient avoir, dans l'ordre des tenures, une supériorité de fief, mais qui toujours étaient leurs subor-

---

21 Documents inédits, p. 200, n° 27. *Bajulus Albie et Albigesii.* —
Le premier viguier d'Albi et d'Albigeois, en 1229, fut Pierre Leu
Donzel. Le dernier, de 1770 à 1789, fut François de Gorsse, con-
seiller du roi.

Des actes et transactions de 1490 et 1553 déterminent les attributions du viguier. — La même personne pouvait réunir les deux qualités de bailli et de viguier, comme image des deux qualités réunies
en la personne royale.

22 Documents inédits, p. 192, n° 24 — « Dicit Dominus episcopus
quod intentio sua non fuit nec est *appellationibus* quæ emitti con-
sueverant a *sua curia temporali* Albie *ad vicarium et judicem re-
gios* Albie, nec civibus Albie cum ipsas *appellationes* prosequi valeant in causis civilibus, et criminalibus, et minoribus clamoribus
obstare » (art. 1).

donnés dans l'ordre hiérarchique et monarchique. Successeur des vicomtes par la réunion de l'Albigeois à la
Couronne, saint Louis accepta la position, les droits
restreints déterminés par la charte de 1264. Mais la Cou-·
ronne retrouvait en elle-même sa prérogative; et la
justice royale s'éleva au-dessus des institutions de la
féodalité par le droit souverain *de ressort et d'appel*,
qui a ramené progressivement les justices patrimoniales
et seigneuriales au roi de France, comme source de toute
justice.

La suprématie temporelle de l'évêque d'Albi, dans
ses rapports avec le roi, avait dû, en conséquence,
malgré ses priviléges de l'ordre féodal et juridictionnel,
s'arrêter devant les hautes prérogatives de la Couronne:
mais dans *ses rapports avec les consuls* ou la cité, elle
s'est librement exercée; et l'organisation municipale
d'Albi offre un grand contraste avec la constitution
municipale de Toulouse.

A Toulouse, les anciennes coutumes plaçaient la souveraineté locale dans les consuls et la Cité; à Albi, les
coutumes la plaçaient dans l'évêque et l'Église. Toulouse, cité gauloise, dotée du *Jus Latii* et accrue d'une
colonie de citoyens romains, avait une constitution municipale qui conservait la forte empreinte des villes latines et des mœurs gallo-romaines. Albi, ville moins
ancienne, issue peut-être d'une colonie romaine, mais
formée et développée surtout, aux IVe et Ve siècles, par
l'établissement d'un évêché en l'honneur de Sainte-Cécile[23], s'était comme abritée sous la protection de l'É-

23 Études historiques de M. Compayré, p. 65.

glige et du palais épiscopal, et elle a porté dans sa constitution intérieure les signes visibles de cette origine
ecclésiastique [24]. C'est le cas de dire avec Gaius : «*Cujus-
que rei potissima pars principium est* [25] ».

Les consuls et les conseillers de la cité se trouvaient
soumis à la suprématie épiscopale, soit pour leur institution, soit pour l'exercice de leur charge.

1° *Pour leur institution;* d'après une charte de l'an
1269 entre l'évêque Bernard de Combret et les consuls
d'Albi (charte confirmée par l'archevêque de Bourges),
les choses se passaient de la manière suivante :

« Quand les consuls et les conseillers devront être
» créés (dit la charte), *à juste parlement*, comme il est
» de coutume, les hommes de chacun des six quartiers
» de la ville [26] éliront deux consuls et deux conseillers,
» lesquels seront présentés à l'évêque; et ils lui prête-
» ront serment de garder fidèlement les *droitures* de
» l'évêque, de l'Église, de la cité d'Albi, et de remplir
» loyalement leur office [27]. »

Douze consuls et douze conseillers étaient, par con-
sequent, nommés et institués pour la communauté
d'Albi; et dans chaque partie de la ville, le peuple faisait directement l'élection des consuls et des conseillers,

24 Une tradition consignée dans les manuscrits du pays était que
Deodatus, aumônier de Charlemagne, devenu évêque d'Albi en 804,
y avait établi un tribunal, créé des consuls et octroyé des priviléges. — Études histor. de M. Compayré, p 8

25 Gaius, ad Legem XII Tabul.

26 L'expression technique dans la charte est *gâche*, c'est-à-dire
tour, guet ou quartier.

27 Charte de 1269, en dialecte roman avec confirmation de l'archevêque de Bourges. — Docum. inéd., p. 158, n° 7.

qui devaient représenter et défendre les intérêts spéciaux du quartier et les intérêts généraux de la cité.

Ces formes sont régulièrement constatées par un procès-verbal d'élection de l'an 1321 [28].

Mais avec le temps, l'évêque d'Albi trouva qu'il y avait trop de liberté dans le mode d'élection, et les formes furent modifiées en l'année 1402. Le nombre des consuls fut réduit à six, celui des conseillers porté à vingt-quatre; et du suffrage *universel*, dans la cité, on passa au suffrage *restreint* et à l'élection par degrés. Il n'y eut plus que *quinze* électeurs par quartier; ces électeurs étaient eux-mêmes choisis par les consuls et conseillers sortants : ceux-ci dressaient, en outre, une liste de candidature pour les consuls à élire; cette liste, qui comprenait vingt-quatre noms, restait secrète pour la ville. Les *quinze* électeurs par quartiers (qui formaient un total de *quatre-vingt-dix* électeurs pour les six quartiers) se réunissaient au palais épiscopal, faisaient leur choix des six consuls parmi les vingt-quatre candidats et soumettaient le nom de chaque consul à l'approbation de l'évêque : c'était une élection à trois degrés.

Quant aux vingt-quatre conseillers à nommer, ils étaient désignés par les six nouveaux consuls, de concert avec les consuls et conseillers sortants, et ils devaient être pris parmi les électeurs de chaque quartier. Dans ces trop habiles combinaisons, le suffrage direct du peuple avait complétement disparu.

L'élection faite, consuls et conseillers, genou en

28 Documents inédits, procès-verbal d'élection de l'an 1321, p. 168, n° 10.

terre et la main droite sur la croix, juraient fidélité à
l'évêque [29].

L'institution des notaires publics, chargés de recevoir les contrats civils, était soumise à des formes analogues. L'évêque appelait les consuls, les conseillers
et autres prud'hommes au nombre de vingt ou plus; et,
de l'assentiment de la majorité, il instituait les notaires
et recevait leur serment en présence de l'assemblée [30].

2° Quant à *l'exercice de la charge* consulaire, la suprématie de l'évêque était toujours présente.

La garde des clefs de la ville appartenait à l'évêque
comme seigneur de la cité (*si coma seinher de la ciutat*),
d'après une charte de 1260 [31]. Il appelait les consuls
ou, à leur défaut, douze prud'hommes, et ceux-ci éli-
saient six personnes auxquelles était faite la remise
des clefs. Les gardiens faisaient serment de n'en pas user
au préjudice de l'évêque, de l'Église, de la cité, des citoyens et du *roi de France*. Ils devaient ouvrir les portes
au mandement de l'évêque, quand lui ou quelqu'un de
sa suite voulait entrer ou sortir; l'évêque même pouvait

---

29 Documents inédits, p. 166-168, n° 9.

30 Charte de 1269, del notaris publics creadors. — Docum. inéd.,
p. 162, n° 7. — Du reste, le pape Jean XXI, par bulle du 18 octobre 1276, accorda à l'évêque le droit de nommer deux notaires
publics suivant les formes accoutumées à Rome. Et de plus, par une
épître de la même année, il accorda à l'évêque le droit de disposer
par testament des biens ecclésiastiques, en laissant aux églises une
portion *congrue*, selon sa conscience et à sa discrétion. — Docum.
inéd., p. 277, n° 88.

31 Documents inédits, p. 162, n° 7. — Charte de 1268, *de las
claus de la vila d'Albi gardar.*—La charte porte à la fin : « Fait ainsi
à Albi, dans l'église de Sainte-Cécile, *en plein parlement* desdits citoyens et de la communauté de la ville, présent ledit évêque, l'an
du Seigneur 1268, mois de septembre. » (Traduction.)

réclamer une des clefs; et lorsque l'archevêque de Bourges faisait son entrée dans la ville d'Albi, les gardiens remettaient toutes les clefs à l'évêque, qui les offrait au métropolitain en reconnaissance de sa seigneurie temporelle.

L'évêque, comme on l'a vu plus haut, avait la juridiction civile et criminelle ; et dès lors les consuls d'Albi étaient privés de la prérogative qui donnait une si grande importance à la juridiction municipale des villes du Midi, telles que Toulouse et Bordeaux. Cependant une part avait été laissée aux consuls d'Albi. D'après la charte de 1220, l'*atermoiement* pour les dettes et obligations ne pouvait être accordé à un débiteur que s'il paraissait digne de confiance à l'évêque et *aux consuls* ou autres prud'hommes. La connaissance des causes de servitudes, de bornage et autres du même genre, appartenait en commun à la juridiction de l'évêque et aux consuls : une transaction de l'an 1374 déclara que les consuls pouvaient connaître de ces causes *de plano*, sans discussion, sans forme de procès et de jugement [32]. C'était une sorte de justice de paix.

Dans les coutumes relatives aux impôts, on trouve la suprématie épiscopale entée, pour ainsi dire, sur des origines romaines.

L'impôt était foncier et personnel, selon la distinction de la *capitatio terrena* et de la *capitatio humana* du Code

<hr>

32 Documents inédits, p. 198, n° 24. — Salvo et retento quod domini consules de predictis (*scilicet de servitutibus, de metis sive bosulis, stillicidiis et similibus*) cognoscant de plano et sine strepitu et figura judicii et absque erectione causæ. (Transaction, 1374, indiquée par erreur par M. Compayré sous l'année 1274)

Théodosien et des Novelles. L'impôt était fixé par l'évêque, du consentement des prud'hommes et de la communauté de toute la cité d'Albi. La charte de 1236, qui est dite avoir été faite pour servir de témoignage en tout temps, portait le sceau de l'évêque d'abord, et puis le sceau communal. Elle déclare que l'*impôt commun* de la cité d'Albi est de *mille sous* [33], et qu'il sera levé proportionnellement au sou pour livre, selon l'usage de Toulouse et de Montpellier. La fixation et la levée de cet impôt, relatif aux propriétés immobilières, reposaient sur un recensement ou cadastre et sur l'unité foncière ou la *millène* indiquée par la Novelle de Majorien de l'an 458, qui a reçu, de nos jours, du mémoire de *M. Baudi di Vesme* et de son habile traducteur une explication lumineuse [34]. L'interprétation gallo-romaine du VIe siècle, rédigée en assemblée provinciale du midi et qui accompagne la *Lex romana* ainsi que les Novelles usitées dans le pays, prouve que la Novelle de Majorien

---

33 Documents inédits, p 149, n° 5. — « Conoguda causa sia a totz aquels homes que aquesta present carta veiran ni auziran legir que nos Durantz, per la gratia de Dieu, avesque Albi, ab *voluntat* et ab *autreiament* dels prohomes et del comunal de tota la universitat de la ciutat d'Albi, establem et disem et autreiam que *totz comus que daissi enant se fassa en la ciutat* d'Albi que sia de M. sols de R. (Ramondenes) a dessus, que a quel sia levatz per sol et per liura a la coustuma et al for *de Tholosa* et de Monpeslier. — E per fermetat e a major auctoritat, avem donada a questa present carta en testimoni valedoira *per totz temps*, laqual navem cofermada ab nostre sagel e li prohome el comunals ..... ab lo sagel comunal de la ciutat d'Albi. Actum Albie idus febroarii M.CC.XXXVI. — Il y a une autre charte de 1245 qui ne change rien au taux de *mille sous*.

34 Mémoire sur les impositions de la Gaule, traduit par M. ED. LABOULAYE, Revue bretonne de droit, t. II, année 1841. Cette traduction, d'une clarté parfaite, a répandu la lumière en France sur ce point d'érudition.

était suivie quant à l'assiette de l'impôt territorial,
mais qu'elle ne l'était pas pour la quotité, ou le nombre
de *sous d'or* réclamés par chaque millène : sous ce dernier rapport, qui constituait une charge trop lourde, la
Novelle n'était plus en usage dès le vi⁰ siècle ; *usu caret,*
disait l'interprétation [35]. Suivant les recherches de Nie-
buhr, un as pour une valeur de mille as était l'unité
ancienne qui servait de base à l'impôt de l'*ager ro-
manus;* et lorsque l'impôt en numéraire fut introduit
dans les provinces, la même base fut adoptée avec un
autre système de monnaie. On exigea un *aureus* pour
mille *aurei* de terres estimées par les officiers du recensement ; ce fut le *simplum* longtemps en usage [36]. Sous
les empereurs Constantin, Julien et Majorien, le taux
proportionnel augmenta d'une manière démesurée, puis
redescendit, et retomba probablement dans la Gaule
méridionale au taux primitif, au *simplum* qui n'avait
rien d'exorbitant. C'est d'après cette proportion, sans
doute, que l'impôt commun et foncier, le *tolz comus de
la ciutat* d'Albi, selon les expressions de la charte
de 1236, avait été fixé pour tous les temps; et l'impôt
total des mille sous pouvait ainsi représenter un nombre
égal d'unités foncières, de millènes ou de *capita* déterminés par les anciens recensements.

Quant à la capitation personnelle, elle portait tant
sur les personnes que sur le bétail des champs, d'après
l'ancienne capitation des colons romains et gallo-ro-

---

35 *Codex Theod.* (Gothofr. et Ritter), t. iv ; — secunda pars, Leg.
Novell., p. 147 (édit. 1743.)

36 *Voir* un mémoire de M. GIRAUD, la discussion sur ce mémoire
dans le Compte rendu de l'Académie des sciences morales et politiques, année 1846, et mon tome iii, p. 318 et suiv.

mains. Dans les coutumes d'Albi, la contribution personnelle est appelée la *patz* ou *pezada;* elle était de
quatre deniers, que tout homme levant et couchant dans
la cité d'Albi devait payer, de l'âge de 14 ans à celui
de 60, à moins qu'il ne fût clerc ou privilégié. La
femme n'était pas exempte, mais elle ne devait payer
qu'une fraction de l'impôt ou du *caput,* selon l'esprit
des Novelles de Majorien [37].

La *patz* d'Albi et de son territoire était due pour le
bétail inscrit au recensement annuel par des officiers ou
censitores appelés *paziers* [38].

On retrouve donc dans les anciennes coutumes d'Albi
trois espèces d'impôts, dont l'origine romaine est reconnaissable au milieu des transformations du moyen âge,
et peut confirmer les indices déjà recueillis d'une ancienne colonie romaine.

C'était l'évêque, comme seigneur, qui levait ces impôts à son profit; le roi n'y prenait point part. Les consuls, en accordant à saint Louis un subside pour la
Croisade, en 1269, l'accordèrent à titre de don, et rap-
pelèrent qu'ils étaient sujets de l'Église et libres dès lors
de toute servitude : *Cùm simus homines Ecclesiœ, et ab
omni liberi servitute* [39]. Seulement la royauté avait
retenu de l'origine romaine du *portorium* une part dans
le droit de douane ou de *tonlieu,* qui se percevait sur
certains objets, que les hommes du dehors apportaient
dans la ville d'Albi pour les vendre. Le prélèvement en na-

37 Docum inéd., charte de 1245 et transaction de 1316, p. 150 et
164, n° 7. — *Voir* mon 3ᵉ volume, p. 309 et suiv.

38 Transaction de 1316, p. 164.

39 Études historiques de M. Compayré, p. 23.

ture se faisait par moitié au profit du roi et de l'évêque[40].

Quant aux consuls, indépendamment du droit exclusif de consentir aux subsides, dans les circonstances extra-ordinaires, ils exerçaient le droit de *lever des tailles*, de leur propre autorité, sur les habitants d'Albi pour les nécessités publiques. Une transaction de l'an 1374 entre eux et l'évêque, confirmée par le parlement de Paris, reconnaît formellement que l'exercice de cette ancienne prérogative *aura lieu comme par le passé*, sans acquisition de droit nouveau[41].

En résumé, la constitution municipale de la cité d'Albi était surtout une constitution épiscopale : l'évêque y exerçait une suprématie incontestée par l'institution des consuls nommés sous son influence, par ses priviléges pour la garde des clefs et la sûreté de la ville, par son droit d'*indiction* relativement à l'impôt commun de la cité ou impôt territorial, par la levée de plusieurs con-tributions.

40 Docum. inéd., carta 1316, p. 165, n° 8 : « Totz hom de fora que aporte ad Albi lenha a vendre..... oue sia tengulz de pagar..... *una saumada de* lenha, *una a nostre senhor lo rei, et autra a mos-senhor lavesque.* »

Le *portorium* était d'un droit de 40°. — Le *toleonum* l'a remplacé sur toute espèce d'objets arrivés par terre ou par eau. D'après la comparaison de plusieurs textes que je dois à l'obligeance de M. H. Corne, avocat à Condom, le mot *lenha*, de la charte de 1316, signifie bois. Il est ainsi traduit dans les anciennes coutumes d'*Astafort* (sé-néchaussée de Condom), ann. 1304. *Lenha*, du latin *lignum, ligna*.

41 Docum. inéd., p. 194, n° 24. — « Item super articulo conti-nenti quod ipsi consules eorum *prapria auctoritate Tallias* impo-nere possint, fuit concordatum inter dictas partes quod ipsi con-sules imponant et imponere possent habitatoribus dicte civitatis tal-lias pro necessitatibus ejusdem civitatis et universitatis ejusdem ne-cessariis, *prout hactenus facere consueverunt*, sine acquisitione novi juris. »

D'un autre côté, comme seigneur temporel dans l'ordre féodal, l'évêque partageait le pouvoir avec le roi, successeur des vicomtes; il avait même la suprématie, à cet égard, par *sa haute justice* pour les matières criminelles, et pour les accusations d'hérésie livrées au jugement spécial des Inquisiteurs.

Les citoyens étaient donc toujours, et pour tous les actes de leur vie civile et religieuse, en présence du pouvoir temporel de l'évêque d'Albi; ils n'avaient de ressource, dans les moments les plus difficiles, que la juridiction royale du second degré.

De là vint l'idée d'une association qui les placerait directement sous la sauvegarde du roi; de là naquit la *Confrérie de Saint-Louis*, qui s'unit à l'institution municipale à partir du XIIIᵉ siècle.

La confrérie de Saint-Louis était une corporation qui avait ses syndics, et qui prétendait au privilége d'être *directement* sous la sauvegarde, protection et justice du roi sans être tenue de reconnaître, *au premier degré*, la juridiction temporelle de l'évêque. La juridiction des viguier et juge royaux était la seule dont elle relevait en premier et dernier ressort.

Son existence fut implicitement reconnue ou formellement autorisée par les rois. Ainsi, dans un acte de 1364, où figurait le roi de France, la qualité du syndic de la confrérie était mentionnée comme la qualité légitime du représentant de la corporation [42]. Ainsi,

---

42 Documents inédits, p. 172, n° 12.—Karolus rex Francorum.. Cum lis pendeat inter Consules Albie et Sindicum confratrie B. Ludovici ex una parte, et episcopum Albiensem, ex altera, super jure et juridictione, etc...

dans les lettres patentes· données en parlement par Charles V, en 1368, il est déclaré « que la confrérie » établie en l'honneur de saint Louis avait coutume de » demander au roi ou à ses lieutenants le droit de *sauvegarde*, et qu'elle était en *possession* et *saisine* de ce » droit sous les rois ses prédécesseurs [43]. »

Les consuls d'Albi, souvent inquiets de la suprématie épiscopale, soutenaient volontiers la confrérie de Saint-Louis, afin de renfermer, dans les plus étroites limites, la juridiction de la *Cort seglar*. Ce fut la source de vifs débats entre l'évêque, les consuls et la confrérie. Au milieu du xive siècle, les consuls d'Albi et le syndic de la corporation se réunirent contre l'évêque pour faire maintenir les droits, franchises et libertés du pays. L'évêque avait défendu aux habitants de la ville de vendre aux étrangers, à l'extérieur, blé, farine, pain ; vin ; et il avait interdit aux étrangers, à l'intérieur, de sortir de la ville, sous peine de perdre leur avoir [44]. Les dispositions de la charte de 1220, sur la liberté des personnes, étaient méconnues [45]. Le roi intervint pour empêcher le

---

43 Documents inédits, n° 13, p. 174. — ..... Quod in honorem B. Ludovici erat confratria quæ consueverat a nobis et nostris locum tenentibus salvam·gardiam impetrare et dicta salva gardia uti... et erant dicti confratres *in possessione et saisina* dicta salva gardia utendi et per Nos aut nostros predecessores in dicta salva gardia atque usu custodiendi. (Datum in parlamento, 17 maii 1368.)

44 Doc. inéd., p. 172, n° 12, année 1364. — Licet Dominus episcopus non possit aliqua afforamenta nec ordinationes facere in bonis, victualibus nec in aliquibus. ..... Idem episcopus de die in diem nittitur perturbare juridictionem nostram quam nos habemus et libertates et franchisias quotidie *attemptari*.

45 Quod nemo *capi* valeat seu *compelli* Albie, potenti jus facere seu volenti..... Nec episcopus debet *sequi* homines Albie. — Carta 1220, Doc. inéd., p. 144-148.

trouble apporté à sa juridiction, et maintenir les libertés
et franchises d'Albi. Il manda au sénéchal de Carcas-
sone, en 1364, aux viguier et juge royaux d'Albi *que
rien ne fût innové* dans les usages, franchises et libertés
des consuls [46]. La confrérie de Saint-Louis avait fait
alors cause commune avec les consuls dans l'opposition
aux entreprises de l'évêque. Réciproquement les consuls, en 1368, firent cause commune avec la corporation et s'unirent au syndic pour demander au roi « de
» la maintenir dans la possession et jouissance, *sous la
» sauvegarde royale, de tous les droits, priviléges, excep-
» tions* et *protections* qui pouvaient et devaient appar-
» tenir à ladite confrérie de Saint-Louis [47]. »

Cette confrérie, de l'ordre civil, devenait ainsi un
corps intermédiaire entre l'évêque et le roi, entre l'évêque et les consuls : elle faisait contre-poids à la suprématie temporelle du prélat dans la cité; elle échappait à
la juridiction de sa cour séculière; et, sous le patronage
du saint roi, elle constituait une barrière avouée ou re-
cherchée par les consuls et les habitants, maintenue et
appuyée par la royauté contre les abus de la confusion
des pouvoirs.

Les discussions, élevées au nom de la confrérie de
Saint-Louis sur les droits de ses membres et ceux des

---

46 Quod in jure nostri patrimonii, usuum, franchisiarum et li-
bertatum consulum, ne aliquid innovetis, p. 162, Docum. inéd.

47 Documents inédits, n° 13, p. 175. — « Ipsos etiam Consules
debere custodiri in suis juribus et usibus et *dictum* Sindicum nomine confratrie et singulorum fratrum habendi et utendi dicta
salva gardia nostra omnibus juribus, *excellentiis*, protectionibus et
exceptionibus que ad causam dicte salve gardie possunt et debent
pertinere. — Datum Parisiis in parlamento nostro, die 17 maii
anno 1368.

consuls, troublèrent souvent les évêques dans l'essai de prétentions exagérées, ou même dans la jouissance d'anciennes prérogatives. Elles ne furent terminées que vers la fin du xvᵉ siècle, en 1490, sous le glorieux épiscopat de Louis d'Amboise (frère du cardinal), ami de la justice et des arts, qui affermit son pouvoir en le séparant de prétentions abusives, et qui inspira ou consacra, dans la cathédrale d'Albi, ces merveilles de sculpture et de peinture, objet de l'étonnement de Richelieu et de l'admiration générale [48].

L'évêque Louis d'Amboise, après s'être affranchi par son habileté administrative de l'opposition de la confrérie de Saint-Louis, confirma, du reste, les franchises des consuls et de la communauté d'Albi.

La formule qui fut adoptée sous son épiscopat et suivie jusque dans les temps modernes, pour l'hommage rendu à l'évêque lors de sa réception, rappela l'esprit des anciennes coutumes et constata également la suprématie de l'évêque comme seigneur temporel [49] :

« Moi consul, syndic ou député de l'université et cité
» d'Albi, reconnais et confesse que vous, révérend père
» en Dieu, évêque d'Albi, êtes seigneur *spirituel* et
» *temporel* de la présente cité, et vous promets et jure,
» en touchant les quatre évangiles de Dieu, le *Te*

48 C'est en 1480 qu'a été faite par Louis d'Amboise la consécration de la magnifique église de Sainte-Cécile, qui avait été commencée à la fin du xiiiᵉ siècle. — Louis II, d'Amboise, son neveu et successeur dans l'épiscopat, fit faire les peintures de la voûte de 1503 à 1515. C'est à des peintres de Bologne qu'elles sont dues. Une inscription de 1513 mentionne l'école bolonaise dans la peinture même. (*Voir* les Études historiques de M. Compayré, p. 88.)

49 Manuscrit des archives d'Albi, en français. — Documents inédits, p. 86.

» *igitur*, et la Croix, que toute l'université et chacun
» d'icelle vous serons loyaux et *francs sujets*, et vous
» garderons et procurerons vos droits, profits et hon-
» neurs, et éviterons vos dommages, à notre pouvoir,
» et obéirons à vos *commandements*, et à ceux de vos
» officiers. Et si aucunes choses savons contre vous,
» votre Église et Seigneurie, nous y résisterons et vous
» les signifierons par notre loyal message, incontinent
» et sans délai, et toutes et chacune autres choses qu'ont
» accoutumé de jurer pour et au nom de ladite univer-
» sité et chacun d'icelle en cas semblable, je promets
» et jure faire tenir, garder et accomplir avec l'aide de
» Dieu et des Saints. »

Chaque année l'hommage à l'évêque était renouvelé
le jour de Noël. Les consuls, revêtus de leurs insignes
et accompagnés des notables de la ville, se rendaient
au palais épiscopal; mais à partir de l'évêque Louis
d'Amboise, au lieu de prononcer l'hommage à genoux
et en langue vulgaire, ils le prononçaient debout et en
français, de la manière suivante :

« Monseigneur l'évêque, nous venons ici pour vous
» offrir et présenter les biens de la ville et cité d'Albi, et
» vous reconnaître *pour seigneur spirituel et temporel*,
» dans laquelle vous avez toute justice, haute, moyenne
» et basse; et si, nous vous prions vouloir maintenir et
» conserver nos anciennes libertés et priviléges, écrits
» et non écrits, et prions Dieu qu'il nous donne les
» bonnes fêtes [50]. »

Tel était le pouvoir temporel de l'évêque dans les cou-

50 Docum. inédits, p. 87 (Ms. des archives du xvie siècle).

tumes d'Albi ; et il se trouvait si profondément enraciné dans les mœurs du pays que pendant tout le moyen âge, jusqu'à la fin du xvᵉ siècle, s'il avait rencontré quelquefois des oppositions, des résistances contre les abus, il n'avait pas souffert d'altération dans son principe.

A partir de 1490, il fut affranchi de l'opposition généreuse, mais inquiète et active, de la confrérie de Saint-Louis. Il n'en devint pas, toutefois, plus oppressif ou plus dominateur. Au contraire, libre entièrement des anciennes terreurs qui avaient accompagné, au moyen âge, les gémissements des victimes enfermées dans les cachots de l'inquisition, l'évêque d'Albi ne fit plus connaître son pouvoir que par les bienfaits mêmes de l'épiscopat et la protection accordée aux beaux-arts. Les orages de la réforme du xviᵉ siècle, qui laissèrent des traces profondes dans les pays voisins, Montauban, Castres, Montpellier, furent écartés de la cité d'Albi, par le souvenir du passé, par la prudence des évêques ; et la population du diocèse, si tourmentée autrefois par l'hérésie albigeoise, resta toute catholique. Bossuet reproche aux protestants de son siècle d'avoir voulu se donner les *Albigeois pour ancêtres* dans leur séparation de l'Église universelle ; mais il est certain que les anciens hérésiarques sur l'autorité de l'église n'avaient pas laissé de descendance dans l'Albigeois même [51].

51 C'est un fait qui s'est continué jusqu'à nos jours ; il est notoire qu'il n'y a pas de protestants dans le diocèse d'Albi. — Sur le reproche adressé aux protestants, *voir* l'histoire des Variations, de BOSSUET, liv. XI, nᵒˢ 7 et 37.— Il est aussi remarquable que le P. Benoist, dominicain, dans sa dédicace à Louis XIV qui lui avait demandé d'écrire l'histoire des Albigeois, cherche à rattacher le pro-

Les anciennes coutumes sur l'union du pouvoir spirituel et temporel se maintinrent par l'assentiment général [52]; et dans les plus beaux temps du siècle de Louis XIV, en 1678, le siége épiscopal parut digne au pape et au roi de devenir un Siége métropolitain, sans que l'idée se présentât de modifier l'organisation primitive.

La seigneurie temporelle et spirituelle reposa dès lors sur la tête des Nesmond, des Castries, des Larochefoucault, des Choiseul [53]; et ces prélats, par leur haute distinction, leurs lumières et leur sagesse, conservant dans son intégrité l'antique constitution de la cité, purent la conduire, toujours honorée et aimée de leur peuple, jusqu'au moment solennel où la Révolution française devait ouvrir le tombeau à toutes les inégalités municipales et provinciales.

testantisme à l'ancienne hérésie des Albigeois et des Vaudois, et il glorifie Louis XIV d'avoir signalé la 47ᵉ année de son règne par l'entière défaite *des deux monstres* (*Ép. au roi*, p. 4). Parmi les Albigeois, c'était surtout la secte dite des *Bonshommes* qui niait la hiérarchie de l'Église. (*Voir* le Mémoire publié en 1840 par M. Belhomme. — *Confessio G. Furnerii de Tholosa conversi et confessio G. Carrieira conversi. —* 1250-1254.)

52 Documents inédits, p. 170, n° X *bis.* — Mémoire, extrait des Registres de la mairie, sur l'élection des consuls à la fin du xviiᵉ siècle.

53 Documents inédits, p. 128. — L'archevêque Choiseul usa de sa seigneurie temporelle pour détruire les antiques remparts et les tours crénelées qui attestaient l'une des villes les plus fortes du Languedoc.

CHAPITRE TROISIÈME.

COUTUMES DE LA RÉGION DES PYRÉNÉES.

SOMMAIRE.

Observations préliminaires. — Aperçu général des faits et des résultats historiques. — Introduction de la féodalité dans les Pyrénées.

Sect. Iʳᵉ. — Coutumes des Basques et fors de Navarre.

    I. *Topographie des populations basques.* — *Caractères ethnographiques de la race escuarienne ou des Escualdunac.* — *Langue* escara ; *diversité des dialectes.* — *Rapports de la langue et des coutumes originaires.*

    II. *Coutumes de l'ordre civil.* — *La famille basque.* — *Constitution personnelle et réelle.* — *Communauté.* —*Droit d'aînesse.*—*Droit de retour du patrimoine à l'aîné ou à l'aînée.*

    III. *Coutumes de l'ordre politique, judiciaire et social.*

Sect. II. — Fors de Béarn.

    I. *Institution de la vicomté de Béarn ; ses rapports originaires avec le comté et le duché de Gascogne ; son indépendance vis-à-vis des rois de Navarre, d'Aragon, de France ; sa réunion à la couronne de Navarre et puis à la couronne de France.*

    II. *Éléments des fors de Béarn ; leurs divers auteurs.*

    III. *Division territoriale.* — *Diversité des populations.*

    IV. *Classes des personnes : nobles, bourgeois, gens de commune, servage.* — *Classification des cours de justice : cours des domengers, cour des cavers,* cort mayor, *cour des jurats.*

OBSERVATIONS PRÉLIMINAIRES.

APERÇU GÉNÉRAL DES FAITS ET DES RÉSULTATS HISTORIQUES. INTRODUCTION DE LA FÉODALITÉ DANS LES PYRÉNÉES.

I. Avec les coutumes de Toulouse et d'Albi, nous connaissons le droit de la cité municipale et de la cité épiscopale du Midi, lesquelles nous présentent, dans les relations publiques et privées, d'une part l'influence prédomidante des traditions gallo-romaines unies à l'esprit de la bourgeoisie du moyen âge, et d'autre part le pouvoir ecclésiastique uni à la féodalité.

Au delà de ce territoire, en s'avançant vers le sud, on se trouve au pied de l'immense barrière qui s'élève entre la France et l'Espagne.

La scène change alors pour l'historien du droit comme pour l'observateur. La région pyrénéenne, dans son vaste développement de l'ouest à l'est, offre, au moyen âge, des coutumes où l'indépendance indomptée d'une race indigène, la vie libre du clan, les mœurs belliqueuses de populations refoulées par la guerre au sein des montagnes, les tendances serviles de colons fugitifs, les traditions de colonies romaines et l'esprit progressif des lois visigothiques modifiées par les conciles de Tolède résistent ou s'associent, dans une mesure inégale, au régime de la féodalité.

En étudiant ces coutumes des Pyrénées, mon but est de représenter surtout les lois et usages du versant français ou septentrional, depuis les Basses-Pyrénées jusqu'aux Pyrénées-Orientales, dans toute la chaîne qui s'étend de Bayonne à Perpignan.

Mais pour les bien comprendre et les distinguer selon l'origine diverse des races et des peuples, qui ont habité les différentes régions du versant gallique, il faut nécessairement aussi porter ses regards sur le versant espagnol ou méridional, et sur les États particuliers qui s'y sont formés sous les noms de Haute-Navarre, d'Aragon, de Catalogne.

Une correspondance naturelle et presque inévitable s'est établie, aux diverses époques, entre les mœurs des populations placées sur les deux versants de la France et de l'Espagne.

Aux coutumes du pays basque, dans les Basses-

Pyrénées, répondent les fors de Biscaye et de Navarre du versant méridional[1] ;

Aux coutumes du Béarn et du pays de Bigorre répondent, à divers degrés, les fors d'Aragon du versant espagnol[2] ;

Aux coutumes de Perpignan et du Roussillon, de ce côté-ci des Pyrénées, répondent, de l'autre côté, le *forum judicum* des Visigoths et les usages de Barcelone[3].

Nous aurons à saisir les rapports, et quelquefois les différences, qui se montrent à l'origine même des institutions, et se maintiennent à travers les âges dans les diverses parties de la région pyrénéenne.

Mais avant d'entrer dans l'indication précise des fors et coutumes et de leurs résultats, il faut jeter un regard sur les faits de l'histoire, non pour en retracer le trop vaste tableau ou même une esquisse générale, mais seulement pour apprécier, sous certains points de vue qui doivent éclairer notre sujet, les mouvements de peuples, de races, d'invasions qui ont agité la péninsule hispanique pendant une longue série de siècles, et réagi, à de grands intervalles, sur les populations et les coutumes des Pyrénées.

II. A l'époque où remontent les traditions historiques les plus anciennes, 1600 ans avant Jésus-Christ, il existe sur les deux versants, nord et sud, des Pyrénées, en

---

1 Les fors de Navarre sont des années 838, 1060, 1268. Les fors de Biscaye de l'an 1074.

2 Fors d'Aragon, 1036.

3 Forum judicum, en castillan, *Fuero juzgo* ; Uusatici Barchinione patrie (1068).

d'autres termes, sur le versant gallique et le versant ibérien, trois peuples :

1° Au nord, les Galls ou Celtes, qui avaient peuplé la Gaule ;

2° Au sud, et dans la partie orientale du cours de l'Èbre et des Pyrénées, les Ibères, dont le nom vient soit de l'Asie, soit du fleuve Ibérus, nom propre que les Latins auraient appliqué à la plus grande partie des indigènes et à la péninsule hispanique ;

3° Au sud encore, mais dans la partie occidentale, les Cantabres, branche détachée de la famille ibérienne, race vigoureuse et non mélangée qui a mérité, même au temps d'Auguste, la dénomination donnée par Horace, de *Bellicosus Cantaber, Cantaber indomitus* [4] : cette race, appelée dans sa vieille langue *escuara* le peuple des *Escualdunac*, dans la langue latine de Varron, *Baculi*, dans le latin du moyen âge, *Bascli*, dans la langue moderne, le peuple des *Vaskes* ou *Basques*, a laissé sur plusieurs points de l'ancien monde des traces de ses antiques migrations [5].

Dans les premiers temps des traditions historiques, et vers 1500 ans avant Jésus-Christ, les Celtes franchirent les Pyrénées, s'établirent au sud de l'Èbre, se mêlèrent aux Ibères dans les contrées arrosées par l'Aragon, et

4 HORATIUS, lib. II, ode 6 ; — lib. III, ode 8 ; — lib. IV, ode 14. Epist., lib. I, 12.

5 VARRO, *De re rustica*, lib. II, c. 10. Sigebert., Chron., ad ann. 1179, dit : « Quedam *Bascli* et Navarrenses ». — Le concile de Latran (sous le pape Alexandre III), can. 27, dit : « De Aragonensibus, Navarreis et *Bascolis.—Voir* Hauteserre, De reb., Aquit., c. XI, p. 210. — M. BERGMANN, Des Peuples primitifs, p. 50 (1853).

formèrent le peuple des Celtibériens dont le nom représentait le mélange qui s'était opéré entre les deux races celtique et ibérienne [6].

Les Galls firent une seconde irruption à l'ouest, et occupèrent, sur les côtes de l'Océan, une contrée qui s'appela de leur nom la Galice. Cet établissement se fit au préjudice des possessions occupées d'abord par les Cantabres, qui se cantonnèrent plus étroitement sur les bords de la mer et dans les Basses-Pyrénées, mais ne se mêlèrent point, comme les autres Ibères, aux émigrants de la Gaule.

Cette double invasion dans la région pyrénéenne du versant hispanique par les Celtes ou Gaulois produisit une réaction ibérienne, ou un mouvement de population en sens contraire; et il se fit, entre la partie sud-ouest de la Gaule et la partie nord-ouest de l'Espagne, une sorte d'échange d'habitants.

Des peuplades d'Ibères et de Basques, expulsées de leurs possessions hispaniques, se replièrent vers les forêts, les landes et les terres comprises dans le pays triangulaire limité par la Garonne, les Pyrénées et l'Océan [7]. Dans ces nouvelles résidences elles devinrent les Vasco-Ibères ou les Vascons qui plus tard, et par leur établissement définitif dans cette partie de l'Aqui-

---

6 Strabon, lib. III; Pomponius Mela, lib. II; Pline l'Ancien, lib. IV, c. 20.

7 La terminaison en *ac* qui s'est appliquée à beaucoup de lieux dans la Novempopulanie l'Aquitaine et même la Saintonge et l'Angoumois, est une terminaison basque. *Ac* signifie *le;* ainsi, *Baiona,* Bayonne, *Baionac,* le Bayonnais. —M CÉNAC MONCAUT, Histoire des Pyrénées, t. I, p. 301-313, a donné l'indication d'un grand nombre de lieux ayant cette terminaison, et on pourrait en ajouter beaucoup à cette liste.

taine au VIIe siècle, donnèrent le nom de Vasconie ou de
Gascogne à ce que les Romains avaient appelé la troisième Aquitaine ou la Novempopulanie [8]. La race qui
l'occupa définitivement, après ce flux et reflux de populations était une race mixte; et les habitants de cette
contrée de l'Aquitaine, venus de l'Espagne et mêlés aux
Galls indigènes, conservèrent avec leurs frères du pays
basque et du versant hispanique des rapports de
mœurs, de langage et de famille qui se reconnaissent
encore dans le langage, les mœurs et la physionomie des
populations actuelles [9]. Ce mélange de Galls, d'Ibères et
de Basques explique pourquoi Jules César et Strabon
ont regardé les Aquitains comme tenant surtout aux
Ibères.

Mais au pied des Pyrénées les Basques, proprement
dits, restèrent exempts de ce mélange de peuples dans
leurs vallées et leurs montagnes. Au temps de Jules César,
qui ne porta pas sur les races pyrénéennes toute la profondeur de son coup d'œil, ils sont confondus sous le
nom générique de *Tarbelli*. Ils sont aussi compris, dans
l'itinéraire d'Antonin, sous le nom de *Tarbellici* ou
celui plus caractéristique de *Terræ bellici* qui rappelle

8 Au temps des Croisades, on distinguait entre la *Gascogne* et la
Bascogne; Guibert, abbé de Nogent (lib. VII, c. 8), dit : Is autem
Gasto (Gaston de Béarn) vir illustris atque ditissimus utrum de *Gas-
conia* an *Basconia* foret, non integre memini; quia tamen de alte-
rutra esset, ad certum tenui. (P. de Marca, Hist. de Béarn, a commis
une erreur à cet égard, p. 130. *Voir* ce qu'il dit p. 152 et 361.)

9 Dans les Landes, le langage vulgaire participe plus ou moins de
celui de Bordeaux (qui a beaucoup de rapport avec le latin corrompu); mais il change d'une manière notable alors qu'on se rapproche des départements des Basses et Hautes-Pyrénées. (*Voir*
Statistique des départements Pyrénéens, par M. DU MÈGE, t. II,
p. 293.)

le *bellicosus Cantaber* d'Horace [10] ; mais resserrés près
des Basses-Pyrénées, ils y ont conservé le type primitif
de la race cantabre et transmis à leurs descendants leur
langue *escuara*, plutôt parlée qu'écrite, ainsi que leurs
coutumes nationales qu'on retrouve surtout dans les
coutumes de Labourd, de la Basse-Navarre et du pays
de Soule [11].

Je ne prétends pas ici trancher la question débattue
entre les auteurs méridionaux de la communauté ou de
la distinction de race entre les Ibères et les Basques.
Des travaux récents sur les caractères ibériens et les
monnaies autonomes d'Espagne en confirmant les inductions philologiques de G. de Humbold, tendent à établir que les Ibères et les Cantabres étaient deux branches d'une même tige; leur parenté se révèle par les
racines-mères du langage [12] mais il est certain, dans
toutes les opinions, que ces deux familles hispaniques
n'ont pas eu les mêmes destinées, et que dans l'histoire on est obligé de les distinguer. C'est sous la réserve de la question de race et d'origines que nous
les distinguons dans cet aperçu historique.

10 Recueil des itinéraires anciens, édition de M. FORTIA D'URBAN,
p. 137, notes 8 et 13. Silius Italicus et Fortunat leur donnent, dans
leurs poëmes et poésies, le nom de *Cantaber* en le distinguant du
Vasco.

11 Voir *infra*, sur les Coutumes, la Sect. 1re.

12 *Voir* les savantes études sur l'alphabet ibérien et sur les monnaies autonomes de l'Espagne, par M. P.-A. BOUDARD, secrétaire de
la Société archéologique de Béziers (in-8°, 1852), et deux notes ou
additions importantes sur l'alphabet ibérien — On doit consulter
aussi l'ouvrage important de M. CENAC-MONCAUT (3 vol. in-8°) sur
l'histoire des Pyrénées. (*Voir*, dans la *Revue Numismatique*, plusieurs articles écrits par M. Boudard.)

Cela posé, nous disons :

Les Ibères n'ont pas été, comme les anciens Cantabres dans leurs étroits cantonnements, impénétrables aux races et aux mœurs étrangères. Non-seulement ils formèrent en Espagne la race mixte des Celtibériens; mais à diverses époques ils reçurent des colonies grecques et phéniciennes, établies anciennement sur plusieurs points du littoral, et des invasions ou des conquêtes successives faites par les Carthaginois, les Romains, les Visigoths, les Francs, les Arabes, un mélange d'éléments qui ont modifié profondément la race ibérienne, autre que la branche des anciens Cantabres [13].

Les invasions et conquêtes, en se succédant sur la route des âges, ont laissé des traces plus ou moins durables.

Les Romains, venus après les Carthaginois, détruisirent Numance et les villes ou les institutions d'origine punique [14]; mais ils trouvèrent, et Auguste lui-même trouva, dans les Cantabres des Pyrénées, une résistance indomptable. — Les Visigoths, venus après les Romains, firent la guerre aux institutions romaines par la force et par les lois; mais ils rencontrèrent dans la

13 Nous n'avons pas ici mentionné les Vandales qui ne laissèrent de leur passage que le souvenir des désastres qu'ils répandirent: la province où ils séjournèrent n'a conservé d'eux que son nom de Vandalousie.

14 Dans la diversité des systèmes qui ont été produits par les philologues sur les origines de la langue basque, on avait prétendu que le basque était l'ancienne *langue punique*, et l'on avait cherché des rapports entre le basque et les vers en langage punique, que Plaute a placés en tête du vᵉ acte du *Pœnulus;* mais les recherches ont été sans résultats précis, et cette opinion est aujourd'hui tout à fait abandonnée. (*Voir* la grammaire basque de Lécluse, 1806.)

race cantabre ou escuarienne la même résistance que
les Romains. — Les Francs, après la victoire sur Alaric,
ne cherchèrent point, dans leur domination des provinces du Midi, à imposer le joug aux Basques. Thierry,
fils de Childebert, qui avait eu dans son lot la région
des Pyrénées (596), s'avança vers les montagnes à l'occident; mais un traité eut lieu entre lui et les chefs du
pays de *Lapurdum* ou de Labourd, et il les reconnut légitimes possesseurs de toutes les vallées où ils s'étaient
établis, à la condition d'un faible tribut : il ajouta même
aux vallées libres les cités d'Oloron et d'Aqs [15]. — Les
Arabes, à leur tour, chassèrent devant eux Ibères, Romains, Visigoths et les refoulèrent vers les montagnes
et au delà; mais les Cantabres ou les Basques, fortement établis dans le bassin de l'Adour, résistèrent; et,
plus tard, les Visigoths eux-mêmes, devenus comme
indigènes par une naturalisation de trois siècles dans
la Catalogne et la Castille, identifiés d'ailleurs par le
besoin de la défense avec les races hispaniques, con-
coururent par un dévouement patriotique et avec une
constance à toute épreuve à l'expulsion des Maures. —
De sorte qu'il ne resta dans les mœurs définitives du
pays, au moyen âge, que trois types nationaux bien
caractérisés :

Le type escuarien ou basque, sans mélange de race

---

15 Greg. Tur., IX, c. 30, et Fredeg., liv. XI, c. 24; Hauteserre,
t. XI, p 209 ; M Cénac-Moncaut, I, p. 375.—C'est à cette époque que
le duc *Genialis*, d'origine romaine, fut nommé duc des Gascons;
mais ce n'est pas lui, c'est *Sanche I*, en 850, qui est la souche héréditaire des ducs de Gascogne : il fut nommé par Charles le Chauve,
et le duché devint héréditaire en vertu du capitulaire de 877. (*Voir*
FAURIEL, II. p 434, Gaule méridionale.)

étrangère, mais non sans emprunt fait par la population cantabre aux connaissances et par conséquent aux langues des autres peuples;

Le type ibéro-latin, qui est devenu le caractère prédominant dans le Béarn, le Bigorre, le Comminges, le pays de Foix;

Le type visigothique ou ibéro-germanique, qui s'est conservé surtout parmi les Catalans et les Castillans et s'est étendu dans le Roussillon.

Et comme les invasions successives avaient toujours eu pour effet de repousser et de concentrer dans les montagnes et les vallées pyrénéennes les débris les plus énergiques des populations vaincues ou dépossédées, il en est résulté que c'est encore dans ces vallées et ces montagnes que se retrouvent les types divers des populations hispaniques et les traits les plus prononcés des races qui ont persisté dans l'antique Ibérie [16].

De nos jours encore la division des races est reconnaissable à l'ouest, au centre, à l'est de la région pyrénéenne.

Dans les Basses-Pyrénées, les Basques ont conservé leur type primitif remarquable par l'élégance et l'harmonie de leurs formes, la médiocrité de leur taille, l'agilité de leurs mouvements et leur invincible amour de la liberté [17].

Leurs voisins les Béarnais et plus loin les habitants

16 Ce point historique me paraît très-bien établi dans l'Histoire des Pyrénées, par M. CÉNAC-MONCAUT, t. I (1853).

17 Le pays Basque est borné à l'Est par l'Aragon habité par une race qui diffère des Basques. Les Aragonais sont en général d'une belle stature : ils ont la poitrine très-développée, la tête d'un gros volume, les cheveux noirs. (M. le professeur BAUDRIMONT, Histoire des Basques, p. 153.)

du Comminges et du Couseran, qui avaient reçu anciennement le *Jus Latii*, présentent dans leurs traits et leurs coutumes quelque chose du type romain et des mœurs romaines qui rappellent l'origine de la ville de Pompéiopolis, établie par Pompée de l'autre côté des Pyrénées, et les mœurs de ces bandes courageuses de Sertorius que les armes de Pompée repoussèrent dans les montagnes, et dont les restes les plus indisciplinés furent réunis en colonie latine dans le *Lugdunum Convenarum* ou le pays de Comminges [18].

A l'est, l'habitant des Pyrénées-Orientales et de la Catalogne représente par sa haute taille, la couleur grise de ses yeux, la couleur blonde de ses cheveux, la race visigothique.

Ces grandes divisions de races font aussi la division des coutumes. Mais cela ne veut pas dire que les diverses régions n'empruntent point quelques traits de ressemblance aux régions voisines.

Le peuple escuarien lui-même, qui s'est le plus isolé, n'est pas resté sans quelque mélange; il est constaté que la langue escarienne, qui a des rapports primitifs avec la langue celtique, a reçu dans son vocabulaire plusieurs mots d'origine grecque et latine [19]; et les coutumes du pays ont aussi certains rapports avec l'ancien droit romain qui ne peuvent s'expliquer que par une

---

18 Les Convenæ et les Auscii avaient reçu particulièrement le *Jus Latii* (Strabon, Géogr., IV.). — An 72 de J.-C., Vespasien donna généralement aux Espagnols le droit de *latinité*, Plin. III, 3-36.

19 *Voir* les savantes recherches sur les langues celtiques, par M. W.-F. EDWARDS (1844), p. 128 et 538; et l'Histoire des Basques ou Escualdunais primitifs, par M. BAUDRIMONT, professeur à la Faculté des sciences de Bordeaux (1854), p. 135-156 et suiv.

antique analogie de mœurs dans la famille primitive ou par des influences extérieures.

Le Béarnais et l'habitant du Bigorre, disposés par d'anciennes relations avec le gouvernement gallo-romain, à l'imitation des lois romaines, empruntent leurs traits les plus marqués d'indépendance aux libres coutumes des Basques ; et, dans les vallées de Baréges ou du pays de Lavedan, on retrouve, à divers degrés, l'organisation de la famille escuarienne.

Les habitants du Roussillon, voisins de la Catalogne et unis au comté de Barcelone par la suzeraineté du même seigneur, le roi d'Aragon, sont restés fidèles aux principes juridiques du *Forum judicum*, et ont suivi les usages féodaux de la Catalogne, lesquels ont fini par prédominer aussi dans la cité de Perpignan longtemps attachée aux traditions romaines et opposée à l'influence des lois visigothiques [20].

En outre, sur la lisière du pays Basque et du Béarn, spécialement dans les environs de Pau et d'Oloron, l'on retrouve plusieurs caractères du type grec, plusieurs dénominations géographiques d'origine grecque, telles que *Samos, Scyros, Athos, Abydos*, et une foule de mots grecs retenus par le langage béarnais et légués évidemment par d'anciennes colonies d'Hellènes [21].

Enfin, dans les vallées de l'Adour et du Gave, dans les lieux les plus retirés du Béarn et du Bigorre, la race abâtardie des *Cas-Goths* (vulgairement *Cagots*) témoigne de la réprobation qui avait frappé dans ces contrées les

---

20 *Voir* l'Introduction aux coutumes de Perpignan, par M. Mas-sot-Reynier (1848), aujourd'hui procureur général.

21 Statistique des départ. pyrénéens, par M. Du Mège, t II, p. 295.

Visigoths ariens après leur expulsion de la Narbonnaise et de la Septimanie, ou les Sarrasins vaincus après le patriotique soulèvement de l'Espagne. Les coutumes du Béarn leur donnent la qualification générique de race maudite et d'expiation, les *Xpistiàas* [22].

III. La féodalité a pris place dans les Pyrénées, mais elle est venue tard, et elle s'est inégalement établie au milieu de ces populations d'origine diverse.

Elle n'est pas venue par les Lois visigothiques appliquées en Espagne et modifiées sous le titre de *Forum judicum* ou de *Fuero juzgo.*

Ce monument du droit, si peu apprécié par Montesquieu qui n'y avait pas recherché l'esprit chrétien qui en a lié toutes les parties sous l'influence de Saint-Isidore de Séville, a joui d'une grande faveur dans la Péninsule pendant le règne et longtemps après la disparition des rois goths ; mais il était étranger à la féodalité [23] : d'ailleurs il n'était pas suivi par les populations pyrénéennes, qui avaient gardé des coutumes plus anciennes ou subi d'autres influences, sauf (comme on l'a dit) à l'orient des Pyrénées, où s'était groupée la race

---

22 Fors de Béarn, art. 65, p. 29. (L'étymologie du mot *cas-Goths* signifie *chiens de Goths.*) — Les anciens fors de Navarre (*fori Navarrei* (Marca, p 71, 72, 75), de l'an 1074, appellent *Gasso* ceux que les fors de Béarn appellent *cagots* ou *capots* (Liv. v, tit. vi.)

23 Il contenait une disposition sur le patronage, d'après les usages germaniques, qui n'était qu'un germe très-incomplet de vassalité féodale (Antiq. Lex, BLUME, c. 310, p. 28), et un article sur les donations faites par les rois, lesquelles étaient transmissibles par hérédité (quia iniquum est Principum statuta convelli). *Die Westgothische,* Antiqua, BLUME, p. 24.—Forum jud., p. 64, édition 1815 (Madrid), v. 2, — c. 2. — Voir *infrà,* sur le Droit du Roussillon, où je m'occupe spécialement du *Forum judicum.*

visigothique. Le *Forum judicum* (sur lequel nous insiste-
rons plus tard) ne paraît avoir laissé de trace ou exercé
d'influence le long de la chaîne des Pyrénées, que par
le caractère d'obligation réciproque entre le chef et les
populations, *Rex eris si recta facis, si autem non facis non
eris*, et par le nom de *For* donné aux usages de chaque
contrée [24]. Les fors de Béarn, par exemple, ne ressem-
blent point au *Forum judicum* : ils réfléchissent les coutumes d'une population mixte, d'origine basque, latine
ou gallo-romaine, au sein de laquelle s'est organisée la
féodalité, sans enchaîner la vie libre des vallées et des
montagnes; et ce que je dis des fors du Béarn, relativement au *Forum judicum*, peut être dit avec la même
exactitude des autres coutumes de la région pyrénéenne.

C'est par un autre recueil, tout empreint de droit
féodal et né au milieu du xie siècle, que la féodalité s'est
établie dans les Pyrénées, par les *Usages de Barcelone*,
qui, destinés principalement aux populations de la Catalogne, se sont répandus de l'est à l'ouest sur la chaîne
des monts Pyrénéens et dans les profondeurs de certaines vallées. — Les Usages de Barcelone, promulgués
en 1068 par Raymond Bérenger, eurent pour but apparent de suppléer au silence du Code des Visigoths sur
les relations féodales des seigneurs et des vassaux ; mais

24 Le Forum judicum contient un premier titre de *Electione principum* et *de communione eorum qualiter juste judicent vel de ultore
nequiter judicantium* Il est tiré du 4e concile de Tolède, sous le roi
Sisenand (671 de l'ère, 633 de J.-C) — Les termes sur le pouvoir
du roi ont donné, sans doute, lieu à la fameuse formule des lois
d'Aragon : *Sinon, non.* — « *Rex ejus eris si recta facis, si autem non
facis non eris.* » Le sens de cette maxime est dans tous les *fueros*,
et nous en recueillerons souvent la trace dans les documents et
chartes de la région pyrénéenne.

en réalité ils formèrent un code complet de droit féodal.

La féodalité, d'abord constituée avec force dans la Catalogne et l'Aragon, s'est propagée avec les usages de Barcelone sur le versant gallique, dans le Béarn, le Bigorre, le Comminges, le pays de Foix, le Roussillon. Mais le droit féodal n'exerça point un empire uniforme. Il fut diversement appliqué selon les contrées et les populations. Certaines vallées même firent alliance entre elles pour résister à son application : de là vint la fédération des *Quatre Vallées*[25]. Sur le versant méridional, le val de l'Andorre est célèbre par son antique indépendance, ses mœurs traditionnelles et son Conseil souverain, composé des vieillards de la tribu.—La féodalité ne put donc enchaîner entièrement sur les roches pyrénéennes l'esprit de liberté, invincible Prométhée qui avait conduit et maintenu ces fières populations au sein des plus âpres défenses de la nature.

Ces préliminaires posés, nous allons examiner les coutumes locales, en suivant les divisions correspondantes aux contrées et aux races que nous avons indiquées :

Coutumes des Basques et fors de Navarre ;

Fors de Béarn, coutumes de Bigorre, de Bagnères, du pays de Lavedan ;

Usages des comtés de Comminges et de Foix ;

Usages du val d'Andorre ;

Coutumes de Perpignan et du Roussillon.

Nous y rattacherons, par des vues de législation comparée, les coutumes de la Biscaye, de l'Aragon et de Barcelone.

---

25 Les quatre vallées liguées contre la féodalité sont NESTE, BAROUT, MAGNOAT et AUSE.

SECTION Iʳᵉ.

COUTUMES DES BASQUES ET FORS DE NAVARRE.

I. La population basque, dépendante de la France, occupe depuis de longs siècles, dans les divisions de la France ancienne, le pays de Labourd, de la Soule, de la Basse-Navarre, et dans les divisions modernes les arrondissements de Bayonne et de Mauléon, où l'on compte cent quinze noms de communes en langue *escuara*. Le nom de Bayonne lui-même (*bai-ona*, bonne baie) est entièrement basque [1].

Sur le versant espagnol les Basques habitent la Biscaye, le Guipuscoa, l'Alava, la Haute-Navarre [2]. Les provinces basques de l'Espagne s'étendent, dans toute leur longueur, depuis Saint-Sébastien jusqu'à Santillane [3]. Les dialectes de ces contrées diffèrent entre eux

1 Dans l'arrondissement de Bayonne (capitale du Labourd, *Lapurdium*), 52 communes ; — dans l'arrondissement de Mauléon (capitale de la Soule), 63 communes, de noms *escuariens* ou basques. (*Voir* ces noms de lieux dans la statistique des départements pyrénéens par M. Du Mège, t. II, p. 27.) — Il se trouve aux archives de PAU un Cartulaire de Bayonne (écriture du XIVᵉ siècle, qui contient des actes de 980 à 1310 et beaucoup de noms de lieux).

2 *Navarra*, en basque, signifie ˌbigarré, rayé. — *Biscaya*, en basque, veut dire *membre* : la Biscaye était un membre, une partie, une province du pays Basque.

3 C'est une longueur d'environ 40 lieues, en droite ligne. — G. de HUMBOLDT a établi que les noms de lieux dans différentes parties de l'Espagne sont basques par leur racine. — M. BAUDRIMONT, sans nier cette extension des racines basques, dit que les noms de lieux vraiment basques dépassent *rarement* Santander à l'ouest, et l'Aragon

et avec l'idiome du versant français : « L'habitant du
» Guipuzcoa (dit Lécluse dans sa grammaire basque)
» comprend avec peine le biscayen ; on peut en dire au-
» tant des habitants de l'Alava, de la Navarre haute et
» basse, du Labourd et de la Soule [4]. » M. le professeur
Baudrimont, qui a séjourné parmi les Basques, en fait
aussi la remarque dans son histoire ; il a constaté quatre
ou cinq dialectes principaux [5]. Que doit-on en conclure?
c'est que les Basques n'ont pas d'ouvrages importants
dans leur langue qui puissent assurer par une étude
générale l'uniformité du langage [6]. Mais cette diversité
même, unie à la persistance de l'idiome fondamental et
des racines primitives, est le témoignage de la vie de
tribu et de liberté locale qui est, en effet, la vie de la race
elle-même. Aussi ne doit-on pas s'étonner de trouver
entre les usages des populations basques, établies sur
les deux versants pyrénéens, des différences réelles. Les
usages se sont diversifiés comme les dialectes. Dans les
usages de la Biscaye et de la partie méridionale on reconnaît une influence espagnole ou visigothique qui en
altère le caractère primitif. Ce sont les coutumes basques de la région française qui ont été le plus fidèles

à l'est. (Hist. des Basques, p. 152.) — Les recherches de M. Bou-
DARD sur l'alphabet ibérien et sur les monnaies autonomes de l'Espagne sont beaucoup plus favorables aux observations et au système
du savant philologue allemand. *Voir* Études Ibériennes, § 2, p. 32
(1852).

4 LÉCLUSE, grammaire basque, p. 30. C'est en ce genre l'auteur
du pays le plus estimé.

5 Histoire des Basques, par M. BAUDRIMONT, p. 250.

6 La littérature basque se réduit à peu de chose ; la poésie est
rare, sans profondeur, sans éclat, sans richesse d'idées ou de
style, au dire des juges compétents pour apprécier ces composi-
tions dans leur langue même.

aux traditions de la race escuarienne, et c'est de celles-ci que nous devons rechercher surtout l'esprit et les dispositions.

La race des Escualdunais forme l'une des trois races anciennes qui se sont perpétuées dans l'Occident jusques dans les temp· modernes : la race hébraïque par le culte et par les alliances entre les mêmes personnes de même origine ; — la race celtique des Bretons, des Gallois, des Irlandais par le langage et l'esprit traditionnel de la famille ; — la race cantabre ou escuarienne par l'originalité de sa langue simple dans ses formes, universelle dans ses racines primitives, et par l'identité de ses coutumes qui ont résisté de ce côté-ci des Pyrénées à l'empire des coutumes étrangères. — Du reste, ces trois races, qui ont ainsi le privilége de la persistance ou de la perpétuité, sont des branches détachées des races orientales, dont le tronc, immobile au milieu des âges, s'affaisse sous l'antiquité des traditions. Mais il y a cette différence entre elles que la famille hébraïque s'est répandue dans toutes les parties du monde, portant l'empreinte de son origine et le sceau prophétique de sa dispersion parmi les hommes, et que les deux autres, rejetons vivaces, se sont concentrées dans les vallées et les gorges des montagnes, sur les rivages de l'Océan et dans une île trop étroite où la terre d'Érin refuse souvent le suc nourricier à la race multiple et immortelle d'Arthus.

Nous avons tâché, dans le second volume de cet ouvrage, de reconstituer avec les documents de l'antiquité, les lois de Hywel-dda et les usances bretonnes, les

coutumes de la race celtique [7]. Avec beaucoup moins
de secours, mais pour une race d'ailleurs moins importante dans les destinées de notre pays, nous allons essayer,
à l'aide d'observations relatives à la linguistique et avec
les usages d'un caractère vraiment traditionnel, de retrouver l'esprit des coutumes basques [8].

II. La race escuarienne s'est partagée dans les temps
anciens entre la vie pastorale, la vie agricole, la vie
guerrière. Sa langue primitive conservée (comme l'a dit
un auteur moderne) « dans toute son originalité, sinon
» dans toute sa pureté [9], » prouve ces trois caractères
de la vie nationale par ses racines et ses dérivés.

Le mot de richesse (*aberatza*) a pour racine le mot
troupeau (*abere*) : l'idée de richesse s'identifiait, par
conséquent, avec la possession de grands troupeaux,
ce qui indique l'état primitif des tribus pastorales.

Dans le vocabulaire, non mélangé d'emprunts faits
aux peuples occidentaux, se trouvent les mots champ
(*alar*), bœuf (*idi*), labourer (*eisar*), herse (*ar*), semence
(*aci*), grain (*ale*), terrain (*sol*), récolte (*alzi*), engrais

7 M. HENRI MARTIN, qui, dans les premiers volumes de son Histoire de France, a bien voulu faire usage de nos recherches sur
l'histoire du droit, trouvera peut-être dans ce chapitre des documents qui lui feront admettre que « le nom collectif des Waskes
(*Wascones*) donné (comme il le dit tome II, p. 74) par les Franks et
les Goths à toutes les tribus pyrénéennes, » n'empêchait pas qu'il
n'y eût de grandes diversités dans ces populations et leurs mœurs.
  8 Les anciens Basques n'ont pas d'historien ; les inscriptions et les
monuments historiques manquent également.
  9 Histoire des Basques, par M. BAUDRIMONT, p. 197 : « La langue
basque n'admet pas la distinction des genres et ne connaît l'accord
du nom et de l'adjectif ni en nombre ni en cas. Il n'y a qu'un *seul*
verbe qui se modifie pour conjuguer *activement* et passivement. »

(*abon*), agriculture (*achurz*), ferme (*aciend*) et plusieurs autres de la même catégorie qui expriment et attestent les besoins, les travaux, les auxiliaires de la vie agricole, et la vie agricole elle-même.

Dans ce même vocabulaire se trouvent aussi les mots de guerre, guerrier (*gudia, gudari*), armée, trait, flèche (*its*), arme, bouclier, fer, rempart, qui indiquent les habitudes de la vie guerrière [10].

Les Basques ont conservé au moyen âge et dans les temps modernes ces trois caractères de leur antique nationalité : ils forment un peuple pasteur, laboureur et belliqueux. Ils n'ont point eu les habitudes d'un peuple commerçant, et leur langue est d'une extrême pauvreté en ce qui concerne le commerce. Elle n'a que certains mots relatifs aux faits et aux choses indispensables qui s'accomplissent dans l'intérieur d'un pays pour les nécessités de la vie, les mots échange, vente, valeur [11]. Elle n'a pas de racine pour exprimer les associations, les obligations, les moyens communs aux peuples anciens et modernes, qui ne sont pas restés étrangers aux relations commerciales. Cette absence de relations extérieures a contribué nécessairement au

10 *Voir* le vocabulaire du P. LARRAMENDI. (Dictionnaire *trilingue.*) — Les dissertations de l'abbé DARRIGOL sur la langue basque. — Le tableau des racines escuariennes dans l'Histoire des Basques, par M. BAUDRIMONT, p. 245. — LEIBNITZ avait été frappé de la perpétuité de la langue des Basques, mais il n'avait pas fait les recherches qui ont illustré le nom de G. HUMBOLDT.

11 Échange, *gambi;* vente, *salpena;* valeur, *ballo.* — Le mot *moneda*, monnaie, est un emprunt au latin *moneta.* — Le mot *gambi* peut bien venir de *cambire*, échanger. (*Voir* l'ouvrage de M. Cénac-Moncaut, I, p. 293.)

maintien du type national et primitif de la race escualdunaise.

Les Basques sont fiers de constituer une nationalité
particulière, qui atteste leur antique indépendance, et
de posséder en propre une langue très-ancienne, dont
la grammaire prouve, par la simplicité même de ses
règles, qu'elle s'est préservée de la domination des
langues étrangères, comme le peuple s'est garanti de
l'invasion des conquérants. Mais cet esprit d'indépendance en maintenant le fond de la langue et des coutumes n'a pas pu les préserver entièrement de l'influence
d'autres langues et d'autres peuples. Toutes les fois que
les hommes sont mis en présence de leurs semblables,
ils subissent, même sans le savoir, l'influence des plus
civilisés, et ce résultat est à la gloire de l'homme per-
fectible et de la civilisation humaine.

Nous allons le constater à l'égard des Basques, en re-
cherchant leurs coutumes, dans l'ordre civil et politique.

II. Les racines de la langue escualdunaise ne donnent
pas le terme ou n'expriment pas l'idée de *loi*. Mais le
vocabulaire a reçu du latin le mot *lege* qui veut dire en
même temps *écriture et loi*, ou loi écrite. Le mot et la
chose sont pour les Basques d'origine latine; c'est des
Latins qu'ils ont reçu l'écriture, et l'idée de loi. —Mais
si le terme de *loi* leur vient du dehors, en revanche le
mot *coutume* abonde dans les racines de leur langue. *Aci*
veut dire s'accoutumer, *astur, oicum, oitum, plegu*, etc.,
signifient coutume, usage. C'est le mot qui a le plus de
synonymes, formés de racines différentes, parce que la
chose chez les Basques se produit toujours et partout.

Les coutumes, qui touchent à l'ordre civil, sont remarquables surtout en ce qui concerne l'état de la famille ; et, ce qui ne l'est pas moins, c'est le rapport qui existe sur ce point entre la langue et les mœurs. Les mots relatifs à la parenté sont très-restreints dans la langue originale des Escualdunais. Ils indiquent les relations d'aïeul, de père, de mère, de fils, de fille, de frère, de sœur, mais ils ne dépassent pas la famille immédiate. Il en est de même dans les coutumes d'origine basque : la constitution ancienne de la famille s'y trouve renfermée dans des limites très-étroites.

D'après les *Fors et costumas deu royaume de Navarra*, conformes à l'esprit général des coutumes de Bayonne, du pays de Labourd et de Sole, la famille est constituée de la manière suivante [12] :

Le père et la mère ou le survivant d'eux, le grand-père et la grand'mère ou le survivant, sont les chefs de la famille. Les fils et les filles ne peuvent se marier sans leur consentement à peine d'être exhérédés ; mais la liberté des enfants est respectée, et les père et mère, grand-père et grand'mère ne peuvent les contraindre à se marier contre leur volonté. — Ils doivent, du reste, se mettre en mesure d'établir leurs fils et filles parvenus à l'âge convenable, et s'ils diffèrent de marier leurs fils entrés dans les vingt-cinq ans, et les filles dans les vingt ans, ceux-ci peuvent demander leur agrément

---

12 Los fors et costumas deu royaume de Navarra de ça ports avec l'estit et aranzel deu dit royaume. (Pau, in-12, 1722.) Ces *fors* sont approuvés par priviléges du roi (Louis XIII) en 1611, homologués en 1622 et publiés en 1722, en vertu de l'arrêt du parlement de Navarre séant à Pau, du 12 septembre 1631.— On dit pays de *Sole* ou de la *Soule*.

pour se marier à la personne de leur choix. Si le consentement au mariage est refusé ou différé, et que le mariage ait lieu, les fils et filles ne peuvent être exhérédés ou privés de leur dot ou portion héréditaire [13].

Les biens sont *avitins* ou de *papoadge*, c'est-à-dire propres d'aïeux, de père et mère; ou *acquêts*, c'est-à-dire résultat de gains et d'acquisitions : distinction de droit commun qui est conforme à la nature des choses, considérées d'après leur origine.

La famille, en ce qui concerne les biens, forme une sorte de communauté dont le père, ou à son défaut la mère, le grand-père, ou à son défaut la grand'mère, est le chef [14]. Ce que les fils acquièrent des biens du chef de la famille est acquis à celui-ci en propriété et usufruit. Si les chòses sont advenues aux enfants par succession ou donation, l'usufruit appartient au père ou à la mère; la propriété reste aux fils ou filles demeurants et nourris en famille. Cet usage est analogue au droit romain de l'Empire, sauf l'égalité du père et de la mère dans la puissance paternelle. Mais voici qui se rapporte plus aux coutumes d'origine basque :

Les fils et filles, héritiers et héritières, mariés au moyen d'une constitution de dot, sont faits coseigneurs de leurs père et mère avec lesquels ils demeurent, et copropriétaires des maisons et des biens de patrimoine et *avitins*, ou de tous autres provenant des pactes de

---

13 Fors et costumas de pay et filh. Rubrica XXIV, p. 74. — Coutumes de Labourd, tit. XII, art. 14.—Coutumier de Richebourg, t. IV, p. 974.

14 Dans la suite, nous dirons le père ou la mère pour abréger; sous-entendu le grand-père ou, à son défaut, la grand'mère.

mariage. Ils peuvent disposer de la moitié de tous ces biens pour leurs nécessités, comme vrais maîtres et seigneurs. La dot elle-même peut être employée, par les père et mère, à racheter ce qui aurait été aliéné des anciennes *appartenances*, à payer les dettes, à marier les fils et filles, les filles avant les fils, à supporter les autres charges de leur maison; et, du surplus de la dot, les père et mère, propriétaires, peuvent disposer en bons chefs de famille.

Cet état de communauté n'entraîne pas, entre ceux qui vivent ensemble, une société absolue; il n'y a pas solidarité à l'égard des tiers : les créanciers ne peuvent exiger leur payement que de ceux des communistes avec lesquels ils ont personnellement contracté. Les autres membres de la communauté ne sont pas tenus de contribuer à ces dettes, qui conservent leur nature de dettes personnelles.

Cette communauté de famille, garantie contre les obligations particulières de ses membres, n'est point bornée à un premier degré de génération. Elle profite aux enfants légitimes des communistes; et si les enfants se marient, ils peuvent continuer la communauté ou vivre à part. Dans ce dernier cas, ils prennent la moitié de la moitié qui revenait à leurs père et mère[15].

Mais si les enfants se marient hors de l'indivision de la famille et pour avoir ménage à part, ils ne sont pas hors des idées et coutumes de communauté. La communauté qui existe dans la famille des père et mère, grand-

15 Fors et costumas, de pay et filh. Rubrica XXIV, art. 1, 2, 3, 6, 7, 8, 9, 11, 13, 14.

père et grand'mère, existe alors entre époux [16]; les
biens meubles et immeubles que le mari et la femme
acquièrent pendant leur mariage sont communs entre
eux. Le mari peut aliéner les biens sans le consentement
de la femme, pourvu que ses actes soient exempts de
dol et fraude. Chaque époux peut disposer librement de
sa moitié par testament ou donation à cause de mort.
— Si les époux se sont mariés *solt a solt* (espèce de don
mutuel), le survivant recueille et les biens provenant
de la dot et ceux acquis pendant le mariage [17]. Mais
hors ce cas particulier de survie (qui rappelle l'institution gallique mentionnée par J. César dans ses commentaires), le droit des enfants est reconnu : le mari ne
peut vendre les biens de la femme prédécédée, ou la
femme les biens du mari, sans la volonté des enfants [18].

En matière de succession, l'idée de communauté primitive s'unit à celle de conservation des biens ou de la
maison, expression consacrée dans les coutumes; et par
cette alliance elle forme une institution tout à fait spéciale dans les coutumes basques.

Le droit de succession commence par le droit d'aînesse, sans distinction de sexe, sans distinction de
familles et de biens nobles ou non nobles; — il finit
par le retour des biens patrimoniaux à la maison.

C'est l'aîné, du sexe masculin ou féminin, qui, dans
toutes les familles recueille les biens *avitins* et de *papo-*

16 Rubric. xxv, De matrymonys., art. 2. Il en est de même dans
les coutumes de Biscaye: *Fuero di Viscaya*, tit. 20, l. I, f° 56, édit.
1643.

17 Fors et costumas. rubr. xxv, art. 4.

18 Rubric. XXIV, art. 24, Senhs lo voler de lors enfans.

adge, et il les transmet à ses enfants de son premier mariage par ordre de primogéniture.

Les père et mère apportionnent leurs enfants dans les acquêts, et, à défaut de biens acquis, ils y suppléent *honnêtement* et *modérément*, eu égard aux charges de leur maison, en biens avitins ou de papoadge. Mais les frères et sœurs, venant à mourir sans postérité, ne transmettent point cette portion à leurs autres frères et sœurs; *les biens dudit apparcellement* retournent à la maison et au propriétaire de ces biens, c'est-à-dire à l'aîné ou à celui qui lui a succédé par ordre de primogéniture [19].

Il n'y a pas de succession collatérale des biens *avitins* ou de famille, même en faveur du frère ou de la sœur survivante [20] : les biens retournent immédiatement à la maison du frère aîné ou de la sœur aînée. — Ici se trouve une étonnante corrélation entre la langue primitive des Basques qui n'a pas de racine ou de mot original pour la parenté au delà des noms de frère et de sœur, et les coutumes basques qui ne connaissaient pas de succession de biens propres au delà du degré de frère et de sœur [21]. Les dénominations de la parenté

19 Rubric. XXVII, De testamens et successions, art. 2. Los heretêes et successoôs consuetudinaris deus beès avitins et de papoadge non est à exheredatz per lors pays et mays ny autres ascendens sinon aux caàs declaratz au present for...

Art. 9: Mes si y ha enfans de divers maridages et deu prumer no y a que filhas, la filha prumere (aînée) deu prumer maridage succedexs et herete et las autres après observan l'*ordy de primogeniture* et excludexen toutz los enfans deus autres maridages tant mascles que femès.

20 Rubric. XXVII, art. 4 et 5. Fors et coust., p. 92.

21 La langue basque a seulement dans ses racines *aita*, père;

étaient limitées, dès l'origine, comme la transmission
des biens de famille ; et ce rapport de langage et de
coutume, ce lien des personnes et des choses dans la
famille s'est transmis et maintenu pendant plus de
deux mille ans ! Quelle preuve de la persistance et de
l'union des éléments primitifs d'un peuple ou d'une
race ! et comme cela confirme les recherches et le jugement d'un savant philologue (M. Edwards) qui après
avoir consulté les rapports qui existent entre la langue
des Basques et la langue des Celtes, s'arrête cependant
devant une conclusion d'identité qui serait une erreur :
« Quoique le basque ait, dit-il, des rapports importants
» avec les langues celtiques proprement dites (le gallois,
» le breton, le gaël écossais et l'irlandais) il *en diffère*
» *assez* pour ne pas être placé dans ce groupe [22]. » —
Je dirai de même pour les coutumes : bien qu'il y ait
des rapports entre les coutumes basques et les coutumes
galliques, il y a cependant des différences essentielles.
— Ainsi, dans les mœurs et la langue des Bretons, la
parenté se prolonge beaucoup et se multiplie par la division des branches et le nombre des degrés ; dans les
mœurs et la langue des Escualdunais, au contraire, elle

— *ama*, mère ; — *anai*, fils ; — *alab*, fille. — *Aiz* et *arrits* qui signifient sœur de sœur et sœur de frère.

M. Baudrimont a fait observer que dans la langue latine *amita*,
tante paternelle, paraît la contraction d'*ama*, mère, et *aita*, père,
en basque, et que le basque n'a pas fait cette contraction amaita,
amita, qui aurait dû signifier *mère paternelle* ou tante. — C'est
parce que le lien n'était pas considéré comme un lien de famille
important que cette contraction si naturelle n'a pas eu lieu. (*Voir*
Hist. des Basques, p. 246. — M. Edwards donne comme dérivé du
latin le mot de *coinata*, beau-frère (*cognatus*). Recherches, p. 533).

22 Recherches sur les langues celtiques, par M. W. F. Edwards,
ouvrage couronné par l'Institut (1844).

est limitée aux degrés de frère et de sœur. — Ainsi, dans les usances de la Bretagne, un droit de préférence est accordé à l'un des enfants ; mais au lieu de l'être à l'*aîné*, comme dans les coutumes basques, ce droit est attribué au plus jeune, au *juveigneur*, par les usages de Rohan [23].

Le droit d'aînesse, dans les coutumes escualdunaises, mérite même une attention toute particulière.

Il existe, comme nous l'avons dit, sans distinction de sexe, de personnes, de biens.

Il ne porte dans les *fueros* de Navarre aucune empreinte de féodalité, par cela même qu'il s'applique aux biens nobles ou non nobles indistinctement [24]; d'ailleurs ces fueros, promulgués pour assurer *las libertatz* des habitants du pays, sont totalement étrangers aux principes du droit féodal [25]. — Le droit d'aînesse existe également, sans origine féodale, dans les coutumes de Bayonne qui affectent par préciput la principale maison, appelée *lar*, au premier enfant mâle, ou s'il n'y a mâle à la première fille [26] : « Et est due ladite *lar* ou maison » principale par la coustume à l'aisné, ou à l'aisnée à » défaut de masle, de telle sorte que posé que le def- » funt n'ait autres biens que la lar et maison obvenue » de ligne, en icelle maison les autres enfants puisnés » n'y peuvent rien quereller soit par légitime ou autre- » ment [27]. » — Le droit est plus absolu encore dans

23 *Voir* mon tome II, Époque celtique, p. 90.
24 Fors de Navarre, rubrica xxvii, art. 6.
25 Mêmes Fors, rubric. xxxv, art. 1 et 2, p. 132.
26 Cout. de Bayonne, tit. xi, art. art. 7 ; tit. xii, art. 2, 3.
27 Cout. de Bayonne, tit. xii, art. 17. Ces coutumes et celles de Labourd sont distinctes, quoique Bayonne soit capitale du Labourd.

les coutumes de Labourd : « en biens nobles ou en biens ruraux avitins, le premier enfant de loyal mariage succède à ses père et mère, soit fils ou fille [28] · »—Dans les coutumes de Sole : « En las maisons et hertadges » nobles et autres, en maisons franques non nobles ne » feudalles qui proviennent de papoadge, » succède le premier enfant mâle et à défaut de mâle la fille aînée ; et s'il y a des enfants de divers mariages et une fille aînée du premier lit, la fille aînée succède comme dans les fuéros de Navarre, en excluant tous les enfants mâles des autres mariages [29]. — Enfin, la même disposition existe dans les coutumes d'Aqs et de Saint-Sever dont le territoire confine à la Gascogne proprement dite : « En biens ruraux, en la ville et cité d'Acs et » autres lieux assis entre la rivière de l'Adour et le » pays de Béarn et de Navarre, le fils aîné ou à défaut » de masle la fille aînée succède *universellement,* en ap- » portionnant les autres fils ou filles d'un *tiers* ou d'un » *quart* s'ils sont trois puisnés ou moins ; mais si lesdits » frères et sœurs ou aucun d'eux décède sans enfants, » la portion retourne (comme dans les fuéros de Na- » varre) au fils ou à la fille aînée ; » et la coutume de Saint-Sever accorde le même droit à l'aîné ou à l'aînée en ligne directe et collatérale [30].

D'où vient ce droit d'aînesse, indépendant de la féodalité, de la distinction des biens nobles, de la distinc-

---

28 Cout. de Labourd, tit. xII, art. 1 et 3 ; RICHEBOURG, IV, p. 973.
29 Cout. de Sole, tit. xxVII, art. 1, 2.
30 Cout. d'Aqs, tit. II, art. 7 et 10 ; cout. de Saint-Sever, tit. xII, art. 14 et 27 : « Aîné mâle, ou à son défaut, aînée succède ès biens des père et mère et forcluent les enfants des autres mariages en directe et collatéral. » RICHEB., IV, 914 et 933.

tion des sexes et fortifié par le droit de retour au profit de la maison de l'aîné?

Ce droit est évidemment, dans les coutumes du moyen âge, un trait caractéristique des coutumes d'origine basque. Il règne uniformément dans toute la zone qui est occupée par la race escualdunaise non mélangée de races étrangères. Il ne commence à s'affaiblir, à perdre quelque chose de son caractère uniforme ou même à s'effacer, qu'au point où apparaît pour l'Aquitaine la race mixte des Gascons, c'est-à-dire à Saint-Sever, et pour l'Espagne la race mixte des Basques et des Visigoths, c'est-à-dire en Biscaye. A Saint-Sever la coutume, par des dispositions mélangées et diverses, commence à s'écarter de la simplicité des traditions basques; et en Biscaye se fait sentir déjà l'influence de l'égalité visigothique [31].

Il y a donc pour le droit d'aînesse, dans le pays basque proprement dit, une origine antique, profonde, qui tient à la race même. — Il en était ainsi du droit d'aînesse chez les Hébreux, auxquels des historiens et philologues voulaient autrefois rattacher les Basques. Mais entre la loi mosaïque et la coutume escualdunaise, nous remarquons cette grave différence que dans le

---

31 Cout. de Saint-Sever, tit. xii, *Sur les successions.* Ce n'est plus l'aîné seulement du *premier* mariage, c'est l'aîné d'un même mariage (art. 12), s'il y a plusieurs mariages. — L'art. 27 au contraire est tout basque. (RICHEB., iv, 933.) — En Biscaye, les biens sont partagés conformément à la loi visigothique ou *forum judicum* entre les enfants légitimes ou leurs descendants avec préférence cependant pour les enfants du *premier mariage*, ce qui provient des mœurs anciennes du peuple basque

El Fuero, privilegios, franquezas, y libertads de Visccaya, tit. xxi, l. viii, p. 64 (édit. in-f°, Bilbao, 1643).

Deutéronome (ou la loi renouvelée par Moïse) le droit d'aînesse appartient au fils aîné de la première femme, jamais à la fille aînée [32], tandis que la coutume basque ne fait pas de distinction entre le fils et la fille aînée. L'égalité de la fille et du fils pour le privilége de l'aînesse indique dans la race escuara sa filiation orientale avec l'Indostan si favorable à la femme, à l'égalité des deux sexes [33]. Et ces rapports d'origine ou de filiation sont indiqués aujourd'hui ou confirmés par l'identité ou l'analogie de racines primitives entre la langue escuarienne et le sanscrit. Entre autres exemples nous citerons le plus frappant de tous : le mot si expressif *ama*, mère, est identique dans la langue sanscrite et la langue escara [34].

Par la constitution personnelle et réelle de la famille, constitution originale et unique dans l'histoire du droit civil en France, nous connaissons l'esprit des coutumes basques dans l'ordre du droit privé.

Voyons maintenant quelle est l'organisation intérieure du gouvernement et de la justice dans cette nationalité singulière, d'après les fors ou fuéros du moyen âge.

III. Nous ne remonterons pas aux indications données par Strabon, Pomponius Mela ou Pline l'Ancien sur

---

32 Deutéronome, c. 5, W., 15, 16, 17. Édit. Cohen (1834).

33 Sur la femme et sa condition, Digest. of Hindou Law, II, 209. —Une *mère* est plus que *mille pères*, selon les lois indiennes. (*Id.*, III, 504.)

34 *Voir* les tableaux de M. EICHOFF, et le tableau des *dérivés analogiques*, ainsi que les *Vocabulaires comparés* dans l'Histoire des Basques. par M. BAUDRIMONT, p. 261 et 274.

les mœurs des Cantabres [35]. Nous rappelons seulement que les auteurs de l'antiquité ont constaté un indomptable amour de la liberté chez ces tribus belliqueuses qui habitaient les régions appelées, depuis, la Navarre et la Biscaye. Strabon atteste qu'ils avaient tant de respect pour la liberté qu'ils ne faisaient point d'esclaves; et l'histoire nous apprend qu'après une défense désespérée de leurs villes ou places fortes, ils se donnaient la mort entre eux pour échapper à la servitude. Auguste, dans sa guerre des Cantabres, comme Scipion dans le siége de Numance, vit s'accomplir ce terrible holocauste à la liberté. Les Basques n'ont pas d'historien et n'ont légué ni inscriptions ni monuments historiques en témoignage de leur passé; mais la langue escuarienne a deux mots qui veulent dire République, *Dierondea*, *Errepublica* : l'un est d'origine basque, l'autre d'origine latine; tous deux s'appliquent à ce fait de nationalité que les Cantabres ou Escuariens vivaient en république dans la péninsule, avant et après la domination romaine.

Lorsque les Visigoths, expulsés de la Narbonnaise, établirent leur puissance en Espagne, ils trouvèrent les habitants des vallées pyrénéennes en pleine jouisance de leur liberté. Sur les deux versants des montagnes les Vasco-Cantabres ou les Basques avaient conservé l'état libre du clan. Les vallées de Soule et de Lentabat, de Baygorri et d'Asparr sur le versant gaulois, comme celles d'Alava et du Guypuscoa sur le versant espagnol, n'avaient d'autre gouvernement, d'autre

35 Strabon, lib. III; Pomp. Mela, lib. xv; Plin., lib. IV, c. 20.

justice constituée que le Corps des vieillards (*Bilzaaür*)[36],
que l'on retrouve encore aujourd'hui vers les Pyrénées
orientales, dans le val ou la république d'Andorre,
comme dernier vestige de la vie patriarcale [37].

Quand la seigneurie ou la royauté féodale voulut s'établir et s'étendre dans ces régions, les vallées stipulèrent
la conservation de leurs priviléges de franchises; et les
Fors ou *Fueros*, constatant leurs libertés, durent être ga-
rantis par le serment des seigneurs et des rois.

Le plus antique fuéro est celui de Sobrarue (*Forum
Suprarbris*), que les historiens font remonter à l'an 839,
et qui est compris dans les anciens fors de Navarre
(*Forri Navarræi*) [38].

Les montagnes de Sobrarue répondent aux montagnes de Bigorre, du côté de Lavedan.

Le for de Sobrarue établissait les conditions sous lesquelles les peuples élurent primitivement les rois de
Navarre; de là le nom antique et respecté dans ces
montagnes du for de Sobrarue [39]. Son existence est
constatée par la préface des vieux Fors de Navarre
écrits en espagnol et dont Pierre de Marca nous a conservé les termes [40] : « Ici commence le premier livre

---

36 Bilzaaur, venant de *bil*, réunion ; *zartza, zarrera*, vieillesse,
ou *zar*, ancien.

37 *Voir* Histoire des Pyrénées, par M. CÉNAC-MONCAUT, I, p. 271.—
Et Notice historique sur le val d'Andore (anonyme). Toulouse, 1823.

38 Histoire de Navarre, par FAUVIN, avocat au parlement, an.
839, p. 100 (in-fol., 1612).

39 Histoire du Béarn, par P. DE MARCA, p. 75 et 165 (in-fol., 1640,
Paris).

40 «Aqui comiença el primer libro de Fuero qui fue faillado en
Espaná assi como gananuan las terras sinu rei los montañeyses;

» du for qui fut trouvé en Espagne, lorsque les monta-
» gnards conquêtaient les terres *sans aucun roi*. Au nom
» de Jésus-Christ qui est et sera notre salut; nous com-
» mençerons ce livre pour une ressouvenance perpé-
» tuelle des *Fors de Sobrarue*. »

La compilation des fors de Navarre, qui contient le
for de Sobrarue, est attribuée par Surita (auteur aragonais) sous l'année 1064 à Sance Ramire, roi d'Aragon,
élu roi de Navarre vers 1076 [41]. — Ce qui est certain;
c'est qu'elle est postérieure à 1020, car elle suppose la
séparation des royaumes de Castille et d'Aragon réunis
à cette époque sur la tête de Sance le Grand qui les par-
tegea, pour la première fois, entre ses enfants, Fernand
et Ramire; — et elle est antérieure à l'an 1127, car
elle porte qu'Alphonse, roi de Navarre et d'Aragon, jura
les fors vers cette année 1127.

Les fors de Navarre reçurent leur complément au
xiiie siècle, sous le roi Thibault, comte de Champagne,
et au xive siècle, en 1330, sous Philippe d'Évreux,
aussi roi de Navarre. Deux manuscrits des fors de Navarre existaient au collége de Foix, à Toulouse. Ils y
furent consultés au xviie siècle par Pierre de Marca, l'auteur de l'*Histoire du Béarn*; ils lui paraissaient écrits depuis plus de trois cents ans [42].

Ce recueil des fors de Navarre, qui contenait le for
de Sobrarue sur l'élection des rois et la constitution po-

---

en al nomine de J.-C. que es et sera nostro salvamiento, empeça-
mos este libro por a siempre remembramiento de los Fueros de So-
brarbe. » (P. DE MARCA, texte et traduction ; *id.*, p. 165-171.)

41 SURITA, Annal. I, c. 5. — Et in indicibus ann. 1064. — SANCE
RAMIRE mourut en 1095.

42 Hist. du Béarn, par P. DE MARCA, p. 167, nº 5.

litique du pays, était aussi relatif aux jugements civils
et criminels, aux contrats et successions. Il a été remplacé, au xvii° siècle, par les *Fors et costumaz deu royaume
de Navarra* destinés à fixer les coutumes anciennes ou
incertaines : les articles en furent présentés en 1608 par
les gens des trois États de Navarre au roi Henri le
Grand, et confirmés en 1611 par Louis XIII, après
avoir été soumis à des personnages *de suffisance et
d'autorité*, comme coutume générale ou *Coutumier* de
Navarre [43].

Nous avons donc un ensemble de monuments, depuis
le xi° siècle jusqu'au xvii°, propres à fixer le caractère
des coutumes de Navarre, aussi bien sur le mode de
gouvernement et l'administration de la justice que sur
la constitution de la famille, dont nous avons plus haut
représenté l'esprit.

L'ancien for de Sobrarue, qui a servi de fondement
au droit public, à la royauté de Navarre et d'Aragon,
dans le moyen âge, commence par les dispositions
suivantes [44] :

« Et fut présentement établi for en Espagne d'élire roi
» pour toujours, *à fin qu'aucun roi ne pût jamais leur être
» mauvais, puisque le peuple l'élisait*, et lui donnait ce
» qu'il avait conquêté sur les Maures ; mais avant qu'il

43 Fors et costumaz deu royaume de Navarra. —*Voir* le privilége
en tête de l'édition de 1722 (in-18. Paris).—Il y a dans ces coutumes
de 1611 (publiées en 1722) un règlement exact des droits féodaux
qui avaient fini par s'établir dans le royaume de Navarre.
44 Traduction de P. DE MARCA, p. 160, 164, 171. — D'après cet
auteur, le premier roi élu par les Navarrais fut *Eneco Arista* du
ix° siècle.

» soit élevé *sur bouclier* [45], il faut qu'il jure sur la croix
» et les Évangiles qu'il fera justice à tous, qu'il amélio-
» rera, au besoin, les fuéros, qu'il ne préjudiciera point
» aux habitants et qu'il fera réparer les torts.

» Et nul roi n'aura pouvoir de tenir cour sans le con-
» seil de ses richeshommes ou *Ricosombres* natifs du
» royaume, ni de faire guerre, paix, trêve avec roi ou
» reine, ni entreprendre grande affaire intéressant le
» royaume sans le conseil des douze ricombres, ou de
» douze des plus *anciens* sages de la terre.

» Et si par événement le roi meurt sans enfants ni
» héritiers, les ricombres, les enfançons, les chevaliers
» et le peuple doivent élire un roi [46]. »

Un roi éligible par les grands et par le peuple, et une
cour de justice et de haute administration, composée
de douze ricombres, à leur défaut de douze anciens
prudhommes de la terre, sans laquelle le roi ne peut
rendre la justice ni décider des grands intérêts du pays :
telle est, on peut le dire, la constitution fondamentale
du royaume de Navarre, qui se lie aux traditions pri-

---

45 On élevait le roi sur le bouclier tenu par les douze *Ricombres*
ou riches hommes.

46 Fors de Sobrarue, c. 1, et fue primeramat establido Fuero en
Espanna de rei alçar por a siempre. — Primero que lès juras ante
que lo alçassen, sober la cruz y los evangelios, que les tonies a
dreyto, et lès milloras siempre las fuerças.
Et que Rei ninguno nunca ovies poder *de fer cort* sines conseillo
de sus riceshomes naturales de regno ni con otro rey o reyna
guerra, ni paz ni treyoa non fagan ni otro grande embargamento
del regno sines conseillo de xii Richoshoms ò de xii de los mas an-
cianos savios de la terra. — Si per aventura muere el Rey sin crea-
turas et sin hermanos de parcia, deven levantar Rey los Ricoshomes
de villas et los Infançones, Cavaillenos et el Pueblo de la terra; c. 6,
lib. vii (P. DE MARCA, p. 171).

mitives par cet appel aux *anciens sages* de la terre,
image des vieillards, juges et gouverneurs des libres
vallées.

Au pays de Sole, l'organisation de la justice se rapproche beaucoup des fors de Navarre. Le Castellan ou
capitaine de Mauléon, le *Senhormajor*, exerce avec dix
potestats ou grands terriens la juridiction civile et criminelle : ils forment la cour de *Lixarre*, près la ville de
Mauléon, et ils doivent tenir cour de huitaine en huitaine. Le castellan ne donne son opinion que s'il y a
partage de voix [47].

Dans les autres coutumes des pays basques, la justice
portait l'empreinte de la liberté primitive, modifiée par
l'organisation du moyen âge.

D'après la coutume d'Aqs, le *Bayle* ou magistrat appelait à sa cour tous les habitants de sa juridiction ; et
c'est seulement au xvi⁰ siècle, lors de la réforme de la
coutume en 1514, qu'il dut se borner à appeler des
jurés au nombre de douze, lesquels furent pour la première fois élus par les habitants [48]. Après la première
organisation, les jurés devaient élire eux-mêmes leurs
successeurs, pour perpétuer le souvenir du droit de la
population de participer à l'exercice de la justice.

D'après les coutumes de Bayonne et de Labourd, le
maire, les échevins et le conseil avaient toute juridiction civile et criminelle. La procédure civile, au pays

---

47 Cout. de Sole, tit. xviii ; Richeb., iv, p. 989.

48 Cout. d'Aqs, tit. xv, art. 1, après la première organisation,
les jurés durent *élire* leurs successeurs ; mais ce souvenir du droit
primitif de la population fut, par la suite, modifié par le droit du
bailli de choisir un juré sur *trois candidats* que chaque juré devait
présenter au Seigneur ou Bayle (tit. xv, n° 3). Rich., t iv, p. 924.

de Labourd comme en Brétagne, reposait principalement sur les *plèges* et *plégeries*, ou cautions en jugement. C'est la forme qui se produit à l'origine des institutions judiciaires, et que l'on retrouve dans le plus ancien droit civil de Rome[49]. Mais si le débiteur était obligé par titre formel[50], il pouvait être *exécuté* par autorité du maire de Bayonne ou de son conseil, c'est-à-dire être contraint de payer la dette par détention de sa personne et par vente de ses biens meubles ou immeubles.

Les maire, échevins et conseil exerçaient la justice pénale par punition corporelle, jusqu'à effusion de sang. La peine de mort par *décapitation* était applicable non-seulement au meurtrier, mais au voleur, au faussaire, au coupable de rapt et de viol. Elle avait contre le meurtrier la forme de la loi du talion : « Tos home qui tudo autre deust etre condempnat *à haber la ieste coppade* » (dit la coutume de Sole[51]). Mais la justice basque avait exclu la confiscation des biens : « Pour quelque crime que ce soit (disait la coutume de Bayonne) les biens du délinquant ne sont confisqués[52]. » Les immeubles étaient séquestrés pendant une année seulement, et, l'année expirée, ils revenaient à la famille du condamné. Le droit de la famille basque, conforme à la justice

---

49 *Vindex* et *Vadimodium*. Voir mon tome I, p. 355-357; mon tome II, p. 163; et la cout. de Labourd, tit. XVIII, des *plégeries* et *garieurs* d'iceux.

50 Cout. de Bayonne, dit en *rollat* ou par instrument *garantigioné*, tit. XVI, art. 1. RICHEB., IV, p. 958.

51 Cout. de Bayonne, tit. XXXV.—Cout. de Sole, tit. XXVIII, p. 999. Cout. de Labourd, tit. XXII.

52 Dans les coutum. de 1514, il y a exception toutefois pour le crime de *lèse-majesté*.

naturelle, avait résisté à toutes les influences du système · féodal sur la confiscation des biens, et à la maxime du droit coutumier *qui confisque le corps confisque les biens*[53].

La féodalité avait pénétré dans le pays de Labourd, mais sans y porter la confiscation et les droits ordinaires de justice : les seigneurs n'avaient pas de justice criminelle. Ces seigneurs, appelés *Caviers*, n'exerçaient que des droits de cens ou de rente, et la basse juridiction ou justice foncière sur leurs tenanciers, appelés *Fivatiers*[54]. Pour la juridiction civile proprement dite et la haute justice, elle appartenait en premier degré à la cour du bailli, au second degré et en dernier ressort au Sénéchal de Lannes, qui avait son siège de juridiction à Bayonne. Le Sénéchal de Lannes, dans ces coutumes des basses Pyrénées, représente le magistrat qui dans les fors aragonais est appelé *la Justice d'Aragon*[55]. — Les fors de Navarre, en conservant la cour des Anciens de la terre, au défaut de la cour des Ricombres, avaient été plus fidèles que les coutumes de Bayonne et les fors d'Aragon, aux traditions primitives de la tribu escualdunaise.

Une disposition commune à toutes les coutumes d'origine basque, c'était celle sur le serment des chefs ou magistrats de garder les fors et coutumes du pays : elle se trouve également dans les coutumes du versant nord

---

53 Loysel, Inst., Cout., vi, 2, 19.

54 Dénomination commune en pays de Labourd, de la Soule, de Bearn, aux tenanciers qui devaient cens et devoirs *fonciers* au seigneur *cavier* (de *Caballarus*, qui signifie dans la basse latinité Chevalier). Delaurière, Gloss., v° Cavier, i, p. 205. — P. de Marca, Hist. du Béarn, liv. vi, p. 24. — Cout. de Labourd, tit. i, art. 6. — Cout. de Sole, tit. x.

55 Blanca, Comm. arag., lib. ii. — P. de Marca, p. 165.

et dans celles du versant méridional ; elle est en tête des
fuéros de Biscaye, malgré les tranformsations subies sous
l'influence espagnole, comme dans les coutumes de Navarre, depuis les anciens fors jusqu'à la coutume rédigée
en 1611 [56].

Il en est une autre plus caractéristique encore et non
moins générale, c'est la déclaration du droit qui appartient au peuple lui-même de s'assembler pour traiter de
ses intérêts, et la reconnaissance de son droit sur les
terres communes.

Le droit de se réunir en assemblée générale faisait
partie des coutumes antiques du peuple basque. Il est
exprimé dans des termes précis à la fin du coutumier
de Navarre sous la rubrique de *Las Libertatz deu rigni-
colles* : « Les habitants de chascun pays et de chacusne
» villa deu royaume de Navarra... poiran se assemblà
» en cort générale et assemblade commune en chascun
» deusdits pays et villas, per tractar de lors affars com-
» muns, per ordonnar et probedir à la policy, enter-
» tenement et guoarde de lors boscadges, herbadges,
» et pasturadges communs, et autrement, per advisar
» en lors negocis licites, au profit commun d'entre
» lor [57]. » — Les coutumes de Labourd, dans le même
titre sur les franchises et libertés des habitants, contiennent en outre le droit de porter toujours des armes
pour leur défense et celle du pays, et le droit de faire

56 Fors et cost. de Navarre de 1611, Serment, rub. IV, art. 11.
57 Fors et costumaz de Navarre, rubr. XXXV.
Seulement, dans la rédaction du XVIIᵉ siècle, on ajoute, sous
l'influence du Conseil du roi, qu'ils pourront se réunir *per com-
mandement de lors magestratz ordinaires...* et *lò procuraire deu
Rey* (art. 1).

des statuts et ordonnances particulières pour entretenir et garder leurs bocages, padouens et pâturages [58].

Les dispositions relatives aux terres communes portent un caractère de haute antiquité coutumière. Elles
sont placées dans la coutume de Labourd en tête des
autres titres et dans la coutume de Sole au rang des
plus essentielles [59]. « En la terre de Labourd chaque
» paroisse a et possède ses terres communes et voisines
» entre tous les habitants, par indivis. — Chaque pa
» roissien ès terres communes peut indifféremment tenir
» et pasturer son bestail, gros et menu, de quelque
» qualité et nombre qu'il soit, et en tout temps, de jour
» et de nuit. — Et peut aussi faire cabanes, loges et
» closture pour retirer le bétail, pasteurs et gardes...;
» il peut prendre des arbres *ès bois communs* pour sa
» provision et pour bastir...; et les habitants en corps
» peuvent vendre des arbres communs de la paroisse
» pour leurs nécessités communes et de leur paroisse,
» pourveu que tous les paroissiens ou la plus grande
» partie d'iceux y consentent. »
Nulle part sans doute le droit de communalité n'a
été porté plus loin. Il se retrouve tout semblable dans
les usages du val d'Andorre. Ce sont les mœurs pastorales des premiers temps; ce sont, à côté de la propriété
individuelle et de famille, des droits étendus et primitifs de propriété commune et indivise qui se sont maintenus dans les usages des basses Pyrénées; et les coutumes du pays de Sole, en exprimant les mêmes droits

58 Cout. de Labourd, tit. xx.
59 Cout. de Labourd, tit. iii, art. 1, 2, 3, 4, 6.

sur les mêmes biens, sur les *héremps communs*, constate « *qu'ils sont communs et franxs de antique coutume* [60]. »

En résumé,

Dans les coutumes de l'ordre civil :

Un état de famille qui a pour base l'égalité des droits du père et de la mère, — la communauté de biens à plusieurs degrés de générations entre les enfants et les brus ou les gendres affiliés ;—le droit d'aînesse étranger aux idées féodales ; — le retour définitif des biens patrimoniaux entre les mains de l'aîné ou de l'ainée qui représente à perpétuité la maison ou la famille; — l'exclusion de toute succession collatérale, même de frères et sœurs, en faveur de l'aîné ou de ses représentants, pour les biens de *papoadge* ou de patrimoine;

Dans.les coutumes de l'ordre politique :

La liberté du peuple pour le choix de son chef, le roi élevé sur le bouclier par les douze ricombres et jurant de garder les Fuéros et libertés du pays ; la justice rendue soit par les habitants eux-mêmes rassemblés autour du magistrat, soit par la cour des ricombres ou des *anciens* de la terre; — du reste, absence complète de servitude personnelle ou réelle; féodalité tardive et comme insensible dans la région des basses Pyrénées;

---

60 Cout. de Sole, tit. XIII, art. 1. L'expression de *heremps communs* est ici remarquable. Le Code de Justinien, De censib., l. IV, dit *herema*. C'est une expression très-fréquente dans la marche hispanique. (*Voir* les chartes imprimées par Baluze à la suite de la *Marca hispanica* de P. de Marca). C'est de là qu'est venu le mot de *terres ermes* dans plusieurs coutumes pour terres vacantes et incultes, en friche ou en *chaulme*. (Voir Gloss. de DE LAURIÈRE, v° *Terres ermes*.)

droit absolu d'assemblée générale pour délibérer sur les intérêts de la communauté ou de la tribu; jouissance pleine et entière des terres communes et de forêts; libre port des armes en signe d'indépendance; droit pénal sévère, avec la peine de mort par décapitation sans recherche de supplices; soin religieux de constater dans les monuments du moyen âge l'origine antique des usages et de placer les coutumes du pays sous la garantie du serment :

Telle nous apparaît l'organisation civile, politique, judiciaire et sociale de ces populations basques qui se font gloire, à l'ouest des Pyrénées, d'avoir conservé les traditions primitives, de vivre de leur vie propre et indépendante comme les anciens Cantabres, et de se distinguer également par leur langue, leur coutumes, leur nationalité des Aquitains, au nord, et des Aragonais, à l'est de leurs possessions.

Passons maintenant au second plan des populations pyrénéennes, aux pays de Béarn et de Bigorre où nous trouverons une organisation vraiment féodale, mais tempérée par les influences de la vie libre des vallées, et offrant le spectacle non moins instructif que curieux, d'institutions et de mœurs où s'allient, à des degrés différents, la féodalité et la liberté.

SECTION II.

FORS DE BÉARN,
DU XIᵉ AU XIVᵉ SIÈCLE ET DE 1551.

Les Fors de Béarn présentent un monument très-important de droit féodal et coutumier. Ils ont été publiés de nos jours d'une manière complète, par MM. Mazure et Hatoulet avec une savante introduction du premier, d'après un manuscrit du XIVᵉ siècle, qui se trouve au Trésor de Pau et qui est réputé *unique*, depuis qu'un incendie a détruit, en 1716, les archives de la province [1]. Ils contiennent, en langage du pays, la législation et la jurisprudence féodale ou coutumière de la vicomté de Béarn pendant le cours du moyen âge ; et, sous ce rapport, ils sont bien autrement précieux que les *fors et coutumes* réformés en 1551 par Henry roi de Navarre et acceptés par les trois États du pays [2].

L'institution de la vicomté de Béarn remonte à l'année 820 ; elle fut créée par Louis le Débonnaire, en faveur

---

1 FORS DE BÉARN ; législation inédite du XIᵉ au XIVᵉ siècle avec traduction en regard, notes et une *introduction*, par MM. MAZURE et HATOULET. 1 vol. in-4°, 330 pages (Paris, 1840-43). — *Voir* un article dans le *Journal des savants*, 1840, p. 689. — La compilation des anciens Fors était entre les mains de P. de Marca qui les cite souvent dans son Histoire de Béarn publiée en 1640. — Il leur donne (dans son *Avertissement*) 400 ans de date. Beaucoup de titres et cartulaires avaient été brûlés en Béarn dans les maisons monastiques et ecclésiastiques en 1560, pendant les guerres de religion.

2 Les *Fors et Costumaz de Béarn* de 1551 ont été imprimés à Pau en 1552, à Lesca en 1602, et à Pau en 1682. Ils font partie du Coutumier général de Richebourg, t. IV.

de Centulle Ier; elle relevait, à son origine, du *Comté* de
Gascogne, dont le siége était à Saint-Sever, et qui était
distinct primitivement du *Duché* d'Aquitaine, lequel
avait son siége à Bordeaux. La critique contemporaine,
qui s'est exercée avec un talent incisif sur les antiquités
du Midi, à l'occasion de la charte d'Alaon, et qui a
coupé la racine des Mérovingiens d'Aquitaine, n'a point
touché à la souche des vicomtes de Béarn [3].

Pendant toute la durée des ixe et xe siècles, les vicomtes de Béarn continuèrent à dépendre du comte de
Gascogne. Ils étaient considérés comme ses lieutenants [4]. Mais, plus tard, et à cause des services qu'ils
avaient rendus en luttant contre les Sarrasins, ils furent
affranchis de l'hommage féodal. Le vicomte Centulle IV,
vers le milieu du xie siècle, obtint du duc d'Aquitaine
que le Béarn serait une possession indépendante; et le
roi de France lui concéda le droit de faire battre *monnaie d'or* à Morlàas, ce qui était un signe de supériorité
sur les vassaux de la Couronne [5].

Les rois de Navarre avaient prétendu à l'hommage
féodal pour certaines vallées du Béarn; ils y renoncè-
rent en 1010, afin de récompenser le vicomte Gaston II
des secours donnés au roi de Navarre, dom Sanche le
Grand, pour l'expulsion des Maures [6].

Les rois d'Aragon firent effort, à la vérité, dans les

---

3 M. RABANIS, Les Mérovingiens d'Aquitaine, 2e édit., 1856, cou-
ronnée par l'Institut.

4 Histoire du Béarn, par P. de Marca, liv. iii, p. 190, et liv. i,
ch. 29.

5 P. de Marca, p. 192. Titre tiré du Trésor de Pau. Sur les monnaies de Morlàas, on peut voir l'Hist. du Béarn, p. 307.

6 P. de Marca, p. 190; c'est le vicomte Centulle-Gaston II.

xie et xiie siècles, pour acquérir l'hommage du Béarn;
mais ces tentatives donnèrent seulement au pays l'occasion de montrer dans toute son énergie l'indépendance des Béarnais.

Une charte de 1078, citée par Pierre de Marca, dans
son *Histoire du Béarn*, vrai trésor d'anquités, établit
expressément que le Béarn n'était point soumis à la suzeraineté de l'Aragon [7]. Au xiie siècle on parut l'oublier,
et voici un trait d'histoire, en même temps un trait de
mœurs, qui peint dans toute sa vérité l'indépendance
de ce peuple des montagnes :

En 1190, la vicomtesse Marie fit hommage du Béarn
à Alphonse, roi d'Aragon [8] : « Avec le conseil, dit
» l'acte, et la volonté des barons de ma terre, je fais
» hommage de fidélité, à vous, mon seigneur et cousin,
» Ildefonse, roi d'Aragon, comte de Barcelone, mar-
» quis de Provence, de toutes les terres de Béarn et
» des Gascons que je possède et dois avoir... et moi, vi-
» comtesse, je ne prendrai point d'époux sans que
» votre volonté soit d'accord avec la mienne [9]. » — La
confirmation de cet hommage tout nouveau fut faite par
les prélats et les plus nobles seigneurs de la Gascogne.
Mais la vicomtesse ne pouvait se passer du vœu des populations dans un acte de soumission de cette nature, et
elle promit formellement de faire *ratifier* l'hommage par
deux cent cinquante hommes les plus notables, choisis
dans les villes et vallées de Morlàas, Oloron, Aspe et
Ossau. — Elle éprouva de ce côté un refus absolu; la

7 P. de Marca, p. 324-326, Charta s. Joannis Pinnatensis.
8 Elle était sœur de Gaston IV et avait succédé à son frère.
9 Pactum placitum, anno 1170; P. de Marca, p. 470-483.

répugnance du peuple fut invincible; la ratification
promise ne put s'accomplir. C'était un grave avertissement. La vicomtesse n'en tint pas compte; elle épousa
bientôt un héritier de la maison de Moncade, en Catalogne; et cet époux, choisi par le roi d'Aragon lui-
même, renouvela en sa faveur l'hommage du Béarn.
Alors un grand mouvement eut lieu dans le pays; ce
fut une révolution. Le Béarn se sépara de la vicomtesse
Marie et de son époux. — De là des faits extraordinaires racontés dans le préambule du *For général* de
Béarn. Les Béarnais choisirent un seigneur en Bigorre;
plus tard, en Auvergne; mais ils les tuèrent successivement parce qu'ils n'observaient pas fidèlement les fors
du pays. Ils revinrent ensuite au sang de leurs premiers
seigneurs. Ils allèrent chercher dans Barcelone un des
deux fils de Marie et du seigneur de Moncade, qu'ils
avaient dépossédés. Quand les envoyés du Béarn arri-
vèrent, les deux enfants étaient dans leur berceau : l'un
avait la main droite fermée, l'autre la tenait ouverte.
Ils choisirent celui qui avait la main ouverte, présage de
grandeur et de libéralité : ce fut Gaston V. Ils lui défé-
rèrent, par *droit d'élection*, une souveraineté qu'ils lui
refusaient à titre d'hérédité [10]. Les noms du père et de
la mère, déchus de leurs anciens droits, ne furent
même pas mentionnés dans le préambule des fors : « En
ce temps-là, dit simplement le for général, les Béarnais étaient sans seigneur. » — L'indépendance du
Béarn, dès lors, fut toujours respectée. Gaston VI, vicomte de Béarn, devenu comte de Bigorre, fit hommage de ce dernier comté, vers le milieu du xiii⁰ siècle,

10 Hist. du Béarn, P. de Marca, p. 485-499.

au roi d'Aragon ; mais le Béarn ne fut point compris
dans l'hommage [11]. Lorsque Philippe le Bel , en 1307,
exigea la réunion du comté de Bigorre à la couronne ,
à raison des droits que D. Jayme, roi d'Aragon , haut
seigneur de Bigorre , avait cédés , en 1258, au roi saint
Louis , il n'étendit aucunement ses prétentions sur le
Béarn. L'ancienne monnaie de Morlàas portait d'un
côté : *Gasto* , *vice-comes* , et *Dominus Bearnensis* ; de
l'autre , pour exergue , les mots : *Gratia Dei sum id
quod sum* [12]. Le titre même de vicomte, qui se rapportait
à l'origine de l'institution , et qui , depuis des siècles ,
n'avait plus d'application féodale , disparut entièrement; et dans les fors et coutumes du Béarn, de 1551,
le roi de Navarre prend le titre de seigneur souverain
du Béarn : *Shénor souiran de Béarn* [13]. Le Béarn réuni
de plein droit à la couronne , par l'avénement de
Henri IV au trône de France (1589), le fut expressément par édit de Louis XIII, de l'année 1620 [14]. Mais
son indépendance a été jusqu'au dernier moment reconnue; et Pierre de Marca, dans la dédicace de son
savant ouvrage au chancelier Séguier, en 1639, constate encore expressément « l'indépendance de l'admi-
» nistration de cette province , tandis qu'elle était entre
» les mains de ses princes particuliers , sans que les
» droits de la souveraineté, dit-il, en fussent offensés. »
Du reste , l'indépendance et la souveraineté territoriale
du pays étaient protégées par les fors contre le seigneur

11 Hist. du Béarn, p. 492. Gaston IV avait succédé à la vicomtesse de Béarn, en 1223, et mourut en 1290.
12 P. de Marca, p. 310 ; Brunet, Chronol. des fiefs, p. 273.
13 Fors et Costumaz de Béarn (1551), p. 194.
14 P. de Marca, p. 257.

du Béarn. Nous en avons eu le témoignage par la charte de 1170, où la vicomtesse Marie promettait la ratification du peuple de Béarn pour l'hommage nouveau qu'elle voulait offrir au roi d'Aragon et qui ne fut pas ratifié; mais les fors eux-mêmes déclaraient que le seigneur de Béarn ne pouvait aliéner quelque partie de sa terre au delà de sa vie, et *s'il l'a fait, cela ne vaut, et si a fasé no hà valo* [15].

II. Les *anciens fors de Béarn* sont le recueil des lois et usages, suivant lesquels étaient régis et jugés les habitants du pays.

Ils contiennent le droit politique et féodal, le droit civil, la procédure féodale et les lois criminelles du Béarn. — Ils ne sont pas tous de la même époque; et dans le recueil publié, d'après le manuscrit du moyen âge, ils s'étendent confusément, sans ordre chronologique, de la fin du XIᵉ à la fin du XIIIᵉ siècle, de Centulle IV à Gaston VI [16].

Ils se composent, en rétablissant l'ordre chronologique :

De la charte d'Oloron, de l'année 1080;

Du for de Morlàas, de l'année 1101, renouvelé en 1220;

Du for des trois Vallées, de l'année 1221;

15 Fors de 1551, p. 100.

16 Pour l'indication de ces chiffres IV et VI unis aux noms des Centulle et des Gaston, j'ai suivi l'indication commune qui est dans l'Art de vérifier les dates et la chronologie de Brunet, de préférence à celle donnée par P. de Marca et M. Mazure. Ainsi, Gaston III, dans notre texte, est le Gaston IV de P. de Marca; et Gaston VI, ici le dernier des vicomtes de ce nom, est le Gaston VII des éditeurs des fors. Il suffit de cet avis pour éviter les difficultés de désignation.

Du for général de Béarn, dont une partie, la plus ancienne, antérieure même à la charte d'Oloron, n'a point
de date connue, et dont l'autre a été établie ou renouvelée vers l'an 1228.

Les recueils postérieurs devront aussi être mentionnés à la suite des *anciens fors*, pour compléter l'état
général des coutumes du Béarn.

1° Le for d'Oloron (1080) consiste en une charte de
liberté destinée à repeupler le pays ravagé par les Normands au ixe siècle [17]; il fut promulgué par Centulle IV,
prince puissant qui rebâtit Oloron et combattit vaillam-
ment contre les Maures [18]. Ce prince était ami de la
justice et des lois, et dans un jugement rendu par lui-
même il a, chose remarquable dans le xie siècle, invoqué les capitulaires de Charlemagne et décidé une question de juridiction par une loi de Louis le Débonnaire,
qui faisait partie du recueil d'Ansegise [19].

2° Le for de Morlàas (1101), donné par Gaston III[20],
l'un des héros de la première croisade, fut renouvelé
par Guillaume-Raymon, l'un des principaux législateurs du pays au xiiie siècle. Ce for de Morlàas, publié
en latin par P. de Marca, et, de nos jours, en langue
béarnaise, contient le détail des libertés du pays [21]. Mais

17 *Voir* le Recueil des fors, publié en 1840 par M. Mazure,
art. 16, p. 209. Sur les ravages des Normands dans la Gascogne,
voir *Chronicon Fontanellense*, dans P. de Marca. *Voir* aussi p. 314-
316 de l'Hist. du Béarn.

18 Centulle IV était vicomte de Béarn et comte de Bigorre, de
1068 à 1083.

19 Hist. du Béarn, p. 324. Le capitulaire cité fait partie du liv. iii,
tit. xxv, du recueil d'Ansegise.

20 Le Gaston IV de P. de Marca.

21 Hist. du Béarn, p. 337. Texte latin des registres de la ville

on doit considérer, comme son préliminaire essentiel, l'acte d'affranchissement de l'année 1101, par lequel Gaston III établit la franchise de la cité, dans les termes suivants : « Moi, Gaston, vicomte de Béarn, pécheur, » pour le salut de l'âme de mon père, de ma mère, » pour le mien et celui de mon épouse, de mes fils et » filles, et de tous mes parents présents, passés et futurs, » j'affranchis la ville de Morlàas en l'honneur de Dieu, » de saint Pierre de Cluny et de l'église de Sainte-Foi : » *Ingenuo Villam Morlensem Deo et sancto Petro Clunia-* » *censi et sanctæ Fidei hujus loci* [22]. » — Guillaume-Raymon, rénovateur du for de Morlàas, en 1220, créa ou régularisa la grande institution judiciaire du Béarn, la *Cort mayor*, composée des évêques de Lescar et d'Oloron et de douze barons héréditaires [23]. C'était évidemment une imitation de la cour des douze hommes riches ou *Ricosombres*, que nous avons trouvée dans les fors de Navarre de 1074.

3° Les fors des trois vallées (*d'Ossau, de Baretous et d'Aspe*) furent donnés, les deux premiers par le même Guillaume-Raymon, en 1221 [24]; le troisième par les jurats d'Aspe, vers 1250, sous l'autorité et confirmation du vicomte Gaston [25] : ceux d'Aspe et de Baretous se

---

d'Orthez, « quoiqu'il ait été peut-être (dit P. de Marca) dressé en Béarnais. » La conjecture de l'auteur de l'Hist. du Béarn est vérifiée par la découverte du texte publié en 1840. *Voir* Fors de Béarn, p. 109, rubr. XXVII, art. 43 et s., p. 124.

22 *Voir* texte latin, Hist. du Béarn, par P. de Marca, p. 287 et 405 ; M. Mazure, fors de Béarn, Commun., p. 125.

23 Fors de Béarn, art. 3 et 17, et Marca, p. 257-315, qui la mentionne comme cour *plénière* ou *majour*.

24 Fors de Béarn, p. 220 et 243.

25 *Id.*, p. 230 et 236 ; l'art. 7 mentionne la date 1250.

confondent, sauf les *otages* que doivent donner au seigneur les gens de Baretous quand il y a plainte contre
eux. Pierre de Marca, qui connaissait les fors manuscrits
des trois vallées, les a jugés sévèrement, mais avec justice : «Les fors d'Aspe ont été conservés manuscrits, dit-il,
» sous la confirmation de Gaston VII : ils sont aussi rudes
» et barbares que ceux de la vallée d'Ossau, et *favorisent*
» *les voleries* des Aspois [26]. »

4° Le for *général* de Béarn n'a point d'auteur connu
pour la partie la plus ancienne; mais, pour les dispositions renouvelées en 1288, il est attribué à Gaston VI,
dont l'existence fut aussi troublée que turbulente, et
qui, pour donner plus de force au Béarn dans l'avenir,
maria sa fille Marguerite au comte de Foix, Roger
Bernard, à condition que le Béarn et le pays de Foix
seraient *unis à perpétuité*, union qui se maintint toujours
à partir de l'année 1290 [27].

L'ancienneté du *for général* de Béarn est prouvée par
le for d'Oloron de l'an 1080 : en effet, le for d'Oloron
porte « que les *premières communautés* du Béarn se sont
établies conformément au for général. » — Donc le for
général préexistait à la charte de 1080 [28].

Les éditeurs du manuscrit de Pau ont indiqué une
distinction essentielle à faire dans les articles des fors

---

26 Hist. du Béarn, p. 552.

27 Gaston VI (VII) a été vicomte, de 1223 a 1290. La vicomtesse
Marie, dont nous avons parlé au commencement à propos de l'hommage refusé par les Béarnais à l'Aragon, était son aïeule et fut sa
tutrice en 1223. La dynastie de *Moncade* finit avec lui. Là maison de
Foix lui succéda.

Voir Brunet, Chronologie des fiefs, p. 234-245.

28 For général, *voir* l'art. 33, sous la rubrique des *Ossalois*.

du Béarn pour reconnaître les anciens articles de ceux renouvelés en 1288 : les articles qui portent la mention *texte du for général* doivent être considérés comme formant la partie la plus ancienne, dont la date est inconnue ; les autres appartiennent aux fors renouvelés ou modifiés vers la fin du xiiiᵉ siècle.

Il faut reconnaître, en outre, que dans le recueil du for général certains textes sont postérieurs au xiiiᵉ siècle ; il en est qui portent expressément la date de 1303 et d'années subséquentes. Ceux-là doivent être attribués aux *foristes* qui ont compilé les fors [29].

5° Au temps de Marguerite de Béarn, après la réunion des pays de Béarn et de Foix, on fit, en 1306, un recueil de fors et coutumes, augmenté des règlements émanés des seigneurs et de la cour majour; mais il devint tellement confus, par suite des additions et remaniements des praticiens ou foristes, qu'il fut inintelligible et impraticable [30]. Une réforme était absolument nécessaire ; de là vint le nouveau recueil des *fors et coutumes* de Bearn promulgués par Henric II, roi de Navarre, seigneur souverain de Béarn, sire d'Albret, comte de Foix, de Bigorre, etc., sur la demande des gens des trois États du pays qui réclamaient la réforme des fors, établissements, style, ordonnances et coutumes depuis longtemps écrits, « *et de queras auguns articles* » *eran en langage no intelligible et en auguns endrets con-*

---

29 Fors de Béarn, édit. 1840, introduction, p vi. P. de Marca, sur l'ancienneté des fors, avait commis une erreur qui est démontrée par M. Mazure, auteur de l'introduction, p. 6, à propos de l'art. 33.

30 Sur le Recueil de 1306, *voir* P. de Marca, Histoire du Béarn, p. 335.

» *funs et contrarians...* à *grand damnage, interesse deu dit*
» *pays et beé public.* » — Les nouveaux fors diffèrent
beaucoup des fors du moyen âge. Ils ont profondément
subi l'action de la jurisprudence romaine, au point que
Cujas a pu dire qu'il n'y avait coutume en France plus
conforme au droit que celle de Béarn [31]. La *Cort major*
y existe encore, mais elle n'est guère conservée que
comme titre d'honneur : au lieu des douze barons héréditaires, quatre juges nommés par le sénéchal doivent
se transporter en divers lieux pour exercer la justice de
révision, image bien affaiblie de la *Cour majour* du
Béarn, que nous représentera le recueil du moyen âge [32].

L'ordre des successions dans les familles nobles (*en
gentillessa*) est la seule institution qui ait retenu, dans
les fors du xvi° siècle, son caractère évidemment traditionnel [33]. On peut y ajouter cependant, à l'autre extrémité de la chaîne sociale, l'interdiction prononcée
contre la race déshonorée et proscrite des *cagots :* « *los*
» *cagotz* no se deben mescla ab los autres homis per
» familiara conversation : avans deben habita separatz
» deus autres personnages...... à la peine de una ley
» mayor per cascuna vegada qui faran lo contrary [34]. »
— Les priviléges de la noblesse héréditaire et l'abaisse-

31 Marca, p. 345.
32 Fors de Béarn, 1551, rubr. de Cort major. Richebourg, iv,
p. 1073.
33 Rubriça de testament. et success., p. 1088.
34 Rubr. de qualitatz de personas.
En 1460, les États du Béarn avaient réclamé des peines contre
ceux des cagots qui approcheraient des lieux fréquentés; les fors de
1551 étaient donc fidèles à l'esprit du pays contre la race maudite
des *expistiàas.*

ment des races avilies sont seuls restés immuables dans la réforme du xviᵉ siècle.

Revenons maintenant aux fors du moyen âge.

III. Voici d'abord l'assiette du pays, selon l'exacte description de l'historien du Béarn : « Le Béarn est assis à la racine des Monts-Pyrénées ; il a pour confins, à l'orient, le comté de Bigorre ; au couchant, le pays d'Acs, une partie des pays de Soule et de basse Navarre ; au midi, les montagnes d'Aragon et celles de Roncal en haute Navarre ; au nord, le bas Armagnac. Sa figure est presque triangulaire. Sa longueur, sans y comprendre les vallées, est de quatorze lieues ; sa largeur est inégale, la plus grande de dix lieues, la médiocre de six, la plus petite de deux [35]. » Le Béarn était compris dans l'ancienne Novempopulanie. L'étendue de son territoire se confondait avec le diocèse de Lescar [36] ; ses limites primitives peuvent être représentées par l'arrondissement actuel de Pau. Ce n'est que successivement que s'y adjoignirent les vicomtés d'Oloron, d'Ossau, d'Orthez, et plus tard le comté de Foix.

La plupart des villages aujourd'hui connus existaient, dès le xᵉ siècle, dans le Béarn. Ils étaient subordonnés à la division du pays en vics ou *vici*, au nombre de quinze. On trouve dans les fors de Béarn les vics dé-

---

35 P. de Marca, Hist. du Béarn, p. 252.

36 Les neuf peuples étaient, selon de Marca, les Tarbelliens, les peuples d'Euse, d'Auch, de Bazas, d'Acs, de *Béarn*, d'Aire, de Bigorre, de Comminges. Pour nomenclature plus exacte, *voir* mon tome II, p. 223.

Le Béarn fut incorporé au royaume de France par Clovis, après sa victoire sur Alaric. (Hist. du Béarn, p. 20 et 69.)

limités au xiii⁰ siècle par Gaston VI et la cour majour :
c'est un règlement de limites qui suppose une plus ancienne existence [37]. Les villages avaient en commun de
vastes étendues de terrains ou parcours, et les habitants participaient en qualité de communistes à la coupe
des bois, au droit d'irrigation, à la jouissance des pâturages, droits déjà mentionnés comme une ancienne
coutume dans la charte concédée en 844 aux Espagnols
réfugiés au pied des Pyrénées [38], droits qui ont leur plus
haute expression dans les coutumes basques.

La population de ces pays de vallées et de montagnes
s'était formée de colonies diverses, de réunions successives ou d'agrégations juxtaposées de Gallo-Romains,
de Gascons, de Basques, de Visigoths, d'Aragonais. Les
traditions confuses de la vie des clans et des mœurs
gallo-romaines, germaniques, ibériennes s'étaient modifiées réciproquement et disciplinées sous la double
influence de la *Lex romana* d'Alaric et des institutions
féodales.

La *Lex romana* a laissé des traces visibles dans les anciens fors de Béarn ; on ne doit pas s'en étonner : le
Béarn a relevé, dès l'origine, du comté de Gascogne,
et c'est sur la limite même de la Gascogne et du Béarn,
dans la ville d'Aire, que le Code d'Alaric avait été pro-

---

37 Fors de Béarn, rub. xxxvii, art. 83. Les vallées d'Aspe et d'Ossau ne sont pas comprises dans les 15 vics ; elles formaient chacune
un vic à part.

38 Sed liceat eis ipsas res cum tranquillitate pacis tenere et pos-
sidere, et secundum *antiquam consuetudinem* ubique *pascua habere* et ligna cœdere et aquarum ductus pro sua necessitate ubicumque provenire potuerint, nemine contradicente, juxta *priscum
morem* semper deducere (Capit. Baluz., I, c. 8, ann. 844.).

mulgué au vi⁰ siècle. Mais, d'un autre côté, la féodalité
militaire convenait aux besoins de ces populations belliqueuses, pour les retenir et les grouper autour de chefs
capables de les défendre ou de les conduire à la guerre ;
et la loi romaine dut subir de graves modifications sous
l'action des mœurs féodales du moyen âge, soit dans
la constitution personnelle et réelle de la famille, soit
dans la condition de la propriété foncière. P. de Marca
n'avait pas mesuré toute la profondeur de ces modifications quand il disait : « Je puis assurer que les fors de
» Béarn ont été arrêtés, au commencement, pour sup-
» pléer le défaut des cas non décidés par la loi romaine,
» nommément en ce qui regarde les droits de seigneurie
» et de vasselage, inconnus du temps de l'empire, et
» encore pour adoucir les peines des crimes. Néanmoins
» comme l'emploi ordinaire des armes étouffait la con-
» naissance des livres, encore que la *substance des lois*
» *romaines* demeurât en sa force dans l'usage des *con-*
» *trats* et des *matières civiles*, le nom en fut communé-
» ment aboli ; de sorte que ce qui était observé, perdant
» peu à peu la qualité de loi, prit celle de coutume et
» d'usage, sous laquelle dénomination ces matières sont
» expliquées dans les cahiers ou fors écrits à la main [39]. »
Les traditions de la vie civile, selon la loi romaine, se
perdirent beaucoup plus que ne paraissait le croire le savant auteur, et furent remplacées par un droit mixte qui
représentait le mélange des races et des institutions.

L'alliance difficile de la liberté et de la féodalité est le
trait principal qui caractérise les coutumes béarnaises,
et la garantie de cette alliance est dans l'organisation

---

[39] P. de Marca, Hist. du Béarn, p. 444.

correspondante des classes nobles ou bourgeoises et des cours de justice.

IV. Il y avait trois degrés dans la noblesse du Béarn et dans les cours de justice correspondantes à chaque degré.

Au premier degré étaient les *domengers*, ou seigneurs particuliers;

Au second degré, les *cavers* ou chevaliers,

Au plus haut degré, les barons de Béarn[40].

Chaque domenger avait dans sa terre ou *domenjadure* sa cour propre, ou *droit* et *ley* (amende) sur les vassaux et hommes de sa *compagnie et de son pain;* mais les habitants pouvaient décliner sa justice, à moins qu'il n'eût titre constatant qu'ils *font droit et loi en sa main*[41].

La cour des *cavalers*, appelée aussi la cour du vic, composée des chevaliers d'un vic ou canton, jugeait les affaires des domengers ou seigneurs inférieurs, sauf le cas de plaie ou de mort; elle était présidée par le bayle[42].

La *cort mayor* jugeait les cavers. Elle jugeait aussi les domengers accusés de graves violences et de meurtre; de plus, elle décidait en dernier ressort, au premier ou au second degré, les causes relatives aux fonds de terre, qui impliquaient les questions de noblesse et d'état des personnes (de *gentillessa o de cap d'omi*). Elle était présidée originairement par le seigneur majeur[43].

40 Fors de Béarn, rubr. III-IV-VII, art. 3 et suiv.
Marca, Hist. du Béarn, p. 546.
41 Fors de Béarn, rubr. XXIX, art. 59; VI, art. 11; IX, art. 14.
42 Rub. V, art. 10; LV, art. 189.
43 Rub. III, art. 9; LV, art. 189, *additio*, p. 71.

Mais à partir du xive siècle, le vicomte présentait à l'agrément des barons un sénéchal qui jurait « d'être bon et loyal, de garder les fors et coutumes et de rendre justice au pauvre comme au riche. » Le sénéchal était chargé de surveiller l'administration de la justice dans tout le pays[44]. Sauvegarde était accordée à tous ceux qui étaient mandés à la *Cort mayor;* ils étaient défrayés par le seigneur; il en était de même à l'égard des plaignants, s'ils avaient plus d'un jour à rester pour qu'on leur rendît justice[45].

Chacun devait obtenir, selon sa qualité et le for ou la coutume, le renvoi à sa cour et à son vic[46]. Les appels étaient portés de la cour inférieure à la cour du degré supérieur[47]. Si un caver avait fait injure au vicomte et ne voulait ester au jugement de la cour, le vicomte avait le droit de se saisir de sa terre et de faire de la maison à sa volonté, en *la brûlant ou détruisant*[48].

Cette organisation de la justice, malgré ses garanties, ne suffisait pas à l'esprit d'indépendance des nobles du Béarn, et les guerres privées furent maintenues par les fors qui les appellent la guerre guerroyante (*gorrea gourregade*). Elles étaient considérées comme un droit[49]; mais les vicomtes tâchaient d'en arrêter le fatal exercice. Gaston III, ami de la justice, ennemi de la violence,

---

44 Fors de Béarn, Rénovation de *Cour majour,* art. 4, p. 253 et 261; art 8: (Formule de serment.)

45 Fors de Béarn, art. 4 et 5.

46 *Id.*, rubr. VI, art. 11 : IX, art. 16.

47 Rub. VI, art. 11, et art. 195, p. 74.

48 Rub. X, art. 15, et que fassa de la maysou a sa voluntat, en arden o en destruyen.

49 Fors de Béarn, art. 22. L'art. 3 dit : en goerre goerreyade.

avait donné l'exemple. Il avait juré, de concert avec le comte d'Armagnac, de faire observer la trêve de Dieu établie en 1104 par une bulle.de l'archevêque d'Auch. Il contribua efficacement à suspendre dans ces contrées, divisées en petites seigneuries, le fléau des guerres privées, à étendre l'action pacifique des cours de justice ; et les Fors établirent, comme une garantie pour le chef-seigneur contre les dispositions guerroyantes des seigneurs inférieurs, que nul homme ne devait bâtir château en sa terre, sinon avec la permission du vicomte [50].

En dehors de la noblesse, les hommes libres, bourgeois ou gens de commune, avaient leurs syndics, leurs notables, leurs jurats. Pour cette classe de personnes, il y avait une *Cour de jurats* élus par les habitants des vics. Le bayle poursuivait les délits au nom du vicomte, prononçait le jugement et réclamait les amendes. C'est à Gaston V (à la main ouverte) qu'est attribuée la charte antique, insérée au for général, sur la manière de rendre la justice en Béarn [51]. Le bailli présidait la cour, mais il n'avait pas voix délibérative, usage qui se retrouve dans la cour des bourgeois, assises de Jérusalem, et dans la plupart des coutumes de France, en cela conformes aux traditions germaniques. Une disposition spéciale des fors protégeait les *jurats en cour* contre les injures verbales : le seigneur avait six sous d'amende, et la partie trois sous par chaque jurat dont il aurait été mal parlé (*cum seran mau dits*) [52].

50 Fors de Béarn, art. 21. Même disposition, coutume de Bigorre, art. 3.
51 Fors de Béarn, art. 100 et suiv.
52 Fors de Béarn, rubr. IV, *Qui dits mau de Jurat*, art. 9, p. 5.

Les ecclésiastiques, dans les premiers temps, étaient confondus en Béarn avec les hommes libres, en ce qui concerne la justice ; ils relevaient de la cour des jurats. Ce fut en 1209 que Gaston V accorda pour la première fois à l'évêque le jugement des causes relatives aux ecclésiastiques. Il reçut de l'évêque de Lescar 300 sous d'or pour cette concession : de là naquit en Béarn la cour ecclésiastique et temporelle [53]. Vers la fin du XIVᵉ siècle, l'Église affirmait (selon la charte de rénovation de la cour majour de l'an 1393) que les gens de Béarn avaient liberté et franchise d'aller à l'*audience ecclésiastique* sur les actions personnelles ou mixtes ; le seigneur affirmait le contraire ; la charte ordonnait qu'il en fût fait information [54]. On ignore si l'enquête eut lieu, mais le clergé ne renouvela pas sa demande [55]. Les évêques, faisant partie de la cour majour, durent trouver dans cette haute juridiction un moyen naturel d'influence judiciaire.

La condition des serfs et des censitaires (*ceysau o questau*) était connue dans le Béarn et représentait le colonat gallo-romain [56]. Les serfs, sur le domaine des seigneurs ou de l'Église, participaient d'une certaine liberté, et pouvaient acquérir des biens libres ou alleux qui, en conservant cette dénomination, étaient soumis à l'au-

---

53 Introduction aux Fors, par M. Mazure, p. 51.

54 Rénovation de Cour majour, art 6, p. 254.

55 Histoire de Béarn, par M. DE BAURE, conseiller à la Cour de cassation (1824).

La Charte disait qu'en attendant la décision qui devait avoir lieu prochainement (à Noël), *chacun irait où il lui plairait*. (Fors, p. 244.)

56 Fors de Béarn, art. 189, p. 71, *addition*.

torité seigneuriale et à la juridiction du maître. Cette juridiction n'était pas absolue.

Si la qualité même de la personne, son état de liberté ou de servitude était l'objet du litige, le défendeur pouvait demander son renvoi direct à la cort mayor; ou s'il avait perdu son procès au premier degré devant les cavers ou le bayle, il avait droit d'appel devant la cour. La liberté, dans les coutumes béarnaises, était donc si précieuse qu'elle avait pour garant et pour juge la souveraineté même du pays[57].

V. L'esprit de liberté se trouvait établi aussi, sous certains rapports, dans la constitution personnelle de la famille.

La puissance paternelle sur la personne des enfants était faible. La fille, dans les fors du Béarn, est majeure à douze ans, le fils à quinze ans[58]. La fille est en âge à sept ans pour faire foi de mariage par son serment et celui de ses tuteurs[59]. La puissance paternelle appartient au père et à la mère; elle passe à l'aïeul, au défaut de la mère; elle cesse à la majorité.

Elle n'était donc point d'institution romaine, soit par le caractère des personnes qui l'exerçaient, puisque la mère y participait, soit par la durée de son exercice.

Quant aux biens que les enfants mineurs pouvaient acquérir, la puissance paternelle s'y appliquait, mais

---

57 Fors de Béarn, rubr. LV, art, 189 et addition, p. 71, et art. 218-233.

Un acte de 1078 contient la donation testamentaire faite par Centulle IV à un monastère d'un serf (*Rusticus*), *cum uxore*, *filiis et omni alodio suo*. (Texte dans P. de Marca, p. 324.)

58 Fors de Béarn, art. 194 et 251, *De etat*, p. 74 et 177.

59 Fors de Béarn, art. 250.

avec des distinctions relatives à l'origine des gains ou
acquisitions. Si le fils ou la fille a fait des gains ou
profits avec les biens du père, de la mère ou de l'aïeul,
la chose acquise appartient en propriété et usufruit au
chef de famille, tradition romaine. Le gain provient-il
de l'industrie des enfants, exercée en dehors des biens
paternels, l'usufruit seul appartient au père ; disposition
plus favorable aux fils que celle du droit romain : enfin,
si des biens adviennent aux enfants mineurs par succession ou donation de la mère ou d'autres personnes, l'u-
sufruit seul encore appartient au père ou à l'aïeul, selon
le droit romain de l'empire [60]. — Le fils qui n'est plus
sous la puissance paternelle peut, *s'il n'a pas de trop
mauvaises mœurs*, contraindre son père à lui fournir des
aliments ; c'est l'obligation naturelle : mais la conservation du patrimoine met une limite à cette obligation, et
le père ne peut être contraint, pour nourrir son fils, à
vendre son bien [61]. — Le père et la mère ne peuvent
déshériter leurs enfants que pour offense grave et cas
d'ingratitude [62].

L'influence romaine s'est fait sentir dans la condition
du mari et de la femme. Les fors de Béarn, dans leur
langue du moyen âge, ont caractérisé cette condition,
en disant du mari et de la femme, qui ne peuvent réciproquement se relever de l'excommunication encourue
par l'un ou par l'autre : « *Ce sont deux causes dans une
seule chair* [63]. » — Cette distinction apparaît bien vivement dans l'ordre civil. « Le mari, disent les fors,

60 Fors de Béarn, art. 179 à 181.
61 Fors de Béarn, art. 345, p. 202, et Fors de 1551, art. 8.
62 For de Morlàas, art. 182, 159.
63 Fors de Morlàas, art 335, p. 200.

» doit vêtir et chausser sa femme, lui donner à boire et
» à manger, la servir en santé et maladie, ainsi que
» l'ordonne la *Ley romana*[64] ; » mais il se distingue d'elle
par un pouvoir de répudiation qui altère l'essence de
l'union conjugale. Le mari peut répudier la femme et
faire dissoudre le mariage si elle est sa parente, sa fil-
leule ou celle de son père; si elle a été baptisée par son
père, devenu veuf et prêtre; si elle est affligée de ladrerie
ou de puanteur d'haleine[65]; si elle s'est rendue coupable d'adultère[66] : dans ce dernier cas, s'il veut la
reprendre, la femme doit revenir auprès de lui; si la
faute vient du mari et que la femme redemande sa dot,
il suffit que le mari la *requière*, et la femme doit retourner dans la maison conjugale[67].

Quant au régime des biens, il n'y a pas communauté entre mari et femme; il n'y a pas même de société
d'acquéts : la femme n'a aucun droit sur les biens que
les époux ont gagnés ensemble[68]; elle ne peut même
faire quittance ou remise des choses qui lui sont données
personnellement. Elle ne peut tester sans le consentement de son mari[69].

Le pouvoir de l'époux ne va pas toutefois jusqu'à
disposer des biens provenant de la femme; il n'est pas

64 Fors de Morlàas, art. 294, p. 188.

65 Fors de Morlàas, art. 357, p. 205. E si ere fevide de meserarie
et sa lect ave pudente.

66 Le texte béarnais dit : En guisa que la molher fe cocut au marit
(p. 188).

67 Fors de Morlàas, art. 292, p. 188. Encore qu'il n'y ait pas d'enfants du mariage.

68 Fors de Béarn, art. 256, p. 99.

69 Fors de Béarn, art. 261, p. 102. Même la femme remariée ne
peut tester des biens qui lui appartiennent sans le consentement du
second mari.

seigneur et maître de la dot; il ne peut affranchir les
hommes qui vivent servilement sur la terre dotale[70].
Seulement, il peut, avec le consentement de sa femme,
aliéner les *biens dotaux*, conformément à l'esprit de la
loi *Julia*, *De fundo dotali*, qui avait passé des Codes de
Théodose et d'Alaric dans les coutumes de Béarn,
comme dans celles de Toulouse; et cette tradition de
l'ancien droit civil de Rome s'est continuée jusque dans
les fors de Béarn de 1551, malgré la jurisprudence des
xvᵉ et xviᵉ siècles si favorables au droit de Justinien.
L'ancienne tradition romaine s'était arrêtée là. L'autre
disposition de la loi Julia qui défendait d'*hypothéquer*
les biens dotaux, même *avec le consentement* de la femme,
n'était pas entrée dans les fors de Béarn qui, au contraire, permettaient au mari d'obliger les biens de sa
femme avec son consentement. La distinction entre le
droit d'*aliéner* les biens et celui de les *hypothéquer* était
trop profondément juridique pour des coutumes du
moyen âge; elle n'eût pas été comprise : au lieu d'y
reconnaître une distinction fondée sur cette observation
que la femme consentira plus facilement à une obligation, qui ne la dessaisit pas actuellement de sa chose,
qu'à une aliénation qui l'en prive, les foristes du moyen
âge n'auront vu dans l'égalité du droit qu'une raison *a
majori* : à leurs yeux, la femme pouvant consentir *le
plus*, l'aliénation, devait pouvoir consentir *le moins*,
l'hypothèque; et le droit moderne a suivi, sous ce ra-
port, le droit du moyen âge[71].

---

70 Fors de Béarn, art. 219.

71 *Voir* mon tome I, *Époque romaine*, ch. v, p. 223. *Voir* les
art. 1557 et 2124 du Code Napoléon.

La dot de la femme était assignée sur les biens du mari; mais quant à la garantie réelle, les fors de Béarn distinguaient entre le mari vivant et le mari mort : la femme ne pouvait empêcher, pour la sûreté de sa dot, que le seigneur justicier ne fît droit aux créanciers sur les biens de son mari vivant; au contraire, elle pouvait défendre les biens du mari mort contre les créanciers, jusquà ce que *sa dot fût sauve* [72].

La femme veuve était respectée par les fors et investie de certains droits. Dans les cas où le témoin qu'on voulait produire en justice devait offrir la garantie d'une propriété, si l'on produisait le témoignage d'une *femme veuve*, cette qualité seule•suffisait à la confiance de la justice, pour l'admission du témoignage [73].

Le souvenir de la femme veuve devait être pour le mari un objet de respect pudique, comme dans les lois galloises [74]. Nul homme ne pouvait mettre une seconde femme sur le bien ou dans la maison de la première, sans la volonté des enfants du premier lit [75].

La faveur des fors de Béarn se partageait entre la veuve et les enfants. — La femme survivante à son mari, mais fidèle à son veuvage, ne pouvait recouvrer sa dot tant que l'un des enfants vivait. — Si elle se remariait, la moitié de sa dot était acquise aux enfants du premier lit [76]. Quant au mari qui s'était remarié et avait

---

72 Fors de Béarn, art. 257, 271 et 272, p. 178.

73 Fors de Béarn, art. 122. La femme en couches était l'objet d'une attention pleine d'humanité : on ne pouvait *saisir* dans sa maison (art. 150).

74 *Voir* mon tome II, *Époque celtique*, p. 66.

75 Fors de Béarn, art. 270.

76 Fors de Béarn, art. 257, 269, 273.

eu des enfants de ses deux mariages, il pouvait faire
héritier celui des deux lignages qu'il lui plaisait de
choisir : injuste et abusive liberté dans une coutume qui
ne reconnaissait pas l'*institution d'héritier*, selon le droit
romain, et ne donnait au testament en général qu'une
faible importance [77].

VI. Les coutumes béarnaises, imprégnées sous ce
rapport de l'esprit général des coutumes du moyen
âge, étaient favorables à la conservation du patrimoine
dans les familles, et l'affectaient aux parents lignagers.

Les père et mère ne pouvaient faire la vente de choses
de lignage sans le consentement du fils ou de la
fille [78].

Le retrait lignager, que nous avons retrouvé dans les
anciennes traditions de la Gaule celtique, existait dans
les fors de Béarn, sous le nom de *torn* ou *tornius* [79].
Les fors disent le *prim torner;* les anciennes coutumes
de Bretagne disaient le droit de *prémesse :* l'analogie se
trouve ainsi dans le langage, malgré les distances, pour
des institutions identiques. Le retrait lignager avait
lieu, dans les fors de Béarn et les coutumes bretonnes,
sans distinction entre les biens nobles et roturiers. Le
retrait devait être exercé dans l'an et jour de la vente
ou dans l'an et jour du retour en la terre de Béarn, si

---

77 Fors de Béarn, rubr. *De testament.*, art. 276, p. 105. La coutume était réelle en matière de testament. Le testateur domicilié,
par exemple, en Armagnac, ne pouvait disposer de ses biens situés
en Béarn que selon la coutume béarnaise.

78 Fors de Béarn, art. 178.

79 Rubr. XXXI, art. 68; Fors de Morlàas, p. 131. *Torn* (art. 178)
veut dire retrait; *tornius*, retrayant.

le parent lignager était absent lors de l'aliénation [80].
Tous ceux qui pouvaient prétendre au droit de premier
lignager devaient demander ensemble; celui qui demandait garantissait le droit de tous [81]. La demande
pouvait être intentée après l'an et jour, si le lignager
jurait avec deux témoins qu'il ne connaissait pas la
vente [82].

Le retrait lignager supposait la loi fondamentale de
l'affectation héréditaire du patrimoine à la famille. Mais
les anciens fors de Béarn n'expriment pas textuellement la règle coutumière *paterna paternis, materna maternis*. C'est dans la rédaction de 1551 que se trouve
formellement énoncée la règle « qu'à défaut de fils, de
» filles ou autres descendants doit succéder le plus
» proche parent du côté d'où les biens proviennent, à
» l'exclusion de tous autres plus proches parents de
» l'autre côté [83]... » La rédaction de 1551 a dû sanctionner d'une manière explicite ce qui se trouvait en
usage dans le pays, sans être formellement compris
dans les anciens textes : rien ne permet de supposer
que, sur un sujet aussi important que les successions
collatérales, la rédaction de 1551 eût introduit un droit
nouveau et contraire aux coutumes reconnues, sans
indiquer l'innovation, comme elle l'a fait pour des dispositions d'un intérêt moins général [84].

---

80 Fors de Béarn, art. 69.

81 *Id.*, art. 72.

82 Fors de Béarn, art. 78.

83 Fors de 1551, rubr. *De testament. et success.*, art. 1, p. 124,
édit. 1602, et p. 82, édit. 1682. L'art. ajoute : Servada enter lor prerogativa de sexe et de primogenitura.

84 Voir *infra*, p. 442, ce qui regarde l'innovation relative à l'*indivisibilité* du domaine *rural* assimilé au fief ou bien noble.

VII. La féodalité, en s'établissant dans les vallées et les montagnes du Béarn, avait pris, comme on l'a dit, par la force des choses, le caractère de féodalité militaire : la propriété féodale en portait l'empreinte. Aussi, la vente des biens nobles (*de domenjadure*) n'était pas libre, comme dans le droit commun du moyen âge. Elle ne pouvait se faire qu'en la main du seigneur ou de son bailli, et avec pouvoir ou approbation expresse du seigneur majeur. La vente étant subordonnée au consentement du seigneur, il ne pouvait y avoir lieu au retrait féodal : aussi les fors de Béarn, qui sont très-explicites sur le retrait lignager, sont-ils muets sur cet autre genre de retrait.

La féodalité avait fondé un ordre de succession conforme à son esprit. Le fils aîné ou, à défaut de mâle, la fille aînée succédait *universellement* aux biens nobles ; en cas de deux mariages, la fille aînée du premier lit succédait au bien noble, de préférence au fils du second mariage [85]. La règle était donc l'indivisibilité du fief jointe au droit d'aînesse et au droit non absolu de la masculinité. L'indivisibilité du fief était la conséquence de la féodalité militaire qui concentrait la seigneurie entre les mains d'un seul pour assurer le service de la terre.—Mais le principe d'indivisibilité, sans distinction de biens nobles ou autres, était, comme on l'a vu plus haut, fondamental dans les coutumes basques, et il finit par entrer si profondément dans la constitution territoriale de la famille béarnaise que, dans les fors de 1551, l'indivisibilité fut étendue généralement du fief et des familles nobles au *domaine rural* et aux familles rotu-

85 Fors de Béarn, art. 274 et 276, p. 104.

rières. Le corps du domaine rural fut déclaré indivisible dans les successions roturières ; et l'article des fors de 1551 porte avec lui une mesure transitoire qui prouve l'introduction nouvelle de cette disposition dans les *Fors et Costumas de Bearn* [86]. Les anciens fors avaient respecté l'égalité du partage entre les enfants des bourgeois, tradition romaine [87]; les nouveaux assimilèrent le domaine roturier au domaine noble quant à l'indivisibilité en faveur de l'aîné ou de l'aînée, usage qui existait de temps immémorial dans le pays le plus voisin du Béarn.

La féodalité n'avait pas étendu sur les biens son caractère absolu. Toute propriété ne relevait pas d'un seigneur ; en d'autres termes, les alleux ou biens libres étaient reconnus. Dans la charte de fondation du monastère de Saint-Pé, de l'année 1020, il est fait mention de terres allodiales cédées à Sanche, duc de Gascogne, et transportées par celui-ci à Centulle, *proconsul ou vicomte de Béarn* [88]. Le mot d'*alleu* ne paraît pas dans les fors ; mais les terres libres sont indiquées dans leur rapport avec les *hommes francs :* cette liberté des terres et

---

86 Fors de 1551, art. 3, § 2. Il contient une clause applicable aux filles déjà mariées et qui ne peuvent souffrir par l'effet rétroactif de la règle nouvelle.

87 Fors de Morlàas, art. 258, p. 179.

88 Ego Sancius..... totius Gasconiæ princeps et dux..... *alodium* hujus villæ habeo..... et supradictum *alodium* cum appendiciis offero propter propinquitatem hujus loci Centullo proconsuli Bearnensi ; cambiendo recepi villam..... et veniat Centullus Gastonis vice comes Bearnensis quem loco mei volo et impero esse patronum. Centullus Gastonis vice comes juravit (Charta monast. s. Petri Generensis, Marca, p. 247). Le nom de *Consul* pour *Comte* est fréquent dans les chartes du Midi des xe, xie, xiie siècles ; mais celui de *Proconsul* pour *Vicomte* est rare.

des hommes, venant des traditions de la loi romaine, n'a pas emprunté à d'autres traditions, dans le texte des fors de Béarn, la dénomination d'*alleu* .

La plus ancienne charte comprise dans les fors de Béarn, le for d'Oloron de 1080, atteste la concession qui fut faite par Centulle, seigneur de Béarn et de Bigorre, de *terres franches de tous cens et de tous devoirs*, dans les murs et au dehors, et des limites d'Abidos jusqu'à celles de Goez [89]. — Il fut accordé, par le même for, que si quelqu'un voulait vendre sa maison ou ses terres, il pouvait les vendre *franchement* à toute personne [90].

Les fors de Béarn, protecteurs de la liberté civile, garantissent, du reste, la plus haute juridiction à l'homme libre, pour la conservation de sa terre. Ils statuent, d'une manière générale, que si le seigneur fait une demande de fonds de terre à un homme franc (*omi franc de fonts de terra*), et que celui-ci perde son procès à la cour du vic, l'homme franc doit appeler à la *Cort mayor* [91]. — Il y avait de plus, en faveur des censitaires, une application très-large de la prescription, pour les conduire à la franchise de condition et de propriété : le censitaire qui *possédait librement*, pendant dix ans entre présents et vingt ans entre absents, devenait propriétaire

---

89 Et lasbetz lo senhor conte dona a lor *las terres* qui ave propis, *de totz ceys et de totz devers franques*, deutz los murs et daffora, deutz los termis d'Abidos entroo aus termis de Goes. (For d'Oloron, art. 1er ; dans les fors de Béarn, p. 209.)

90 Fors de Béarn, art. 4. Examentz dona alor aquest donatin que si augun deu vesiis vole bener sa mayson o sas terres franquementz las pusque bener a cocy se vahe (p. 212).

91 Fors de Béarn, rub. LV, *de fonts de terre et de cap d'omi* (art. 190, p. 72) : *Omi franc de fonts de terre.*

du fonds; et les fors qui donnent ici au censitaire le
titre de *fivatier* (comme dans les communes basques),
citent un texte de droit romain, *et quo tempore servitu-
tes prœdiales non utendo perdunt*, texte qui, transporté
des servitudes prédiales à l'état de l'homme serf ou censitaire, devenait extrêmement favorable à la liberté de
la personne et de la chose [92].

VIII. Toutes les questions relatives à la propriété et
à l'état des personnes (*de funtz de terre et de cap d'omi*)
ressortissaient à la Cort mayor, soit au premier, soit au
second degré. La Cour mayor ou majour était donc
l'institution judiciaire qui dominait toute l'organisation
civile et féodale, toutes les cours de justice.

Quelle était, devant les cours de justice et cette cour
suprême, la procédure civile et criminelle?

La procédure a passé dans la haute Gascogne, du
jugement de Dieu par les ordalies ou épreuves, au jugement de Dieu par le combat judiciaire.

On trouve, au xe siècle, l'épreuve de l'eau froide mentionnée dans la charte de fondation du monastère de
Saint-Sever. Des possesseurs ne voulaient pas céder à
Guillaume Sanche, comte de Gascogne, une terre qui
était un lieu franc et libre de tout cens [93]; le comte soutenait que le terrain, objet du litige, était dans l'alleu de
son château (*in alodio castri mei*); on eut recours au
jugement ou à l'épreuve de l'eau froide (*complacuit illis*

---

92 Fors de Béarn, rubr. LXI, *De possession* (art. 224, p. 84).

93 Carta, anni 982. Hist. du Béarn, p. 225. *Locum francum et ab
omni censu liberum*. Marca rapporte la Charte à l'an 982; en se
fondant sur la signature de *Odo*, archevêque d'Auch, qui occupait le
siége épiscopal de 979 à 982.

facere judicium in aqua frigida)[94]. L'épreuve consistait à jeter un enfant (ou la personne accusée, s'il s'agissait d'une cause criminelle), pieds et mains liés, dans un grand vaisseau rempli d'eau froide, bénie par le prêtre après la messe et suivant les formules consacrées. Si la personne surnageait, le demandeur au civil ou l'accusé au criminel perdait sa cause (disposition bien favorable, il semble, au demandeur et à l'accusé). — La charte de Saint-Sever rapporte que l'épreuve allait s'accomplir et que l'évêque s'apprêtait à faire l'immersion de l'enfant, lorsque tout à coup un éclat de tonnerre se fit dans un ciel pur et sans nuage. L'assemblée effrayée se dispersa, et les adversaires de Guillaume Sanche lui abandonnèrent le terrain sur lequel, au moment de combattre l'invasion des Normands, il avait fait vœu de bâtir une église en l'honneur de Saint-Sever.

A partir de cette époque [95], les ordalies disparurent de la Gascogne, et le combat judiciaire, procédure plus digne d'une féodalité militante, fut suivi dans les cours du comté et de ses dépendances.

D'après les fors de Béarn, le duel judiciaire est la règle commune en matière civile et criminelle, mais non la pratique absolue.

Il fallait, en matière civile, que le litige eût une certaine importance; la valeur devait dépasser quarante

---

94 Ce mode était pratiqué du temps de Charles le Chauve, comme on le voit par le traité d'Hincmar, *contra episcopum Laonensem.* (Marca, p. 220.)

95 Dans les usages de Barcelone, de 1068, on trouve encore le jugement par l'eau chaude ou froide, *judicium aque calide*, vel *frigide* (Usatici Barchinone patrie), an 1068, art. 113. (Recueil de M. Giraud, II, p. 489.)

sous d'or [96]. Dans ce cas, et avant la concession de juridiction temporelle faite l'an 1209 aux évêques du Béarn,
le duel avait lieu même pour les causes qui intéressaient
les établissements ecclésiastiques. Ainsi nous trouvons,
dans le xie siècle, un jugement extrait du cartulaire de
Saint-Pierre de Genères, sur une question de propriété
entre le monastère et le possesseur d'un moulin : le cham-
pion de l'abbaye fut vainqueur [97]. De même, le duel fut
ordonné dans un procès de propriété qui intéressait Raimond, évêque de Lescar ; le cartulaire disait : *et comes
misit judicium militibus de curia sua et judicaverunt ut bel-
lum fecissent ante comitem* [98].

Après la concession de juridiction ecclésiastique, la
procédure par témoins fut seule suivie dans la cour de
l'évêque ; et sous l'influence de cette juridiction et de la
cour majour, où siégeaient les évêques de Lescar et
d'Oloron, la procédure par témoins s'étendit, aux xiii[e]
et xive siècles, dans les cours de justice laïque.

En matière criminelle, le duel était le mode ordinaire
de procéder. Mais on pouvait se purger d'une accusation
par serment et cojurateurs [99] : cela s'appelait, en langage béarnais, *se esdiser* ou le *esdiit*. C'est évidemment,
pour la linguistique comme pour l'institution elle-même,
le *se edicere* des lois barbares, l'*escondit* de la coutume
de Reims, une importation du Nord dans le Midi, un
usage d'origine germanique [100]. Si l'accusé ne voulait
pas ou ne pouvait pas se justifier par serment et cojura-

96 Fors de Béarn. Rubr. xxviii, art. 64, p. 129.
97 Hist. de Béarn, P. de Marca, p. 282.
98 Cartularium Lasurrence. (Marca, p. 290.)
99 *Voir* une charte dans P. de Marca, p. 292.
100 *Voir* mon tome ii, p. 142. *Époque celtique.*

teurs, il payait l'amende au plaignant et au seigneur justicier[101]. — Dans le cas où il y avait plaie ou contusion apparente (corps de délit), la preuve appartenait au plaignant, et il devait établir, par un témoin oculaire, soutenu de trois témoins par ouï-dire, que l'accusé était l'auteur de la plaie ou contusion[102]. Mais si par aventure les jurats ne pouvaient acquérir connaissance certaine de celui qui avait commis le délit, l'accusé ou prévenu devait se justifier par *sa main septième*, c'est-à-dire par la main levée de six cojurateurs et la sienne, ou avec *trente cagots* ou *expiàats*[103]. — La classe des *cagots*, déshéritée d'une partie des avantages de la liberté civile, formait une race presque maudite, reléguée dans des lieux écartés, et frappée d'incapacité sinon absolue, du moins relative et humiliante[104]. On voit par cette disposition des fors de Béarn qu'il fallait le témoignage de cinq *cagots* ou *expiàats* pour valoir celui d'un seul témoin ou cojurateur ordinaire.

IX. Ici finit l'exposé des coutumes du Béarn. L'esprit de la loi romaine antérieure au droit de Justinien s'y fait souvent sentir; mais un droit mixte prédomine dans les fors des XIe, XIIe et XIIIe siècles. On y trouve des éléments différents et même opposés : le droit de la féodalité militaire appliqué au régime des fiefs, le droit de liberté pour les biens ordinaires et d'origine

---

101 Fors de Béarn, rubr. XXXIII, *De esdiit*, art. 66, p. 29. Si per aventure no se bol *esdiser* et no po, que fassa emendas au clamant et au senhor.

102 Fors de Béarn, rubr. XLIX, art. 160, p. 62.

103 Fors de Béarn, rubr. XXX, art. 65, p. 29.

104 P. de Marca, p. 75. Gasso non deve sercantor otros ombre.

romaine; le droit étendu de la puissance paternelle sur
les biens des enfants mineurs, le droit très-limité de
cette même puissance sur leur personne, déclarée majeure à douze et quinze ans; le droit de libre aliénation
des terres franches, la garantie du retrait lignager pour
la conservation des biens dans les familles; le rapport
des Cours de justice avec la condition des personnes,
et cependant la suprématie d'une Cour qui concentre
toutes les causes où se trouve gravement engagée la
condition des personnes et des propriétés; enfin, le droit
de chaque seigneur, reconnu dans sa terre mais subor-
donné à la *Cort mayor,* qui représente le seigneur supérieur et la souveraineté du Béarn : en un mot, dans
l'ordre civil, l'alliance de la personnalité libre et du
droit collectif de la famille, l'esprit de la propriété romaine et le régime spécial des fiefs ; — dans l'ordre politique et l'organisation judiciaire, l'alliance de la liberté
et de la féodalité, la variété dans les cours de justice et
l'unité d'une cour suprême.

A cette organisation intérieure, originale et forte
dans ses combinaisons d'éléments divers, le Béarn, par
un privilége rare dans le régime public du moyen âge,
réunissait l'indépendance extérieure; et son territoire
peu étendu avait, aux yeux des puissances voisines,
pour garantie de son indépendance, le souvenir des
grands services rendus par une population belliqueuse,
dans la cause commune de la chrétienté occidentale et
de la nationalité française.

SECTION III.

COUTUMES DE BIGORRE ; DROIT DU SEIGNEUR.
COUTUMES DES VALLÉES DE BARÉGES ET DE LAVEDAN [1].

Le comté de Bigorre fut institué en faveur de Donat-Loup, en 820, dans la même année que la vicomté de Béarn en faveur de Centulle Iᵉʳ, son frère : tous deux étaient fils de Loup-Centulle, duc de Gascogne. — Le comté de Bigorre fut possédé dès le ıxᵉ siècle par le comte Eneco Arista, réputé le fondateur du royaume de Navarre; ses successeurs furent pourvus du comté sous la réserve de l'hommage à la couronne de Navarre et de la suzeraineté en faveur de la France. — L'hommage direct fut plus tard transporté à l'Aragon par Sance le Grand, mais le comté de Bigorre resta un arrière-fief de la France jusqu'au moment de sa réunion à la Couronne, vers la fin du xıııᵉ siècle, par le mariage de la comtesse Jeanne avec Philippe le Bel [2].

---

1 Les coutumes de Bigorre ont été publiées pour la première fois par P. DE MARCA, d'après le cartulaire de Bigorre; Hist. du Béarn, p. 818; et réimprimées dans le recueil de M. GIRAUD, I, p. 19. — Les coutumes de Baréges et du pays de Lavedan ont été imprimées pour la première fois en 1836, à Baréges.

2 *Voir* l'Histoire du Béarn, par P. DE MARCA, liv. ıx., ch. 2, p. 802, et un titre de 1089, p. 812. — Le dernier hommage rendu au roi d'Aragon est de l'an 1192 (p. 828). En 1062, le comte Bernard de Bigorre avait soumis et dévoué son comté à la protection de N.-D. *du Puy en Velai*, et établi en faveur de l'Église une rente de 60 sous Morlàas, *devovi me et omnem comitatum* (tit., MARCA, p. 809-810). — L'Église du Puy transporta, en 1254, à Henri, roi d'Angleterre et duc d'Aquitaine, sa seigneurie sur le comté de Bigorre, la suzeraineté de la France étant toujours reconnue ; mais un arrêt du parle-

Le pays de Bigorre se divise en trois parties : la montagne, la plaine, et la partie des coteaux appelée le *Rustan*, le long de la rivière de l'Arros. Les montagnes, à l'ouest, touchent à celles du Béarn; à l'est, à celles de la vallée d'Aure; au midi, à celles de l'Aragon[3].

Les coutumes de Bigorre, rédigées en 1097, sous Bernard, fils de Centulle, de l'assentiment exprès des grands, du clergé et du peuple, sont bien moins étendues que les fors de Béarn; elles ne renferment que quarante-trois articles; elles ne contiennent aucune disposition sur les droits de famille, et nous verrons comment cette lacune peut être comblée : mais elles ont un caractère d'application générale au comté de Bigorre en ce qui concerne la condition des personnes et le régime féodal. Elles présentent sur ces deux points essentiels un contraste remarquable avec les fors de Béarn.

Les liens de la féodalité y sont beaucoup plus étroits. L'homme qui se trouve indiqué de condition libre, dans les coutumes de Bigorre, est en état réel de recommandation et de sujétion. L'homme libre qui perd son seigneur par décès (dit l'article 37) doit recevoir dans

ment de l'année 1290 jugea que le roi d'Angleterre avait injustement dépouillé l'Église du Puy de sa seigneurie sur le Bigorre et l'y rétablit (p. 837) ; en 1293, la reine Jeanne de Navarre fut déclarée propriétaire du comté qui fut ainsi réuni à la couronne, p 839.) — C'est en 1270 que Thibaut II (comte de Champagne), roi de Navarre, succéda à Henri, dit le *Gros*, son frère, qui mourut en laissant Jeanne, sa fille unique, héritière de Bigorre, laquelle se maria avec Philippe le Bel en 1284 [1285]. Elle apportait ses droits sur le Bigorre au roi de France; mais ses droits ne furent définitivement reconnus et déclarés qu'en 1293, par suite de l'arrêt du parlement rendu en 1290 contre le roi d'Angleterre, duc d'Aquitaine.

3 *Voir* l'attestation donnée en 1704 par le sénéchal de Bigorre.

les trois semaines un autre seigneur. L'homme, dans
ces coutumes, n'est donc jamais vraiment libre; il est
toujours, plus ou moins, en état de vasselage, et toujours sa terre relève d'un seigneur : l'alleu n'y est pas
connu.

Nul ne peut, sans l'aveu du comte de Bigorre, construire un château sur sa terre ; c'est aussi l'interdiction
que nous avons trouvée dans les fors de Béarn; mais de
plus, dans les coutumes de Bigorre, celui qui avait un
château ne pouvait y toucher ou le réparer (*non faciet de
lapide*) sans le consentement du comte. S'il contrevenait
à cette prohibition, il était tenu de détruire le château,
sur la réquisition du comte, ou de rétablir les choses
dans leur état antérieur [4].

Au-dessous du comte de Bigorre, seigneur principal
et direct, il n'y avait pas de hiérarchie féodale comme
dans le Béarn. Tous les vassaux ou seigneurs inférieurs
sont censés de même rang et de même valeur aux yeux
du chef-seigneur, système d'égalité féodale étendu aux
pays de Foix et d'Armagnac. Salvaing, *De l'usage des
fiefs*, a constaté que le droit de prélation ou de retrait
féodal n'avait pas lieu dans ces contrées, auxquelles il
joint la vicomté de Marsan [5]; mais il n'avait pas remarqué que dans ces coutumes, ainsi que dans les fors de
Béarn, la libre aliénation des fiefs n'était pas reconnue,
et que le retrait féodal suppose cette liberté dans la
vente : le seigneur exerçait le retrait afin de choisir un
vassal à sa convenance; mais quand la vente ne pouvait
se faire que du consentement formel du seigneur, celui-

4 Cout. de Bigorre, art 3.
5 SALVAING, de l'Usage des fiefs, ch. 20, p. 145.

ci avait choisi d'avance son vassal, et dès lors il ne
pouvait y avoir lieu à l'exercice du retrait. L'absence
du retrait féodal dans les coutumes du moyen âge im-
plique l'alternative des deux extrêmes : ou la liberté
la plus complète de vendre les biens, comme dans les
territoires de Toulouse et de Cahors; ou la restriction la
plus rigoureuse apportée au droit de vendre, qui ne peut
s'exercer qu'avec le consentement exprès du seigneur
supérieur. C'est cette dernière condition qui existait dans
les coutumes de Bigorre comme dans les fors de Béarn.

Les vassaux du seigneur de Bigorre dépendaient de lui
primitivement au même degré et au même titre, ainsi
que nous l'avons dit : plus tard, les qualités nobiliaires
furent assimilées, dans le pays de Bigorre, à celles du
Béarn, car dans un acte solennel de l'an 1288 par lequel
les seigneurs du pays reconnurent les droits de la comtesse Constance, fille de Gaston de Béarn, ils sont
dénommés barons, cavers et *dauzeroos* (nobles) de Bigorre [6]. Mais cela n'empêchait pas le comte d'avoir,
dans le XIIIᵉ siècle, la haute justice en tous les lieux,

---

6 Dans l'acte de prise de possession de l'an 1300 au nom du roi,
on trouve neuf maisons ayant la dignité de *baronnie*, savoir : les
maisons de Lavedan, de Barbasan, de Bénac, de Basalhac, des Angles, de Castelbajac, d'Antin, d'Esparros et d'Aster. Mais nulle
préséance n'existait entre elles, et l'on compléta le nombre de
douze barons pour suivre l'exemple du Béarn, en comptant avec
les aînés les puînés de Lavedan, de Castelbajac et d'Esparros. — Il
y avait aussi à la même époque 95 gentilshommes appelés petits seigneurs, *dominicelli*, sauf quelques-uns ayant le titre de chevaliers.
18 des *dominicelli* relevaient des barons de Lavedan, d'Aster, de
Benac, de Basalhac et d'Antin, comme possédant leurs biens en *arrière-fiefs*. C'était un commencement de hiérarchie qui s'était produit tardivement dans la féodalité du pays de Bigorre. (*Voir* Hist.
du Béarn, p. 854, acte de 1288, nᵒ 1, et p. 843, acte de 1300.)

même dans le domaine des barons, ainsi que les droits
d'armée, de chevauchée et d'amende. Cette prérogative
constante du comte de Bigorre est attestée par le procès-
verbal de la prise de possession du comté, au nom du
roi, en l'année 1300 [7].

Si la condition des hommes libres est restreinte et
celle des vassaux nivelée dans les plus anciennes
coutumes de Bigorre, la classe rustique y paraît protégée, mais seulement dans l'intérêt de l'agriculture. Le
paysan, *rusticus*, doit toujours avoir la paix ; on ne
peut recevoir en gage ses bœufs et ses instruments ara-
toires ; et les paysans, tributaires ou libres, n'étaient
obligés de suivre le comte en expédition militaire que
si une armée étrangère était entrée dans le pays [8]. Mais
par une restriction rigoureuse dans un pays de montagnes et de vallées et bien contraire à l'esprit des
coutumes basques, le rustique ne pouvait chasser ou
pêcher que pour le service des monastères et des chevaliers [9] ; et par un abus odieux de la féodalité la plus
oppressive, c'est dans les montagnes d'Ossun et de
Bigorre que le droit de la force et de l'impudicité, appelé
le *droit du seigneur* au moyen âge, a laissé jusqu'aux
xvie et xviie siècles des monuments authentiques de son
ancien et brutal exercice. Ce droit est consigné très-
formellement dans des dénombrements de droits féodaux. Voici l'énonciation textuelle d'un dénombrement
de l'année 1538 : « *Item*, que quant auguns de tals mai-

---

7 Procès-verbal de prise de possession de Bigorre ; Histoire du
Béarn, par P. DE MARCA, p. 843.

8 Cout. de Bigorre, art. 25.

9 Cout. de Bigorre, art. 12.

» sons que pardessus sera declarades se mariden, *daban*
» (avant) *que connexen lors molhers*, sont tenguts de las
» présenter per *la prumière neyt* a nostre dit senhor de
» Lobie per *en far a son plaser*, o autrement lor bailhar
» son tribut. »

« *Item.* Si ben casan enfant que engendren (s'ils
» viennent à avoir quelque enfant) lo son tenguts portar
» certaine somme de deners, et si advient que lo *prumer*
» *nascut sie enfant mascles, es franc,* per co qui pourra
» star engendrat de las obras deu dit senhor de Lobie en
» *la dite prumere neyt de son susdits plasers* [10]. »

Un autre titre du 12 septembre 1674 est un dénombrement du seigneur de Bizanos [11]; il porte : « *Item*,
» temps passé *los dits soubmis* étoient en telle subjection,
» que les prédécesseurs du dit dénombrement avoient
» droit, toutes fois et quantes qu'ils prenoient femme en
» mariage, de *coucher avec l'épouse* la nuit la plus pro-
» chaine des nopces. — Ce devoir a esté pourtant *con-*
» *verty* par ses dits prédécesseurs à cet autre, savoir :
» que les soubmis seront tenus et obligés, chaque fois
» qu'il se fait des nopces dans le dit lieu, de leur porter
» *une poule, un chapon, une épaule de mouton, deux pains*
» *ou un gâteau et trois écuelles d'une sorte de bouillie vul-*
» *gairement appelée bibarou* [12]. » Tel est le symbole sous

10 Document extrait des archives de Pau, par M. G. B. DE LA-
GRÈZE, conseiller à la Cour impériale de Pau. Voir *Essai* sur le droit
du seigneur à l'occasion de la controverse entre M. Dupin aîné et
M. Louis Veuillot (1855), p. 27. La seigneurie de *Louvie* ou *Lobie*
était dans les montagnes d'*Ossau*.

11 Tiré aussi des archives du château de Pau.

12 Titre des archives de Pau, transcrit dans l'Essai de M. DE LA-
GRÈZE, p. 29, et dans l'Appendice III du t. v, de l'Hist de France,
par M. H. MARTIN.

lequel était rachetée la profanation du mariage, au lieu
du gâteau de fleur de farine, de sel et d'eau qui représentait dans les mœurs de Rome primitive la pureté du
mariage par confarréation. — Un magistrat qui a fait
une étude spéciale du pays de Bigorre, dont il a écrit
l'histoire, constate au surplus que de nos jours encore il
est de tradition dans ces contrées que le seigneur de
Baudéan, près Bagnères-de-Bigorre, usait de *son droit*
avec rigueur, et il rapporte à ce sujet un récit populaire
de la vallée d'Aure[13].

13 M le conseiller DE LAGRÈZE, dans son Essai, p. 29. *V.* du reste,
une notice sur Notre-Dame de Bourisp, publiée par le baron LOUIS
D'AGOS. — Sur les traditions anciennes du *droit seigneurial* dans le
Midi, BOUTARIC (mort en 1733) dit, dans son livre *Des droits seigneuriaux* (p. 650) : « *J'ai vu des seigneurs* qui prétendaient avoir ce
droit (le droit de *marquette* payé par les mariés pour se racheter
du droit du seigneur sur la première nuit des noces); mais cette
prétention a été, ainsi que bien d'autres de cette espèce, sagement
proscrite par les arrêts de la Cour. » — BOUTARIC, du XVIIᵉ au XVIIIᵉ
siècle, dit : *J'ai vu* des seigneurs, comme le président BOHIER (Boierius), dans ses Décisions, au XVIᵉ siècle, disait aussi *j'ai vu* dans la
Cour de Bourges, devant le métropolitain, un procès en appel,
dans lequel le recteur ou le curé paroissial alléguait la coutume
(qui a été abolie), *primam habere carnalem sponsæ cognitionem.* (Decis. aureæ, p. 207.) Quelque extraordinaire que soit le
fait allégué, il est difficile de nier la prétention quand un homme
grave comme Bohier dit: *Et ego vidi in curia Biturice....* Bohier
avait le moyen de savoir avec certitude ce qu'il rappelait; car il
avait été *Bailli du Palais* et des *autres Justices de l'archevêque* de
Bourges sous Mᵍʳ DE CAMBRAI, son oncle. Sa qualité de Bailli de
l'archevêque et celle d'avocat près des cours ecclésiastiques et séculières de Bourges lui donnaient la facilité de connaître les procès
relatifs aux ecclésiastiques, et ne permettent pas d'infirmer son témoignage à l'occasion du procès qu'il a cité dans ses Décisions.
C'est un fait bien singulier, sans doute, mais qui prouve qu'un titre
féodal s'était autrefois uni à la paroisse du recteur qui invoquait la
coutume. Cela ne veut pas dire que jamais l'Église ait prétendu protéger ou traiter avec indulgence des prétentions si monstrueuses.
Sur les droits pécuniaires de l'ordre féodal et du même genre, on

Pourquoi s'en étonner, et surtout pourquoi s'en irriter? — Ne sait-on pas que, dans le principe, la féodalité était le droit de la force ; que l'homme livré à l'enivrement de la force, à la brutalité de ses instincts, peut exercer, à l'égard de ses inférieurs, la plus sauvage oppression, et qu'enfin l'homme corrompu par la servitude qui l'entoure perd la notion du bien et du mal, transforme ses excès en droit, et tâche de s'affermir ainsi dans leur paisible et coupable jouissance ? — Le moment vient, sans doute, où l'esprit de l'homme se réveille, où la notion vraie du droit apparaît et trouble l'ancien possesseur ; la force alors a honte d'elle-même ; mais au lieu de condamner expressément ses antiques abus, elle les convertit en redevances, en usages, en symboles qui les attestent encore, qui les flétriront un jour dans l'histoire par le témoignage de leur origine. Le moyen âge, époque de confusion féconde, qui contient les éléments les plus opposés, a laissé dans les traditions populaires le souvenir de la servitude exercée sur la pudeur de la jeune épouse : nier ce souvenir du servage et les faits qui l'ont établi dans la mémoire d'un peuple, n'est pas le droit de l'histoire ; mais indiquer l'abîme où la force livrée à elle-même peut entraîner l'homme et sa dignité morale, ce n'est pas nier la dignité de la nature humaine qui se relève au moyen âge par des vertus chevaleresques et les sublimes élans de la religion. Le moyen âge a enfanté le monde moderne

peut voir une citation faite par DUCANGE, qui donne un extrait du polyptique de Fécamp (Normandie) de l'année 1235 : « *Cum villanus maritat filiam suam extra villanagium, debet tres solidos de Culagio.* » (*Tributum a subditis, matrimonio jungendis, domino exsolvendum.*)

et lui a ouvert les grandes voies de la civilisation européenne : l'étudier avec impartialité est en même temps
faire acte de justice et de reconnaissance [14].

Dans les coutumes de Bigorre, il n'y a point de juridiction ecclésiastique ; l'évêque ne peut être juge que
pour délier les âmes [15] ; et cette absence de justice ecclésiastique peut expliquer la longue persistance du droit im-
moral de *prélibation* dans les montagnes et les vallées
du comté.

Dans la juridiction civile ou féodale, le comte, bien
que très-supérieur à ses vassaux, ne peut juger personnellement : il semble que ce droit de *justice personnelle* soit réservé, dans les idées du moyen âge, au
roi lui-même, représentant de Dieu sur la terre.

Si le comte de Bigorre avait admis un chevalier à se
purger d'une accusation contre la loi et la justice de
la terre, le vassal blessé par cette injustice du seigneur
pouvait répudier le lien féodal. Le plaignant, dans ce
cas, et avant de rompre le lien, devait se rendre dans
la maison du comte avec ses plus intimes conseillers et
lui demander de réparer l'injustice. S'il ne réussit pas

14 Sur la polémique relative au *droit du seigneur,* *voir* l'ouvrage
de M. Veuillot, en réponse au rapport présenté par M. Dupin à l'Ac.
des sciences morales et politiques sur les anciennes coutumes
d'Amiens, publiées par M. Louis Bouthors. Une vive attaque est dirigée contre *Boierius,* juriconsulte dont la véritable qualité a été
rétablie dans la note précédente.— Les *anciennes coutumes* de Touraine contenaient le don de *corps et de biens*, et il y était dit : « En
» cette donnaison faut que le donataire, à qui l'on se donne, *prenne*
» *possession du corps de celui qui s'est donné et de ses biens.* » C'était
un servage qui pouvait aller loin et qui n'a été abrogé qu'en 1507.

15 Cout. de Bigorre, art. 28.

dans cette démarche, la coutume règle avec soin les actes qui doivent précéder la rupture du lien. Le vassal plaignant va trouver les nobles de la terre avec lesquels il a prêté serment de fidélité au seigneur, et deux fois il doit exposer au seigneur, en leur présence, l'injure souf-ferte ; s'il ne réussit pas encore dans sa plainte, il attendra quarante jours ; mais à l'expiration de ce terme légal, s'il veut se séparer du seigneur de Bigorre, la coutume dit : « qu'il s'en sépare, il peut choisir un autre seigneur [16]. »

La coutume prévoit le retour du vassal, par suite de la réparation venue du seigneur, et elle statue que si le comte avait, dans l'intervalle, donné la terre à un autre, il devait la restituer.

Ainsi, bien que le comte ne soit pas juge par lui-même, il doit procurer la justice par la cour composée de ses vassaux, et le déni de justice entraîne la rupture du contrat féodal [17]. Le devoir de justice et la récipro-cité des obligations entre les seigneurs et les vassaux étaient le fondement de la féodalité dans l'ordre politique : c'est l'esprit fier, indépendant et loyal des Aragonais qui stipulait du roi par serment le maintien des libertés et franchises en échange de leur fidélité : SINON, NON [18]. — Tout le droit féodal entre les seigneurs et les nobles vassaux repose sur la loi du contrat.

Les coutumes de Bigorre s'appliquaient généralement au comté, et formaient le droit public du pays, dans l'ordre féodal.

Quant au droit de famille (de l'ordre civil), les di-

16 Cout. de Bigorre, art. 14.
17 Cout. de Bigorre, art. 6.
18 Fors d'Aragon, et *Forum Judicum*. V. *suprà*, p. 387, note 24.

verses contrées du Bigorre avaient leurs coutumes particulières, ou étaient régies par le droit romain.

Le Bigorre comprenait sept vics ou districts, dont
l'état exact fut dressé en 1300 par les officiers du roi
de France quand le comté fut réuni à la couronne :
c'étaient ceux de Tarbes, Bagnères, Vic-Bigorre, Mau-
vesin, Godor, Baréges et Lavedan.

La vallée de Bagnères, qui contenait onze cent cinquante feux, et les vallées plus considérables du pays
de Lavedan, qui comprenaient cinq mille feux, nous
ont transmis des usages écrits qui complètent les coutumes de Bigorre en ce qui concerne la constitution
et les droits de la famille.

Leur rédaction est du XVIIᵉ siècle, mais elle s'applique « aux articles de coutume et de commun usage
» de tout temps observés dans les familles particulières
» desdites vallées, » selon les expressions d'un procès-
verbal de l'an 1670. Dans la rédaction des coutumes
de la vallée de Baréges et des vallées de Lavedan, on
a même pris le soin de distinguer en deux textes séparés l'ancienne coutume et les coutumes nouvelles,
avec des procès-verbaux différents de 1670 et 1704
pour les coutumes anciennes, et de 1768 pour les coutumes nouvelles, qui deviennent surtout une application de droit romain appelé *droit commun.*—Ici nous
n'avons à nous occuper que des anciennes coutumes,
qui ont été publiées pour la première fois à Bagnères
en 1836 [19].

19 Coutumes anciennes et nouvelles de Baréges, du pays de Lavedan et autres lieux. (Publiées en 1836 à Bagnères, chez Dossun,
impr.-libraire. In-8°, 48 pages.)

Le procès-verbal de l'ancienne coutume de Baréges se termine par cette déclaration des consuls et des habitants, que « lesdits articles (au nombre de vingt-
» cinq) ont été de tout temps pratiqués, autorisés et ap-
» prouvés par les rois de France, Angleterre, Navarre,
» et comtes de Bigorre, depuis quatre cents ans que le
» coutumier et les priviléges plus considérables ont été
» brûlés ou perdus par les guerres et autres accidents[20]. »

Le procès-verbal ou l'attestation du sénéchal de Bi-
gorre pour les anciennes coutumes du pays de Lavedan et autres lieux, porte que « les pays des vallées de La-
» vedan, des Angles, de Rivière-Ousse, de Bénac vivent
» et sont régis et jugés suivant *leur coutume non écrite,*
» *mais qui est si connue* et inviolablement observée de-
» puis plusieurs siècles, comme il se paraît et collige
» de grand nombre d'anciens actes, procédures et ju-
» gements, qu'il n'est aucune mémoire du contraire et
» qu'il n'a jamais paru ni été trouvé nécessaire de la
» faire rédiger par écrit, ainsi que la vallée de Baréges,
» qui est à l'extrémité du côté de Midi et confronte à
» l'Aragon, fut obligée de le faire, il y a environ qua-
» rante ans[21]. »

20 Procès-verbal de l'ancienne coutume de Baréges, du 2 juin 1670. Ce procès-verbal constate l'*assemblée générale des habitants;* il ne fait pas mention des nobles. — Le procès-verbal de la nou-velle coutume, du 9 décembre 1768, constate la réunion des *trois États :* la noblesse y déclare ne pas reconnaître les *coutumes anciennes* pour son droit. — Elle demande et obtient que le droit romain soit reconnu sa règle en matière de succession, ce qui est établi au tit. II. — Au dernier article, le Droit romain est dé-claré le *droit commun* du pays pour tous les cas non exprimés dans la présente rédaction (tit. IX, p. 46).

21 Attestation du 15 juillet 1704 donnée à Tarbes par le sénéchal de Bigorre sur les usages et coutumes non écrites de Lavedan, etc.,

Ces anciennes coutumes de Baréges et de Lavedan commencent par un article entièrement conforme aux coutumes que nous avons constatées dans le pays basque sur le droit d'aînesse, sans distinction de sexe, de classe et de biens nobles ou non nobles :

« Le premier-né du mariage, soit mâle, soit femelle,
» est héritier *de toute sorte de biens*, de quelque nature
» qu'ils soient, de souche et avitius, c'est-à-dire sans
» aucune différence, possédés par les pères et mères,
» aïeuls et aïeules ou autre en ligne supérieure et
» ascendante [22]. »

« Si l'aîné est incapable ou imbécile, en langue du
» pays, *pec* ou *taros*, le second frère ou autre, par ordre
» de primogéniture, doit succéder et hériter des biens
» de la maison [23]. »

Le droit d'aînesse est reconnu de la manière la plus complète : ainsi, lorsque l'aîné, héritier de la maison, décède sans enfants de légitime mariage, la succession des biens et maison passe à son frère ou à sa sœur, et à leur défaut, aux enfants selon l'ordre de primogéniture. Il y a cette différence entre les coutumes de Baréges et de Lavedan, qu'à Baréges le neveu ne succède jamais qu'à défaut de frère ou sœur ; tandis qu'à Lavedan, où la coutume est encore plus fortement entée

---

p. 11. — Le préambule ajoute : « A cause que la coutume et les usages de la vallée de Baréges sont différents des usages et coutumes desdites six vallées de Lavedan , etc... » — Nous signalerons dans notre texte les principales différences,

22 Anc. cout. de Bagnères, art. 1. — Anc. cout. de Lavedan, art. 1.

23 Anc. cout. de Baréges, art. 2 et 3. — Anc. cout. de Lavedan, art. 1 et 2.

sur le droit d'aînesse, *le fils aîné* d'un frère puîné pré-décédé, par conséquent le neveu du défunt *de cujus*, succède de préférence au frère puîné, troisième ou quatrième en ordre de génération [24]. — A défaut d'enfants ou de descendants de frères et sœurs, les biens reviennent à la maison d'où ils sont sortis, qu'on appelle la *maison de souche* [25].

Les puînés et puînées, appelés en langage du pays *esclaus* et *esclabes*, reçoivent de leur père et mère des légitimes égales, soit en biens acquis par leur travail et industrie, soit en *biens de la maison*, eu égard au nombre des enfants et aux facultés de la famille [26]. — Les coutumes de Lavedan, semblables aux coutumes basques, rendent les légitimes réversibles aux maisons des aînés, lorsque les puînés ou leurs enfants meurent sans postérité [27]. — Les coutumes de Baréges, qui s'adressaient à une population beaucoup moins nombreuse, ne contiennent pas cet usage caractéristique; et de cette différence on peut induire que les habitants de la vallée de Baréges, plus au midi que celle de Lavedan, avaient moins de rapport d'origine ou moins de relations sociales avec la race escualdunaise des Basses-Pyrénées. — Un autre point confirme cette induction : la communauté de famille n'apparaît pas dans les coutumes de Baréges, et celle des époux y est peu marquée [28]. —

24 Anc. cout. de Baréges, art. 6. — Anc. cout. de Lavedan, art. 2 et 3.

25 Anc. cout. de Baréges, art. 3 et 4. — Anc. cout. de Lavedan, art. 2 et 3.

26 Anc. cout. de Baréges, art. 8 : s'il y avait difficulté, les plus proches en étaient les appréciateurs et les juges.

27 Anc. cout. de Lavedan, art. 3.

28 Anc. cout. de Baréges, art. 9, 19 et 121.

La communauté de famille, au contraire, est reconnue dans les coutumes de Lavedan, comme dans les coutumes basques. Mais dans les deux vallées le retour des biens à la maison d'où ils viennent est un principe dominant. La coutume de Lavedan dit même, en termes explicites, que la règle *paterna paternis*, *materna maternis* est extrêmement observée dans les vallées de ce pays.

Cet esprit favorable au retour des biens à la maison de souche, qui se trouve dans toutes les coutumes de la région pyrénéenne, a fait introduire de temps immémorial dans les coutumes de Baréges et de Lavedan, la coutume du *retrait lignager*. Il est accordé aux plus proches parents de la maison d'où sont provenus les biens-fonds. Mais cette faculté tombait sous la prescription d'*an et jour* entre présents ou absents [29]. Les coutumes de ces vallées, malgré la faveur du retour, n'avaient pas voulu prolonger l'incertitude du droit de propriété au delà de l'année. Ce délai passé, la vente était consolidée par la possession. C'est un témoignage de plus de l'importance de la possession annale dans les coutumes anciennes, quelle que soit d'ailleurs leur source, gallique, germanique ou escualdunaise.

Dans des pays où les biens étaient si étroitement affectés aux familles, il ne devait pas y avoir de participation aux successions pour les enfants bâtards. Mais le seigneur de Lavedan y suppléait d'une singulière manière; le Livre censuel de la vicomté, de l'an 1297, portait que si le seigneur avait *aucun bâtard*, chaque habitant était obligé de payer une rente pour subvenir à ses

---

29 Anc. cout. de Baréges, art. 17.—Anc. cout. de Lavedan, art. 11.

frais d'éducation. Les bâtards du seigneur de Lavedan étaient donc à la charge de la communauté [30].

Les autres contrées du pays de Bigorre, principalement composées de la plaine et du pays de coteaux appelé le *Rustan*, étaient anciennement régies par le droit romain, ainsi que l'atteste la déclaration donnée en 1704 par le sénéchal de Bigorre sur les anciens usages du pays [31]. — Il résulte de cette déclaration que la plaine, le rustan, les vallées et montagnes d'Ossau, de Saux et d'Adé observaient le droit commun : « En » sorte, dit-il, que pour les successions, donations, » institutions, légats, codicilles, substitutions, servi- » tudes, ventes, permutations, sociétés, partages et au- » tres contrats, les habitants y vivent et sont jugés » suivant le droit romain et les ordonnances, édits, dé- » clarations de nos seigneurs rois, selon les arrêts gé- » néraux et règlements de souveraine cour du parle- » ment de Toulouse; — tandis que les vallées de Lave- » dan, des Angles, Rivière-Ousse et Bénac vivent et » sont régies suivant leurs coutumes non écrites. »

Nous venons de voir que les coutumes de Lavedan et de quelques autres vallées étaient écrites; mais la distinction faite par le sénéchal se trouvait conforme aux règles du droit qui distinguent la loi et la coutume, le *jus scriptum* et le *jus non scriptum* et opposent aux lois romaines, appelées droit écrit, le droit coutumier appelé droit non écrit, bien que les coutumes fussent quelquefois rédigées : cette distinction a subsisté même après la rédaction générale des coutumes au xvie siècle.

---

30 Dolive, Questions notables, liv. II, p. 160. édit. 1638, in-f°.
31 Cout. du pays de Lavedan, art. 11.

En résumé, le pays de Bigorre, dans son ensemble et ses diversités, nous présente : 1° au point de vue de l'état des personnes, une situation contraire à la condition de l'homme libre, et les vestiges honteux de l'abus de la force contre la sainteté du mariage ; — 2° sous le rapport du régime féodal, des institutions qui concentrent dans les mains du comte les droits originairement répartis sur les divers degrés de la hiérarchie seigneuriale, mais qui en imposant l'égalité aux vassaux donne à l'assemblée des seigneurs terriens le droit d'intervenir, et au vassal blessé par déni de justice le droit de rompre les liens de la féodalité ; — 3° sous le rapport du droit civil, des usages d'origine diverse, dont les uns tenaient à la race ibérienne ou escualdunaise, et les autres aux colonies ou populations d'origine romaine ou aquitanique.

La diversité d'éléments, au surplus, était si grande que même dans la petite ville de Lourdes une rue, appelée du Bourg, avait un droit différent des autres quartiers de la ville : les filles y étaient exclues par les mâles des successions de leurs père, mère et aïeux : preuve certaine qu'une petite partie des habitants, d'origine franque ou salique, avait maintenu cette tradition de race sur cette montagne de Lourdes, où les rois de France, au moyen âge, tenaient forteresse et garnison contre l'Espagne [32].

Les coutumes de Bigorre, comparées aux coutumes basques et aux fors de Béarn, n'ont, en dernière analyse, ni le type original et indépendant de la race indigène des basques, ni le caractère libre que le Béarn associait si noblement à la féodalité militaire.

32 Anc. cout. du pays de Lavedan, art. 8, p. 14.

SECTION IV.

USAGES DU COMMINGES, DU COUSERAN, DU PAYS DE FOIX.

Avançons vers l'est des Pyrénées, sans toucher encore à leur extrémité orientale, le Roussillon.

Entre le Bigorre et le Roussillon se trouvent le Comminges, le Couseran et le pays de Foix qui n'ont pas de coutumes écrites, et dont les usages se sont partagés entre la pratique traditionnelle du droit romain et celle du droit féodal.

I. La contrée la plus voisine du Bigorre, le Comminges, a son origine bien marquée par l'histoire. Anciennement elle fut peuplée des débris du parti de Sertorius rassemblés par Pompée dans la ville de *Lugdunum Convenarum*, qui devint dans la suite le siége d'un évêché, et fut remplacée, après sa destruction, par S. Bertrand de Comminges[1]. Dès le temps d'Auguste, les *Convenæ* avaient reçu comme les *Auscii* (du pays d'Auch) le droit de latinité, le *Jus Latii*. Les témoignages de Strabon, de Ptolémée le géographe, de Pline l'Ancien ne permettent pas de doute sur l'origine de la cité des *Convenæ* et sur son caractère de colonie latine[2]. Saint Jérôme rappelle aussi cette origine, qu'il ne glorifie pas, dans ses attaques

---

1 Hist. du Béarn, par P. DE MARCA, liv. I, p. 38.

2 Contigui monti Pyrenei sunt Convenæ quorum civitas *Lugdunum* colonia. Quibusdam Aquitanorum Romani indulserunt *Jus Latii*, ut Ausciis et Convenis. (STRABO, IV; PTOL., Geogr., lib. II; TAB., III; *id.*, II, 17, 42. Mox in oppidum contributi Convenæ. PLINIUS, IV, c. 17 et 19).

contre l'hérésiarque Vigilance [3]. La persistance des traditions de l'ancien droit romain dans le territoire de Comminges s'explique donc par les origines de la population et du droit attachés à la colonie.

II. Il en est de même du pays limitrophe appelé le *Couseran*. La dénomination des *Consorani* était d'origine toute latine: les *Consorani* sont des *consortes*, des habitants associés ou réunis dans ces contrées voisines des Pyrénées, et disciplinés sous l'action de la domination romaine qui avait intérêt à s'assurer des passages nécessaires pour communiquer avec l'Espagne. La ville de Couseran fut le siége d'un évêché établi, dès le vi[e] siècle, comme suffragant de la métropole d'Auch, et destiné à retenir des populations, formées d'éléments divers, par l'unité de religion et de mœurs [4]. L'Église, favorable au droit romain qu'elle suivait, en seconda l'application dans la pratique du pays. Les alleux, quant à la propriété, et la liberté, quant à la condition des personnes, faisaient le fond du droit. Le fils d'un comte de Comminges, qui épousa une fille de la maison de Carcassonne, est la tige des seigneurs et vicomtes qui dominèrent dans une partie du Couseran [5]; ils étaient dits

---

3 *Hieronymus, ad Vigilantium*, tome i, p. 190 (édit. 1579). Nimirum respondet generi suo ut qui de latronum et *Convenarum* natus est semine : quos Cn. Pompeius, edomita Hispania, et ad triumphum redire festinans, de Pyrenæi jugis deposuit et in unum oppidum congregavit, unde et *Convenarum* urbs nomen accepit.— Hucusque latrocinatur contra ecclesiam Dei : et de *Vectonibus*, *Arrebacis*, *Celtiberisque* descendens incursat Galliarum ecclesias.....

4 GRÉGOIRE DE TOURS, liv. vi, ch. 29. M. GARRIGOU, Études historiques, 2e partie, p. 40.

5 La Chronique d'Arnaud Squerrer, de 1456, dit : le viscomte de *Couzerans*.

Seigneurs des principaux alleux soumis à leur autorité. La servitude n'y était pas connue ; il n'y avait point de corvées ; le droit seigneurial s'exerçait par le *champart* [6]. Les impôts se payaient par feux *composés* (réunion de plusieurs pour former l'unité de *capitatio*) ou par feux *allumants*, tradition de l'impôt romain sauf la dénomination. Les vallées de Massat, d'Oust, d'Aulus et d'Érié stipulèrent expressément du vicomte de Couseran, dans des chartes qui ont été conservées, leurs *franquezats* et *libertats* [7].

Quant au caractère du droit féodal, c'était celui du pays toulousain. Le comte de Comminges reconnut par charte de l'an 1241, qu'il tenait ses possessions en hommage-lige du comte de Toulouse ; et l'évêque de Couseran était signataire de cet acte [8]. C'est aussi comme vassal que le comte de Comminges prêta serment, en 1249, au frère de saint Louis, Alphonse, comte de Poitiers et de Toulouse.

III. Le pays de Foix est né le dernier dans l'ordre de la féodalité, mais il est devenu plus important que les deux autres : son étendue, son titre de comté, l'illustration de sa maison seigneuriale qui s'est alliée,

6 En langue du pays, *taste*. *Voir* les études historiques sur l'ancien pays de Foix et le Couseran, par M. Ad. GARRIGOU (de l'Ariége). Toulouse, 1846, in-8°.

7 Chartes du XIIIe siècle, rapportées dans l'Histoire d'Ax et de la vallée d'Andorre, par M. CASTILLON, p. 36 (1851).

8 Histoire du Languedoc, t. VI, p. 81, — et Preuves, p. 428 (édit. DU MÉGE). — Le pays de Couseran, réduit par suite de transactions, était une simple vicomté d'après une convention de 1068, citée par P. DE MARCA, Histoire du Béarn, liv. VIII, P. 74. — C'est le pays de Foix qui devint le Comté.

en 1290, avec la maison de Béarn, et dont le pouvoir s'est exercé sur les deux pays, l'ont élevé au régime administratif des États provinciaux. L'assemblée des trois ordres était distincte des États du Languedoc : elle avait pour président l'évêque de Pamiers, dont le titre épiscopal a été créé en 1296 par le pape Boniface VIII [9].

Bien des obscurités et des systèmes entourent le berceau du comté de Foix. Il ne nous appartient pas d'y pénétrer. Cependant nous pouvons dire ici qu'un auteur contemporain, originaire du pays, nous paraît avoir élucidé la question dans ses *Études historiques sur l'ancien pays de Foix*, et avoir démontré que les *Sotiates*, ce peuple aquitanique, dont parlent les Commentaires de Jules César et qui avait opposé une si forte résistance à son lieutenant Crassus, étaient les habitants du pays au temps de la conquête romaine [10]. — Ce qui est très-certain, c'est que des liens intimes de race et de langage entre les habitants du pays de Foix (aujourd'hui le département de l'Ariége) et les Escualdunais ou Basques, sont attestés et par la géographie locale et par la linguistique. Les noms de lieux et de points de défense sont indiqués, d'après la nature des sites, par des mots dont la racine est ibérienne ou basque ; et un tableau de conférence entre le *patois* indigène qui se parle encore

---

9 Le pape érigea l'abbaye de Saint-Antonin, de Pamiers, en évêché. — Les *États de Foix* l'avaient pour président-né.

10 Études historiques sur l'ancien pays de Foix et le Couseran, par M. Ad. Garrigou, Ire partie, 1846 (Toulouse); 2e partie, 1856. C'est dans la 2e partie que la question des *Sotiates*, comme habitants primitifs du pays, vaincus par Crassus, lieutenant de Jules César, me paraît très-bien résolue. (Ce Mémoire, du reste, a été couronné par l'Académie des inscriptions et belles-lettres.)

dans l'Ariége et la langue *escara*, donne plus de cent mots dont la ressemblance avec le basque est évidente [11].

Les Romains avaient grand intérêt à occuper une contrée qui s'étendait du pays de Toulouse aux Pyrénées, avoisinait, au nord-est, la Gaule narbonaise vers Carcassonne et Narbonne, et, sur le cours torrentiel de l'Aréga dominait par un point élevé, presque inaccessible alors, le passage le plus important pour entrer dans la grande chaîne des Pyrénées et pénétrer en Espagne. Ce point culminant, dont la base était arrosée par deux rivières, s'appelait en langage du pays *Fouich*, confluent (d'après sa position géographique) : le latin du moyen âge en a fait *Fuxum*, le langage moderne *Foix*. Les villes, les lieux, les points de défense les plus marqués avaient

---

11 Études historiques sur l'ancien pays, Ire partie, p. 117. *Voir* le tableau p. 121. Nous citerons ici quelques exemples.

Basque.		Patois de Foix et de St-Girons.
Afaria	(repas)	*Affart.*
Aisia	(repos)	*Aïze.*
Aribera	(rivière)	*Ribiero.*
Asta	(broche)	*Ast.*
Bisaga	(figure)	*Bizatge.*
Borda	(métairie, bordérie)	*Bordo.*
Burra	(beurre)	*Burré.*
Canibeta	(couteau)	*Gabineto.*
Eugandtcea	(séduire)	*Euganad.*
Ezpalda	(épaule)	*Espallo.*
Esquerra	(main gauche)	*Squerro.*
Harisza	(chêne)	*Garric.*
Khazaca	(vêtement)	*Cazaco.*
Mainada	(famille)	*Mainado.*
Peca	(idiot)	*Pec,* etc., etc.

Le tableau de M. Garrigou contient 104 mots.

reçu des dénominations latines qui attestent la guerre et la conquête : *Alta-ripa* (Auterive), *Clarus mons* (Clermont), *Castrum-Luridum* (Castel-Lourdes), *Pech-Julii* (Peguillet) formé d'un mot indigène, voulant dire pic ou sommet, et du nom de Jules César[12] ; — plus près de Foix, *Mons Altus* (Montaut), *Mons Ferrarius*, *Bellus mons*, *Mons Granarius*, *Tarusco* (Tarascon, *Trascou*), *Extremas-aquas*, aujourd'hui *Trèmes-aygues* au confluent de l'Ariége et du Lers, et *Grandis janua*, *Janua de virgis*, *Janua de aquæ vivæ*, les grandes portes des vallées ou des Pyrénées[13].

Après la conquête du pays des Sotiates par le lieutenant de Jules-César, qui reçut ensuite la soumission de toute l'Aquitaine, le nom des habitants primitifs disparut de la géographie gallo-romaine. Il fut remplacé par la dénomination générale et collective des *Consorani*, qui, vers la fin de la période romaine, comprenaient nonseulement la contrée dénommée plus tard le *Couseran*, mais une grande partie du haut pays de Foix : d'après P. de Marca et Danville, les *Consorani* étaient limitrophes des *Sordes*, lesquels occupaient le territoire devenu plus

---

12 Études historiques, IIe partie, p. 95.— «*Fouich*, dit M. Garrigou, p. 87, appartenait à l'un des idiomes celtique ou ibérien parlés dans le pays avant la conquête. Comme la plupart des lieux habités par les Aquitains, cette ville avait emprunté son nom de sa position géographique. Le terme *fux*, *fouisso*, correspondant à la dénomition postérieure de *furca* et de *fourc*, confluent, avait été appliqué à cette cité bâtie sur un rocher escarpé dont la base était mouillée par le cours torrentiel de deux rivières, l'*Arega* et le *Larget*. » — *Fuxum* et comes *Fuxi* se trouvent dans les chartes latines. *Voir* Charte de 1229, Histoire du Languedoc, t. v, Pr., p. 665, n° 160.

13 Études historiques, IIe partie, p. 49 et passim; *voir* la carte jointe à la IIe partie.

tard le Roussillon [14]. Dans le moyen-âge, l'ancien pays
des *Sotiates*, le haut pays de Foix, s'appela aussi le
Sabartès, du nom d'une église, *Sabar*, à laquelle se
rattachait une légende sur Charlemagne [15]; mais l'aleu
de Foix ne fut érigé en Comté qu'au commencement du
xie siècle; et beaucoup d'obscurité couvre l'origine du
titre de comte [16].

Roger, comte de Carcassonne, partagea ses possessions, vers 1040, entre ses deux fils. L'aîné, Raymond,
eut le comté de Carcassonne; Bernard, le puîné, eut le
pays de Foix qui fut tenu en hommage, pour la partie
située dans le diocèse de Toulouse [17], de Raymond
comte de Toulouse et marquis de Provence ou duc de
Narbonne. Le haut pays, le Sabartès, le château de Foix
conservèrent d'abord leur caractère d'aleu; plus tard,
ils furent enveloppés dans le comté; mais les villes d'Ax,
de Tarascon, de Montréal-de-Sos témoignèrent par

14 Histoire du Béarn, p. 9, — HAUTESERRE, *Rerum Àquit.*, I, c. 17,
p. 38.— Notice de l'ancienne Gaule, par DANVILLE, p. 242. — Études
historiques, p. 27, 31.

15 *Voir* la notice sur *Sabar*, par M. GARRIGOU (1849).

16 P. DE MARCA, Histoire du Béarn, liv. VIII, p. 711 et 712, et
Études hist. de M. GARRIGOU, p. 134.

17 Histoire du Béarn, par P. DE MARCA, lib. VIII, ch. 1.
— *Voir* aussi la généalogie des comtes de Foix à la suite de l'Histoire
des Albigeois, par le P. Benoist, t. I, p. 312. — C'est Bernard Ier qui
est dit avoir fait construire le château de Foix.
En 1138, Alphonse, comte de Toulouse, jure à Roger, comte de
Foix, de ne pas lui enlever ses fiefs. (Histoire du Languedoc, t. IV,
p. 425.
En 1229, en 1230, Raymond, comte de Toulouse, restitue au
comte de Foix les possessions qu'il lui a enlevées; et plusieurs
chartes confirment les titres de seigneur supérieur et inférieur.
Raymond prend dans ces chartes le titre de comte de Toulouse et
de marquis de *Provence*. (Hist. du Languedoc), t. V, Preuves, p. 665.

leurs franchises de leur antique indépendance[18]. Dans
la vallée d'Ax, chose remarquable, les traces de la
langue latine subsistent encore d'une manière très-sen-
sible, et les chants populaires en offrent le vivant témoignage[19].

Bernard, qui le premier paraît avoir reçu le titre de
comte de Foix, *comes Fuxi*, transmit héréditairement le
comté, en 1096, à son fils Roger, et la transmission en
ligne directe, de mâle en mâle, se continua jusqu'au
milieu du xive siècle, jusqu'à Gaston-Phébus. Celui-ci
jeta un vif éclat sur le comté de Foix par ses grandes
qualités, par son dévouement à la France, et il institua
le roi Charles VI son héritier, en 1391. Les États de Foix
et de Béarn (réunis depuis 1290) n'approuvèrent pas le
testament : le comté fut alors attribué à Mathieu de Foix,
héritier de branche collatérale, et bientôt (1398) à sa
sœur Isabelle de Foix, malgré les prétentions élevées
au nom du roi de France sur le retour du comté
à la Couronne, à défaut d'héritier mâle : le roi, qui
s'était opposé à la transmission, finit par donner
l'investiture. La comtesse Isabelle de Foix et son
époux Archambault, captal de Busch, lui prêtèrent serment de fidélité; ils promirent solennellement à leurs
sujets, par acte du 17 septembre 1398, « qu'ils n'entre-
» prendraient aucune guerre sans l'aveu des États,
» qu'ils seraient fidèles à leur serment au roi de France,
» et confirmeraient les villes de leur comté dans leurs
» franchises et priviléges. » L'acte se terminait par cette
clause expresse : « Que le comte et la comtesse autori-

18 Études historiques, p. 138.
19 Histoire d'Ax, par M. CASTILLON, p. 106 (1851).

» sent leurs vassaux *à manquer à leurs promesses, s'ils*
» *ne tiennent pas les leurs* [20]. » — C'est toujours dans la
région pyrénéenne, le *sinon, non*, des Aragonais, dont
les comtes de Foix et de Carcassonne, du reste, soutin-
rent souvent la cause dans les guerres du moyen âge.

Le pays de Foix, depuis la conquête romaine, était
régi par le droit romain. Après la croisade contre les
Albigeois, le pays qui avait pris une part active à la
guerre fut soumis aux lois de Simon de Montfort.
L'acte du 1er décembre 1212, sur l'application, de la
coutume de Paris, fut promulgué par Montfort dans une
assemblée générale tenue à Pamiers; et le vainqueur
contractait aussi, envers ceux des barons et chevaliers
auxquel il avait donné ou donnerait des terres, l'obligation de suivre la coutume de France [21]. Mais dans le
pays de Foix, toujours disputé pied à pied par les deux
armées, sans conquête définitive, il n'y eut en réalité

---

20 Cartulaire des archives de Tarascon, analysé dans les études
historiques, p. 345 (Ire partie).

Un cartulaire de la Chambre des comptes, à Pau, contient au
feuillet 96 la donation qu'Isabelle fait à Archambault du comté de
Foix et de Béarn, année 1398.

21 Tam inter barones et milites quam inter burgenses et rurales
succedant heredes in hereditatibus suis, secundum morem et usum
Francie circa Parisius.....

Item placitis, judiciis, feudis, partitionibus terrarum, Comes te-
netur servare *Baronibus suis de Francia* et aliis quibus dederet terram in partibus istis eumdem usum, eamdem consuetudinem qui
servantur in Francia circa Parisius....

Actum apud Alpameam in palatio nostro, anno Incarnationis millesimo ducentesimo duodecimo, prima die mensis decembris.

L'acte est fait *du conseil* de l'archevêque de Bordeaux, des évêques de Toulouse, de Carcassonne, d'Agen, de Périgueux, de *Cou-
serans*, de Comminges, de Bigorre. (COMPAYRÉ, *Documents inédits*
sur l'Albigeois, p. 496-508.) — *Suprà*, Lois de Montfort, p. 337.

qu'une seigneurie, celle de Mirepoix, qui fut transportée à un baron français, G. de Lévis, représenté aujour-
d'hui encore par les héritiers de son nom. Les lettres
patentes par lesquelles Philippe de Valois, en 1332,
dispensa les seigneurs de Mirepoix de suivre la coutume
de Paris, nous fournissent la preuve que le *Droit écrit*
était le droit commun du pays; le texte est précieux à
recueillir : « Philippus, D. G. Francorum rex, notum
» facimus..... quod cum baronia terræ Mirapicis et tota
» terra altera quam dilectus et fidelis noster *Joannes de*
» *Levis*, dominus Mirapicis, tenet a nobis in senescalia
» Carcassonnæ et ejus ressorto, *secundum usus et con-*
» *suetudines vicecomitatus Parisiensis*, a longo tempore
» citra, quoad successiones fuerunt gubernatæ : nos
» attendentes quod *terræ vicinæ Jure scripto pro majori*
» *parte reguntur*..... prædicte fidelis nostri supplicatio-
» nibus annuentes, eidem, authoritate regia et de speciali
» gratia, concessimus et concedimus per præsentes quod
» tam ipse, quam successores sui et liberorum suo-
» rum, quatenus ad ipsos dumtaxat, teneant et regant,
» seu teneri et regi faciant perpetuo baroniam et terram
» prædictas *secundum Jus scriptum, ad modum partium*
» *vicinarum*[22]..... » — Ces lettres patentes confirment
deux résultats importants pour l'histoire du droit :
c'est que, conformément à la convention féodale de
Simon de Montfort avec les barons français, la terre de

---

[22] Actum apud Boscum Vincennarum, anno Domini M.CCCXXXII
mense decembris. (Hist. du Languedoc, D. VAISSETTE, Preuves, t. VII,
p. 461, n° XXIX (édit. du Mège.) — En 1277, même reconnaissance
du droit écrit et de l'exception, à l'égard des seigneurs terriens
investis par Montfort, avait eu lieu. (L'Hist. du Languedoc cite les
mss. de BALUZE : *Voir* t. VI, p. 193, n° 44.)

Mirepoix, donnée en fief au moment de la conquête à l'un de ses chevaliers, avait été régie par la coutume de Paris jusqu'en l'an 1332; mais que dans le pays de Foix, généralement soumis au droit écrit, c'était une exception, et que les autres terres, qui étaient restées entre les maius des seigneurs indigènes, avaient toujours été régies par le droit romain. Le roi, successeur de Simon de Montfort, a relevé le baron de Lévis de l'obligation d'observer la coutume de Paris et a laissé la terre de Mirepoix à l'empire du droit commun[23]. Rien ne peut mieux établir que la conquête de Montfort n'avait pas altéré le droit primitif du pays, sauf sur un point exceptionnel qui disparut, au xive siècle, dans l'uniformité du droit territorial.

On trouve dans le cartulaire de Bolbonne un acte remarquable qui se rapporte à ce droit et prouve en même temps que là, comme dans les autres parties du Midi, le droit romain était modifié par les usages locaux. C'est un acte d'affranchissement de 1332. Le lieutenant du comte de Foix affranchit deux frères, l'un *prêtre* et l'autre *laïque* (Bernard et Armand Sauzet), et leurs trois nièces; il les crée, eux et leur postérité, *citoyens romains*, leur accordant le droit des *anneaux d'or*, et promettant de ne pas revenir contre leur affranchissement,

---

23 L'enquête des limites du comté de Foix de 1272 (Hist. du Languedoc, t. vi, p. 60) fait exception à l'égard de Mirepoix, *per pacem Parisius.*—Dans la chronique en patois, de 1456, il est aussi fait mention de l'exception relative à la terre de Mirapech, comme soumise à la coutume de Paris : « Exceptat la terra de Mirapech per la pats de Paris, car auxi contien la carto : « Era estado baillado per la » conquesto de la *iretgia* a moussur Guillem de Levis, maréchal de » Francio, et lo Rey la strema de l'homeratge del comtat de Fouich.» (Manuscrits inédits, dans les études hist. de M. GARRIGOU, I, p. 329.)

même pour cause d'ingratitude. Il affranchit aussi leurs biens ou *casal.* — On voit que dans le Midi, comme dans la Franche-Comté, le *prêtre* pouvait être de condition servile ! [24]

Les seigneurs du pays avaient leurs justices particulières, même au criminel ; les villes, notamment celles de Tarascon et d'Ax, d'origine romaine, avaient leur justice consulaire, au civil et au criminel également. Au-dessus de ces juridictions, de premier ressort, était le juge-mage ou le juge *d'appeaux,* dont le siége était à Foix. — La cour du comte, comme cour souveraine, connaissait des crimes d'hérésie, de port d'armes ou sédition, et de fausse monnaie : le juge-mage relevait, jusqu'en 1333, du sénéchal de Carcassonne ; depuis, il releva du sénéchal et du parlement de Toulouse [25].

Le pays de Foix était soumis, pour la juridiction ecclésiastique, à la juridiction de l'évêque de Toulouse et de la cour de l'Inquisition, dite *Cour royale* [26]. L'évêché de Pamiers, distrait du diocèse de Toulouse à la fin du xiiiᵉ siècle, ne lui avait pas enlevé tous ses droits de juridiction ecclésiastique sur le territoire du nouveau diocèse [27].

24 *Cartul. Bollestre* (cartulaire de Boulbonne), fᵒ 258, en extrait dans les *Études historiq.* de M. Garrigou, p. 245. —V. *supra,* p. 98.

25 Hist. du Languedoc, t. iv, p. 211, ann. 1333. (Anc. édition.)— Études historiques de M. Garrigou, p. 247. — L'enquête sur les limites du comté de Foix qui avait été faite en l'an 1272 par ordre du roi Philippe III, avait eu lieu par suite d'un séquestre pour cause de guerre. (Hist. du Languedoc, t. vi, p. 601.)

26 Lettre du roi Charles IV au sujet des condamnés pour hérésie. (Hist. du Languedoc, t. vii, p. 457 et p. 23.)

27 Une bulle de l'an 1162 réservait les droits honorifiques et productifs de l'église de Rabal (*Brahai*) et de beaucoup d'autres au monastère de Saint-Étienne de Toulouse. (Hist. du Languedoc, t. iv, p. 499 et 500.)

SECTION V.

USAGES DU VAL D'ANDORRE [1].

I. De l'autre côté des Pyrénées, en face du pays de Foix et de la pittoresque vallée d'Ax, se trouve, à l'abri de hautes montagnes que sillonne un étroit passage, le VAL DE L'ANDORRE, bien digne du respect de l'histoire, comme il l'est, depuis mille ans, du respect de la France et de l'Espagne, aux yeux desquelles son territoire de douze lieues de large, de dix lieues de longueur, et sa population de six mille âmes sont restés inviolables.

Une tradition constante dans le pays rapporte que vers la fin du viiie siècle et au commencement de ixe, Charlemagne, dont le nom se retrouve sur toute la chaîne des Pyrénées, avait défait les Sarrazins dans une vallée voisine de l'Andorre (la vallée de *Carol*), qui a retenu le nom du vaiqueur ; que les Andorrans avaient guidé les soldats francs dans les montagnes, combattu

---

1 Sur le val d'Andorre, on peut cousulter des manuscrits d'Andorre et d'Urgel (à leurs archives), notamment : Cartulario o libro de Dotalias de l'archivo d'Urgel. — De renovatione vallis Andorræ (arch. d'Andorre). La République d'Andorre et la Seu d'Urgel (Ms. de M. DURFORT DE MONTFORT.) — Politar Andorrà que conte ab facil methodo la antiquitat, govern, religio, usos, prenemonencias, prerogativas y privilegos de les Valls neutros de Andorra escrit par lo Rev. A. P. PLEB. DE LES CALDES. (Ms. de la Bibliot. de Foix, in-4°, que j'ai eu à ma disposition, grâce à la bienveillance du bibliothécaire et à celle de M. l'inspecteur d'Académie, COMBES, auteur d'un livre très-intéressant sur les *Paysans*.) — Il y a aussi une Notice très-importante de M. ROUSSILLOU sur l'Andorre, que j'aurai occasion de citer dans ce travail. (1823, in-8°.)

courageusement avec eux l'ennemi du nom chrétien ;
et que Charlemagne, pour les récompenser de leur généreux concours, avait garanti l'indépendance du val
d'Andorre en se réservant des droits de suzeraineté,
qui devaient être pour le pays un titre à sa haute protection.

Son fils, Louis le Pieux, roi d'Aquitaine, repoussa les
Sarrasins au delà de l'Èbre, soumit Barcelone et fit à
l'évêque d'Urgel, dont le territoire était conquis à la
France, la cession d'une partie de ses droits de suzeraineté sur le val de l'Andorre. Cette antique cession est
l'origine des prérogatives que l'évêque, comte d'Urgel,
a toujours exercées sur la vallée comprise dans son
diocèse.

Les droits de la royauté suzeraine étaient, pour le
surplus, représentés par le comte de Barcelone qui, depuis la conquête de Charlemagne, relevait immédiatement de la France ; et c'est par le comte de Barcelone
que des droits de justice sur l'Andorre, longtemps
exercés par les comtes de Foix, furent primitivement
institués. En voici l'origine : En 990, Borell, comte de
Barcelone, dont le contemporain Richer fait mention
dans son histoire de Hugues Capet[2], concéda de vastes
alleux à un chevalier, du nom de Guillaume, et à Sancia
sa femme, dans le territoire d'Urgel et la vallée de Castelbou[3]· Ce Guillaume devint la souche des vicomtes de
Castelbou ; et la nouvelle vicomté comprenait dans ses limites et sa juridiction une partie du diocèse d'Urgel,
notamment les vallées de l'Andorre. Or, le comte de

---

2 Richer, lib. iv, c. 12. — *Voir* mon tom. iv, p. 16.
3 Histoire du comté de Foix, par M. Castillon, t. i, p. 137.

Foix Raimond Roger se maria en 1202 avec la fille du vicomte, sa seule héritière; et depuis, par l'effet d'une substitution perpétuelle, la vicomté de Castelbou, située de l'autre côté des Pyrénées, resta toujours unie au comté de Foix [4]. — De là les droits du comte de Foix sur la vallée de l'Andorre [5].

Les rois de France avaient concédé des priviléges aux Andorrans soit dans le diocèse d'Urgel, soit même dans les terres dépendantes du comté de Foix, afin de faciliter aux habitants de la vallée les moyens de se procurer les choses de commerce, les bestiaux ou les denrées dont ils avaient besoin. Louis IX céda par le traité de Corbeil en 1258 ses droits de souveraineté sur les comtés de Barcelone, d'Urgel et autres lieux compris dans les marches d'Espagne, à Jacques roi d'Aragon; et à partir de cette époque les rois d'Aragon confirmèrent en faveur des Andorrans les priviléges qu'ils avaient exercés dans le pays d'Urgel. Mais les rois d'Aragon et les rois d'Espagne n'avaient aucun droit sur le val d'Andorre et ses habitants : aussi, quand ils intervenaient dans les traités, c'était à titre de *cautions* et à raison du voisinage. L'évêque d'Urgel, seul, et le comte de Foix, comme successeur des vicomtes de Castelbou, exerçaient sur le val d'Andorre des droits et des prérogatives qu'ils avaient reçus immédiatement ou

---

4 Contrat du 10 janvier 1202 et substitution (dans l'Hist. du Languedoc, t. v, ch. 69, p. 59, édit. du Mège.)

5 Les historiens locaux ont cherché beaucoup d'explications qui sont restées confuses ou contradictoires et que le Droit seul pouvait leur donner avec quelque précision.

médiatement des rois de France, légitimes suzerains·[6].

Ces droits, comme nous l'avons dit, remontaient· à Charlemagne, et à Louis le Débonnaire considéré successivement comme roi d'Aquitaine et roi de France.

Dans un acte de Louis le Pieux de 819, conservé dans les archives de l'Andorre et de la cathédrale d'Urgel, il fut stipulé que la moitié de la dîme de la vallée serait accordée à l'évêque d'Urgel, et l'autre moitié au Chapitre de l'église cathédrale que les Sarrasins·avaient détruite et que Louis s'empressa·de faire relever·[7]. Un droit ou tribut, levé sur la· ville même d'Andorre, fut attribué à·l'un de ses·habitants, à raison des services· rendus aux troupes de Charlemagne et du roi d'Aquitaine, et, chose bien remarquable, cet impôt, appelé *droit carlovingien*, est encore perçu·dans·la famille d'un Andorran (dom Guillem Plandolit) [8]· Les formes de l'antique gouvernement de la vallée, pour son·administration intérieure, furent maintenues·et assurées par la· charte de Louis le Débonnaire, en vue de ·l'avenir, ·et ces formes se sont conservées à travers ·les siècles jus-· qu'à ce jour.

L'Andorre a dû l'inviolabilité de ses coutumes, de ses franchises, de sa neutralité à sa situation et à la suzeraineté du roi de France·qui avait concédé l'exercice

6 Les historiens du comté de Foix n'ont pas su reconnaître comment la suzeraineté des rois de France avait été exercée d'abord et puis cédée sur le diocèse d'Urgel, d'une part, et, de l'autre, sur le comté de Foix par l'intermédiaire des comtes de Barcelone et des vicomtes de Castelbou.—Sur le traité de 1258, v⋅ *infrà*, p. 502 et 503.

7 Hist. du comté de Foix, par M. CASTILLON (d'Aspect), I, p. 137 (1852).

8 *Cartulario o Libro de Dotalias del archivo d'Urgel.* (Manusc.⋅ cité par M. Castillon, p. 137.)

de certains droits ou revenus, mais qui n'avait pas constitué de comte ou de seigneur féodal ayant un pouvoir
direct et général sur la vallée. L'Andorre, étant frontière immédiate des royaumes de France et d'Aragon,
trouva la sauvegarde de ses libertés et franchises dans
la protection de la France et le voisinage des deux
royaumes limitrophes qui avaient intérêt à respecter ses
franchises et sa neutralité.

Les actes qui intervinrent au moyen âge entre le
comte de Foix et l'évêque d'Urgel eurent toujours pour
objet d'empêcher les usurpations et les violences contre
le territoire et le peuple de l'Andorre. On les appelait
actes de *paréages* ou *pariages*, à cause d'un partage
de droits qui étaient égaux sous quelques rapports.

Un premier accord eut lieu sous Philippe-Auguste,
au commencement du xiiie siècle, entre Raymond Roger
comte de Foix, et B. Castelle, évêque d'Urgel ; il fut
alors convenu que les deux seigneurs jouiraient de
leurs droits par indivis [9]. —Mais des difficultés devaient
s'élever, et il fut nécessaire de régler ces droits indivis

---

9 Notice sur l'Andorre, publiée en 1823 par un viguier français
de l'Andorre (anonyme, mais bien connu sous le nom de M. Roussillou). Cette notice a été rédigée par un magistrat qui a eu tous
les documents entre les mains, et a mérité la confiance générale.
Elle est d'un grand intérêt, à raison même de la véracité de l'auteur. — Elle a servi de base aux travaux de ceux qui, depuis 1823,
ont écrit sur l'Andorre, par exemple, de M. du Mège dans ses additions à l'Histoire du Languedoc, t. ii, note 28, p. 38 des additions.
(Édit. in-8°, 1840.) — Il y a quelques inexactitudes dans son analyse, notamment, p. 38, sur l'accord du comte de Foix et de l'é-
vêque d'Urgel ; il attribue à Philippe-Auguste un droit qui ne fut
pas exercé, d'après M. Roussillou.— *Voir* aussi l'Histoire d'Ax et du
val d'Andorre, par M. Castillon (d'Aspect), qui emprunte beaucoup à la même notice.

qui consistaient en perception de revenus ou d'impôts et en exercice de juridiction.

Une sentence arbitrale, pour la paix entre l'évêque d'Urgel et le comte de Foix, eut lieu le 8 septembre 1278 ; elle détermina les droits respectifs de l'évêque et du comte, et servit de règle pour l'avenir ; elle fut rendue en présence du roi d'Aragon, qui se porta caution de son exécution présente et future.

Les arbitres décidèrent :

1° Que l'évêque d'Urgel, et le comte de Foix légitime possesseur de la vicomté de Castelbou pourraient lever alternativement, chaque année, une quête ou taille sur les habitants de la vallée d'Andorre ;

Que l'évêque et ses successeurs ne dépasseraient pas dans la levée de l'impôt, pour leur année, la somme de quatre mille sous de *Melguiel ;*

Que le comte, au contraire, quand son tour serait venu, pourrait lever une somme non déterminée d'avance ;

2° Que les viguiers ou baillis de l'évêque d'Urgel et du comte de Foix rendraient la justice en commun ; que les *trois quarts* des émoluments appartiendraient au comte, le *quart* à l'évêque ;

3° Qu'en cas d'appellation du jugement des viguiers, l'évêque et le comte commettraient un juge d'appel qui jugerait sur les lieux, en dernier ressort ;

4° Que le comte tiendrait de l'évêque d'Urgel, *en fief honoré,* sans aucune sujétion ou devoir, excepté l'hommage, ce qu'il possédait en particulier dans la vallée d'Andorre [10].

10 Sentence du 8 septembre 1278. texte dans l'Histoire du Lan-

Depuis cette sentence de l'an 1278, la jouissance séparée ou par indivis des droits sur l'Andorre, dont
l'origine remontait aux concessions du roi de France et
de son représentant le comte de Barcelone, eut lieu
sans trouble entre l'évêque d'Urgel et le comte de Foix.
Les droits du comte de Foix passèrent au roi de Navarre, qui avait réuni dans ses mains la plupart des
possessions pyrénéennes; et sous Henri IV, alors simple
roi de Navarre, l'évêque d'Urgel fit acte d'innovation
dans le val de l'Andorre : il y établit l'*inquisition*, du
consentement des habitants. Le gouverneur de la province de Foix s'en plaignit au roi en 1585, le sup-
pliant de considérer (je cite textuellement) « combien
» c'est enjamber sur son autorité, laquelle, si on n'y
» prend garde de bonne heure, l'évêque de la Seu
» (d'Urgel) s'efforcera d'anéantir du tout, s'intro-
» duisant si bien en celle qu'il a, étant en *paréage* avec
» sa dite Majesté, et en celle qu'il usurpa d'ailleurs,
» qu'enfin il *gouvernera tout seul.* » — Le roi de Navarre
répondit de sa main, en regard de la requête (qui est
en manuscrit aux archives de France) : « Il est expres-
» sément enjoint et commandé au sieur d'Audou (gou-
» verneur de Foix) d'empêcher, par toutes voies, que
» l'inquisition qu'on a introduite en Andorre n'y prenne
» pied et s'établisse plus avant [11]. » — Lorsqu'il fut roi

guedoc, t. VI, p. 196, n° 52.—En 1229, Ermessinde, fille du vicomte
de Castelbou et comtesse de Foix (*comitissa Fuxi*) donne par testament à sa fille XM. solidi Morlan. super *redditibus* de Andorræ (ces
revenus tenaient à ses possessions). — *Id.*, t. V, Pr., p. 364.

11 Articles présentés au roi de Navarre par le sieur d'Audou, gouverneur de la comté de Foix, sur l'état des affaires dudit pays, avec
les notes que Henri IV lui-même avait mises en regard de chacun

de France, Henri IV adressa au Conseil général de l'Andorre une déclaration formelle contre le tribunal de l'inquisition, et en arrêta l'institution naissante[12].

Les droits et le domaine sur l'Andorre furent réunis à la Couronne avec les autres domaines du Béarn et de la maison de Foix par l'avénement de Henri IV au trône : les rois de France reprirent dès lors l'exercice direct de leur suzeraineté sur l'Andorre, mais sans porter atteinte aux droits anciennement concédés à l'évêque d'Urgel par Charlemagne et Louis le Pieux.

Les rois firent rendre la justice par un magistrat français; ils reçurent l'hommage et le tribut des Andorrans à chaque avénement nouveau.

Les habitants de la vallée avaient le droit d'acheter en franchise des denrées et des animaux de labour.

Ils payaient au roi de France tous les deux ans un tribut de 1,870 livres et un tribut de 900 livres à l'évêque d'Urgel.

Toujours fidèles à leurs traditions et à leurs engagements, même au plus fort de la Révolution française qui n'eut point de contre-coup dans leurs montagnes, ils se présentèrent en 1793 pour acquitter le tribut accoutumé : la Convention refusa le tribut comme entaché de *droit féodal*[13].

des articles, dans le Conseil tenu à Pau le 8 février 1585. (Ms. de la Bibliothèque impériale, archives de Pau, liasse f° 10.) Imprimé dans les Études historiques sur le comté de Foix, par M. AD. GAR-RIGOU, p. 366 et suiv. In-8°. Toulouse (1846).

12 *Politar Andorrà*, lib. I, capitol. II. *De com si introduhi la Inquisitio*. (Manusc. de la Bibliothèque publique de Foix, in-4°.)

13 Notice sur l'Andorre, par l'anonyme (M. ROUSSILLOU), p. 7. — Refus du 22 août 1793.

Quand l'ordre fut reconstitué par le consulat et l'empire, les habitants de l'Andorre firent demander au Gouvernement un viguier français : le décret impérial du 27 mars 1806 rétablit la charge de viguier et fixa le tribut, qui devint annuel, à 960 francs. Trois députés de la vallée, en payant la redevance, doivent prêter le serment de fidélité au Gouvernement français entre les mains du préfet de l'Ariége[14]. C'est une solennité qui s'accomplit tous les ans dans la ville de Foix.

Tel est, sous le rapport de la souveraineté extérieure, la constitution de la vallée de l'Andorre depuis le ixᵉ siècle jusqu'à nos jours.

Mais la constitution intérieure de la république d'Andorre et son droit civil sont peut-être plus dignes encore de l'attention de l'historien.

II. Les Andorrans sont probablement d'origine ibérienne. Pline l'Ancien indique des *Andoriscæ* dans la Bétique, des *Andologenses* et la ville d'*Andorisippo* dans la Tarraconaise. Après cet auteur, on ne retrouve plus ces peuples et leur dénomination dans ces deux régions; mais on les retrouve au viiiᵉ siècle dans la partie des Pyrénées qui a le nom de Val et de République d'Andorre. Le nom se compose de deux racines ibérienne et celtique *and*, *dor* ou *thor*, qui veulent dire *marcher* ou *marche*, *porte* ou *montagne*, et semble s'appliquer à des peuplades fugitives qui ont émigré et cherché leur refuge dans la montagne servant de frontière ou de porte entre deux pays[15].

14 Dans la guerre d'Espagne, l'empereur et ses généraux ont toujours respecté la neutralité de l'Andorre.

15 Plinius, *Hist. nat.*, l. iii, c. 1 et 3. La principale rivière est l'*Embalire* (Balira), qui suit la vallée de l'Andorre dans toute sa

Le langage des Andorrans est un mélange du catalan
et du patois vulgaire de la province de Foix.

La vallée de l'Andorre est divisée en six communautés, villes ou paroisses, qui sont : la ville d'Andorre
(ville principale); — San-Julia de Loria ; — Encamp ;
— Canillo ; — Ordino ; — la Massana. — Une vingtaine
de hameaux sont répandus dans le territoire et unis
aux six principales communautés.

Chaque communauté ou paroisse a deux consuls
chargés de l'administrer ; ils sont annuels et nommés
tous les ans comme premier et second consul par le
Conseil général de la vallée qui les choisit entre les candidats présentés par chaque paroisse.

Pour l'ensemble de la vallée et l'administration générale, il y a un Conseil souverain de vingt-quatre
membres, qui sont les douze consuls de l'année ac-
tuelle et les douze consuls de l'année précédente.

Le Conseil souverain nomme le syndic ou procureur
général de la vallée ; il est pris parmi les anciens
membres du conseil ; il est nommé à vie. Ses fonctions,
comme toutes les autres, sont gratuites.

Le Syndic ou Procureur général a l'initiative des
mesures d'administration ; il exerce le pouvoir exécutif
dans la vallée ; il reçoit les revenus publics ; il rend
compte annuellement au conseil souverain.

Le Conseil est appelé conseil des Anciens ou Sénat. Il
prend dans ses actes le titre d'*illustrissime.*

Il se divise en trois chambres : la première est com-

---

longueur : le nom vient probablement de deux mots basques, *ibaya*
(rivière), *irusa* (vallée) : rivière de la vallée. (*Voir* le Vocabulaire
basque de M. BAUDRIMONT, p. 199, 203.

posée de six membres ; la seconde, de douze membres ;
la troisième, ou la grand'chambre, réunit tous les
membres du conseil. — Il connaît de tous les intérêts
d'administration et de possession qui concernent la
vallée. Il statue sur les communanx, les bois, la chasse,
les eaux et la pêche, sur les poids et mesures, sur la
taxe des comestibles, sur la prohibition de sortie de
grains et le règlement des comptes du syndic.

Le Syndic convoque les chambres du conseil ensemble ou séparément. Il y a quatre séances annuelles
aux fêtes de Noël, de Pâques, de la Toussaint, de Saint-
André. •

Le peuple est pasteur et agriculteur. — Les revenus
publics se composent du fermage d'une partie des
prairies communes et des taxes que s'impose chaque
paroisse. Les taxes, fort modérées, portent sur les
personnes et sur les revenus présumés des terres et des
troupeaux.

Les Consuls de chaque communauté font le recouvre-
ment de la taxe comme les anciens curiales ; ils en
versent le produit dans les mains du Syndic ou Procureur général de la vallée.

La justice émane du roi de France et de l'évêque
d'Urgel qui ont chacun un viguier pour la rendre. Le
Viguier français est nommé à vie ; il doit être de l'ancien
comté de Foix ; il n'est pas obligé de résider dans l'Andorre. Le Viguier de l'évêque est toujours un Andorran ;
il réside dans la vallée ; il peut être révoqué après trois
ans de fonctions. Les viguiers exercent ensemble ou
séparément la justice criminelle à ses différents degrés.

Les Viguiers portent l'épée, signe de justice souveraine.

Chacun nomme un *Bayle* ou Bailli, qui est délégué pour l'exercice de la justice civile, et qui est choisi sur une liste de six candidats, membres du conseil souverain, présentés par le syndic.

Les Baillis prêtent serment de respecter les usages de la vallée. Ils jugent d'après leur conscience, et s'il y a difficulté sur les coutumes, ils prennent l'avis des Anciens. La vieillesse est très-respectée dans les mœurs de l'Andorre. Aussi les différends, et ils sont peu nombreux en matière civile, sont portés ordinairement devant deux vieillards, pris pour arbitres : ceux-ci choisissent un tiers arbitre, s'ils ne sont pas d'accord. La décision arbitrale est sans appel.

La plupart des affaires portées devant le Bayle concernent des dettes ou des demandes de créances. Les procès de famille relatifs à la succession paternelle sont inconnus en Andorre [16].

L'appel du jugement des baillis en matière civile (quand il n'y a pas eu arbitrage) est permis. Il se porte devant le Juge d'appel qui est unique pour l'Andorre et qui est nommé alternativement par le Gouvernement français et par l'évêque d'Urgel. Il doit être avocat et appartenir par son origine à la France ou à l'Espagne. Le juge d'appel n'a point d'émoluments fixes. La coutume lui donne 15 pour 100 sur la valeur de l'objet du procès ; il les prélève avant que la partie qui a gagné son procès prenne possession de l'objet du litige. Le juge d'appel peut prononcer sans se transporter en Andorre, ce qui rend

16 Notice de M. Roussillou, p. 24.

l'appel très-rare. Il est juge au second degré, mais non juge souverain. Les parties peuvent appeler de son juge-ment au roi de France ou à l'évêque d'Urgel, selon l'ori-gine de sa nomination. Sous l'ancienne monarchie, le roi renvoyait la connaissance de la requête au parlement de Toulouse; l'évêque la renvoyait à son conseil ecclé-siastique ou même à son viguier.

La manière de rendre la justice criminelle est con-forme aux anciennes traditions et à la charte de Louis le Pïeux.

Le Viguier français, auquel un crime est dénoncé, se rend dans l'Andorre pour l'instruction de la cause.

Il donne avis au Syndic du jour précis où la Cour devra se réunir. Le syndic convoque le Conseil général au palais de la ville. Après la messe, le conseil nomme deux de ses membres pour assister aux opérations de la Cour; le juge d'appel est mandé.

La Cour se compose des deux viguiers, du juge d'appel qui siége comme assesseur, des deux membres du conseil général. Le notaire, greffier de la vallée, est le greffier de la Cour, chargé de faire observer les formes en usage : le Viguier français préside.

On procède, en présence de la Cour, à l'information, à l'audition de l'accusé et de son défenseur, appelé *Rahouador*. Les viguiers seuls ont voix délibérative pour le jugement : il n'y a point de loi pénale écrite; ils jugent selon leur sagesse, en respectant les formes an-tiques. Si les viguiers ne sont pas d'accord, le juge d'appel, assesseur, est invité à donner son opinion.

Le jugement rendu est rédigé par l'assesseur. Alors

la Cour donne avis au Syndic de la vallée que ses opérations sont terminées. Celui-ci rassemble le Conseil souverain, et, en sa présence, le jugement est prononcé solennellement au milieu de la place publique.

Le jugement n'est pas susceptible de révision; il est exécutoire dans les vingt-quatre heures. S'il y a peine capitale, l'exécution a lieu sur la place publique où le jugement a été prononcé.

Le Viguier français est chef de la justice et de la milice. Il confond en lui, comme les sénéchaux du moyen âge, la justice et les armes. — De même chaque habitant, cultivateur ou pâtre, est en même temps soldat, et doit avoir des armes.

La religion catholique est la seule connue et pratiquée dans le val de l'Andorre. Elle y est entourée d'une grande vénération. C'est l'évêque d'Urgel et non le clergé de l'Andorre qui prélève la dîme. Les punitions canoniques sont un objet de respect et de crainte; elles y sont religieusement observées, et si l'exclusion de l'Église a été prononcée par le prêtre, elle est obéie par le pénitent. — Chaque paroisse a son école pour les petits garçons; le vicaire est le maître d'école. Les éléments de la langue latine sont enseignés dans les écoles principales.

La suprême loi de l'Andorre, pour toutes choses, est d'*imiter les pères*. Dans les maximes qui accompagnent l'Histoire manuscrite de la vallée se trouve celle-ci comme la plus recommandée : « Les faits et les cou-
» tumes de nos prédécesseurs et de nos ancêtres doi-

» vent toujours être vénérées : *facta et consuetudines pre-*
» *decessorum et nostrorum majorum semper venerandu*[17].»

Grâce à cette fidélité traditionnelle, les institutions et
les usages dans la vie morale et domestique, dans le
culte de la religion, dans la justice et le régime intérieur
de la vallée, représentent le passé depuis plus de mille
ans, sans aucune altération. La nature morale de
l'homme, dans cette partie des montagnes, semble avoir
participé à la grandeur et à la stabilité de la nature
physique : elle y est immobile et forte comme la roche
pyrénéenne qui porte jusque dans les cieux sa tête
calme et majestueuse.

III. Les coutumes civiles qui tiennent à la constitution de la famille ont pris aussi le même caractère de
simplicité et de stabilité. Nous en avons pour garant le
témoignage authentique fourni par un des viguiers français qui pendant de longues années a exercé la justice
et observé les mœurs dans la vallée de l'Andorre, et
qui prolonge de nos jours (1856) son honorable vieillesse dans la vallée française d'Ax, voisine du pays qu'il
a si bien étudié [18].

« Chaque famille reconnaît un chef (dit l'ancien magistrat) qui se continue par ordre de primogéniture en
ligne directe. Ce chef, c'est l'aîné. Il concentre entre ses
mains tous les biens et toute l'autorité domestique. Les
frères puînés, qu'on appelle aussi *légitimaires*, auraient
droit à une faible part ; mais elle n'est jamais ou presque

17 *Politar Andorrà.* Maxime 20. (Ms. de la Biblioth. de Foix.)
18 Notice sur l'Andorre (anonyme), par M. Roussillou. J'ai reçu
une lettre précieuse du respectable auteur.

jamais distraite du patrimoine [19] ; et si l'aîné marie une de ses sœurs, il lui donne une faible dot en argent. Aussi les mêmes biens existent-ils depuis des siècles dans les principales maisons, sans avoir subi la moindre division.

» Les chefs ou *aînés* choisissent leurs femmes dans les familles qui jouissent à peu près de la même considération. L'éducation des aînés est, en général, mieux soignée que celle des légitimaires ; ceux-ci, loin de s'en plaindre, trouvent cela très-naturel ; ils aiment le chef de leur maison, oncle, frère ou neveu ; ils lui obéissent, ils le respectent comme leur maître et le représentant des droits de leurs aïeux. Ils travaillent toute leur vie pour l'avantage commun. — Ils ne quittent le toit paternel qu'autant qu'ils se marient, ce qu'ils ne font que dans le cas où ils trouvent une héritière ; et alors ils ajoutent leur nom à celui de la maison dans laquelle ils entrent. Ils en deviennent ainsi les chefs, et dès lors ils sont aptes aux charges publiques.

» Lorsqu'il n'y a que des filles, l'ainée est héritière (mais la fille aînée n'est jamais héritière qu'à défaut d'enfant mâle). Les héritières ou les aînées, loin de chercher la fortune dans leur établissement, se marient toujours avec un fils cadet qui vient s'établir chez elles. Par cet ordre de mariage (comme par l'ordre de succession d'après le droit d'aînesse) les principales maisons de l'Andorre voient les siècles se succéder sans subir aucun changement dans leur intérieur.

19 D'après la coutume l'héritier ou l'héritière (l'aîné) a le *tiers* des biens liquidés Le surplus se partage en portions égales dont l'aîné a aussi la sienne. La plupart des biens sont grevés de fondations pieuses. Depuis *mille ans* on ne connaît que deux légitimaires qui aient demandé juridiquement leur portion. (Notice, p. 24 et suiv.)

» Les femmes regardent leur mari comme chef et maître ; elles le respectent beaucoup ; elles font exécuter leurs volontés et les exécutent elles-mêmes, sans se permettre la moindre observation. »

Le système domestique ou la constitution de la famille, dont nous venons de retracer l'image, nous reporte nécessairement aux institutions qu'au début de ces études sur la région pyrénéenne nous avons reconnues exister, de temps immémorial, chez les populations basques. Le droit d'aînesse, comme fondement de la maison, et la conservation du patrimoine entre les mains de l'aîné ou de l'aînée qui est le chef de la famille, attestent la communauté d'origine entre les habitants du val de l'Andorre et ceux des pays de Labourd et de Sole. Et cette communauté d'institutions primitives, nous l'avons retrouvée aussi dans les vallées de Lavedan ; de manière que sur toute la chaîne des Pyrénées, de l'ouest à l'est, la race des Ibères ou des Escualdunais a déposé des tribus ou des clans qui ont perpétué dans la profondeur des vallées ou sur les plateaux des montagnes les mœurs de la famille, principalement fondée sur la suprématie du droit d'aînesse et du chef de maison.

La stabilité des institutions de la famille, jointe au respect inviolable de la religion et de la vieillesse, a protégé les mœurs générales du pays.

« Les paysans pauvres, dit encore le Viguier français, partagent les travaux des riches et leurs repas. Leurs habits sont tissus, comme l'habit de leur maître, de la laine de son troupeau. Les jours de fête, ils partagent les mêmes délassements ; jamais humiliés, jamais maltraités.

Le peuple, loin d'envier la fortune du riche, le respecte comme son magistrat, l'aime comme son bienfaiteur..... Les femmes de l'Andorre sont modestes et laborieuses; l'épouse d'un chef de famille est aidée par les autres femmes de la maison; la maîtresse de maison, quel que soit son rang, dirige tous les travaux et participe à tous. » Les mœurs sont sévères sans être rudes.

Voici un trait de mœurs tout récent : « Il 'y a quelques années, au plus fort de l'hiver, trois membres du Conseil des Anciens se rendirent de l'Andorre, à travers les neiges et toutes les difficultés du plus pénible trajet, jusqu'à la ville de Foix, où résidait le Viguier français, pour l'informer qu'une jeune fille de la vallée avait manqué, par suite de séduction, aux lois de la chasteté. Le scandale était si grand dans la vallée, que pour calmer les esprits sur l'éclat d'une faute presque inconnue des Andorrans, l'intervention du magistrat était devenue nécessaire. » — Un magistrat français (qui n'était pas le *Viguier*) m'a raconté le fait, en s'étonnant de la naïveté du conseil des Anciens : quant à moi j'admirais tout ce qu'il y avait de caractéristique et dans ce scandale de la vertu et dans cette juridiction morale, exercée sous le patronage des Anciens.

« Le peuple de l'Andorre est bon et hospitalier ; les étrangers sont reçus, surtout à l'approche de la nuit, à la table et au foyer. Le maître se montre peu curieux ; son hôte peut passer la nuit dans la maison où il a été reçu, et y prendre un repas le lendemain sans qu'aucune question, même indirecte, lui soit adressée sur ses affaires ou sur sa personne. Tous les soirs le chef de la famille réunit les siens dans la grande salle ; il y appelle ses serviteurs et récite à haute voix la prière : l'étranger placé à côté de lui est invité à s'unir à cet acte religieux. »

Ainsi, des mœurs patriarcales, l'absence des vices qui affligent les grands peuples, le calme des passions ardentes et envieuses, l'ignorance des maladies physiques et morales qui naissent du désordre des affections, la régularité des habitudes sous un climat sain et dans une société paisible, l'innocence d'une vie purifiée par le travail, contenue dans le sein de la famille et anoblie par le sentiment religieux : tout contribue à répandre sur la vallée de l'Andorre l'intérêt qui s'attache aux choses d'imagination, tout inspire le respect que mérite la nature simple dans sa grandeur et constante dans sa simplicité.

Montesquieu a pris plaisir à créer par la pensée et à opposer aux mœurs de son temps le peuple des *Troglodites*, sérieux épisode d'un livre frivole, où se révèle le génie du futur auteur de *l'Esprit des lois*. Ce peuple primitif et vivant selon ses coutumes naturelles, il pouvait se dispenser de lui donner une existence imaginaire dans l'Arabie [20]. Il était vivant de la vie réelle, tout près de nous, sous la protection des hautes montagnes de l'Andorre qui ont abrité les mêmes institutions et des mœurs vraiment primitives pendant dix siècles, depuis la charte de 811 jusqu'au décret de 1806, depuis Charlemagne jusqu'à Napoléon.

Ici le fait a dépassé l'invention, et la nature, comme toujours, a vaincu le génie du peintre d'imagination.

20 Lettres persanes, 9 et suiv.

SECTION VI.

COUTUMES DE PERPIGNAN ET DU ROUSSILLON.

OBSERVATIONS PRÉLIMINAIRES SUR LES ORIGINES.

Nous allons toucher enfin à l'extrémité orientale de la
chaîne des Pyrénées, et considérer, au terme de ces
études sur les coutumes pyrénéennes, les coutumes
écrites de Perpignan et les usages du Roussillon.

Sur le territoire du Roussillon avaient été fondées,
dans une haute antiquité, des villes d'origine celtique
et d'origine ibérienne, qui devinrent des villes ou des
colonies romaines, notamment *Ruscino* et *Illiberris*, lesquelles passèrent ensuite, sous diverses transformations, de la domination gothique au régime de la Catalogne et de l'Aragon.

Ruscino, au pied des Pyrénées orientales, était une
ville de la branche des Volces appelés les SARDONS [1] :
c'est là que les Volces assemblèrent une armée, vers
l'an 535 de Rome, pour s'opposer au premier passage
d'Annibal marchant des Pyrénées vers les Alpes. Plus
tard, une colonie fut établie par les Romains à Ruscino,
qui a donné son nom au Roussillon; et ce pays fut
compris dans la Gaule narbonnaise [2]. La ville ou colonie
de Ruscino, du temps de Pline l'Ancien qui l'atteste,
avait le *jus Latii* [3]. — Après les ravages des Sarrasins

---

1 Le pays des Sardons était frontière de l'Hispanie par le pro-
montoire de *Vénus*. (D. VAISSETTE, I, p. 74.)

2 Hist. du Languedoc, liv. II, n° 3, p. 70-73. Les Sardons traitèrent
avec Annibal. — *Voir* aussi note 6, p. 485, t. I (édit. Du Mège).

3 PLINIUS, Hist. nat., III, 5.

dans le pays, Ruscino cessa d'être une ville; il n'en resta que le château ou la tour dite de *Roussillon*. Elle fut remplacée par la ville de Perpignan, qui s'établit à deux milles du *Ruscino Latinorum*, dans le voisinage de la mer et sur un territoire allodial. En 922, Perpignan n'était encore qu'une bourgade, indiquée dans une vente comme un point ordinaire de confrontation, *affrontat in termino de villa Perpiniani* [4]; en 962, Raimond, comte de Rouergue et marquis de Gothie, léguait l'alleu de Perpignan, *alode de Perpiniani*, qu'il avait acquis d'Aton, savoir : un tiers à Saint-Félix de Girone, un tiers à Saint-Pierre de Rodes, et le dernier tiers à l'Église ou à l'évêque d'Elne [5]. — Le partage fait dans le testament de Raimond indiquait l'importance du territoire allodial. Les diverses parties de l'alleu furent depuis réunies pour l'assiette et le développement de la cité nouvelle de Perpignan, qui fut originairement soumise à l'évêque d'Elne, comme seigneur temporel [6].

La ville de Perpignan, dont le nom apparaît attaché à un alleu dans le xe siècle, était donc peu considérable à son origine; mais elle prit un rapide accroissement dans les xie et xiie siècles. En 1025, figurent à la tête de sa population, sous le titre de *Boni homines* [7], des magistrats municipaux qui assistent à la consécration d'une église nouvelle, fondée par la munificence de l'évêque; en 1195, la ville se donne cinq consuls pour défendre et

4 Vente faite par l'évêque du pays. (Hist. du Languedoc, 1, p. 137.)

5 Histoire du Languedoc, 1, Preuv., c. 108, année 962.

6 *Voir* l'Introduction de M. MASSOT-REYNIER, aux coutumes de Perpignan, p. 13 (1848).

7 Titre cité dans le *Marca Hispanica*, par P. DE MARCA, M.CXCIX.

gouverner le peuple de Perpignan, *tant grand que petit*[8].
L'administration devient toute municipale, et les Consuls, à raison du caractère allodial de la cité, primitivement alleu noble [9], ont conservé, jusque dans les
temps modernes, le privilége singulier de créer tous
les ans des bourgeois nobles jouissant de toutes les
prérogatives de la noblesse [10].

De graves historiens, tels que P. de Marca et D. Vaissette, ont attribué à cette ville du moyen âge une origine
romaine, en se fondant sur une inscription latine qui
portait les mots MUNICIPIUM, FLAVIUM EBUSIUM. C'était un
des nombreux malheurs de la science épigraphique
appliquée à l'Espagne ; car la critique moderne a prouvé,
d'une manière irréfragable, que la pierre sur laquelle
se trouvait l'inscription, et qui faisait partie du mur
d'une maison particulière, avait été apportée, vers l'an
1509, des îles Baléares [11] !... Mais il reste incontestable
que le territoire allodial sur lequel fut bâtie la ville de
Perpignan était voisin d'une ancienne colonie romaine,
qui avait joui du droit de latinité : — point sur lequel
nous reviendrons en parlant de ses coutumes.

8 HENRI, Hist. du Roussillon, Preuves, carta 1194, I, p. 516.—*Voir*
le Mémoire couronné de M. CLOS sur le régime municipal du Midi.

9 *Voir* un titre de 1151 cité par P. DE MARCA dans Marca
Hispanica, App. M.CCCVI, et l'Introduction de M. Massot, p. 16. —
Gausfred donne à Guirard, son fils, sa ville de Perpignan et tous ses
habitants et toute la seigneurie qu'il a sur elle; et de plus, une terre
qu'il tient *en fief* du seigneur de Narbonne : différence caractéristique.

10 Ce privilége apparaît dans des actes du XIIIᵉ siècle.

11 *Voir* les preuves de cette translation et de l'erreur épigraphique dans les additions à l'édition nouvelle de D. Vaissette, par
M. DU MÈGE (I, Addit IV, p. 137). — La pierre était venue de l'île
faisant partie des îles Baléares.

Nous avons indiqué la transformation de la ville celtique de Ruscino et vu naître Perpignan sur son territoire.

Suivons également la transformation de la ville ibérienne appelée ILLIBERRIS et située près de la Méditerranée (*Mare Græcum*).

Le nom est d'origine ibérienne ou basque, *Ili* (ville)
ibarza (vallée) [12]. — Illiberris, qui avait passé des Ibères,
ses fondateurs, aux Sardons établis à la frontière de
l'Espagne, était une ville très-considérable au rapport
de Polybe et de Pline l'ancien. Celui-ci la regardait
même comme ayant dû être plus importante que Ruscino.
De son temps, au milieu des premiers siècles de l'ère
chrétienne, elle ne présentait plus que des vestiges de
son ancienne grandeur [13]. Elle fut rétablie sous l'empereur Constantin et ses premiers successeurs et reprit son
importance avec un nouveau nom, celui d'*Helena* ou
d'*Elne*. Elle figure encore dans la table théodosienne de
Peutinger sous le nom d'*Illiberre* [14], mais c'est par une tradition géographique qui a disparu dans la suite. Le nom
d'*Helena* ou d'*Elne* par abréviation, qu'elle avait reçu
en mémoire de la mère de Constantin, est mentionné par
saint Jérôme dans la seconde moitié du ive siècle et par
les auteurs des siècles suivants [15]. La ville d'Elne devint

---

12 Étymologie basque donnée par M. BOUDARD, secrétaire perpétuel de la Société d'archéologie de Béziers, auteur des *Études ibériennes*. (Lettre manusc., 7 janvier 1856.)

13 Plinius, Hist. nat., lib. III, cap. 5.

14 Tabula *Peutingeriana;* à 17 milles *de summo Pyrenæo*. Gallia
LIII. Recueil des itinéraires anciens, p. 220. (Édit. de M. de Fortia.)

15 D. VAISSETTE, liv. II, c. 11, tome I, p. 72 et 73, cite saint Jérôme, Eutrope et Orose. Au XIIIe siècle, Nangis lui donnait le nom
corrompu de *Janua*.

le siége d'un évêché, qui ne fut attribué que dans les temps modernes à la ville de Perpignan [16].

Le diocèse ou la cité d'Elne renfermait le territoire du Roussillon dans toute son étendue. Au ix⁰ siècle, il se trouvait compris dans les limites de la Gothie, de ce côté des Pyrénées. Ainsi en 875 un plaid général est tenu par le *Missus* de Bernard, marquis de Gothie, relativement à l'usurpation faite par le comte sur l'église d'Elne et au préjudice des évêques de la cité [17]. — Le premier comte d'Elne ou du Roussillon fut Gaucelin, mort en 834 [18]. Le comté devint héréditaire après 875, sous le comte Miron, qui était frère du comte de Barcelone [19]. La possession des deux comtés de Barcelone et du Roussillon était distincte. Les rois de France avaient sur l'un et l'autre le droit de suzeraineté, depuis Charlemagne. Mais leur influence se faisait peu sentir sur ces terres éloignées. Le comte de Barcelone, comme nous l'avons dit au sujet de l'Andorre, représentait même ou exerçait la suzeraineté autour de lui ; et, par le traité de 1258, saint Louis abandonna les deux comtés à Jacques Ier, roi d'Aragon, en échange de la suzeraineté prétendue au nom de celui-ci sur le comté de Car-

16 Gallia christiana C'est en 1664 seulement que le siége épiscopal fut transporté à Perpignan. D. VAISSETTE, liv. x, ch. 6, t. II, p. 290.

17 D. VAISSETTE, Preuves, t, II, p. 668, n° 101.

18 L'histoire rapporte qu'il mourut victime de l'empereur Lothaire. (D. VAISSETTE.)

19 D. VAISSETTE, liv. x, ch. c, Pr., t. II, p. 290, dit que le comté devint héréditaire en 874 ; mais cette date est démentie par le jugement de 875, où le comte est dit tenir pour le roi : « Ego Auraldus respondi quod non injuste sed partibus comitis et *ad servitium regis exercendum* hoc retineo. (*Id.*. p. 663.)

cassonne et autres terres du Bas-Languedoc[20]. — La cession de souveraineté faite par saint Louis consacrait l'état de choses antérieur. Les rois d'Aragon, à la fin du xie et au commencement du xiie siècle, étendaient bien certainement leur pouvoir des deux côtés des Pyrénées. La charte du consulat de Perpignan, de l'an 1195, est faite *consilio et voluntate ac mandato incliti domini Petri, regis Aragonum, comitis Barchionæ*[21]; et le Recueil des lois, édits et pragmatiques des rois d'Aragon relatifs au Roussillon, qui se trouve en manuscrit dans les archives des Pyrénées orientales, commence en l'année 1210. — Ces documents et ces dates de 1195 et 1210 prouvent que par le traité de 1258 saint Louis abandonnait un pouvoir qui, en fait, n'existait plus depuis au moins cinquante ans. Cela s'explique, du reste, avec facilité : les comtes de Barcelone, étant parvenus au trône d'Aragon dans le xiie siècle, s'étaient aussitôt appliqués

---

20 Des doutes ont été produits, à l'occasion du traité, entre CAS-SAN, Des Droits à la couronne de France (ouvrage dédié au C. de Richelieu), et CHIFFLET, Des Droits de l'Espagne.—Le P. Hénault constate encore le doute sous l'année 1258; et en ces matières, il puisait aux sources, les registres de la chambre des comptes. — Cependant Brussel, *conseiller du Roy, auditeur ord. de ses comptes*, qui publia son livre sur l'Usage général des fiefs en 1750, ne met pas en doute le traité de 1258; il dit: « Le roi saint Louis, traitant, en 1258, le mariage de Philippe, son fils aîné, avec Isabelle, fille de Jacques Ier, roi d'Aragon, céda à l'Aragonais la souveraineté sur les comtés de Barcelone, Urgel, Roussillon et Cerdaigne, ensemble sur les autres lieux qui sont dénommés dans ce traité, et réciproquement l'*Aragonais* se désista par ce même traité de ses prétentions à la propriété des comtés de Carcassonne, Rodez, Alby, Cahors, Toulouse, etc., en nulles desquelles terres il n'avait jamais rien possédé. » (Usage général des fiefs, t. I, p. 187, note *a*.)

21 Preuves de l'Histoire du Roussillon, I, p. 516. — Mém. sur le régime municipal du Midi, par M. CLOS : Perpignan.

à se soustraire à la souveraineté du roi de France sur
Barcelone et toute la Catalogne. Dans un concile tenu à
Tarragone en l'an 1181, Alphonse II, roi d'Aragon et
comte de Barcelone, avait même fait déclarer et ordon-
ner que les actes publics de Catalogne, qui avaient jusqu'alors porté le nom et l'année du règne du roi de
France, ne seraient plus datés que de l'année de l'in-
carnation de Notre-Seigneur Jésus-Christ [22] : en 1258,
il n'y avait donc plus qu'à ratifier des faits depuis longtemps accomplis.

L'ambition remuante des rois d'Aragon a joué un rôle
important au milieu des événements compliqués et des
agitations féodales du moyen âge. En 1285, leur puissance était encore dans toute sa force : Pierre d'Aragon,
complice des Vêpres siciliennes, fut déclaré déchu de
son royaume pour cause de félonie, mais vainement :
la sentence, malgré les armes de Philippe le Bel qui
soutenait les prétentions de son second fils appelé par
le Pape à la couronne, ne put être publiée et encore
moins exécutée dans le pays d'Aragon. Elle fut publiée
seulement dans les vallées voisines d'Aran et d'Andorre,
et dans le territoire de Castelbou qui dépendait du
comté de Foix. Le roi d'Aragon avait donc pu résister
alors au roi de France. Mais vers la fin du xive siècle,
cette royauté, inquiète et turbulente, se trouva comme
épuisée par ses excès.

C'est dans cette région, d'abord celtique et ibérienne,
puis colonie latine et dépendance de la Gothie, enfin
comté féodal et héréditaire ayant relevé tantôt de la

---

22 BRUSSEL. Usage des fiefs. p. 137, note *a* 1re colonne.

couronne de France, tantôt de la suzeraineté belliqueuse des rois d'Aragon, que nous allons déterminer l'origine et l'esprit des coutumes de Perpignan d'abord, et puis du Roussillon.

Disons de suite que la coutume écrite de Perpignan est une coutume locale qui a son caractère propre, maintenu énergiquement, dans le cours du moyen âge, contre l'influence des usages de Barcelone; tandis que le Roussillon, en général, était soumis au droit de la Catalogne.

Après avoir marqué le caractère spécial des coutumes de Perpignan, nous aurons donc à étudier le Droit catalan du moyen âge et notamment le *Forum judicum* ou Loi visigothique et les Usages de Barcelone, à cause de leur application légale et coutumière dans le comté de Roussillon.

§ 1. — COUTUMES DE PERPIGNAN.

« HÆC SUNT CONSUETUDINES PERPINIANI QUAS AD PRESENS INVENIMUS ET AD » MEMORIAM REDUCIMUS, QUIBUS HOMINES PERPINIANI, CUM DOMINO NUNONE » SANCIO ET CUM ANTECESSORIBUS SUIS, ET CUM DOMINO GUIRARDO ET CUM » ANTECESSORIBUS SUIS, ET CUM GAUFREDO PATRE SUO, USI SUNT PER BONAM » CONSUETUDINEM [1]. »

Trois cartulaires conservés dans la bibliothèque publique et les archives de Perpignan, contiennent le texte latin des coutumes. En suivant la date des actes insérés à la fin des cartulaires, on voit que le premier, intitulé *Liber diversorum privilegiorum* [2], a dû être écrit vers

---

1 Ces indications latines forment le titre dans les manuscrits.

2. Manuscrit de la Bibliothèque de Perpignan. — Les deux autres sont aux Archives de la ville.

l'année 1300 ; le deuxième, appelé *Livre mineur*[3], vers
l'année 1311 ; le troisième, connu sous le nom de *Livre
majeur*[4], vers l'année 1394 : celui-ci, qui était le livre
officiel des consuls, contient le texte latin des coutumes,
en soixante-neuf articles, avec la traduction en langue
romane.

Le texte latin et original paraît avoir été rédigé vers
l'année 1175. Son savant éditeur, M. Massot-Reynier,
dans une introduction qui ne laisse rien à désirer sur
l'*histoire externe* des coutumes de sa ville natale, établit
clairement que la rédaction ne peut être antérieure à
1172 et postérieure à 1195 : ce dernier point est fondé
sur la certitude que les Consuls de Perpignan ont été
créés par la charte de 1195, et que le texte des coutumes,
qui indique la juridiction et l'autorité du bailli et du
viguier, ne mentionne pas une seule fois l'institution des
consuls[5] : si les consuls avaient existé lors de la rédaction des coutumes de Perpignan, ils n'auraient pas pu
être passés sous silence dans le texte de Coutumes à la
fois civiles et administratives.

Dès le premier article, les coutumes de Perpignan,
rédigées ainsi, vers la fin du xiie siècle, déterminent
leur caractère et leur esprit : « Les hommes de Perpi-
» gnan (dit cet article) doivent plaider et juger selon les

---

3 A cause de son format in-4°. — Il est indiqué aussi comme le
livre *vert*.

4 A cause de son format grand in-f°.

5 *Voir* l'Introduction publiée en tête des textes, latin et roman,
imprimés pour la première fois par M. MASSOT-REYNIER, en 1848, à
Montpellier. (Publication de la Société archéologique, in-4° de
160 pages.)

» coutumes de la ville, et, à défaut des coutumes, d'a-
» près le Droit, mais non d'après les *Usages de Barce-*
» *lone* et la *Loi gothique*, qui ne sont point suivis dans la
» ville de Perpignan, per jura..... et non *per usaticos*
» *Barchinone patriæ neque per legem gothicam, quia non*
» *habent locum in villa Perpiniani.* » — Le Droit, sans
autre indication, c'est le Droit romain, qui avait eu la
nature de droit territorial dans l'ancienne colonie de
Ruscino Latinorum.

Le droit romain, qui formait le droit commun de la ville
et du territoire de Perpignan, n'était pas toutefois comme à
Toulouse, le droit de Théodose et d'Alaric; c'était le droit
de Justinien. La preuve en est dans l'article 5 des coutumes de Perpignan sur le bénéfice de division accordé aux
fidéjusseurs, conformément au rescrit d'Adrien, qui est
qualifié, dans ces coutumes, d'*Epistola divi Adriani*,
comme il l'est dans les Instituts de Justinien, tit. 21,
§ 4. — Cette mention de l'Épître d'Adrien ne se trouve
ni dans la *Lex romana* d'Alaric ni dans les documents
accessoires; et l'article 5, qui concerne les débiteurs
solidaires (*duo rei promittendi*) de même que les fidéjusseurs, a pour objet évident de déroger au titre XVII
des Instituts de Justinien *de duobus reis stipulandi et
promittendi* et au titre XXI de *fidejussoribus*, en assurant
toujours la division des actions aux débiteurs solidaires
et aux fidéjusseurs, malgré leur renonciation au bénéfice de l'épître d'Adrien [6].

6 Par le rescrit connu sous le nom d'Epistola divi Hadriani, l'empereur Adrien avait autorisé celui des fidéjusseurs qui était poursuivi pour la totalité de la dette à demander au préteur qu'il divisât
l'action en autant de parts qu'il y avait de fidéjusseurs solvables au
temps de la *litiscontestation*, et d'obtenir ainsi que le magistrat

L'école romaine des Glossateurs avait eu son propagateur à Montpellier par le célèbre Placentin vers l'année 1180 ; et l'influence du droit de Justinien s'est fait naturellement sentir dans une ville voisine, née au moyen âge et contemporaine de l'école de Montpellier.

Ce n'est pas par l'Espagne que le droit de Justinien avait pu pénétrer à Perpignan, car le droit de Justinien n'était pas connu en Espagne dans les siècles antérieurs à l'école d'Irnérius. La preuve en est donnée par le livre *des Origines* d'Isidore de Séville : le saint évêque, qui a résumé dans son ouvrage toutes les connaissances de son temps, présente avec soin l'énumération des législateurs connus jusqu'à lui, c'est-à-dire jusqu'au viie siècle, et en partant de Moyse il s'arrête à Théodose ; il ne prononce pas le nom de Justinien [7].

Du reste, à l'égard des lois romaines, le procédé des rédacteurs de la coutume de Perpignan est facile à reconnaître. La coutume ne les cite expressément que pour constater soit leur observation générale, soit la

---

n'accordât à ce créancier contre lui qu'une action partielle, *ut in se pro parte detur actio.*

La coutume de Perpignan érige le bénéfice de division en droit, lors même qu'on aurait renoncé au *bénéfice du rescrit.* Mais elle admet la poursuite pour la totalité, s'il n'y avait qu'un seul fidéjusseur : « Sed secus est in principali debitore et fidejussore et pignorum possessore, nam hic habet electionem creditor contra quem velit primo experiri. » — Les Sentences de Paul (document accessoire à la Lex Romana d'Alaric) contiennent bien le bénéfice de division, mais elles ne mentionnent pas l'*Epistola divi Hadriani :*

« Inter fidejussores ex edicto prætoris si solvendo sit, licet singuli in solidum teneantur, obligatio dividetur. » (Paulus, Sent., lib. 1, tit. XXI.)

7 *De auctoribus legum,* au livre V, ch. 1, *De originibus.* — Saint Isidore était évêque de Séville, de 605 à 635.

dérogation partielle résultant de l'usage local. Ainsi,
indépendamment de l'article 1ᵉʳ sur le *droit commun* des
hommes de Perpignan (le droit romain), l'article 52
statue que tout bailli, viguier ou greffier doit jurer devant le peuple qu'il remplira son office selon les coutumes et selon les lois (*secundum consuetudines* et *Leges*) ;
ainsi l'article 18, sur la peine d'adultère, dit que l'adultère n'est pas puni selon les lois (*non punitur secundum
Leges*), mais que les coupables doivent courir par la
ville [8]. Quelquefois les dispositions de la coutume se
rapportent à des matières réglées par le droit romain,
mais sans s'y référer expressément, et elles constatent
l'usage qui l'a modifié et qui est suivi dans la pratique.
Ainsi l'article 21 porte que si une dette est réclamée
pour prêt de consommation (*ex causa mutui*), la question posée par le défendeur, s'il y a titre écrit ou non
(*cum carta vel sine carta*), est préjudicielle et doit avant
tout être décidée par la réponse du créancier demandeur [9] ; en ce cas, et à l'égard de plusieurs autres dispositions, comme l'article 24 sur la vente publique aux
enchères (*subhastatione facta*), l'article 28 sur les testaments, les successions *ab intestat*, les successions aban-
données, le droit romain est suivi sur un point et remplacé sur d'autres par la coutume locale. La disposition
la plus notable en ce genre est celle relative au droit de
testament et de succession : « Chacun (dit l'article 28)
» peut disposer de ses biens *verbalement ou par écrit* et
» les donner à qui il voudra, même celui qui est étran-

8 Potest Curia illos facere currere per villam. (Consuet. Perpin.,
art. 18.)

9 Debet respondere etiam ante litem contestatam. (Consuet.,
art. 21.)

» ger, s'il a déclaré sa volonté dans la ville de Perpi-
» gnan. Mais lorsqu'une personne décède *ab intestat,* ses
» proches, *à l'infini,* ont tous ses biens. — Que si, par
» hasard, des parents ne se présentent pas, les prud'-
» hommes de Perpignan et le bailli doivent recevoir les
» biens du défunt et les déposer dans le lieu saint. Si
» quelque parent se présente dans l'an et jour, les biens
» lui doivent être restitués; mais après l'expiration de
» ce terme, les biens sont divisés en trois parts, dont
» l'une est adjugée pour l'amour de Dieu, et les deux
» autres appartiennent, dettes d'abord payées (*œre alieno*
» *deducto*) au seigneur de la ville. »

Le testament nuncupatif ou par écrit, dont s'occupe
cet article, c'est un acte emprunté au droit romain;
mais l'hérédité *ab intestat* déférée aux parents, sans limitation de degrés et à l'*infini*, c'est une coutume locale
qui s'unit aux traditions celtiques d'après lesquelles la
parenté est en effet illimitée. — La déchéance de succession après le délai d'un an sans adition d'hérédité,
c'est l'ancien droit romain qui aura pu être transmis
par les traditions de la colonie latine; mais le dépôt des
biens à l'église et la part y affectée pour l'amour de
Dieu, c'est la coutume originale de la ville de Perpignan
qui naquit et se développa sous le patronage de l'évêque
d'Elne.

La coutume de Perpignan, par cela même qu'elle se
référait, dès le premier article, au droit romain comme
au droit général de la cité, ne devait avoir et n'avait
que peu de dispositions relatives au droit privé; et par
sa naissance sur une terre allodiale, elle était restée
presque étrangère à la féodalité.

Son vrai caractère est celui d'une coutume municipale qui a pour principal objet de garantir la liberté
individuelle des citoyens, la police intérieure de la ville
et l'exercice de la justice locale, considérée comme la
protection naturelle des habitants.

Nous allons les examiner sous ce triple rapport et
mettre ainsi un peu d'ordre dans des dispositions très
confuses.

I. Pour la liberté individuelle, la coutume est pré-
voyante et sage : la cour de justice ne peut arrêter personne, s'il n'y a plainte ou délit notoire[10]; elle ne peut
arrêter un habitant et même un étranger s'il donne caution de comparaître, sauf le cas de crime capital[11]; la détention préventive ne peut durer plus de dix jours[12]. —
Les hommes de Perpignan peuvent à volonté changer
de domicile, dans les limites ou hors des limites de la
province; ils gardent leurs possessions et peuvent aliéner librement leurs biens[13]. Chacun est libre de vendre
et d'exporter ses biens, ses vins, son *nectar* et ses autres
denrées. Ce que le texte latin appelle *nectar*, la traduction catalane l'appelle *piment*, ce qui est beaucoup plus
prosaïque[14].—Si un débiteur est privé de sa liberté pour
dette pécuniaire, il ne peut être renfermé sous des
grilles[15]; le débiteur est renfermé chez lui; sa porte est
clouée : il lui est permis toutefois d'entrer et sortir par

---

10 Cout., art. 16.
11 Art. 23. Ad firmandum directum...
12 Cout., art 12.
13 Cout., art 27.
14 Cout., art. 30, 35, 50.
15 Cout., art. 13.

une autre issue, sans qu'il puisse toucher à la porte scellée[16]; mais dix jours après cet acte coercitif du créancier, il peut être contraint par autorité de justice à vendre ses biens pour acquitter sa dette[17]. Les juifs n'ont aucun privilége contre les hommes de Perpignan et ne peuvent dès lors exercer la contrainte par corps[18].— Pour profiter du privilége de la coutume, il faut résider à Perpignan[19]; mais toute sauvegarde est accordée aux étrangers[20]. Le droit d'asile est reconnu; protection est assurée aux immigrants pour leur personne et leurs biens; elle ne l'est pas cependant aux réfugiés accusés du crime de trahison, à moins qu'ils ne se soumettent, pour le jugement du crime, à la cour du seigneur de Perpignan[21].

La police intérieure de la ville s'approprie à la vivacité des habitants et s'attache à prévenir les violences, les fraudes, les querelles particulières. Ainsi les injures dites dans la colère ne peuvent être l'objet d'une poursuite devant la justice[22]; si un individu, de vile condition, injurie une personne de condition honnête, les assistants peuvent à l'instant même lui infliger une correction[23]. La chose volée, mais achetée de bonne foi, ne peut être enlevée à l'acheteur sans remboursement du prix[24]. Chacun peut avoir mesure et poids à volonté

16 Cout., art. 58.
17 Cout., art. 61.
18 Cout., art. 54.
19 Cout., art. 61.
20 Cout., art. 39 et 40.
21 Cout., art. 45.
22 Cout., art. 19.
23 Cout., art. 20.
24 Cout., art. 25.

pour son usage particulier; mais pour les ventes publiques, les poids et mesures sont astreints à une règle
uniforme [25], l'usage des fausses mesures est réprimé [26];
les marchés de tout genre sont soumis à une police
sévère; la boulangerie a ses statuts particuliers; il n'y
a point de four banal [27]. Les bâtiments sur rues sont
assujettis à des règlements [28]. La coutume s'occupe
même des murs mitoyens [29]. La police municipale offre
aussi un ensemble de prudentes prescriptions [30].

II. En ce qui concerne la justice :

La juridiction, de premier degré, est représentée par
deux magistrats, le bailli et le viguier : le bailli, pour
l'intérieur de la ville, le viguier, pour l'extérieur [31];
toutefois, s'il s'agit d'alleux possédés hors de la ville,
le bailli en connaît [32]. Les *boni homines* ou prud'hommes,
joints au bailli ou viguier, forment la cour de justice :
après la charte de 1195 sur les Consuls, ceux-ci ont
remplacé les *boni homines*.

La juridiction du deuxième degré appartient à la
cour du seigneur [33]; les sentences, même interlocutoires,
peuvent lui être déférées [34]. La cour du seigneur juge
directement, en premier et dernier ressort, les causes qui

25 Cout., art. 29.
26 Cout., art. 21, 22, 23.
27 Cout., art. 37 et 38.
28 Cout., art. 42, 43.
29 Cout., art. 14.
30 Cout., art. 60.
31 Cout., art. 64, 56, 57.
32 Cout., art. 65.
33 Cout., art. 45.
34 Cout., art. 67.

intéressent le bailli ou le viguier, les plaintes en déni de justice ou toute autre plainte[35].

Le principe fondamental en matière de juridiction, c'est que les habitants du pays ne peuvent être jugés que par leurs juges naturels, c'est-à-dire par le seigneur ou le bailli de Perpignan[36] : principe qui a été respecté même au xviie siècle, après la réunion du Roussillon à la France[37].

La justice est gratuite, en général; le bailli ne peut exiger des dépens du demandeur ou du défendeur; mais il reçoit de la partie vaincue la redevance accoutumée, c'est-à-dire, le tiers de la quantité ou de l'estimation qui était en litige, à moins que le vaincu dans le procès ne soit chevalier, noble, clerc ou religieux plaidant contre un habitant de Perpignan, ou un homme de Perpignan plaidant contre des personnes de cette qualité[38].

Le Droit féodal, comme nous l'avons dit, est à peine indiqué dans les coutumes de la cité. La terre était d'origine allodiale, et bien que le seigneur d'un alleu noble eût les prérogatives de la justice foncière et pût même se créer des feudataires, il n'y avait pas là ma-

---

35 Cout., art. 59.

36 Cout., art. 6. Item homines Perpiniani non tenentur firmare directum vel facere, ratione suarum personarum vel rerum ubicumque inveniantur, ubicumque eas habeant, in posse alicujus curiæ, sed tantum in posse *Domini* vel Bajuli Perpiniani. — Il en serait autrement si l'homme de Perpignan tenait une chose pour le propriétaire (nisi forte res tenerent pro aliquo). Le principe était déjà reconnu dans la charte de 1195.

37 Voir *in fine* sur le privilége du Conseil souverain du Roussillon.

38 Cout., art. 9, 10, 19.

tière au droit féodal proprement dit avec tout le cortége des droits réels et personnels [39].

Chacun, d'après l'article 34 des coutumes, peut acquérir, à quelque titre que ce soit, des feudataires du seigneur les choses qu'ils tiennent pour cause de fief, sans avoir besoin de l'assentiment du seigneur majeur; une seule condition existe, c'est que le feudataire retienne quelque partie du domaine ou du fief aliéné. La partie retenue est censée représenter le fief originaire. Il y avait lieu à un droit de *foriscapium* ou de *laudimium* pour vente faite de choses situées dans l'intérieur de la ville par celui qui abandonnait le séjour de Perpignan; aucun droit n'était dû si la chose était située hors des murs de la ville [40].

A l'époque où les coutumes furent rédigées, les guerres privées, triste produit de la féodalité, portaient leur trouble des deux côtés des Pyrénées. La coutume laissait la liberté d'y prendre part; mais elle ne s'en occupait que pour placer hors de discussion les profits et les pertes de ces guerres locales, en déclarant qu'une fois la guerre finie, les habitants, quelque parti qu'ils eussent embrassé, ne pouvaient revenir les uns contre les autres [41].

Le seigneur, dans la cité de Perpignan, pouvait être le sujet d'une plainte en justice de la part de tels ou tels habitants; et si lui-même croyait avoir à se plaindre d'eux, il ne pouvait récriminer; il devait attendre que le jugement sur la plainte intentée contre lui fût terminé:

---

39 *Voir*, sur la justice des alleux, mon tome IV, p. 101.
40 Cout., art. 27 et 53.
41 Cout., art. 41.

disposition qui assurait la justice au faible contre le fort[42].

La coutume de Perpignan, si attentive à garantir la liberté des individus et la justice publique, patrimoine commun de la société, devait être estimée et désirée au dehors. Aussi, certaines localités voisines, *Thuir*, *Opoul*, *Collioule*, tachèrent de se faire incorporer au territoire de la Cité, afin de participer à ses franchises[43]; il y eut même une localité, celle de *Vinça*, qui fut érigée en rue de Perpignan[44].

La féodalité, comme le prouve notre analyse des coutumes de Perpignan, avait peu de place dans ces anciennes chartes. On comprend dès lors que les rois d'Aragon, ayant réuni à leur titre les qualités de comtes de Barcelone, du Roussillon et de la Cerdagne, aient cherché à introduire dans les usages de la ville capitale du Roussillon des principes de droit féodal plus énergiques. Mais la Cité tenait grandement à ses franchises, et dans ses luttes contre les projets de l'Aragon, elle obtint plusieurs fois des rois les plus agressifs la confirmation expresse de ses coutumes, notamment en 1207, 1242, 1250, 1254, par des chartes dont la dernière porte en faveur des habitants la clause que « tous soient confirmés dans tous leurs droits, *confirmentur omnes et per omnia*[45]. » Une autre charte fut donnée en 1344 pour le renouvel-

---

42 Cout , art. 17.

43 Chartes des années 1246, 1277, dans le Recueil de M. Massot-Reynier, faisant suite à la Coutume, p. 65 et 66.

44 Texte de 1407, *ib.*, p. 69. — Ce sont ces faits particuliers mal compris qui donnèrent lieu à la fausse opinion que la Coutume de Perpignan était la loi commune du Roussillon. (*Voir* Aupi, *Recherches historiques*, t. II, p. 193, et M. Massot-Reynier , introduction aux coutumes de Perpignan, p 19.)

45 Textes des chartes dans le Recueil déjà cité.

ment des principes et priviléges par Pierre IV, d'Aragon ; mais celle-ci, en confirmant l'ensemble des dispositions de la Coutume, abrogeait formellement l'article Ier, qui excluait (comme on l'a vu) *les Usages de Barcelone* et *la Loi gothique*. Pierre d'Aragon, afin de donner au droit féodal l'action qui lui manquait dans les coutumes de Perpignan, statuait expressément que les habitants seraient désormais soumis aux usages de Barcelone et aux constitutions de la Catalogne [46].

C'était, au milieu du xive siècle, et au sein d'une ville qui avait conservé ses franchises, la réaction de la Féodalité catalane contre le Droit romain, considéré comme le droit commun de Perpignan. Mais cette implantation des usages de Barcelone, qui avait pour objet de donner plus de force aux relations de l'ordre féodal et politique, ne portait point atteinte aux coutumes purement civiles et aux franchises municipales ; elle ajouta même aux priviléges de la ville, en ce sens qu'il lui fut concédé, ainsi qu'au Roussillon et à la Cerdagne, d'avoir des syndics spéciaux dans les Cortès du *Principat de Catalogne*. — Et ainsi, libre dans son administration et dans l'exercice de sa justice, la Cité relévait, par un lien féodal et politique, du roi et de l'assemblée générale ; mais quant à son droit propre et coutumier, il restait dans la pratique tel que nous l'avons déterminé avec les coutumes du xiie siècle.

Il n'en était pas de même dans le comté de Roussillon proprement dit : là, le code visigothique et le droit catalan avaient de bonne heure prédominé.

---

46 Texte de la charte de 1344 dans le Recueil de M. MASSOT-REYNIER.

§ 2. — DROIT DU ROUSSILLON.

DROIT COMMUN A LA CATALOGNE ET AU ROUSSILLON : *FORUM JUDICUM*, ET
ACCESSOIREMENT FORMULES DITES *VISIGOTHIQUES*. — *USATICI* DE BAR-
CELONE.

En déclarant que ni la *Loi visigothique*, ni les *Usages
de Barcelone* n'étaient suivis à Perpignan, les coutumes
locales de cette ville avaient constaté l'exception existan-
tante pour cette partie du Roussillon ; mais par l'exception, elles constataient en même temps la règle ou la
loi générale qui était suivie dans les autres parties du
comté. Elles supposaient implicitement que le Roussillon était régi par le droit que la ville de Perpignan avait
formellement exclu de ses coutumes, c'est-à-dire la loi
gothique et les usages de Barcelone. Autrement, la déclaration mise en tête des coutumes de Perpignan,
rédigées au xiiᵉ siècle, n'aurait eu aucun sens.

Le Code visigothique et les *Usatici* de Barcelone
étaient, en effet, à cette époque la loi du Roussillon.

Dès le viᵉ siècle, après la défaite d'Alaric II et l'établissement du pouvoir des Francs à Toulouse, le Roussillon avait été compris dans la Gothie. Au ixᵉ siècle, et
malgré les effets de l'irruption sarrasine, nous trouvons
la loi gothique en pleine autorité dans cette contrée; le
plaid tenu en 875 par le *Missus* du gouverneur de la
Gothie, pour juger le différend élevé entre le comte de
Roussillon et l'église ou l'évêque d'Elne, en offre la
preuve positive : les formes suivies dans ce plaid, dont
le texte nous a été conservé par les historiens du Languedoc, sont précisément celles déterminées par la loi

gothique[1]. Du reste, la constitution du pape Jean VIII
que nous avons précédemment rapportée[2], établit de la
manière la plus formelle que la loi gothique était
observée, en 878, à Narbonne et dans la partie inférieure de la Gaule narbonnaise, dont le Roussillon était
une dépendance. De plus, du xe au xiie siècle, les personnes et les établissements ecclésiastiques, qui sui-
vaient généralement en France la loi romaine, étaient
régis dans le diocèse d'Elne ou du Roussillon par la loi
gothique elle-même, pénétrée de l'esprit des conciles de
Tolède et du clergé. Des documents précis, qui s'étendent de 960 à 1100, établissent ce point et cette pratique
territoriale avec certitude[3]. Nul doute, par conséquent,
sur l'autorité de la loi gothique dans le Roussillon depuis son incorporation à la Gothie jusqu'au milieu du
moyen âge.

Au xiiie siècle, le comté de Roussillon a passé sous le
pouvoir des comtes de Barcelone, devenus eux-mêmes
rois d'Aragon (1137) : et alors, les Usages de Barcelone, loi féodale donnée à la Catalogne par Raimond
Béranger en 1068, furent appliqués au Roussillon et à
la Cerdagne.

Il en résulta que soit pour le droit privé proprement
dit, soit pour la loi féodale, le droit du Roussillon avait
la même base que le droit de la Catalogne.

Il importe donc de nous rendre compte de ces deux
monuments, la Loi gothique et les Usages de Barcelone,
qui constituaient le fond du droit, commun à la Cata-

1 Placitum generale, 875, dans l'Histoire du Languedoc, t. II, Pr.
2 Tome IV, p. 287. *Voir* Canciani, t. IV, p. 202.
3 Les actes sont cités dans le Recueil de M. MASSOT-REYNIER.

logne et au Roussillon : nous y joindrons les Formules
nouvellement découvertes.

I. *Forum judicum et Formules visigothiques.* — Dans
les deuxième et troisième volumes de cet ouvrage,
nous avons traité de la loi germanique des Visigoths
d'abord pour en assigner le territoire par rapport à la
Lex romana d'Alaric et à la Gaule narbonnaise, ensuite
pour en caractériser l'esprit relativement aux autres
lois d'origine germanique [4].

Nous devons maintenant examiner de plus près et
dans ses divers éléments le Code visigothique qui a pris
dans l'usage de la Péninsule, en recueillant les dispositions décrétées par les conciles de Tolède, le nom de
Liber ou de *Forum judicum;* en castillan, *Fuero juzgo* [5].

Depuis nos premiers aperçus sur la loi des Visigoths,
on a publié en Allemagne des fragments précieux de
cette loi, tirés d'un manuscrit palimpseste de Saint-
Germain-des-Prés, retrouvé en 1839 par Knust parmi
les manuscrits de la bibliothèque royale et publiés par
Blume en 1847, sous le titre de Loi antique des Visigoths, ou Code de Reccarède [6]. La publication comprend cinquante-deux chapitres [7].

---

4 *Voir* mon tome II, p. 404, et mon tome III, p. 109.

5 La traduction en castillan que nous possédons est seulement
du XIVe siècle; elle fut faite par ordre de saint Ferdinand (1330-
1350); mais il y en avait eu une autre bien antérieure. (*Vid.* For.
jud., II, 1, 10.)

6 Die Westgothische ANTIQUA oder das Gesezbuch Reccared des
ersten; von F. BLUME —*Voir* une savante dissertation de M. PETIGNY
sur cette publication, *Revue historique* du Droit français et étranger,
1855, p. 212; et les *Études* très-intéressantes de M. BATBIE sur le
Forum judicum. (Recueil de l'Académie de législation, 1856.)

7 Depuis le n° 277 jusqu'au n° 339, d'après le ms. palimpseste.

Le palimpseste de Saint-Germain résout la question
d'abord controversée d'une loi *antique* des Visigoths.
Trente-cinq chapitres, assez bien conservés, correspondent à des dispositions marquées du titre d'*Antiqua*
dans le code revisé au viiᵉ siècle ou le *Forum judicum*,
dont l'Académie de Madrid a publié en 1815 une édition collationnée sur les meilleurs manuscrits de l'Espagne [8]. Le manuscrit de Saint-Germain est reconnu
d'une écriture du viᵉ siècle, et il n'est plus possible de
douter que les Visigoths, dans la terre occupée par eux
en Gothie ou Septimanie et de l'autre côté des Pyrénées,
n'aient possédé une loi première ou ancienne qui, depuis, a reçu des changements successifs, des développements et une classification nouvelle sous l'influence
des rois visigoths, des grands et du clergé de l'Espagne.
Mais le palimpseste, reconnu du viᵉ siècle par les Bénédictins qui l'ont employé les premiers pour la paléo-
graphie, ne résout pas la question précise de la date à
laquelle ce premier Code des Visigoths aurait été rédigé.
Son savant éditeur, M. Blume, l'attribue au roi Reccarède, vers la fin du viᵉ siècle, après l'abandon de l'aria-
nisme par les Visigoths dans le concile de Tolède de
589. M. Pétigny, dans une dissertation spéciale, l'attribue à Alaric II, à l'auteur même de la *Lex romana* ou
du *Breviarium* de l'année 506. Il le placerait volontiers
à cette date de l'an 506 ou à très-peu d'intervalle, au
commencement du viᵉ siècle, opinion soutenue avec talent mais difficilement admissible dans ses rigoureuses
limites. Ce qui, dans tous les systèmes, est du moins

---

8 Forum judicum, avec la traduction en castillan *Fuero juzgo.*
In-fol. Madrid. 1815.

certain, c'est que la loi *antiqua* des Visigoths, ou la première rédaction de cette loi, est postérieure à la rédaction même du Code romain d'Alaric. La preuve en est fournie par le chapitre 285 du palimpseste qui est la reproduction presque complète d'une *interprétation* du Breviarium d'Alaric sur une loi *de usuris* [9]. — De plus, les emprunts à la *lex romana* et à ses accessoires sont visibles en plusieurs textes mis sous la rubrique *antiqua* dans le *forum judicum*, transformation de la loi gothique. Ainsi, la loi *antiqua* sur le mariage des veuves avant les dix mois de veuvage (*Forum jud.*, III, 2, 1) est empruntée au Breviarium de *secundis nuptiis* (III, 8, 1); — la loi *antiqua* sur la tutelle des mères qui persévèrent dans l'état de veuvage (*For. jud.*, IV, 3, 3) est emprunté au Breviarium, même titre (III, 17, 14); — la loi *antiqua* sur l'affranchissement de l'esclave d'autrui (*For. jud.*, V, 7, 2) est empruntée à l'interprétation du Breviarum (IV, 10); la loi *antiqua* sur la dépossession violente (*For. jud.*, VIII, 1, 2) est empruntée à l'interprétation du Breviarum *Unde vi* (IV, 22, 3); — la loi *antiqua* sur la succession du mari et de la femme à défaut de parents au septième degré (*For. jud.*, IV, 2, 11 [10]) est empruntée à l'interprétation du Breviarium (V, 2, 11); — et enfin, comme dernier exemple, et le plus saillant de tous, nous citerons les deux titres de *gradibus* et de *successionibus* de la loi ancienne des Visigoths qui sont transcrits textuellement et tout au long du livre IV, titre 2 des Sentences de Paul, document annexé au

---

9 Lex Romana, l. 2, tit. XXXIII, lib. II, *De usuris; Interpretatio.*

10 Lex antiqua, édition de Blume, c. 338, p. 44 (1847).

Breviarium d'Alaric [11]. — Il n'est donc pas douteux que l'ancien Code des Visigoths ne soit postérieur à la *lex romana* du vi⁰ siècle, et qu'il ne lui ait fait, dans sa première rédaction, des emprunts nombreux et importants. La publication de la *lex romana*, la bataille de Vouglé, la mort d'Alaric, la conquête des Francs, la soumission de la plus grande partie du royaume d'Alaric à Clovis, l'assignation de la Septimanie aux Visigoths, à leurs rois expulsés de Toulouse : tous ces faits se sont accomplis de l'an 506 à l'an 507. C'est après leur rapide accomplissement que la loi antique des Visigoths a été rédigée par imitation de la *lex romana* d'Alaric. En supposant même avec M. Pétigny qu'elle ait été rédigée dans la même année 506, elle n'a pu commencer à recevoir d'exécution que dans le pays réservé aux Visigoths vaincus, c'est-à-dire dans la Septimanie ou la Gothie; mais bien certainement elle a dû être appliquée, dès le vi⁰ siècle, de ce côté des Pyrénées, dans la Gothie et par conséquent dans le Roussillon qui en dépendait.

Une seconde rédaction de la loi des Visigoths fut faite au commencement du vii⁰ siècle, et après la conversion des Visigoths au catholicisme. Cette rédaction est attribuée avec beaucoup de vraisemblance à saint Isidore, qui fut évêque de Séville de 605 à 635 : des rapports frappants de rédaction existent entre quelques titres du *Forum judicum* et certains chapitres du traité des *Origines* composé par saint Isidore. Le titre 2, livre 1ᵉʳ de *Lege* du *Forum judicum* est identique, pour le fond et la forme, à la seconde moitié du chapitre 10 de *Legibus*,

---

11 Forum judicum, IV, tit. I et tit. II. Lex. antiqua, de BLUME, c. 327, 328, 329, 331, 332, p. 40 et suiv.

du traité d'Isidore; et la loi 5 du même titre est identique au chapitre 20 du même traité [12]. Cette seconde rédaction est donc l'œuvre très-probable de l'évêque de Séville, qui était l'âme des conciles de son temps et qui a pénétré le recueil visigothique de l'esprit des conciles. Dans tous les cas, si elle avait un autre auteur, elle serait certainement postérieure à la composition du traité des *Origines*.

Dans les manuscrits de cette seconde rédaction, la loi *antiqua* du palimpseste se trouve modifiée en quelques-uns de ses termes primitifs, par suite des changements accomplis dans la situation des personnes de nationalité différente. Ainsi, dans le palimpseste, chapitre 312, il est dit : « Si un *Romain* fait donation à un » *Goth* d'un objet litigieux, le juge doit donner gain de » cause à l'adversaire de ce Romain [13]. » — Dans l'*antiqua* du *Forum judicum* (liv. V, tit. IV, loi 20), il n'est plus question de Romain et de Goth, il est dit d'une manière générique : Si quelqu'un, *si aliquis* : changement d'expression annonçant que la distinction des races commence à s'effacer à l'époque de cette seconde rédaction; et toutefois la trace de la loi première est conservée par la mention *antiqua* appliquée à la disposition elle-même.

La troisième rédaction, qui fut une révision générale de la loi visigothique ou du *Forum judicum*, eut lieu

---

12 ISIDORI HISP. episc., *Originum libri*, lib. II, tit. X, p. 863, édit. D. Godefroy.

13 Cette disposition est remarquable non-seulement parce qu'elle distingue par leur dénomination le Romain et le Goth, mais surtout parce qu'elle prouve que le Romain et le Goth, malgré leur différence d'origine, étaient soumis *au même juge*.

sous le règne de Chindasvinde et de son fils Recesvinde, de 642 à 672. Les lois portant le nom de ces deux rois sont au nombre d'environ cent quatre-vingts. Chindasvinde, qui était maître de toute la Péninsule hispanique en 642, voulut donner une législation uniforme à ses sujets de race romaine, gothique, ibérienne. Il voulut que le *Forum judicum* fût suivi comme loi unique. Il défendit aux juges d'appliquer les lois romaines, en recommandant toutefois leur étude particulière[14]; et afin de favoriser de plus en plus la fusion des races, il abrogea expressément la prohibition de mariage entre les Goths et les Romains[15]. Les conciles de Tolède le secondèrent par de nombreuses dispositions en vue de l'union des races et de l'uniformité de la législation. Quelques additions furent faites encore après Recesvinde par les rois Évigius et Égica (681-693): ce furent les dernières[16]. Vitiza, fils d'Égica, associé d'abord au règne de son père, se livra aux plus indignes déportements dès qu'il régna seul, et fut renversé par Rodrigue, usurpateur non moins indigne du trône (701-710); puis vint le flot de l'invasion musulmane, devant lequel les fils mêmes de Vitiza et le comte Julien

---

14 Forum judicum, II, 1, 8 : «Alienæ gentis legibus *ad exerci-* » *tium utilitatis imbui* permittimus et *optamus; ad negotiorum* » vero discussiones prohibemus. Quamvis enim eloquiis polleant, » tamen difficultatibus hærent, etc.

15 Forum judicum, III, 1, 1. Lex Romana, III, 14, 1. — La prohibition du mariage avec les nations étrangères était dans la coutume germanique. (TACIT., de M. Germ., c. IV; PROCOPIUS, De bello Goth., I, III, c. 2, et CANCIANI, t. 4, p. 88, note 1.)

16 Il y eut 28 lois d'Ervigius (dans le 12e livre du Forum judicum, 12e concile de Tolède). — Il y eut 11 lois d'Egica (16e concile de Tolède).

avaient abaissé les barrières du mont Calpé, appelé par
les Maures *Gibel-Tarik*, et depuis *Gibraltar* (713)[17].

Les Sarrasins, qui firent l'invasion au commencement
du viii° siècle, paraissent aux yeux des historiens avoir
effacé les vestiges de la domination des Goths, et surtout de leur législation. Mais il n'en fut pas ainsi. Pour
soulager les peuples des effets désastreux de la conquête
et prévenir les soulèvements, les vainqueurs permirent
aux vaincus non-seulement l'exercice de la religion de
leurs pères, mais l'observation de leurs lois et coutumes.
Les chrétiens sous le joug musulman continuèrent donc,
selon la remarque du savant Lardizabal, à être régis
par la loi gothique[18]. La preuve s'en trouve dans un
manuscrit très-ancien du monastère de *Santo Torribio
de Lievenna*, qui atteste, sous le règne de Dom Froilo I
(roi de Léon et des Asturies, 757-768), l'observation
de la loi gothique, *secundum quod Lex Gothica continet*.
Le gouverneur maure nommait un comte chrétien qui
rendait la justice en suivant le *Forum judicum*. D. Alphonse II (791-842), dont la chronique a été écrite au
ix° siècle, avait dans son palais une cour de justice chargée
de maintenir les formes de la procédure ancienne selon
les lois gothiques, lesquelles s'observaient fidèlement
aussi dans les nouveaux États constitués en Asturies et
Léon, en Galice, Castille, Sobrarue, Navarre, Aragon et
Catalogne[19]. En 844, Charles le Chauve permit aux Ca-

17 *Gibel-Tarik*, c'est-à-dire montagne de *Tarik*, nom d'un chef
maure.

18 Discorso sobre la legislacion de los Visigodos, dans l'édit. de
Madrid, du Forum judicum (1815).

19 D. M. LARDIZABAL, Discurso sobre la legislacion. — C'est en

talans soumis à la souveraineté de la France de suivre les lois gothiques. Le *Forum judicum* resta donc, sous l'invasion des Sarrasins, ou redevint immédiatement après leur expulsion, le droit commun de la Catalogne et des territoires voisins, tels que la Cerdagne et le Roussillon.

Malgré sa verbeuse rédaction, qui a provoqué un jugement si sévère de la part de Montesquieu, le *Forum judicum* était conforme aux idées d'unité romaine et d'égalité chrétienne. Il était digne par l'esprit général de ses dispositions de rester une loi permanente; et quoique applicable d'abord à une nation de race germanique, il n'avait conservé, sous l'influence des conciles de Tolède, qu'un bien petit nombre d'articles empreints de l'esprit germanique. Les exemples les plus saillants en ce genre sont : la dot apportée par le futur à la fiancée, conformément à l'ancien usage attesté par Tacite dans les mœurs des Germains; et la recommandation, qui conserve les libres allures de la vassalité germanique.

Les Formules se rapportant à loi des Visigoths ont été découvertes de nos jours par M. de Rozière dans un manuscrit de la Bibliothèque de Madrid et publiées

Aragon que le *Forum judicum* a le moins établi son autorité législative ou coutumière. Le roi Dom Sanche Garcia, sous l'influence du légat de Grégoire VII, qui changea le rite gothique en rite romain (MARCA, Histoire du Béarn, p. 168), abrogea en son royaume les lois gothiques et leur substitua les lois romaines. (Fuero juzgo, Disc., p. 41.) Mais cette abrogation ne fut pas tellement absolue qu'on n'en trouve plus le souvenir dans les chartes aragonaises : ainsi, dans une charte de 1198, où le mari donne à sa femme la dixième partie de tous ses biens meubles et des choses présentes et futures, il est dit : *Quia in gothicis legibus continetur non sine dote conjugium fiat.* En Castille, au contraire, le *Forum judicum* était la loi et fut traduit; de là vint *Fuero juzgo.*

sous le titre de *Formules Visigothiques* [20]. Ces formules,
au nombre de quarante-sept, ont été recueillies au
xII[e] siècle par Pélage, évêque d'Oviédo [21]. On ne peut
assigner la date certaine que d'une seule d'entre elles,
qui est en vers alexandrins et n'affecte pas une forme
rigoureuse d'acte et de langage juridique. Elle indique
la troisième année du roi Sisebut, c'est-à-dire l'an 615,
et se rapporte à la dot offerte par le futur à la jeune fille
destinée à devenir son épouse :

> *Constituo donoque tibi vel confero, Virgo.*

Elle mentionne aussi le *morghengabe* ou don du matin comme l'usage des anciens Goths :

> *Ordinis ut Getici est et Morgingeba vetusti* [22].

C'est, du reste, dans ce recueil de formules ou de
fragments, la seule trace de droit privé purement germanique. Toutes les autres formules relatives à l'affranchissement, aux ventes d'esclaves, à la donation *ante nuptias*,
à la donation entre époux, au testament selon le droit

---

20 Formules publiées en 1854, précédées d'une introduction (in-8
de 60 pages). Le titre n'est pas dans le manuscrit.

21 Pélage était évêque d'Oviedo en 1101. Il s'était retiré de l'administration épiscopale en 1129 pour composer un vaste recueil
sur l histoire de son pays. Le *Codex Ovetensis* n'existe pas en original, mais en copie seulement dans la Bibliothèque de Madrid.

22 M. DE ROZIÈRE, p. 15 de son introduction aux formules visigothiques, paraît croire à la confusion de la dot et du morgengabe.
Je ne partage pas son idée à cet égard si par *dot* il n'a pas entendu
douaire. Le morgengabe n'est cité dans la formule que comme
exemple, et dans le traité d'Andelot, de l'an 598, à l'occasion de la
sœur de Brunehild et des contrées méridionales, Burdegala, Be-
norno, Begorre, etc., la distinction de la dot et du morgengabe est
bien précise : *tam in dote* quam *in morgayemba* (*Voir* mon tome III,
p 160.

civil ou prétorien ou à la clause codicillaire, à la stipulation aquilienne, à la vente, à l'échange, au précaire, à la réception des actes par la curie, à l'émancipation de la puissance paternelle sont conformes aux institutions d'origine romaine et gallo-romaine.

Ces formules, si elles étaient réellement pratiquées du temps de leur compilation par l'évêque Pélage (ce qui n'est pas suffisamment justifié par les documents jusqu'à présent connus), prouveraient que malgré la prohibition du droit romain par la loi de Chindasvinde[23], les idées et les institutions romaines prédominaient : «Ingenuo te *civemque romanum* esse constituo ac decerno,» c'est l'expression commune à cinq formules d'affranchissement pour faire d'un esclave un citoyen romain[24]. Dans tous les cas elles établissent, ce qui ne peut être douteux en présence des textes du *Forum judicum*, que les mœurs primitives de la race visigothique avaient été presque complétement dominées par l'ascendant des lois romaines et des principes de l'Église.

Cet ascendant s'était fait sentir surtout dans les successions et testaments, et dans les garanties de la propriété ou de la longue possession.

Selon le *Forum judicum* les frères et sœurs partagent également la succession, *in omni parentum hereditate*[25].

Les degrés de parenté sont marqués jusqu'au septième; le mari et la femme succèdent l'un à l'autre à défaut de parents au septième degré[26];—les titres sur les testaments

---

23 Forum judicum, lib. II, tit. I, l. 8, p. 79.
24 Formules visigothiques (M. DE ROZIÈRE), 2, 3, 4, 5, 6.
25 For. jud., IV, 2.
26 For. jud., art. 11

résument le droit romain pour les formes extérieures, d'après la novelle de Théodose et de Valentinien [27].

Les idées de l'Église sur la protection due à l'enfance et à la pupillarité s'unissent, dans le *Forum judicum*, aux principes du droit romain de l'Empire sur la tutelle des femmes veuves, fidèles à leurs devoirs de mères. Le *Forum judicum* veut que l'évêque ou le prêtre élu par les parents suive le mineur de sa protection quand il entre dans la jeunesse, et il rend efficace l'action des mineurs contre les tuteurs négligents [28].

Plusieurs dispositions ont aussi pour objet la garantie de la longue possession ou de la propriété. La loi *Anti-qua* des Visigoths ne permettait pas qu'après cinquante ans on revînt sur le partage primitif des terres entre les Goths et les Romains (*Sortes goticæ* et *Tertiæ romanorum*). —La loi *Antiqua* établissait aussi d'une manière géné-rale la prescription trentenaire comme garantie de toute possession soit de bonne, soit de mauvaisse foi. Le roi RECESVINDE ne fit d'exception que pour les esclaves du fisc qui s'étaient dérobés au domaine et qui devaient être ramenés à leur ancienne origine [29].

L'esprit général des lois visigothiques était, au moyen âge, réputé si favorable à la justice que, dans les re-cueils de jugements (les *Judicia Curiæ*) faits en Cata-logne et dans le Roussillon, on écrivait cette déclaration :

---

27 Lex Romana. Nov., De test., IX, p. 534 (édit. de 1593). — On retrouve cet esprit dans la *Somme du Droit* de SORDELLO, l'un des écrivains qui ont introduit l'*École provençale* en Catalogne, sur la-quelle M. le professeur BARET a donné des détails si nouveaux dans son savant livre ESPAGNE et PROVENCE (1857).

28 Forum judicum, IV, 5, 4.

29 Absque temporis præjudicio. (For. judic., X, II, LL. 1, 2, 3, 4.

« Les lois visigothiques jugent tous les hommes avec équité, *judicant omnes homines cum æqualitate* [30]. C'était pour une législation un bel éloge, qui explique par l'assentiment des peuples la durée du *Forum judicum*, et la permanence même de ses principes dans la jurisprudence de l'Espagne jusque dans les temps modernes [31].

Mais, comme nous l'avons fait pressentir, cette législation était étrangère à la féodalité. Le patronage germanique qu'elle mentionnait et réglait d'après les anciennes mœurs ne constituait point le lien féodal [32]; il formait une libre recommandation, sauf pour le patron le devoir dès lors reconnu de protéger et de marier la fille du client appelé du nom de *Buccellarius* [33], devoir de protection contenant le germe d'une institution qui s'est généralisée dans le droit féodal.

Les faits de la société du moyen âge avaient bien dépassé ces faibles linéaments de la loi visigothique, qui ne se trouvent pas plus saillants dans le code du VIIᵉ siècle que dans le texte de la *Lex antiqua* [34]; et le comte de Barcelone Raymond Bérenger, ainsi que son épouse

---

30 *Judicia curiæ* dans les Constitutions catalanes, vol. I, lib. I, tit. XII. Usus 2. (M. MASSOT-REYNIER, p. 45.)

31 Alphonse le Sage, en 1348, donna une nouvelle forme à la législation en publiant *Las siete Partidas*, mais seulement comme loi supplétive. Là où le *Fuero juzgo* était pratiqué, il devait continuer à l'être. — En 1788 encore, un acte de D. Carlos III applique le *Fuero juzgo* à une cause, en le préférant aux *Partidas*. Il y est déclaré que le *Fuero juzgo* n'a jamais été abrogé.

32 Forum judicum, lib. V, tit. I, art. 1. — Voir *suprà*, p. 387.

33 Du mot *buccella* (pain, miette); le *buccellarius* était le *conviva* du patron.

34 Lex antiqua, BLUME, ch. 310. — *Forum judicum*, V, 3, 1 : Si vero alium sibi patronum elegerit, licentiam habeat cui se voluerit commendare.

Almodis, pour répondre aux besoins nouveaux de la société féodale du xiᵉ siècle, firent rédiger d'accord avec
les grands de la province et promulguèrent les usages
de Barcelone, sous le titre d'*Usatici Barchinione patrie.*

Le but apparent des *Usatici* n'était point d'abroger
les lois gothiques, mais d'y suppléer, ainsi que le déclare
le préambule. Ce nouveau recueil suppléait au *Forum
judicum* par l'établissement du droit féodal. — Quant
au droit civil, que les usages de Barcelone n'avaient pas
en vue, le nouveau recueil renvoyait aux lois gothiques
et à l'autorité du prince : *et ubi non sufficerent* usatici *reverteretur ad* leges *et ad Principis arbitrium*[35].

En un mot, le *Forum judicum* était dans la Catalogne
et le Roussillon la loi civile et commune; — les *Usatici*
de Barcelone étaient la loi féodale.

II. *Usatici Barchinione patrie.* — Ce monument de
droit féodal fut écrit en latin dans l'année 1068. Raymond Bérenger s'autorisa du *Forum judicum* pour le
promulguer à titre de loi : « Hæc enim fecit Comes authoritate *Libri judicis* qui dicit : Sane adjiciendæ leges,
si justa novitas causarum exegerit. »

Des quatre manuscrits de l'Escurial, le plus ancien,
du xiiᵉ siècle, est incomplet; les trois autres sont du
xivᵉ siècle. Leur texte a été imprimé à Barcelone en
1544, sous le titre : *Antiquiores Barchinione leges quas*

---

35 Usatici, art. 3 : Cum... vidit et cognovit quod, *in omnibus causis*
et negociis ipsius patriæ, *Leges goticæ* non possent observari et
vidit multas querimonias et placita quæ *ipsæ Leges specialiter* non
judicabant; laude et consilio *proborum suorum hominum* una cum
prudentissima conjuge sua Adalmodi constituit et misit Usaticos...
Art 81 : Et ubi non sufficerent Usatici, etc.

Vulgus Usaticos appellat.—Une édition nouvelle a été publiée de nos jours par M. Ch. Giraud, dans son recueil de documents du moyen âge [36]. Les *Usatici* n'ont été traduits en catalan qu'en 1413, traduction qui est comprise dans le recueil des constitutions relatives à la Calogne [37].

Les *Usatici* formaient le code de la féodalité : la hiérarchie féodale y est constituée à ses divers degrés et avec toutes les conditions de la féodalité militaire. La force d'exécution est assurée au chef-seigneur contre les seigneurs qui refusent de faire droit ; les fiefs ne peuvent être aliénés sans le consentement exprès ou tacite du seigneur dominant ; le domaine du prince et les châteaux-frontières sont imprescriptibles ; on ne peut bâtir château sur roche, ni église, ni monastère sans la permission du prince : les alleux eux-mêmes sont soumis au pouvoir du chef-seigneur [38]. — L'appel aux armes pour tout le pays est constitué par l'article 68, commençant par les mots célèbres PRINCEPS NAMQUE, qui sont devenus la formule de l'appel aux armes, commun à la Catalogne, à la Cerdagne, au Roussillon. Le dernier registre de cet appel général exécuté dans le Roussillon se trouve

[36] Essai sur l'histoire du droit au moyen âge. — On cite une édition première de 1534 ; mais on ne connaît bien que celle de 1544, avant l'édition de M. GIRAUD, de 1846.

[37] Constitutions y altres drets de Cathalunya. (Editions de Barcelone, 1493, 1588, 1704.) Les plus anciennes Constitutions datent de 1173. — Les *Usatici* font partie du tome III, p. 72.

CALLIS, né en 1370, fut le plus remarquable des trois jurisconsultes espagnols qui compilèrent les Constitutions catalanes et firent la traduction des *Usatici*.

[38] Usatici, art. 29, 30, 33, 69, 71, 73, 114. « In Principum potestatem deveniant omnia illorum allodia (69). »

dans les archives actuelles de Perpignan sous la date de
1385. — Le possesseur de fief qui manquait à l'appel
du chef-seigneur devait perdre à jamais ce qu'il avait
reçu de lui : *perdere debet in perpetuum cuncta quæ per
illum habet*[39].

Quelquefois les dispositions, malgré leur caractère
tout féodal, portent cependant l'empreinte de cet esprit
d'égalité et de justice qui avait inspiré le *Forum judicum* :
« Si quelqu'un a manqué de respect à son seigneur (dit
» l'article 135), lui a répondu vilainement ou l'a démenti,
» il ne peut demander, quelque mal qu'il en arrive,
» aucun dédommagement, quand le seigneur a dit vrai ;
» mais si *le seigneur*, au contraire, *avait menti*, il doit
» réparer le mal et le déshonneur que lui ou les siens lui
» ont causés[40]. » — Sur la tutelle des enfants nobles,
l'article 115 prend toutes les précautions pour que les
vassaux du pupille reconnaissent ses droits, que les seigneurs les confirment, et que le tuteur les sauvegarde
jusqu'à la majorité fixée à vingt ans[41]. — Le vassal
peut disposer de ses fiefs par testament en faveur de son
fils ou de sa fille, de son petit-fils ou de sa petite-fille :
sa volonté doit être respectée par le seigneur qui a reçu
l'hommage, et le testament suffit pour donner tout pouvoir sur le fief ou château[42]. Mais si, depuis le rang des
vicomtes jusqu'à celui des chevaliers inférieurs, quelqu'un mourait sans avoir testé ou disposé de ses fiefs,
le seigneur dominant peut choisir celui des enfants entre

---

39 Usatici, art. 68.
40 Usatici, art. 135, Recueil GIRAUD, p. 494.
41 La majorité roturière est fixée à 15 ans (art. 115).
42 Usatici, art. 76.

les mains duquel il veut confirmer le fief du défunt[43].
Les *Usatici* permettent l'exhérédation pour offense et ingratitude ; mais l'exhérédation doit être nominative et
avec indication de cause, et l'héritier institué à la place
du fils est obligé de prouver que la cause de l'exhérédation était vraie ; autrement la faveur du sang l'emporte et l'exhérédation est nulle.[44] : il y a présomption
que le père a disposé *contra officium pietatis*, comme l'auraient dit les lois romaines.

La justice organisée par les usages de Barcelone repose sur un principe large : sécurité pour tous, jour et
nuit[45] ; justice pour tous, même pour les Sarrasins ; déclaration expresse (selon l'ancienne pratique des lois
personnelles) que chaque nation a le droit de choisir sa
loi[45]. Cette dernière disposition a favorisé les *Fueros*, qui
se sont multipliés sur plusieurs points et qui devaient
être appliqués par les juges de préférence aux lois plus
générales. La règle, à cet égard, a prédominé toujours en
Espagne ; et lorsque D. Alphonse le Sage, en 1348, donnait une nouvelle forme à la législation et publiait *las siete
Partidas*, il disait dans l'ordonnance de promulgation
que les Fueros recevraient leur application, dans le présent et l'avenir, de préférence à la législation générale[46].

43 Usatici, art. 35.
44 Usatici, art. 78.
45 Usatici, art. 61.
46 La compilation *Ley de las siete partidas* a été publiée pour la
première fois en 1550 et en 1611 avec des glosès de G. Lopez ; une
édition a été faite en 1807 par les soins de l'Académie d'histoire, de
Madrid, sous le titre : Las siete partidas del rey Alfonso el Sagio,
cotejadas con varios codices antiquos por la real Academia de la
Historia. (3 vol. in-f°, 1807.)

La Cour de justice qui devait appliquer les lois de la féodalité barcelonaise était composée du prince, des évêques ou abbés, des comtes et vicomtes, des prud'-hommes et sages, et des juges[47]. C'est une cour qui représentait toutes les classes de la société noble et bourgeoise.

La cour devait donner jugement par elle-même ou par un juge qu'elle avait élu. Dans les deux cas, l'autorité de la chose jugée était inviolable.

Les seigneurs avaient leur cour particulière et leurs baillis. Les charges ou *baillies* ne pouvaient être transmises aux héritiers sans le consentement du seigneur[48].

Il y avait appel de la justice des baillis à la cour du prince[49] : la justice de la cour était gratuite[50].

Les évêques avaient juridiction relativement aux églises, aux clercs, à leurs droits, à leurs justices, à l'infraction des *trêves*. Ils exerçaient cette juridiction dans les conciles, les assemblées communes, les chapitres et synodes. Les choses appartenant à l'Église étaient imprescriptibles; une possession même de deux cents ans n'était pas une cause suffisante de propriété[51].

La procédure suivie dans les cours était la procédure par serment et par témoins, par bataille et par les épreuves de l'eau froide ou de l'eau chaude[52].

Le témoignage d'un seul témoin n'était aucunement

47 Usatici, art. 90.
48 Usatici, art. 106.
49 Usatici, art. 87.
50 Usatici, art. 81.
51 Usatici, art. 27, 98.
52 Usatici, art. 113.

reçu; il en fallait **au moins deux**, qui devaient déposer
à jeun [53]. — Le faux témoin avait la langue et la main
droite coupées [54].

L'accusateur devait avoir le courage de sa position :
nulle accusation par écrit n'était reçue; elle devait se
faire à haute voix en présence de l'inculpé [55].

Juges élus, accusateurs capables, défenseurs honnêtes, témoins légitimes : telles étaient les conditions
constitutives du personnel dans un jugement régulier [56].
Mais à côté de cette disposition digne des temps les plus
civilisés s'en trouvait une digne des temps barbares : si le
défendeur était contumace, le plaignant pouvait enlever
ses meubles, s'emparer de ses immeubles, brûler ses
maisons et dévaster ses arbres, vignes et moissons [57].

Les Usages de Barcelone, comme nous l'avons dit,
étaient surtout un recueil de législation et de juridiction
féodale. Le droit civil proprement dit est ailleurs.

Ils ne s'occupent de l'état des familles, sous le rapport des personnes, que pour déclarer :

1° Qu'après le crime de viol, le mariage devait avoir
lieu, ou que le coupable devait donner à la victime un
mari de la condition de celle-ci [58];

2° Que si l'infidélité dans le mariage, *cugucia*, avait
lieu sans le consentement du mari, le mari et le seigneur devaient se partager les biens des coupables; mais

53 Usatici, art. 85, 86.
54 Usatici, art. 143.
55 Usatici, art. 90.
56 Usatici, art. 88.
57 Usatici, art. 105.
58 Usatici, 108.

que si le mari l'avait ordonné, voulu ou consenti, le
seigneur devait avoir droit et justice pour le tout;

3° Que le mari pouvait répudier sa femme pour
cause d'adultère[59].

Ces dispositions sont caractéristiques des mœurs de
l'époque. On voit combien les grands (*magnates*) avaient
rendu pour eux l'impunité facile, quand ils avaient
profané la virginité des jeunes filles de condition inférieure. Il leur suffisait de donner à la fille outragée un
vassal, plus vil encore par les sentiments que par la
condition : c'était une forme de ce *droit du seigneur*
que nous avons trouvé sous son propre nom dans les
montagnes des Pyrénées. On voit aussi combien la licence des femmes et même la complicité des maris
avaient besoin d'être réfrénées dans ces contrées méridionales.

Tout l'esprit des cent quarante et un articles qui composent les *Usatici* de 1068 promulgués par Raymond
Bérenger (mort en 1076), est fidèlement représenté dans
l'analyse qui précède.

Quant aux autres dispositions, qui conduisent le
recueil du chiffre 141 au chiffre total de 174 articles,
elles sont postérieures; elles furent ajoutées spécialement par Jacques le Conquérant, vers l'année 1275[60],
ou bien elles contiennent les conditions des trêves qui
suspendaient, au xii° siècle, les guerres privées[61], ainsi

---

59 Usatici, art. 112.

60 Les articles 142, 143, viennent d'Alphonse Ier, qui a régné de
1162 à 1196.

61 Conditions des trêves de l'an 1118 à l'an 1163, art. 172, 173,
174.

que la formule du serment imposé aux juifs et accompagné des imprécations les plus détaillées [62].

La distinction de la source des dispositions, après l'article 141 qui est le dernier du recueil de Raymond Bérenger, est importante pour déterminer leur sens historique : ainsi, comme l'a judicieusement remarqué M. Massot-Reynier, l'art. 142 renvoie aux *Leges imperiales.* S'il appartenait au recueil primitif de l'an 1068, il pourrait laisser du doute si le renvoi s'applique au Code théodosien (Bréviaire d'Alaric) ou bien au Code de Justinien : mais il appartient à la législation d'Alphonse Ier, qui a régné de 1162 à 1196, et alors il n'est pas douteux qu'il ne se réfère aux lois de Justinien propagées au xiie siècle dans l'Italie et sur le littoral du midi de la France par l'école des Glossateurs et l'enseignement de Placentin [63].

Les Usatici et le Forum judicum auquel ils se réfèrent ont fait, comme nous l'avons dit, le fond des coutumes catalanes et ont aussi constitué les usages du Roussillon, sauf l'exception relative à la cité de Perpignan, dont les coutumes locales ont conservé leur

---

[62] Dans le manuscrit de Paris, la formule est datée de l'an 1241.

[63] Le nombre de 174 articles est le chiffre total des articles compris dans le Recueil publié par M. Giraud ; mais il importe de tenir compte des remarques que M. Massot-Reynier a pu faire sur la différence des éléments qui composent les *Usatici,* d'après les manuscrits originaux qu'il a consultés à Perpignan, et dont il a donné la description dans son introduction aux Coutumes de cette ville, introduction complétée par une note générale sur les usages de Barcelone, p. 74. — Le Droit romain de Justinien reçut surtout son importance en Espagne au xiiie siècle par l'enseignement des docteurs italiens dans l'Université de Salamanque, sous Alphonse Ier, dit le Sage. Recueil de l'Académie de législation. 1856 ; — M. Batbie, Études sur le Forum judicum, p. 248.

caractère originel. Il n'y avait donc pas, en dehors du droit existant en Catalogne, un droit civil spécial pour le comté du Roussillon.

Mais quant à l'administration et au gouvernement politique de la province, il y avait un recueil *des Édits, Lois et Pragmatiques* des rois d'Aragon, relatifs au Roussillon même; ce recueil existe encore en manuscrit dans les archives des Pyrénées orientales : il commence à l'année 1210 et s'arrête à l'année 1391, époque à laquelle la puissance turbulente des rois d'Aragon penchait vers son déclin.

L'appel aux armes qui était commun à la Catalogne, au Roussillon, à la Cerdagne et que l'on proclamait dans ces diverses contrées sous la formule célèbre *Princeps namque*, tirée des premiers mots de l'article 68 des usages de Barcelone [64], fut exécuté pour la dernière fois dans le Roussillon en 1385 : le registre, conservé aux archives des Pyrénées orientales, qui atteste la contribution proportionnelle des trois comtés aux dépenses de la guerre pour le seigneur et roi, porte cette date (comme on l'a dit) et n'est suivi d'aucun autre [65]. Ainsi, plus d'appel aux armes dans le Roussillon après 1385; plus d'édits spéciaux des rois d'Aragon après 1391 : deux siècles avaient donc suffi pour user la puissance féodale et guerroyante qui avait pu tenir quelque temps un roi de France en échec; et lorsqu'en 1462 l'Aragonais voudra se défendre contre son voisin le roi de Castille, il n'aura

---

64 Usatici Barchinione patrie, art. 68, Recueil de M. GIRAUD, II, p. 478.

65 Archives départementales de Perpignan.

d'autre ressource que d'engager le Roussillon lui-même et la Cerdagne au roi Louis XI, qui les retiendra en gage faute de remboursement du prêt [66].

Les comtés engagés furent loyalement restitués par Charles VIH, en 1493, à Ferdinand roi d'Aragon. Mais depuis la fin du xɪvᵉ siècle jusqu'à la paix des Pyrénées qui réunit définitivement le Roussillon à la France en 1659, le pouvoir des rois d'Aragon n'était plus que nominal en ce qui concernait le gouvernement intérieur du comté. La province s'administrait librement elle-même sous l'autorité d'un magistrat qui avait le titre et la qualité apparente de *Procureur royal du Roussillon* [67]. Elle avait son conseil, sa cour de justice, ses formes de procéder ou son *Liber styllorum* [68]. Le titre de CONSEIL SOUVERAIN, attribué au corps administratif et judiciaire de la province après la réunion du Roussillon à la France, exprimait encore et maintenait dans les temps modernes l'état de franchise et de libre administration qui s'était accompli, depuis le xɪvᵉ siècle, dans l'intérieur du pays. Le Conseil était si bien, du reste, le conseil souverain même sous la royauté de Louis XIV, qu'il n'y avait lieu ni à lettres de *committimus* ni à évocation au grand conseil, quand il s'agissait de la province du Roussillon [69]; et comme Perpignan avait ses franchises

66 C'était Jean, roi d'Aragon, qui avait emprunté à Louis XI, lequel céda la possession du Roussillon au comte de Foix pour une contrée plus utile à ses vues, d'après l'Hist. du Languedoc.

67 Les archives de Perpignan contiennent 46 registres sous le titre : *Procuratio real.*

68 *Liber styllorum comitatuum Rossillionis et Ceritaniæ.* (Arch. du Roussillon, *inédit.*)

69 Déclaration du 8 août 1664 ; — déclaration du 7 juin 1715. — Toutefois, le roi s'était réservé la faculté de réformer, changer et

particulières, Louis XIV signa, en 1660, la promesse de maintenir dans leurs priviléges les consuls et les habitants de la cité [70].

Au terme de la revue juridique que nous avons entreprise dans la région pyrénéenne, de l'Occident à l'Orient, constatons, en résumé, que si la distance est grande du pays des Basques à l'ancienne cité de Ruscino, la différence est très-marquée aussi entre les coutumes établies aux deux extrémités de la chaîne des Pyrénées : à l'ouest, dans les Basses-Pyrénées, nous retrouvons au moyen âge, et même dans les temps modernes, les traditions primitives d'une race orientale; à l'est, les traditions mêlées des Ibères, des Latins, des Visigoths.

Sur l'échelle intermédiaire, à des degrés différents, la liberté des Basques se montre luttant contre la féodalité visigothique sortie tout armée des Usages de Barcelone; mais entre le pays anti-féodal des Basques et le pays de Bigorre, inféodé à la servitude seigneuriale, s'élève et se développe l'esprit généreux du Béarn. Là se maintient l'énergie morale de l'homme sous la forte discipline de la hiérarchie féodale et militaire; et de là se répand dans toute l'étendue des Pyrénées, avec le respect des *Fors de Béarn*, le respect général des *Fueros* du pays mêlés aux traditions des lois romaines, du *Forum judicum*, des Usages catalans.

abolir les lois et ordonnances du Roussillon, en vertu de sa prérogative royale (Édit de juin 1660, arch. du palais (à Perpignan), registre I, f° 5, et 1662, f° 13, réponse du roi.)

70 Placet présenté au roi et réponse de Louis XIV, 1660. (Archives de Perpignan et M. Massot-Reynier, Introduction, p. 59.)

Le *Forum judicum*, étranger à la féodalité, atteste comment une race germanique s'est assouplie dans le Midi et a transformé ses institutions nationales sous la direction des Conciles de Tolède ; — les *Fors de Béarn*, étrangers à l'influence ecclésiastique, offrent le spectacle curieux et original d'institutions et de mœurs où s'allient la liberté et la féodalité.

De distance en distance, dans les vallées inférieures et profondes de Baréges et de Lavedan, la liberté basque et la famille ibérienne ont déposé des germes vivaces, des traditions impérissables, un droit d'aînesse qui n'a rien de la féodalité, mais qui tient à l'état primitif de la famille.

Dans le val de l'Andorre, en regard du pays de Foix empreint des traces de la conquête romaine, une tribu indépendante rattache les garanties de sa libre existence, l'inviolabilité des coutumes de ses pères au grand nom de Charlemagne ; et ce peuple, d'origine ibérienne, placé sur le versant méridional des Pyrénées reste fidèle à lui-même, à ses lois, à ses mœurs, à ses vertueuses traditions, sous la suzeraineté toujours présente de la France ancienne et moderne, qui une fois a refusé, par système politique, de recevoir le tribut accoutumé, qui jamais n'a refusé sa protection aux Andorrans ni violé la neutralité de leur territoire.

Enfin, dans la partie orientale des Pyrénées, la race germanique s'est réunie en groupes nombreux, actifs, belliqueux ; et le faisceau des armes et des lois féodales, tenu par la main hardie des rois d'Aragon, a fait sentir sa puissance sur le peuple des montagnes ou sur le littoral de la Méditerranée, mais sans pouvoir en-

chaîner l'indépendance pyrénéenne et la liberté des cités
du rivage.

Retournons maintenant vers les contrées qui s'éloi-
gnent des Pyrénées et sur lesquelles l'influence générale des coutumes de France agit avec plus d'effica-
cité.

Dans la Guienne et le Bordelais, nous rencontrerons
la domination anglaise qui est généralement regardée
comme favorable aux coutumes municipales, mais qui
a exercé sur le système de la propriété féodale une influence contraire à la féodalité civile et progressive :
cette domination ou cette influence sera le lien qui rap-
prochera, dans le chapitre suivant, la Guienne, la Bretagne, la Normandie.

CHAPITRE QUATRIÈME.

COUTUMES DU SUD-OUEST ET DE L'OUEST.

—

SOMMAIRE.

SECTION Ire.

COUTUMES DE LA GASCOGNE, DE LA GUIENNE, DU BORDELAIS ET DES PAYS LIMITROPHES.

§ 1. — ANCIENNES SUBDIVISIONS DU DUCHÉ D'AQUITAINE OU DE GUIENNE.

L'ancien duché d'Aquitaine, appelé aussi la Guienne par une dénomination dérivée (*Aquitania*, *Aquiania*, *Guiana*)[1], contenait la Gascogne proprement dite (ancienne Novempopulanie), l'Agénois; le Rouergue, le Quercy, le Bordelais, le Périgord, le Limousin, le Poitou, la Saintonge et l'Angoumois.

Dans les temps reculés, au VIIe siècle, après l'investiture de la Gascogne donnée au duc Genialis, on distinguait le comté de Gascogne, qui comprenait les pays de Béarn, de Marsan, d'Aqs, de Labourd, de Soule (pays basques) et dont le siége était à Saint-Sever; — le comté de Bordeaux, qui comprenait le Bordelais, la Saintonge et dont le siége était à Bordeaux même. Lorsque les ducs d'Aquitaine devinrent héréditaires au IXe siècle, dans la famille de Sanche Ier, le comté de Gascogne fut réuni au duché d'Aquitaine et s'éteignit; celui de Bordeaux subsista encore quelque

---

1 La suppression successive du *t* et de l'*a* est l'effet du langage vulgaire. — Dans le traité de paix de 1259, il est dit duché d'*Aquitaine;* mais l'hommage d'Édouard II à Philippe de Valois, à Amiens, en 1319, ainsi que le formulaire de l'hommage arrêté en 1331, portent duché de *Guienne.* (*Voir* BESLY, Généalogie des comtes du Poitou et ducs de Guienne; 2e partie. *Comtes de Poitou*, p. 76.)

temps ; et Bordeaux fut le siége unique du comté et du duché, bien que la résidence des ducs d'Aquitaine, qui avaient aussi la qualité de comtes du Poitou, fut quelquefois à Poitiers.

L'investiture du comté de Bordeaux donnait le *Consulat* de la cité; et cette investiture était, selon les anciens usages, conférée au comte par l'évêque de Bordeaux en l'église de Saint-Séverin. L'usage en est encore attesté à l'égard d'Eudes par le cartulaire de cette église, vers le xie siècle : « *Mos enim est nullum comitem* » *posse* huic Burdigalæ urbi *statu legitimo præesse, nisi* » *sui* consulatus honorem *a prædicto Pontifice, vultu* » *demisso, suscipiat* [2] ».

Le comté disparut au xiie siècle et se confondit avec le duché, quand l'Aquitaine passa dans le domaine des Anglais par le mariage d'Éléonore de Guienne (1150) avec Henry Plantagenet, alors duc de Normandie et d'Anjou et bientôt roi d'Angleterre.

Ce mariage de la fille de Guillaume, comte de Poitiers et duc d'Aquitaine, de l'épouse répudiée par le roi Louis le Jeune malgré la sage opposition de l'abbé Suger, ce mariage, qui fut un événement si grave pour l'histoire de France, produisit dans le pays, sous le rapport du droit municipal et du droit féodal ou coutumier, les effets tout différents d'une complète émancipation pour les villes, d'un assujettissement nouveau dans les terres et d'une révolution dans les droits de

---

2 Chartarium S.-Severini Burdigalensis. — Le texte en est rapporté dans l'Histoire du Béarn, par P. DE MARCA, p. 205. L'acte est signé de Raymond, *episcopus Vasconensis*. — Eudes (*Odo*) a la double qualité de duc et de *comte*. Un tribut annuel était payé à l'église de Saint-Séverin.

famille à l'égard des grands fiefs.—Pour ce qui concerne
les droits de famille, nous constaterons la révolution
féodale, en étudiant les monuments des coutumes de
Bordeaux et d'autres provinces : mais nous devons, tout
d'abord, déterminer séparément ce qui regarde le droit
municipal et le droit relatif à la propriété foncière.

§ 2. — EFFET DE LA DOMINATION ANGLAISE RELATIVEMENT AU DROIT MUNICIPAL.

La prédomination de l'élément populaire est ce qui
caractérise les institutions et les coutumes des bords de
la Garonne, et l'action s'en est fait sentir bien au delà,
sur les rives de la Dordogne et de la Vienne. L'autorité
supérieure que nous verrons accordée, par exemple,
aux prud'hommes de Moissac est attribuée aux jurats
dans les villes bien plus considérables de Condom, d'A-
gen, de Bordeaux, de Limoges. L'institution des jurats, unie quelquefois à celle des consuls, est la grande
institution du pays d'Aquitaine : mais elle a pris surtout
son développement et toute sa force sous la domination
anglaise. Éloignés du continent, inquiets d'un droit territorial envié par la Couronne de France, les rois d'Angleterre avaient beaucoup d'intérêt à s'attirer l'affection des
peuples et des cités ; de là leur disposition à favoriser
les franchises municipales et à importer dans les villes
de France les antiques libertés de la cité de Londres ou les vieilles franchises des lois et des villes de
l'Écosse [1].

---

[1] Guillaume le Conquérant, an 1070, avait maintenu les priviléges accordés aux magistrats de Londres et reconnus par Édouard

A Bordeaux, le comte disparaît pour le gouvernement de la cité; le maire lui succède; et au lieu des douze jurats primitifs, cinquante jurats sont élus pour administrer et exercer la justice civile et criminelle. Le Maire remplace le Comte dans son droit de Consulat et va comme lui recevoir l'investiture ou prêter serment dans l'église de Saint-Séverin; tandis que les Jurats continuent à se rendre à l'église de Saint-Éloi pour prêter leur serment annuel [2]. Le maire, par tradition de la grandeur du comte, est élu parmi les grands de la ville ou du pays. Les jurats partagent avec lui le gouvernement de la cité et de son territoire [3]. Ils étaient assistés d'un conseil électif de trente bourgeois, et d'une assemblée générale de trois cents élus, appelés dans les grandes occurrences sur mandement des magistrats. Un prévôt

le Confesseur : Leges Edowardi, art. 35, De *Heretochiis* (in fine), HOUARD, Cout. angl.-norm., I, p. 179.

Les rois d'Angleterre furent suzerains de l'Écosse depuis 1139 jusqu'à Robert Bruce (1306-1339). Les institutions municipales y florissaient. Les libertés des villes et bourgs d'Écosse sont contenues principalement dans la collection des *Leges Burgorum*, données par David I, roi d'Écosse, mort en 1153. — *Voir* notamment le chapitre 77 *De electione Præpositorum et eorum juramento* : la justice des *Probi homines* y est établie comme institution fondamentale. — *Voir* aussi le chap. 139, *De libertate Burgensium*. (Recueil des lois d'Écosse, par Skénée, 1613, reproduit dans le tom. II des Cout. angl.-norm., de HOUARD, p. 423 et 458.) La charte de Rouen de l'an 1207 mentionne une charte analogue du roi Richard et constate l'existence antérieure du MAIRE, par conséquent l'identité de magistrature municipale avec les villes de Bordeaux et de Londres. (Ord., II, p. 412.—Hist. de la com. de Rouen, par M. CHÉRUEL.)

2 DARNAL, texte tiré d'une *Jurade*, *Chron. de Bord.*, p. 25 et 27.

3 Le plus ancien registre des jurats extrait par DARNAL, *Clerc ordinaire de la ville de Bourdeaux*, portait : « Establit es que la villa deu estar e perseverar durablement en la man e au pouder deu Mayer e deus cinquante Jurats cadan eslegis. » (Suppl. aux Chroniques de la noble Ville et Cité de Bordeaux, p. 23, édition de 1667.)

était chargé de la justice municipale et assisté par les
jurats dans les jugements civils et criminels. Avant
l'établissement du Parlement, à la fin du xv⁰ siècle, le
maire et les jurats avaient le gouvernement de la ville
et du Bordelais. Aux xv⁰ et xvi⁰ siècles, par tradition de
cette constitution municipale, qui avait développé toute
sa force sous la domination anglaise, Bordeaux formait
encore une sorte de République gouvernée par son parlement et ses jurats.

Dans les pays limitrophes tels que l'Agénois, le
Quercy, le Limousin, le Rouergue, et pour les villes
d'Agen, de Cahors, de Limoges, de Rhodez, c'est le
même caractère de liberté municipale, avec des variétés
d'application. Dans les villes d'un ordre inférieur,
l'exemple avait gagné pour l'exigence des garanties.
Dans le Quercy, une charte est donnée en 1219 aux
habitants de Martell par Raymond, vicomte de Tu-
renne : or, pour la garantie spéciale des habitants, il y
est établi qu'ils ne peuvent être jugés hors de la ville
de Martell; et dans l'intérêt général des hommes du
pays, il y est stipulé que tout homme de condition servile qui viendra s'unir à la communauté de Martell ces-
sera d'appartenir à son ancien maître [4].

Les ducs d'Aquitaine, de la famille des rois d'Angleterre, dans les circonstances graves, s'empressaient
d'accorder, de confirmer et même d'amplifier les priviléges et les franchises des villes. C'est ainsi que les rois
Henri II et Richard Iᵉʳ, dès les premiers temps, accor-

4 Cout. de Martell, art. 7 et 13. (Rec. de M. GIRAUD.) Pour la coutume
de *Cahors*, Recueil publié par M. ..., avocat. La charte de fondation de
Montauban fut donnée en 1144 à l'imitation des libertés municipales
de Toulouse. Les *Capitouls* y sont institués. (*Voir* GALLAND, p. 166.)

dèrent aux habitants de villes du Limousin des droits, des immunités; et qu'ensuite la charte de Limoges, contenant les coutumes, libertés et franchises de la ville et tous les droits d'administration et de justice des consuls et des jurats, fut confirmée successivement en quatre-vingt-quatre articles par Henri duc d'Aquitaine dans l'année 1361, et par Édouard, fils aîné du roi d'Angleterre, dans l'année 1365 [5]. La liberté municipale se propagea ou se maintint jusqu'à l'extrémité du Limousin, dans la ville de Confolens [6].

Cette politique des princes de l'Angleterre, si favorable aux libertés locales, a nécessairement conduit dans les mêmes voies la politique des rois de France, aux diverses époques de la lutte de trois siècles qui avait pour objet l'antique fleuron détaché de leur couronne. Nous en citerons les plus notables exemples.

En 1202, Philippe-Auguste avait obtenu contre Jean-sans-Terre l'arrêt de la cour des pairs qui le privait de ses possessions en France; et, en 1204, au moment où le roi travaillait activement à l'exécution de l'arrêt de dépossession, la ville de Périgueux, ancien municipe romain, qui avait conservé sa constitution primitive, ses libertés municipales et tous les droits de haute justice en faveur des citoyens-seigneurs de la cité, offrit au roi Philippe sa foi perpétuelle envers et contre

5 Charte manuscrite aux archives et dans l'Histoire du Limousin, par M. LEYMARIE, archiviste de Limoges (2 vol., 1845).

6 Le plus ancien titre de la ville de Confolens se trouve mentionné dans la vie de saint Gauthier, où il est dit qu'il eut pour père Raymond, *consul* de Confolens, mort en 1170. Plus tard, on trouve la ville administrée par *trois consuls* élus par les officiers, manants et habitants. (Registre manuscrit de la mairie de Confolens, 1593)

tous : Philippe-Auguste accepta et s'engagea pour lui et
ses successeurs à maintenir la ville perpétuellement
sous sa protection, à regarder ses habitants comme
les propres bourgeois du roi; et l'on sait que l'antique
Vésone, par son énergie, par sa fidélité à la couronne
de France, traversa tous les temps de la lutte et de la
féodalité avec sa libre constitution [7].

Dans la même année 1204, le roi de France confirme
en faveur de la ville de Poitiers les libertés et les droits
« qu'Aliénor, autrefois reine des Anglais, avait rendus et
reconnus. » Et la charte de Philippe-Auguste, après avoir
reproduit des dispositions relatives au droit des père et
mère de marier librement leurs filles et de faire entre
leurs enfants le partage de leurs biens, accorde à la
ville de Poitiers le droit de *Commune jurée*, et sanctionne
toutes les coutumes et libertés antérieures [8].

De même, en faveur des bourgeois de Niort, en Poitou, et de la ville de Saint-Jean-d'Angely, en Saintonge,
le roi accorde ou confirme la commune jurée, et donne
à l'une et à l'autre ville la charte de Rouen, qu'il venait, en cette même année 1204, d'accorder à la cité
de Normandie, charte libérale où le maire est entouré
d'une assemblée de cent pairs, élus par les bourgeois,
qui présentent trois candidats au roi pour la mairie, et

---

7 Nos tenemur illustri regi Franciæ et heredibus suis in perpetuum facere fidelitatem contra omnes.... et tradere totam villam de
Petragoris integre....... Le roi répond : Dictam villam retinemus
nobis et heredibus nostris in perpetuum ita quod neque nos, neque
heredes nostri a manibus nostris eam poterimus removere et nos
tanquam *proprios Burgenses nostros* eos manu tenebimus fideliter.
{Mém. sur la constitution politique de la ville et cité de Périgueux,
1775, in-4°, — et RENOUARD, Droit municipal, t. II, p. 181.)

8 Ord. de 1204, datée de Dymon. (Recueil des ord., XI, p. 290.)

choisissent dans leur sein vingt-quatre jurés, dont douze comme échevins pour administrer et juger, et douze pour former un conseil à titre de *consultores* [9].

Le successeur de Philippe-Auguste, Louis VIII, suivit la sage politique de son père ; il attaqua les possessions des Anglais en France ; et quand il les avait enlevées, il accordait les franchises municipales ou confirmait celles dont les villes jouissaient au temps de *Henri* et de *Richard, rois d'Angleterre* : c'est la formule adoptée en 1224 dans les chartes nombreuses de cette année accordées aux villes du Limousin, du Poitou, de la Saintonge, de la Guienne [10]. La charte de la Rochelle contient la transcription même de la charte primitive donnée par Richard d'Angleterre [11].

Vers la fin de la lutte, c'est le même esprit de politique et de haute administration qui dirige les rois de France, Charles V et Charles VII. — En 1371, Charles V reconnaît la soumission volontaire de la ville de Limoges et sa fidélité à la cause nationale par des lettres qui statuent que la ville et la châtellenie sont unies inséparablement à la Couronne, et que cette union ne portera aucun préjudice aux franchises, coutumes et libertés de la ville, ni à la juridiction des consuls qui conserveront leurs droits de justice civile et criminelle, *meri et mixti imperii* [12]. — En 1372, le même roi, pour reconnaître

9 Lettres de 1204 relatives aux bourgeois de Niort, XI, 287. — Lettres relatives à la ville de Saint-Jean-d'Angely. Ordon., V, 671.)

10 1224 ; Lettres relatives aux bourgeois de Limoges, de Saint-Junien, de Saint-Jean-d'Angely, de la Rochelle, de la Réole, de Saint-Émilion, Ord., XII, p. 314-315.

11 Charte de la Rochelle, XI, 318. Elle contient aussi celle du roi Jean-sans-Terre, de 1199.

12 Ordonn., t. V, p. 439.

le dévouement de la ville d'Angoulême, qui s'était affranchie par ses propres efforts des armes de l'Angleterre, lui accorde la charte de commune de Saint-Jean-d'Angely, conforme à la charte de Rouen.

Enfin, lorsque Charles VII, en 1451, eut accompli l'œuvre nationale de la délivrance par les armes du comte Dunois et la reddition de Bordeaux, il s'engagea par serment, dans le traité fait le 12 juin 1451 avec « *les Gens* » *des trois États de la ville et cité de Bourdeaux et pays* » *de Guienne et de Bourdelois*, à maintenir les habitants » de la ville et du pays en leurs franchises, priviléges, » libertés, statuts, lois, coustumes, establissements, » stiles, observations et usances du pays de Bourdeaux » en Bourdelois, de Bazadois et d'Agénois ; et leur sera, » le Roy, bon prince et droiturier seigneur. » Et de plus, le roi accorda que « les habitants du pays ne seroient » tenus d'oresnavant de payer aucunes tailles, imposi- » tions, gabelles, ne autres subsides quelconques ; et » qu'il y auroit justice souveraine (ou parlement) en la » cité de Bordeaux pour connoître, discuter et détermi- » ner définitivement de toutes les causes d'appel qui se » feroient en icelui pays [13]. »

Tel est donc le résultat, sous le rapport du droit municipal, dans les provinces qui ont dépendu de l'Aquitaine pendant les deux et trois siècles de la domination étrangère. Les libertés et priviléges qui avaient grandi dans les villes par l'effet de la situation politique, ont été sanctionnés par la sagesse, par l'intérêt bien entendu des rois, combattants ou victorieux ; et les rois de France, en vue de s'attacher les populations dispu-

13 Le traité est donné par DARNAL à la fin de sa Chronique, p. 58.

tées par l'étranger, ont pris quelque fois eux-mêmes l'initiative des chartes municipales et des *Communes jurées.*

§ 3. — ÉTAT DU FRANC-ALLEU DANS LA PROVINCE DE GUIENNE.

Le résultat de la domination anglaise a été tout autre
en ce qui concerne le caractère libre de la propriété
foncière : l'altération a été profonde.

Lorsque l'Aquitaine passa, au milieu du XII\e siècle,
sous la seigneurie des Plantagenets par le mariage
d'Éléonore de Poitiers ou de Guienne, une grande partie
des biens de la province était possédée librement en
franc-alleu. C'est un fait reconnu par Hauteserre et les
savants auteurs de l'histoire du Languedoc [1]. — Mais
à partir de cette domination, les concessions de fiefs se
multiplièrent, sinon dans le Bordelais proprement dit,
du moins dans les autres parties du territoire. Bientôt
la confusion s'introduisit dans ces possessions féodales :
les seigneurs se firent la guerre entre eux et s'empa-
rèrent de divers territoires par la violence. Les propriétaires d'alleux, de médiocre étendue, pour avoir des
protecteurs, transformèrent leurs alleux en fiefs de reprise, et devinrent les vassaux des seigneurs puissants
auxquels ils les offraient. Les guerres privées étendirent
de plus en plus leurs ravages; et le duc Richard (Cœur-
de-lion), avant d'aller prendre possession de la couronne
d'Angleterre, à la mort de Henri II son père, convoqua
une assemblée des grands et des vassaux, pour tâcher

---

1. ALTESERRA. *Rerum Aquitanic.*, lib. III, c. 17.
Histoire du Languedoc, par D. VAISSETTE, liv. XVIII, p. 74.

de mettre un peu d'ordre derrière lui, au moment de quitter le continent.

L'évêque de Bordeaux, le sénéchal de Gascogne, les barons, chevaliers et autres feudataires se trouvaient en grand nombre à la réunion, et plusieurs dispositions d'un règlement féodal furent arrêtées d'un commun avis; en voici les principales :

« Les barons réprimeront ceux de leurs vassaux qui causeront quelque trouble et dommage;

» Si l'un des barons enfreint la paix qu'il a juré de conserver, il comparaîtra devant le roi d'Angleterre, et payera 65 sols d'amende; violateur de la paix, il ne sera plus reçu à se plaindre du tort qui lui sera fait;

» A l'égard des prévôts ou baillis établis dans le Bordelais par le roi ou le sénéchal et qui seront coupables, une partie de leurs biens sera destinée à réparer le dommage; l'autre sera confisquée : *leur personne même sera réduite en servitude;*

» Les sergents des baillis seront en pareils cas frappés d'amende, destitués et chassés du bailliage. »

De plus, par une addition singulière aux dispositions protectrices de la sécurité générale, il était dit que « quiconque entrerait dans la vigne d'autrui et y prendrait *une grappe,* payerait cinq sols ou *perdrait une oreille*[2].»

Afin d'assurer l'exécution du règlement, le roi s'engageait pendant sept ans à y tenir la main; et une imposition fut créée, pour ce nombre d'années, sous le nom de *commun,* en vue de faciliter cette haute protection de la paix publique dans les campagnes.

___

2 Règlements du roi Richard, *Arch. de Saint-Seurin;* Dom DE VIENNE (Hist. de Bordeaux, liv. II, p. 28 et 29.

Les désordres ne furent pas complétement arrêtés par ces mesures, et, après la sentence de confiscation contre Jean-sans-Terre, les guerres et les troubles civils qui éclatèrent furent de nouveau funestes aux propriétés libres ou allodiales.

La sentence de confiscation contre les possessions anglaises, qui rendit de si belles provinces à la France, ne reçut point une entière exécution dans la Guienne; et lorsque les scrupules religieux et politiques de saint Louis l'eurent restituée à Henry III, moins la Gascogne, le Poitou, l'Angoumois, et que l'état de lutte ou d'inquiétude eut disparu, on voulut se rendre compte de la situation des choses. Le roi d'Angleterre ordonna que l'on recherchât et reconnût les droits qui lui appartenaient comme seigneur du pays, soumis désormais à la suzeraineté du roi de France. — De là vint une déclaration solennelle faite par le maire et les jurats de la cité de Bordeaux, en 1273, à Édouard, roi d'Angleterre et duc de Guienne [3]. Cette déclaration porte que « les terres » et les vignes des citoyens de Bordeaux étaient, pour » la plupart, *allodiales;* que la cité, dès son berceau, a » joui du droit de liberté; qu'elle l'a conservé même au » temps des Sarrasins; que *tous les hommes et toutes les* » *terres sont libres de leur nature;* que toute servitude est » contre le *droit commun*, et que les choses et les per- » sonnes étant dans une telle condition de liberté, les » citoyens de Bordeaux doivent compter sur l'immuta- » bilité de leur droit [4]. »

3 Édouard avait convoqué l'assemblée pour déclarer, soit les fiefs, soit les alleux. — L'assemblée se tint dans l'église de Saint-André. (Las coustumas, t. II, p. 296.)

4 Texte dans le Recueil de las coustumas, t. II, p. 301.

La Cité de Bordeaux, par l'organe du maire et des jurats, professait des principes généraux dont l'application pouvait se faire à toute l'Aquitaine ; mais elle ne réclamait spécialement et ne pouvait réclamer que pour son territoire, le Bordelais proprement dit. Aussi, dans la suite, le Bordelais et le Médoc furent considérés comme pays de franc-alleu [5] ; mais dans les autres parties de la Guienne le même caractère ne fut pas uniformément reconnu ; et la tradition romaine qui existait avant la domination anglaise, en faveur de la propriété allodiale, fut obscurcie ou même perdue pour plusieurs territoires. Le franc-alleu se maintint dans certaines parties du Périgord, dans le Limousin, dans la région voisine des Pyrénées qui formait la Gascogne proprement dite, dans la ville et le territoire d'Aire où la *lex romana* avait été promulguée, dans le pays d'Auch et d'Armagnac où la tradition romaine s'était fortement maintenue. Mais il ne le fut pas dans des territoires limitrophes comme le Quercy, à l'occasion duquel Hauteserre fait une plainte patriotique sur la longue *incubation* des Anglais [6] ; comme le territoire de Bragerac, en Périgord, qui reçut ses statuts et coutumes en 1322 d'Édouard, prince d'Aquitaine et de Galles, mais dont les consuls, par une disposition étrange, tenaient *en fief* la *maison de ville*, le sceau même, le coffre, les poids, les droits de justice ou de gardiage et autres choses octroyées par le seigneur [7] !

---

5 LAPEYRÈRE, Décisions, v° Alleu, n° 56, indique le Médoc.

6 HAUTESERRE, qui était de Cahors, dit : « Dolendum... alodii jus in Aquitania infractum diuturna incubatione Anglorum. » Le Périgord, le Limousin, le Quercy, restèrent sous la domination anglaise après le traité de saint Louis. (DUPLEIX, t. II, p. 306)

7 Statuts et coutumes de la ville de Brajerac, 1322, art. 16. — Texte latin et traduction dans RICHEBOURG, t. IV, p. 1009.

C'était certainement le droit seigneurial le plus explicite.

Le franc-alleu ne s'était pas maintenu dans plusieurs des contrées qui passèrent sous la domination de la France par l'effet du traité de saint Louis et de Henri III, de l'an 1259, savoir : le Rouergue, le Poitou, l'Angoumois et une partie de la Saintonge [8].

La seigneurie générale du roi dans les pays de Moissac, de Condom, de Marmande était formellement reconnue ou confirmée dans le serment de fidélité prêté en 1271 à Philippe le Hardi par les nobles de ces contrées et même par les consuls d'Agen, avides de se replacer sous le gouvernement de la France [9]. Il en résultait que toutes les terres, non fondées en titre comme alleux, y relevaient médiatement du roi et immédiatement des seigneurs locaux. — La maxime féodale *nulle terre sans seigneur* fut même admise dans l'*usance* de Saintes, partie inférieure de l'Aquitaine, considérée cependant comme pays de droit écrit [10] : et, malgré tous les efforts des jurisconsultes méridionaux des xviie et xviiie siècles, Dominicy, Hauteserre, Furgole, le caractère de la féodalité, comme pouvoir supérieur et général sur les terres et les personnes, se perpétua, dans plusieurs parties de la Guienne et des pays limitrophes, jusqu'à la Révolution de 1789. Là ne triompha pas, ainsi qu'on l'a vu pour la province du Languedoc, la grande doctrine du franc-

---

8 Les autres contrées adjointes au duché d'Aquitaine qui en furent détachées et réunies à la France étaient le Berry, l'Auvergne, le Velay, le Gévaudan, l'Albigeois; mais le franc-alleu y persista. (*Voir* Furgole, Du franc-alleu, ch. 7, sect. iii, p. 172 (in-12.)

9 Las coustumas, 9e Dissert., ii, p. 293 : «Recognoverunt quod ipsa civitas Aginnensis, cum pertinentiis suis, est ipsius Domini Regis.»

10 *Voir* tom. vi, ch. vii, sect. i. Droit du centre de la France.

alleu que les États provinciaux et le parlement de Toulouse avaient prise hautement sous leur protection, pour
la défendre contre les agressions des écrivains domanistes.

Une différence, toutefois, entre les provinces d'Aquitaine qui subissaient l'empire du droit féodal et les provinces du Nord où régnait la maxime nulle terre sans
seigneur, doit être signalée; c'est que la supériorité
féodale, au lieu de profiter aux seigneurs de fief, profitait aux seigneurs justiciers. Les seigneurs justiciers,
dans l'Aquitaine, exerçaient en conséquence, à l'exclusion des seigneurs de fief, les droits et profits sur les
terres renfermées dans les limites de leur justice[11]. Mais
cette différence dans l'exercice de la seigneurie, à une
époque où le fief et la justice étaient le plus souvent
séparés, concernait l'intérêt des seigneurs et non celui
des vassaux. Seulement, elle est la preuve que la suprématie seigneuriale ne venait pas des temps anciens,
qu'elle venait des temps de troubles qui suivirent la domination anglaise, car très-anciennement, ainsi que je
l'ai suffisamment établi, fief et justice étaient réunis[12].

Nous avons considéré les choses au point de vue général dans l'Aquitaine en ce qui concerne le droit municipal et le principe de la propriété foncière et libre.

Passons au coutumes locales.

Parmi les nombreux documents du moyen âge que
nous présentent les provinces du sud-ouest qui étaient

---

[11] FURGOLE, *Saisie féodale*, ch. 5, p. 86, éd. in-12. — GRAVEROL,
sur la Roche, des Droits seigneuriaux, ch. I, art. 1. — BOUTARIC,
Traité des droits seigneuriaux, p. 18, et 3ᵉ partie, ch. I. — SOU-
LATGES, *Coutumes de Toulouse*; IV, *Des fiefs*.

[12] Voir mon tome IV, ch. II, sect. IV. Époque féodale, p. 97.

pays de droit écrit et où dès lors une tradition uniforme existait sur beaucoup de points, il faut choisir ceux qui paraissent le plus dignes d'attention. Nous citerons spécialement les coutumes de Moissac, de l'Armagnac, de Condom et d'Agen ; celles de la Réole, de Limoges, mais surtout les anciennes coutumes de Bordeaux (*Las coustumaz de la vila de Bordeû*), qui méritent un examen à part et peuvent le mieux représenter l'esprit général de la province.

§ 4. — COUTUMES DE MOISSAC, DE L'ARMAGNAC, DE CONDOM
ET D'AGEN.

I. En suivant le bassin de la Garonne et en descendant le cours du fleuve, au-dessous de Toulouse jusqu'à la jonction de la Garonne et du Tarn, on trouve Moissac, dont l'abbaye puissante qui paraît remonter au v⁰ siècle, a donné naissance à une ville, qui s'appelait le bourg de Saint-Pierre *de Moyssach.*

Des coutumes en langue romane, rédigées vers la fin du XII⁰ siècle, sous l'invocation de Dieu, de la sainte mère du Christ et des apôtres saint Pierre et saint Paul, paraissent avoir eu pour but principal de sceller l'union définitive entre les moines, les chevaliers et les bourgeois ou habitants du bourg. — Elles sont inédites et font partie des archives municipales de la ville [1].

1 Volume manuscrit petit in-4°, en p archemin, de 183 feuillets, mais contenant quelques pièces étrangè res aux statuts et coutumes, notamment la traduction d'Évangiles. (Écriture très-ancienne.) Les Bénédictins, qui le connaissaient, le pla ⌐ent vers l'an 1197. (Texte en vieux roman.) — Nous devons à l'oblig⌐ ⌐ance de M. VILLENEUVE, pro-cureur impérial à Toulouse, une cop ie par lui collationnée, avec

Les points les plus remarquables dans ces coutumes de Moissac, sont : la division de la seigneurie entre l'abbé des Moines et l'abbé des Chevaliers ; les garanties stipulées en faveur des habitants ou des étrangers ; l'organisation de la justice.

L'abbé des moines, seigneur ecclésiastique, et l'abbé des chevaliers, seigneur laïque, prêtaient serment pour eux et leurs successeurs de garder les coutumes, de les défendre de tout leur pouvoir, et ils reconnaissaient en même temps que ces coutumes venaient de leurs prédécesseurs, qui les tenaient des *prud'hommes* du bourg de Saint-Pierre de Moyssach [2]. Ainsi les habitants ne veulent pas que la charte soit purement et simplement octroyée par les seigneurs ; ils veulent que l'origine populaire des coutumes soit rappelée dans le serment même des seigneurs : c'est le contrat, au lieu de la concession pure et simple.

Le premier article de ce contrat est la garantie stipulée en faveur des habitants, stipulation qui peint mieux que de longs détails la barbarie des mœurs de l'époque : les seigneurs promettent de défendre, selon leur pouvoir, les habitants de tout mal, et ils jurent « de ne point les *tuer* ni les faire *tuer* ; de ne point leur enlever leur avoir ni leurs possessions ; de ne faire aucune *violence* à un homme ni à *une femme* soit dans le

traduction en regard. Nous citerons quelques extraits du texte pour donner un spécimen du langage .

2 Lo senhor abas monges e lo senhor abas cavalier.. ..... conogro et auntregero per lor e per tot z lor successors que ilh aviò aquestas costumas de lor antece ssors, e ilh *las tenio ab los pros homes* del avandig Borc.

bourg de Moissac, soit dans les limites qui lui sont assignées, savoir : Malauze, Montesquieu, Durfort, Montamat [3]. »

Un second article de garantie est en faveur des étrangers qui viennent à Moissac ; il est reconnu qu'ils seront en sûreté dans leurs personnes pourvu qu'ils ne soient ni caution, ni débiteur, ni malfaiteur, ni en guerre privée (*o de guerra*). Pour le meurtrier, point d'asile si ce n'est le moustier (le monastère) [4].

La garantie de la femme qui a été séduite (le texte dit *corrompue*) est aussi complète que possible : «Si quelqu'un *corrompt* une femme vierge, même de sa volonté, et si le corrupteur est prud'homme, noble ou plus élevé qu'elle en condition, il doit la prendre pour épouse ou lui *donner* un mari à la convenance de la femme. Mais si la femme était plus élevée ou plus noble que le corrupteur, il doit lui donner un mari à sa convenance, s'il le peut ; et s'il ne peut le faire, toutes les choses du corrupteur appartiendront à la femme séduite, et le corrupteur recevra peine corporelle par jugement des *prud'hommes* de Moissac [5].

La justice du pays, d'après les coutumes, est vraiment dans les prud'hommes ; et, ce qui indique l'union

3 El comensaments daquestas costumas… ; los defenda a son poder de tot mal ; et que no los *auciza* ni aucire no los fassa ; nls pūga ni penre no los fassa. Ni lor tola lor aver ni lor possessios, ni tolre nolas lor fassa……. Ni *alcuna força* ad *alcu home* o *fena* donquesia no fassa ni fassa far, dins la borc de Moyssach, ni dins los termes assignatz, so es assaber, Malauza e *Montesquio* e Durfort e Montamat. »

4 Alcus locs nol deu defendre, ma solamê lo *mostiers*

5 Si alcus corrūpia fenā verge par sa voluntat…… -- Le séducteur est appelé *corrumpedor*.

accomplie entre les divers ordres, c'est que les prud'-
hommes jugent même entre l'abbé des moines et l'abbé
des chevaliers :

« Si le seigneur abbé *cavalier* fait une demande au
seigneur abbé moine pour un tort venant de lui ou
de ses moines ou serviteurs ou pour tout autre cause ; —
ou si le seigneur abbé moine fait une demande au seigneur abbé chevalier pour un tort de lui ou de ses
cavaliers ou servants : chacun d'eux doit porter son
action devant les prud'hommes du dit bourg[6]; et ceux-ci
devront faire leur jugement, sans nul obstacle. Aucun
juge étranger ne doit être appelé : mais si les prud'-
hommes de Moissac étaient en désaccord, ils devront
s'adjoindre le seigneur de Montesquieu ou celui de
Malauze.

·» Et de plus, si l'abbé moine ou l'abbé chevalier ou
son viguier élevait une question relative à un homme
ou à une femme du bourg, il doit suivre la justice des
prud'hommes habitants le dit bourg de Moissac; et à
ce jugement ne doit concourir aucun juge étranger qui
ne serait pas soumis au serment des loyales coutumes
confirmées par les seigneurs. »

Cette justice des prud'hommes qui s'applique à toute
chose et à toute personne indique bien clairement que
l'origine des coutumes était toute populaire, comme les
habitants avaient voulu que le témoignage en fût
exprimé dans leur charte du xiiᵉ siècle; et au xiiiᵉ, en
1271, le bailli et les *consuls* de Moissac, c'est l'expression alors employée, se mirent directement sous la puis-

---

6 Calcus de lor deu pacizar sa *uccio* devan la pzencia dels pro
tomes.

sance et protection du roi, en déclarant qu'ils ne voulaient pas reconnaître d'autre seigneur : c'était l'alliance
naturelle au moyen âge entre le roi et le peuple[7].

II. La multiplicité des coutumes locales est grande
dans toute la partie du sud-ouest qui formait l'ancienne
Novempopulanie, ou la Gascogne proprement dite et
l'Armagnac. Nous n'entreprendrons pas de les énumérer
ici[8]. Mais ce que l'on peut affirmer c'est que les coutumes de Lectoure ou de l'Armagnac, écrites en vieux
castillan, respiraient l'égalité, même dans l'organisation
féodale où les seigneurs entre eux étaient égaux[9];
c'est que la liberté communale et les mœurs de ces
contrées représentaient l'esprit général des fors du Béarn
et des fors de Navarre qui s'est répandu sur les deux
versants des Pyrénées. Il y avait là un courant démocratique qui révèle un même esprit de race, attesté aussi
par la communauté du langage. Henri IV disait aux
députés du parlement de Bordeaux : « Je suis gascon
comme vous »[10], et il disait vrai : le mouvement ancien
des populations basques et pyrénéennes, que nous avons
constaté dans le chapitre troisième, avait répandu sur
les bords de la Garonne et plus loin encore l'influence
de la race vascone et sa disposition native aux institutions populaires.

Les anciennes coutumes de Condom et d'Agen, dans
cet ordre d'idées et de topographie, méritent toutefois

---

7 Hist. du Languedoc, Preuves, t. IV, p. 47.

8 Les cout. de la vicomté de Lomagne à Lectoure sont analysées
dans la Revue d'Aquitaine, 1857, p. 267 et s., par M. CASSASSOLES.

9 Voir CHOPIN, Du domaine, et GALLAND, Franc-alleu, p. 199.

10 Registres secrets du parlement. (Bibl. publique de Bordeaux.)

une mention spéciale. Non seulement ces coutumes révèlent une même origine ; mais les rapports politiques, ecclésiastiques ou judiciaires qui ont uni les deux pays ont entretenu jusqu'aux temps modernes la conformité des mœurs. — A l'époque des guerres de l'Albigeois, les deux comtés de Condom et d'Agen étaient placés sous la domination des comtes de Toulouse et ils ont suivi ensemble les fortunes diverses de la lutte du Nord et du Midi [11]. Les deux pays étaient soumis au même évêque, jusqu'à l'année 1317 où le diocèse de Condom fut créé d'un démembrement du diocèse d'Agen. Enfin, après leur réunion à la couronne, qui fut contemporaine de celle du comté de Toulouse, les deux pays, sous leur titre distinct de comté, furent soumis à un même grand sénéchal, qui avait le siége de sa juridiction dans la ville d'Agen.

Les plus anciennes coutumes de Condom sont manuscrites ; il en existe un exemplaire aux archives de la mairie où se trouve aussi un livre curieux contenant les divers priviléges de la ville [12]. Les coutumes de Condom ont été rédigées en 1279, mais quelques articles seulement de cette première rédaction ont été retrouvés par un laborieux légiste du pays [13]. Les coutumes que l'on possède paraissent écrites en 1314. Elles sont considérées comme une confirmation d'usages beaucoup

---

11 En 1226, les consuls d'Agen s'unirent par traité au comte de Toulouse contre le roi de France. (Hist. du Languedoc, Pr., t. IV, p .67.)

12 *Voir* aussi t. VIII du Recueil des ordonnances.

13 M. Corne, avocat à Condom, possède aussi un exemplaire complet de la Coutume, 2ᵉ rédaction. (Je dois plusieurs renseignements à son obligeance et à un jeune professeur, M. Andréoly, un Mém. sur les *Jurats* de Condom, d'après les manuscrits.)

plus anciens, se rattachant même à l'immigration des
Vascons qui vinrent de la Navarre tarraconnaise s'établir dans l'Aquitaine au confluent de deux rivières et
relever de ses ruines une ville appelée, du nom des
nouveaux habitants, *Condomium Vasconum*. Ils appor-
tèrent dans la contrée les coutumes et libertés dont ils
jouissaient dans leur pays et que maintint le capitulaire de Louis le Débonnaire de l'an 815. Aussi avant
le xiv⁰ siècle, la ville de Condom n'avait jamais reçu
ni demandé de franchises; elle en avait joui. Les consuls et les jurats ou la communauté de la ville exerçaient la justice civile et criminelle avec droit de prévention sur la justice de l'abbaye de Condom, de l'Ordre
de Saint-Benoît, fondée en 1011 [14]. La puissante abbaye
renfermait un aussi grand nombre de moines que celle
de Moissac et elle exerçait d'importants privilèges.
Mais elle n'avait pas eu sur le pays environnant la
supériorité d'abord incontestée de l'abbaye de Moissac.
La ville de Moissac devait son origine à l'antique abbaye; au contraire, la cité de Condom vivait antérieurement et par elle-même au sein des libertés de la race
gasconne : *homines receptos in libertate* [15].

Au xiv⁰ siècle, au moment où les rois et les peuples
resserraient leurs liens pour résister à l'étranger, la ville

[14] Les jurats existaient encore à Condom au xvii⁰ siècle. '(LAPEY-
RÈRE, Déc. I, p. 196.) On fait remonter aussi l'abbaye au ix⁰.

[15] Ces questions de *prévention* de justice, soit d'abord à l'égard
de l'abbaye, soit plus tard à l'égard de l'évêque, ont donné lieu à
de graves procès jusqu'en 1780, et à des mémoires du célèbre avocat
Martignac, père de l'orateur politique et du ministre de 1828. Ces
mémoires sont importants pour l'histoire de la contrée. *Voir* aussi
l'Histoire de France, par Scipion Dupleix, qui était de Condom, et qui
a aimé à rechercher les origines de la race et des mœurs de son pays.

de Condom, en 1340, a reçu de Philippe de Valois une charte libérale qui répondait à l'esprit démocratique du pays et fut confirmée dans toute sa teneur, en 1358, par Charles V alors régent : elle fait partie du recueil des ordonnances. La charte reconnaît par ses dispositions les anciens rapports des pays du Condomois et de l'Agénois; elle les consolide par l'identité des règles de droit municipal. Elle porte notamment que les habitants jouiront de tous les priviléges accordés à la ville d'Agen; que les consuls de Condom auront la même juridiction que les consuls de cette ville, et que le sénéchal d'Agen jurera l'observation des coutumes et franchises contenues dans la charte de 1340 [16].

Ceci nous conduit naturellement aux coutumes agénoises avec lesquelles se confondent les coutumes de Condom.

La cité d'Agen était régie par des Consuls et des Jurats, les consuls comme chefs d'administration et de justice, les jurats comme conseil, comme juges; en cette dernière qualité ils avaient aussi le nom de prud'hommes. Les consuls étaient non seulement réputés *seigneurs de la justice civile*, mais ils partageaient avec le comte et le roi (après la réunion) l'information et le jugement des causes criminelles. Les archives de la mairie d'Agen ont des registres de délibération des consuls et jurats à partir de 1344. Les consuls sont dits encore *Conjuges* ès causes criminelles avec le roi, en 1665 [17].

16 Charte d'octobre 1340, confirmée en 1358, art. 7, 10, 11, 16. Recueil des ordonnances, t. III, p. 233.

17 *Voir* le Commentaire des coutumes d'Agen, par DUCROS, et les art. 1 et 2 des anciennes coutumes. — En 1217, Simon de Montfort

L'ancienne coutume d'Agen était réputée existante de temps immémorial. « Pour le régime de la ville et les coutumes d'Agen, dit le commentateur Ducros, il faut les prendre avec certitude de Jules César (liv. 7, sur les Nitiobriges), de Grégoire de Tours, de l'*ancien Bréviaire* de cette ville (titres de l'ancien Chapitre de saint Étienne), du vieil Électionnaire du Chapitre de Moissac et des manuscrits de *Guidon*, évêque de Lodève »[18]. La rédaction ou la traduction qui nous a été transmise par Ducros en 1665, d'après le texte communiqué par les Consuls, n'indique pas dans la forme de style une époque reculée. Un texte plus correct a été publié en 1850 par la Société des sciences et arts d'Agen[19]; mais il laisse la date dans la même incertitude; il paraît que la rédaction a eu lieu vers la fin du xiiiᵉ siècle, après un arrêt du parlement de Paris de l'an 1287, qui avait ordonné une enquête par turbe sur un point important de la coutume locale[20]. — P. Pithou a mentionné un ancien enregistrement des coutumes d'Agen à la Chambre des comptes. Du reste, le pays lui-même, dès cette époque, était régi par le *droit écrit* : l'arrêt de 1287 le

avait voulu enlever le droit de justice à la cité d'Agen ; et une transaction passée entre l'évêque et lui, comme duc de Narbonne et comte de Toulouse, avait établi que la *juridiction laïque de la ville et de ses dépendances*, le droit de battre monnaie, les amendes et droits de justice devaient être *communs* entre l'évêque et le comte, à condition que l'évêque tiendrait en fief du comte et ferait foi et hommage de sa moitié. (*Actes anciens*, dans Caseneuve, à la suite du franc-alleu (texte latin), p. 318.)

18 Ducros, Réflexions sur l'anc. coutume d'Agen, p. 10 et 16.

19 Recueil de la Société d'agriculture, sciences et arts d'Agen, t. v, ann. 1850, p. 237 et 245.

20 P. Pithou, Harangue comme avocat général de la chambre de justice en 1583 (Ducros). p. 11.

constate expressément, en ces termes : *Per testes singu-
lares, cum terra Aginnensis regatur jure scripto* ; et la coutume était considérée comme un statut local, une loi
particulière, un *retranchement* du *droit commun* [21] · Mais
dans les temps modernes, comme elle n'avait pas été
présentée à l'enregistrement du parlement de Bordeaux,
créé seulement à la fin du xve siècle, l'ancienne coutume
était considérée seulement comme une *usance* qui pouvait avoir besoin de preuve de notoriété : c'était pour
le Parlement un moyen de modifier ou de restreindre
les usages par ses arrêts [22].

L'ancienne coutume ou l'usance d'Agen ne contient
que vingt et un articles ; mais elle caractérise fortement l'exception ou le *retranchement* apporté par les
mœurs du pays au droit romain.

Le droit de testament et de donation est reconnu ; le
père, toutefois, n'a pas la liberté romaine d'exhéréder son
fils, et il ne peut jamais avantager l'un de ses enfants
de plus d'un quart. Les biens propres sont incorporés à
la famille, à ce point que le testateur ou le donateur qui
n'a pas d'enfants ne peut disposer de ses propres qu'en
faveur de ses parents eux-mêmes [23] ; c'est un droit
d'élection plus que de disposition : il n'est libre de
donner sans limites que lorsqu'il donne à l'église.

La coutume révèle évidemment ici trois influences
différentes : celle du droit romain pour la forme de
tester ; celle du droit canonique pour la liberté de don-

21 Ducros, Commentaire, p. 38 et 40.

22 Pithou, comme on l'a dit, avait fait constater l'enregistrement
par la chambre des comptes. Mais pour le Parlement, c'était un
enregistrement insuffisant ou non avenu.

23 Anc cout. d'Agen, art. 16.

ner à l'église; celle du droit basque ou indigène en faveur des enfants et de la famille collatérale.

Le droit de famille, au surplus, est tellement prononcé dans l'ancienne coutume d'Agen, qu'en opposition avec la règle générale du Midi le *retrait lignager* est préféré au *retrait féodal;* mais le parlement de Bordeaux, par sa jurisprudence, a restreint l'exercice de cette préférence aux immeubles situés *dans l'enclos de la ville et des murailles d'Agen*[24].

Le droit des époux présente le même mélange d'eléments que nous remarquions tout à l'heure. Les biens de la femme sont *dotaux*, et le mari en a la jouissance pendant le mariage, selon le droit romain; mais de plus, selon la coutume, la jouissance du mari continue après la mort de sa femme, et jusqu'à son propre décès : droit de viduité, analogue à celui que nous reconnaîtrons dans les coutumes anglo-normandes.

Les biens sont dotaux, non d'après le droit de Justinien qui les rend inaliénables., mais selon l'ancien droit civil de Rome, qui permet au mari de les aliéner avec le consentement de sa femme; même droit à Lectoure, coutume de Lomagne; seulement, la coutume d'Agen exige que la femme jure librement qu'elle ne reviendra pas contre la vente[25].

Le droit romain, la coutume de la race indigène, le droit ecclésiastique sont ordinairement réunis dans les anciennes coutumes d'Agen. Le droit féodal n'y appa-

24 Anc. cout. d'Agen, art. 17. « Le parlement (dit Ducros) appose cette limitation dans tous ses jugements que le Statut n'aura lieu que dans l'enclos de la ville et des murailles. » (P. 508.)

25 Anc. cout. d'Agen, art. 12. Cout. de Lomagne, pour Lectoure, art. 50.

raît pas, ou il n'apparaît que modifié par un usage favorable. Ainsi, le droit d'aubaine existe, mais il n'ést
acquis au comte pour les immeubles et au seigneur
local pour les biens meubles que si des parents ne se
sont pas présentés dans l'an et jour :—il y a des fiefs, des
emphytéoses ; mais si le seigneur foncier veut faire mesurer (*agrimenser*) terres et vignes de son fief, il doit
appeler les tenanciers et payer l'*agrimenseur* (dénomination toute romaine) ; — le tenancier doit acquitter le
cens à jour fixe, sous peine d'amende ; mais pour le
payement du cens ou des *oublies*, il est cru sur son
serment, et le *feusatier* (ou feudataire) peut librement
guerpir, ou délaisser le fief qu'il tient du seigneur[26].

Dans le droit criminel, au contraire, se trouve une
empreinte de mœurs dures et presque sauvages : c'est
la peine pour le meurtrier d'être enterré tout vif sous
le cadavre de l'homicidé ; c'est la peine pour le faux
témoin d'avoir la langue percée et ses biens confisqués ;
c'est la peine pour l'adultère de courir la ville attaché à
son complice ; c'est pour le voleur de nuit la peine de
mort et la confiscation des biens[27].

L'ancienne coutume est muette sur la condition générale et civile des personnes ; mais lorsque la province fut
réunie à la Couronne, la royauté prit une grande initiative. En 1277, le fils de saint Louis intervint d'abord
pour réprimer les excès et les oppressions des justices
seigneuriales sur les personnes et les choses[28] ; et puis,

26 Anc. cout. d'Agen, art. 8, 18, 20, 21.

27 Anc. cout. d'Agen, art 2, 3, 5 et 6. Le maître de maison peut
tuer celui qu'il trouve enfermé de nuit (art. 4).

28 Ordonnance de *saisina facta* ad instantiam partis, et de pignoribus captis. (Histoire du Languedoc, t. IV, Preuves, ann. 1277.)

en 1302, le roi comprit l'Agénois dans la mesure générale qui avait pour objet d'abolir la servitude de corps dans ses domaines du Midi, en invitant les seigneurs à accorder la liberté à leurs serfs. Par la même ordonnance, il accordait aux roturiers le droit d'acquérir en francs-fiefs les terres féodales. Dès lors la royauté affranchissait, à la fois, les serfs de la condition servile, les roturiers d'une incapacité humiliante, dans les sénéchaussées de Beaucaire, de Carcassonne, de Toulouse, du Rouergue, de la Gascogne, de l'Agénois [29]; et ces diverses contrées, si longtemps opprimées par des guerres désastreuses et les violences de la croisade albigeoise, retrouvaient dans leur réunion à la Couronne la liberté pour les personnes et l'égalité pour les biens. Philippe le Bel, chose digne de remarque, prenait cette noble initiative l'année même où il appelait les Communes de France à siéger au sein des États généraux : la liberté civile et la liberté politique, qui s'appuient l'une sur l'autre, faisaient ainsi en même temps leur apparition dans l'histoire.

Cette alliance est un des grands principes de la civilisation du moyen âge et de la civilisation moderne.

Ce n'est pas celui que nous retrouverons dans les anciennes coutumes de Bordeaux. Il y a même une opposition remarquable entre le droit public de la Cité, qui réunit tous les caractères de la liberté municipale, et son droit civil coutumier. La féodalité en Guienne a éprouvé, comme nous l'avons dit, dans la constitution réelle de la famille une sorte de révolution, à l'avénement des Plan-

---

29 Lettre du roi de 1302. (Hist. du Languedoc, t. IV, Pr., p. 67.,

tagenets : après avoir constaté précédemment l'effet de la domination anglaise en faveur du droit municipal et au détriment du franc-alleu, nous constaterons, avec les coutumes de Bordeaux, l'effet de cette domination par rapport aux grands fiefs et aux droits de famille ; avec la charte de Limoges, la résistance qui lui fut opposée par les mœurs.

Disons d'abord quelques mots des coutumes de la Réole, ville située sur les rives de la Garonne, dans le voisinage de Bordeaux, et contrée toute féodale, pour ainsi dire, dans un pays où la féodalité s'est tardivement établie.

§ 4. — COUTUMES DE LA RÉOLE.
LAS COUSTUMAS DE LA VILA DE BORDEU ET COUTUMES DE LIMOGES.

I. Les coutumes de la Réole sont d'une haute antiquité ; elles portent la date de l'an 977, antérieure de dix ans à l'avénement de la troisième race des rois de France ; elles sont contenues dans une charte émanée de Gombald, évêque de Gascogne, et de Guillaume Sanche, duc des Gascons [1].

Le monastère de la Réole, dont le nom plus ancien était celui de *Squirs*, avait été fondé sur les bords du fleuve ; l'évêque et le duc lui donnèrent, au xe siècle, des terres, des églises, des villages avec les justices ; et ils confirmèrent par serment les coutumes établies dans les terres de cette vaste et puissante fondation autour de laquelle se forma la ville de la Réole.

Nous avons eu occasion de rappeler que les mots *feudum*, *feodum* et *feodalarius*, que MM. Guérard et Savigny

---

1 Consuet. Regulæ, dans la Nova Bibl. mss. du P. Labbe, t. II, et le Recueil de M. GIRAUD (*in fine*).

supposent être absents des documents authentiques antérieurs au XIᵉ siècle, se trouvaient plusieurs fois reproduits dans ces coutumes de 977 [2]. — Le document, bien
que relatif à une contrée méridionale, renferme déjà
les principales règles qui constituent le droit féodal proprement dit. Ainsi l'on trouve, dans les coutumes de la
Réole, l'hommage, la faculté de vendre les possessions
à titre de fief avec l'assentiment du seigneur, le retrait
féodal, le retrait lignager, le droit de prélever le
douzième du prix sur le prix de vente du fief ou le droit
de lods et ventes, le droit de guerre privée (*propria
bella*), l'obligation du service militaire en cas de guerre
privée, le service de justice ou d'assistance aux jugements du seigneur, le droit d'occuper le fief en cas de
refus du feudataire de se rendre à l'appel en justice devant la cour seigneuriale [3].

Ce document est donc important pour l'histoire même
de la féodalité; il établit qu'au milieu de l'anarchie féodale, avant l'avénement de Hugues Capet, les usages
féodaux existaient déjà dans leur ensemble. Il confirme
d'une manière précise toutes les inductions juridiques
que nous a fournies, dans un tome précédent, le tableau
général des fiefs existants avant l'année 987 [4]. Il prouve

2 *Voir* mon t. IV, p. 410. M. GUÉRARD avait, sous ce rapport, laissé
échappé une légère erreur dans son beau et grand travail d'érudition et de droit sur le polyptyque d'Irminon; et l'illustre SAVI-
GNY, qui n'admet pas que le livre *Exceptiones Petri* soit du Xᵉ siècle,
à cause de l'emploi du mot *fœdum*, n'aurait pas employé cet argument, s'il avait pu connaître les coutumes de la Réole, qui ont de
l'importance, surtout à cause de leur ancienneté. (Hist. du droit au
moyen âge, t. II, p. 88.)

3 Consuet. regulæ, art 3, 34, 36, 38, 39, 40, 41. *Voir* aussi P. DE
MARCA, Hist. du Béarn, liv. III, ch. V, p. 211.

4 *Voir* mon t. III, p. 479.

que si la feodalité n'avait pas pris une grande extension dans l'Aquitaine avant la fin du xiie siècle, elle existait cependant depuis longtemps, à la porte de Bordeaux, comme une institution locale importée par des hommes du Nord, mais sanctionnée par un évêque et un duc de Gascogne.

II. Les coutumes de Bordeaux s'appliquaient non-seulement à cette ville, mais au pays Bordelais.

Les anciennes coutumes de la cité forment une compilation qui s'étend du xiiie siècle à la première moitié du xive. Le plus ancien jugement qui s'y trouve mentionné est de l'an 1238, le dernier est de l'an 1344. Ce recueil des usages du pays et des règles suivies dans l'ancienne pratique judiciaire fut publié seulement en 1679, sous le titre de *Las Coustumaz de la villa de Bordeû*; il mentionne l'existence d'un autre livre plus ancien intitulé aussi *Las coustumaz*, et que certains indices font remonter à l'année 1173, mais dont il n'est resté aucune trace. L'original du texte que nous possédons a lui-même disparu. L'édition de 1769 a été faite sur deux copies des xive et xve siècles [5].

Le principe posé dans le recueil, c'est la supériorité de la Coutume et de la jurisprudence coutumière sur le Droit romain. Dans un pays qui a été compris parmi les provinces de *droit écrit*, il est curieux de voir l'ancienne coutume établir ainsi sa prédomination et celle des autres coutumes sur le droit romain.

« L'usage est, en Bordelais, que si le cas qui se pré-
» sente ne peut être jugé d'après la coutume, muette à

---

5 Avec un Commentaire, par dissertations, de deux avocats au parlement de Guienne (les frères LAMOTHE), 2 vol. in-8°.

» cet égard, on doit recourir aux coutumes analogues;
» et s'il n'y a pas de coutume semblable, il faut re-
» courir à la raison naturelle, le meilleur supplément de
» la coutume; et si toutes ces choses manquent, on doit
» recourir au droit écrit [6]. »—Le Droit romain est donc
au quatrième rang.

Cette disposition met une grande distance entre cette
partie de l'Aquitaine et les provinces plus méridionales.
L'esprit des coutumes primitives ou indigènes avait conservé là une force qu'il avait perdue ailleurs. La puissante
tribu des Boïens avait longtemps habité ce territoire; la
contrée qui s'étend vers le golfe de Gascogne s'appelle
encore *la Teste de Buch*, par corruption de leur nom
gaulois *Tolisto-Boïes;* et c'est là que l'itinéraire d'Antonin place la cité des Boïens [7].

Il existe dans les coutumes de Bordeaux, à l'égard
des femmes, un usage qui doit venir des traditions indigènes et qui offre aussi avec le plus ancien droit civil
de Rome un rapport semblable à ceux que nous avons
quelquefois signalés, c'est le jugement de la femme par
le mari. Ce n'est pas seulement comme dans l'usage
romain le jugement domestique en cas d'inconduite
grave : ici, le mari est constitué ordinairement le juge
des causes de sa femme; mais à raison de cette généralité
de juridiction maritale, on pouvait appeler de la sentence de l'époux au maire et du maire au sénéchal [8].

La femme mariée, émancipée de la puissance paternelle par le mariage, retombait sous la puissance non

6 Las coustumas de la vilà de Bordeü, p. 228.
7 Itinerarium. Éd. Fortia d'Urban. — Problème historique sur les
Boïens, par M. SAMAZEUIL, avocat, corresp. du Comité historique.
8 Las coustumas, art. 64.

moins absolue du mari : à l'égard de celui-ci, elle était
toujours censée mineure et en tutelle [9]. Et cette incapacité, la femme la portait avec elle hors de la famille :
ainsi elle ne pouvait rendre témoignage en justice [10].—
Des statuts postérieurs de la ville de Bordeaux ont conservé le droit absolu du mari sur la femme : ils déclaraient qu'un mari qui dans un accès de colère avait tué
sa femme, n'encourrait aucune peine, si par un serment solennel il s'en confessait repentant [11].

La mère n'était pas civilement plus capable que l'é-
pouse. Elle ne pouvait disposer par testament, ou de
tout autre manière, d'une partie de ses biens : sa succes-
cession se partageait également entre ses enfants et petits-enfants, par tête et sans représentation : nulle distinction n'existait entre le droit des frères et le droit
des cousins germains [12].

Le retrait lignager, dont nous connaissons l'origine,
était admis dans ces anciennes coutumes ; le fils, en
puissance, ne pouvait exercer le retrait des biens vendus
par son père ; mais la fille mariée, étant émancipée à
l'égard du père, pouvait, par elle-même, si elle était
veuve ou par son époux, exercer le retrait [13].

De pareils usages ne venaient certainement ni du droit
romain, ni du droit germanique : ils révèlent l'influence
d'anciennes traditions locales et portent l'empreinte
d'une rudesse de mœurs appartenant à l'antique tribu

---

9 et 10 Las coustumas, art. 66 : Que las molhers non poden
portar testimoniatge. —V. *suprà*, Cout. de Toulouse, p. 262.

11 Chronique Bourdeloise, par TILLET, an 1359, p 17.

12 Las coustumas, art. 68 : Ens bens de la maire los fraires o los
cosins germans succedissen entegrament.

13 Las coustumas, art. 85.

dont la résidence était marquée près de ces lieux par l'itinéraire du IIIe siècle.

Mais le plus souvent c'est l'alliance des traditions galliques et romaines qui forme le caractère des anciennes coutumes de Bordeaux ; ce caractère est remarquable dans la constitution personnelle et réelle de la famille.

Un père peut donner son fils *en gage* pour cause d'extrême pauvreté, ou pour sortir de prison ; — c'est le droit de Constantin et des Sentences de Paul adouci par l'usage local qui ne va pas jusqu'à permettre la vente de l'enfant [14].

Le fils en puissance acquiert pour son père, à moins que les biens ne viennent de sa mère ou du lignage maternel ; — c'est le droit de Constantin, mais avec une plus grande rigueur ; car le fils, selon la coutume de Bordeaux, ne peut rien gagner pour lui-même en l'absence du père. Il faut que le père puisse donner son consentement et son autorisation pour que le fils ait le droit de demander et de s'approprier une partie de son gain : c'était l'exclusion du pécule castrense et quasi castrense [15].

La donation entre mari et femme est toujours révocable et n'est confirmée que par le décès du donateur ; — c'est une tradition romaine ; mais la coutume dit que la femme ne peut avoir aucune part dans les acquêts ou conquêts faits par le mari pendant le mariage [16] : ce qui est l'exclusion de la *société d'acquêts* permise en droit romain et devenue ensuite une pratique gé-

---

14 Las coustumas, art. 43. Paul, Sent. V, I, §.1, et mon t. II, p. 478.
15 Las coust., art. 79.
16 Las coust., art. 107, 108, 109.

nérale à Bordeaux et dans les pays de *droit écrit* [17].

La coutume reconnaît le droit de testament et l'institution d'héritier qui dérivent du droit romain ; mais elle
reste celtique ou conforme aux mœurs indigènes en
ne permettant pas la libre disposition des *biens propres.*
Il est constaté par des enquêtes et des sentences de l'an
1287 que de tout temps, dans le pays de Bordeaux,
on n'a pu disposer que du tiers des propres au préjudice
de la famille et même de la parenté collatérale [18]. La succession légitime des collatéraux est combinée, du reste,
avec le droit de disposition, de manière à ce que le testateur peut partager ses biens entre les héritiers et
donner plus à l'un qu'à l'autre. Mais le testament n'est
pas valable si le testateur a omis un collatéral en prochain degré, ou si le plus proche a moindre part qu'un
autre : dans ce cas, tous les collatéraux viennent en
égal partage des biens du défunt : c'est dans *las Coustumaz* une disposition profondément celtique [19].

La coutume contient la règle générale du droit coutumier, le mort saisit le vif, *lo mort saysit lo viü ;* mais
elle ajoute « de quelque manière que le vif succède au
mort soit par testament, soit sans testament [20]. » L'alliance
des coutumes indigènes avec le droit romain est ici évidente : on ne veut pas que l'institution d'héritier, d'origine romaine, ait moins de force que la succession par

---

17 C'est à Bordeaux qu'a été publié le seul traité connu *de la
Société d'acquéts,* par M. Tessier, auteur du *Traité de la dot,* mon
ancien et savant confrère au barreau de Bordeaux.

18 Las coust., art. 10. C'est le droit des coutumes d'Anjou, des
Établiss de saint Louis, etc. Voir mon tome vi, ch. vii.

19 Las coust., art. 94. *Voir* mon t. ii, p. 90.

20 Las coust., art. 239 : *o am testament, o scus testament.*

le droit du sang, d'origine naturelle. Beaucoup d'autres dispositions attesteraient le même esprit : nous n'en citerons plus que deux qui appartiennent au droit criminel, remarquable d'ailleurs sous plusieurs autres rapports [21]; mais ces deux dispositions sont des traits de mœurs qui en peignent toute la dureté :

1° Le fils, le neveu ou tout autre parent ne peut hériter de celui qui a péri sous le fer d'un meurtrier, sans avoir poursuivi la vengeance du meurtre devant la justice; ce qui est conforme à la loi romaine selon les Sentences de Paul et fut appliqué aux enfants de Sadregésile, comte de Bordeaux, mort en 635 [22]; la coutume ajoute : « Sans l'avoir *vengé de sa main* ou *fait venger par autrui ;* » ce qui annonce l'époque de barbarie où les familles se faisaient justice par elle-même et par les guerres privées;

2° La peine du talion est admise contre celui qui coupe un membre à un autre, et l'on sait que le talion est la peine primitive dans les usages de Rome et de presque tous les peuples; — mais, de plus, dans les anciennes coutumes de Bordeaux, comme dans celles d'Agen, en cas d'homicide le meurtrier *est enterré tout vif sous le cadavre de sa victime* [23].

21 Un jeune avocat de Bordeaux, M. BROCHON fils, a présenté un exposé intéressant de cette partie du droit des anciennes coutumes de Bordeaux, et l'Académie de cette ville a récompensé son travail d'une médaille (1857). Nous y renvoyons pour les détails de Droit criminel.

22 Sentences de Paul, lib. III, t. VI.—M. RABANIS, dans son excellente dissertation sur les *Mérovingiens* (2ᵉ édit.), p. 35, cite sur ce point avec raison le Digeste et le Code ; il est douteux cependant qu'ils fussent connus au VIIᵉ siècle dans la Gaule; au contraire les Sentences de Paul faisaient partie de la *Lex Romana* d'Alaric. *Voir* mon t. II, p. 396 et 516; et t. IV, p. 277, sur les Coll. Justiniennes.

23 Las coust., art. 21. Anc. cout. d'Agen, art. 2 : « Il doit se faire soûterrer vif au dessous le mort. »

Au point de vue du droit purement féodal, les coutumes de la vila de Bordeü contiennent une forte constitution de la féodalité, qui annonce les mœurs belliqueuses de l'Aquitaine sous la domination anglaise, et
révèle la révolution opérée dans les droits de famille.

Le droit d'aînesse, en effet, y est établi entre barons
et chevaliers; mais, de plus, la baronnie ou le fief de
chevalier y appartient tout entier à l'aîné; il n'y a point
de *communauté*, dit la coutume, c'est-à-dire de partage
entre enfants de barons ou chevaliers; le fief de baronnie
et le fief de chevalerie sont indivisibles : c'est là un caractère grave et que nous n'avions pas encore rencontré dans
le droit féodal français, sauf dans les fors de Béarn; il
est le produit d'une époque de guerre où l'on sent le besoin de forces concentrées dans des mains puissantes[24].

Ce principe d'indivisibilité venait du droit normand
et des coutumes anglo-normandes : il est écrit en ces
termes dans le Traité des Lois et Coutumes du royaume
d'Angleterre, par Glanville, grand-justicier sous Henri II :
« *Primogenitus* filius patri *per militiam* tenenti succedit
in totum; ita quod mullus fratrum suorum partem inde
de jure petere potest; » et le Coutumier de Normandie
attestait l'usage immémorial en disant : « ès fiefs de hautbert, comtés, baronnies, sergenteries, *partie* ne peut être
soufferte entre frères par coutume du pays[25]. » — C'est
ce principe de féodalité normande et militaire que le
mari d'Éléonore et ses fils ont transporté dans les cou-

---

24 Las coust , art. 57. — Fors de Béarn, *suprà*, p. 442.

25 Tractatus de Legibus et Consuetudinibus regni Angliæ R. de
GLAUVILLA, lib. 7, de hæredibus legitimis, c. 3. Anc. cout. de Normandie. même titre. — HOUART, Dr. du Dr. Norm., I, p. 46 et p. 54.

tumes de Bordeaux. Il explique l'attachement des barons et des seigneurs terriens à la cause des rois d'Angleterre qui ont fait et consolidé leur grandeur territoriale; et nous verrons que ce principe s'est répandu dans toutes les provinces où les Anglais ont établi leur domination.

A l'égard des simples fiefs, il n'en était pas ainsi; le caractère militaire ne les avait pas atteints : ils pouvaient se partager entre héritiers, même sans la permission du seigneur [26]. Ils pouvaient se vendre, sauf le retrait seigneurial ou les droits de lods et ventes. Le seigneur ne pouvait exiger du fils plus que du père, ou demander reconnaissance par écrit lorsque le père tenait le fief sans *bail*. Le vassal même n'était pas tenu de demander l'investiture au seigneur dominant; c'était le seigneur qui devait requérir le vassal une, deux et trois fois pour qu'il vînt recevoir l'investiture [27]. On voit là que l'esprit du droit romain sur la propriété, habile à se plier aux faits, avait cherché à se maintenir dans l'ordre des fiefs ordinaires, en les assimilant, autant que possible, aux biens patrimoniaux.

Le même esprit apparaît dans les rapports entre les seigneurs et les vassaux : la coutume maintenait un juste équilibre dans les droits et devoirs respectifs. Le seigneur, comme le patron dans la clientèle romaine, devait être un protecteur, non un maître absolu; et par une belle disposition, la félonie du seigneur envers son vassal était jugée plus grave et devait être plus sévère-

26 Las coust., art. 127, 232.—La distinction des grands fiefs et des fiefs ordinaires n'existait pas dans les fors de Béarn, qui ne tenaient pas leur disposition à cet égard de la même origine, mais des coutumes basques, où l'aîné succédait sans distinction à tous les propres.

27 Las coust., art. 238.

ment punie que celle du vassal envers le seigneur[28]. C'était, dans un autre ordre d'idées, l'application de la règle de la loi des XII Tables, *Patronus si Clienti fraudem facsit, sacer esto*[29]; c'était pour la société moderne le principe de cette maxime élevée : NOBLESSE OBLIGE.

Cette association du droit romain et du droit féodal, qui apparaît dans les rapports des fiefs et des vassaux de l'ordre inférieur, est le caractère qui avait prédominé dans les coutumes des diverses parties de l'Aquitaine.

Il n'est nulle part mieux marqué que dans les anciennes coutumes de Limoges, où la distinction entre les grands fiefs et les fiefs ordinaires n'est pas admise et d'où le droit d'aînesse est exclu par le principe général de l'égalité des partages[30]. Mais aussi les coutumes de Limoges sont, à proprement parler, les coutumes des consuls et de la bourgeoisie limousine; et il ne faut pas s'étonner de les trouver peu favorables à la haute féodalité des barons de la Guienne. C'est là que la démocratie méridionale s'était conservée dans toute son énergie; et après avoir constitué ses garanties publiques par le droit très-étendu des Consuls et des Jurats, elle avait placé son droit civil sous la protection toute spéciale des principes du droit romain[31].

---

28 Las coust., art. 48.

29 Lex XII Tabular. VIII, Frag. 21. Édition Zell, p. 52 (1828).

30 La 1ʳᵉ rédaction des coutumes de Limoges remonte à l'an 1212. La 2ᵉ, plus détaillée, est de l'an 1260; c'est celle qui est insérée dans le Recueil de RICHEBOURG, t. IV, p. 1149. — Une 3ᵉ rédaction est du XVᵉ siècle; texte dans l'Histoire du Limousin, par M. LEYMARIE, archiviste, t. I, p. 370 et 381.—L'auteur, tom. II, ch. I, a donné des détails complets sur l'Histoire de cette législation, spécialement, p. 19 et suiv.

31 Nous avons déjà remarqué, à propos des coutumes de Toulouse, que la coutume de la Châtellenie de Limoges excluait le retrait féodal.

Les anciennes coutumes de Bordeaux sont bien plus complexes et aussi bien plus importantes, pour l'histoire du droit; elles représentent le véritable esprit de la Guienne sous la domination des Princes anglais.

Du reste, dans ces anciennes coutumes, on trouve les deux principes qui servent le mieux à distinguer la féodalité du midi d'avec celle du centre et du nord : d'abord la distinction fondamentale des fiefs et des alleux (*deus feu et deus aloys*); et puis la préférence donnée à l'exercice du retrait féodal sur le retrait lignager [32].

Nous nous sommes suffisamment expliqué plus haut sur le caractère allodial de la coutume bordelaise; et, dans un chapitre précédent, à l'égard de la préférence dans le midi du retrait féodal sur le retrait lignager [33] : le pouvoir seigneurial l'emportait sur l'intérêt de famille. Mais le principe de conservation des biens dans les familles reprit l'avantage au pays Bordelais, lorsque l'intérêt politique de la féodalité n'existait plus, et le retrait lignager finit par être préféré au retrait féodal dans la nouvelle coutume de Bordeaux. Il est reconnu par les commentateurs que les rédacteurs officiels, en 1520, au lieu de suivre l'ancienne coutume, ont transcrit purement et simplement dans la nouvelle tout le titre de la coutume du Poitou sur le retrait lignager; et c'est par ce procédé de réforme que la coutume du xvi° siècle, en se séparant de l'ancienne, fut mise pour les retraits en complète harmonie avec le droit de la

32 Las coust., art. 128.
33 *Suprà*, § 3, p. 555, et chap. i, Sect. de la Provence, p. 163 et suiv.

province qui formait au nord la limite de la Guienne [34].

Cette limite, le Poitou, n'était pas celle assignée par
la géographie physique à l'ancienne Aquitaine, qui était
délimitée au nord par le cours de la Garonne. C'était
une limite arbitraire qui avait été anciennement fixée
par Auguste dans des vues purement politiques, afin de
diminuer la force de cohésion de la Celtique au centre
des Gaules. Aussi les différences de mœurs qui tenaient
à la différence des régions et à l'antique distinction de la
Celtique et de l'Aquitanique ne furent pas effacées sous
l'uniformité de l'administration romaine.

Noûs n'allons donc pas interroger, en ce moment, le
droit des provinces qui s'étendent au delà du bassin de
la Garonne : l'affinité de leurs mœurs avec l'esprit général des coutumes du Centre doit les rattacher à l'ensemble de ces dernières coutumes; et du point où nous
sommes parvenu, dans notre revue historique des pays
et des monuments du droit féodal et coutumier, nous
allons continuer notre voyage de circonférence par les
provinces de l'ouest et du nord-ouest. Noûs allons
passer de la Guienne dans la Bretagne et la Normandie.
Le lien de ces trois provinces, par le droit féodal, est
fondé sur la domination anglaise plus encore que sur
la topographie.

Dans la Bretagne, en effet, nous trouvons comme
monument du droit féodal, les Assises de Geffroy données par un fils du duc de Normandie et d'Éléonore de
Guienne.

34 Cout. de Bordeaux de 1520, art. 5; — Coutume de Poitou,
tit. x, Du retrait lignager : l'identité est complète. — Commentaire
des frères LAMOTHE sur l'art 128 des anc. cout. de Bordeaux.

SECTION II.

BRETAGNE.

ASSISES DU COMTE GEFFROY.

Les Assises du comte Geffroy, qui ne contiennent qu'un petit nombre d'articles, sont d'un haut intérêt. Elles attestent que jusqu'à l'an 1185 l'égalité avait régné dans les partages de fiefs sur la terre celtique des Bretons. C'est le comte Geffroy, fils d'Éléonore de Guienne, mariée en secondes noces avec Henri II, duc de Normandie et depuis roi d'Angleterre; c'est le frère de Richard Cœur-de-Lion et de Jean-sans-Terre qui, dans un intérêt de puissance féodale, a porté au sein de la Bretagne le droit des grands fiefs de la Guienne et de la Normandie. C'est lui qui a brisé par la loi qui porte son nom les traditions de l'égalité celtique, en établissant le droit d'aînesse et l'indivisibilité dans les fiefs de baronnie et de chevalerie.

Nous avons fait observer déjà (dans un précédent volume) que le droit féodal avait été implanté, vers la même époque, dans le pays de Galles par le beau-frère de Henri II, par David prince des Gallois : et c'est un lien de plus dans la conformité des idées et des usages entre les coutumes galloises et les coutumes de la Basse-Bretagne. Avant le XIIᵉ siècle, les deux pays n'étaient point sous le joug absolu de la féodalité; à la fin de ce siècle, ils en ont subi l'application sous des princes de la même famille; et c'est aussi sous le règne de l'un des membres de cette famile, qui avait soulevé l'Angleterre contre lui par son despotisme, que les barons d'Angleterre ont obtenu la Grande-Charte, fondement du régime et des libertés de l'aristocratie territoriale. La grande charte n'a point franchi le détroit pour établir dans l'aristocratie du royaume de France un système de gouvernement; mais quelques-unes des institutions qu'elle a consacrées se retrouvent dans certaines coutumes du continent, et dénotent les rapports d'institutions qui existaient dans la féodalité politique et civile de la France et de la Grande-Bretagne [1215].

Les assises de Geffroy, antérieures de trente ans à la Charte jurée successivement par Jean-sans-Terre et Henri III, n'ont pas l'importance et le caractère de cet acte célèbre; mais elles avaient pour but de constituer cette haute aristocratie qui ensuite est devenue assez forte pour réclamer et obtenir des garanties solennelles: le fils de Henri II voulait en Bretagne se trouver à la tête de barons qui pussent représenter avec éclat et mettre en action la force du pays.

Le comte Geffroy, né en 1158, fait chevalier en 1178 par son père roi d'Angleterre, duc de Normandie et d'Aquitaine, comte du Maine, d'Anjou, de Touraine et de Poitou, fut marié en 1182 avec Constance, fille de Conan, comte ou duc de Bretagne. Immédiatement après son mariage, il fit hommage de la Bretagne à son frère aîné Henri, duc de Normandie, et bientôt il convoqua une assemblée des prélats et des grands de la Bretagne, pour constituer dans les familles une féodalité puissante par la propriété territoriale. En gouvernant la Bretagne, en la faisant entrer dans le système féodal qui

embrassait déjà les provinces de Normandie et d'Anjou,
il fortifiait la puissance de l'Angleterre contre la France,
et joignait aux possessions que sa mère Éléonore de
Guienne avait apportées à la couronne britannique une
province forte et vaste qui achevait de constituer dans
l'ouest de la France un royaume contre un royaume. —
Les projets politiques furent arrêtés par la mort du prince
à Paris dans un tournois, où il succomba en septembre
1186 à l'âge de vingt-huit ans. Il était le père de ce
jeune comte Arthur de Bretagne, qui fut lâchement
assassiné par son oncle, ambitieux de posséder directement la Bretagne : la félonie de Jean-sans-Terre,
jugée par la cour des pairs et suivie de confiscation,
détruisit ce royaume de l'ouest que l'Angleterre constituait en France contre le roi de France, réduit au titre
honorifique de suzerain; et ainsi, la province qui, dans
les desseins de l'époux et des fils d'Éléonore de Guienne,
devait compléter leur puissance et former la clef de
voûte de leur domination sur le continent, fut la pierre
redoutable dont la chute entraîna celle de tout l'édifice:
le crime d'un usurpateur rendit à Philippe-Auguste ce
que l'imprévoyance de Louis le Jeune avait enlevé à
l'unité de la couronne de France.

Mais l'institution féodale du comte Geffroy ne périt pas
avec lui et avec ses projets de puissance rivale. Les
Assises ou Ordonnances, portant son nom, survécurent
telles qu'elles furent arrêtées dans l'assemblée des prélats
et des grands de la Bretagne, qui avait été convoquée
en 1185 dans la ville de Rennes. L'Assise avait été jurée
par le comte Geffroy, par Constance son épouse, par
tous les barons de Bretagne; et il avait été statué que

son observation serait jurée aussi par les aînés et les plus jeunes, sous peine pour ceux-ci, *les cadets de Bretagne*, de perdre tout ou portion des biens et rentes réservés en leur faveur. Enfin les barons avaient reçu chacun un exemplaire de l'Assise portant le sceau du comte et de la comtesse; et l'exécution de la loi, à laquelle les aînés étaient si fortement intéressés, eut lieu dans toute la Bretagne : l'Assise entra même si profondément dans les mœurs, qu'aux xvie et xviie siècles elle était encore la base du *partage des nobles*, et que les jurisconsultes D'Argentré et Pierre Hévin en firent l'objet de recherches et de dissertations approfondies pour en régler l'application aux intérêts et aux familles de leur temps.

Les assises de Geffroy furent imprimées pour la première fois en 1536. D'Argentré, en 1570, donna une édition nouvelle du texte, avec traduction et commentaire, dans son livre intitulé *Avis sur le partage des Nobles;* et il y revint dans son grand ouvrage sur la coutume de Bretagne[1]. — Pierre Hévin, en 1684, dans ses savantes annotations sur les arrêts de Frain[2], donna des assises un texte plus pur et un commentaire plus lumineux. Il avait connu plusieurs des manuscrits qui avaient circulé dans la Bretagne et dont quelques-uns portaient le caractère primitif de leur authenticité. Le texte qu'il a publié a été puisé dans deux copies prises fidèlement sur les exemplaires authentiques des Assises du xiie siècle délivrés aux barons de Châteaubriand et de Vitré[3].

1 D'ARGENTRÉ, cout. de Bretagne, titre *Des successions.*
2 HÉVIN sur Frain, Annotations, t. II, p. 518.
3 HÉVIN connaissait cinq exemplaire manuscrits et en possédait

Nous devons présenter ici le sens exact et complet
de cette ordonnance toute féodale, d'après le texte le
plus sûr, celui imprimé par Hévin.

« L'usage suivi en Bretagne (dit le préambule) de
» diviser les seigneuries entre frères apporte à cette terre
» un grand préjudice : Voulant pourvoir à l'utilité pu-
» blique et répondre formellement à la demande des
» évêques et de tous les barons de Bretagne, moi Gef-
» froy, fils du roi Henri, duc de Bretagne, comte de
» Richemond, j'ai fait avec leur assentiment cette Assise,
» pour le présent et le futur,

» Et statué :

« § Ier, Que dans les baronnies et les fiefs de chevaliers,
il ne sera plus fait ultérieurement de division, mais
que l'aîné aura intégralement la seigneurie, et que les
aînés pourvoiront honorablement aux nécessités des
plus jeunes, selon leurs facultés ;

» § 2. Que si l'aîné venant à mourir, sa terre tombe
en bail à raison de l'âge de son héritier, le plus âgé
des frères du défunt aura la garde du bail, et s'il n'y a
pas de frère du défunt, celui là des amis aura la garde à
qui le défunt, du consentement de son seigneur, l'aura
commise ;

» § 3 [4]. Que s'il y a des filles seulement, celui qui

um. (Arrêts de FRAIN, t. II, p. 515.) Il indique, entre autres manuscrits, la copie transcrite dans l'ancien cartulaire de l'abbaye de
Saint-Mélaine, fol. 183; la copie conservée dans le registre P de la
Chambre des comptes de Paris, fol. 13, et tirée de l'original donné
au seigneur de Rohan.

4 Le § 3 dans le texte ne contient qu'une disposition *transitoire* ainsi
conçue : « Que, toutefois, les terres, possédées *actuellement* par
les puînés, seraient possédées pendant leur vie et transmises à leurs
héritiers; qu'au contraire, les héritiers de ceux qui auraient seu-

épousera l'ainée aura la terre, et il mariera les puînées sur la seigneurie même, de l'avis du seigneur et des proches parents de la famille;

» § 4. Que si dans l'étendue de la terre de l'aîné, il se trouve pour mariage quelque parti qui plaise au puîné, il l'aura; et l'aîné n'en pourra disposer en faveur d'un autre, tant que le puîné voudra l'avoir; que s'il ne l'a pas voulu et qu'il trouve ailleurs, l'aîné, en lui donnant de ses biens et de ses meubles, l'aidera de son pouvoir et de l'avis de ses proches parents;

» § 5. Que, de plus, si l'aîné a donné une terre à son puîné en le recevant *homme de foi*, et que celui-ci, mourant sans héritiers directs, en ait disposé en faveur de l'un de ses proches, à son choix, la terre ne reviendra pas au seigneur principal ou chef-seigneur; mais si l'aîné n'avait pas reçu son frère à hommage, c'est à lui-même que l'héritage fera retour. »

Telles sont, en substance, les dispositions de l'Assise; l'esprit en est facile à saisir : elle avait pour but d'arrêter à l'avenir le démembrement des baronnies ou le morcellement des fiefs de chevaliers, qui empêchaient la féodalité de prendre racine dans la Bretagne. La maxime reçue jusqu'alors était, au rapport de d'Argentré, «que les *partages des nobles se faisaient par tête* et sans *aucune préférence* qui puisse se montrer par en-

---

lement des rentes assignées sur les biens, et non des terres, ne succéderaient pas à leur père. »

Les héritiers des *rentes*, dans cette disposition transitoire, ne sont pas aussi bien traités que les héritiers des *terres*, parce qu'on a voulu dégager les fiefs des charges qui les grevaient et les laisser libres dans les mains des futurs possesseurs, pour rendre plus facile le service militaire du fief. (*Voir* HÉVIN, sur Frain, t. II, p. 518.)

seignement ou coutume »[5]. C'était le principe de l'égalité des partages sans droit d'aînesse, sans privilége
de sexe. D'Argentré attribuait ce principe d'égalité au
droit civil, c'est-à-dire, sans doute, au droit romain ;
mais Hévin l'a combattu en démontrant que ce que
D'Argentré appelait ici le droit civil ne pouvait être que
le droit originaire, le droit breton. Le principe de l'égalité bretonne ou celtique n'était pas abrogé par les assises de Geffroy ; mais il subissait une grande exception,
dans l'intérêt politique de la féodalité, à l'égard des
plus vastes possessions, savoir, les baronnies et les
chevaleries. Sans ce privilége, au moment des grandes
luttes de la France et de l'Angleterre le service militaire des fiefs était en souffrance ; les dépenses d'arme-
ment et de services ne pouvaient plus être soutenues par
les possesseurs réduits à de faibles portions de terres
féodales, et le duc de Bretagne n'avait plus d'armée.
C'est à cet intérêt de politique et de défense que Geffroy,
comme on l'a dit, avait voulu pourvoir par les assises ; et
les hauts seigneurs de la Bretagne s'étaient associés à
ces vues d'innovation qui assuraient leur grandeur territoriale, innovation dont le principe aristocratique avait
affermi le droit féodal dans l'Aquitaine.

A partir des Assises de Geffroy, on distingua dans la
Bretagne la succession *des fiefs de l'assise*, et la succession des *fiefs inférieurs*. D'Argentré dit qu'il en naquit un
privilége spécial pour les barons et les chevaliers. Hévin
fait remarquer avec raison que le privilége était *réel* et
par conséquent s'attachait aux baronnies et fiefs de che-

5 D'ARGENTRÉ, Avis sur le partage des nobles ; préface, *in fine*.

valerie, *in Baronniis et Feodis militum*, selon le texte des Assises[6].

Deux constitutions, l'une de Jean Ier dit le Roux, de l'an 1275, l'autre de Jean II, de l'an 1305, servirent d'appendice aux assises de Geffroy, et eurent pour objet d'en interpréter le sens et d'en faciliter l'application[7].

La très-ancienne coutume de Bretagne, rédigée au xive siècle, et les coutumes du xvie se référaient expressément aux règles de l'Assise pour les successeurs des anciens Comtes et Barons. La très-ancienne coutume disait : « Ès fiefs nobles qui se gouvernent selon l'Assise » du comte Geffroy, ne doit pas être compté le principal » manoir; et c'est à savoir que *toute la seigneurie* doit » aller à l'aîné des enfants ès barons et ès chevaliers, et » des aînés qui en sont issus, et qui noblement tiennent » et se sont gouvernés eux et leurs prédécesseurs ès » temps passés[8]. » — La coutume réformée du xvie siècle dit encore : « Et dans les partages ordinaires des nobles ne sont compris les anciens comtes et barons qui se traiteront en leurs partages comme ils ont fait par le passé[9] ».

Tous les grands fiefs ont donc été régis, jusque dans les temps modernes, par les assises de Geffroy et soumis

---

6 D'Argentré, Avis sur le partage des nobles, 2e proposition. — Hévin, Assises, Comment., § i. — Le *feudum militare* contenait 12 manses de chacune 12 arpents. *Id.*, i, p. 364.

7 Les textes et le commentaire de ces deux Constitutions se trouvent dans Hévin sur Frain, t. ii, p. 550; dans ses Consultations, p. 495; et dans ses Questions féodales, p. 396; — ouvrages très-précieux pour le droit et l'histoire.

8 Très-anc. cout. de Bretagne, ch. 209.

9 Anc. cout. de 1539, art. 563, et nouvelle coutume de 1580, art. 541 et 542.

au droit d'aînesse et d'indivisibilité, avec transmission
à la famille de l'aîné en suivant l'ordre de primogéniture. — A défaut de mâles, l'aînée des filles succédait.
—L'aristocratie bretonne aimait, au surplus, à se rattacher aux souvenirs des Assises; et pour rehausser leur
style dans les actes de partage entre nobles, les notaires
du pays, voire les notaires de village, au rapport de
Hévin, disaient « que les parties ont reconnu que leurs
» auteurs se sont gouvernés dans leurs partages, selon
» l'assise au comte Geffroy [10] ».

C'est qu'à l'égard même des fiefs ordinaires, l'ancienne
égalité cessa d'être respectée. Beaucoup de confusion
entoura ce qu'on appelait le droit commun des partages
nobles; et cette confusion ne finit que par l'article 541
de la coutume réformée de 1580, qui accordait à l'aîné
dans la succession du père et de la mère le principal manoir et les deux tiers des biens nobles, réservant l'autre
tiers aux puînés. L'antique égalité ne se trouva inexpu-
gnable que dans les successions des biens roturiers [11].

L'application des assises de Geffroy, ou la distinction
qui en était la suite entre les grands fiefs de baronnie
et les fiefs ordinaires, ne se bornait pas, dans les premiers
siècles, au règlement des successions : elle s'étendait au
droit d'*afféagement.* La faculté d'afféager, c'est-à-dire
de donner des terres à titre de fief, fut limitée pendant
longtemps aux possesseurs des baronnies et chevaleries,
ou des fiefs selon l'Assise. La très-ancienne coutume
reconnaissait formellement, au xive siècle, cette restric-

10 HÉVIN sur FRAIN, t. II, p. 543.
11 *Voir* le Coutumier général de Bretagne, tome II, p. 484 et
suiv.

tion du droit de propriété féodale [12]. Ce fut seulement en 1420 que le duc Jean donna le droit d'afféager à *tout possesseur* de domaine noble [13]. Dumoulin prétendit que c'était un abus introduit contre le *Droit du Livre des fiefs*, d'après lequel le droit d'afféager était borné au châtelain [14]. Mais D'Argentré, son contradicteur habituel et le plus ardent défenseur du droit de sa province, répondait que le Livre des fiefs contenant les coutumes lombardes n'avait pas plus d'autorité en Bretagne que la coutume de Bretagne en Lombardie [15].

Le droit commun de la France féodale (comme on l'a vu tome IV) faisait noble tout fief, et roturière toute censive. Dans la coutume de Bretagne il y avait féage noble et féage roturier ; fief noble et fief roturier : ce qui rentrait dans la division générale des fiefs et des censives. — Le fief roturier était tiré de la même matière que le fief noble, c'est-à-dire d'un domaine noble, d'une seigneurie, car nul autre que le domaine noble ne pouvait être afféagé [16]. La qualité noble ou roturière des fiefs se déterminait, lors de la concession, par la qualité noble ou non noble du vassal et par la nature du service [17].

Lorsque le fief roturier retournait dans la main du

12 Très-anc. cout de Bretagne, art. 261.

13 Hévin sur Frain, tom. I, p. 382, même esprit dans la nouvelle coutume, art. 359.

14 Liber feud. *Valvassor regis vel Capitaneus.*

15 D'Argentré, dans son Comment. sur l'art. 329 (de l'anc. cout. de 1539). — Hévin sur Frain, I, p. 380.

16 On appelait féage ou afféagement le bail à cens ou le transport d'héritage que le seigneur consentait avec rétention de *Directité* et de *Droits seigneuriaux.*

17 Très-anc. cout. de Bretagne, art. 261, 303, 340. *Voir* Hévin, Quest. féod., p. 118, 126 ; et arrêts de Frain, p. 385.

seigneur, il reprenait la qualité noble comme son ancien domaine; mais il avait subi toutefois, à l'égard des tiers et pour les concessions à venir, une marque indélébile de roture; il ne pouvait plus être afféagé que roturière-ment. Au XVIIᵉ siècle Hévin constatait que, sous l'influence de cette règle et des concessions anciennes, les *trois quarts* des terres de la province de Bretagne étaient tenus à titre de *fiefs roturiers* [18]. L'aristocratie territoriale se réduisait ainsi aux grandes possessions, en petit nombre, qu'avait protégées l'assise de Geffroy; et la noblesse qui figurait dans les États provinciaux était très-nombreuse, mais très-pauvre. Les fiefs roturiers et les domaines congéables avaient fait passer dans la classe des *innobles*, selon l'expression de l'ancienne coutume, la plus grande partie des terres productives de revenus et en même temps d'impôts.

En étudiant le droit breton dans ses rapports avec les lois galloises et le droit celtique, nous avons reconnu la force du principe de famille, aux degrés les plus éloignés, et la relation des biens avec cette parenté presque indéfinie. Le retrait lignager, en faveur des parents, et le retrait de mi-deniers, en faveur de l'époux dont la communauté avait acquis un propre de ligne, étaient d'anciennes institutions d'origine gallique; mais il est curieux d'observer comment le droit féodal de la Bretagne appliqua ces institutions de famille. Le retrait lignager, qualifié de *prémesse* (*proximitas*) dans le droit breton, n'avait pas lieu en *féage noble*; il s'appliquait seulement aux *biens roturiers*. La très-ancienne coutume en donne ce motif, « qu'en féage noble les parents des bail-

---

18 Très-anc. cout., art. 298, HÉVIN, Quest. féod., p. 118,

leurs ne feraient pas toujours au seigneur les *servitudes*
(les services) comme gens étrangers [19]. » Le féage noble,
en effet, s'opérait primitivement en vue de la personne
et du service militaire; et l'interdiction du retrait lignager à l'égard des biens nobles est une trace visible de
la féodalité militaire que l'assise de Geffroy avait implantée ou fortifiée dans les mœurs. Cette interdiction
spéciale, qui ne porte aucune atteinte au retrait de prémesse et de mi-deniers lorsqu'il s'agit des biens roturiers
ou ordinaires, est une preuve qui confirme l'origine antique de cette institution de famille, car elle prouve ici
bien clairement que le retrait lignager était antérieur, en
Bretagne, à la féodalité. Elle prouve aussi qu'en Bretagne
la féodalité avait pris un bien grand empire, puisqu'elle
avait fait prédominer l'intérêt du seigneur ou le service militaire du fief sur l'intérêt de la famille ancienne,
au point d'étouffer complétement le droit de la famille
en matière de retraits. Dans les autres provinces des
pays coutumiers, le retrait lignager l'avait emporté sur
le retrait féodal; dans les provinces de pays de droit
écrit, le retrait féodal avait la préférence sur le retrait
lignager : dans la Bretagne seule le retrait lignager n'est
jamais applicable aux biens nobles et disparaît complétement sous l'esprit impérieux de la féodalité. Aussi la
Bretagne, quoique entrée tardivement dans la plénitude du système féodal, a-t-elle fini par être reconnue
comme la province la plus féodale du royaume.

Dans le droit féodal breton, en effet, trois règles caractéristiques sont dominantes : 1° l'hommage-lige qui
mettait le vassal dans l'entière dépendance du sei-

19 Très-anc. cout., art 298, HÉVIN. Quest. féod., p. 118.

gneur [20]; 2° l'interdiction absolue des alleux formulée ainsi par la coutume, *nul ne peut tenir terre en Bretagne sans seigneur* [21]; 3° l'incorporation de plein droit des terres vaines et vagues et des landes au domaine seigneurial [22].

La féodalité du moyen âge, préparée dans les mœurs par les antiques traditions des *Tyern* gaulois, avait pris une si grande extension à partir des assises de Geffroy, que même les institutions, qui par leur caractère primitif étaient antérieures au régime féodal, comme les domaines congéables, avaient fini par être entraînées dans sa sphère d'action et par être assimilées sous plusieurs rapports à des tenues seigneuriales [23]. Et de plus, quand la terre manquait aux seigneurs bretons, ils concédaient des fiefs et même des juridictions sans domaine, qualifiés par l'expression pittoresque de *fiefs en l'air*. Ces fiefs incorporels n'avaient aucune terre dominante à laquelle ils fussent unis, mais ils avaient un domaine servant, et le possesseur des *feuda aerea* les transportait à des acquéreurs ou les transmettait à ses héritiers avec toutes leurs prérogatives. Au XVIIᵉ siècle et au moment de la Révolution, la plupart des *bailliages* en Bretagne étaient des *fiefs* et *juridictions sans glèbe*, détachés par conséquent de tout domaine et subsistant d'eux-mêmes au profit de ces centaines de seigneurs sans terre qui couvraient la Bretagne de leurs droits de fiefs et de jus-

---

20 Cout. de Bretagne, art. 332. — HÉVIN, Quest. féod., p. 355; HAUTESERRE, De ducibus et comit.

21 « Parce qu'il n'y a aucun franc *aleu* en icelui pays. » (Cout. de Bretagne, art. 428.

22 Cout. de Bretagne, art. 329.

23 *Voir* mon tom. II, p. 109, *Esprit du Droit gallique.*

tice, et qui souvent avaient rempli les États provinciaux d'une bruyante et stérile indépendance [24].

Ainsi, à la tête de la féodalité bretonne, une aristocratie territoriale qui reposait sur le droit d'aînesse et l'indivisibilité des baronnies d'après les assises de Geffroy; — à l'autre extrémité, la division des fiefs ordinaires, favorisée longtemps par l'égalité des partages, puis resserrée par une répartition inégale entre les aînés et les puînés; enfin une multitude de fiefs en l'air, de juridictions ou de bailliages sans domaine, qui grevaient de mille droits les anciennes terres des seigneurs, distribuées en *fiefs roturiers*, et qui alimentaient à peine une noblesse avide et parasite : — telle était la condition de la féodalité dans la province qui a porté plus que les autres jusqu'à l'émancipation de 89 le poids de la servitude féodale, mais dont la voix aussi a retenti plus haut que les autres dans la NUIT DU 4 AOUT, pour provoquer la destruction de la féodalité civile et acclamer la ruine des droits seigneuriaux [25].

L'union de l'indivisibilité des grands fiefs au privilége de l'aînesse et au droit de primogéniture, qui a inspiré les assises de Geffroy, et que nous avions

24 Le mot de *bailliage* en Bretagne, dit Hévin dans le XVIIᵉ siècle, s'appliquait à tout district de juridiction, de quelque *petite étendue* qu'il fût. HEVIN, Quest. féod., p. 141, 143.

25 C'est KÉRENGAL, député breton, qui, par son discours et le tableau des oppressions seigneuriales, a donné lieu à l'explosion de l'enthousiasme et des sacrifices de la nuit du 4 août 1789. — LANJUINAIS aussi a vivement dépeint les rigueurs dernières exercées par les seigneurs, même depuis la convocation des États-Généraux. (*Voir* mon Histoire des principes de la Révolution, 1 vol. in-12, p. 109, et le 8ᵉ et dernier tome du présent ouvrage.)

déjà reconnue · dans les anciennes coutumes de la
Guienne, ne s'est pas arrêtée sur le sol de la Bretagne.
Elle a passé dans les provinces voisines, l'Anjou, le
Maine, la Touraine, que le père de Geffroy, le roi
d'Angleterre Henri II, avait aussi possédées comme
chef-seigneur [26]. Mais ce fut en Normandie surtout, dans
ce fief primitif attaché à l'héritage des rois d'Angleterre
depuis Guillaume le Conquérant, que la prérogative de
l'aînesse et le principe d'indivisibilité prirent le plus
grand développement.

Cela nous conduit aux anciennes coutumes du duché
de Normandie, qui fut de droit ou de fait, pendant
trois siècles, fief suzerain par rapport à la Bretagne,
jusqu'à Jean-sans-Terre, dernier duc de Normandie [27].

26 Anjou, art. 215, 278; Maine, 294; Tours, 294 : « Duchés,
comtés, marquisats, baronnies et *autres fiefs de dignités* sont indivisibles et appartiennent à l'aîné. (POQUET DE LIVONNIÈRE, Règles
féodales pour l'Anjou, etc., p. 254.) — *Voir* mon tome VI, ch. V,
sect. I, § 2.

27 La question de la suzeraineté de la Normandie sur la Bretagne a donné lieu à de grandes controverses au XVIIIᵉ siècle, entre
l'abbé de Vertot, Gallet et D. Morice (De la *mouvance* de Bretagne,
histoire de la Bretagne, 2ᵉ partie, des Preuves). M. DARU, dans son
Histoire de la Bretagne, t. I, p. 260, a résumé avec soin la controverse, et il reconnaît le fait de la suzeraineté pendant trois siècles.
Mais rien n'établit avec certitude la concession de la Bretagne en
arrière-fief lors du traité de 911 entre le roi Charles le Simple et le
duc Roll. (*Voir* mon tome III, p. 115 et suiv.)
Le fondateur de la maison des Plantagenets, le roi Henri II, a fait
constater deux fois la suzeraineté de la Normandie sur la Bretagne en
exigeant, en 1170, que son fils mineur Geffroy, fiancé à la fille du
duc de Bretagne, fît hommage à Henry son frère aîné (le père étant
tuteur de ses deux fils); et en 1182, lors du mariage effectif de Geffroy, il y eut renouvellement par lui de l'hommage de la Bretagne.

SECTION III.

COUTUMES DE NORMANDIE.

§ 1. — APPRÉCIATION DES DIVERS DOCUMENTS RELATIFS
AUX ANCIENNES COUTUMES.

Nous avons indiqué déjà, dans le chapitre sur les monuments du Droit germanique, les principales sources du droit de la Normandie : coutumes scandinaves, coutumes indigènes, coutumes anglo-normandes. Nous avons aussi considéré l'action féodale des Normands sur l'Angleterre par la victoire et les lois de Guillaume le Conquérant [1] : nous devons ici interroger l'ensemble des documents et déterminer le véritable esprit des coutumes normandes sous le double rapport du droit féodal et du droit civil proprement dit.

Les monuments du droit qui se rattachent à la Normandie abondent dans l'histoire, soit pour les origines scandinaves, soit pour les origines féodales et coutumières.

Nous avons signalé l'importance de l'ancien recueil des lois de la Norwége et de l'Islande, publié sous le titre de GRÁGÁS; et, dans le § 3 de la présente Section, nous ferons aussi ressortir l'intérêt des lois danoises et anglo-saxonnes de Kanut le Grand, et celui du code

---

[1] *Voir* mon tom. III. Époque germanique, ch. III, sect. VI, p. 115 et suiv.

des lois suédoises et gothiques, pour les questions d'origine relatives au droit privé des Normands.

Les coutumes anglo-normandes, qui touchent surtout au droit féodal, sont représentées en Angleterre par les institutes de Littleton, par les livres de Glainville, de Britton et de Bracton, et par le *Myrror or justice*, auxquels on peut joindre le recueil des anciennes lois écossaises de Skénée, à raison de l'influence que les lois anglo-normandes ont exercée sur la rédaction des lois de l'Écosse, notamment sur les quatre livres du *Regiam Majestatem* [2]. Ces divers monuments, nés hors de France, réfléchissent dans leur ensemble et leur variété les coutumes féodales des deux pays unis de Normandie et d'Angleterre, et sont par conséquent d'un grand secours pour l'interprétation des coutumes de la Normandie elle-même. L'auteur français qui a publié au XVIIIᵉ siècle la collection des lois anglo-normandes, David Hoüard, avait bien compris cet intérêt et a rendu un vrai service à l'histoire par la réunion des textes. Mais il a failli sur deux points, qui sont indépendants du mérite de la collection elle-même et de beaucoup d'annotations : 1° le point de vue historique sur l'origine des coutumes normandes, en méconnaissant leur filiation germanique et danoise; 2° le point de vue judiciaire, en s'exagérant l'utilité des coutumes anglo-normandes pour l'application et la jurisprudence de la coutume de Normandie réformée en 1583. La science

---

2 Les lois d'Écosse, publiées sur les anciens manuscrits, à Édimbourg, en 1609, par SKÉNÉE, sont reproduites dans le 2ᵉ volume de la Collection des lois anglo-normandes, de D. HOUART (4 vol. in-4°, 1776).

du droit, proprement dit, ne doit pas certainement
s'isoler de la pratique ; mais les anciennes coutumes appartenaient surtout à l'histoire ; et si elles pouvaient jeter
la lumière sur l'esprit de certaines institutions, c'était cependant fausser le sens historique que de vouloir les plier
aux nécessités du Palais et aux affaires de chaque jour.
Hoüard, avec tout son savoir et une critique assez sûre
pour rectifier quelquefois des opinions de Montesquieu
lui-même, avait donc cependant manqué à la vraie loi
de l'histoire et au véritable esprit d'une pratique éclai-
rée : mais il a naturalisé en France des textes oubliés
ou inconnus et très-précieux pour les coutumes du
moyen âge.

Nous ferons usage de ces textes ; toutefois nous de-
vrons ici nous occuper plus spécialement, dans l'intérêt des questions d'origine, du Droit scandinave, et des
monuments nés sur le sol même de l'ancienne Neustrie
depuis la réunion de la province à la France en 1204,
savoir : le grand Coutumier de Normandie ; — la version très claire et très-curieuse qui en a été faite, en plus
de sept mille vers, par Richard Dombald, sous la date
de l'an 1280[3] ; — la Charte aux Normands de l'an
1314 ; — l'ancien Style de procéder, imprimé à la suite
du Commentaire de Rouillé sur le grand Coutumier de

---

3 Cette version en vers a été imprimée pour la première fois par
Hoüard en 1782, comme supplément à son Dictionnaire du droit
normand (4ᵉ vol., *in fine*). — La rédaction en prose du Coutumier
est de P de Fontaines, ou, selon la conjecture de Klimrath, de Robert le Normand II. Un texte latin est imprimé par ROUILLÉ à la suite
de son Commentaire du grand coutumier, in-f°. 1539. — Rien ne
paraît appuyer la conjecture de quelques auteurs que le texte latin
est le texte original du COUTUMIER, sur lequel nous avons donné tous
les renseignements nécessaires dans notre tome III, p. 124 et suiv.

Normandie [4] ; — et le livre beaucoup plus ancien, publié de nos jours sous le titre d'*Establissements, Assises et Arrêts de l'Échicquier*, qui paraît avoir fourni des documents à l'auteur même du Grand Coutumier [5]. — A tous ces recueils, d'origine normande, il convient d'ajouter divers chapitres de la Somme rurale de Bouteiller, sur plusieurs usages de la Normandie au xve siècle; et l'on possède ainsi tout l'ensemble du Droit normand, depuis les premiers temps jusqu'à la fin du moyen âge et jusqu'à la coutume du xvie siècle.

Des relations d'origine et une certaine communauté de traditions antiques avaient existé entre les Normands et les Lombards, qui étaient descendus de races et de régions scandinaves. Ils ont montré dans les institutions de peuples du Nord (bien plus que les Francs et plus encore que les Visigoths et les Burgondes [6]), les germes des institutions féodales et une même aptitude à cette féodalité militaire que les Lombards ont implantée en Italie, et qui a fait surtout de la race normande une race belliqueuse et conquérante au nord et au midi de l'Europe. Entre le Livre des fiefs lombards et l'ancien coutumier de Normandie il y a cependant de graves et profondes différences. Nous en signalerons deux seule-

4 Charte aux Normands, Recueil des ordonn., t. I, p. 551. RICHEBOURG, Coutumier gaul., t. IV, p. 98. — L'ancien Style de procéder, dans ROUILLÉ, Cout. de Normandie, 2e partie, f° 69.

5 Establissements, assises, etc., de l'échiquier, d'après un manuscrit de la Bibl. Sainte-Geneviève, publié par MARNIER, Bibl. de l'ordre des avocats (1839).

6 La loi des Visigoths contient le patronage germanique qui a pu être une préparation à la hiérarchie féodale ; la loi des Burgondes contient le don de bénéfice héréditaire, et le jugement par le duel.

ment, qui nous paraissent caractériques, relativement aux situations diverses de ces deux tribus scandinaves dans l'Europe occidentale :

1° Selon le Livre des fiefs, les feudataires de dignité pouvaient concéder des fiefs sans aucun droit de *directité* ou de suzeraineté en faveur du souverain : l'essence du fief était dans l'hommage et la fidélité au seigneur immédiat. Aucun lien n'existait dès lors entre le vassal inférieur et le souverain seigneur du pays. — En Normandie, au contraire, il n'était pas un seul fief, à partir du xe siècle, qui n'eût été mouvant du roi, immédiatement ou médiatement : la *directité* en faveur du souverain, au moment des inféodations successives, était en conséquence réputée de l'essence des fiefs. Cette distinction juridique tenait à la différence de l'établissement originaire des Lombards sur le sol de l'Italie par la conquête; des Normands, sur le sol de la Neustrie, par la concession du roi de France. L'indépendance des uns, au moment de l'invasion, la soumission volontaire des autres, au moment de la prise de possession, ont laissé dans la nature même des fiefs lombards et des fiefs normands une empreinte primitive qui s'est perpétuée dans le droit féodal des deux peuples.

2° Dans l'usage des Lombards, le partage égal des *fiefs ordinaires* entre cohéritiers était le droit commun, suivant la tradition du droit romain, qui avait prévalu sur le principe féodal en matière de succession. Il n'y avait d'exception que pour les *fiefs de dignité* qui étaient à la disposition de l'empereur, lequel choisissait l'héritier et concentrait habituellement le fief de dignité dans les mains d'un seul possesseur. Dans l'usage de Normandie, comme on le verra, l'attribution à l'aîné de tout fief ordinaire ou de dignité formait le principe dominant. Cette prédomination du droit d'aînesse était entretenue chez les Normands par l'esprit permanent de la féodalité militaire, toujours prête à guerroyer au dedans et au dehors.; mais chez les Lombards, l'esprit militaire avait cédé à l'influence de la vie des cités, lesquelles étaient pénétrées des principes du droit italique.

A côté des différences qui s'expliquent par les destinées diverses de ces tribus du Nord établies dans l'Italie et dans la France, il faut placer l'identité du lien qui, dans chacune d'elles, unissait les seigneurs et les vassaux : la réciprocité des obligations était entière, et la garantie contre l'oppression féodale était formellement constituée dans les Coutumes normandes comme dans le Livre des fiefs. L'article 123 de la coutume de Normandie, rédigée par les Gens des trois états en 1583 et fidèle à l'esprit de l'ancien coutumier, portait : « Entre » les seigneurs et leurs hommes, *foi doit être gardée*, et » ne doit l'un faire force à l'autre; — en cas de faute » grave du seigneur immédiat, la foi et l'hommage étaient » dévolus et acquis au seigneur suzerain : » la sanction était donc très-énergique; et la coutume de Normandie, comme le Livre des fiefs, rompait toute relation féodale entre le seigneur injuste ou violent et le vassal outragé [7].

Les monuments, que nous avons indiqués, contiennent d'une manière distincte ou implicite le Droit féodal et coutumier qui s'est développé dans la Normandie. Et

---

7 Cout. de Normandie, 123, 125, Lib. feud. *Voir* mon tome IV, Liv. des fiefs.

afin d'éviter la confusion des sources, nous allons examiner successivement les coutumes normandes :

1° Sous le rapport du droit féodal qui participe du droit public et s'allie aux usages établis dans la Guienne et la Bretagne;

2° Sous le rapport du droit civil proprement dit, qui tient aux origines les plus anciennes et dérive quelquefois des sources scandinaves.

§ 2. — ESPRIT DES ANCIENNES COUTUMES DE NORMANDIE, SOUS LE RAPPORT DU DROIT FÉODAL.

Dans l'histoire des coutumes de France, la Normandie peut être dite le pays par excellence des droits d'aînesse et d'indivisibilité, car ces droits s'y étendirent bien au delà des bornes posées dans le droit féodal de la Guienne et de la Bretagne. Littleton donne à l'appui du droit d'aînesse, dans les coutumes anglo-normandes, cette singulière raison de physiologie : que *l'aîné est d'un sang plus noble* [1].

Le Livre de l'Échiquier et le Grand coutumier reconnaissaient au profit des aînés l'indivisibilité des fiefs de *haubert* ou de chevalerie, des comtés, des baronnies, des sergenteries [2].

Pour les fiefs ordinaires, appelés *vavassories*, la coutume admettait d'abord le partage, en ce sens que l'aîné avait le gros du fief et les puînés le tiers [3]. Les puînés

---

1 LITTLETON, Anciennes lois françaises, p. 25.

2 Échiquier, De partie de frères, p. 10. Grand Coutumier, ch. CCLI et ch. XXVI. — Les sergenteries étaient des fiefs anciens relevant immédiatement du prince.

3 Somme rurale de BOUTEILLER, tit. LXXXIV, p. 488.

alors ou leurs héritiers, jusqu'au sixième degré, tenaient en *parage* ou parité de fief avec l'aîné, qui représentait le fief tout entier à l'égard du chef-seigneur [4]. A partir du septième degré, ils ne tenaient plus en parage, mais en hommage; et le démembrement du fief, par rapport au seigneur dominant, était accompli. — Mais par la suite, l'indivisibilité du fief s'étendit des grands fiefs à tous les héritages nobles, lorsqu'il y avait des héritiers mâles; et le tiers ne fut laissé aux puînés qu'en jouissance pendant leur vie. C'était le droit anglo-normand, le droit féodal militaire, attesté par Glanville au xiie siècle, qui avait agi de la Normandie sur l'Angleterre, réagi de l'île sur le continent, et qui s'était développé dans ce mouvement d'action et de réaction féodales [5]. L'ancien *Style de procéder en Normandie* porte : « Si fiefs sont assis » en la vicomté de Rouen..... le plus aîné a la succes- » sion de son aïeul, bisaïeul et prédécesseur sans en » faire aucune part ou portion héréditalle à ses frères » qui sont puînés [6]. » — C'est aussi le droit exprimé au xve siècle par la Somme rurale de Bouteillier en ces termes : « Selon l'usage des Normands, auquel usage » plusieurs sages se *consonnent*, pource qu'il est fondé » sur le *droit écrit*, le fils aîné a l'héritage qui vient par

---

4 Ancienne coutume de Normandie et Glossaire de Delaurière, v° *Parage.*

5 Glanville, lib. vii, c. 3, *suprà*, p. 582. Lois anglo-normandes; Houart, i, p. 471, et Dict. de droit normand, v° aîné, p. 54.

6 Le Style de procéder en Normandie, tit. *De successions*, Rouillé, 2e partie, f° 72. — L'article ajoute : « Si ne peuvent-ils avoir provision de vie (jouissance) que la tierce partie de l'héritage et après leur décès reviennent les héritages desdites successions à l'aîné, sans que leurs enfants ou autres d'iceux puisnés puissent y prétendre aucune chose. »

» la succession de son père et de sa mère ; son fils aîné le
» représente ou son plus prochain hoir qui d'icelle même
» ligne descend. Et s'il ne demeure nul enfant qui soit des-
» cendant de celui aîné fils, l'aîné frère après la repré-
» sente. » Il est à remarquer que Bouteillier dit que cet
usage est fondé sur le *Droit écrit*, indiquant par là le *Livre
des fiefs* ; mais l'indivisibilité n'est de droit (comme on le
le sait) dans le *Livre des fiefs* que pour les fiefs de dignité[7].

A partir de ce changement dans les usages, qui fut
bien autrement radical que l'ordonnance de Philippe-
Auguste sur le Miroir de fiefs [1209] et contre les inconvénients du parage et des partages entre frères, le
parage cessa d'être pratiqué entre les enfants mâles. Il
ne resta plus que le droit d'aînesse et d'indivisibilité à
l'égard des biens nobles. Mais le parage continua de
subsister relativement aux filles qui succédaient à défaut de frères. Les filles puînées tenaient en parage de
leur sœur aînée ; et les filles se partageaient à ce titre
la baronnie même ou le fief de haubert, à la différence
du droit de la Bretagne qui attribuait à la sœur aînée
l'indivisibilité absolue des grands fiefs[8].

Le droit d'aînesse, en ce qui concernait les biens
nobles, s'appliqua même aux fiefs sans glèbe, aux *fiefs
en l'air*, qui existaient en Normandie comme en Bretagne, et dont l'invention est attribuée à Henri Ier, roi
d'Angleterre, au commencement du XIIe siècle[9].

---

7 Somme rurale. Usage de Normandie, p. 456. L'ancien Style
de procéder fait allusion à un *établissement écrit* sans autre indication. *Voir* Cout. de Norm., art. 302, 346, — et HOUART, Dr. normand, vᵒ Success., p. 272.

8 Cout. de Norm., art. 127.

9 Actes de Rymer, tom. x, p. 2, Acte relatif à un comte de

Quant aux biens de nature féodale, qui n'étaient pas nobles, c'est-à-dire aux *ténements roturiers*, il y avait droit d'aînesse ou préciput en faveur de l'aîné, avec partage et parage à l'égard des puînés, dans toute l'étendue de la province de Normandie. Ce droit se trouvait même tellement incorporé à la terre, que le chef-lieu de l'héritage roturier, divisé anciennement entre frères, était lui-même qualifié d'*aînesse;* et par l'effet du parage, qui entraînait solidarité, le frère aîné, possesseur du chef-lieu du domaine, devait répondre au seigneur pour la totalité de l'héritage, que *ruralement* (disait Bouteillier) on appelle entre les coutumiers *terre vilaine* [10]. Pour ce tènement roturier il n'était dû hommage; service ni chevauchée, mais seulement la rente, aux termes accoutumés, et le service d'échevinage, ayant pour objet de reconnaître et de faire payer les rentes des héritages de cette classe, dans l'étendue de la seigneurie [11].

Enfin, dans une contrée importante et maritime de la Normandie, le pays de Caux, le droit d'aînesse avait encore une plus grande extension que dans la province en général.

On n'y faisait aucune distinction entre les héritages nobles et les héritages roturiers : tous étaient inféodés, et tous subissaient la loi absolue du droit d'aînesse et

---

Flandre qui devint vassal pour une somme d'argent. — HOUART, Introduction au Dict. du droit norm., p. 33. *Fiefs sans glèbe;* Cout. de Norm , art. 157,

10 Somme rurale, tit. 83. *De tenir en parage,* p. 489.
11 Somme rurale, *ibid.*

d'indivisibilité[12]. C'était, sauf la qualité féodale qui tenait aux institutions de la race normande, une coutume locale qui offrait une singulière conformité avec le droit primitif que nous avons reconnu chez les peuples d'origine basque. D'où venait cette similitude sur le fond de la coutume qui disposait de tous les biens immeubles, sans distinction, en faveur de l'aîné? Pourrait-elle s'expliquer par d'anciennes immigrations sur les côtes de Normandie?—Je ne puis ici que constater la conformité des coutumes sur la constitution réelle de la famille, en faisant abstraction de la féodalité qui s'est souvent superposée à des institutions plus anciennes.

Le Droit normand, qui admettait la distinction des biens féodaux et des biens libres, connaissait en dehors de cette distinction, fondamentale trois espèces de *tenures* : la tenure en fiefs nobles; les ténements roturiers, dont nous venons de parler; et la tenure en bourgage. Cette dernière espèce était particulière au droit de la Normandie et constituait une propriété moyenne entre les autres.

On possédait en bourgage des terres, cens, rentes, maisons, manoirs ou autres héritages situés dans les villes et leur banlieue, ou dans les *Bourgs*, d'où est venue la dénomination de *Bourgage*[13]. Ces biens ne donnaient ni féauté, ni hommage au seigneur de qui provenait la tenure, mais seulement la rente convenue,

---

12 Coutume locale du pays de Caux, Cout. de Normandie, art. 279.
13 CHARONDAS SUR BOUTEILLIER, p. 495. Annot. 3. — Et tous les auteurs normands sur la coutume.

sans aucune autre redevance. Le propriétaire en bourgage avait la libre faculté de vendre ou de donner, sans
qu'on pût exercer sur les biens ni retrait lignager, ni
retrait féodal. — Cette nature, de biens échappait, en
outre, à toute application du droit d'aînesse. L'égalité
des partages entre les enfants était la règle de succession. Au Livre de l'Échicquier il était dit que « les *bor-
gages* seraient *partis*, selon la coustume du pays. » Les
sœurs, qui dans les autres successions immobilières
étaient exclues tant qu'il y avait descendants mâles,
coucouraient avec leurs frères dans le partage égal des
biens tenus en bourgage [14]. Lorsqu'il ne s'agissait plus
de descendants ou de frères et sœurs, les biens en bourgage étaient, comme les biens meubles, déférés aux
héritiers les plus proches, sans distinction de ligne; et,
dans les successions ouvertes au profit des plus proches
du même degré, le partage de la terre se faisait toujours
par égale portion [15]. C'était une grande exception faite
par le droit naturel à la règle du droit féodal sur les
partages de succession.

Les biens en bourgage faisaient aussi exception à la
règle des coutumes de Normandie qui excluaient la
communauté de biens entre époux. Si ces biens étaient
acquis pendant le mariage, les femmes survivantes, ou
leurs héritiers en cas de prédécès, en avaient la moitié.
C'était une société d'acquêts, sans stipulation, qui était
introduite par la coutume et unie au régime dotal que
les Normands tenaient (comme on le verra plus bas),

---

[14] L'Échicquier, de *partie de frères*, p. 9 (édit. MARNIER). Cout. de
Norm., art. 248, 272.

[15] BOUTEILLIER, Somme rurale, tit. 84, p. 456 et 488.

non du droit romain, mais de leurs propres usages.

Les biens en bourgage étaient une tenure qui occupait dans l'échelle de la propriété du moyen âge un degré intermédiaire entre les fiefs et les alleux; ils représentaient un mode de propriété antérieur à l'occupation normande, pratiqué dans l'ancienne Neustrie, et qui s'est étendu avec l'établissement plus nombreux des bourgs dans le nouveau duché. Mais ils n'empêchaient pas de reconnaître la classe plus libre des alleux.

En Normandie les alleux se distinguaient en alleux simples ou roturiers et alleux nobles, distinction qui a été bien plus tardive dans la coutume de Paris. Le *Doomsday*, en Angleterre, supposait les alleux[16]; la charte aux Normands de l'an 1314 en reconnaît l'existence, et même dans des chartes contemporaines de Roll on trouve des terres allodiales[17]. Les jurisconsultes et historiens du pays rapportent l'existence des *alleux simples* aux temps qui ont précédé la cession de la Neustrie par le roi de France, et les *alleux nobles* au XIII⁰ siècle, aux temps qui ont suivi la réunion de la Normandie à la couronne par Philippe-Auguste[18].

Le franc-alleu s'établissait par titre ou des partages simplement énonciatifs, même, selon quelques auteurs, par la possession de quarante ans. La coutume donnait de l'alleu en général cette exacte définition : « Les terres de franc-alleu sont celles qui ne reconnaissent supérieur en féodalité et ne sont sujettes à faire ou à payer

16 Sur le Doomsday-Book, *voir* mon tom. III, p. 123.

17 HOUART, Dictionn. du droit normand, v° Aleu, p. 62. — Nouv. coutum., art. 53, 102.

18 BASNAGE sur l'art. 102 de la coutume. et HOUART. v° Alleu.

aucuns droits seigneuriaux [19]. » Cette disposition de la nouvelle coutume qui résumait ou exprimait le droit antérieur, marque une grande différence entre le droit féodal de la Normandie et celui de la Bretagne, où la maxime *nulle terre sans seigneur* était appliquée d'une manière absolue. — Mais si le franc-alleu n'avait pas de supérieur en *féodalité*, comme le disait la coutume, il en avait un en *juridiction*. Il suivait toujours la juridiction foncière du fief dans le territoire duquel il se trouvait enclavé, car il n'y avait pas en Normandie de fief sans justice [20].

La justice seigneuriale est très-caractérisée dans le Droit normand : elle a des différences notables avec les institutions judiciaires de la Bretagne.

Il n'y a pas de fief sans justice, comme on vient de le dire, et la juridiction foncière inhérente au fief en avait reçu le nom de *fieffale*. Mais cette juridiction était seulement la moyenne et la basse. Les chevaliers et ceux mêmes qui tenaient les comtés, baronnies, sergenteries, fiefs de haubert et les autres grands fiefs n'étaient, par le droit de leurs terres, que *bas-justiciers* [21]. La haute-justice n'était incorporée de droit à aucun fief; elle était réservée au duché lui-même. Ce ne fut qu'après la réunion de la province à la France, dans le XIIIᵉ siècle, que la haute justice fut connue et pratiquée dans les fiefs particuliers : mais encore elle ne fut attachée aux

---

19 Cout. de Norm., art. 102.

20 HOUART, vᵒ Fief; p. 434. BOUTEILLIER, tit. 91 : C'est la justice *foncière.* — BACQUET, Traité des droits de justice, ch. 3.

21 Grand coutumier de Normandie, chap. De Cour. — TERRIEN (Comment. du Droit civil du Duché de Norm., lib. III, ch. XIII, p. 87).

grands fiefs, aux alleux nobles, aux tenures ecclésiastiques en franche aumône qu'en vertu de concession
royale [22]. Terrien, le plus fidèle interprète de l'ancienne
coutume, dit : « Même les comtés (qui renfermaient
ordinairement vingt fiefs de chevaliers), même les
comtés par leur nature et sans *l'ottroy du roi* n'avoient
haute justice [23]. » — « Il falloit que la Cour de telles
» choses eut été ottroyée (dit le Grand coutumier) par
» les princes de Normandie et qu'il en fut apparoissant
» par charte, par longue tenue, par échange ou par
» autre raison aperte [24]. »

En Bretagne, au contraire, la haute justice était inhérente aux seigneuries des comtes, vicomtes, barons et
châtelains, dès les premiers temps de l'hérédité des fiefs ;
et même les seigneurs prenaient sur eux de concéder la
haute justice à leurs vassaux, en ajoutant aux prérogatives primordiales du fief concédé [25] : c'était une ex-

22 Grand coutumier, art. 53, BASNAGE, p. 38 et art. 13. HOUART,
v° Fief, p. 457. — Il ajoute (v° Haute justice) : « Le roi , en *concédant* aux églises ou abbayes des tenues en franche aumône, accordait ordinairement le privilége de haute justice. »

23 TERRIEN, Comment. du Droit civil, ch. XIII. Il ajoute : « Barons et autres justiciers de Normandie qui tiennent par baronnies
et par membre de hautbert, et qui n'ont le *plat de l'épée ni haute
justice*, peuvent prendre des prévôts et leur faire rendre compte. »
(*Id.* , note *a* , n° 3). — Les baronnies renfermaient ordinairement
13 fiefs de chevaliers, 7 de moins que les comtés. (HOUART, v° Fief,
p. 356.)

24 Grand coutumier, ch. Des jurés de cour. — TERRIEN, ch. XII,
n° 83.

25 HÉVIN sur FRAIN, t. I, p. 377. — Le même, Consultation 2ᵉ,
p. 64 et 78. La question si la haute justice était inhérente aux grands
fiefs de plein droit a été traitée pour l'affirmative par Montesquieu,
Esprit des lois, liv. XXX ; par Gourcy, État des personnes, et longue-
ment controversée dans le sens contraire, par HOUART, v° Fief,
ch. IV, p. 434 et suiv.; il avait pour lui l'exemple de la Normandie.

tension de droits qui tenait à la patrimonialité de la justice, bien antérieure, dans la Bretagne et les lois galloises, au régime de la féodalité [26]. La Bretagne avait, de plus, admis dans ses usages que tous les démembrements des grands fiefs, lorsque les aînés dérogeaient à l'indivisibilité par des concessions en *parage* en faveur de leurs frères puînés, participaient au droit de haute justice. — P. Hévin dit : « C'est le droit invariable de cette province et des provinces voisines, le Maine et l'Anjou. »

Il y avait donc, sous le rapport de la haute justice, entre le droit de la Bretagne et celui de la Normandie, toute la distance qui sépare un droit réel, primitif et général, d'une concession volontaire, d'un privilége récent et particulier.

Les légistes du XVIe siècle, Loyseau notamment, ont fortement réclamé contre les justices seigneuriales dans leur ensemble. Leurs plaintes auraient été mieux fondées sur les institutions judiciaires du moyen âge, s'ils les avaient fait porter d'abord contre le dernier ressort longtemps usurpé par les seigneurs et que nous avons reconnu s'être prolongé en Provence jusqu'à la Révolution, et ensuite contre l'existence non autorisée des hautes justices, qui représentaient le droit de vie et de mort, le *merum imperium*, le *jus gladii*, attributs essentiels de la souveraineté : l'exemple de la Normandie, sous ce dernier rapport, était un puissant argument d'histoire et de droit.

La haute justice, exclusivement attribuée au chef-

26 *Voir* mon tom. II, sur le Droit celtique, p. 158.

seigneur, au duc; était représentée en Normandie par
la cour supérieure qui s'est appelée l'*Échicquier*, et qui,
en 1499 sous Louis XII, est devenue le parlement de
Rouen.

Cette institution judiciaire, attribuée au duc Rollo, et
qui de la Normandie a été transportée sous le même nom
d'Échicquier dans la Grande-Bretagne, avait son principe dans les lois danoises et anglo-saxonnes. Les lois
de Kanut le Grand, du xi° siècle, qui sont nées de cette
double origine, constatent et sanctionnent le *Comitatus*,
appelé en anglo-saxon *Scirgemot*, qui était composé
des comtes et des évêques de la province, et devait
tenir ses assises deux fois l'année pour montrer avec
éclat le pouvoir et la justice [27].

L'Échicquier, de même, se composait des officiers du
duc de Normandie, barons ou chevaliers et des prélats
qui étaient *réunis* et *envoyés* pour tenir, deux fois l'année,
les assises en lieux différents, pour rendre la justice au
nom du prince, et réformer avec éclat les abus des seigneurs. Le mot d'*Échicquier*, que Britton écrit *escheker*,
vient évidemment du mot germanique *schicken* ou du
mot suédois *schicka*, qui veut dire également *convenire*
ou *mittere*, réunir ou envoyer, selon le glossaire du savant G. Wachter, et dont les racines *schein* et *schicht*
veulent dire splendeur et ordre [28] : l'Échicquier était,
en effet, l'image éclatante de l'ordre et de la jus-

---

27 Leges Kanuti, lib. II, c. 18, p. 48. (Édit. de Rosenvinge,
Copenhague, 1826.)

28 Glossarium Germanicum, v^is *Schein*, *Schicht* et *Schicken*,
p. 1394, 1406, 1407. (C'était une étymologie entrevue par Ménage
et Bodin. *Voir* mon tom. III, p. 121, note 12.)

tice manifestés par les représentants du pouvoir [29].

Il y avait là une grande institution à laquelle les Normands ont tenu comme à une institution nationale. Depuis la réunion de la province à la France et après le règne de saint Louis, la Cour de l'échiquier perdit son dernier ressort; elle fut remplacée de fait par des délégués du parlement de Paris, qui formaient plutôt une commission qu'une cour de justice; souvent même les causes étaient évoquées au parlement. Ce fut l'objet des plus incessantes réclamations de tous les Ordres de la province et des envoyés du pays auprès du roi de France, en 1302, en 1314. Les réclamations, d'abord éludées, furent accueillies et sanctionnées en 1314 par l'ordonnance de Louis le Hutin, qui a pris le nom de Charte aux Normands et qui a rétabli le vrai caractère de la cour de l'Échiquier, fixé définitivement ses attributions de Cour souveraine et garanti son indépendance. Ce caractère, au surplus, était très-clairement déterminé par le Grand Coutumier de Normandie, antérieur à la Charte aux Normands, dans le chapitre 56 :

« L'on appelle Eschiquier, assemblée de haults justiciers à qui il appartient amender ce que les baillys et les autres membres justiciers ont malfait et mauvaisement jugié, et rendre droict à uñg chascun sans délai ainsi comme de la bouche du Prince; et à garder ses droicts, et rappeller les choses qui ont été mises maulvaisement hors de sa main, et à regarder de toutes parts ainsi comme des yeux au Prince, toutes les choses qui

---

29 C'est l'idée formellement exprimée dans les lois de Kanut le Grand : Et in illo Comitatu sint episcopi et comites qui ostendant populo et justitias Dei et rectitudines seculi. Leg. Kanut, l. ii, c.18, p.48.

appartiennent à la dignité et honnêteté du Prince.

» Tout ce qui se fait en Eschiquier par solemnel jugement doibt estre gardé fermement. Nous appellons sol-
lemnel jugement ce qui a été jugié par accord en plein
Eschiquier, quant len a ouy l'opinion de chascun [30]. »

La charte aux Normands consacra, de la manière la
plus expresse, le caractère de Cour souveraine, en ces
termes : « Les causes du duché de Normandie doivent
être terminées selon les coutumes du pays : aussi que
les sentences rendues par notre Échiquier de Rouen ne
puissent par aucune voie être déférées à Nous ou à
notre parlement de Paris, et que pour les causes de ce
duché nul ne puisse être ajourné en notre Parlement [31].»
C'était à la fois la sanction de l'indépendance de l'Échiquier et le rejet de l'abus des évocations.

Une autre institution judiciaire, qui n'avait pas cet
éclat et qui se rapprochait de la justice ordinaire des
Germains et des Scandinaves, c'était le jugement par
les *voisins* ou par la *jurée* pour les questions de succession ou de propriété [32]. Dans les lois danoises et anglo-

---

30 Grand coutumier de Normandie, ch. LVI. — Cout. de Richebourg, tom, IV, p. 24.

31 Charte aux Normands, RICHEB., IV, 99. — « Item : Cum causæ
ducatus Normaniæ secundum patriæ consuetudinem debeant ter-
minari: quod ex quo in Scacario nostro Rothomagensi fuerint termi-
natæ vel sentialiter definitæ per quamcumque viam AD NOS vel parlamentum nostrum Parisius de cœlero nullatenus deferantur : nec
etiam super causis dicti ducatus ad Parlamentum nostrum aliqui
valeant adjornari. » — *Voir*, dans la Bibl. de l'Éc. des Chartes un
article de M. FLOQUET, sur la Charte aux Normands (IV, p. 42).

32 Cout. de Norm., publiée par M. MARNIER, tit. *De jurée*, p. 30.—
Dans la Lex Alaman., tit. XXX, c'était en matière criminelle : l'institution s'y confond avec celle des cojurateurs, dont six étaient

saxonnes de Kanut le Grand se trouvaient les Plaits civils (*civilia placita*), en anglo-saxon *Burhgemot*, qui dans chaque circonscription devaient se réunir trois fois l'année pour juger les différends[33] ; et il était dit que l'on ne pouvait recourir au roi qu'autant qu'on n'aurait pu obtenir justice en s'adressant aux juges de la Centaine, de l'*Hundred*[34]. — Dans les loi suédoises, les juges ou jurés sont au nombre de douze et qualifiés d'assesseurs du jugement territorial, *Assessores judicii territorialis*[35]. Ils jugent en matière criminelle et en matière civile, et le jury scandinave, par sa double compétence, représente avec la plus grande exactitude les douze jurés de l'Angleterre, jury criminel et jury civil.

Dans la coutume de Normandie, le germe de l'institution danoise ou primitive n'a pas pris le même développement; l'action de la justice foncière et féodale, inhérente à chaque fief, a empêché le jury civil ou criminel de prendre l'importance d'une grande institution. Toutefois, l'institution se produit avec autorité dans plusieurs cas : ainsi, il y avait un véritable jugement par jurés dans les actions dites *de loi apparente*, c'est-à-dire les actions en revendication d'immeubles indûment aliénés; alors il fallait faire *apparaître la loi*, ou le bon droit, et la loi apparaissait au moyen du *recognoissant de la Jurée*[36]. — De même, lorsqu'il y avait à lever les

produits par l'accusé, six par l'accusateur. *Voir* le remarquable Discours de M. le pr. gén. GASTAMBIDE, sur *les Formes de la justice criminelle.* Toulouse, 1857.

33 Leges Kanuti, c. XVII, p. 48.

34 Leges Kanuti, p. 141.

35 Leges Suecorum, Gothorumque, p. 31, 76, et cap. II, p. 103.

36 Échiquier de Norm, *Du visné*, p. 8. — Grand coutum., ch. 87, de Querelles de possession.

empêchements de succession, à juger des questions de
parenté, de possession de chose héréditaire ou de chose
d'orphelin, c'était encore *la Jurée* ou les voisins que le
bailli devait appeler pour résoudre le fait ou le point en
litige[37] : cela s'appelait excellemment, dans les chapitres
87 et 92 du coutumier, l'*Enquête du pays*, comme on
dit en Angleterre *le Jugement du pays*. La définition en
est donnée dans le coutumier de Normandie : « En-
» queste est reconnoissant de vérité de la chose de quoi
» contends est, par le serment de douze chevaliers ou
» de douze autres preudshommes créables qui ne soient
» pas souspeçonneux[38]. » Et de plus, le motif même de
l'institution est exprimé par le plus ancien document,
les Assises et arrêts de l'Échiquier de Normandie, en
ces termes relatifs à l'intérêt des orphelins : « afin que
» li puissanz ne face al no poans et al innocent outrage,
» il est établi que, par la jurée des XII leaus homes
» del visné sera montrée la sèsine au pere et tele
» comme il l'avoit le jor que il mourut : — que la jurée
» soit faite par homes qui ne soient cosin ne home à
» l'une poartie ne à l'autre ; et si ni ait nul qui ait haine
» vers aucune des parties, li jureeur soient esleu par la
» justice[39]. »

L'identité de principe pour l'institution judiciaire
existait, comme on vient de le voir, dans les coutumes
scandinaves, les coutumes anglo-saxonnes, le jury

37 Grand coutumier, ch. XXVII, Des empêchements de succession.
38 Ch. XCII, *De querelle fieffale*. Grand coutumier, dans RICHE-
BOURG, tom. IV, p. 37.
39 Établissements, Assises et Arrêts de l'Échiquier de Normandie, publiée par M. MARNIER, p. 8 (1839).

d'Angleterre, la jurée de Normandie; et si l'institution n'a pas obtenu en Normandie et en France la grandeur qu'elle a acquise et conservée en Angleterre, c'est que la justice seigneuriale et la justice royale ont pris dans la France, sur la juridiction des jurats, et dans la Normandie elle-même, sur l'enquête du pays et le jugement de la jurée, un caractère de supériorité qui s'est concentré avec éclat dans les Cours de parlement.

En Angleterre, le Parlement, corps politique à sa naissance, a représenté la nation par les communes et l'aristocratie foncière. En France, le Parlement, sorti du Conseil du roi et de la Cour des pairs, a représenté la royauté, la justice; et, faible comme institution politique, il est devenu un corps de grande et forte magistrature. — Le jury, jugement du pays, s'est allié admirablement en Angleterre avec la constitution d'un État où dominait un parlement national ; mais le jury ne pouvait vivre comme institution de premier ordre en France avec un corps de magistrature qui siégeait auprès du roi, qui s'appropriait dans les provinces, dans les cités, les anciennes cours ducales, les anciennes cours municipales, la justice des jurats; et qui a vu multiplier sa puissance judiciaire et son image, dans les grandes villes, par la création successive des parlements de provinces.

La différence de destinées entre le jury anglais et le jury français ne devait pas toutefois empêcher de reconnaître l'identité de principe existante à l'origine des choses.

Une autre institution, bien moins importante, tenait

aussi primitivement à l'intervention du pays dans
l'exercice de la justice ; je veux dire la Clameur de
HARO qui, dans son origine, était le *cri des armes*, formé
de deux mots islandais *her-ôp* [40], qui est resté dans
l'ancien coutumier de Normandie le cri d'appel à la
justice du premier duc et du prince *ha! Roll*, et qui
est devenu dans la coutume de 1583 une simple forme
de procéder sur opposition. — David Houart a très-
bien démontré que le mode d'arrestation et de poursuite consigné dans l'ancien coutumier de Normandie
pour cause criminelle, et notamment en cas d'incendie,
d'homicide, de blessure, de larcin, était pratiqué dans
la Centaine ou l'*Hundred* des Anglo-Saxons, et se manifestait par le *hüe* et *cri* ou l'*Huesium* en Angleterre,
comme par le *Haro* en Normandie. L'Hundred ou la
Centaine qui n'aurait pas répondu au cri d'alarme était
responsable du délit ; mais en Normandie, où la centaine n'existait plus, c'étaient les personnes présentes,
ou les personnes voisines du lieu d'où partait le Haro,
qui, d'après l'ancien coutumier, répondaient de leur
inaction et l'*amendaient au Prince*. « Le duc de Normandie (dit Rouillé sur le grand Coutumier) a la cour
du Haro, et en doit faire enquête s'il fut crié à droit ou
à tort : car il ne doit pas être crié fors à droit ; et la
connoissance du cry de Haro appartient au duc de
Normandie, parce que anciennement il n'étoit aucun
haut justicier que le duc. Mais depuis que le texte fut
fait, le prince (le roi de France) a donné à plusieurs,

---

40 WEATHON, Histoire des peuples du Nord, ch. XII, p. 317, et
Revue de droit français et étranger, 2ᵉ série, 1844, I, p. 196. *Her*
(islandais), *hœr* (danois), veut dire armée ; et *ôp*, huée, clameur.

aux uns la haute justice, aux autres la moyenne ; et ces justiciers ont la connaissance du cri de Haro, en telle manière que ceux qui ont haute justice l'ont généralement comme le Prince, et ceux qui ont moyenne l'ont du Haró de sang et de plaie[41]. »

Un jurisconsulte de Caen, Tanneguy Sorin, qui était possédé du singulier besoin d'absorber le droit normand dans le droit romain, a fait du Haro le *Droit Quiritaire* des citoyens de Normandie, et il a dédié en 1567 au connétable de Montmorency, au protecteur de Dumoulin, un livre intitulé *De Normanorum Quiritatione*, dont la préface est un long éloge des lois romaines[42].

Nous examinerons jusqu'à quel point le Droit romain, en général, était applicable aux anciennes coutumes de Normandie, en considérant ces coutumes sous le rapport du droit privé.

§ 3.

ESPRIT ET ORIGINES DE LA COUTUME DE NORMANDIE, EN DEHORS DE LA FÉODALITÉ.

SOURCES ET CARACTÈRES DU DROIT SCANDINAVE.

TROIS CLASSES DE DISPOSITIONS CORRESPONDANTES AUX DIVERSES ORIGINES DE LA COUTUME DE NORMANDIE.

I. Les coutumes de Normandie, en dehors de la féodalité, dérivent de trois sources :

41 *Voir* Rouillé, Commentaire sur le grand coutumier de Normandie, ch. LIV, f° 74.

42 De Normanorum Quiritatione quam Haro appellant, liber ad illust. virum Fr. Momorancium, etc. Il dit, page 15 : Haro a Rollone, desdits mots *Ha* et *Ro*.

1° Les usages de l'ancienne Neustrie, analogues à ceux
des pays voisins : l'Anjou, le Maine, la Bretagne ;

2° Les coutumes danoises ou scandinaves, dont les traditions se trouvent dans les anciennes lois de l'Islande
et de la Norwége, du Danemark et de la Suède ;

3° Les coutumes anglo-normandes qui se sont développées dans la Grande-Bretagne après la conquête de
Guillaume Ier et ont réagi sur la Normandie avant sa
réunion à la France par Philippe-Auguste.

Tous les jurisconsultes de la province ont implicitement reconnu le caractère mixte des coutumes de leur
pays; mais les jeux plus anciens, Rouillé et Sorin, et
l'un des modernes, Jacques Godefroy, ont attribué au
droit romain sur les coutumes de Normandie une influence excessive et presque chimérique[1]. Le plus récent, David Hoüart, a supposé au droit neustrien un
caractère de prédomination exagérée; et les jurisconsultes de l'époque intermédiaire, Terrien, Berault,
Basnage[2], se sont contentés de constater généralement
une nature mixte dans les coutumes normandes, sans
chercher à assigner à aucun des éléments divers sa part

1 *Grand Coustumier du pays et du duché de Normandie,* avec
plusieurs additions et le texte en latin, petit in-fol. Rouen et Caen
(Rouillé), 1539.—De consuetudine Normaniæ gallicæ et latinæ Liber
autore *Tanigi o Sorino Lessæo,* Cadomi, 1568. In-4°. — La coutume
de Normandie, par GODEFROY, 2 in-fol. 1626 et 1776.

2 TERRIEN, Commentaires du droit civil, tant public que privé,
observé au pays et duché de Normandie (1re édit., 1574; 3e édit.,
1578). C'est le livre qui fait autorité dans l'île de *Guernesey,* ayant
dépendu de la Normandie. — BÉRAULT, la Coustume réformée des
pays et duchés de Normandie (2e édit.. 1624. In-4°). — BASNAGE,
Cout. de Normandie, t. I, p. 53. 1678, 1694. — Les Institutes de
LITTLETON et les Coutumes anglo-normandes avec d'amples discours
préliminaires ont été publiés par David HOUART en 1766 et 1776.

d'influence. Basnage, si éclairé dans la solution des questions de jurisprudence, se borne à dire sur ce point : « Nous n'avons presque rien emprunté de la » loi romaine, et notre droit y a fort peu de conformité. » Notre coutume de Normandie est née pour nous, et » quoique nous ayons conservé beaucoup de choses qui » se pratiquaient chez les Neustriens, nous pouvons la » réputer nôtre, à cause du mélange et de l'union des » deux pays. » Ainsi le jurisconsulte normand retire à la loi romaine l'influence que lui avaient supposée ses plus anciens devanciers et accorde beaucoup plus aux coutumes neustriennes, sans toutefois en préciser le caractère.

Quant aux origines danoises ou scandinaves, elles ne sont entrevues ni par Basnage ni par les autres légistes du pays. L'antique collection des Grágás, d'origine norwégienne, traduite de nos jours par F. Schlegel, les lois de Kanut le Grand, roi de Norwége, de Danemark et d'Angleterre, dont l'ancienne version latine a été publiée en 1826 avec le texte anglo-saxon du xiiie siècle par un professeur de l'Université de Copenhague, étaient alors des sources à peu près inconnues. On pouvait connaître, à la vérite, les recueils des lois suédoises et des lois danoises publiées à Stockholm en 1614, à Copenhague en 1710. Les lois suédoises surtout, traduites par un archidiacre de l'église d'Upsal, sur un manuscrit du xive siècle, pouvaient offrir de précieuses ressources a l'investigation des origines. Mais, peu curieux des recherches de cette nature avant David Hoüart, les jurisconsultes normands n'en ont fait aucun usage. Quant au traducteur de Littleton, à l'annotateur des lois anglo-normandes, ses travaux s'étaient

concentrés sur les coutumes de l'Angleterre et de l'É-
cosse, empreintes de la féodalité imposée par Guillaume
le Conquérant, et il s'est borné à reproduire à la fin
des lois anglo-saxonnes une version latine, incomplète
et défectueuse, des lois de Kanut le Grand, et à reconnaître simplement que ces lois avaient été puisées chez
les Danois et les Saxons [3]. Cette double origine aurait
pu appeler l'attention de David Hoüart sur l'une des
sources de la coutume de Normandie, mais il ne s'y est
nullement arrêté.

On peut aujourd'hui remonter, avec plus de liberté
d'esprit, aux diverses origines, et ce serait une étude
intéressante de rapporter à chacune des sources neustrienne, danoise et anglo-normande les dispositions
de la Coutume de Normandie qui, même après la réforme de l'ancien *Coutumier* du XIII° siècle par la rédaction officielle de 1583, a conservé parmi les autres coutumes son caractère d'originalité [4].

Une monographie de ce genre sortirait des limites
nécessaires de cet ouvrage; mais sans prétendre assigner rigoureusement la part qui doit être faite dans la
coutume de Normandie à chacun des éléments indiqués,
nous devons cependant remonter à quelques origines,

3 Coutumes anglo-normandes, Houart, tom. I. Lois de Kanut,
p. 143. Les différences du texte latin (traduction sans l'original en
regard) avec la publication faite par M. le professeur Rosenvinge
en 1826 sont très-considérables.

4 *Voir*, sur l'ancien Coutumier, son origine, son rédacteur pro-
bable, mon t. III, p. 53 et suiv., et Klimrath, Travaux, II, p. 31 et suiv.
La coutume officielle a été rédigée et arrêtée en l'assemblée des
États de Rouen le 1ᵉʳ juillet 1583, mais elles ne furent homologuées
par le roi en conseil d'État que le 7 octobre 1585, et apportées au
greffe du parlement de Normandie que le 11 décembre 1585.

en précisant d'abord nos idées sur les monuments et le caractère du Droit scandinave dans ses rapports avec l'ancien Coutumier de Normandie.

II. Les Germains et les Scandinaves sont deux branches d'une même famille, la famille gothique, qui s'est anciennement dirigée à l'est et au nord de l'Europe.

Les coutumes scandinaves, étudiées depuis peu de temps par des savants de l'Allemagne, sont une source historique à peu près inexplorée en France. Elles offrent cependant un intérêt majeur, et si pour les recherches des origines générales du droit européen, en dehors du droit romain, canonique et féodal, le Droit scandinave n'est pas aussi important que le droit germanique proprement dit, il a une importance spéciale pour le droit de l'Europe septentrionale, de l'Angleterre et de la Normandie; il a même un avantage sur le Droit germanique. Ni l'un ni l'autre n'est primitif; tous les deux sont dérivés d'une source plus haute : mais dans la Germanie le mélange des éléments s'est fait de bonne heure, et par la multiplicité des tribus et par les relations avec le monde romain; dans la Scandinavie, au contraire, la source du droit est restée comme isolée. Les Scandinaves, adossés aux limites du Nord, ont conservé pendant de longs siècles les éléments de leur droit national purs de tout mélange. Ils n'ont ressenti d'autre influence étrangère que celle du christianisme, qui touchait aux mœurs et aux institutions barbares pour les améliorer et les diriger dans les voies de la civilisation. On est donc à peu près certain de reconnaître dans les monuments du Droit scandinave le caractère plus voisin d'un Droit primordial.

Les monuments que nous étudions, pour nous en rendre compte et préparer la comparaison du droit scandinave avec le droit normand, sont trois monuments généraux qui représentent toutes les parties de la Scandinavie, savoir : 1° les Grágás qui, rédigés pour l'Islande, remontaient aux coutumes de Norwége les plus anciennes, et sur l'origine desquels nous avons donné des détails suffisants dans le tome III de cet ouvrage [5] ; — 2° les Lois de Kanut le Grand, roi de Norwége, de Danemark et d'Angleterre au commencement du XIe siècle, lesquelles contiennent en même temps les coutumes danoises, d'origine primitive, et leur application à la Grande-Bretagne [6] ; 3° les Lois suédoises qui, réunies dans un ordre bien supérieur aux coutumiers du moyen âge, et soumises à l'approbation d'une assemblée nationale par le roi Magnus Éric, représentaient les plus antiques traditions du pays [7]. Les premières lois rédigées en Suède sont dues aux *Lagmans* ou juges des provinces. Dès le IXe siècle, il est fait mention de ces lois ou coutumes. La plus ancienne qui ait été conservée est celle de la Westrogothie, attribuée au lagman Lumbar : les autres provinces, à l'exemple de celle-ci,

5 GRÁGÁS, Codex juris Islandorum antiquissimus ; texte islandais traduit par J.-F.-G. SCHLÉGEL, avec introduction (2 vol. in-4°. Copenhague, 1829.)

Le Code des lois de la Norwége, appelé *Jonsbog*, fut introduit en Islande en 1280, après la soumission de l'île au roi de Norwége.

6 Legum regis Kanuti Magni (d'après un Ms. de Colbert), avec texte anglo-saxon, publié par le professeur KOLDERUP-ROSENVINGE. In-4°. Copenhague, 1826.

7 Leges Suecorum Gothorumque, per doctorem RAGUALDUM INGEMUNDI, ecclesiæ archid. Ubsalensis, latinitate primum donatæ. Édit. MEISSENIUS. Stockolm, 1614. In-4°. (Mon exemplaire vient de la Bibl. de COLBERT.)

eurent leur recueil[8]. Ces anciens recueils n'avaient aucun caractère officiel; mais, comme les coutumiers français du moyen âge, ils jouissaient d'une grande autorité de fait et de jurisprudence. La loi d'Uplande reçut la première, au xiiie siècle seulement, la sanction royale. Le Code de *Jutland* fut promulgué en Danemark par Waldemar, en 1240. L'idée d'un code général fut conçue au xive siècle par le roi de Suède Magnus Éric, dont le projet comprenait les anciennes lois d'Ingo II de l'an 900, d'Éric VIII, de Canut de 1168, et la révision faite en 1295, sous l'autorité du roi Birger, par douze hommes choisis à raison de leur connaissance des usages[9]. Cette codification de 1347, laissée d'abord à l'état de projet, et revêtue de la sanction publique un siècle après seulement, en 1441, sous le roi Christophe, fut traduite en 1481 par l'archidiacre d'Upsal, Raynal Ingemundi, et publiée sur les meilleurs manuscrits, en 1614, par Messenius[10]. Ce code suédois est d'une grande importance : résultat de plusieurs compilations et révisions anciennes, il contient les anciens usages conformes à ceux des Grágás et aux Lois de Kanut le Grand; mais en leur donnant une forme plus précise ou plus explicite, il confirme, il éclaire les anciennes coutumes de la Scandinavie, et il atteste la durée de ces

8 *Voir* la Notice de M. le comte Eric Sparre sur l'ancien droit de la Suède, 1847; Revue de droit français et étranger. — Les provinces les plus considérables furent au xiiie siècle en possession de leurs statuts particuliers. La loi d'*Upland* est citée dans les lois suédoises, liv. iii, ch. 5, p. 84.

9 Il est connu sous le titre de Magnus Ericson Landslay, megelaer, ou Code intermédiaire (Notice, p. 28).

10 L'introduction au Recueil publié par Messenius, en 1614, contient des détails utiles sur les Leges Suecorum Gothorumque.

coutumes, étrangères à la féodalité, depuis les temps les plus reculés jusqu'aux xiv⁰ et xv⁰ siècles.

Un usage commun à toutes les régions de l'antique Scandinavie avait dû être, au surplus, bien favorable à la conservation des coutumes : c'était la récitation annuelle des lois du pays dans l'*Alting*, assemblée générale du pays ou de la province.

Les Grágás furent transmis oralement par le promulgateur jusqu'au temps de leur rédaction au xii⁰ siècle; de même, les anciennes lois de la Norwége, du Danemark ou de la Suède furent récitées annuellement dans les assemblées provinciales par le Lagman. De là vint la connaissance populaire des lois et coutumes qui s'est longtemps conservée en Scandinavie et qui n'est pas encore perdue;—de là vint la persistance de leur caractère propre et national sans mélange de droit romain, qui est telle qu'encore aujourd'hui dans la célèbre université d'Upsal, fondée en 1477, le latin n'est pas exigé de ceux qui veulent étudier le droit [11]. — De là vint aussi la transmission des dénominations les plus anciennes jusque dans les âges modernes, spécialement le Namp de la coutume de Normandie de 1583, pour prise de possession et de gage, qui se trouve dans les lois de Kanut le Grand, et jusque dans l'*inscription runique* du xi⁰ siècle sur la roche fameuse de *Dighton*, où les Scandinaves ont gravé la prise de possession de la partie nord du continent qui depuis s'est appelé l'Amérique. Ce sont les Sagas ou récits anciens de l'Islande, relatifs aux découvertes faites par les Scandi-

---

[11] Voyage dans le Nord, par M. Clausade, docteur en droit, p. 311 (1850).

naves pendant les x° et xi° siècles au nord du continent
américain, qui ont fourni, de nos jours, à la perspicacité
des savants de Copenhague le moyen d'expliquer l'inscription runique de *Dighton Writing Rock* [12]. Et chose
certainement sans exemple dans l'histoire, l'une des
origines scandinaves de la coutume de Normandie
pour la prise de possession et les Nams se trouve attestée
et inscrite, quatre siècles avant la découverte de l'Amérique par Christophe Colomb, sur un rocher mystérieux
de l'autre hémisphère!

III. La coutume de Normandie, comme nous l'avons
dit, dérive de trois sources, le droit neustrien, le droit
scandinave, le droit anglo-normand. Mais la difficulté
est de reconnaître la part d'influence qui doit revenir à
chacun des éléments primitifs.

12 Sur le NAM islandais, *voir* l'explication donnée, par les professeurs MAGNUSEN et RAFN, de l'*inscription runique* et figurative reproduite dans l'Histoire des peuples du Nord, par WEATON, traduite
par M. P. GUILLOT, avocat, p. 498 (1844). *Nam* est dans l'inscription.

Leges Kanuti, de Nam accipiente, cap. XVIII, p. 48. *Nam*, dit M. R.
ROSENVINGE, in legibus danicis vox notissima.

SORIN, dans son Commentaire sur le Grand Coutumier de Nor-
mandier, s'est beaucoup tourmenté de l'étymologie du mot NAM.—Il
le fait dériver d'abord du mot *nancio*, mot ancien (dit-il) d'où est venu
nanciscor, acquérir. Il pouvait approcher de la vérité en remontant
plus haut; mais il aima mieux se débarrasser de l'étymologie, qui
ne cadrait pas suffisamment avec l'idée des *Namps* de la jurisprudence moderne, qui entend par là la *prise de gage* mobilier; et il
propose tout simplement de changer l'N en M et de dire *Mans a
Manu*, pour la prise de gage avec la main. Voilà où en est la philo-
logie du commentateur normand du XVIᵉ siècle. (De la délivrance de
Namps, Cout., p. 242.) — Dans la coutume, on emploie le mot *Nam*
ou *Namp* au pluriel. L'auteur de l'esprit de la coutume dit *Nams*
(p. 31), *Nams*, vifs; *Nams*, morts.

Ancienne cout. de Normandie, chap. VII. — Cout. de 1583, art. 63.

Il me paraît certain, d'abord, que tous les principes
de la coutume qui se trouvent en grande analogie avec
les coutumes de Bretagne, d'Anjou, de Touraine et pays
circonvoisins doivent être rapportés au droit de l'ancienne Neustrie, c'est-à-dire aux coutumes indigènes,
gallo-romaines et gallo-franques, répandues sur une
certaine étendue de territoire, au moment de la cession
de la Neustrie aux hommes du Nord. — Il me paraît
ensuite également certain que tout ce qui s'éloigne du
droit commun à cette vaste région et prend un caractère propre et spécial à la coutume de Normandie doit
le plus souvent avoir sa source dans les coutumes scandinaves ou dans les coutumes anglo-normandes, sauf à
s'en assurer par la conférence des textes.

En suivant cette règle de critique pour l'étude des anciennes coutumes de Normandie, on arrive à des résultats
qui s'expliquent très-bien par le genre d'établissement des
Northmans dans la Neustrie; par la continuité de leurs
relations avec les régions du Nord, et par leurs rapports
ultérieurs avec l'Angleterre conquise : tous ces peuples
furent si souvent confondus dans leurs guerres, leurs
conquêtes, leurs émigrations, qu'ils ont dû beaucoup
emprunter réciproquement de leurs mœurs et institutions [13].

Les Northmans en s'établissant dans la Neustrie ont
suivi naturellement leur droit national quant à l'état des
personnes, car les hommes en se fixant librement sur un
sol étranger peuvent bien adopter les coutumes territoriales en ce qui concerne la propriété qu'ils partagent,
mais ils ne dépouillent pas leur personnalité. Le statut

13 M. Weaton, *Histoire des peuples du Nord*, p. 315.

personnel qui accompagne l'homme partout, selon les règles juridiques, est la conséquence de cette personnalité naturelle.

Or, dans l'ancien droit scandinave, il y avait quatre classes de personnes :

1° Les grands propriétaires appelés *comites* ou *domini*, qui avaient reçu, dans le partage primitif fait par la nation scandinave, ou dans la colonie de l'Islande, de vastes domaines selon leur rang auprès du roi ou du chef de l'émigration [14] ;

2° Les hommes libres, appelés *liberales* dans les lois danoises de Kanut le Grand qui étaient des possesseurs de terres libres, *allodium* ou *boclande* en langue du Nord ;

3° Les hommes de condition médiocre, appelés *sub-liberales* dans les lois danoises de Kanut le Grand, *tributarii* dans les lois suédoises [15] ;

4° Les serfs appelés *servi* dans les lois de Kanut, *famuli in obsequio* dans les lois suédoises, et pour lesquels les maîtres étaient répondants et *pléges* [16].

Cette division des personnes a été transportée par les Northmans dans la province qui leur était concédée. A l'époque où ils s'embarquèrent pour l'Occident, Rollo et ses principaux compagnons étaient égaux ; mais par suite des progrès de la conquête en Neustrie et par l'habitude de l'obéissance militaire (dit M. Weathon dans son Histoire des peuples du Nord), ils l'avaient choisi

---

14 Leges KANUTI, c. CXLIII et c. XIX, p. 22.

15 Leges KANUTI, c. CXLIV. — *Leges Suecorum Gothorumque*, lib. II, c. X, p. 58.

16 KANUT, Leges seculares, c. XXXII et XXXIII.—Quod dominus pro familia sua respondeat de plegis, c. XXXII, p. 54. — Leges Suecor. Gothorumque, II. c. XVII, p. 64.

pour chef en lui donnant le titre de duc ; et au moment
de la cession de la Neustrie par le roi de France, les
principaux compagnons ou *comites* devinrent comtes et
barons avec possession de vastes domaines ; — c'était
le première classe de personnes, conforme aux institutions scandinaves, mais modifiée par la féodalité.

« Les hommes libres, qui étaient à la suite du chef, dit
encore M. Weathon, devinrent chevaliers[17]. » — C'é-
taient les *homines liberales* des lois danoises, les thanes
des lois anglo-saxonnes, qui formèrent la deuxième
classe.

Ceux d'une condition inférieure, comme les simples
guerriers et les habitants ordinaires du pays, représen-
tèrent les *subliberales* ou les *tributarii* des lois scandi-
daves, qui devinrent sur le sol de la Normandie des
tenanciers libres sous la charge d'une rente pour leurs
biens en *bourgage*, ou situés dans les villes et bourgs ;
ils devinrent aussi plus tard des vassaux soumis aux
devoirs féodaux et censiers : — c'était la troisième
classe de personnes qui fut mixte sous l'action de la
féodalité, et que Guillaume de Jumiége, dans son Histoire de Normandie écrite vers l'an 1080, comprend
sous la dénomination générale de *Rustici*[18].

17 Histoire du Nord. M. WEATHON dit les *suivants*. M. WEATHON a,
par intuition plus que par une étude de détail, reconnu qu'il y avait
de grands rapports entre les lois scandinaves et les coutumes de
Normandie. Il dit, ch. XII, p. 316 : « La coutume de Normandie a
beaucoup de ressemblance avec les anciennes lois scandinaves et
anglo-saxonnes. » M. WEATHON n'entre dans aucun autre détail pour
établir les rapports qu'il a pressentis entre les coutumes normandes
et les coutumes scandinaves, et que nous avons établis par les textes.
18 Rustici unanimes per diversas totius normanicæ patriæ comitatus, plurima agentes conventicula, juxta suos libitus vivere de-

Enfin la quatrième classe comprenait les *servi*, les hommes de servage attachés à la glèbe, les vilains qui, sous l'empire des hommes du Nord convertis au christianisme, transformèrent, avec le temps, la condition du servage réel en condition de colons libres, sous le titre de fermiers et de fermiers partiaires [19].

Cette division des personnes, née à l'origine de la cession de la Neustrie en 911, semblait préparée d'avance pour une hiérarchie féodale qui, à partir du chef direct, seul investi de la haute justice, avait ses degrés successifs — par les comtes et barons, — par les chevaliers, — par les vassaux et tenanciers d'un ordre inférieur. Les habitudes militaires des Normands les conduisirent à lier étroitement les possesseurs du sol au service des armes par la dépendance hiérarchique; et l'esprit pratique des légistes normands réduisit en système la loi féodale, instrument de domination, arme de toute pièce qui fut appliquée un siècle après, par Guillaume le Conquérant, sur la terre de la Grande-Bretagne et dans les lois anglo-saxonnes d'Édouard le Confesseur, habilement appropriées aux formes de la féodalité normande.

En s'établissant dans la Neustrie, avec les diversités de leur condition personnelle, les hommes du Nord avaient pris leurs femmes dans le pays même; et ils se sont trouvés dans la nécessité de suivre des règles ou des coutumes sur les rapports des époux quant aux per-

cernebant.... His *Rustici* expertis, ad sua aratra sunt reversi. (Willelmi Gemmet. Hist. Norm., lib. I, c. 2. Circa annum 996.) — M.·RAYNOUARD (Dr. Mun., II, p. 309) regarde cette insurrection comme une tentative de *Communes*.

19 LITTLETON, sect. 204, *Manumission*. Cout. de Norm., art. 501 et 551.

sonnes et aux biens, sur la constitution personnelle et réelle de la famille présente, future ou préexistante.

Tout mariage est en même temps une mise en commun des mœurs et des habitudes de chacun des époux, et un pacte entre les familles respectives. Les Scandinaves ont dû par la force des choses unir, dans le mariage, leurs mœurs nationales et les coutumes de leurs pères aux coutumes des habitants de la Neustrie. Il serait difficile de supposer que le mari n'aurait pas conservé dans l'association conjugale une partie des usages de sa nation ou des habitudes dont il avait été le témoin dans sa propre famille et pendant sa jeunesse.

Les lois scandinaves ne connaissaient point les contrats par écrit : les mariages se célébraient en présence de parents et d'amis, qui étaient dépositaires et témoins des conventions matrimoniales. Cet usage, modifié seulement par les rites de l'Église, a été suivi dans la Normandie; les fiançailles et le mariage se faisaient sans écrit en présence de parents ou d'amis; et même dans les temps modernes, où l'habitude des contrats authentiques s'était répandue par toute la France, l'usage dans la province de Normandie s'était introduit, à la suite de l'ancienne coutume, de faire *des contrats de mariage sous seing privé*, qui valaient surtout par la déposition des témoins de l'union conjugale [20].

Dans la coutume de Normandie se trouvent des dispositions spéciales au droit normand sur la puissance du mari, sur la dot apportée par la femme, sur la

---

20 BASNAGE, sur l'art. 447 de la coutume de Normandie. Le NOUVEAU DENISART, tom. VI, p. 710. — Lettre du Chancelier DAGUESSEAU au parlement de Rouen, tom. IX, lettre 293 (édit. Pardessus).

société d'acquêts en biens de bourgage, sur le régime dotal.

La puissance du mari est telle sur la personne de la femme non séparée de corps, que celle-ci n'a jamais la faculté d'ester *en jugement sans l'autorisation maritale* et que l'autorisation de la justice ne peut y suppléer. C'est la règle écrite dans les lois suédoises : *Factus est vir caput mulieris et pro ea agere debet in judicio*[21]. Cette puissance du mari, qui avait son principe dans les mœurs scandinaves, s'exerçait même en Normandie, comme en Suède, dans les rapports personnels par des actes de violences graves, par des *batures* excessives sur la personne de la femme et de ses fils. Les lois suédoises prévoient le cas de mort de la femme et des enfants : « Si maritus uxorem *ea rigiditate* plectet ut inde moriatur; — si liberi *ea indiscretione* castigantur ut inde morientur[22]. » Le même caractère de violence et le même besoin d'en arrêter les excès, dans les *batures* de la mère et des fils, sont attestés, de la fin du xiiie siècle au xive, par l'ancien coutumier de Normandie (art. 85), qui prévoit le cas où le mari, pour châtier sa femme, la *méhaigne*, lui *brise les bras et lui crève les yeux.* Le coutumier pose la règle générale du pouvoir absolu du mari : « Le mari a seigneurie sur sa femme... la femme étant à *la poste* de son mari, il peut disposer d'elle, et de ses choses et de ses héritages[23]. » Cepen-

---

21 Leges Suecorum Gothorumque, lib. iii, c. vi, p. 85. — Coutume de Normandie, art. 538.

22 Leges Suecorum, lib. iv, c. ix et x, p. 101 et seq. — Grand Coutumier de Normandie, ch. lxvxv.

23 Grand coutumier de Normandie, ch. c, De mariáge encombré.

dant quand les batures étaient excessives, la justice intervenait ou permettait à *la femme d'être ouye*[24]. Et lorsqu'il s'agissait des rapports entre époux à l'égard des biens, comme des intérêts de famille pouvaient être compromis, la puissance maritale fut contenue, dès l'origine, et réglée même sur ce point par des garanties.

De là un régime particulier qui a fait de la condition de la femme normande une condition *sui generis* dans l'ensemble des pays coutumiers.

Trois choses caractérisent cette condition particulière :

1° La femme apporte une dot à son mari; et pour les biens qu'elle se constitue en dot ou qu'elle possède, elle a les garanties d'un régime dotal;

2° La femme n'est pas commune en biens, mais elle est *héritière de son mari* pour une portion des meubles qui lui appartiennent;

3° La femme est associée avec son mari dans les acquêts en *bourgage*, acquêts en immeubles situés dans les villes et bourgs ou leur territoire :

D'où viennent ces dispositions spéciales de la Coutume de Normandie?

1° Le régime dotal des Normands venait-il du droit romain? L'affirmative est l'ancienne opinion de Rouillé, de Sorin, premiers commentateurs du coutumier. — Basnage, sans rapporter formellement l'origine de la dot normande au droit romain, rapproche les usages territoriaux de la loi romaine et applique celle-ci par ana-

---

24 Grand Cout., ch. LXXXV : « Aucun n'est tenu de faire loi pour simple *bature* qu'il ait faite à sa femme ; car on doit entendre qu'il le fait pour *la chastier*. »

logie [25]. — David Hoüart, pour expliquer la dotalité dans la coutume de Normandie, ne remonte pas à l'autorité du Droit romain de l'empire ; mais il rappelle que Vacarius, de l'école de Bologne, avait au xii⁰ siècle enseigné le droit de Justinien à l'Université d'Oxford, et il suppose que le droit romain sur le régime dotal avait alors passé de l'Angleterre en Normandie.

Dans l'opinion qui attribue au régime dotal des Normands une origine romaine, il y a donc deux hypothèses : l'une que ce régime remonte à l'ancien droit romain de l'empire, au droit gallo-romain de la Neustrie ; — l'autre que ce régime naît de l'enseignement et de la propagation du droit de Justinien par les professeurs de l'école de Bologne.

Mais à la première hypothèse je fais cette objection que si le régime dotal des Normands avait son principe dans l'ancien droit de l'empire, dans le droit gallo-romain de la Neustrie, il ne serait pas spécial à la province de Normandie et devrait aussi bien se retrouver dans les provinces voisines, l'Anjou, le Maine, la Touraine, etc., qui étaient soumises à la même domination et à la même législation dans la Gaule romaine : or ces provinces sont tout à fait étrangères à l'idée de régime dotal ; donc le droit spécial de la Normandie, sous ce rapport, n'a pas son principe dans le droit gallo-romain.

A la seconde hypothèse je réponds que si le régime dotal des Normands était l'effet de la propagation du

---

25 BASNAGE, spécialement sur l'article 250, p. 594, à l'occasion du franc-alleu, et p. 597, à l'occasion de l'exclusion de communauté. Sur VACARIUS, *voir* mon t. IV, Ens. du Dr. Rom., p. 322.

droit de Justinien par l'école des glossateurs et par l'un
de ses disciples, Vacarius, il serait conforme au droit
de Justinien, et par conséquent l'immeuble dotal serait
inaliénable, selon le principe fondamental établi, à cet
égard, par le Code de cet empereur : or, dans la coutume de Normandie, l'immeuble dotal peut être aliéné
par le mari et la femme figurant ensemble dans la
vente; et même quelquefois la vente faite par le mari
seul est inattaquable : — donc le droit spécial de la
Normandie sous le rapport de la dotalité n'a pas son
principe dans le droit de Justinien.

Où est ce principe? — Nous n'hésitons pas à le dire ;
il se trouve dans les lois ou les coutumes scandinaves [26].

Il n'en est pas de l'ancien droit scandinave commè
du droit germanique qui ne connaissait pas originairement la dot apportée par la femme, mais seulement la
dot apportée par le mari, ou le morgengab, devenu
dans nos coutumes le *dotalitium*, le douaire.

Le Droit scandinave connaissait les deux choses : la
dot de la femme et le douaire [27].

Les Grágás, les lois de Kanut le Grand, les Lois suédoises ont des titres sur la constitution, sur la restitution de la dot en meubles ou en immeubles; et les droits

26 Le Droit scandinave étant une source inconnue ou très-peu
étudiée, nous sommes heureux, à l'occasion de nos vues sur les origines de la coutume de Normandie, de présenter en APPENDICE
(tome VI) une dissertation spéciale sur les lois scandinaves dans
leur rapport actuel avec les droits des époux et des familles, que
nous devons à la science de notre honorable ami M. BERGSON, ancien
collaborateur de la Revue de droit français et étranger, l'habile traducteur du Droit international de Heffter, le coopérateur si éclairé
de la Concordance des Codes civils et étrangers avec le Code Napoléon.

27 Lois de Kanut le Grand, c. LXXIII, p. 92, édit. 1826.

du mari et de la femme agissant ensemble, ou du mari
agissant seul quelquefois pour la vente des biens de la
dot, sont précisément ceux que nous retrouvons dans
l'ancien coutumier de Normandie et la coutume de 1583.
Le droit des époux pour l'aliénation des biens dotaux
existe dans les deux ordres de coutumes. Mais les
Grágás et les autres lois scandinaves veillent à ce que
le mari n'abuse pas de son pouvoir, et à ce que les biens
de la femme aliénés par les époux ou par le mari seul
soient *remplacés* par des biens équivalents. De même,
le remplacement des biens dotaux ou le *remploi* occupe
une grande place dans la coutume de Normandie; et
ce droit d'aliéner, avec la faculté de remplacer les biens
dotaux par des équivalents, est ce qui distingue le régime dotal des Normands du régime de la dotalité romaine.—Eh bien! ce régime particulier, qui concilie la
liberté des époux avec les garanties de la famille, et ne
compromet les droits des tiers acquéreurs qu'en cas de
mariage encombré, c'est-à-dire lorsque la femme n'est
pas entièrement indemnisée ou couverte par les biens
du mari, se trouve également dans les coutumes de
Normandie, et dans les coutumes de la Norwége, de
l'Islande, du Danemark et de la Suède [28].

---

28 GRÁGÁS, tit. XVII et LIII, tom. I, p. 329 et 376. Sur la restitution de la dot en cas de divorce et de séparation *ad thorum*, voir
SCHLEGEL, Dissert. en tête du Grágás, § 32, p. 106; sur le remplacement ou remploi par échange, Leges Suecorum et Goth., c. XVII;
— le droit du mari de vendre les biens de la femme, *id.*, c. XV,
p. 116; — la restitution de la dot, c. X, p. 90.
Coutume de Normandie, art. 539, 540, 442 : Dot aliénable, sauf
remplacement; — femme peut consentir à l'aliénation. Les biens
vendus par le mari doivent être restitués si le mari *n'est pas sol-
vable.* Dans ce cas, la femme agit par *bref de mariage encombré,*

Il ne faut donc pas chercher d'autre source du régime dotal des Normands. Et ce régime, ces garanties existent dans les lois scandinaves non comme un simple germe d'institution, mais comme une institution régulière et développée. — Que dans les temps modernes, la jurisprudence parlementaire, les jurisconsultes de la Normandie aient appliqué à la condition de la femme normande des règles de droit romain analogues à sa situation, cela n'est pas douteux et cela devait être, car le droit romain, dans ses amples développements, offrait les plus grands secours aux légistes pour les questions particulières : mais le point de départ était dans le Nord, mais l'institution elle-même était dans le droit scandinave.

La femme normande, du reste, et sa famille étaient plus protégées encore que la femme et la famille romaine contre l'influence et l'autorité du mari. Les donations entre époux pendant le mariage étaient formellement prohibées par la coutume de Normandie. La femme était soustraite d'avance à l'empire de son mari non-seulement pour les donations entre-vifs, mais aussi pour les donations à cause de mort, autorisées en droit romain et défendues par les coutumes scandinaves [29].

action annale ; ou elle peut même après l'année, et pendant 40 ans, exercer l'action de *loi apparente*, action réelle, en revendication. (LITLETON, I, p. 332. — GRANVILLE, liv. VI, c. XIII. — Principes généraux du Droit civil et coutumier de Normandie, par Ch. ROUTIER, ch. III, p. 187 et suiv. (1742).

29 De même dans les lois suédoises....... Quicumque plus donaverit quam jam est dictum, fit irritum, et si plus donatum fuerit, restituatur heredibus (Leges Suecorum Gothorumque, lib. III, c. IX, p. 88)

Le don mutuel même, qui était admis en France dans les pays de communauté, n'était pas connu dans la Normandie, nous dirons ailleurs pourquoi [30]. Il n'y avait de permis qu'un don de meubles ou d'immeubles assimilés aux biens mobiliers; et ce don qualifié de *mobile* devait faire partie des conventions matrimoniales.

Le don mobile, espèce particulière d'avantage que la femme faisait à son futur sur les biens de sa dot, conformément aux dons que la fiancée pouvait faire dans les usages scandinaves, était valable même dans les contrats de mariage sous seing privé qui avaient, en Normandie, succédé aux conventions purement verbales importées de la Scandinavie [31].

Le douaire était connu dans la coutume de Normandie; il se trouve également dans les lois germaniques sous le nom de *morgengab* ou don du matin, dans les lois danoises et anglo-saxonnes de Kanut le Grand sous le nom de *morgengyfe,* et dans les lois suédoises avec une énonciation dont la conformité avec l'article de la coutume de Normandie est frappante. L'ancien coutumier de Normandie dit : « Au coucher ensemble, gaigne femme son douaire [32]; » et les lois suédoises portent :

---

30 Cout. de Normandie, art. 250. — *Voir* mon tom. VI, ch. VIII, sect. III, n° 4.

31 BASNAGE, sur l'article 447 de la Coutume, tom. II, p. 262. — MERLIN, Quest. de droit, tom. III, p. 376. — WEATHON, Hist. des peuples du Nord, ch. XII, p. 314, dit « que les Danois n'avaient pas l'habitude de contrats publics ou privés, et que leurs contrats étaient passés devant témoins et conservés par la tradition et le témoignage des voisins. »

32 Ancien Coutumier de Normandie, ch. CI, alin. 6. La coutume de Normandie de 1583 dit aussi directement, art. 361 : « La femme gagne son douaire au coucher... »

Postquam vir et uxor condormiverunt prima nocte [33]. »

Dans les coutumes de Normandie, au surplus, comme dans les lois scandinaves, le douaire est fixé *au tiers* des biens du mari; et cette règle, qui a passé dans la Grande-Charte des Anglais de l'an 1215, a été adoptée, comme nous le verrons plus tard, dans une vaste région de la France centrale [34].

2° Examinons maintenant le second caractère attaché à la condition de la femme normande, savoir, sa qualité *d'héritière pour un tiers dans les meubles de son mari* (pour le tiers s'il y a des enfants du mariage, pour la moitié s'il n'y a pas d'enfants [35]).

Cette qualité d'héritière de son mari, qui est une disposition toute spéciale dans la coutume de Normandie, pourrait-elle venir du droit romain?

Nous reconnaissons que dans dans l'ancien droit civil de Rome la femme mariée *in manu*, tombant sous la puissance maritale, était considérée comme la fille de son époux : en cette qualité elle était héritière du mari, cohéritière de ses propres fils ou filles, et dans la succession elle prenait une part d'enfant. Mais ce

---

33 Leges Suecorum Gothorumque, lib. III, c. IX. p. 88. — *Idem*, c. VI. Et postquam per noctem condormiverunt... quas donationes, *nuptiales seu dotem* appellamus (p. 85).

34 GRÁGAS, tit. XXIII, tom. I, p. 327. Leges Kanuti, c. LXXIII, p. 92. Leges Suec. et Goth., lib. III, c. XIV, p. 90. — Magna Carta, art. 8 : Assignetur ei pro dote sua tertia pars totius terræ mariti sui, quæ sua fuit in vita nisi de minori dotata fuerit ad ostium ecclesiæ. (Lois et Ord., Recueil d'ISAMBERT, I, p. 304.)

Grand Coutumier de Normandie, ch. II, *De Coust.* : « Coutume est que la femme qui a son mari mort ait la tierce partie du fief qu'il tenait au temps qu'il l'épousa. »

35 Cout. de Normandie, art. 392. Principes du Dr. Norm., p. 168.

droit d'hérédité, mais cette part que lui attribuait l'ancien droit romain, elle ne l'avait pas seulement dans les meubles, elle l'avait dans tous les biens du mari. D'après la coutume de Normandie, la femme n'a pas une part d'enfant, à proprement parler; elle a toujours un tiers ou la moitié, et cette attribution de part elle l'a seulement dans les biens meubles qui appartenaient au mari lors du mariage ou qu'il a pu recevoir et acquérir depuis : c'est donc un droit tout particulier à la femme normande, et qui ne représente ni le droit de la femme romaine, ni le droit des autres femmes d'après les coutumes de France. — Or ce droit singulier de la femme normande, sur lequel les interprètes n'ont pu donner aucune explication, il existe de la manière la plus précise et la plus nette dans les coutumes scandinaves. Les Lois suédoises ont même à cet égard une formule qui contient de la part du père, en faveur de sa fille, la stipulation du droit de succession pour un tiers dans les biens mobiliers; elle est ainsi conçue :

« Quand le fiancé demande au père ou au tuteur que la future lui soit accordée, que le père ou tuteur se serve de ces paroles : « Je te donne ma fille » pour épouse, en toute honnêteté, pour dormir avec » toi, pour tenir les clefs de tes serrures et pour possé- » der la *tierce* partie de tous les *biens mobiliers* que » vous possédez maintenant et que vous posséderez dans » l'avenir ; — et pour tout droit conforme aux lois et » constitutions du territoire d'Upland qu'a promulguées » le saint roi Éric [36]. » — Le chapitre XIV complète la

36 Leges Suecorum Gothorumque, lib. III, De jure connubiali, cap. v, p. 83.

démonstration en ordonnant le partage des biens après
la mort du mari pour régler les droits de la femme qui
veut passer à un second mariage : « Residuum vero in
» tres partes dividatur, liberi recipiant duas partes et
» *tertiam* mater de *mobilibus bonis* [37]. » — Dans les lois
de Kanut le Grand, la femme est aussi héritière de son
mari pour *un tiers* avec ses enfants, mais le droit s'est
modifié chez les Anglo-Saxons, en ce sens que le tiers
porte sur la terre comme sur les meubles, *aut de terra*,
aut de alia re [38]. C'est donc la coutume scandinave toute
pure qui a passé dans la coutume de Normandie : la
femme est de plein droit héritière des meubles de son
mari pour un tiers; et si elle veut s'affranchir des dettes,
elle doit renoncer à la succession de son mari.

3° Enfin, un troisième caractère distingue la condition
de la femme normande : elle n'est pas commune en biens
avec son mari, mais elle est associée pour moitié aux
acquêts faits en *bourgage*. Comme héritière des biens
meubles de son mari, elle ne transmet rien à ses propres
héritiers si elle meurt avant son époux; car elle ne peut
avoir de droit acquis et transmissible que si la succession du mari s'est ouverte à son profit; mais comme
associée aux biens acquis en bourgage, si elle meurt la
première elle transmet son droit à ses héritiers [39]. La
tenure en bourgage, comme on l'a dit, s'applique à
des héritages roturiers situés dans le territoire des bourgs
et des villes, et le propriétaire ne doit au seigneur que
la déclaration de ces biens, sans charge aucune de droits

---

37 Leges Kanuti, lib. III, cap. XIX, p. 90.
38 Leges Kanuti, cap. LXXIII. *De Mortuo non calumpniato.*
39 Coutume de Normandie, art. 329, TERRIEN, L. 7, ch. VII, § 6.

féodaux ou censiers. L'association conjugale portant sur des biens *roturiers*, qui cependant ne sont pas féodaux et pour lesquels la société d'acquêts entre les époux existe de plein droit, est en rapport avec une disposition des Grágás, d'après laquelle les époux qui n'avaient rien au commencement, c'est-à-dire d'*humble condition*, et qui avaient fait des acquisitions pendant leur mariage étaient de plein droit communs *dans les biens acquis* : « Ubi conjuges ab initio, quamvis egeni, facultates lucrati sunt, leges eorum bona in communione declarant[40]. »

La société d'acquêts, en France, en pays de droit écrit, s'est unie avec le régime dotal, mais elle embrassait les biens acquis de toute nature, soit mobiliers, soit immobiliers; ce n'est qu'en Normandie que la société d'acquêts a été limitée ainsi à une seule nature de biens; et cette singularité dans une des provinces de France s'explique par les plus anciens usages du Nord.

Ces observations et ces résultats suffisent, sans doute, pour établir que l'influence des coutumes scandinaves s'est exercée efficacement, dans les coutumes de Normandie, sur la constitution personnelle de la famille, sur le régime des biens entre époux, sur la condition, toute spéciale en droit, de la femme normande.

La même influence ne dut pas s'exercer sur la constitution réelle de la famille et l'ordre des successions.

Les hommes du Nord, en devenant habitants de la Neustrie, en s'alliant aux familles depuis longtemps

---

40 Grágás, tit. XXII, tom. I, p. 335. Les Grágás ajoutent que la portion est deux tiers pour le mari, un tiers pour la femme.

fixées sur le territoire, ont dû naturellement adopter le droit des familles préexistantes, dans ses rapports avec les biens à partager, à recevoir, à transmettre par succession. Le droit indigène, le droit réel de la Neustrie, analogue aux coutumes des provinces voisines, a dû principalement se maintenir dans cet ordre d'idées et d'usages. De là une classe de dispositions qui, dans les coutumes de Normandie, se rapportent au droit commun de la région territoriale où était située la province.

Dans cette classe se trouvent : l'égalité des partages dans les successions de meubles, de biens en bourgages et d'alleux simples ou roturiers; la distinction des propres et des acquêts à laquelle correspondent deux espèces d'héritiers[41]; le caractère d'hérédité légitime qui empêche le père, le parent de disposer librement de ses biens propres et se traduit par cette maxime reçue en Normandie : « Nos biens ne sont pas à nous, mais à notre famille[42];» la règle de la réversion héréditaire des biens paternels aux parents paternels, des biens maternels aux parents du côté de la mère; le retrait lignager comme un droit inviolable de la parenté[43]; et enfin pour les dettes héréditaires cette règle, contraire au droit romain qui avait établi, dès la loi des Douze Tables, la division des dettes entre héritiers, mais conforme au

41 Cout. de Normandie, art. 245, 246, 248. Explication du 12ᵉ titre de la Coutume de Normandie, par P. DE BLANCHECAPE (prieur des Facultés de Caen, p. 90 et suiv.) (1662, in-4°). — Esprit de la Cout de Normandie, p. 136.)

42 Esprit de la coutume de Normandie, tit. IX, p. 91 (édit. 1701).

43 Le droit de retour pour les proches ou le retrait lignager existe dans les Grágás, mais comme purement conventionnel. Il existe dans les lois suédoises, comme dans les coutumes celtiques, sans stipulation : le progrès s'est fait en Scandinavie d'un code à l'autre.

droit de la Bretagne, de l'Auvergne et fondée sur l'esprit de famille, savoir, que les héritiers sont *débiteurs solidaires* des dettes du défunt [44].

Voilà donc, dans la constitution de la famille considérée au double point de vue personnel et réel, deux grandes classes de dispositions, dont les unes dérivent de la source scandinave, et les autres de la source neustrienne.

La dernière source des coutumes de Normandie est, comme on l'a dit, dans le droit anglo-normand. De là dérive une troisième classe de dispositions dont le principe est né ou s'est développé en Angleterre, et a ensuite réagi sur les coutumes de la province continentale. Pour les dispositions d'ordre civil, je citerai trois exemples saillants : l'exclusion de la communauté entre époux ; — le droit de viduité en faveur du mari ; — le droit des paroisses sur les communaux.

1° Si la coutume de Normandie avait toujours suivi les traditions scandinaves pour régler les rapports des époux, elle n'aurait pas exclu absolument la communauté. Les Grágás, en effet, permettent aux époux d'établir la communauté entre eux, quand leurs biens sont égaux : « Duo conjuges, *si voluerint* et æqua adfuerit conditio bonorum, *instituant communionem*, quæ etiam inter hæredes eorum váleat [45]. » La communauté, par consé-

---

44 HÉVIN sur Frain, II, p. 848. Cout. d'Auvergne, 102. MASÜER, tit. XXXI, n° 1. Nouv. Cout. de Bretagne, art. 592, est contraire. Placités de Rouen, 130, sont conformes. J. GODEFROY dit, sur la coutume de Normandie (tit. XII), que c'est parce que l'héritier représente le défunt. — *Voir* BLANCHECAPE, sur le tit. XII, p. 44, et un Mémoire de M. le professeur CAUVET sur l'Organisation de la famille, d'après la Coutume de Normandie, p. 31. (Revue de législ., 1847.)

45 GRÁGÁS, tit. XXII, *De conjugum bonorum communione*. La part du mari était des deux tiers, celle de la femme du tiers. *Ita semper*

quent, n'existait pas de droit dans les anciennes lois scandinaves, mais elle était admise d'après la convention des époux. La coutume de Normandie, au contraire, est formellement prohibitive; et seule, en pays coutumier, elle a ce caractère exclusif. Cette exclusion n'a pu lui venir que de la Grande-Bretagne, qui avait reçu des Lois anglo-saxonnes et de l'influence du Droit romain au moyen âge le régime de non-communauté [46].

2° Le droit de viduité en faveur du mari existe dans les coutumes de la Grande-Bretagne. Il est qualifié, dans les Institutes de Littleton, de *Courteoisie d'Angleterre,* parce qu'il n'existe (disent les Institutes) en aucun autre royaume : « Et est appel tenant per la Curtesie de » Angleterre, pur ceo que ceo est use en nul auter realme » forsque tant solement en Angleterre [47]. » — Les jurisconsultes anglais se sont trompés sur ce point; car le droit de viduité en faveur du mari est consacré par les lois suédoises [48]. Mais il me paraît certain cependant que c'est la coutume anglaise qui a passé en Normandie : la loi d'Angleterre exige, en effet, qu'un enfant du mariage, mort *avant* ou après sa mère, ait poussé un cri en naissant, pour que le mari veuf jouisse, à titre

---

ex jure conjugum bonorum communio instituitur ut maritus *bessem* uxor vero *trientem habeat.* (Tome I, p. 334.) Plus tard on a tendu en Danemark vers l'égalité; Regis Christiani Quinti Leges Danicæ, lib. v, c. 2, art. 19 : « *In duas partes æquales inter conjugem et liberos...* » (p. 361, éd. 1710).

46 Dans les lois de Kanut le Grand, malgré l'origine danoise d'une partie des dispositions il n'y a pas de communauté entre époux. La femme y est héritière avec ses enfants. (Leges Kanuti, c. 70 et 73.) *Voir* mon tom. III, p. 168, et BLAKSTONE. L. ANG., II, c. 9: III, c. 29.

47 Institutes de LITTLETON (compilées en 1475), D. Hoüard, I, p. 51.

48 Leges Suec., Gothor. (compilées en 1347 et 1441), c. IX, p. 88.

d'usufruit, des terres appartenant à la femme prédécédée; et la même condition qu'il soit *oyié crié* ou *qu'il
soit né vif, jaçait qu'il ne vive*, est exigée par l'ancien
Coutumier de Normandie.

David Hoüart, dans ses Notes sur Littleton, conteste
l'origine anglaise du droit de viduité; il en veut faire
honneur soit à la coutume de Normandie, soit même à
la loi des Allemands; mais la loi des Allemands est toute
différente, car elle suppose toujours que l'enfant a sur-
vécu à sa mère et qu'il a transmis dès lors son droit à
son père comme héritier; c'est un droit de succession
et non un droit de viduité. L'auteur normand n'indique
pas les lois scandinaves, la seule source qui aurait
pu lui permettre de remonter plus haut que la *Courteoisie
d'Angleterre* pour l'origine de ce droit[49].

3° La réaction de l'Angleterre et des lois anglo-
saxonnes s'est fait sentir en Normandie, d'une manière
favorable, sur la grave question des *Communaux*. Les
lois de Kanut le Grand avaient sur les communaux
une belle maxime : « Les communaux (*pascua, pastus*),
disait le chapitre 129, sont un alleu d'éternelle hérédité, ALLODIUM IN ÆTERNAM HEREDITATEM. » Les lois scandinaves et les lois ânglo-saxonnes placent toujours, à
côté de la propriété individuelle, la propriété collective
ou la propriété commune. On n'en est plus, avec ces lois,

49 Institutes de LITTLETON, lib. I, p. 51.— Capitul. de DAGOBERT
(Loi des Allemands) de 630, tit. XCII; — Si mulier........ in ipsa hora
mortua fuerit et infans vivens remanserit. (Baluze I, p. 82.

FROLAND, Mém. sur les usages locaux du comté d'EU, cite quatre
arrêts de l'Échiquier de 1210, 1241, 1278, 1281, en faveur du droit
de viduité : «Si aliquis homo habuerit heredes *vivos* et *mortuos*
prius decessum uxoris.....» (p. 97). — *Voir* mon tome VI, ch. VI,
sect. II, § 4, sur les Établissements de saint Louis. (Liv. I, art. 11.)

aux temps de Jules César et de Tacite où la propriété
foncière n'existait pas encore chez les Germains, où il y
avait seulement communauté de culture (*arva per annos
mutant*[50]). Chez les Danois et les Anglo-Saxons rien de
pareil n'existe. Il y a tout à la fois propriété individuelle ou de famille ; propriété collective attribuée chez
les Anglo-Saxons à la centaine, à l'*hundred;* et propriété
commune attribuée aux habitants d'une circonscription,
principalement pour les pacages. C'est ce dernier mode
de propriété, la propriété des communaux, qui reçut
comme les autres le caractère de l'inviolabilité, en faveur du district, de la paroisse, de la commune. La
propriété collective de l'*hundred* fut partagée entre les
familles ; et les lois anglo-saxonnes de Kanut le Grand
déterminent le caractère et les effets du partage entre
les proches, la mère survivante et les enfants [51]. Mais il
n'en est pas ainsi de la propriété des communaux :
ceux-là sont attribués à la communauté *ut universitas;*
et les lois de Kanut le Grand, les garantissant contre
toute usurpation, leur impriment le caractère de propriété
indivise au profit de la communauté qui ne meurt pas,
le caractère indélébile d'*allodium in æternam hereditatem.*
Eh bien ! c'est ce droit si favorable des coutumes anglo-
saxonnes, conservé par les coutumes anglo-normandes,
qui a passé dans les usages de Normandie ; et là s'est
perpétuée la règle que les paroisses jouissaient de leurs
communaux *sans titre* et *par possession immémoriale;*
que les seigneurs féodaux ne pouvaient leur opposer
que des titres formels : règle protectrice et salutaire

---

50 J. CÆSAR, Comm., VI, 22. — TACIT., de Mor. Germ., XXVI.
51 Leges Kanuti. Éd. d'HOUARD C. LXVIII ; de ROSENVINGE, C. LXX.

dans cette riche province où les communaux pouvaient embrasser des terres si fertiles. Ils y sont donc restés l'*alleu éternel* des paroisses ; tandis que la propriété des communaux, des terres vaines et vagues ou des landes est tombée dans la Bretagne, dans la plupart des pays coutumiers, et même dans la Provence, sous la puissance absolue des seigneurs féodaux [52].

Les coutumes anglo-normandes ont donc réagi sur la Normandie dans l'ordre des personnes et des communautés d'habitants.

Mais ces coutumes ont de l'importance surtout dans l'ordre du droit féodal : c'est là que l'action de la Normandie sur le sol conquis de la Grande-Bretagne, et la réaction des usages établis ou développés en Angleterre par Guillaume le Bâtard et les seigneurs normands, ont constitué un échange continu, pendant de longues années, d'institutions et de mœurs. Nous avons, dans la première partie de cette Section, étudié spécialement le droit féodal de la Normandie : son caractère si tranché de droit d'aînesse et d'indivisibilité tient principalement à l'esprit de la féodalité militaire et conquérante qui, après s'être assise dans l'île de la Grande-Bretagne, avait besoin de se prémunir et de se fortifier contre la résistance des Saxons, vaincus plus que soumis, et contre l'égalité des hommes libres, des *Liberales* ou des Thanes du droit anglo-saxon. De même

---

52 LITTLETON, 1, p. 545, et HOUARD, Dict. de droit normand, vᵉ Commune, 1, p. 310. Dans les coutumes anglaises et normandes, il ne faut pas confondre les simples *droits de pâturage*, qui ne peuvent être concédés que de l'aveu du seigneur, avec les communaux, qui constituent vraiment des propriétés au profit de la communauté, personne morale ou civile. — Sur la Provence, voir *suprà*, p. 156.

sur le continent, les luttes engagées entre les rois d'Angleterre, ducs de Normandie et d'Aquitaine, et les rois
de France leurs suzerains, pour acquérir ou conserver
les provinces de l'ouest et du sud-ouest, ont transporté dans le droit féodal de cette partie du royaume
les règles de la féodalité anglo-normande et de l'aristocratie militaire. Nous en avons eu la preuve manifeste dans les coutumes de la Guienne et de la Bretagne; et nous retrouverons cette influence active et
persistante dans les coutumes de l'Anjou, de la Touraine, du Poitou, de l'Angoumois et de la Saintonge,
qui ont plus ou moins subi la domination anglaise et
reçu dans leurs mœurs, même sans le savoir, l'empreinte des coutumes anglo-normandes mêlées aux
Établissements de saint Louis.

Nous n'abordons pas maintenant cette région à laquelle se rattache l'action législative ou coutumière
des Établissements.

Avec la coutume de Normandie nous sommes entré
dans le nord de la France, où nous avons trouvé
des traditions scandinaves, et nous sommes conduit
naturellement vers les contrées où les traditions germaniques, par l'ancienneté même de l'occupation des
Francs, ont dû laisser la trace la plus profonde.

Nous commencerons dans cette région par la partie
extrême, la Flandre et le Hainaut, pour remonter ensuite vers le centre de la France.

FIN DU TOME CINQUIÈME.

Lightning Source UK Ltd.
Milton Keynes UK
UKHW012224070119
334942UK00010BA/1740/P